KB040383

# 가짜뉴스의 고고학

로마 시대부터
소셜미디어 시대까지,
허위정보는 어떻게
여론을 흔들었나

가짜뉴스의 고고학

최은창 지음

동아시아

# 추천의 말

사람들은 언제부터인가 뉴스를 있는 그대로 받아들이지 않게 되었다. 어떤 것이 진짜 뉴스인지 가짜뉴스인지 구분하기가 점점 어렵게 되었기 때문이다. 심지어 어떤 가짜뉴스는 나름대로의 논리와 근거를 갖추고 있어서 진짜처럼 믿어지기도 한다. 사람들은 자신들이 믿고 싶은 정보를 믿는 성향을 지닌다. 과거에 이러한 성향은 구독하는 신문의 특성에 투영되었다. 이제는 소셜미디어를 통해 전파되는 정보는 그것이 가짜인지 판명되기 전에 수많은 다수에게 통제하기 어려울 정도의 빠른 속도로 퍼지며, 사회 변화에 '실제적' 영향을 미칠 수 있다는 우려가 커지고 있다. 이에 대한 많은 논문과 책들이 나오고 있다. 하지만 과거에도 존재했던 가짜뉴스들을 마녀사냥, KGB, CIA의 사례들을 통해 이 책만큼 구체적으로 다룬 책은 없다. 단연코 이 책은 가짜뉴스를 넘어 뉴스와 저널리즘을 공부하는 이들에게 새로운 고전이 될 것이다.
_최항섭, 국민대학교 사회학과 교수

이 책은 말과 텍스트, 올드미디어와 뉴미디어, 데이터와 알고리듬에 의해 매개된 수많은 가짜뉴스들의 역사적 진화 과정을 풍부한 사례를 통해 보여준다. 풍부한 사례들은 우리가 반면교사로 삼아야 할 역사적 교훈을 내포하고 있다. 동시에 미디어 생태계의 건강성을 회복하기 위해 가짜뉴스 방지 기술과 법제도 간의 적절한 관계를 모색하려는 이론적 논의도 놓치지 않고 있다.
_이원태, 정보통신정책연구원(KISDI) 연구위원

'가짜뉴스'는 걸러져야만 하는 대상으로 여기는 연구자인 나에게, 이를 정보 생태계의 한 축으로 봐야 한다는 저자의 과감한 주장은 매우 신선하게 다가왔다. 이 책은 가짜뉴스가 과거와 현재까지 어떤 모습으로 나타났는지, 사회 각 분야에 어떤 영향을 미쳤는지 분석한다. 또한 정보 홍수 속에 살고 있는 이 시점에서 가짜뉴스를 순방향으로 전환시킬 수 있는 방법론을 고찰하여 독자들에게 앞으로의 방향을 고민하는 계기를 제공할 것이다.

_이동만, 카이스트 교수, 다자간 인터넷거버넌스 협의회(KIGA) 위원장


오늘날 프로파간다는 국내 정치뿐 아니라 국제정치의 무대에서 디지털 기술로 무장한 채로 은밀하지만 화려하게 복귀했다. 이 책은 가짜뉴스의 국제적 파급력과 정치사회적·경제적 의미와 기술적·심리적 영향력까지 빠짐없이 흥미진진하게 다루고 있다.

_송태은, 국립외교원 외교안보연구소 교수


건강에 대한 관심이 늘면서 온라인에서 정보를 찾아보는 경우가 늘어나고 있다. 그러나 그렇게 얻은 정보와 지식들이 과연 정확한 것인지 의문이다. 때로는 인체 위해성 요인을 과장하거나 제대로 된 시험도 거치지 않은 단편적 지식들의 집합인 경우가 많다. 건강에 좋다는 정보나 소문은 과신하고 기후변화의 여파는 그리 심각하게 여기지 않고, GMO 식품, 백신접종, 미세먼지, 전자파 위해성은 지나치게 걱정한다. 그 원인을 따져 들어가보면 과학적 사실의 불확실성을 전제하지 않고 일반화하는 오류, 과학 뉴스의 전문성 부족이 발견된다. 이 책은 과학적 사실의 불확실성을 상세히 다루고 있으므로 일독을 권한다.

_이경민, 서울대학교 의과대학 교수

넘쳐나는 정보 중에 믿을 만한 것이 무엇인지 판단하기 어려워 만성 불안에 시달리는 의심병 및 결정장애 환자에게 일독을 권한다. 이 책은 왜 가짜뉴스가 창궐하는지, 어떤 이유로 판단이 어려우며 어떻게 극복할 수 있을지를 설명해준다. 로마의 옥타비아누스부터 아우슈비츠를 거쳐 로힝야족까지, 플랫폼 기업의 이해관계부터 선거전까지, 가볍게 읽다 보면 어느새 피상적 상식 속에 숨어 있는 민낯의 진실에 다다른다. 과학보도, 특히 에볼라, 가습기살균제 사례는 가짜뉴스의 위험성과 더불어 소통의 중요성과 사전 예방 원칙에 대한 공감을 불러일으킨다. 유튜브, 페이스북 등 소셜미디어의 정보 범람에 휩쓸리는 현대인이라면 가짜뉴스의 메커니즘, 플랫폼 알고리듬과 머신러닝 등 테크놀로지의 맥락은 알고 볼 일이다.
_김희진, 연세대학교 보건대학원 교수

최근 다양한 건강과 직결된 뉴스들, 공중보건 분야의 뉴스들은 그 부정확성 때문에 전문가들에게도 혼돈을 초래하고 있다. 백신 불안감, 전자파에 대한 우려, 미세먼지 데이터 등을 다룬 이 책은 가짜뉴스가 생산되고 증폭되는 가운데 과연 진실이 어떻게 검증될 수 있는가에 대한 고민을 던져준다.
_조준성, 국립중앙의료원 의사

# 머리말

인류 문명사에서 가짜뉴스는 어떻게 살아남았을까? 허위정보는 여론을 좌우하는 데 있어 어떤 역할을 했을까? 어떤 이유에서 생산되고, 어떻게 전달되고, 어떤 부정적 영향을 미치는 것일까? 오늘날 가짜뉴스의 메커니즘은 인쇄 시대, 매스미디어 시대와 무엇이 다를까? '사상의 자유시장'과 민주주의는 악의적 프로파간다와 허위정보의 범람에도 불구하고 유지될 수 있을까?

가짜뉴스의 근저에는 조직적 프로파간다, 수용자의 심리적 편향, 필터링 없는 소셜미디어, 노골적인 정파적 보도, 트래픽을 유도하는 클릭 미끼, 마이크로 타겟팅 정치 광고가 자리 잡고 있다. 정보의 진위를 확인하지 않고 덩치를 키우는 데만 골몰하는 소셜미디어 플랫폼은 가짜뉴스가 널리 퍼져나가기에 좋은 여건을 제공한다. 데이터 과학과 알고리듬을 이용한 '컴퓨테이셔널 프로파간다'도 늘어나고 있다. 유명 정치인의 음성과 영상을 조작한 발화, 정교하게 조작된 가짜뉴스가 등장하고 있다. 이에 대한 대비는 되어 있을까?

필자는 이른바 '가짜뉴스 현상fake news phenomenon'을 신문, 방송 등 미디어 생태계의 문제로 한정하지 않고 수많은 행위자가 뛰어들어 경쟁을 펼치는 정보 생태계의 현상으로 보고 접근했다. 전통적 언론의 게이트키핑gatekeeping 기능은 사라졌고 소셜미디어나 메신저 앱을 통해 다수에게 자주 노출되는 소문이나 뉴스 정보가 '진짜'로 인정받을 수 있는 세상이 되었기 때문이다.

이 책은 미디어 기술 발전에 따른 정보 생태계의 변화, 허위정보와 여론의 관계, 선거판을 흔들었던 정치 프로파간다의 힘을 로마 시대부터 소셜미디어 시대까지 조망했다. 인쇄시대 이후 시작된 불온정보와 권력의 갈등, 풍자와 위법하게 여겨지는 허위발언의 경계, 1차·2차 세계대전 무렵의 프로파간다, 냉전시대의 허위정보전, 트롤링 공장과 컴퓨테이셔널 프로파간다, 허위발언과 오보의 헌법적 보호 가능성을 다루었다.

이 책을 한마디로 요약하자면 가짜뉴스와 허위정보가 어떤 동기에서 만들어졌고 여론에 어떻게 영향을 미쳤는가에 대한 거시적 조망이라고 할 수 있다. 역사를 돌아보면 허위정보의 생산과 전달은 그 당시의 미디어 기술에 크게 의존했고 분명한 경제적·정치적 이해관계를 내포하고 있었다. 서술 방식으로 택한 고고학archéologie은 악의적 소문, 공포심 조장, 허위정보를 동원한 선동, 날조된 가짜뉴스의 보도가 위력을 발휘할 수 있었던 조건과 메커니즘을 재구성하여 살펴보는 서술이다. 돌아보면 조작된 허위정보는 대중을 감정적으로 흥분시켜서 역사의 결정적인 변곡점을 만들기도 했다. 그렇지만 유언비어나 뜬소문으로 취급되던 어떤 소식들은 세월이 흐른 이후 진실로 밝혀졌다. 한편 허위정보 자체보다는 그에 대한 권력자의 지나친 과민반응이 오히려 피해를 초래한 경우도 있었다.

이제는 더 이상 언론사만이 뉴스 정보를 공급하지는 않는다. 소셜 미디어, 유튜브, 포털 뉴스의 댓글 공간에는 누구든지 진입이 가능하다. 자극적 내용의 허위정보는 디지털 플랫폼을 통해 크게 증폭되어 다수에게 실시간으로 전달될 수 있다. 온라인에서 허위정보가 퍼져나가는 모습은 가짜뉴스를 '뉴스의 외형'에만 한정하려는 시도를 여지없이 무너뜨린다. 굳이 뉴스 형태가 아니더라도 날조된 정보의 파편은 포털의 댓글, 소셜미디어, 블로그, 메신저를 순식간에 넘나들면서 대중의 관심을 낚아채고 있다.

플랫폼을 통해 노출과 가시성이 커졌더라도 그 허위정보가 개인들의 사상과 신념의 전환에 직접적으로 영향을 미칠 수 있는가는 별개의 문제다. 미국 2016년 대선에서 소셜미디어로 퍼진 거짓은 무척이나 많아 보였지만 실제로는 극소수만 그 내용을 '공유'했다. 오히려 TV 뉴스 등 전통적 플랫폼의 뉴스 보도가 유권자들에게 미친 영향력이 결정적이었다.

허위정보와 가짜뉴스의 파편을 눈에 띄지 않게 정보 흐름 속에 주입할 수 있는 기술이 놀라운 수준으로 발전하고 사용자 데이터가 축적되는 시대에 '사실'은 쉽사리 창작되거나 그 맥락이 가공될 수 있다. 허위정보를 생산하여 배포하는 비용은 진짜 뉴스에 비해 턱없이 저렴하지만 그 유포자를 찾아내어 책임을 묻기는 어렵다. 반면 거짓이 먹혀들었을 때 얻어지는 경제적·정치적 이익은 막대하다. 이러한 구조가 지속되는 한 해악적 허위정보의 유포는 사라지지 않을 것이다.

가짜뉴스 현상을 분석함에 있어 가장 불편한 진실은 정치인들의 부정직한 정치 공세와 공적 책무를 내던진 정파적 저널리즘도 그 원인을 일부 제공한다는 점일 것이다. 어떤 논쟁적 사안에 관련된 사실을 비틀고, 사실관계를 주관적으로 평가해서 보도하거나, 일부의 측면만을 부풀린 억측성 기사는 여전히 생산되고 있다. 특정한 정치세력을 노골적으로 지지하는 보도, 허위사실을 전제로 삼아 작성되는 사설과 논평도 거짓lie이라는 점은 다르지 않다. 전통 미디어는 가짜뉴스의 몸통으로 인터넷을 지목하면서 온갖 잡다한 사이비 정보를 제공하는 '정보의 시궁창'이 문제라고 소리 높인다. 그러나 익명의 개인이나 유튜버들은 편파적 언론 기사, 오보의 잔해들, 부정확한 사실적 주장들, 정치인의 계산된 발언을 씨앗 정보로 삼아서 흉내를 내고 있을 뿐이나.

가짜뉴스 현상이 초래하는 가장 중대한 위협은 선동가의 거짓, 허위적 언사에 의해서 대중이 폭도mob로, 민주주의가 중우정치ochlocracy로 전락할 수 있다는 시나리오다. 날조된 가짜뉴스와 허위정보의 범람이 민주적 정치과정을 위협할 수 있지만 그 표현행위를 '사상의 시장marketplace of ideas'에서 제외하려면 분명한 해악성이 요구된다. 뉴스 정보의 수용자를 오로지 수동적 존재로만 보는 관점은 허위정보에서 공론장의 건강성을 지키기 위한 온정주의적 정부 규제를 정당화하게 된다.

허위정보를 줄이기 위한 방안으로 머신러닝을 활용한 허위정보 검출, 팩트체킹 저널리즘, 플랫폼 책임론, 해악적 허위조작정보 규제 등이 나오고 있다. 그렇지만 가짜뉴스 현상은 그리 간단치 않으며 허위정보의 생산자들은 고도의 전략과 디지털 기술에 의존하고 있다. 따라서 적절한 해결책을 찾기 위해서는 그 근저에 놓인 허위정보가 생산되는 유인, 프로파간다와 흑색선전의 외주화, 대중의 심리적 취약성, 플랫폼 알고리듬의 역할, 플랫폼의 수익 구조, 사상의 자유시장, 허위 표현이 어디까지 법적으로 보호되는가 등을 이해할 필요가 있다.

최근 부상한 '허위조작 정보 규제론'은 1930~1950년대 유행하던 '대중사회이론Mass Society Theory'과 '선동이론'을 떠올리게 한다. 나치Nazi가 흑색선전을 이용하여 대중을 공포에 몰아넣고 소수 집단에 대한 혐오를 증폭시키는 모습을 지켜본 미국 이론가들은 미디어가 개인들의 태도에 직접적으로 영향을 미치고, 고립된 개인은 쉽게 프로파간다에 의해 조종당할 수 있다고 믿었다. 그 당시에는 미디어가 대중을 선동에 남용되어 민주주의의 파괴에 사용되지 못하게 막는 방안으로 정부 규제와 규범이론이 주목을 받았다. 2020년 현재의 규제론 역시 허위정보의 범람이 유권자의 의사를 왜곡하고 민주적 정치과정에까지 영향을 미칠 수 있다는 우려에 뿌리를 두고 있다.

이 책은 우선 초창기 허위정보의 역사를 살펴보고, 나아가 미국, 유럽, 개발도상국, 국내의 허위정보 사례들을 비교했다. 또한 뉴스 정보의 흐름을 통제하는 신문·방송 등 올드 플랫폼old platform과 소셜미디어와 포털 등 뉴 플랫폼new platform의 권력을 검토했다. 유엔 인터넷 거버넌스 포럼IGF 워크숍은 허위정보가 지배하는 현실에 대한 관점을 넓혀주었다. 개발도상국가들은 허위정보와 포퓰리스트의 선동에 더 취약했으며 각 국가마다에는 내재된 갈등적 사안들이 가짜뉴스의 단골 소재로 사용되고 있었다. 그렇다면 우리는 어디에 있는 것일까?

이 책의 분석 방법과 아이디어는 많은 분의 조언을 얻었기 때문에 가능했다. 부족한 초고를 읽어주신 이원태 연구위원, 김기창 교수, 이영음 교수, 최항섭 교수, 이동만 교수, 김희진 교수, 송태은 교수, 손금주 의원, 이경민 교수, 임성훈 교수, 권헌영 교수, 전웅준 변호사, 하현석 님에게 감사드린다. 손재원 변호사, 박경신 교수는 친절하게도 인터뷰에 응해주셨다.

필자는 지적재산권, 인터넷 규제정책, 미디어, 소셜미디어 플랫폼, 인공지능 거버넌스를 연구해왔다. 옥스퍼드 비교미디어법정책 프로그램PCMLP, 예일 로스쿨 정보사회 프로젝트ISP, 사이버커뮤니케이션 학회, 기술사회연구회에서 만난 분들에게 풍부한 지적 자극을 받을 수 있었다.

이 책을 받아든 잭 볼킨Jack Balkin, 데이미언 탐비니Damian Tambini, 요하이 벤클러Yochai Benkler, 이선 주커먼Ethan Zuckerman이 어떤 표정을 지을지 약간 궁금해진다. 방대한 분량의 편집에 많은 시간을 쏟으신 하명성 님, 저술 활동을 지원해주신 뉴스통신진흥회에 감사드린다. 던전으로 달려와 부활의 깃털을 던져주었던 Soo를 기억하며…

2020년 1월 관악冠岳에서<br>최은창

# 차례

# 일러두기

- 『가짜뉴스의 고고학』은 오늘날 '가짜뉴스 현상'의 해결을 위한 거시적 조망을 제시한다는 차원이며, 그 대상을 뉴스의 외형을 갖춘 '뉴스'에만 한정하지 않았다. 따라서 신문이 등장하기 이전의 팸플릿, 비공식적 소문의 전파, 메신저 앱과 소셜미디어로 전달되는 악의적 유언비어, 허위정보의 파편, 거짓말 텍스트의 뭉치(corpus), 일부 언론사의 정파적 보도 행태도 가짜뉴스 현상의 일부로 보았다.

- 이 책은 '허위정보(disinformation)', '가짜뉴스(fake news)', '오정보(misinformation)'의 개념을 구분했다. 허위정보는 가장 광의의 범주로서 경제적·정치적 이해관계에 의해 생산되는 해악적 소문, 혹스(hoax), 정치적 선동, 가짜 계정을 동원한 프로파간다 활동, 가짜뉴스를 포함한다. '가짜뉴스'는 뉴스의 외형을 갖춘 허위정보로서 수용자의 인지를 오도하거나 기만하려는 거짓된 뉴스 정보를 뜻한다. 오정보는 속이려는 목적은 뚜렷하지 않고, 이해의 부족이나 정보 전달 과정의 왜곡에서 비롯되는 '잘못된 부정확한 정보'를 의미한다.

- '언론발 가짜뉴스' 및 '정파적 언론'은 국내외 일부 언론사가 저널리즘의 가치를 망각하고 정파적 입장에 따라서 사실관계를 자의적으로 해석하여 선정적으로 보도하거나, 실제의 일부분만을 부각시키거나, 정치적 목적으로 윤색하거나, 미확정 사실에 근거한 논평을 내놓는 폐해를 가리킨다.

- 책·장편 소설은 『 』, 단편·논문은 「 」, 잡지·신문은 《 》, 예술작품·방송 프로그램·영화는 〈 〉로 구분했다

# 1장
# 가짜뉴스는 어떻게 시작되었나?

사실 인간은 언제나 탈진실(post-truth)의 시대 속에서 살아왔다.
호모 사피언스는 탈진실 종이며 그 권력은 허구의 이야기를 만들어내고 믿는
데서 나온다. 석기시대 이후로 자기강화적 미신들은 인간의 집단성을 구축하는 데
사용되었다. 호모 사피언스가 지구를 정복할 수 있었던 진정한 이유는
그 무엇보다 허구의 이야기를 창조하고 퍼뜨리는 독특한 능력 덕분이었다.

_유발 하라리, 『21세기를 위한 21가지 제언』(2018) 중에서

## 혼돈의 세계

오늘날 우리는 소수가 퍼뜨리는 허위정보가 다수의 목소리로 둔갑하고 수천 명의 가짜 공감을 만들어내는 혼돈의 세계를 경험하고 있다. 허위정보와 가짜뉴스는 부정적 여론을 조성하거나, 정치 세력을 불리기 위한 프로파간다의 수단으로 사용된다. 어떤 거짓 발언은 정치적 승리를 위한 계산된 전략이지만 어떤 가짜뉴스는 클릭을 유도하여 광고수익을 올린다. 악의적 허위정보와 가짜뉴스의 범람은 공적 토론의 전제가 되는 '사실의 인정'을 어렵게 한다. 각자가 믿는 사실 자체가 다르기 때문에 양보나 조정을 위한 대화는 시작되기도 전에 적대감의 표출과 구분 짓기로 치닫게 된다.

세계가 어떻게 돌아가는가를 파악하려는 대중의 인식을 누군가가 오도misleading할 수 있다면 사회를 불필요한 갈등의 국면으로 몰아넣을 수 있다. 나아가 불만의 공감대를 형성하고, 공포팔이scaremongering를 유도하므로 반목을 조장할 수 있다. 허위정보 살포와 프로파간다가 개인들에게 직접적 영향을 미치게 된다면 진정한 여론 형성과 대의 민주주의는 작동되기 어려울 것이다. 생각해보면 정치 분야에서 치열하게 벌어지는 허위정보전의 실체는 '여론'이라는 파이를 두고 다투는 제로섬zero-sum 게임이라고 할 수 있다. 허위정보를 수단으로 삼은 프로파간다는 이제 은밀하게 대규모로 수행되고 있으며, 데이터 분석에 근거한 타깃화된 정치 광고는 상품화되었다.

사회에 뿌리내린 정치적 갈등과 반목이 극심할수록, 여론을 조작하려는 세력이 많을수록, 객관적 진실을 전하는 공정한 저널리즘이 불신으로 마비될수록 허위정보와 가짜뉴스는 범람하게 된다. 신뢰받는 독립적 언론이 없는 국가들은 소셜미디어에 횡행하는 가짜뉴스와 선동가demagogue의 발언에 취약하다. 소셜미디어 시대에는 자주 노출되는 소문이나 뉴스 정보를 '진짜'로 착각할 가능성이 커졌다.

국내 학계는 가짜뉴스 개념을 "형식과 내용을 모두 기만하는 가짜 정보"로 좁게 본다.[1] 정치적·경제적 목적으로 뉴스의 외형을 가장한 허위정보와 사실 왜곡이 가짜뉴스라는 것이다. 그렇지만 '뉴스'는 허위정보의 형태 가운데 하나일 뿐이다. 프로파간다는 '뉴스'의 형태로만 전파되지 않으며, 대중은 놀라움과 분노를 유발하는 뉴스 정보의 파편을 접할 때 출처와 형식에는 그리 신경을 기울이지 않는 것이 현실이다.

《뉴욕타임스》는 가짜뉴스를 "고의적 동기를 가지고 독자들을 기만하려고 날조한 가공의 기사들"로 정의하고 있다. 의도적으로 클릭을 유도해 광고를 노출시키고 이익을 얻으려는 기사들도 가짜뉴스의 유형으로 보고 있다. France TV는 '가짜뉴스와의 전쟁'을 시작하고 뉴스 형태로 전달되는 미확인 루머, 프로파간다, 클릭 미끼clickbait를 찾아내겠다고 밝혔다.[2] 폴리티팩트 PolitiFact는 가짜뉴스를 "뉴스를 가장하여 실제로 일어난 사건으로 보이도록 날조된 콘텐츠fabricated content"라고 정의한다.[3]

이 책은 허위정보의 외연을 넓게 잡아, 대중의 인식을 성공적으로 속이거나 오도했던 '악의적 유언비어', '거짓 소문', '정치 프로파간다', '왜곡된 뉴스 보도', '뉴스 정보의 파편'까지 포함시켰다. 이제부터 인쇄시대부터 소셜미디어 시대까지 탐험을 시작해보자. 누가 어떤 경제적·정치적 이해관계를 가지고 허위정보를 생산했고, 어떤 미디어 기술에 의존했으며, 어떻게 여론을 장악했던 것일까?

내가 방법론으로 택한 고고학archéologie은 가짜뉴스의 일반적 역사를 간추려내는 것이라기보다는 사건들이 일어나던 시기와 맥락 속으로 들어가서 허위정보가 위력을 발휘할 수 있었던 조건과 메커니즘을 재구성하는 서술이다.[4] 대중을 성공적으로 속였던 선동, 날조, 속임수, 허위정보에 대한 역사적 분석은 현재의 가짜뉴스 현상에 교훈을 줄 것이다.

인류 문명사를 돌아보면 허위정보는 '날 것으로서의 거짓'만 담고 있지 않았다. 각 시대마다 특정한 미디어 기술이 사용되었고 사회마다 지배적 사상이나 종교적 배경은 달랐다. 그렇지만 허위정보가 대중의 분노나 공포감을 조성하여 여론을 오도하는 방식이나 궁극적으로 목표한 이해관계는 거의 비슷했다.

말이나 글로 퍼지는 언표言表 자체가 허위정보의 본질은 아니었다. 본질은 신뢰와 평판을 무너뜨리기 위한 정보전쟁이었다. 사람들은 때때로 거짓 소문에 턱없이 취약했는데 그것은 군중심리 때문이었다. 판단력이 약한 수용자들은 거짓의 힘 앞에 무릎 꿇었다. 잠재된 정치적 갈등, 인종적 혐오, 분노, 소외감 등을 부추기고 사회적 맥락에 맞게 건드렸을 때 허위정보는 폭발적으로 위력을 발휘했다. 허위정보의 시작과 끝에는 언제나 사람들이 있었다.

출판 검열제가 실시되었던 시대에는 불온한 허위정보와 유언비어를 퍼뜨리는 자와 이를 막으려는 권력자의 통제는 대결적 양상을 보였다. 그렇지만 어떤 소문은 훗날 진실로 드러나기도 했다. 권력자는 소문의 진위를 냉정하게 판단하기보다는, 자의적으로 해석했다. 때로는 지나치게 과민반응하여 공권력을 휘두르기도 했고 흉흉한 거짓 소문을 구실로 삼아서 억압적 통제를 합리화 했다.선거철에 살포되는 조작된 허위정보는 정치적 갈등의 국면에서 여론의 방향을 유리하게 이끌거나, 특정 집단에게 책임을 뒤집어씌우거나, 신뢰를 깎아내리는 전형적 수단이다. 그것은 참호 속에서 무턱대고 쏘아대는 탄환과도 같다. 1차·2차 세계대전 무렵의 프로파간다는 다른 양상을 보였다. 그것은 전쟁의 승리와 국가의 운명이 걸려 있는 거대한 미디어 총력전이었다. 전쟁이 벌어질 때면 뉴스 조작과 정보 통제는 언제나 수반되었다. 걸프전과 이라크전에서 관리들은 정교하게 짜인 거짓말을 흘렸고 뉴스통신사들과 언론사들은 무비판적으로 실어 날랐다. 반면 1947년부터 1990년까지 이어졌던 냉전시대의 허위정보전은 소리 없이 광범위하게 진행되었다.

근거 없는 악소문으로 분노를 조장하고 논리적 타당성이 없는 슬로건을 반복하여 대중을 속였던 선동가들이 써내려간 역사는 대체적으로 불행했다. 과부나 고아들이 마녀로 몰려서 화형을 당했고, 유대인은 배제되고 박해를 받았으며, 독일은 의회를 해산하고 전체주의로 이행했다. 미국 문화계에서는 편집중적인 공산주의자 색출 열풍이 번졌다. 가짜뉴스와 허위정보가 범람한다면 대중은 이성이 아니라 감성과 분노에 휘말려 잘못된 판단을 내릴 수 있다. 극소수가 의도한 거짓 선동에 의해 여론의 대세가 좌우되고 민주적 정치 과정이 잠식당하는 세계는 우리가 바라는 미래는 아닐 것이다.


## 허위정보가 증가한 이유

현재 시점에서 허위정보가 널리 퍼져가는 주된 요인으로는 온라인 접속의 폭발적 증가와 프로파간다 기술의 발전을 꼽을 수 있다. 여론 조작을 위한 익명의 트롤링 부대, 수익을 노린 클릭 미끼, 대량으로 정보를 유포하는 봇bots 등이다. 게이트키핑 기능이 없는 소셜미디어, 날조된 정보를 방치하는 디지털 플랫폼 등도 이런 추세에 기여하지만, 편파적 뉴스, 사실 확인도 없는 무책임한 오보, 정파적 보도도 한 몫을 담당한다. 사실 확인 없는 주관적 추측 보도, 익명의 취재원을 인용한 의혹 제기, 외신의 의도적 오역, 정치적 이슈에 대한 편파적 시각을 주입하는 보도 등은 여론을 왜곡한다는 '효과'면에서는 악의적 날조 기사와 크게 다르지 않다.

최근에는 허위정보의 생산, 전파, 소비 과정에서 소셜미디어의 비중이 압도적으로 커졌다. 소셜미디어 플랫폼은 허위 소문을 빠르게 다수에게 전달하는 증폭기의 역할을 한다. 가짜뉴스의 소재들은 각 나라마다 약간의 차이가 있다. 저마다의 정치적 대립의 지형과 뿌리 깊은 갈등 요소들을 반영하기 때문이다. 예컨대 독일에서는 난민들을 향한 반감이, 스리랑카는 싱할라족과 타밀족 간의 반목이, 나이지리아에서는 동성애 지지 발언이, 우리나라는 5·18 역사 왜곡과 북한 관련 안보뉴스가 가짜뉴스의 소재가 된다. 그러나 소셜미디어 등 디지털 플랫폼에서 증폭된 허위정보가 사회적·정치적영향을 키우고 있다는 점은 모든 국가의 공통된 특징이다.

뉴스 정보 배포 경로들outlets이 극적으로 증가했으며 이제는 언론사의 기자가 아니어도 누구든지 자신의 관점을 웹에서 숨 가쁘게 오가는 뉴스 정보의 흐름 속에 던져 넣을 수 있다. 비공식적 뉴스의 파편이라도 일단 주목을 끌고 검색이 가능하다면 정보로서 대접을 받는다. 전통적 매스미디어의 시대에는 방송사·신문사 등 인프라의 소유자와 권력자만이 여론을 조작을 할 수 있었다. 그런데 뉴스의 생산자와 전달자가 분리되고 웹을 통한 뉴스 정보의 흐름이 주요한 창구가 되면서 권력은 포털 사이트와 같은 거대 플랫폼으로 넘어갔다. 포털 사이트와 소셜미디어는 알고리듬의 지배자이며 여론의 형성에 있어서 언론사들보다 우위에 있다고 평가받는다. 최종적으로 뉴스 수용자와 연결되는 경로를 장악하기 때문이다. 우리나라는 특이하게도 소수의 포털 사이트에 디지털 뉴스의 소비가 과도하게 집중되어 있다.

뉴스 생산자로서 언론사의 영향력은 크게 감소한 반면, 포털 사이트와 소셜미디어 등 플랫폼의 뉴스 정보 전파력은 압도적으로 커졌다. 국내에서 포털 사이트로 뉴스를 접하는 규모는 89퍼센트를 넘어섰다. 한편 미국에서는 페이스북을 통한 뉴스 소비가 일반적이다. 현재 페이스북은 글로벌 소셜미디어 시장의 70퍼센트를 점유하고 있다. 이렇게 뉴스 정보의 유통 경로가 집중되다 보니 트롤링 부대, 키보드 군단, 돈을 받은 홍보기업은 플랫폼을 통해서 허위정보를 조직적으로 유포하는 전략을 택하고 있다.

## 허위정보와 공론장

가짜뉴스는 언론사가 제작한 뉴스의 외형이 아니더라도 허위정보를 포함한 소셜미디어 포스팅, 유명인의 블로그, 카카오톡이나 왓츠앱WhatsApp 등 메신저, 가짜뉴스 웹사이트를 통해 전파된다. '뉴스'는 더 이상 언론사의 전유물이 아니고 가짜뉴스의 생산과 유통도 마찬가지다. 언론의 권위가 없어도 뉴스로서 통용되고 트위터, 페이스북, 카카오톡 유저들은 뉴스 출처를 자세히 보지 않는다. 허위정보의 '겉'을 언론발 뉴스로 꾸미지 않아도 뉴스는 읽힌다.

오늘날 가짜뉴스 현상의 근저에는 정치 프로파간다, 광고 수익을 얻으려는 속임수, 선거 결과에 영향을 미치려는 노골적 여론 조작, 진영논리에 뿌리박은 적대적 보도가 버티고 있다. 가짜뉴스 현상이 문제시되는 가장 큰 이유는, 진실과 거리가 먼 허위정보가 유권자에게 오해와 부정적 인식을 심어주고 정치적 신념에도 영향을 미칠 수 있는 가능성 때문이다. 공적인 토론에서 전제되는 사실이 허구라면 소모적 논쟁만 계속될 것이고 '사실에 대한 인정'은 없으므로 '합의'가 불가능할 것이다. 결국 공론장은 황폐화될 가능성이 높다. 이처럼 소수가 만들어낸 허위정보가 판단을 흐리게 만든다면 식견을 갖춘 시민의 토론에 의한 여론의 형성, 민주주의의 성장은 기대하기 어렵다.

특히 선거철에 허위정보의 범람이 정치적 안정성을 크게 흔들고 선거 결과까지 왜곡할 수 있다는 우려는 2016년을 이후 전 세계에서 본격화되었다. 유럽연합은 '허위정보disinformation'를 경제적 이익을 얻거나 고의로 대중을 기만하여 공익을 해치려고 생산·배포된 정보라고 정의한다.[5] 유럽평의회Council of Europe가 발간한 가짜뉴스 교육 자료는 "프로파간다, 허위정보, 가짜뉴스는 공적 의견을 양극화할 가능성이 있고, 극단주의자들의 폭력과 혐오발언을 조장하고 궁극적으로 민주주의를 훼손하고 민주적 과정의 신뢰를 저해한다"라고 설명하고 있다.[6]

## 모호한 경계들

허위정보와 가짜뉴스의 사례들을 살펴보면 사실의 맥락 조작하기, 거짓된 연관성 제시, 사건의 중요성 부풀리거나 축소하기, 정파적 논평 섞어 넣기, 의견을 가장한 허위사실 주장, 수치화된 데이터의 왜곡 해석 등이 혼재되어 있다. 허위정보가 거리에 뿌려지는 조악한 홍보 전단지라면 무시할 수 있겠지만 실제로 모든 허위정보가 겉보기에 터무니없지는 않다. 허위정보를 단번에 알아채기는 쉽지 않다. 전통적 미디어가 만드는 정파적 뉴스와 왜곡된 시사 논평, 악의 없는 오보는 가까이에서 등을 맞대고 있다. 많은 웹사이트, 블로그, 검색엔진과 위키백과, 소셜미디어와 언론발 뉴스 등 모든 곳에서 진실은 거짓의 옆에 그림자처럼 붙어 있으며 그 경계는 모호하다.

'허위falsehood'는 어떠한 정보를 틀리게 표현하는 것이다. 이를테면 이해의 부족이나 착각에서 비롯되는 오정보misinformation, 그리고 사실 확인 절차 없이 보도된 '오보誤報'에는 실수로 인한 허위정보가 포함되어 있다. 매일 생산되는 뉴스에는 부정확한 정보 소스, 물리적 시간의 부족, 표현의 오류 같은 한계 때문에 불가피하게 오류가 수반되기도 한다. 반면 '날조fabrication'는 누군가 정보를 의도적으로 바꾸거나 없는 사실을 새롭게 덧붙이거나 데이터를 조작하는 행위다. 무심코 가짜뉴스를 공유하는 개인은 그 허위성을 모를 수 있다. 해악적 효과를 미치는 가짜뉴스는 늘 경제적·정치적 이해관계를 숨기고 있기 마련이다. 한편 비판적 보도의 과정에서 불가피하게 섞이게 되는 허위정보는 그 '의도'의 유무에서 가짜뉴스와는 구분된다. 이에 대하여는 7장에서 살펴볼 것이다.

교황 프란시스코는 '허위정보'를 "'정치적·경제적 이익'을 위해 소비자들을 속이고 조작하는 온라인 및 전통 미디어의 활동"이라고 정의했다. 그는 가짜뉴스는 에덴동산에 있는 이브를 속인 뱀과 같다고 비난했다. 불안, 경멸, 분노, 좌절과 같은 감정을 이용하여 사람들의 관심을 끌기 때문에 가짜뉴스가 효과적이라는 것이다.

그렇지만 "가짜뉴스는 뱀의 계략이고, 최고의 해독제는 진실"이라는 구분은 현실에서는 그리 유용해 보이지 않는다.[7] 풍자를 위한 허위, 공적 인물에 대한 비판적 의견, 증거가 불충분한 의혹 제기, 오보, 악의적 날조 사이의 경계가 흐릿하기 때문이다. 상대방을 속여 넘기는 장난, 농간, 괴담怪談을 의미하는 '혹스hoax'는 허풍, 풍자, 재미를 위한 농담이지 그 자체가 해악성 있는 불법적 발언은 아니다.

모든 형태의 부정확한 사실과 허위정보를 아우르는 하나의 단어는 '거짓lie'일 것이다. 중국 정부는 '유해 정보有害信息' 또는 '허위정보虛假信息'라는 넓은 개념을 사용하여 강력한 단속에 나서고 있다. 페이스북은 자사의 정책에서 '허위정보'라는 용어를 사용하지만 플랫폼에 올라오는 모든 게시물이 진실일 필요는 없다는 입장이다. 이런 상반되는 입장은 표현의 자유에 대한 인식 차이에서 비롯된다. 가짜뉴스를 막기 위한 각국의 규제는 규제 문화에 따라서 현저한 차이가 발견된다. 중국, 태국, 러시아, 터키, 이란 등은 허위발언과 악소문 등을 차단하는 권위주의적 통제를 실시하지만, 미국 연방대법원은의도적 허위발언이라도 표현의 자유로서 허용된다고 보며 그 해악성이 분명한 경우에만 규제가 가능하다는 입장을 유지하고 있다.


### 허위정보는 누가 만드나?

정보의 파편은 소셜미디어, 앱, 블로그, 카카오톡을 순식간에 넘나들면서 대중의 관심을 낚아챈다. 따라서 가짜뉴스에서 '뉴스'라는 용어는 현재 온라인에서 벌어지는 허위정보전쟁의 양상을 보여주기에는 부족하다. 대중의 인식을 오도하는 정보, 고의적 왜곡 보도는 정파적 언론사가 만들어내지만, 포털 뉴스의 하단에 달리는 댓글, 비공식적 소문, 유튜브 방송, 허위정보를 담아서 대량으로 퍼지는 정치 프로파간다는 굳이 뉴스로 보도될 필요는 없다.

가짜뉴스 현상은 모바일 소셜미디어의 부상, 매스미디어의 영향력 감소, 미디어 파편화 현상을 반영한다. 따라서 미디어 생태계에서 저널리즘의 위기를 초래하는 요인으로만 여기기보다는 정보 생태계 차원에서 거시적으로 바라볼 필요가 있다. 언론을 사칭하는 누군가가 뉴스의 외형으로 허위정보를 섞어 넣어 말썽을 일으키고 뉴스 저널리즘의 신뢰성을 떨어뜨리는 문제로만 본다면 중요한 측면을 놓치는 것이다.

오늘날 전통적 미디어와 소셜미디어를 관통하는 '가짜뉴스 현상'의 요체는 상업적·정치적 목적에서 '관심시장attention market'을 차지하기 위해 벌어지는 치열한 정보전쟁이라고 할 수 있다. 여기에는 광고 노출로 인한 금전적 수익, 여론전의 승리 또는 정치권력이 걸려 있다. 편파적인 논평을 올리는 정치 블로그와 유튜브 채널, 선동가형 정치인, 클릭을 유도하는 가짜뉴스 웹사이트, 여론의 흐름을 조작하려는 댓글 요원, 돈을 받고 프로파간다를 수행하는 트롤링 부대, 딥페이크의 생산자도 정보 생태계의 행위자들이다.

그렇지만 가짜뉴스 현상은 메신저로 정치적 의견이나 허위정보를 주변에 퍼뜨리는 개인들의 일탈이나 시사 이슈를 다루는 유튜브 채널 때문에 생겨나는 것만은 아니다. 거짓을 일삼는 정치인들, 저널리즘의 가치를 잊은 정파적 언론, 광고 수익을 노리는 낚시성 기사들도 허위정보의 생산자다. 맥락을 자의적으로 윤색한 정파적 뉴스는 익명의 허위정보에 비해 효과면에서 더 강력하다. 국내 설문조사 결과 '뉴스 기사 형식으로 날조한 가짜뉴스'보다는 '사실 확인 부족으로 인한 언론 오보'를 더 심각한 가짜뉴스로 여기고 있었다.[8] 그럼에도 언론이 소셜미디어의 개인들을 가짜뉴스의 몸통으로 규정짓는 것은 자기 눈 안의 들보는 보지 않으려는 행위다.

일부 언론사가 눈 깜짝하지 않고 편향된 뉴스를 쓰고, 사건의 실체를 입맛대로 각색하고, 특정 정치인에게 부정적 인상을 뒤집어씌우는 모습을 우리는 너무나 많이 보아왔다. 나중에 진정한 사실이 밝혀져도 이미 나간 기사를 자발적으로 수정하거나 바로 잡는 경우는 극히 드물다. 이런 사정을 보면 언론이 자신의 과오는 덮어버리고 가짜뉴스를 언론계 밖 현상으로만 간주하는 것은 곤란하다.

많은 사람들이 주고받는 커뮤니케이션 과정에는 진실한 정보뿐 아니라 의도적 악소문, 거짓, 과장, 특정인을 향한 음해, 알려진 사실에 덧입힌 허위정보도 시끌벅적하게 오가고 있다. 분노 감정을 유도하는 선동, 사실의 날조, 왜곡하는 전언傳言, 증오심 부풀리기는 고대부터 정치적 발언의 일부분이었다. 이러한 행위는 인간 내면의 어두운 속성과 욕망을 그대로 보여주었다.

요컨대 허위정보는 인쇄시대 이전부터 권력투쟁과 '정보전쟁'의 수단이었으며 열광, 집단 히스테리, 맹목적 증오, 집단행동, 폭력의 승인, 불신은 프로파간다가 원하는 반응이었다. 허위정보와 거짓말 전략은 오늘날 디지털 기술과 만나면서 그 영향력이 극대화되고 있을 뿐이다.


### 무엇을 노리는 것일까?

허위정보 캠페인은 '진짜 뉴스'를 '가짜뉴스'라고 매도하고 신뢰할 만한 정보를 공격한다. 그 결과 많은 사람이 넌더리를 내며 "어떤 소스도 믿을 수 없어. 뉴스는 믿을 게 못 돼"라고 외치게 만드는 것이 목표다. 이런 정서가 널리 퍼지면 제대로 된 언론이 정치적 문제를 공론화해도 그 보도의 권위는 추락하고 모든 민주적 기관에 대한 대중의 신뢰는 약해진다. 소셜미디어와 포털 사이트는 허위정보의 전략적 타깃이 되었다. 얼굴 없는 은밀한 프로파간다 활동에는 선거 캠페인 조직, 정당 외부조직, 권위주의 정부, 적대국의 정보기관, 컨설팅 회사까지 뛰어들고 있다. 허위정보로 대중을 선동하여 통해 정치적 기반을 얻으려는 정치인들이 정치 프로파간다의 힘을 외면하기란 어렵다. 가짜뉴스는 근거 없는 믿음을 반복적으로 불어넣고 편향적 관점을 학습시킨다. 정치적 뉴스 소재를 다루는 전문가나 대변인들은 동일한 정치적 이슈나 발언을 어떻게 트집 잡고 윤색해야 상대를 불신하게 만들고 분노 감정을 유도할 수 있는가를 충분히 잘 알고 있다.

어떤 국가에서는 유권자의 판단이 왜곡되지 않도록 민주주의를 지켜가기 위해 가짜뉴스를 막을 방법을 고심하지만, 어떤 국가에서는 친정부 집단이나 정부기관이 동원되어 가짜뉴스와 허위정보를 퍼뜨려 정치 프로파간다를 수행한다. 만일 정부기관이 동원되어 여론을 조작하면서도 가짜뉴스 규제의 필요성을 역설한다면, 그것은 대단히 이율배반적인 일일 것이다.

특히 개발도상국가들은 가짜뉴스와 선동가형 정치인이 뿌리는 허위정보에 취약하다. 선거전에 즈음하여 부패한 집권당이 나서서 대규모 흑색선전을 펼치고 허위정보를 소셜미디어, 댓글, 공개 게시판에 살포하는 사례도 흔하다. 확실한 강자 없이 혼란이 지속되는 선거구에서는 민감한 이슈에 대한 허위정보를 살포해 상대 후보자에게 불신과 거부감을 품게 만들면 선거 결과가 뒤바뀔 수 있다.

중립적이고 객관적인 뉴스 보도는 대중에게 판단의 준거를 제시할 뿐 아니라 정치적 진실과 투명성을 유지하는 기초가 된다. 그렇지만 언론의 자유와 감시 기능이 사라지고 쿠데타가 벌어지거나, 권위주의적 정부와 대립하는 무정부 상태의 혼란이 이어진다면 믿을 만한 뉴스 정보는 유통되기 어렵다. 통제되는 관제 언론과 시민들이 비판적 의견을 올리는 소셜미디어가 격렬하게 대립하는 모습은 케냐, 터키, 튀니지 등에서 발견된다. 서로가 서로를 가짜라고 손가락질하기 때문에 정치적 혼란은 가중되고 있다.

신뢰받은 저널리즘이 뿌리내리지 못한 나라들에서는 유언비어나 허위정보를 둘러싸고 진실 공방이 벌어질 때 그 판단권을 정부기관이 가지고 있다. 반정부 시위대는 부당함에 맞서서 진실을 외친다고 믿지만 정부의 공식 발표는 그것을 근거 없는 헛소리이자 유해한 가짜뉴스라고 규정할 수 있는 것이다. 비록 도덕적 정당성이 없더라고 권력자는 무엇이 허위인가를 발표할 수 있으므로 소셜미디어 오가는 목소리 따위는 무시하면 그만이다. 이런 '공적 권위'의 남용은 민주주의를 퇴보시키는 결과를 가져왔다.

　가짜뉴스와 허위정보가 사회마다의 특수한 여건 속에서 장기간 내면화되어온 정치적 신념, 불신, 두려움, 분노 감정을 일깨우는 데 집중되는 모습은 미국과 유럽 국가들뿐 아니라 국내에서도 발견된다. 선거철이면 정치인, 정파적 언론들은 논쟁적 이슈들에 대해 비판의 수위를 높이고, 상반되는 프레이밍을 전개하여 정치적 지지를 끌어 모은다. 네거티브 공세에는 가짜뉴스를 동원한 흠집 내기, 터무니없는 비난, 프레임 나누기가 어김없이 등장한다. 가짜뉴스가 노리는 소재는 갈등적 사안에 대한 반목이나 사회 분열과 연결되어 있는데, 그것이 무엇인가는 국가마다 약간씩 다르다. 미국 내에서 정치적 대립이 계속되는 뜨거운 논쟁점들은 부자 감세, 총기 규제, 불법 이민자 정책, 낙태 금지, LGBT 등 소수자 정책, 최저임금, 오바마케어ACA(전 국민건강보험법)의 적용 범위 등이다.

　국내에서 유포되는 허위정보는 북한 관련 안보, 지역감정, 5·18 역사왜곡, 최저임금 등 경제 정책, 태블릿 PC 조작설, 대북 정책에 대한 불신과 연결되어 있다. 예컨대 "정부가 북한에 쌀을 무상으로 지원해서 쌀값이 올라갔다"라는 뉴스는 종북좌파 프레임을 의도한 사례다. 부풀려진 허위정보에 대한 적극적 동조, 불신, 거부를 결정하는 가늠자는 수용자 집단 내에 고착화된 가치체계 또는 정치적 이해관계였지 이성적 사고가 아니었다.


## 미국의 가짜뉴스 논쟁

　미국에서 가짜뉴스는 뉴스 풍자news satire, 뉴스 패러디news parody를 의미했다.[9] 〈데일리 쇼The Daily Show〉는 정치 풍자를 전문으로 하는 코미디 방송이고, 〈어니언 뉴스The Onion News〉는 재미를 위해 가짜로 시사 뉴스를 만든다.[10] 가짜뉴스는 진짜 사진이나 비디오를 이용하여 가짜 이야기를 조작하는 행위를 뜻했다. 예컨대 파크랜드 총격 사건의 생존자 엠마 곤잘레스Emma González가 총기 규제를 요구하면서 미국 헌법전을 찢는 사진이 소셜미디어에 떠돌았지만, 실제로 그녀가 찢은 건 사격용 과녁판이었다.[11]

2016년 미국 대선에서 프란치스코 교황이 도널드 트럼프Donald Trump 후보를 지지했다는 가짜뉴스가 나오자 유권자를 조종하려는 정파적 뉴스와 허위사실 날조fabrication에 대한 경계심이 높아졌다. 그렇다면 누가 진실을 무시하고 대중을 거짓으로 오도하고 민주주의를 파괴하는 주범일까?

미국 정치계와 미디어 생태계에서 지속되는 가짜뉴스 논쟁에는 크게 네 가지 풍경들이 있다. 첫째, 트럼프가 불신하는 '가짜뉴스'는 CNN,《뉴욕타임스》,《워싱턴포스트》, MSNBC,《TIME》, NBC NEWS 등 비판적 언론사를 향한 공개적 비아냥거림이다. 그는《뉴욕타임스》발행인과의 대담에서 자기가 '가짜뉴스'라는 단어를 유행시켰다는 자부심까지 드러냈다.[12] 그러나 언론의 눈에는 트럼프야말로 거짓을 일삼는 선동가demagogue이자 가짜뉴스 공장이다.

둘째, 폭스뉴스Fox News 등 보수 언론과 진보 언론은 서로를 향해 가짜뉴스 생산자라고 공세를 퍼붓는다. 이는 5장에서 자세히 다룰 것이다. 한편으로는 뉴스의 정확성을 검증하는 팩트체크 저널리즘이 자리를 잡아가고 있다.[13]

셋째, 러시아, 이란 등 잠재적 적국이 미국 대선에 개입하려고 소셜미디어에서 정치 광고를 구매하거나, 여론에 영향을 미치려는 허위정보 활동이다. 냉전시대에 매스미디어에서 실행되었던 프로파간다는 디지털 기술로 무장하고 국제정치의 무대에 복귀했다. 프로파간다를 통해 다른 나라의 정치 이슈와 선거전에 개입하고, 민족주의적 분노를 부추기는 '라이크워LikeWar'가 시작된 것이다.

넷째, 페이스북 등 소셜미디어에 올라온 링크들을 클릭할 때 연결되는 가짜뉴스 웹사이트들이다. 대부분의 언론은 가짜뉴스 문제의 원인을 소셜미디어의 허위정보와 가짜 웹사이트로 돌린다. 마케도니아에서 만들어진 가짜뉴스 웹사이트들은 돈벌이를 목적으로 2016년 미국 대선 무렵 날조된 정치 뉴스를 시의적절하게 쏟아내어 클릭을 유도했다. 힐러리 클린턴Hillary Rodham Clinton이 아동 성매매 조직을 운영한다는 뉴스를 믿고 피자 가게에 들이닥쳐 총을 쏘아댔던 '피자게이트Pizza Gate'에서는, 위키리크스에 공개된 이메일이 가짜뉴스의 재료가 되었다. 그 이후 신문·방송은 가짜뉴스 현상의 원인을 소셜미디어의 허위정보와 가짜 웹사이트 탓으로 돌리고 있다.

가짜뉴스에 대한 책임을 비언론인과 온라인 소셜미디어로 떠넘기는 주류 언론의 모습은 수건돌리기 놀이와 비슷하다. 국내에서도 보수·진보 언론은 팩트체킹을 두고 옥신각신하고, 소셜미디어와 유튜브를 떠다니는 거짓 정보를 문제의 몸통으로 여기는 듯하다. 정파적 뉴스 보도로 지탄을 받는 몇몇 언론사는 오히려 가짜뉴스의 해악성을 우려하는 기사를 올림으로써 진실의 수호자를 자처한다. 그 모습은 선정적 가짜뉴스를 신문에 버젓이 실으면서 신문의 공정성을 강조했던 1920년대 랜돌프 허스트Randolph Hearst의 선수 치기 전략을 연상시킨다. 이처럼 역사는 반복되는 것이다.

런던정경대학교LSE의 미디어 학자 데이미언 탐비니Damien Tambini는 '가짜뉴스'라는 용어를 사용할 때 누가 이익을 얻는가 주목하라고 강조한다.[14] 상대방의 목소리를 가짜라고 규정하는 것은 자기 발언의 정당성을 확보하려는 프레이밍이다. 상대방을 가짜라고 규정해서 이득을 보는 경우는, 첫째로 상대방 주장의 정당성을 훼손하려고 '가짜뉴스'로 규정하는 '포퓰리스트populist'다. 언론을 가짜뉴스로 규정하는 정치인은 미디어에 대한 불신을 통해서 자기주장을 합리화한다.

둘째는 선거에서 패배한 이유가 가짜뉴스가 여론을 조작했기 때문이라고 주장하는 '역사적 패배자'다. 그들은 진실은 따로 있지만 어떤 세력에 의해 좌우되는 미디어가 진실을 가린다고 믿는다. 셋째는 대안적 언론의 보도를 가짜뉴스로 규정하고 자신만이 신뢰할 만한 언론이라고 자처하는 '주류 언론계legacy media'다.[15] 미국이나 국내 언론사들은 익명의 개인들이 만들어서 소셜 미디어에 올리는 허위정보나 가짜뉴스 사이트에 떠도는 뉴스들을 강하게 비판하는 기사를 자주 내놓는다. 그렇게 하면 가짜뉴스의 책임을 언론계 외부로 돌릴 수 있다고 생각하는 듯하다.

### 허위정보의 유형들

글로벌 조사 저널리즘 네트워크GIJN는 가짜뉴스를 막기 위한 교육 자료를 공개하면서 가짜뉴스를 여섯 가지 유형으로 구분했다. 그리고 각 유형별로 뉴스의 정확성을 판단할 수 있는 지침을 제공했다.[16]

- 사진 조작: Google 리버스 검색 같은 도구를 사용하여 확인한다.
- 영상물로 속이기: 영상물을 면밀히 검토하고 원본 비디오를 찾는다.
- 사실 왜곡: 기만적인 헤드라인, 사실로 제시된 의견, 왜곡, 구성 사실 및 소홀한 세부사항을 살펴본다.
- 허위 전문가: 뉴스를 쓴 사람의 자격 증명 및 진술을 확인한다.
- 미디어 인용: 주류 매체를 참조하여 얻었다는 허위주장에 주의한다.
- 데이터 조작 : 데이터를 얻은 방법론, 질문 등을 살펴본다.

이 책이 다루려는 가짜뉴스와 허위정보도 사실 왜곡, 데이터 조작, 사진 조작, 가공의 허위 전문가에 의한 거짓을 포함한다. 그렇지만 그 목적에 따라서 나누자면 유형은 크게 네 가지다. 첫째는 자극적 제목으로 노출시켜 클릭을 유도해서 광고 수익을 얻는 가짜뉴스다. 이런 가짜뉴스는 크게 늘어난 디지털 뉴스 소비, 온라인 광고시장의 수익 구조, 소셜미디어 플랫폼 이해관계를 떼어놓고 생각하기 어렵다. 어떻게든 클릭을 많은 받기만 하면 광고 노출 수익이 증가하는 '관심경제attention economy'에서 가짜뉴스는 수익사업으로 여겨진다. 눈길을 끄는 헤드라인을 알맹이 없는 기사 제목에 붙여 클릭을 유도하는 관행은 1890년대 미국의 거리에서 팔리던 싸구려 '페니프레스penny press'를 연상시킨다.

가짜뉴스 사이트, 워드프레스, 블로그에 글을 올린 다음에 가짜 계정들을 이용해 트윗이나 페이스북 뉴스피드에 링크로 뿌려지는 가짜뉴스들은 악순환의 고리를 만든다. 그러나 소셜미디어 플랫폼에는 정보의 진위를 걸러내는 필터링 기능이 없다. 어둠의 경로에서 구입 가능한 많은 가짜 계정들, 익명성, 필터링의 부재는 허위정보를 전파하는 데 그야말로 완벽한 환경을 제공한다.

두 번째로 정치적 여론의 향방을 인위적으로 이끌기 위한 '온라인 프로파간다'는 가짜뉴스의 무기화weaponizing로 요약된다. 정당의 외부조직, 적대국의 첩보기관, 선거 캠페인을 돕는 자원봉사자, 돈을 받는 홍보 회사들도 정치 프로파간다에 뛰어들고 있다. 이때 사용되는 허위정보는 비공식적인 뉴스의 파편들이 많다. 대중의 감정과 인식에 영향을 주고 여론의 방향에 영향을 미칠 수 있는 허위사실이면 충분하다. 선거 캠페인 즈음에는 부정확한 정보, 허위적 논평이 끝없이 생산되어 퍼져나간다. 익명의 온라인 정보전쟁은 선거철이면 과열되는 양상을 보인다. 프로파간다는 외주화되고 있다. 돈을 받고 허위정보를 주입하는 홍보 회사들은 데이터 과학자들을 고용하여 고도의 타깃팅 전략을 선보인다.

세 번째는 알고리듬, 봇넷botnet 등 허위정보를 생산하고 전파하는 수단으로 활용되는 자동화 기술이다. 데이터 과학을 동원한 컴퓨테이셔널 프로파간다computational propaganda는 적은 비용으로도 더 광범위하게 허위정보를 전달할 수 있다. 딥러닝 기술이 만든 가짜 영상 딥페이크deepfake, 음성 모방 소프트웨어, 사용자 데이터를 분석하여 만드는 타깃화된 정치 광고는 가짜뉴스 현상을 심화시킬 것이다. 이제 허위정보를 대량으로 생산하여 뉴스 정보의 흐름 속에 주입하는 일은 많은 사람을 동원하지 않고도 극소수에 의해 가능해질 것이다.

네 번째는 광우병 보도, 기후변화, 백신 접종 거부, GMO 식품 등 '과학적 위험성'을 다룬 뉴스들이다. 전형적으로 문제시되는 뉴스들은 부정확한 과학적 사실을 성급하게 단정하고, 과학연구의 실험조건을 간단하게 무시하며, 인체 위해 가능성을 부풀린다. 어떤 뉴스는 과학적 사실의 불확실성을 전제하지 않고 위험성을 섣불리 단정하여 대중의 공포를 자극한다. 이런 문제는 의도적 날조가 아니라, 대부분 과학적 문해력 부족에서 비롯된다.


## 가짜뉴스에 대한 몇 가지 질문들

이 책은 몇 가지 질문에서 시작되었다. 인류 문명사에서 가짜뉴스는 어떤 목적에서 생산되었고 어떻게 살아남았을까? 인류 역사에서 등장했던 가짜뉴스의 공통적 유인과 소비 패턴은 무엇일까? 가짜뉴스의 증폭과 확산은 정파적 언론의 문제일까, 아니면 뉴스 정보가 유통되는 소셜미디어 플랫폼과 포털 사이트가 더 중요한 역할을 하는 것일까?

얼굴 없는 트롤링 기업, 정보기관, 매크로 프로그램, 트윗봇이 쉴 새 없이 허위정보를 퍼뜨리는 시대에 과연 '사상의 자유시장'과 개방적 공론장이 작동하리라는 기대는 유지될 수 있을까? 발언자의 신원마저 속일 수 있는 머신러닝 기술의 발전 속에서 뉴스의 유통과 자연스러운 공적 토론을 통한 여론 형성은 지속될 수 있을까?

익명의 행위자들이 온라인에서 허위정보를 뿌려대 유권자의 의사가 왜곡되고 정보 생태계가 혼탁해진다면 규제론이 부상하게 된다. 가짜뉴스의 규제와 관련하여 검토할 질문들은 다음과 같다. 주관적 의견, 풍자, 정당한 이유가 있는 오보는 위법하지 않으며 해악적 허위정보와 다르게 다루어져야 한다. 그런데 그들 사이에 분명한 경계는 어디일까? 풍자적 표현을 악의적 날조와 구분하고, 오류가 섞인 비판을 고의적인 사실 왜곡과 구분할 수 있을까? 의도적인 사실 왜곡과 허위발언도 '사상의 자유시장'에서의 경쟁에 포함시켜야 할까? 어느 정도의 해악성이 있어야 불법으로 다루어지는 것일까? 유튜브, 소셜미디어, 포털 사이트는 가짜뉴스 규제를 집행할 수 있는 공간이 되어야 할까? 머신러닝 알고리듬과 팩트체킹 활동으로 가짜뉴스를 과연 어디까지 가려낼 수 있을까? 온라인 광고 수익이나 트래픽을 증가시키고 정치적 관점을 오도하려는 가짜뉴스는 의도적 허위false를 담고 있기에 '실수'나 '오보'와는 차이가 있다.

만일 가짜뉴스를 규제하자는 공감대가 형성된다고 해도 무엇이 과연 '허위'이고 누가 그 해악성과 위험성의 수준을 판단하느냐 하는 것은 어려운 숙제임이 분명하다. 규제될 필요가 있는 악의적 허위정보는 무엇이고 누가 어떻게 그것을 판단해야 할까? 어떤 뉴스가 위험하고 어떤 정보가 허위인가를 판단할 수 있는 권한을 가진 기관은 뉴스 정보 흐름을 제한할 수 있는 '절대반지'를 끼게 되는 셈이다.

가짜뉴스 규제가 기준이 모호하거나 범위가 지나치게 넓다면 뉴스 콘텐츠 유통에 상당한 제약을 줄 것이다. 그렇다면 공적 사안에 대한 토론과 비판을 위축시키고, 표현의 자유를 저해할 수 있다. 그럼에도 가짜뉴스와 날조된 허위정보가 '사상의 자유시장'을 시장실패로 이끌도록 두어서는 안 된다는 주장도 주목을 받고 있다. 그러나 표현행위에서 '의견'과 '사실 적시'를 구분하기는 쉽지 않고, 의도적이고 악의적으로 허위정보를 끼워 넣는 가짜뉴스와 비판을 위한 보도 과정에서 정보의 제약 때문에 발생하는 오보는 구분하기 어렵다.

정당한 이유가 있다면 허위사실을 일부 담은 언론 보도에 법적 책임을 묻지 않는 대법원 판결, 불온통신을 금지하는 규제를 위헌으로 판단한 헌법재판소 결정은 가짜뉴스의 규제에 대한 중요한 가이드라인을 주고 있다.[17]


## 미디어 기술의 변화

가짜뉴스는 인쇄시대 이전에는 어떤 모습이었고, 인쇄술의 보급 이후에 어떻게 변모했을까? 정보 생태계의 모습은 시대에 따라서 달라졌고 이 변화는 가짜뉴스의 배포 방식에도 영향을 미쳤다. 정보 생태계의 극적 변화를 가져온 두 가지 사건은 인쇄술의 발명과 인터넷 접속이었다. 고대에는 구전, 점토나 파피루스 같은 재료에 새겨진 문자를 통해 정보를 전달할 수 있었다. 정보의 취득과 권력의 관계는 밀접했다. 새로운 정보는 황제, 파라오, 종교 지도자 및 군대의 장군에게 전달되었다. 인쇄기가 발명되기 전까지 양피지나 책은 특권층의 전유물이었으며, 대부분의 뉴스 정보는 입을 통해 전달되었다. 웅변술과 연설은 정보의 전달이나 공적인 토론이 아니라 대중의 '설득'에 사용되었다.

지배층은 글을 읽지 못하는 농노들에게 그럴듯한 설명을 늘어놓아 지지를 얻었고 순종적 행동을 유도했다. 대중은 대상화되었고 정보의 진위에 대한 판단력은 부족했다. 그 당시 신화, 영웅의 이야기는 지배의 정당성을 부여했고 정치적 질서를 유지하는 데 필요했다. 허위정보를 이용한 정보전쟁은 인쇄 기술이 보편화되기 이전부터 시작되었지만 매우 높았던 문맹률 때문에 글을 통해 전달되는 가짜뉴스는 지식인 층에 한정되었다. 농노들이나 시민들에게는 유언비어와 소문이 구전되었다. 인쇄 기술이 보급된 이후에는 허위정보의 전달에 팸플릿이 활용되었다. 옐로 저널리즘의 시대를 거쳐, 냉전시대와 전쟁 시기에는 정부가 주도하는 프로파간다와 정보 심리전도 행해졌다. 요컨대 15세기 무렵까지는 가짜뉴스나 허위정보를 통해 정치적 이익을 도모하거나 여론의 흐름을 좌우하려 했던 자들은 교육을 받은 소수의 지배계층에 국한되었다.[18]

인터넷이 등장하기 전에는 뉴스와 정보를 대중에게 매체를 통해 확산시키는 수단이 인쇄물, 라디오, TV, 신문 등 매스미디어에만 한정되어 있었다. 권위주의 시대에는 언론은 정치권력과 결탁하여 가공의 위협을 부풀려 지배의 정당성을 제공했다. 권력자, 정부기관, 광고주는 언론의 뉴스 보도를 통제하고 보도의 논조까지 결정할 수 있었으므로 문제되는 허위정보의 형태는 조악한 수준의 유인물, 팸플릿, 유언비어, 입소문뿐이었다.

많은 국가에서 검열제는 장기간 유지되었다. 신문에 비판적 의견을 실으려면 편집자의 손을 거쳐야만 했고 의견 광고에는 비용이 들었다. 이런 구조에서는 개인들이 허위정보나 오정보를 생산하거나 널리 전달하기 어려웠다. 국내에서는 1980년 5월 신군부가 전격적으로 실행에 옮긴 'K-공작계획'은 46개 언론사를 폐간시키고 경영권을 빼앗았다. 언론 자율정화를 위한 결의문이 반강제적으로 발표되던 시절이었다. 서슬 퍼렇던 감시의 시대에는 허위사실로 흥미를 자극하는 뉴스 헤드라인은 상상하기 어려웠다. 그렇지만 한편으로 정치권력의 이해관계와 결탁한 신문·방송사들은 '언론 공작'을 충실히 실시했다. 일부 언론사들은 뉴스의 조작을 통해 여론을 장악하고 정권을 창출할 수 있다는 자신감까지 내비쳤다. 안전기획부가 주도한 '북풍北風'은 1990년대를 전후하여 선거 때마다 등장했다. 북한이 안보를 위협하는 도발을 했다는 뉴스는 국민들을 긴장시켰기 때문에 선거에서 보수파 정치세력을 확실하게 지원했다. 북풍은 공포를 부추기는 여론 조작이었다는 점에서 정치 분야 가짜뉴스와 그 효과가 비슷했다.

TV 방송이나 신문 지면으로 대부분의 뉴스가 전달되던 시대가 지나고 인터넷 접속이 가능해지면서 상황은 크게 달라졌다.[19] 1990년 중반 웹브라우저가 데스크탑 컴퓨터에 보급되기 시작하던 무렵을 돌아보면 월드와이드웹은 드넓은 초원에 막 돋아나기 시작한 풀들과 같았다. 사람들은 Yahoo!에 접속해 검색하고, 이메일 계정을 만들어 명함에 넣기 시작했다. 온라인에서 뉴스 정보가 공유되는 속도는 그리 빠르지 않았고 여전히 신문과 방송은 영향력을 유지했다. 모바일 인터넷으로 접속하는 웹페이지의 로딩은 무척이나 느렸고, 소셜미디어 플랫폼은 없었다. 폴더형 2G 핸드폰이나 PCS 폰은 통화용이었지 인터넷 접속, 동영상 링크의 전달, 엄청난 기능을 갖춘 앱을 위해 사용되지 않았다. 지정한 시간마다 자동으로 팔로워들에게 포스팅을 전달하는 트위터봇 Twitter bot은 아예 존재하지도 않았다. 그러나 개인들은 월드와이드웹을 통해 뉴스 정보를 얻고, 세계를 향해 의견을 공개할 수 있는 혁명적 채널을 가지게 되었다. 정치적 의견, 농담, 일상적인 이야기, 유용한 뉴스 정보, 혹스, 허위정보 등을 누구에게나 전달할 수 있는 온라인 발언대가 열렸다. 허가 없이는 출판 자체가 금지되었던 16세기 잉글랜드와는 상황이 판이하게 달랐다.

## 사라진 게이트키핑

2000년대 초반 모바일 인터넷, 소셜미디어, 거대 디지털 플랫폼의 등장은 초창기 인터넷 환경을 바꾸어놓았다. 개인의 발언이나 허위정보를 유포하는 것은 매스미디어 시대나 초창기 인터넷에 비해서 쉬워졌다. 자신을 드러내지 않고도 트위터나 페이스북으로 즉석에서 소문과 허위정보를 뿌려댈 수 있다. 굳이 신문에 기고하거나, 방송사 기자들과 접촉하거나, 인터뷰를 통해 TV 뉴스에 보도되도록 만들 필요도 없다. 전통적 언론사는 보도를 하기 전에 뉴스 정보들 사이에 중요성을 판단하고 경영학적 판단에 따른 선택을 했다. 그러나 포털 사이트와 앱을 통한 뉴스 큐레이션의 시대가 시작되자 게이트키핑 gatekeeping개념도 바뀌기 시작했다.

유튜브 개인 방송이나 소셜미디어에 올라오는 포스팅은 팩트체킹이나 게이트키핑을 거치지 않는다. 그러자 정치적 여론을 조종하려는 목적으로 허위정보를 소셜미디어에 뿌리거나 트래픽을 유도하여 광고 수익을 얻으려고 거짓 뉴스가 난무하기 시작했다. 정보 필터링 기능이 없는 플랫폼은 누구든지 허위정보를 대량으로 퍼뜨려서 그 가시성을 부각시킬 수 있는 완벽한 환경을 제공하고 있다. 플랫폼의 이러한 역할은 증폭기amplifier라고 할 수 있다. 비공식적 뉴스 정보라고 할지라도 흥미를 끌 수 있다면 온라인 커뮤니티 게시판, 포털 사이트의 댓글, 카카오톡, 트윗, 뉴스피드의 형태로 퍼져나가게 되었다. 배포 비용도 거의 들지 않는다.

소셜미디어와 포털 사이트의 댓글에 떠도는 감정적 반응, 분노를 유도하는 정치적 주장, 일련의 사건들을 그럴듯하게 연결한 음모론이나 '썰說'은 주관성subjectiveness을 가질 수밖에 없다. 막연한 미확인 정보들은 디시인사이드, 일간베스트, 에펨코리아 등 온라인 커뮤니티 게시판이나 소셜미디어를 통해 퍼져 나간다. 그러나 그 뉴스 정보의 진위를 객관적으로 판단하거나 걸러내는 통제소는 전혀 없다. 뒤늦게 글쓴이가 스스로 오류를 깨닫고 게시판이나 소셜미디어에 원래 글이 잘못된 허위라고 밝히거나 해명을 하더라도 애초에 정보가 퍼져 나갔던 수많은 경로로 다시 진실한 정보가 전달되지는 않는다.

언론사의 뉴스룸이나 데스크에 의한 정보 필터링도 확실한 것은 아니다. 엄밀한 검증 절차를 거쳐야 한다는 기준에만 묶여 뉴스 소재를 무시한다면 타사와의 속보 경쟁에서 뒤처지게 된다. 데스킹 없이 취재기자 판단에 따라 송고하도록 재량이 부여되자 부정확한 내용의 기사와 선정적 제목의 보도가 늘어났다.

## 정보의 바벨

호르헤 보르헤스Jorge Borges는 천국이 있다면 그것은 아마 도서관일 것이라고 말했다. 그의 짧은 소설『바벨의 도서관』에는 무한히 쌓인 탑 모양의 건물에 각 층마다 책이 빽빽하게 꽂힌 책장과 서서 잠들 수 있는 침대가 있다. 지식이 무한대로 펼쳐지는 바벨의 도서관은 무한수로 된 육각형의 방들로 구성되었다. 육각형 진열실의 벽마다 다섯 개의 책장이 놓여 있다. 각 책장에는 똑같은 모형의 책 32권이 꽂혀 있다. 책등에도 글자가 쓰여 있지만 책이 어떤 내용인가를 말해주지는 않는다. 어떤 책은 단 한 줄의 타당성 있는 말을 위해 무의미한 중언부언, 앞뒤가 안 맞는 말, 뒤죽박죽 부호를 길게 늘어놓고 있다. 도서관은 정보의 우주를 의미한다.[20]

바벨의 도서관에는 모든 책이 있고 정보의 우주는 무궁무진한 가능성을 내포한다. 세상에 존재할 수 있는 모든 단어를 조합하여 정렬된 도서관의 책들 속에는 무의미한 단어들이 뒤죽박죽 섞여 나타나기도 한다. 그 속에서 내가 원하는 정확한 진실을 찾을 수 있을까?

정보의 우주를 상징하는 바벨의 도서관에서 사람들은 원하는 정보의 위치를 파악할 수 없는 시스템에 좌절하면서도 정확하고 완벽한 지식의 가능성을 갈구한다. '바빌루Balbliu'는 '신에게 이르는 문門'이지만 히브리어로 '바벨Balbel'은 '혼란'을 의미한다. 모든 정보는 분명히 도서관 안에 있지만 내가 원하는 정보는 찾을 수 없기에 혼란스럽다. 누군가는 책 들춰 보기를 멈추고 차라리 글자들을 이리저리 맞춰보자고 제안했다. 누군가는 불필요한 책들을 아예 없애는 편이 지름길이라고 외친다.

『바벨의 도서관』은 무한한 정보 생태계의 절묘한 비유가 분명하다. 과잉 생산된 정보들 속에는 무의미한 잡설, 잘못된 정보, 허위정보, 사상으로서 가치가 없는 정보가 더욱 많다. 보르헤스는『바벨의 도서관』을 월드와이드웹이 발명되기 50여 년 전인 1941년에 썼다. 도서관의 광활함, 정보를 가진 책들은 월드와이드웹으로 만들어진 무한한 정보의 우주를 투사한다. 정보가 적힌 책들은 웹페이지이고, 엉터리 속임수나 무의미한 활자, 날조가 아닌 정확한 정보를 찾기 위해 웹페이지를 옮겨 다니는 우리의 모습은 중력이 없는 무한대의 바벨 도서관 속을 유영하는 것과 같다.

제임스 글릭James Gleick은 넘쳐나는 정보 과잉에 대한 대응 전략이 검색 search과 필터링filtering으로 압축된다고 설명했다.[21] 검색엔진의 알고리듬은 관련성 높은 디지털 정보를 바벨의 도서관 구석에서 찾아내어 순식간에 눈앞에 대령한다. 페이스북 플랫폼의 알고리듬이 골라서 뉴스피드에 보여주는 뉴스 정보도 마찬가지다. 즉, 검색엔진과 플랫폼에 적용된 알고리듬은 언론이나 개인들이 생산하는 수많은 뉴스 가운데 어떤 뉴스를 노출할 것인가를 결정한다.

검색엔진이 쿼리에 응답하여 보여주는 링크들, 페이스북 뉴스피드 등 뉴스 큐레이션이 골라주는 뉴스는 스마트폰을 거쳐 손안으로 들어온다. 웹에 접속할 수 있다면 바벨의 도서관은 그리 멀리 있지 않다. 바벨 도서관으로 비유되는 웹과 정보를 찾는 '나' 사이에 필터링과 검색이 놓여 있다. 검색엔진의 알고리듬은 알라딘의 마법의 램프에서 빠져나온 지니Genie처럼 무엇이든 찾아오지만 그 실체는 '관련성' 높은 링크를 노출하는 기계적인 방식에 불과하다. 다시 말해 알고리듬은 결과값으로 나열한 뉴스 정보가 진실인지 허위인지 정확하게 추론하지는 못한다.

소셜미디어 플랫폼 운영자는 가능한 한 많은 사람이 머물면서 뉴스를 읽고, 댓글을 달고, 공유하기를 원하지만 플랫폼에서 오가는 콘텐츠가 모두 진실일 것을 예상하지는 않는다. 그러자 누군가는 거짓 정보를 사실로 둔갑시키고 허위를 섞고 맥락을 비틀어 정보의 우주 속 공간에 뿌려댄다. 그것이 누구인지 이름도 신원도 찾을 수 없다. 무수한 정보들이 놀라운 속도로 생산되고 빠르게 오가게 되자 무엇이 진실인지 갈피를 잡을 수 없게 되었다.

## 옥타비아누스의 정보전쟁

역사를 돌아보면 정보전은 인쇄시대 이전부터 존재해왔다. 로마의 안토니우스Marcus Antonius와 클레오파트라Cleopatra VII의 운명을 결정지은 것은 허위정보였다.[22] 토지개혁 등 귀족들의 이익에 반하는 정책을 추진하던 집정관 카이사르Caesar는 원로원에 들어서다 암살당했다. 카이사르의 장례식 때 안토니우스는 추억을 자극하는 대중연설을 하며 흐느꼈다. 그가 읽은 유언장에는 로마 시민들에게 3분의 1의 재산을 분배한다는 내용도 적혀 있었다. 그의 감정적 호소에 설득당한 시민들은 분노하여 "브루투스와 암살자 일당을 끌어내어 죽여라!"라고 외치기 시작했다. 암살의 배후에 있던 원로원은 암살자들에게 특사령을 내렸지만 안토니우스는 암살자들을 몰아냈다. 독재자를 제거했다고 생각하고 들떠 있던 암살자들은 오히려 역풍을 맞았다.

카이사르의 양자였던 옥타비아누스Octavianus는 상속자였지만 18세에 불과했다. 후계자 자리를 두고 벌어진 내전은 물리적인 전투뿐 아니라 허위정보 프로파간다와 함께 진행되었다. 안토니우스는 평민 출신이었고 그의 호색적인 본성은 로마 정치인 이미지와 충돌하고 있었다. 그러나 그가 태생적으로 지닌 카리스마와 로마 군대를 이끄는 천부적 재능은 누구도 부인하기 어려웠다. 안토니우스의 부하들은 사치품을 얻을 수 있고, 술과 성적 기회를 제공받았기 때문에 그를 추종했다. 정보전쟁에서 이기기 위해 옥타비아누스는 안토니우스의 강점들을 약점으로 바꿔놓아야 했다. 당시에 신문은 없었지만 허위정보를 동원한 야비한 정보전은 카이사르 사후에 벌어진 내전의 향방을 결정지었다. 옥타비아누스는 날조된 소문을 퍼뜨려 안토니우스를 제압하는 전략을 사용했다.

기민한 선전가였던 옥타비아누스는 짤막하고 날카로운 슬로건을 사용했다. 요즘으로 치면 짧은 트윗을 올리는 방식이었다. 그는 안토니우스가 바람둥이이며 잘못된 길로 들어선 군인이라고 단정 지었다. 여자 뒤꽁무니를 쫓는 술꾼이므로 로마의 지도자감은 아니라고 소문을 냈다. 클레오파트라와의 정사에 빠져 부패했고 그녀의 꼭두각시가 되었기 때문에, 로마에 오랜 동안 저항해온 이집트와 동맹을 맺을 것이라는 소문을 퍼뜨렸다. 또한 안토니우스가 로마인들이 혐오하는 헬레니즘 왕조에 완전히 매혹되었다고 평가했다. 실제로 안토니우스는 클레오파트라와 불륜을 저지르고 세 명의 아이를 낳았다. 당시 안토니우스는 페르시아 지역을 정복하기 위해 이집트의 도움을 필요한 상황이었지만 로마의 영토를 외국에 넘기려는 속셈이 있다는 의심을 받았다.

식민지 문화에 물들어 로마의 전통적 가치를 저버린 안토니우스의 모습에 로마 시민들은 불만을 품고 있었다. 이 같은 평판을 파악한 옥타비아누스는 안토니우스가 눈에 마스카라를 바르는 등 야만적이고 편협한 가치들을 따른다고 소문을 냈다. 반면 자신이야말로 로마의 진정한 가치, 미덕, 정통성을 수호할 인물이라고 대중에게 반복적으로 각인시켰다.[23] 그는 스스로를 '신의 아들Divi filius'이라고 부르면서 로마 통치의 정당성을 확보했다.

이분법식 프레임에 터 잡은 정보전쟁은 결과적으로 옥타비아누스에게 막대한 정치적 이득을 안겨주었다. 안토니우스도 대중의 지지를 얻고자 프로파간다를 경쟁적으로 벌였다. 그러나 그는 로마에서 멀리 떨어진 점령지에 머물고 있었고, 옥타비아누스는 로마 원로원에 많은 영향력을 행사할 수 있었다. 로마인들은 점차 옥타비아누스의 편을 들었다. 둘은 서로를 격렬하게 비난하다가 드디어 결전을 벌인다. 안토니우스와 클레오파트라는 기원전 31년 악티움 해전에서 옥타비아누스에게 패배하고 자살로 생을 마감한다. 전투에서 승리를 거두고 돌아온 옥타비아누스에게 원로원은 '아우구스투스Augustus'라는 호칭을 부여했다. 그는 로마 최초의 황제가 되었다.

그런데 아이러니하게도 훗날 아우구스투스의 아내 리비아Livia도 악소문의 피해자가 되었다. 그녀가 재혼하기 전에 얻은 아들 티베리우스Tiberius Augustus가 황제의 자리에 오르도록 살인을 저질렀다는 소문이 돌자, 리비아는 '살인마 계모'로 낙인찍혔다. 심지어는 아우구스투스까지 독살했다는 소문도 돌았다. 역사가 타키투스Tacitus는 훗날 이 소문을 사실이라고 기록했지만 현대 역사가들은 그럴 리가 없다고 평가한다.[24] 그렇다면 진실은 무엇일까? 소문이야 어쨌든 아우구스투스의 유언장에 따라서 티베리우스는 황제가 되었고 로마 제국의 기틀을 다졌다.

## 사라진 시모니노

1475년 부활절에 이탈리아 트렌트 지방에서 '시모니노Simonino'라는 아기가 갑자기 사라졌다. 프란치스코회 수도회의 설교자는 유대인들이 '유월절Passover'을 기념하려고 아기를 납치해서 죽인 다음에 피를 받아서 마셨다고 말했다. 얼마 후 한 유대인의 지하실에서 아기 시체가 발견되었다. "유대인 선조들이 예수를 죽인 것처럼, 트렌트의 유대인들이 아기를 죽여 강에 던져넣었다"라는 소문이 퍼져나갔다.

트렌트의 가톨릭 주교 요하네스 힌더바흐Johannes Hinderbach는 즉시 도시의 입구를 봉쇄하고 유대인 전원을 체포하라고 명령했다. 고문의 결과 15명의 유대인이 기소되어 종교재판에서 유죄 판결을 받았고 몇 명은 화형에 처해졌다. 유대인들은 재산을 빼앗기고 쫓겨났다. 주변 도시들에도 마찬가지 잔학 행위가 퍼져나갔다.

주교는 유대인들이 유월절을 기념하려고 죽였다는 시모니노를 '성 시몬 Saint Simon'으로 공표했다. 이 소식을 들은 교황 식스토 4세Sixtus IV는 미확인 소문의 전파를 금지시키고 공동 조사가 이루어질 때까지 재판을 중단하라고 지시했다. 그런데 교황이 보낸 감독관은 시몬의 순교를 부인했다. 그러자 주교는 교황청의 명령을 따르기를 거부하고 교황이 보낸 감독관을 쫓아냈다.

위기감을 느낀 주교는 오히려 "유대인들이 기독교인 아기를 죽여 피를 마신다"라는 더 끔찍한 소문을 퍼뜨리는 전략을 택했다.[25] 시모니노 이야기는 날조되었지만 사람들의 믿음은 확고했다. 주교는 중립적 관점을 유지하지 않았고 종교재판 과정에서는 기소를 담당했다. 트렌트 시민들의 반감이 열정적으로 표출되자 교황청도 강력하게 개입하기는 불가능했다. 유대인들은 판결에 항소했지만 달라지는 것은 없었다. 반유대주의 웹사이트는 오늘날 시모니노의 살해는 사실이고 그가 순교한 성인이라고 설명하고 있다.[26]

시모니노 사건은 결코 우연이 아니었다. 비슷한 사건들은 다른 지방에서도 계속해서 발생했다. 그것은 가톨릭교인들과 유대교인들의 종교적 반목, 유대교들이 의식살인ritual murder을 한다는 미신myth에 뿌리박고 있었다. 유대인을 향한 피의 중상모략blood libel은 12세기 잉글랜드에서 등장한 이후 17세기까지 지속되었다.[27] 의식살인에 대한 소문이 분노를 유도하는 시나리오는 거의 대동소이했다. 언제나 가톨릭 가정의 어린 소년이 실종되어 유대인에 의해 죽음을 맞는다. 나중에 시신이 발견되면 대중의 분노가 터져 나온다. 그 후에는 끔찍한 고문, 폭행, 종교재판이 뒤를 이었다.[28]

성서 출애굽기에는 어린 양을 잡아 피를 문설주에 발라두어 죽음의 사자를 피했다는 유월절의 유래가 나오지만 아기를 살해하는 전통은 없다. 유대인들은 이집트에서 노예 생활을 기억한다는 의미에서 화려하지 않은 흰옷을 입고, 쓴 나물, 소금물 등을 먹는다.

움베르토 에코Umberto Eco에 따르면 프란치스코 수도회, 도미니쿠스 수도회는 반유대주의 확산의 숨은 배후였다. 그들은 이교도를 개종을 시킨다는 명목으로 유대인 박해에 앞장섰다. 도미니쿠스 수도회는 13세기부터 종교재판소에서 심문을 담당했으며 교황에 의해서 승인된 무한한 권한을 누렸다.[29]

## 마녀사냥

1252년에 발표된 교황 인노첸시오 4세Innocenzo IV의 칙서는 종교재판에서 고문을 공식적으로 허용했다. 이단을 이유로 고소를 제기하기는 쉬웠으며 발신인을 밝히지 않은 편지라도 증거 자료로 인정했다. 프랑스와 백년전쟁을 치르던 잉글랜드는 19세 프랑스 소녀 잔다르크Jeanne d' Arc를 포로로 잡았다. 전쟁 포로는 몸값을 주고 돌려받는 것이 관례였지만 프랑스 왕은 잔다르크를 외면했다. 난감해진 잉글랜드는 종교재판을 진행했다. 잉글랜드는 종교재판에 자금을 지원했고 심판관들에게 회유와 압력을 가했다. 유죄로 만들기 위한 마땅한 증거가 없자 증거를 조작했다.[30] 그녀가 악마의 힘을 빌렸기 때문에 전쟁에서 승리할 수 있었다는 판결이 나왔고 그녀는 화형에 처해졌다.

15세기 후반 교황 인노첸시오 8세Innocenzo VIII는 악마와 계약을 맺은 마녀를 처단해야 한다고 강조했다. 마녀witch의 개념은 세간에 떠도는 미신이 아니라 교황청이 발명한 것이었다. 그러자 도미니쿠스 수도회의 종교 재판관들은 1486년에 『마녀 잡는 망치Malleus Maleficarum』를 출간했다. 마녀들의 실상과 타락상, 마녀들 성관계를 맺으며 변신한다는 괴담, 마녀 색출법과 고문 방법이 담겨 있었다. 이 책은 1490년 교황청에 의해서 오류라고 판단되었지만을 찾는 사람들이 많아지면서 유럽 전체로 널리 퍼졌고 18세기까지 29판이나 발행되었다. 이 책은 '공식화된 허위정보'로서 새로운 관행을 구축했다. 무엇보다도 마녀로 지목되는 여성에게는 끔찍한 이단 심문異端審問을 합리화했다. 그 무렵 발명된 인쇄술 덕분에 마녀에 대한 공식 정보는 널리 퍼질 수 있었다. 인쇄술이 라틴어 성경의 전파에만 기여한 것은 아니었다.[31]

위험한 마녀들을 찾아내는 일은 가톨릭교회의 종교적 업무였기 때문에 누구도 섣불리 도전하기 어려웠다. 이단 재판에 도전하는 자는 보복을 받았다.[32] 종교재판은 형벌을 승인하는 요식절차일 뿐이었고 일단 이단으로 고발되면 결론은 늘 같았다. 유럽의 가톨릭교회는 종교적 권위를 되살리기 위한 수단으로 종교재판을 활용했다. 이단을 공격하고 교세를 확장시켜야 한다는 목적이 종교재판소를 압도적으로 지배했다. 15세기 이후 마녀사냥과 고문은 집단 광기처럼 유럽을 휩쓸었다. 마녀재판은 500년 넘게 지속되었고 가톨릭 교회가 약화되던 17세기에 극에 달했다. 교회가 쇠락할수록 더 많은 마녀 사냥이 발생했다.

그러나 마녀사냥의 실체는 종교적 권위에 기댄 폭력에 불과했다. 한껏 부풀려진 공포가 제도적 폭력을 가능하게 만들자 많은 희생양이 생겨났다. 가톨릭교회의 해석에 따르면 믿던 종교를 배신하는 배교背教, 불신앙, 이단은 모두 신앙을 거스르는 죄였다. 마녀로 지목된 여성들은 대부분 무신론을 고집한 독신녀, 부모 없는 고아, 자식이 없는 50대 여성들이었다. 교회에 가기 싫어하는 과부가 부유하다는 것은 이단과 똑같은 범죄였다. 마녀라는 자백만 받으면 재산을 몰수할 수 있었기 때문에 자백할 때까지 고문을 했다. 마녀를 불태우고 나면 남은 재산은 교회로 귀속되었다.[33]

가톨릭교회는 종교 개혁의 열풍, 기나긴 십자군전쟁의 패배로 혼란에 직면해 있었다. 마녀사냥은 흑사병의 창궐로 인한 사망, 봉건 귀족들의 수탈로 인한 농노들의 궁핍을 종교적 권위의 강화로 전환하는 수단이 되었다. 교회의 통제를 강화하고 개인적 원한을 갚기에도 유용했다.[34] 마녀들이 사회에 끼친 해악성은 불분명했지만 교황청이 마녀 개념을 만들어내고 마녀에 대한 공포를 주입시키자 합법적 폭력이 수백 년이나 이어졌다. 정작 위험한 것은 고문, 인권침해, 화형이었지 마녀의 초자연적 능력이 아니었다.


**말하는 석상 파스퀴노**

16세기의 로마 시민들에게는 불만을 표현하는 나름대로의 방법이 있었다. 사람들은 나보나 광장Piazza Navona 부근에 세워진 볼품없는 석상 '파스퀴노

Pasquino'에 풍자시를 가져다 붙였다. 깨져 나가 원래 형체를 알아보기도 힘든 이 석상은 기원전 3세기부터 그 자리에 있었다. 머리와 팔다리가 없고 몸통만 있는 토르소 파스퀴노에는 '로마의 말하는 조각상', '지혜의 신도들'이라는 별명이 붙었다.

여기에 권위적인 유명 인물과 압제적 교황청 인물들을 비난하는 짧은 라틴어 구절이 나붙었다. 이렇게 발달한 풍자시 '파스퀴나데pasquinade'에는 공적 인물의 추악한 측면을 비판하는 내용이 많았다. 1589년 잉글랜드에서 성공회와 개신교도들 사이에 전쟁이 벌어지자 '마프럴럿 논쟁Marprelate Controversy' 팸플릿을 쓴 저자 가운데 한 명은 '파스퀼Pasquill'이라는 가명을 사용했다.

파스퀴노에 나붙은 풍자시는 입소문을 통해 퍼져나갔는데 복잡한 정치 현실을 형성하는 데 한몫을 했다. 익명으로 정치적 풍자, 신랄한 비방, 거짓 음모, 경쟁자에 대한 모함까지 자유롭게 쓸 수 있었다.[35] 파스퀴노는 익명의 허위정보가 만들어지고 퍼져나가고 소비되는 일종의 플랫폼의 역할을 했다. 그러나 이름이 없으므로 필자를 찾아내 체포할 수 없었다.

교황 알렉산데르 6세Alexander VI가 죽자 파스퀴노에는 "신이 보낸 독약으로 그가 죽자 인류는 구원을 받았다"라는 메모가 붙었다. 로마 한복판에서 파스퀴노를 통한 비판과 공개 조롱이 이어지자 교황은 이 조각상이 불만스러웠다. 어떤 귀족은 파스퀴노에 붙이려는 문서를 가지고 있었다는 이유만으로 죽음을 당했다. 1520년대의 교황 하드리아노 6세Hadrian VI는 파스퀴노 석상을 테베레강에 던져 넣으라고 명령했다. 그러나 대중의 반발을 우려한 교황청이 그 명령이 실행되는 것을 막았다.[36] 1720년대에 교황 베네딕토 13세 Benedikt XIII가 파스퀴노에 글을 남긴 사람은 사형에 처하겠다는 칙령까지 발표했지만 비판적 메시지는 은밀하게 나붙었다.[37] 파스퀴노로 상징되는 익명 표현의 자유, 조롱할 자유는 로마 교황청의 억압 속에서도 살아남았다.

파스퀴노를 거쳐 퍼져나간 지배세력에 대한 불만이나 신랄한 풍자에는 비난, 허위, 과장, 음해도 있었지만 파스퀴노에게 진실성을 요구하기는 어려웠다. 파스퀴노의 역할은 오늘날 소셜미디어 플랫폼과 비슷하다. 다만 현대의 플랫폼은 관련성 높은 정치 광고와 뉴스 콘텐츠를 골라서 압도적 다수에게 전달할 수 있는 능력을 갖추게 되었다는 점이 다르다.

그런데 파스퀴노를 거쳐 퍼져나간 풍자시들과 비판도 선거나 여론에 실제로 부정적인 영향을 미쳤을까? 파스퀴노는 사회에 구체적 해악을 미쳤다기보다는 불만과 부정의를 비판하고 풍자하는 배출구였다. 석상에 나붙은 글은 소문으로 퍼져나가기는 했지만 그 내용을 믿을지 말지는 각자의 자유였다.[38] 진정한 해악은 파스퀴노를 통해 오가는 발언이 아니라 그에 대한 지나친 과민반응이었다.

이탈리아 작가 피에트로 아레티노Pietro Aretino는 1522년에 치러진 교황 선거에서 자신을 재정적으로 후원한 메디치가의 교황 후보자를 돕고자 다른 후보자를 노골적으로 비방하는 소네트를 썼다. 아레티노의 소네트는 현대로 치자면 선거 기간에 등장하는 편향적이고 정파적인 가짜뉴스와 다를 바 없었다. 그는 교황을 선출하는 콘클라베Conclave에 영향을 미치려 마음먹고 비방을 적은 소네트를 파스퀴노에 붙였다. 그는 입소문으로 퍼져나가는 가짜뉴스의 위력을 알고 있었고 교황 선거에 개입할 만큼 대담했다.

그러나 콘클라베는 추기경들의 비밀회의를 통해 은밀하게 진행되기 때문에 후보자에 대한 대중의 지지를 반영하는 일반 선거와 달랐다. 극히 폐쇄적으로 이루어지는 콘클라베는 외부의 간섭을 철저하게 배제한다. 1522년 투표의 결과 이탈리아계가 아닌 독일계 교황 하드리아노 6세가 선출되었다. 그는 신성로마제국의 황제 카알 5세를 가르치던 개인 교사였다. 카알 5세는 마르틴 루터Martin Luther의 종교개혁에 강력히 반대하던 인물이었다. 황제권과 교황권의 결탁은 신흥 개신교를 탄압했으며 유럽의 정치 지형을 좌우했다. 메디치 가문 출신의 클레멘스 7세는 하드리아노가 급서한 이후 1523년에야 교황의 자리에 올랐다.

한편 아레티노는 정보를 이용한 협박에도 능한 사람이었다. 그는 귀족들과 주고받은 사적인 편지들을 자비로 출간하겠다는 계획을 알렸다. 그 이유는 관계가 끊어진 예전 친구들과 후원자들을 곤란하게 만들거나 협박하려는 속셈이었다. 오래된 편지들이 출간된다면 분별없는 악행이나 비밀스러운 추문도 만천하에 공개될 수 있었다. 사회적 평판이 크게 추락할 것을 우려한 사람들은 아레티노에게 다시 연락하여 돈을 건네며 이름을 지우거나 편지를 없애 달라고 간곡히 부탁했다.


## 로마 시대의 가짜 전설

영화 제작자들은 진실이야 어떻든 사람들은 흥미를 느끼거나 있음직한 이야기를 쉽게 믿는 심리가 있다는 점을 이미 알고 있다. 미디어에 등장하는 로마의 이미지들은 역사적 사실과 거리가 있지만 여전히 반복적으로 받아들여진다. 로마의 '바카넬리아Bacchanalia'는 제한 없는 섹스와 풍부한 음식이 가득한 연회의 전설로 여겨진다. 그러나 바카넬리아는 실제로는 먹고 흥청거리는 연회와 관련이 없었고, 와인의 신 '바커스'를 기리기 위한 전형적인 종교 의식이었다.[39]

1951년 제작된 영화 〈쿼바디스Quo Vadis〉는 황제 네로Nero를 폭군으로 묘사했다. 그가 재미를 위해 불을 피워 도시의 건물을 삼키는 불꽃의 광경을 보고 황홀경에 빠져 현악기를 연주했다는 전설에 따른 것이다. 그러나 기원전 64년에 네로는 로마가 아니라 안티움에 가 있었다. 고고학자들은 화재가 우연히 발생한 것으로 판단한다.[40] 그가 연주했다는 칠현악기는 네로의 시대에는 유럽에 등장하지도 않았다.

못이 잔뜩 박힌 쇠도리깨를 들고 다가오는 적수들과 전투를 벌여야 하는 로마의 검투사들은 영화에 자주 등장한다. 그러나 실제로 그 무기는 중세 때 등장했지 로마 시대에는 사용되지 않았다. 로마가 기독교의 공인을 결정한 331년까지 기독교인들을 사자에게 먹이로 던져 죽음에 이르게 했다는 전설도 실제와 다르다. 기독교인들이 믿음을 지키다가 로마 콜로세움에서 살해당했다는 믿을 만한 증거는 발견되지 않았다.[41] 특정한 범죄행위를 처벌할 때만 사형 선고가 가능했지 종교적 이유로는 불가능했다. 그 당시에 기독교인에게 적용된 규제도 가능한 한 유혈 사태를 피하라고 명시하고 있었다.

권력자와 억압받는 피해자의 구도, 대중의 반감을 샀던 정치적 인물은 그와 관련한 소문이 생산되기에 좋은 여건을 제공했다. 특히 로마에 의해 고통받거나 박해받았던 사람들은 로마에 대한 악소문을 퍼뜨리고 믿을 마음의 준비까지 되어 있었다. 역사적 진실과 다른 가짜 이야기가 입소문과 재담으로 반복해서 구전된다면 어느새 진실로 변할 수 있다. 역사적 사실을 왜곡하려는 가짜뉴스는 미디어 장악과 입소문을 통해 역사적 평가와 그 원인까지 바꾸려고 시도한다. 역사적 사실과 다르거나 상상력이 만든 설명이 역사의 자리를 대체하는 일은 실제로도 가능하다.


### 종교전쟁과 팸플릿

독일 마인츠 지방의 금 세공업자였던 구텐베르크는 1452년부터 금속 활판으로 성서를 인쇄하기 시작했다. 처음 3년 동안 겨우 180부를 인쇄하는 수준이었지만 이것도 교회의 수도승들이 손으로 베껴 쓰는 속도에 비해 15배는 빨랐다. 1500년 이후 50년 동안 3만 종의 서적이 2,000만 부 인쇄되었다. 16세기 중반에 유행한 팸플릿은 소셜미디어만큼이나 혁신적 도구로 여겨졌다. 시장이나 광장에서 대중에게 정치적 연설을 하거나 급진적 주장을 하면 신원이 드러나고 반역 행위로 체포될 수도 있었다.

강력한 왕권이 지배했던 시대에는 반대 의견을 표현하려면 상당한 위험을 감수해야만 했다. 그러나 익명·가명으로 쓰인 인쇄물은 의견과 사상을 전달하는 데 유용했고, 정치적 발언과 비밀결사의 확장을 가능하게 해주었다. 인쇄시대가 시작된 이후 대중의 문해율은 크게 늘어났다. 사람들이 글을 읽게 되면서 소책자, 서신, 팸플릿은 소문과 뉴스 정보를 전하는 수단일 뿐 아니라 정치적 발언과 결사의 수단이 되었다. 새로운 사상과 비판은 더 멀리 전달되었다.

유럽에서 전개되었던 개신교-가톨릭, 성공회-개신교 간의 종교전쟁에서는 팸플릿 배포를 통한 세력 확장 경쟁이 벌어졌다. 인쇄술과 팸플릿은 바티칸을 중심으로 하는 신앙적 전통과 권위를 파괴했고 권력 변환을 가져왔다. 로마 가톨릭은 자국어 성서 번역에 대한 통제 못지않게, 루터의 팸플릿들을 집중적으로 검열했다. 루터가 만든 팸플릿은 당시의 정치와 사회를 지배하는 시스템이었던 교황권-황제권의 연대를 파괴하는 급진적인 관점을 담고 있었기 때문에 허위정보이자 가짜뉴스로 다루어졌다. 1568년 목판화 팸플릿에는 교황 레오 10세와 가톨릭의 공격에 저항하는 루터와 개신교의 모습이 담겨있다. 1559년 교황 바울로 4세는 칙령으로 자국어 성서의 번역을 금지했다. 나중에는 개인들이 성서를 읽는 행위조차 금지시켰다. 반면 개신교 신봉자들은 자국어 성서를 번역하고, 팸플릿, 교리문답서 등을 인쇄해 널리 대중에게 배포했다.[42]

잉글랜드 튜터 왕조의 헨리 8세는 아들을 낳지 못하는 왕비 캐더린을 폐위시키고 앤 볼린과 재혼하기를 원했다. 그러나 로마 교황청은 끝내 허락하지 않았다. 교황청과 헨리 8세는 7년에 걸친 갈등 끝에 갈라섰다. 1534년에 선포된 '수장령Act of Supremacy'은 교회의 정통성과 모든 관리권이 잉글랜드 왕에게 있음을 알렸다. 성공회는 로마 바티칸과 단절했고 교황의 권위도 인정하지 않았다.[43]

수장령은 단지 종교적 영역뿐 아니라 지배 시스템에 격변의 소용돌이를 만들어냈다. 가톨릭교회와 수도원은 모조리 해산되었고 토지와 재산도 몰수당했다. 몰수된 막대한 재산들은 케임브리지대학 등으로 귀속되었다. 그러나 성공회의 실체는 '교황만 없는 가톨릭'으로 여겨졌다. 바티칸의 권위와 단절했을 뿐 미사 방식 등 종교적 관행이나 성경에 대한 해석은 여전히 가톨릭교회의 그것을 답습했기 때문이었다. 세력을 넓혀가는 개신교에 대한 거부감과 탄압의 방식도 똑같았다.

1517년 시작된 루터의 종교개혁은 독일 전역을 휩쓸었고, 개신교 신학의 주류로 잡은 칼뱅주의가 잉글랜드까지 건너오게 되었다. 루터는 세 건의 팸플릿을 통해 '오직 성경Sola Scriptura'을 강조하며 친로마 성향의 교회들을 비판했다. 잉글랜드의 개신교도들은 성공회의 온건한 종교개혁에 반대한 칼뱅주의 개혁교도들이었다. 그러자 성공회는 로마 가톨릭뿐 아니라 신흥 개신교 세력과도 대결을 벌여야 했다. 종교적 권위의 확보는 정치권력과 밀접하게 결부되어 있었다. 종교의 자유가 보장되지 않던 시대에는 개신교의 주장을 담은 인쇄물은 위험한 불온정보로 다루어졌기 때문에 그 생산과 유통이 엄격히 금지되었다.


## 팸플릿을 뿌린 반역자들

정교분리政敎分離의 개념이 없던 시대에 종교의 혁신을 추구했던 개신교의 팸플릿 배포는 반역 행위로 여겨졌다. 왕권과 교회는 하나였고 이를 반대하는 사상이 담긴 팸플릿 유포는 목숨을 건 위험한 도전이었다. 헨리 8세의 수장령을 거부하는 자는 반역법에 따라서 체포당했다. 현재의 관점에서는 이해하기 어렵지만 잉글랜드는 성서의 영어 번역본이 보급되지 못하도록 막았다. 특히 루터가 제작한 팸플릿의 유포자를 찾아내려고 혈안이 되었다.[44] 종교전쟁에 사용된 팸플릿의 성격은 종교적인 측면에 국한되지는 않았다. 잉글랜드에서 가톨릭에 대한 찬미나 개신교도의 주장은 이단일 뿐 아니라 정치적 성격도 가지고 있었다. 위험한 사상과 허위정보를 담은 팸플릿에 대한 통제는 지배 시스템의 유지를 위한 조치였다. 영어 성서는 일종의 체제 전복적 문서로 다루어졌다. 개신교도들이 은밀하게 주고받은 팸플릿은 지배 시스템을 거부하는 불법이자 범죄행위로 다루어졌다. 배포되는 정보가 진실한지 여부, 또는 사회에 진정으로 해악을 미치는지 여부는 그 당시 권력자의 입장에 따라서 판단되었다.

1586년, 성공회 최고 성직자 켄터베리 대주교는 잉글랜드 내의 모든 인쇄 장치를 허가하고 통제할 수 있는 권한을 부여받았다. 그러나 성공회의 감시에도 '불온통신'을 담은 팸플릿은 비밀리에 인쇄되어 널리 퍼져나갔다. 『유토피아』를 저술한 토머스 모어Thomas More는 성서를 영어로 번역하여 보급한 루터교인들을 추적하여 화형시키고 투옥하는 데 힘을 쏟았다.[45] 법률가로서의 그의 행동은 유토피아와는 거리가 멀어 보였다. 급기야는 40여 명의 옥스퍼드대학교와 케임브리지대학교 신학교수들은 루터파 칼뱅신학에 경도되었다는 이유로 체포되어 고문을 받았다. 몇 명은 이단으로 판단되어 화형을 당했다. 토머스 모어조차 로마 교황권을 부정하는 법률 조항의 서문에 대한 공개적 서약을 거부했다는 이유로 런던탑에 수감되는 신세가 되었다.

잉글랜드에서 벌어진 종교전쟁 시기에 주목을 끌었던 대표적 팸플릿은 '마프럴럿 논쟁'이다. 마틴 마프럴럿Martin Marprelate은 성공회 고위 관리들에 대한 맹렬한 비판을 담은 팸플릿을 연속적으로 찍어서 1589년 무렵에 배포한 인물이었다. 이 소책자는 불명확한 신학적 논란거리에 대해서는 침묵하지 말고 토론을 하자는 취지에서 발간되었으나 교회의 무능함에 대한 조롱, 성공회 주교들에 대한 신랄한 인신공격, 허위의 험담gossip, 비방도 많았다.[46]

은밀히 만든 팸플릿을 매개로 한 정보전쟁은 치열하게 전개되었다. 팸플릿에 기고한 익명의 개신교도들은 여러 명이었다. 그러나 마틴 마프럴럿이 누구인지는 비밀이었고 오직 추측만이 가능했다. 다만, 그는 언제나 '파스퀼 Pasquill'이라는 가명을 사용했다. 파스퀼은 로마 가톨릭교회의 편도, 잉글랜드 성공회의 편도 아니었다. 그는 왕의 관점에서는 위험한 불온통신을 배포하는 '반역의 괴수'였으나, 개신교도들에게는 뛰어난 필력으로 동지들을 결집하는 리더십의 소유자였다.

인쇄술 혁신은 문서를 이용한 사상의 보급을 가능하게 했다. 노골적 비방과 위험한 선동, 반역행위를 부추기는 소식도 전달했다. 그렇지만 익명의 허위정보가 언제나 국가를 심각한 혼란 속으로 몰아넣거나 엄청난 해악을 미치는 것은 아니었다. 다만 그렇게 믿던 권력자가 있었을 뿐이었다. 한편 인쇄된 팸플릿에는 신흥 종교 세력을 확장하려는 메시지도 담겨 있었지만, 상상의 이야기와 가공의 괴담 등 읽을거리를 대중에게 제공했다. 1611년에 제작된 한 영문 팸플릿은 먹지도 마시지도 않고 14년을 살았다는 네덜란드 여성의 이야기를 소개했다. 1654년 스페인의 카탈로니아에서 발행된 한 팸플릿에는 "염소의 다리, 인간의 몸통, 팔과 머리가 일곱 개 달린 괴물"의 이야기가 실렸다.[47]

### 파리 뒷골목의 꺄냐흐

프랑스에서는 17세기부터 풍자를 담은 팸플릿 '꺄냐흐canard'가 부정기적으로 발행되었다. 꺄냐흐는 불어로 '오리' 또는 '사람들을 속이려는 허위정보'를 의미한다. 도시의 거리에서 팔린 꺄냐흐는 떠다니는 근거 없는 소문, 범죄, 유언비어, 시사 풍자, 상상력에 근거한 괴담, 천체 현상을 담은 인쇄물이었다. 꺄냐흐는 푼돈을 벌기 위해 제작되었다.[48]

꺄냐흐에 실린 잡문雜文, pot-pourri들은 독자들에게 읽을거리를 제공했지만 미확인 정보가 훨씬 많았다.[49] 대부분은 과장이 심했으나 공적 인물의 비판, 명예훼손, 풍자도 꺄냐흐를 통해 전파되었다. 전성기에는 수백여 종의 꺄냐흐가 도발적 뉴스, 기괴하고 신기한 소식을 실으면서 경쟁했는데 음모론에 살을 덧붙여 쓴 이야기가 흥미를 끌었다.

1780년대에 가장 인기가 있던 꺄냐흐는 칠레에서 잡힌 괴물이 배에 실려서 스페인으로 보내졌다는 소식을 담고 있었다. 이야기의 진정성을 증명하듯이 정교한 삽화도 곁들여져 있었다. 괴물은 복수의 여신 푸리아Furia의 얼굴이었고, 날개는 마치 박쥐처럼 뾰쪽하게 생겼으며, 거대한 몸통은 비늘로 빽빽하게 덮여 있었다. 꼬리는 용처럼 날카로웠다.

괴물의 모습은 프랑스혁명 기간에는 약간 달라졌다. 사람들은 푸리아의 얼굴을 그 무렵 증오의 대상이었던 왕비 마리 앙투아네트Marie Antoinette의 얼굴로 바꿔 넣었다. 바로 그 순간 꺄냐흐는 정치적 선전도구로서 새로운 생명을 얻었다. 꺄냐흐에 실린 삽화들은 지배층을 불신했던 대중의 정서를 담았다. 꺄냐흐의 풍자는 지배층을 비판하는 수단이었고 정치적 메시지를 전달했다.

17세기와 18세기에 프랑스에서 유행하던 수많은 꺄냐흐의 제작자와 필자들은 익명이었다. 비록 불만이 있더라도 허위정보를 퍼뜨린 자를 찾아내어 책임을 묻기는 곤란했다. 프랑스 최초의 일간지 《주르날 드 파리Journal de Paris》는 1777년에야 창간되었다. 오노레 도미에Honoré Daumier는 19세기 프랑스의 정치적 상황과 인물들을 풍자하는 삽화와 캐리커처 조각들을 남겼다. 그는 1830년대에 날카로운 풍자를 담은 정치 만화 때문에 잠시 구속되기도 했다. 나폴레옹의 집권기를 전후하여 엄격한 검열제가 실시되었기 때문이었다. 1949년 입법된 '청소년 대상 간행물법'은 검열위원회의 판단으로 카툰에 대한 검열을 가능하게 했다.

과거에 인기를 끌었던 꺄냐흐는 이제 가판대에서 팔리는 풍자 주간지로 발전했다. 주간지《르 꺄냐흐 앙셰네Le Canard enchaîné》가 대표적이다. 풍자의 범위도 괴물 이야기나 괴담 등 상상의 소재에서 벗어나 정치인의 발언에 대한 비판, 외교 정책을 비꼬기, 난민 문제의 공론화, 외국 정치 지도자 또는 유명 종교인을 다루고 있다.

17세기와는 달리 오늘날 꺄냐흐는 익명성의 장막을 잃어버리고 말았다. 풍자 만평을 그리는 작가의 이름, 발행인의 주소도 공개되기 때문에 독자들이 항의를 하거나 공격을 가하는 것도 가능하다. 프랑스 시사 주간지《샤를리 엡도Charlie Hebdo》에 실린 만평들은 프랑스의 무슬림들을 자극하여 반감을 키웠다. 종교적 민감성을 계속해서 건드린 꺄냐흐의 풍자를 무슬림들은 혐오발언으로 받아들였고 살인극으로 이어졌다.

### 벤저민 프랭클린의 독립전쟁

1689년에 보스턴에서 발행되기 시작한《퍼블릭 어커런시스Publick Occurrences》는 아메리카 식민시대에 나온 최초의 신문이었다. 이 신문은 절대군주 프랑스 왕 루이 14세Louis XIV가 며느리와 잠자리를 한다는 가짜뉴스를 실었다. 그렇지만 이 기사는 프랑스 왕의 평판을 심하게 깎아내리기 위한 헛소문이었다. 루이 14세는 타락한 가톨릭교도로 묘사되었는데, 이 신문의 편집자는 신교도였기 때문에 루이 14세에게 적대감을 품고 있었다. 이처럼 가짜뉴스에는 국가적 대립관계와 종교적 갈등이 반영되었다. 영국 식민지 정부는 날조된 허위정보를 유포한다는 이유로 1690년에《퍼블릭 어커런시스》를 강제로 폐간시켰다.[50]

그 이후에는 1704년《보스턴 뉴스레터Boston News Letter》가 설립되어 뉴스를 전달했다. 1720년대 발간되었던《보스턴 가제트Boston Gazette》,《뉴잉글랜드 쿠란트New-England Courant》등은 초창기 신문들이었다. 이 신문들은 오락성 읽을거리보다는 독립에 대한 정치적 신념을 고취시키는 이야기 위주였으며, 일반 시민들을 독자층으로 여기지도 않았다. 한편 필라델피아에서 인쇄업을 하던 벤저민 프랭클린Benjamin Franklin은 1729년 일간지 《펜실베이니아 가제트Pennsylvania Gazette》를 인수해 영향력 있는 신문으로 키웠다. 그는 신문에 읽는 재미를 돋우는 카툰을 그려 넣고, 도서관들이 신문을 구입해야 한다고 설득한 최초의 신문 발행인이었다. 1771년에는 25종의 신문이 발행되었다.[51]

프랭클린은 16세에 보스턴에 있던 형의 인쇄소에서 견습생으로 일하면서 북미 식민지판 《뉴잉글랜드 쿠란트》에 날조된 편지들을 기고했다. 그는 '사일런스 두굿 부인Mrs. Silence Dogood'이라는 가명으로 신문사에 기고문을 보내 편집자를 속였다. 식민지 아메리카에서의 삶에 대한 풍자를 담은 편지글은 2주에 한 번씩 독자들을 즐겁게 해주었다. 런던을 떠나 뉴잉글랜드로 온 중년의 미망인 두굿 부인은 독자들에게 구혼장을 받기도 했다.[52] 벤저민의 형 제임스 프랭클린James Franklin이 그 편지들의 정체를 알아내고 크게 화를 내자 벤저민은 필라델피아로 도망쳤다.

날조의 경험을 일찍 쌓았던 프랭클린은 미국 독립을 위해 대담하게 가짜뉴스를 조작했다. 1782년 봄, 영국과 평화조약을 협상하기 위해 파리에 머물던 그는 회담이 무산되자 영국 대중을 공략하기로 마음먹었다.[53] 그는 소문을 찾아 헤매지 않고 악소문을 직접 만들기로 결심했다. 경험 많고 노련한 신문 운영자였던 그는 어떻게 하면 터무니없는 뉴스라도 설득력 있게 만드는가를 잘 알고 있었다.

그는 파리의 변두리에서 수제 인쇄기로 가짜뉴스를 찍어냈다. 보스턴에서 발행되던 신문 《인디펜던트 크로니클Independent Chronicle》의 '증보판'을 위조하여 뉴스를 실은 다음, 영국의 신문 편집자 손에 자연스럽게 들어가도록 매우 주도면밀하게 움직였다.[54] 영국 왕 조지 3세가 식민지에서 머리 가죽을 벗기는 살기등등한 인디언들과 결탁했다는 뉴스는 영국군에게 부정적 여론을 불러일으키기 위한 전쟁 프로파간다였다. 그의 동료들도 애국심을 고취시키는 신문 기고 활동을 거들었다. 영국이 외국 군대 수천여 명을 파견해 아메리카의 애국자들을 학살하고 독립전쟁을 좌절시키려 한다는 기사를 썼다.[55]

미국의 독립을 간절히 원했던 프랭클린은 가짜뉴스 창작에서 인쇄까지 일사천리로 해냈다. 그는 영국군과 결탁한 인디언들이 벌인 끔찍한 잔학 행위를 신문에 가능한 한 구체적으로 적었다. 인디언들이 산모의 배를 가르고 29명의 유아를 꺼냈다는 이야기도 지어냈다. 무고한 민간인들을 학살한 부도덕성을 부각시켜서 반전 여론을 조성하여 영국군을 귀환시킬 심산이었다. 뉴스는 이런 식이었다.

> 뉴욕 지방에서 700여 개가 넘는 인간 머리 가죽이 담긴 가방이 발견되었다. 여자 88명, 소년 193명, 소녀 211명이 희생되었다. 인디언들이 포로들을 잡아 산 채로 머리 가죽을 벗겼다.

그 가방에는 인디언들이 조지 3세George III에게 보낸 "머리 가죽을 보시고 기분이 상쾌해지시기 바라옵니다"라는 편지까지 있었기에 알리바이는 완전했다.

프랭클린이 애초 의도한 대로 영국의 신문업자는 그 뉴스를 재인쇄해서 배포했다.[56] 머리 가죽 이야기의 야만성은 실제로 대중의 관심을 끌었다. 영국인들에게는 아메리카 식민지에서 벌어진 비인간적 사건이 적잖은 충격적이었다. 그러나 가짜뉴스가 실제로 영국군의 철군 여론까지 조성했는지는 알길이 없다. 프랭클린은 또한 미국 독립을 위해 활약한 해군 제독 존 폴 존스John Paul Jones 명의로 가짜 편지도 썼다. 그 내용은 독립 선언서와 대부분 겹쳤다.

이듬해 1783년 미국은 파리에서 휴전 협정을 맺고 영국으로부터 독립을 쟁취한다. 프랭클린은 이름을 숨기고 은밀하게 가짜뉴스를 날조했기 때문에 들통 날 위험은 적었다. 비난 가능성은 극도로 축소되어 있었지만 가짜뉴스를 퍼뜨려서 얻을 수 있는 이익은 매우 컸다. 그 이익이란 미국의 독립이었다.


## 혹스와 도시전설

혹스Hoax는 '괴담' 또는 '속임수'로 번역된다. 그럴듯한 설명을 붙인 진실이 아닌 이야기가 대부분이다. 금전적 이득을 얻으려는 악의적 사기와는 거리가 있다. 이 단어는 '호쿠스포쿠스hokus-pokus'에서 왔는데 마술을 부릴 때 쓰는 주문이었다. 호쿠스포쿠스의 어원은 라틴어 "Hoc est enim corpus meum"이다. 예수가 제자들에게 말했던 "이것은 나의 몸이다"를 뜻한다. 가톨릭 성체성사Eucharist에서 언급되던 엄숙한 라틴어는 17세기에는 '잘 의도된 속임수', '마술'이라는 뜻으로 극적으로 바뀌게 된다. 의미 변화의 배경에는 가톨릭을 향한 조소와 불신이 투영되어 있었다.[57]

괴담은 이야기를 들려주면서 독자의 공감을 유도하고 공포나 호기심을 합리적으로 자극한다. 투탕카멘의 저주, 외과용 메스나 마취 없이 환자의 몸에 무언가를 넣는 것처럼 보이는 가짜 외과수술, 비밀 기지에 보관된 인간을 닮은 외계인 부검 이야기, 로스웰 UFO 추락 등은 타블로이드판 신문의 단골 소재였다. 최근에는 신종 전화 결제 사기 수법, 휴대폰 전화를 받는 순간 자동으로 결제되는 악성코드에 대한 주의를 당부하는 괴담이 소셜미디어와 문자 등으로 나돌고 있다.[58]

《뉴욕타임스》는 한국인들이 믿고 있는 '선풍기 사망 괴담fan death'을 소개했다. 이 기사에는 핏자국으로 물든 선풍기 삽화까지 등장했다.[59] "밀폐된 방에서 선풍기를 틀어놓고 잠들었다 저산소증으로 인해 질식사했다"라는 기사는 1920년대부터 국내 언론에 보도에 되었다. 선풍기 괴담의 원인은 전기 낭비를 줄이기 위한 홍보 아이디어를 1920년대 언론이 과학적 위험으로 받아들였기 때문이다. 1927년 《중외일보中外日報》는 '신기한 전기부채의 해악'을 전기료 절감이라는 계몽의 목적에서 설명했다. 선풍기 앞의 공기는 맴돌게 되어 일부 진공이 생기게 되므로 잘못되면 산소가 부족하게 된다는 것이었다.[60]

1920년대에는 2,000만 명의 국민들 중 80퍼센트가 문맹이었기 때문에 신문에 실린 선풍기 괴담은 일부의 교육받은 독자들에게만 전달되었다.[61] 그러나 1935년에는 선풍기를 켜놓고 잠들면 죽을 수 있다는 설로 확대되었다.[62] 1980년대 여름밤에 의문의 변사가 발생하자 TV 뉴스 방송 앵커는 선풍기 바람을 그 원인으로 지목했다. 2007년에는 골방에 모여 선풍기 바람으로 동반자살을 시도하는 사례까지 생겨났다.[63]

선풍기 사망 괴담은 그럴듯하지만 선풍기 바람 때문에 공기 중 산소량 자체가 갑자기 줄거나 산소 농도가 변하지는 않는다. 선풍기 바람에 노출되면 저체온증으로 숨진다는 설명도 있지만, 체온이 떨어져 죽음에 이르려면 체온이 8도는 떨어져야 한다. 여름철에 날씨 자체가 변할 수는 있어도 선풍기만으로 체온이 8도나 떨어지는 건 의학적으로 불가능하다. 선풍기 괴담은 의학 전문 기자들이 바로잡으면서 공식적 보도에서 사라졌다.[64]

"오늘밤 우주선이 지구 가까이 지나가기 때문에 전화, 휴대전화, 태블릿이 방사선을 내뿜게 됩니다. 신체 손상을 입게 되니 자정 무렵부터 새벽 3시까지는 전자기기를 꺼두고 멀리하세요." 이 문자 메시지는 필자가 직접 경험한 농담이었다. 의심이 많은 사람을 위해서 친절하게 메시지 하단에는 "싱가폴 TV에서 방송한 내용이며 구글 검색, NASA, BBC 뉴스를 확인하라"라는 출처까지 붙어 있었다. 물론 NASA, BBC, 싱가폴 TV는 이런 경고를 발표하지 않았다. 이 메시지는 어디에선가 여전히 떠돌고 있을 것이다. 농담 문해력이 없는 사람이라면 방사능 오염 가능성을 현실로 여기고 가슴을 졸였을 것이다. 물론 새벽 시간에 전자기기를 꺼두면 숙면에 도움이 되므로 그리 나쁜 제안은 아니다.

뉴욕에서 유명한 '하수구 악어sewer alligator' 괴담도 그 역사가 오래되었다. 1920년대 후반에 시작된 이야기의 줄거리 이렇다. 플로리다로 여행을 떠났던 뉴욕시의 부유한 가족이 애완용 악어를 샀지만 나중에 싫증이 나자 하수구에 흘려보냈다는 것이었다. 악어는 거대해져서 쥐를 잡아먹으며 여전히 하수도에 살고 있다고 전해진다. 아이들이 악어를 뉴욕시 하수구에서 발견했고 눈뭉치를 맨홀에 던졌다는 세 줄짜리 헤드라인이 1935년 《뉴욕타임스》에 실렸다.[65] 맨해튼에 사는 역사가는 80여 년 전 2월 9일에 발견된 하수구 악어를 뉴욕시의 자부심으로 여기자고 주장한다. 아이들을 초대해 악어의 발견을 기념하는 행사를 열고 있고 악어 모형까지 만들었다.

그렇지만 팩트체킹을 제공하는 '스누프스Snopes'는 "정말 하수구에 악어가 살아요?"라는 소문을 '가짜'로 판정했다.[66] 그럼에도 《뉴욕타임스》는 하수구 악어가 발견되었다는 1935년도 기사를 수정하지 않고 있다. 만일 뉴욕시 하수구 악어가 아직 살아 있다면 이제 곧 100살이 될 것으로 보인다.

하수구 악어, 선풍기 괴담 사례는 언론사 역시 괴담을 걸러내지 못하고 기계적으로 전파했음을 보여준다. 막연하게 떠도는 소문이나 허위정보라고 할지라도 미디어에 의해서 공식화되면 진실한 사실의 지위를 얻게 된다. 일단 보도되어 퍼져나가면 그 정보의 파편은 쉽사리 사라지지는 않는다. 여기에서는 두 가지 교훈을 얻을 수 있다. 언론이 보도하여 공식화되더라도 모든 내용이 진실은 아니라는 점이다. 그리고 약간의 호기심이나 공포심을 안겨주는 혹스나 괴담은, 그 허위성은 컸지만 사회적 해악을 초래하지는 않았다는 점이다.

## 위협받는 만우절

만우절萬愚節이 되면 언론사들은 아예 작정을 하고 재치 넘치는 가짜뉴스를 내보낸다. 그러나 재치 있는 농담, 비현실적 거짓말로 웃어보자는 만우절 뉴스는 상식에 반하는 농담이 많고, 실제 피해로 이어지지는 않는다. 약간의 소동이 일어나도 반나절이면 끝이 난다. BBC 방송은 정확한 뉴스 전달, 공정성으로 이름이 높으며 오락물보다 다큐멘터리와 토론 프로그램이 훨씬 많지만 만우절 장난도 수준급이다.

BBC TV는 1957년 이상기온으로 스위스의 농장에서 스파게티가 나무에 열렸다는 뉴스를 내보냈다. 1976년 만우절 BBC 라디오에 출연한 천문학자는 "태양계 행성들이 직렬하는 현상이 일어나므로 지구의 중력이 줄어듭니다. 점프해보고 결과를 알려주세요"라고 말했다. 방송을 들은 사람들은 제자리에서 뛰어올랐다. 2008년 만우절에 BBC TV는 펭귄들이 추위를 피하기 위해 남미로 날아가는 모습을 만들어서 방송했다.

1962년 스웨덴 방송은 흑백 TV에 나일론 스타킹을 씌우면 화면이 컬러로 바뀌는 놀라운 현상을 태연하게 보도했다. 2008년 만우절에 구글은 '사투리 검색'을 새롭게 시작한다고 발표했다. 급기야는 '과거의 날짜로 이메일 보내기', '보물지도 검색', '냄새 검색'의 베타 버전도 내놓았다. 파리교통공사RATP는 파리 지하철역의 이름들을 바꾸기로 결정했다는 소식을 알리고, 실제로 역의 표지판을 바꿔 달았다. 센스 있는 농담을 전하기 위해서 수고스러운 일을 마다하지 않은 것이다. 지하철 11호선 '텔레그라프Télégraphe'역은 '#트윗 #TWEET'역으로 바뀌었다. 그 이유로는 전신이 더 이상 많이 사용되지 않기 때문에 현대식으로 고치고 파리를 정보통신 분야의 리더 도시로 만들려는 의미라고 밝혔다.

만우절 장난은 정오까지만 가능하며 오후에도 장난을 계속하면 '푸아송 다브릴Poisson d' avril'이라고 부르는데, 이는 '4월의 물고기'라는 의미다. 만우절에 외국 뉴스통신사들은 기사에 '다브릴 푸아송'을 이름으로 적어서 힌트를 흘리기도 한다. 그러나 국내 언론사들이 외신의 농담을 진짜로 여기고 진지한 논조로 보도한 사례도 있다. 영국 《가디언Gurdian》은 "프랑스 대통령 부인 카를라 브루니Carla Bruni가 영국 정부의 위촉으로 패션과 음식을 가르치는 문화대사로 나섰다"라는 뉴스를 농담으로 실었다. 《아사히신문》은 "일본 정부가 외국의 전직 지도자들을 각료로 기용키로 했다"라는 위트를 날렸다. 이 만우절용 가짜뉴스에는 패션과 음식에 관련한 감각이 부족한 영국인의 면모, 일본 정치인들의 함량 미달을 비꼬는 메시지가 담겨 있었다.

2019년 4월 1일 진보 성향의 블로그 데일리 코스Daily Kos에 올라온 게시글은 트럼프 대통령이 만우절에 주고받는 풍자, 빈정대기, 조롱, 익살, 패러디를 금지하는 행정명령에 서명했다는 소식을 담았다.[67] "이 행정명령은 트럼프의 임기까지만 유효하다. 그런데 트럼프는 정리해고될 예정이며 백악관 '정리해고 부서' 책임자로 폭스뉴스 앵커가 임명될 예정이다." 이 농담은 트럼프의 행정명령 만능주의에 우아하게 일침을 날렸다. 물론 백악관에는 정리해고 부서가 없다. 이 글의 작성자는 '뉴스 시체News Corpse'였다. 폭스뉴스가 소속된 '뉴스코프News Corp'와 트럼프의 유착을 풍자한 것이었다.

만우절에 오가는 우스갯소리를 두고서 허위정보 유포가 사회의 신뢰를 저해한다고 시비를 걸지는 않는다. 만우절 농담은 황당한 이야기지만 번뜩이는 재치로 유쾌함을 선사한다. 심각한 주제나 공포를 불러일으킬 만한 소재는 피하기 마련이고 그로 인한 경제적·물리적 피해도 없다. 모두가 만우절 허풍에 눈살을 찌푸리는 것은 아니다.

만일 만우절 농담을 의무적으로 하도록 법률로 강제하거나 금지한다면 그것이야말로 뉴스거리일 것이다. 그러나 이제는 판단착오, 불신, 두려움을 안겨주는 가짜뉴스가 평소에도 발견된다. 가짜뉴스로 인해 뉴스 신뢰도에 대한 불신이 커지고, 허위정보가 늘어나면서 하루쯤 웃어보자는 만우절은 그 빛을 잃게 되었다.

## 유언비어는 언제나 가짜일까?

'유언비어流言蜚語'나 근거 없는 '소문所聞'은 부정확한 정보를 전달하는 경우가 많지만 별로 해악성이 없거나 나중에 진실로 밝혀지는 때도 있다. 1950년 대 미국이나 서유럽으로 망명한 소련 시민들은 신문이나 라디오의 공식 발표가 아닌 '소문'을 가장 중요한 정보원으로 꼽았다. 이오시프 스탈린Joseph Stalin이 집권한 이후 공식적 정부 발표나 뉴스 정보는 전혀 신뢰를 받지 못했다. 국내에서도 1970~1980년대 군사정권 시절 공식 발표는 믿기 어려웠다. 시국과 관련한 뉴스 정보는 유언비어를 통해 비공식적 경로로 전달되었다. 유언비어는 중요한 상황에 대처할 수 있는 정보가 부족할 때 추측을 공유하거나, 공식적 정보 유통이 차단된 상황에서 정보를 전파하는 비공식적 수단이 되었다. 신문과 방송 등 언론이 충분한 정보를 공급하지 못해 정보 수요가 초과할 때 유언비어가 생겨나게 된다. 언론이 보도통제를 받아 왜곡되는 상황에서 오갔던 유언비어는 생생하고 진실한 정보의 파편을 전달했다. 그러나 유언비어는 특정한 의도를 가지고 허위정보를 퍼뜨려서 사회적·정치적 사안에 대한 대중의 분노를 촉발할 수 있었다. 그래서 유언비어는 언제나 진위를 의심을 받았다. 권위주의 시대 경찰이나 규제 당국이 유언비어를 단속했던 이유는, 유언비어를 진정한 민의의 반영이 아니고 다수를 선동하려는 목적을 가지고 유포한 '거짓'으로 다루었기 때문이다.

그렇지만 문화인류학적 관점에서 보자면 유언비어에는 그 시대를 살아가는 사람들의 위기감, 분노, 애환이 담겨 있다. 따라서 유언비어가 왜 발화되었는지 따라가다 보면 그 배경이 되는 사회적·정치적 긴장 상황과 맞닥뜨리게 된다. 유언비어는 언어활동의 일부로 볼 수 있는데 유언비어가 전해지는 모습은 다양한 관점, 감정 표출, 특정인에 대한 비난, 부정확 정보의 파편들이 오가면서 들끓는 시끌벅적한 장터와 같다.

유언비어는 익명으로 퍼져가므로 언제나 공식적 출처도, 내용을 책임지는 기자도 없다. 특정인이나 집단을 향한 대중적 불신을 부추기기 위해서 의도적으로 유언비어가 생산되는 경우도 많았다. 동서고금을 막론하고 어떤 유언비어가 사실과 다른 조작인지, 검열을 피한 진실한 정보인지, 시민사회의 불만인지, 부정확한 정보가 유통과정에서 살이 붙은 것인지를 판단하는 것은 권력자의 몫이었다. 그러므로 권력자나 정부기관은 진실한 정보라도 유언비어라고 평가절하해버리거나 스스로 조작된 정보를 유통시켜 특정 집단에게 사회적 불만을 폭발시키는 희생양으로 삼을 수도 있었다.[68]

'유언비어流言蜚語'의 유래는 한나라 효경황제(기원전 188년~141년) 때로 거슬러 올라간다. 대장군 두영竇嬰은 반란을 진압하는 등 공을 세워 높은 정치적 지위를 누렸다. 조정의 대신들은 권력을 가진 그에게 굽신거렸다. 신분이 낮았던 말단 공직자 전분田蚡도 그 집에 드나들었다. 그런데 전분의 이복누이가 황후로 발탁되자 전분은 벼락출세를 하게 된다. 무제武帝가 보위에 오르자 전분의 권세는 두영을 능가하게 되었다. 두영에게 아부하던 고관들은 이제는 전분과 가까이 지내려고 경쟁했다. 평소 두영과 가까이 지냈던 관부灌夫는 그들이 순식간에 변절한 모습에 불만을 품었다.

전분은 연燕나라 왕의 딸을 첩으로 들였고 잔치가 벌어졌다. 그 자리에 참석했던 관부는 주변 사람들에게 건배를 제의했지만 번번이 무시당했다. 그는 화를 내고 술잔을 내동댕이치며 잔치를 엉망으로 만들어버렸다. 관부는 불경죄로 투옥되었다. 두영은 무제에게 선처를 청하는 상소를 올렸다. 무제는 이 사건을 어떻게 처리할지 고민하게 된다. 일처리를 분명히 해야 한다는 태후의 단호한 재촉 때문에 무제는 어쩔 수 없이 두영도 옥에 가두어버렸다.

그러자 장안성에는 두영이 옥중에서 반성은 않고 황제를 헐뜯는다는 소문이 돌았다. 그러나 해충 같은 그 소문은 전분의 부하들이 꾸며낸 이야기였다. 소문이 무제의 귀에 들어가자 그는 소문의 실체를 알아보지도 않고 두영을 끌어내어 목을 친다. 모욕적 소문을 그대로 둔다면 통치자로서 절대적 권위가 흔들릴 수 있다고 생각했던 것이다.

저잣거리에 떠돌았던 소문을 접한 무제의 불편함은 인터넷에 유포되는 익명의 가짜뉴스를 지나치게 민감하게 여겨서 위협으로 보는 시각과 다르지 않다. 가짜뉴스가 갈등과 반목, 사회적 혼란을 초래하는 수단이며 선의의 피해자를 낳을 수 있다는 우려도 묵과할 수 없다. 그렇지만 미확인 소문을 전하는 행위 모두를 규제 대상으로 삼게 되면 비판과 자유로운 발언을 위축하게 된다. 그런데 어떤 유형의 허위정보와 소문이 급박한 위험을 야기하고 공공의 안전을 해하는 것일까?

가짜뉴스의 폐해는 권위주의 국가들이 콘텐츠 검열과 자유 발언을 억누르는 빌미를 제공했다. 권위주의 국가들에서 유언비어의 유포와 가짜뉴스의 해악성은 동일한 의미로 통용된다. 가짜뉴스는 국가 안보를 침해하는 문제로 여겨진다. 중국에서 경제 질서와 사회 질서를 방해하는 허위정보虛假信息를 확산하는 행위는 '네트워크 안전법網絡安全法' 위반으로 다루어진다.[69] 그렇지만 이런 방식의 규제까지 그대로 답습할 필요까지는 없을 것이다.

유언비어는 터무니없이 떠도는 말이지만 그것이 진실인가에 대한 공식 판단은 언제나 권력자에게 있었다. 시간이 흐른 후 유언비어가 정확한 여론으로 밝혀진 사례들은 언론이 정권의 감시를 받거나 진실이 공식화되기 어려울 때 비공식적 경로로 전달되었던 것이다.

유언비어에는 '허위사실'이 담겨 있어서 사회적 혼란을 야기할 수 있었다. 그렇지만 사실을 동반하지 않는 '의견'이라면 형사처벌 규정에 저촉되지는 않았다. 그러나 일제 강점기였던 1941년 유언비어 단속을 위해서 제정된 조선임시보안령朝鮮臨時保安令은 '의견'을 포함한 모든 발언을 처벌 대상으로 삼았다.[70] 적용 범위가 크게 넓어진 보안령은 풍문이나 유언비어를 차단하여 식민지 지배를 다잡으려 제정되었다.[71] 누구든지 시국에 관한 유언비어를 하거나 인심을 흔들리게 하는 풍문을 유포하면 2년 이하의 징역이나 벌금에 처했다. 유언비어는 그때부터 보안법 위반 사항이었는데 광범위하고 모호한 기준 때문에 조선총독부가 자의적으로 판단을 내릴 수 있었다.

당시 식량 부족에 관련한 유언비어가 많이 나돌았다. "순사가 암거래 단속 중 쌀 받아", "군면 직원·조사원과 순사의 가혹한 식량 공출", "식량 부족으로 자살에 이르렀다"라는 내용들은 사실로 드러났다. "일제가 여자들을 공출해 가니 조심하라"라고 말한 농부는 징역형을 받았다. 1938년 "황군의 위문을 위해 처녀와 과부를 모집해 만주에 보낸다고 하는데 그러려고 내 딸의 이름을 적었냐"라는 항의를 해도 유언비어 유포죄로 처벌받았다.[72] 그러나 위안부 동원은 유언비어가 아니라 역사적 사실이었다.

1974년 1월에 발표된 긴급조치 1호는 유신 헌법의 개정 또는 폐지를 주장·발의·제안·청원하는 등의 비판을 금지했다. 이때도 일제의 조선임시보안령처럼 유언비어의 처벌에는 광범위하고 모호한 기준이 적용되었다. 비상계엄이 발효 중이었던 1972년 10월, 경북 영주군 영주읍의 공원 앞의 사람들이 오가는 곳에서 "헌법개정안은 막걸리로 조지자. 헌법개정은 독재다"라고 발언했다가 유언비어 날조와 유포로 형사처벌을 받은 경우도 있었다.[73]

이 사건은 32년이 지나 재심을 거쳐서 무죄를 선고받았다. 대법원은 2018년에 1972년도의 계엄포고는 헌법과 법률에서 정한 조건을 충족하지 못하여 무효라고 판단했다.[74] 유언비어를 날조·유포하는 일체의 행위 등 범죄 구성 요건이 추상적이고 모호하며, 적용 범위가 너무 광범위하고 포괄적이어서 일반적 국민들이 법률에 의하여 금지되는 행위가 무엇인지를 예견하기 어려우므로 죄형법정주의의 '명확성의 원칙'에 위배된다고 보았다.

1980년 신군부가 선포한 계엄 포고령도 역시 유언비어의 유포를 금지했다.

5·18민주화운동 당시에 시민들이 쏟아낸 항의와 절규는 '폭도들의 폭동'으로, 진압군의 잔학행위는 '유언비어'로 일간지 헤드라인에 인쇄되었다.[75] 워싱턴의 언론인 팀 셔록Tim Shorrock에 따르면 신군부는 광주에서 발생한 대규모 시위가 공산주의자들의 폭동이라는 과장된 거짓 정보를 미국 측에 흘려 미국의 지지를 얻으려고 했다.[76] 무엇이 허위인지 규정할 수 있는 권력은 언론사와 서슬 퍼런 신군부에게 있었다. 1980년대 언론 통폐합 이후 많은 언론사는 숨을 죽이고 고요한 침묵을 유지했다. 그때 계엄포고령 위반 사건을 심사했던 대법원은 유언비어는 그 "내용이 허위인 경우뿐 아니라 사실이 과장·왜곡된 경우까지 포함된다"라고 해석했다.[77]

그런데 이 기준에 따르면 공개적 정치 발언은 대부분 포고령 위반이 될 수밖에 없었다. 유언비어에 대한 지나치게 엄격한 기준은 매우 효과적으로 신군부 쿠데타에 대한 비판과 민주주의에 대한 요구를 틀어막았다. 서울의 봄은 사라졌고 국회는 해산되었다. 역설적이게도 그 무렵 가장 위법하고 위험한 것은 유언비어가 아니라 쿠데타 세력의 계엄통치였다.

정치적 격변이 발생했을 때 언론이 제대로 기능을 발휘하지 못하면 무엇이 악의적으로 날조된 근거 없는 소문이고, 무엇이 진실한 여론의 일부인가를 객관적으로 판단하기 어렵다. 이때 유언비어는 비록 비공식적 경로로 떠도는 부정확했지만 유용했다. 그러나 유언비어를 무조건 악의적 허위로 규정한 시대에는 정치적 표현은 제약되었고 민주주의는 위기를 맞았다. 국가와 시대를 막론하고 부패한 권력자나 정부기관은 유언비어의 허위성과 해악성을 지나치게 강조하여 정권에 대한 비판적 발언을 억눌렀다.

## 영혼을 훔치는 자

1768년 청나라를 공포로 몰아넣은 '저혼叫魂' 사건은 소문에서 시작되었다.

항주 부근의 덕청德淸현에서 생겨난 소문은 다리 밑에 누군가의 이름을 적은 종이를 넣으면 그의 영혼을 훔칠 수 있다는 것이었다. 덕청현은 태호太湖로 흘러드는 장강으로 인해 기름진 농토가 넓게 펼쳐진 부유한 지역이었다. 어느 날 홍수로 제방이 붕괴되고 다리가 유실되자 석공에게 보수를 맡긴다. 그때 선스량沈士良이라는 사람이 석공에게 찾아와 자신의 신세를 한탄한다. 자신의 두 조카가 난폭해져서 협박으로 돈을 갈취하고, 어머니를 구타하는 행동을 일삼는데 통제할 수 없다는 것이었다. 그는 이름을 적은 종이를 다리 기둥이나 말뚝에 함께 박으면 병들어 죽게 되고, 그 영혼은 주문을 건 사람이 마음대로 조종할 수 있다고 설명했다. 그러면서 조카들의 이름을 적은 종이를 석공에게 건네면서 다리에 기둥을 박을 때 함께 묻어달라고 부탁했다. [78] 놀란 석공은 관아에 가서 선스량을 살인미수로 고발했다.

소문이 널리 퍼지자 이름을 묻는 낯선 사람이 영혼을 훔치려고 한다는 의심을 받았다. 사람들 사이에는 요술사가 자신의 이름을 알아내면 무슨 짓을 할지 모른다는 두려움이 생겨났다. 거리에는 긴장감이 돌았고 부모들은 '영혼을 훔치는 자'가 아이들의 이름을 알아내어 죽게 만들까 봐 잔뜩 경계했다. 사회적으로 팽배해진 두려움은 폭력적으로 분출되었다. 수상한 행동을 하는 외지인들에게는 집단 폭행이 가해졌다. 흥분한 사람들은 요술사로 의심되는 자를 때리고 강물에 던지거나 불태웠다.[79] 비록 비과학적 정보였지만 덕청현에 사는 모두가 믿는 무시무시한 소문이 되자 행동에는 주저함이 없었다.

시간이 흐르자, 원래의 소문은 "이름이 적힌 종이를 넣어야 한다"였지만 "변발辮髮을 잘라도 영혼을 훔칠 수 있다"로 발전하고 있었다. 요술사의 표적이 된 변발은 앞 머리털을 밀어내고 뒷부분 머리카락을 땋아 내리는 만주족의 상징이었다. 건륭제는 이 소문을 한족漢族의 비웃음과 모반으로 받아들였다. 1636년에 건국된 청淸은 100만 명의 만주족이 1억 명의 한족들을 지배했던 나라였다. 누군가 변발을 잘라낸다는 소문은 만주족을 분노와 광기로 몰아넣었다. 관군들은 황제의 명을 받아 변발을 잘라내어 사람의 영혼을 훔치려는 '요술사'를 대대적으로 색출했다.

변발이 잘리면 영혼이 빠져나간다는 소문은 비과학적이지만 황제의 명령이라는 공식화 과정을 거쳐 일반적 사실로 통용되자 과감한 행동도 뒤따랐다. 예컨대 남자 세 명이 거리에서 모르는 자에게 변발을 잘렸다고 관아에 신고하면 관리들은 잘린 변발의 끝을 조사했다. 많은 사람이 그 과정에서 체포되어 고문을 받았다. 장수성의 안찰사는 요술사 사건을 황제에게 신속하게 보고하지 않았다는 이유로 혹독한 책망을 들었다.

건륭제의 통치기에는 문화가 찬란하게 빛났고 경제적으로도 황금기였다. 그렇지만 요술사 때려잡기 소동의 뒤에는 소문을 이용해 향락에 젖어가는 남부 지역 만주족 지배층을 긴장시키고 장악력을 높이려는 건륭제의 의도도 있었다. 요술사에 대한 소문 때문에 경제가 발달한 남부 덕청현 지역은 경계심이 높아졌고 타 지역 사람들의 유입을 차단할 수 있었다.[80]

근거 없는 소문이 퍼지면 위험과 해악의 근원으로 지목된 집단에게 분노가 집중되는 사례는 드물지 않았다. 1923년 일본 간토關東에 대지진이 발생해 수만 명의 사상자들이 발생했다. 일본 정부는 피해 수습을 위해 계엄령을 선포하고 군대와 경찰을 동원했다. 그때 유언비어가 퍼졌다. "조선인이 불을 지르고 돌아다닌다", "불령선인不逞鮮人들이 폭동을 일으키고 우물에 독을 풀었다"라는 소문이 떠돌았다. '불령선인'은 원한을 품고 소요를 일으키는 조선인이란 뜻이었다. 이 소문은 진위 여부를 떠나 지진 피해로 실의에 빠진 일본인들에게 적개심을 유발했다. 조선인 학살은 나흘간이나 계속되었다. 공권력에 의해서 공식화된 정보를 믿은 대중의 광기는 끔찍한 결과를 낳았다.

진실이든 아니든 일단 다수의 사람이 소문을 믿기 시작하면 두려움은 '하나의 현실'이 되어버린다. 많은 사람이 믿을수록 진실일 것이라는 확신은 커지게 된다. 1768년 저혼叫魂 사건, 1923년 간토 대지진 당시 일어난 조선인 학살은 유언비어에 의해 고무된 집단행동의 사례였다. 2017년 미얀마에서 벌어졌던 로힝야족을 상대로 한 집단 학살도 과정은 비슷했다. 미얀마에서는 민족주의자들의 페이스북 그룹 페이지가 조직적 폭력행위를 선동하는 소통 수단으로 사용되었다. 혐오발언과 왜곡된 허위정보는 분노를 선동했고 거리낌 없는 공격을 정당화했다. 피해의식은 집단적 폭력과 배제에 정당성을 부여했는데 가해자에게는 보복과 피의 응징을 안겨주는 것은 당연했기 때문이었다.

## 정치적 도구가 된 익명서

소문이 임계점을 넘어 대중에게 알려지면 세력을 얻기 시작한다. 그러면 허위일지 모른다는 의심과 출처를 확인해야 한다는 필요성은 사라지고 만다. 다수가 믿는다면 심리적으로 쉽게 수용된다. 압도적 다수가 그 소문을 받아들였다는 집단성의 위력은 개인의 검증 욕구를 무의미하게 만들어버린다. 소문이 허위정보라고 할지라도 믿는 사람이 많아질수록 소문의 권력은 더 커지게 된다.

어떤 소문은 민감한 정치적 이슈와 맞물려 불안감을 증폭하고 여론을 주무르기도 한다. 역사를 돌아보면 은밀하게 소문을 퍼뜨려 권력게임에서 우위에 섰던 사례는 많았다. 정치가들은 소문을 막기는 어려워도 퍼뜨리기는 쉽다는 점을 깨닫고 있었다. 그러나 반박 증거는 찾기 어렵다.

생겨난 소문을 역이용하거나 소문을 일부러 만들어낸 다음에 누군가를 주모자로 몰아 공격을 하기도 했다. 허위정보를 동원한 가짜 소문은 '정보전쟁'이었고 정치적 세력이 대립할 때 반대파 제거에 사용된 수법이었다. 누군가 가짜뉴스를 만들어서 임금에게 고하고 조작된 증거를 제시하면 반대 세력을 대대적으로 숙청할 수 있었다.

소문과 권력의 관계를 잘 보여주는 것은 조선시대에 익명으로 나붙은 벽서다. 익명의 벽서壁書, 괘서掛書는 국정을 비판하거나, 누군가의 잘못을 알리거나, 불만, 원한, 고발을 표출하는 수단이었다. 그러나 익명이었기 때문에 악의적 비방이나 허위정보가 붙기도 했다.[81] 백성들이 언문諺文으로 벽서를 붙이기도 했지만 한글로 쓰인 벽서는 뒤늦게 나타났고 매우 드물었다.[82] 부정부패, 관리의 학정을 알리거나 정국 운영에 반대하는 익명서는 한문으로 썼다.

익명서는 사람들이 많이 오가는 시장, 마을 입구의 장승, 벼슬아치의 저택, 망루, 관아의 대문 등에 나붙었다. 인구의 90퍼센트가 한문을 읽지 못하는 문맹文盲이었으므로 벽서로 대중의 지지 여론을 얻기란 현실적으로 어려웠다. 괘서는 범인을 잡을 수 없으니 발견하면 태우는 것이 관례였다. 그렇지만 정치세력 간의 갈등이 심했던 시기에 나붙은 익명서는 상당한 위력을 발휘했다. 익명서와 소문이 순수한 민초들의 의견으로 받아들여지기보다는 누군가가 역모를 꾸미고 있다는 증거로 이해되어 반대파를 제거하는 데 이용되었던 것이다.[83] 익명의 벽서는 태워버려야 했으나 사회의 여론을 고한다는 명분으로 임금에게 전달되었다.

1547년 명종 때에 경기도 양재역에 벽서가 나붙어 문정왕후 윤씨의 섭정을 비난했다. "여주女主가 위에서 정권을 잡고 이기李芑가 아래에서 권세를 농간하고 있으니 나라가 장차 망할 것을 기다리게 되었다. 어찌 한심하지 않은가." 그러나 양재역벽서지변良才驛壁書之變은 을사사화 때 남은 세력을 제거하려는 자작극일 가능성이 높았다.

놀랍게도 조정 회의에서는 벽서의 조작 여부나 진위에는 거의 관심을 가지지 않았다. "사악한 여론이 떠돌고 있다"라고 보고는 그대로 먹혀들었다.[84] "나라의 인심이 이와 같으니 을사사화의 남은 잔당들을 모두 제거해야 벽서 같은 왜곡된 여론이 떠돌지 않을 것"이라고 덧붙였다. 누가 만들었는지 모르는 가짜뉴스는 이런 방식으로 절대권력자의 불안을 부추겼다.

영조 통치기였던 1755년 전라도 나주 망화루望華樓에 괘서가 걸렸다. "조정에 간신이 가득 차서 민중이 도탄에 빠졌다"라며 통치세력을 비방하는 문구가 적혀 있었다. 영조는 괘서를 소론 세력이 작성한 것으로 짐작하고 직접 심문에 나서 자백을 받아냈고 관련자들도 처벌했다. 소론이 괘서의 주모자로 지목되어 밀려나자 노론이 정치적 주도권을 얻게 되었다. 그 결과 영조의 탕평책은 유명무실해지고 말았다.

익명서는 혹세무민의 음모라고 여겨졌고 작성자로 추정되는 인물들만 화를 입었다. 익명서가 진실인지, 누군가의 계략이었는지 가려낼 수 있는 방법은 없었지만 그 위험성은 부풀려졌다. 신하들은 공개 비판을 방치했을 때 역모가 불가피하다고 강조했고, 세상을 어지럽게 하는 세력을 척결해야 한다는 명분을 내세웠다. 사악한 여론의 확산을 방지한다는 명목 아래 휘두른 권력은 비판을 막았고 정치적 긴장을 조성했다. 벽서에 담긴 주장보다 권력자의 과민반응이 더 위험했다.

익명서는 구한말에도 정치적 대척점에 있는 상대방을 공격하고 정국을 장악하는 수단이었다. 독립협회獨立協會는 입헌군주제를 추구했다. 구한말 조선이 당면한 문제들을 공론화하는 시민단체로서 역할을 했고, '헌의 6조' 등 근대적 정치 개혁을 제안했다. 그런데 어느 날 "독립협회가 왕정을 아예 폐지하고 공화제로의 변화를 추진한다"라는 익명서가 거리에 나붙었다. "고종 황제를 몰아내고 군주정 대신 대통령을 뽑으려고 한다"라는 내용이 담겨 있었다. 이 문건은 독립협회가 의회에 해당하는 중추원 개혁을 추진하자 이를 못마땅하게 여긴 수구파가 날조한 가짜뉴스였다.

그 배경에는 강력한 황권을 제한하려는 진보적 독립협회와 수구파 정부 간의 정치적 갈등이 자리 잡고 있었다. 가짜 주장을 담은 익명서는 근대적 정치 개혁도 순식간에 날려버렸다. 익명서를 믿은 고종은 독립협회 간부들을 체포하라는 명령을 내렸다. 그 이후 수구파는 황국협회를 통해 2,000여 명의 보부상들을 동원해 독립협회를 습격했다. 유혈사태가 빚어진 이후 독립협회는 해산되었다.


## 진주 음부옥 사건

소문은 사회에서 통용되는 도덕적 기준과 이데올로기에 부합하지 않는다면 더 관심을 집중시킨다. 16세기 중반 조선시대, 함안 이 씨는 진주 지방 진사의 후처로 들어왔지만 과부가 되었다. 노비와 음행을 저지른다는 소문이 나돌자 이 씨는 옥에 갇히게 되었다. 그러나 이 사건은 아무런 물증이나 자백도 없었다. 조선시대에는 소문만으로 법적 판단의 대상이 되는 예외 영역이 있었다.

풍문탄핵법風聞彈劾法은 근거를 제시하지 않고도 풍문만으로도 조사와 탄핵이 가능했다. 주로 삼강오상三綱五常과 풍속에 관계되는 범죄들이었다.[85] 풍문 사건은 공론의 장에서 이끌려 나왔는데 그것을 해석하는 각자의 입장은 현저히 차이가 났다.

이 사건은 개인적 사건에 머물지 않고 조선 성리학자 간 세력 대결로 비화되었다. 여인의 음행에 대한 소문이 공적인 사안으로 급변하게 된 이유는 거물 성리학자의 평판과 연결되었기 때문이었다.[86] 양반집에 후처로 들어온 여인이 과부가 된 후 노비와 정을 통했다면 삼강오륜을 무너뜨리는 사건이었다. 투옥된 여인의 남편에게 전처가 있었는데 그녀는 영남학파의 거두 남명南明 조식曺植의 조카였다. 남명은 이씨의 음행에 대한 소문을 듣고 민감한 반응을 보였다.[87] 그 무렵 퇴계학파와 남명학파는 대립하고 있었다.

이 사건을 살펴보던 대사헌 기대승은 소문을 의심했다. 한나라 무제나 영조는 소문을 듣고 칼을 빼들었지만, 그는 속단하지 않고 신중하게 중립적 태도를 유지했다. 그는 허위 소문이라고 생각하여 옥에 갇혔던 관련자들을 풀어주었다.

이제 관심은 소문에 불과하던 사안을 누가 관아에 발고했는가로 모아졌다. 증거도 없는 상황에서 남명의 한마디가 행동지침이 되어 이 씨를 투옥시켰다는 의심이 생겨났다. 사건을 무혐의 처리한 관리들도 남명이 손을 써서 파면되었다는 소문이 돌았다. 풀려난 사람들은 원한을 품고서 복수를 다짐했다. 그런데 함안 이 씨를 발고한 것은 남명의 친구였다. 남명은 그 친구와 사이가 틀어지게 된다. 진주 음부옥 사건은 소문을 재구성하고 반응하는 태도가 집단의 이해관계, 혈연, 학연, 정치적 입장에 따라 달랐음을 보여준다.[88] 함안 이 씨의 집안사람들은 사실 무근이라고 주장했고, 남명은 진실이라고 믿었다. 퇴계와 남명의 선비들은 서로 다른 담론을 내놓았고 극명하게 편이 갈렸다. 소문만으로 옥살이를 했던 자들은 억울함을 호소했다. 남명은 사적인 감정으로 음행 사건을 엄격히 처리하려 했다는 원망을 샀다.

풍문에 불과한 개인의 행실을 사회적 해악으로 여기고 정치적 영역에 끌어들여 형사사건으로 다루자 애꿎은 피해자가 생겨났다. 그 여파는 정치적 갈등을 불거지게 했다. 퇴계학파 대 남명학파의 상호비방으로 번졌고 훗날 북인의 쇠락을 초래하는 계기가 되었다.


## 옐로 저널리즘의 등장

1800년대 중반부터 1900년대 초반까지는 미국 옐로 저널리즘의 전성기였다. 라디오와 TV도 없었던 시기에 뉴욕시 거리를 누비던 신문팔이 소년들은 '뉴스보이'로 불렸다. 신문 조판과 인쇄가 끝나면 뉴스보이들은 신문을 들고 거리로 뛰어나가 팔아치워야 했다. 페니프레스에는 현실성 없는 괴담, 턱없이 과장된 이야기들, 시시껄렁한 소문, 선정적 기사들이 넘쳐났다.[89]

뉴욕 《선The Sun》은 1833년에 시작된 최초의 근대적 신문이었다. 발행부수는 8,000부에서 1만 9,000부 정도였는데 당시 런던에서 발행되는 《타임스

The Times》보다 많았으므로 따지자면 세계적 베스트셀러 신문이었다.[90] 뉴욕의 노동자들은 복잡하고 어려운 논평 대신 범죄 사건이나 말초신경을 자극하는 이야기를 1센트에 구할 수 있었다.[91] 1890년대 맨해튼과 브루클린에서 발행되던 10여 개 일간지들은 치열한 경쟁을 벌였다. 신문사들은 독자층을 확보하고 판매 부수를 늘이려고 자극적 헤드라인, 폭로성 보도, 선정적 문구, 날조된 이야기로 눈길을 끌었다. 페니페이퍼의 경쟁은 가짜뉴스의 생산과 유통을 가능하게 했다.

프랭크 루더 모트Frank Luther Mott는 19세기 후반 미국의 옐로 저널리즘의 특징을 몇 가지로 꼽았다.[92] 사진과 삽화 드로잉을 풍성하게 사용했고, 가짜 인터뷰를 버젓이 싣고, 독자들에게 오해를 주기 쉬운 선정적인 헤드라인을 뽑고, 사이비 과학조차 기사로 만들었다. 자칭 전문가들이 엉터리 의학 지식을 상세히 설명하는 시리즈물도 실었다. 과열된 판매 경쟁이 이어지자 신문 편집자가 정보 필터링을 통한 가짜뉴스 걸러내기를 외면했다.

## 혹스의 시대

페니프레스 시대에 신문사들은 괴담이나 상상으로 지어낸 가짜뉴스를 실어 독자들의 관심을 끌었다. 그 무렵 가짜뉴스는 보편적인 현상이었고 신문사들도 서로의 관행을 알고 있었다.[93] 신문 편집자들은 궁금증을 자아내는 노험담, 상상 속의 이야기, 엉터리 의료 지식, 괴물 이야기, 가짜 인터뷰를 시리즈로 싣고 그럴듯한 삽화까지 곁들였다. 필력이 좋은 필진들과 화가를 섭외해 '가짜뉴스'의 경쟁력을 보강했다.

그 무렵 가짜기사들의 성격은 독자들이 원하는 홍밋거리를 싣겠다는 편집 의도로 이해하는 편이 적절하다. 가짜뉴스는 오락용이었을 뿐, 독자를 노골적으로 속여서 우롱하거나 선거에서 승리를 위해 정치 분야 뉴스를 조작하지도 않았다. 신문사들은 영세하게 운영되었고 뉴스 리포터를 고용하지도 않았다. 정치 기사나 시사 이슈를 특정 정치 집단의 이해관계를 위해 조작하지도 않았다.

'가짜'란 이야기를 재미있게 윤색하고, 부족한 정보를 채워 넣고, 인터뷰에서 나온 말을 두드러지게 강조하고, 소문을 그럴듯한 픽션으로 가공하는 식이었다.[94] 그래도 신문에 실린 가짜뉴스를 순진하게 그대로 믿은 나머지 피해가 발생한 사례는 찾기 어려웠다. 가짜 기사들은 골치 아픈 문제라기보다는 신문 편집에 있어서 합의된 관행이었고 심각한 민주주의 위기로 여겨지지도 않았다.

신문의 초창기에 신문사를 상대로 한 명예훼손 소송은 빈번히 제기되었지만, 정부가 나서서 페니페이퍼에 실린 가짜뉴스 자체가 위험하다고 벌금을 매기거나 인쇄기를 압류하지는 않았다. 추문 들추기와 상상 속의 이야기들은 해악성이 없는 오락용 콘텐츠로 취급되었다. 1800년대 후반 가짜뉴스는 독자들의 흥미를 돋우기 위해 시시껄렁한 기삿거리로 클릭을 유도하는 비즈니스 전략이었다. 요즘 신문들이 스포츠 스타의 활약, 연예인 사생활 보도, 흥미로운 외신으로 지면을 채우는 것과 마찬가지다.

미확인 뉴스 정보를 뿌리거나 허위정보를 사실처럼 퍼뜨리는 소셜미디어의 발흥은 1890년대 옐로 저널리즘과 마찬가지로 가짜뉴스를 수익성 좋은 비즈니스로 만들었다. 가짜뉴스 웹사이트에 운영한 마케도니아 벨레스Veles의 10대들은 19세기 뉴욕 거리의 뉴스보이보다 전략적 우위에 서 있다. 지구 반대편에서 미국 정치인에 대한 가짜뉴스를 웹사이트에 올려 광고 수익을 얻는 방식은 예전에는 상상하지 못했던 것이다.

## 에드거 앨런 포의 '인간 박쥐'

놀랍게도 대문호 에드거 앨런 포Edgar Allan Poe도 신문에 날조된 이야기를 기고했다.[95] 신문에 여섯 건의 괴담hoax을 써서 팔았던 포는 자신이 살아가던 19세기 중반을 '혹스의 시대epoch of the hoax'라고 즐겁게 이름 붙였다. 포는 돈이 필요해서 옐로 저널리즘과 결탁한 사기극에 참여했던 것일까? 그는 그 행동이 속임수가 아니라 창작 활동의 일부라고 생각했다. 그는 독자들에게 흥미로운 읽을거리를 주고 싶었고, 진실인지 여부는 독자 스스로 판단해서 걸러 읽을 것이라고 생각했기 때문에 날조된 이야기를 쓰면서도 양심의 거리낌은 없었다. 그는 관련된 문헌을 찾아가며 공들여서 가짜 이야기를 집필했다. 물론 뻔뻔한 신문 편집자은 날조된 이야기에 '논픽션non-fiction'이라는 문구를 넣었지만 독자들이 그대로 믿을 가능성은 크지 않았다. 사람들은 삼삼오오 모여서 신문을 읽으면서 포가 정말로 사실처럼 썼다면서 좋아했던 것이다.[96]

포는 1844년에는 토요일판 《선》에 열기구를 타고 3일 만에 대서양을 건넌 남자를 인터뷰한 "풍선 이야기Balloon-Hoax"를 기고했다. 소제목에는 '진짜 이야기'라는 설명도 덧붙였다. 포는 평소에 작품을 쓰면서 사이비 과학, 골상학 등에도 상당한 관심을 가졌다.[97] 풍선을 조종한 남자의 인터뷰도 과학적인 세부사항을 구체적으로 쓰려고 주의를 기울였기 때문에 현실감이 있었다. 사람들은 흥미진진한 열기구 여행 이야기를 읽었으나 실제로 모험을 한 여행자나 열기구의 흔적을 어디에서도 찾을 수 없었다. 풍선 이야기는 항의를 받고 이틀 후에 철회되었다. 풍선 이야기의 진위를 확인하고 싶어 했던 사람들은 타 신문사 기자가 아니라 독자였다. 달에 사는 인간 박쥐의 진위는 확인이 불가능하지만 열기구의 존재는 확인하고 싶었던 것이다.

뉴욕 《선》에 실린 '거대한 달 괴담Great Moon Hoax' 시리즈는 에드거 앨런 포의 괴담 데뷔작으로서 1835년에 선풍적 인기를 끌었다. 달은 인류에게는 미지의 공간이자 영원한 신화의 소재였다. 포는 상상 속의 박쥐 인간을 진짜 망원경으로 과학적으로 관찰한 것처럼 공들여 표현했다. 신문에는 달 표면의 암석 지대를 뛰어다니는 생명체 '인간 박쥐'의 삽화도 세심하게 실렸다. 이 기사의 줄거리는 유명한 영국인 천문학자 존 허셜John Herschel이 아프리카 희망봉 부근에 설치한 강력한 망원경으로 달에서 날아다니는 생명체를 발견했다는 이야기였다. "사람처럼 두 발로 걷는 비버들beavers이 아이를 팔에 안고 뛰어다니며 원시적 오두막을 지어서 살고 있다. 이 생명체는 구리색의 머리카락과 박쥐 같은 날개를 가졌고 크기는 4피트 정도다." 망원경으로 처음 생명체를 발견한 사람이 '인간 박쥐'라는 이름을 붙였다는 설명도 있었다. 그러나 거대한 달 괴담은 희망봉에서 천체를 관측하던 존 허셜과는 아무런 관련이 없었다. 그의 이름을 사용하여 달 이야기를 기사로 싣기로 결정한 것은 《선》의 편집자였다.

뉴욕시에서 날조된 기사를 만들어 신문에 싣더라도 그 기만과 오류를 멀리에 있는 존 허셜이 알아차리고 정식으로 항의하고 수정을 요청하려면 수개월이나 걸렸다. 그러나 고성능 망원경을 가지고 달을 들여다보고 있는 천문학 연구자가 뉴욕시에서 발행된 신문을 구입해서 한 달 이내에 읽을 가능성은 거의 없었다. 1835년에 뉴욕시과 아프리카 최남단 희망봉 사이에 커뮤니케이션 수단이라고는 배를 통해서 보내는 편지뿐이었다. 전보를 보내거나 전화를 걸어 항의하기도 어려웠다. 뉴스 정보의 진위를 확인하기 어렵고 그 절차에 시간과 비용이 많이 든다는 맹점을 가짜뉴스 생산자들은 충분히 활용했다.

가짜뉴스의 생산자는 이 틈새를 활용했다. 뉴욕에 앉아 있는 신문 편집자로서는 무슨 이야기든지 흥미를 끌 만한 기삿거리를 신문에 실어서 팔아치우면 그만이었다. 마르코니가 영국에서 무선으로 보낸 전자기파를 3,570킬로미터 떨어진 캐나다 뉴펀들랜드에서 수신하는 실험에 가까스로 성공한 것은 1901년이었다.

1835년은 인류를 대표해 달 지면을 처음으로 밟은 우주인 닐 암스트롱Neil Armstrong이 태어나기 95년 전이었다. 그 당시 달에 대해 알려진 과학적 사실이 거의 없었고 달은 인간의 상상력에 맡겨져 있었다. 근접 사진도 없었기 때문에 인간 박쥐의 존재를 진짜로 믿는 사람들도 있었다.

## 동물원을 탈출한 맹수들

1870년대 《뉴욕 헤럴드New York Herald》는 많은 발행부수를 가진 신문이었다. 1874년에 《뉴욕 헤럴드》에 실린 '뉴욕 동물원 탈출'은 글자 그대로 독자들을 낚는 데 성공했다. '거대한 달 괴담'과 함께 '뉴욕 동물원 탈출'은 19세기에 가장 대표적인 '혹스'였다.[98] '맹수들 수배 중'이라는 소제목이 붙은 기사는 신문 1면을 채웠다. 이 기사는 묘사가 구체적이었다. 이를테면 "센트럴파크 동물원에서 탈출한 맹수들에 의해 49명이 죽었고 200명이 다쳤다. 기자들은 취재를 위해 급파되었고, 경찰들도 동원되었다. 부모들은 아이들을 찾으러 학교로 달려갔다."[99] 이 가짜뉴스는 구색을 맞추기 위해 뉴욕 시장의 공식 발표문까지 넣었다. "방위군을 제외한 모든 뉴욕시 시민들은 탈출한 동물들이 체포되거나 살해될 때까지 주택과 주거지를 벗어나지 말 것을 명령합니다. 복구를 위한 기부금 계좌도 개설했습니다."

그런데 신문 기사의 하단에 작게 인쇄된 문구, "모든 이야기는 순전히 날조pure fabrication입니다"는 거의 눈에 띄지 않았다. 이 기사는 19년 이후 1893년 《하퍼스 위클리Hapers Weekly》에 실려 재탕되었다. 그때는 날뛰는 맹수들이 공격하고 위협하는 모습, 강펀치를 날려서 때려잡거나, 나무 위에 올라가 느긋하게 피하는 모습, 갑작스러운 맹수를 보고 놀라는 시민들의 모습을 그린 삽화가 19개나 실렸다.[100]

조지아주의 농장에서 면화를 수확하기 위해 23마리의 원숭이들을 트리니다드섬에서 수입해 훈련시켰다는 사연을 담은 편지가 1867년에 텍사스주 신문 《갈베스톤 위클리 뉴스Galveston Weekly News》에 처음 실렸다.[101] 원숭이들의 노동력은 면화 농장을 위한 좋은 해결책으로 보였지만, 작업을 감독하는 데 훨씬 많은 노력이 필요하자 5달러씩 받고 팔아버렸다는 결말이었다. 10마리의 원숭이를 관리하는 한 명의 흑인으로 충분할 것이라 생각했었지만, 실제로는 원숭이 한 마리를 관리하기 위해 10명의 흑인들이 필요했기 때문이었다.

1899년에는 미시시피주의 한 농부가 원숭이들을 훈련시켜 면화 농장에서 면화를 수확했다는 뉴스가 《LA타임스》, 《네브라스카 저널》을 비롯한 많은 미국 신문에 몇 개월의 시차를 두고 등장했다.[102] 가짜뉴스의 근거가 된 편지를 신문들은 서로 가져다가 실었다. 면화 등 환금성 작물을 수확하는 훈련을 받은 원숭이 이야기는 미국 남서부 지방을 계속해서 떠돌았다. 《뉴욕타임스》는 지역지에 실린 기사를 다시 독자에게 읽을거리로 제공하는 수완을 발휘했다. 가짜뉴스와 괴담은 잊힐 만하면 한 번씩 신문에 흥밋거리로 제공되었다.

그러나 목화를 따는 똑똑한 원숭이는 비현실적 이야기였다. 원숭이는 부패와 비효율을 비유하는 수사법이었다. 예컨대 1863년 무렵 미국 정부의 '인디언 관리부Bureau of Indian Affairs'는 끝도 모를 무능과 부패에 빠져 있었다. 그러자 에이브러햄 링컨Abraham Lincoln 대통령은 원숭이를 비유하여 그 부서를 비판했다.[103] 링컨은 "원숭이 한 마리를 돌보기 위해 두 명의 감독관이 필요하듯이 인디언 관리부의 공무원 한 명을 감독하려면 두 명 이상의 정직한 사람이 필요하겠군"이라고 말했던 것이다.


## 1890년대의 페니페이퍼

1890년대 미국에서 시작된 근대 신문업계는 열악한 사정 속에서 경쟁했다.

믿거나 말거나식 기사를 써내는 신문들은 한두 개가 아니었다. 거짓 기사들을 통해 독자들에게 흥미를 불러일으키는 방식은 공공연한 비즈니스 전략이었다. 신문사들의 운영 자금은 상품의 광고료가 아니라 신문의 판매에 의존했다. 신문사들은 무엇이든 인쇄해서 신문을 팔아치워야만 가까스로 운영되는 구조였기 때문에 뉴스보이들은 거리에 신문을 들고 다니면서 행인들에게 1센트짜리 동전을 받고 팔았다. [104]

영세한 신문사들은 기사의 질적 수준, 신문의 평판, 정보의 신뢰성보다는 상상의 이야기, 흥미진진한 괴담이나 비전문적 지식으로 지면을 채웠다. 이렇게 만들어진 기사들이 팔리자 다른 신문사들도 자연스럽게 따라 하기 시작했다. 대다수 신문사들의 관행도 비슷했기 때문에 진실보다는 호기심을 자극하는 기사와 허위정보가 소재로 실리기 쉬웠다.

진실만을 보도하는 신문이 별다른 재미를 주지 못한다는 점은 그때나 지금이나 마찬가지다. 1센트짜리 신문을 읽던 독자들은 엄밀한 수학 공식이나 건조한 논문 같은 글을 원하지는 않았다. 괴담이나 날조된 이야기는 미디어가 유지해야 하는 신뢰와 충돌하지만, 페니페이퍼는 저널리즘의 사명감은 신경 쓰지 않았다. 재미없는 진실만으로 신문 지면을 채우다가 도산을 택하려는 편집자는 찾기 어려웠다.

컬럼비아대학교 저널리즘스쿨의 미디어 사학자 앤디 터커Andie Tucher에 의하면 1890년대 신문들의 '속이기faking'는 나쁜 의미가 아니라 좋은 의미였다. 줄거리를 읽기 편하게 고치고, 호기심을 자극하는 제목을 뽑고, 부족한 정보의 빈틈을 채워 넣는 작업이 진행되었다. 소문, 괴담, 가짜 인터뷰 등으로 채워진 페니프레스는 식견 있는 시민들을 위한 공공재라기보다 엔터테인먼트 상품 같았고 읽을거리가 필요했던 도시 노동자들을 소비자로 여겼다. 그들은 가십, 풍자, 소문, 스캔들, 혹스, 지어낸 이야기에 이끌렸다. 그러므로 페니페이퍼의 편집자들은 재미를 돋우기 위해 얼마든지 기사를 윤색하거나 그

럴듯한 이야기를 상상으로 지어낼 수 있었다.[105]

진실은 숨겨진 사실을 드러내는 것이지만 페니프레스의 편집자들을 진실 자체를 전하기보다는 사건을 흥미롭게 재구성하거나 각색해서 '관심'을 가지라고 신호를 보냈다. 그 무렵 신문들에 실린 가짜뉴스는 홍밋거리나 오락거리였지 여론을 조작하려는 위험한 수단으로 사용되지는 않았다. 신문들은 독립적이었고, 정치 세력과 결탁해 정파적 뉴스를 내보내지도 않았다. 경기침체, 부패, 열악한 저임금에 항의한 파업, 악덕 자본가의 횡포, 농민의 빈곤, 생활비의 절반도 안 되는 임금 수준, 광부 노조 등 사회적 이슈들은 제대로 페니페이퍼에 보도되지 않았다. 저널리즘의 사명감은 나중에야 등장했다.

페니페이퍼 발행인들은 이윤을 추구하느라 석유·철도·철강 분야의 독점이나 낮은 임금을 강요하는 악덕 자본가를 뉴스로 다루지 않고 숨겼기 때문에 공적 어젠다가 되지 못했다. 1890년은 스탠다드 오일Standard Oil의 시장 점유율이 88퍼센트에 이르자 독점기업을 규제하기 위한 셔먼법Sherman Act이 의회를 통과했던 해였다. 1900년대 미국의 노동자 사망률은 공업화된 전 세계 어느 나라보다 높았다. 강력한 정부 규제와 혁신을 요구하는 목소리가 터져나왔다. 그렇지만 미디어 산업계는 '자유방임주의'와 '사상의 자유시장'이 적용되어야 한다는 입장을 고수했다.[106] 독점이 시장경제의 실패를 가져오듯이 미디어 소유권의 집중은 사상의 시장에도 문제를 야기했다.

뉴스에 포함된 '가짜'의 의미는 1890년대의 싸구려 페니 저널리즘과 2016년 미국 대통령 선거 때 쏟아진 가짜뉴스를 비교해보면 확연히 다르지만, 선정적 기사들과 흥밋거리 기사들을 비즈니스 모델로 여기던 1890년대 신문업계의 흔적은 여전히 남아 있다. 검색엔진이나 포털 사이트에 잘 노출되도록 키워드를 묶어 낚시성 기사를 만들고, 호기심을 자극하는 제목을 달아서 클릭을 유도하는 관행이 그것이다.

## 〈시민 케인(Citizen Kane)〉

스페인의 지배를 받던 쿠바에서는 1890년대 후반에 크고 작은 반란들이 일어났다. 미국 기업들이 들어와서 쿠바의 설탕 시장을 독점하고 있었고, 수출량도 대부분 미국으로 향했다. 1895년 2월부터는 스페인의 지배에 반발하는 시위가 각지에서 발발하면서 독립전쟁이 시작되었다. 독립 요구가 격렬해졌지만 스페인 군대는 이를 잔인하게 짓밟았다. 그 무렵 하바나항에 정박해 있던 메인호는 미국인 상인들의 재산과 안전을 보장하기 위해 파견되었던 전함이었다.[107]

1898년 스페인-미국 전쟁의 시작에는 신문에 실린 미확인 뉴스도 한몫을했다. 전쟁이 시작되기 전부터 윌리엄 랜돌프 허스트William Randolph Hearst는 《뉴욕 저널New York Journal》의 삽화가를 하바나항에 파견했다.[108] 프레더릭 레밍턴은 전쟁의 분위기를 그려 보내는 임무를 맡았다. 그러나 그가 정작 하바나항에 도착했을 때 군사적 긴장의 분위기는 전혀 찾을 수 없었다. 그는 뉴욕시의 허스트에게 전신을 보냈다.

> 모든 것이 조용하고, 문젯거리는 없음. 아마도 전쟁은 없을 것으로 보임. 돌아
> 가기를 원함. 레밍턴.

허스트는 이렇게 답신했다.

> 자네는 그림을 그려. 전쟁은 내가 준비하지.[109]

신문왕 허스트는 이 말 때문에 유명해졌다. 그의 자신감은 공식적 사실을 왜곡하거나 '진실이 무엇인가'를 좌우할 수 있는 권력을 가졌다는 개인적 믿음에서 나왔다. 오손 웰스가 만든 전설적 영화 〈시민 케인Citizen Kane〉의 주

인공은 바로 허스트를 모델로 삼았다.[110] 주인공 토머스 케인에게 언론이란 그저 돈을 불리는 재미난 방법에 불과했다. 판매 부수를 늘리기 위해서는 짐작으로 가짜뉴스를 쓰거나 조작도 마다하지 않았다. 이 영화는 언론사가 저널리즘이 아닌 돈을 추구하는 한 인물에 의해 지배될 때 발생하는 심각한 문제가 무엇인가를 확실히 보여주었다.

《뉴욕 저널》은 뉴스 정보 생태계를 진흙투성이로 만들었다. 신문 세계의 왕이었던 허스트는 약간의 사실을 소재로 삼아 맥락을 왜곡하고 사건 정황을 윤색하여 독자들의 눈길을 사로잡는 뉴스를 만들었다.

자신을 향한 비난이 거세지자 허스트는 오히려 가짜뉴스의 폐해를 비판하는 기사를 실어 대중의 비난을 비켜갔다. 이런 발 빠른 대응은 〈시민 케인〉의 주인공다운 모습이었다.[111] 허스트의 《뉴욕 저널》은 선정주의적 기사들로 지면을 채웠음에도 스스로를 뉴욕시에서 가장 진실한 신문이라고 자처했다. 가짜뉴스는 허스트의 비즈니스 모델이었다. 허스트의 모습은 오늘날 권력 의지를 좇아 사실을 왜곡하는 일부 저널리즘에서도 발견된다.

옐로 저널리즘의 시대에 윌리엄 허스트와 조지프 퓰리처Joseph Pulitzer는 신문 발행부수를 두고 치열한 격전을 벌였다. 자극적이고 선정적인 헤드라인이 늘 신문 1면을 장식했다.[112] 공적 책무를 수행한 뛰어난 언론인·방송인에게 수여되는 퓰리처상은 명예로운 상이지만, 젊은 시절의 퓰리처는 진실을 추구하는 저널리즘의 이상과 거리가 멀었다. 그는 더 많은 부수의 신문을 판매하려고 진흙탕 싸움을 벌여야 했다. 그러나 판매 부수 경쟁에서 패배했고 시력의 감퇴와 신경쇠약으로 인하여 건강까지 잃었다. 그는 경영 일선에서 물러난 이후 언론의 공적 역할이 필요함을 깨닫고 컬럼비아대학교에 저널리즘스쿨을 설립했다.[113]

## 하바나 항구의 폭발

1898년 2월 쿠바의 하바나항에 정박하고 있던 미국 전함 메인호USS Maine가 침몰했다. 《뉴욕 저널》은 258명의 사망자가 발생한 것이 '사고'가 아니라 스페인 군대의 고의적 수뢰 공격에 의한 것이라는 단정적 기사를 1면에 실었다. 그 당시 뉴스 헤드라인들은 "위기가 임박", "무기고 폭파 전에 피격 소리 들려", "해군 장교, 외부 공격에 의한 파괴로 믿어", "스페인의 반역에 대한 커지는 믿음" 등이었다.[114] 메인호 폭파를 빠르게 보도한 《뉴욕 저널》은 100만 부의 발행 부수를 기록했다. 《뉴욕 저널》은 메인호 침몰이 절대로 사고가 아니며 분명히 적의 공격 때문이라고 1면에 기사를 냈다. 적절한 타이밍에 배포된 선정적 뉴스들은 대중의 눈길을 끌었다. 이에 질세라 조지프 퓰리처의 《뉴욕 월드》는 메인호가 산산조각 나는 순간을 묘사한 대문짝만한 삽화을 넣어서 "폭탄 또는 어뢰로 폭파되다"라는 1면 기사를 냈다.

애국주의를 부추기는 추측성 뉴스들은 미국인들의 분노를 일으키기에 충분했다. 보복 전쟁을 하자는 여론이 커졌다. "메인호를 기억하라! 스페인에게 지옥을 안겨주자!"라는 외침이 미국을 휩쓸었다. 메인호가 스페인 해군의 공격 때문에 침몰했다는 보도들이 숨 가쁘게 신문지상에 올랐지만 폭파 원인에 대한 공식 조사는 시작되기 전이었다.[115] 이 같은 보도 행태는 팩트체크 없이 천안함 침몰의 원인을 단정적으로 보도했던 국내 뉴스들을 떠올리게 한다.

대통령 윌리엄 매킨리William McKinley는 신문들이 조성한 전쟁 불기피론을 적극적으로 활용했다. 곧 미국은 스페인에게 선전포고를 했고 강력한 군사력을 앞세워 수월하게 승리를 거두었는데, 그 이후 쿠바, 필리핀, 푸에르토리코, 괌의 지배권은 미국에게 넘어갔다.

그 후 170여 년의 시간이 흐른 1974년에 미국 해군은 메인호 침몰 원인을 다시 조사했다. 조사단은 메인호가 탄약고에서 시작된 화재로 인해서 폭발했다고 결론 내렸다. 어뢰·수뢰 등 외부 공격에 의한 손상은 없었다.[116] 현재 필리핀 학교에서 사용되는 역사 교과서는 메인호 침몰은 전쟁을 필요로 했던 스파이들이 벌인 자작극이라고 설명하고 있다.[117] 그 무렵 스페인은 갖가지 국내 문제들에 시달리고 있었기 때문에 미국과 전쟁을 치를 여력조차 없었다.

1905년 《볼티모어 이브닝 헤럴드Baltimore Evening Herald》는 러일전쟁이 벌어지자 해상 전투를 보도했다. 이 뉴스가 공식 보고서보다 2주나 빨리 보도될 수 있었던 이유는 상상해서 썼기 때문이었다. 이 신문의 편집자 헨리 루이스 맨켄Henry Louis Mencken은 물을 채운 욕조에 앉아서 많은 뉴스 기사를 쓰곤 했다. 그는 회고록에서 러일전쟁의 날조한 기사를 자신의 가짜뉴스들 가운데 최고로 꼽았다.[118]

1931년에 벌어진 류탸오후 사건柳条湖事件에서도 일본군이 퍼뜨린 유언비어가 군사 침략에 정당성을 부여했다. 중국을 침공하려는 계획을 짜던 일본 관동군 장교들은 만철선로를 스스로 폭파하고 이를 중국 동북군 소행이라고 몰아붙인 다음 만주 침략을 개시했다.[119] 중국정부는 이날을 '국치의 날'이자 중국 공산당이 항일 전쟁을 시작한 날로 기록하고 있다.[120]


## 저널리즘의 성장

1800년에는 미국 전역에서는 376종류의 신문들이 발간되었다.[121] 1915년이 되자 미국의 신문사들은 2,000여 개에 달했고 경영난으로 도산하기도 했다. 신문 산업의 폭발적 성장은 촘촘하게 연결된 전신망을 통한 뉴스 정보의 전달 덕분에 가능했다. 지역 신문, 전국에 배포되는 신문, 국제 통신사가 연결되어 뉴스가 오갔다. 1920년대에는 새로운 발명품인 라디오가 등장해 인쇄 매체를 통한 독점적 뉴스 공급의 시대를 끝내고 뉴스를 전달하기 시작했다.

돌아보면 19세기 중반에 전성기를 맞았던 페니프레스는 현재의 신문 저널리즘과 상당한 차이가 있다. 교육받은 문장가, 많은 수의 리포터, 체계적 편집국, 허위정보의 필터링, 팩트체킹 시스템은 찾아보기 어려웠다. 톰 골드스타인Tom Goldstein에 의하면 사실의 왜곡과 조작은 19세기와 20세기 신문 산업을 그림자처럼 따라다니던 관행이자 수식어였다.[122] 당시의 신문들은 '진실'을 추구하지 않았고 언론사의 공적 임무에 대한 공감대도 형성되지 않았다.[123]

1898년이 되자 신문업계에 변화가 찾아왔다. 대중들은 옐로 저널리즘이 만들어내는 가짜뉴스에 싫증을 느끼게 되었다. 신문에는 늘 터무니없는 기사들이 버젓이 실렸기 때문에 독자들은 신문은 더 이상 진실을 전할 수 없는 매체라고 생각하게 되었다. 이런 인식의 확산은 신문업계에서는 심각한 일로 받아들여졌다. 엉터리 기사를 읽는 데 지친 사람들의 자각은 신문업계가 암묵적으로 유지하던 관행을 더 이상은 지속할 수 없다는 것을 의미했다.

옐로 저널리즘의 시대는 저물기 시작했다. 정상 상태normalcy로 돌아가려는 신문업계의 전환은 퓰리처의 《뉴욕 월드New York World》가 이끌었다. 신문업계의 상황이 달라지자 《뉴욕타임스》 등 공평성, 보도의 객관성을 유지하려 노력한 신문들은 성공을 거두게 되었다. 가장 보수적인 신문들이 신뢰도가 높았기 때문에 수익성이 좋아졌다. 반면 허스트가 발행하는 《뉴욕 저널》은 상대적으로 힘든 시간을 보내야 했다.[124]

《시카고 트리뷴Chicago Tribune》 사장이었던 잭 풀러Jack Fuller에 따르면 뉴스 보도가 진실해야 한다는 생각은 비교적 최근에서야 생겨났다.[125] 시민사회의 공적 이해관계를 반영하고 진실을 수호한다는 저널리즘의 전통은 시시히 성장했다. 저널리즘은 중요한 공적 이슈를 보도하면서 민주주의를 위한 자신의 역할을 발견해갔다. 언론의 역할이 점차 강화되면서 뉴스 정보의 퀄리티와 제작 방식은 상당한 변화를 겪게 되었다. 기자 정신으로 무장한 언론사들은 뉴스를 내보내기 이전에 허위정보, 막연한 추측, 거짓 제보, 미확인 사실을 걸러냈다.

'식견을 갖춘 시민들'은 유권자로서 정치적·경제적 상황을 이해하고 싶어

했다. 신문 편집자들은 거짓으로 밝혀질 가공의 이야기가 아닌 진짜 인간 드라마와 사회적 문제를 기사로 써야만 소재가 무한정하다는 점을 깨닫게 된다. 편집자들은 기자들을 법원, 경찰서, 범죄 현장에 보내 진짜 이야기를 취재하게 했다. 이것은 선정적 뉴스나 괴담 만들기보다 지속 가능한 전략이었다.

허버트 갠즈Herbert Gans는 저널리즘이 가정하는 민주주의 이론의 뿌리는 20세기 초반의 진보적 사회운동에서 발견된다고 말한다.[126] 20세기를 거치면서 매스미디어는 근대 민주국가들의 성장과 함께 진화했다. 민주주의 저널리즘 이론의 핵심은, 기자는 시민들에게 정보를 전달하여 시민들이 민주적인 토론에 참여하도록 도와야 한다는 것이었다. 정보가 부족하거나 잘못된 정보를 수용한 시민은 민주주의에 해를 끼치게 된다. 이렇게 기자들은 여론이 근대 민주주의 사회의 초석이란 점을 깨달았고 약간의 특권적 의식마저 느꼈다. 이러한 기자들의 직업의식은 언론의 전문성으로 연결되었고 뉴스 정보에 신뢰성을 부여했다.

한편 시청자의 관심을 상업적 광고주들에게 판매하여 광고수익을 얻는 모델이 보편적으로 자리 잡자 뉴스 보도는 다양한 압력에 시달려야 했다.[127] 미확인 보도, 의도적인 왜곡 보도, 편집인이나 광고주의 입김이 담긴 보도는 뉴스를 오염시켰다. 특히 정치 분야에서 정확한 진실과 거리가 있는 정파적 뉴스는 저널리즘은 위기로 이어졌다.


**팩트체킹의 시작**

미국에서 초창기 신문들에 믿거나 말거나식 소문, 만들어낸 괴담들, 속임수 기사들이 실리는 모습을 관찰했던 월간지 《편집자와 출판인Editor & Publisher》은 1907년 무렵 "미국의 어떤 신문들은 진짜 이야기보다 가짜를 더 선호하는 게 분명하다"라고 평가했다. 그러나 얼마 후 변화가 시작되었다. 1911년 조지프 퓰리처가 사망하자 그의 아들 랠프 퓰리처Ralph Pulitzer는 《뉴욕 월드》의 경영자가 되었다. 그는 아이작 화이트Isaac White와 함께 뉴스의 오류를 줄이고 '정확성'을 달성할 수 있는 방법을 깊이 고심했다. 1913년에는 '정확성·공정 보도국Bureau of Accuracy and Fair Play'을 사내에 설치했다.[128] 가짜뉴스와 부정확한 오류를 걸러내려는 신문사 내부의 최초 공식 팩트체킹 부서였다. 그 이후 《뉴욕 월드》는 언제나 "정확성, 정확성, 정확성"을 강조하면서 운영되었다. 이런 노력 끝에 신뢰할 수 있는 신문으로 세간의 평판을 쌓아갈 수 있었다.

이 부서가 중점을 둔 것은, 첫째 부주의한 오류 표현 찾기, 둘째 가짜뉴스와 그 집필자 찾기였다. 그렇지만 매일같이 2,000명의 기자들이 보내오는 16만 개가 훌쩍 넘는 단어들을 치밀하게 검토하는 일은 공포스러운 압박이었다. 기사의 원본을 기자들에게 넘겨받은 편집부 스태프들과 필진들은 6만 단어로 고쳐 쓰면서 분량을 줄였다. 랠프 퓰리처는 정확성은 우리의 '종교'라고 선언했다. 조지프 퓰리처가 정확성을 매번 강조했듯이 그의 아들 랠프 퓰리처도 "정확성 없이는 페어 플레이fair play는 불가능하다"라고 믿었다. 그는 뉴스의 공정성은 정확성만 유지된다면 자연스럽게 해결되리라고 믿었다. 그는 컬럼비아대학교 저널리즘스쿨에서 강연하면서 뉴스 보도에서 진정한 문제는 '부정확한 내용'보다는 '의도적 거짓'을 찾아내는 일이라고 강조했다.[129] 정확성·공정 보도국 직원들은 독자 불만들에 대응하면서 가짜뉴스와 그 제보자를 부지런히 찾아냈다. 1915년 중반까지 787건의 조사가 이루어졌고, 498건의 독자 불만이 수용되었다. 정정 보도와 수정은 291건 게재되었다.

그런데 '정확성'이란 명예를 훼손하는 표현을 찾아내는 것을 뜻했다. 신문 기사가 누군가의 명예를 훼손하지 않도록 막는 것이 당면한 급선무였다. 《뉴욕 월드》는 1912년에만 14건의 명예훼손 소송을 당했고 그 수치는 이듬해에는 22건으로 더 늘어났다. 1910년부터 1930년까지는 220건 이었다. 소송에서 원고들이 요구했던 손해배상금 총액은 1,700만 달러나 되었다.[130] 그 무렵 신문들에는 선정적 기사, 폭로 기사, 섹스와 범죄를 다룬 추문 들추기muckra-king 기사들이 꽤 많은 비중을 차지했다. 따라서 아무리 편집 단계에서 샅샅이 오류를 검토한다고 해도 소송의 빌미는 생겨나기 마련이었다.[131]

코몬로 명예훼손 소송에서 원고는 실제 손해를 증명하거나 문제의 표현이 허위라는 점을 입증할 의무조차 없었다. 공적 인물에 대한 보도에 적용되는 실질적 악의 원칙actual malice rule은 존재하지 않던 시절이었다. 따라서 타인에 대한 명예훼손적 보도가 허위라면 구체적 피해special harm의 유무와 관계없이 소송 사유가 될 수 있었다.

1923년에 창간된 《타임TIME》의 첫 번째 팩트체커는 창립자의 비서로 고용되었던 낸시 포드였다. 그녀의 역할은 '체커checker로 불렸다. 그녀는 정보의 확인이 필요한 자료 뭉치를 잔뜩 들고 뉴욕시 공공 도서관으로 갔다. 그곳에서 기사와 관련된 자료를 찾아 대조하면서 문이 닫힐 때까지 머물렀다. 그리고 택시를 타고는 뉴욕시 11번가에 있는 회사로 돌아오는 일을 반복했다. 인터넷이 없던 세상에서 팩트체킹은 무척이나 수고스럽고 더딘 과정이었다.

체커들은 우선 배경 정보의 조사를 통해 흥미로운 주변 이야기와 보강 자료들을 찾았다. 원고가 집필되고 편집이 끝나면 다시 받아서 그 정확성을 점검했다. 빨간 점은 믿을 만한 참고자료에서 확인한 사실을, 검은 점은 신문들에서 확인한 사실을 의미했다. 녹색 점은 확인이 불가능한 단어들이었다. 체커들은 매주 한 차례 백과사전, 사전, 신문 뭉치들을 끼고서 윤전소에서 밤을 지새우면서 빈틈을 메꾸고 마지막 세부 작업을 살폈다.

포드는 '체커'들에게 개별적 사실의 정확성을 신경 쓰고 그 사실들이 전체적 맥락에 맞게 합쳐졌는지를 점검하도록 교육시켰다. 《타임》은 1938년에 '팩트체커'를 10명에서 22명으로 늘렸다.[132] 그런데 편집자와 필진들은 모두 남성이었지만 체커들은 예외 없이 여성이었다. 1920년대 《타임》에서 근무하던 에드워드 케네디Edward D. Kennedy라는 기자는 말장난에 능했으며 조롱이 담긴 시를 즐겨 썼다. 그가 남겼던 메모의 구절들은 사내 성차별sexism과 체커들의 업무 과정을 짐작케 해준다. "《타임》에 글을 쓰는 자는 천재이지만, 비록 사실이 틀리더라도 날조를 하더라도 여자들girls이 바로잡을 것이네." 여자들은 체커를 의미했다.

《뉴스위크Newsweek》에서 일하던 여성 체커들은 1971년에 연방 평등고용기회위원회에 성차별 관행을 고발했다. 그 후 팩트체커의 명칭은 '리서치 연구원'으로 바뀌었고 남성 팩트체커도 채용되기 시작했다.


### 타이태닉호에서 온 가짜 무전

1911년 5월에 리버풀을 떠나 뉴욕시로 전속력으로 향하던 여객선 타이태닉호는 컴컴한 바다에서 빙산과 충돌했다. 파손된 틈새로 바닷물이 쏟아져 들어오자 타이태닉호는 밤11시 40분부터 새벽 2시까지 무선전신으로 생사를 건 긴급 구조신호를 타전했다.

15 April 1912

R.M.S. Titanic to Any Ship:

"CQD Titanic 41.44 N 50.24 W"

'CQD'는 조난을 뜻하는 긴급 구조요청이었다. 무선전신으로 보낸 타이태닉호의 좌표를 듣고 달려온 주변의 배들 덕분에 700명이 구조되었다. 그렇지만 무선통신 장비의 전원을 꺼두거나 장비를 전혀 갖추지 않던 배들도 많았기 때문에 많은 승객이 저체온증으로 죽었다.[133]

타이태닉호가 침몰한 이후에도 생존자를 찾는 뒤늦은 수색은 계속되었다.

그러나 구체적 생존자의 명단은 파악하기 어려웠다. 그러던 어느 날 신문사들에 "타이태닉호의 승객들은 무사하다. 지금 핼리팍스를 향해 가고 있다"라는 무선전신이 수신되었다. 1912년 4월 15일《덴버타임스Denver Times》,《브루클린 이글Brooklyn Eagle》등 많은 신문은 "타이태닉호의 승객이 모두 안전하다"라는 헤드라인을 앞다투어 올렸다.[134] 실종자 가족들은 뉴스에 환호하며 기뻐했지만 배는 돌아오지 않았다. 누군가가 무선전신으로 송신한 가짜뉴스가 대서양을 횡단하여 영국과 미국의 언론을 한꺼번에 속였던 것이다. 무선이 허위정보였다는 점이 드러나자 모두는 다시 깊은 절망에 빠졌다.《덴버타임스》가 확인을 위해 무선 메시지를 보냈지만 이미 가라앉은 타이태닉호에서는 아무런 대답이 없었다. 이 가짜 무선은 신문 역사상 가장 많은 헤드라인에 실린 가짜뉴스로 기록되었다.[135]

마르코니 무선전신 회사는 이 오류가 여러 무선전신 메시지의 혼선 때문일 것이라고 설명했지만, 아마추어 무선통신 기사들의 장난일 가능성이 컸다. 무선전신은 송신자가 자신을 밝히지 않으면 누구인지 알 수 없었다. 당시 아마추어 무선가들은 자신들의 능력을 보이기 위해 정부의 무선전신을 방해하고 장난 메시지를 주고받았다.[136] 아마추어 무선기사들은 어떻게 장난으로 메시지를 보낼 수 있었을까? 수신기와 송신기는 무척 저렴했으며 쉽게 조립할 수 있었다. 커뮤니케이션에 드는 비용이 낮았으므로, 수천여 명의 아마추어 무선기사들은 자신들의 라디오 방송도 시작했다.

무선전신은 대서양 사이의 거리를 없애고 많은 정보를 주고받게 해주었다. 돌아보면 새로운 기술의 등장은 허위정보의 전파 범위를 더 넓혔고 더 효과적으로 전달하게 해주었다. 무선통신은 1920년대 국제적 뉴스통신에 중요한 수단이었지만 무선전신기wireless telegraph를 만들고 이용하는 데 특허권을 제외하고는 진입장벽이나 제한이 없었다. 기술에 대한 접근 제한성이 없었기 때문에 거짓 장난도 나돌았다. 무선 장비 이용에 관한 규정이 없어 전파 이용자 간 혼선 및 간섭 문제가 발생하기도 했다. 더구나 무선전신으로 주고받는 메시지는 발신자를 알기가 어려웠다. 전파에 이름표 따위는 없었다.

침몰한 타이태닉호를 사칭한 뻔뻔한 가짜 무전 이후에도 악의적 장난을 담은 가짜 무전 사례들은 빈번하게 발생했다. 누군가가 익명으로 무선 주파수로 허위 뉴스를 퍼뜨린 행위는 대중의 분노를 일으켰고 연방정부 차원의 규제로 이어졌다. 무전으로 장난 메시지 보내면 막대한 벌금을 물게 되었다. 각국은 모든 라디오 주파수 사용권을 국유화한 다음에 대역대별로 떼어내어 경매에 붙이거나 특정한 용도의 주파수를 사용하도록 허가를 내주는 방식을 도입하기 시작했다.

타이태닉호의 침몰 이후에 무선통신의 중요성을 깨달은 미국 의회는 4개월 이후 라디오법Radio Act을 제정했다. 모든 선박은 무선통신 기기를 장착하고, 24시간 가동해야만 했다. 무선전신을 위해 라디오 주파수를 사용하려면 정부의 승인을 얻어야 했다. 미국 정부는 1차 세계대전에 참전을 결정하면서 군사적 중요성을 이유로 해군만이 주파수를 독점하게 했다. 아마추어 무선통신이 사용하는 주파수 도달 범위는 크게 축소되었다.

소셜미디어에서 나도는 가짜뉴스는 초창기 무선전신 기술을 이용한 가짜뉴스와 비슷하다. 무선 전파에 사용되는 특별한 장비도 필요하지 않다. 소셜미디어에 익명, 가명, 허위 신원으로 소문이나 허위정보를 올리는 것은 어렵지 않다. 페이스북과 트위터에 나도는 가짜 계정을 대거 삭제하고 있지만, 유저의 진정한 신원을 확인할 수단은 한정되어 있다.


**라디오 드라마 소동**

1920년대는 '재즈의 시대'였고, 라디오는 황금기를 누렸다. 라디오 방송은 흥겨운 재담, 재즈의 리듬, 출연자들의 웃음소리로 가득했다. 1차 세계대전에서 승리한 미국은 경제적 풍요를 마음껏 만끽했다. F. 스콧 피츠제럴드F. Scott Fitzgerald의 소설『위대한 개츠비』는 1922년 초여름 뉴욕 롱아일랜드를 배경으로 한다. 성공을 거둔 한 남자는 옛사랑을 찾아가 자신이 이룩한 부를 과시한다. 주식 시장에는 과도한 투기광풍이 불었고 유망한 주식에 대한 정보도 신문지상에 실려 퍼져나갔다.

인쇄 기반 저널리즘에서 전자 매체로의 전환은, 미국에서는 1920년대에 시작되었다. 1920년 최초의 공식 라디오 방송국 KDKA가 개국했고 영화도 보급되었지만 사람들은 정보를 얻기 위해 타블로이드 신문에 주로 의존했다. 타블로이드 저널리즘은 섹스와 범죄에 집중하는 새로운 선정주의 시대를 열었다.[137] 초창기 라디오는 사람들이 뉴스를 얻기 위해서 절대적으로 의존하는 매체는 아니었다.

가정용 라디오는 1920년 처음 판매되었고, 1929년까지 해마다 500만 대나 판매되었으며, RCA의 라디오는 35달러에 팔리는 인기 모델이었다. 당시 가치로 35달러는 요즘의 465달러에 달했기 때문에 서민들이 선뜻 구입하기 어려웠다. 1925년의 라디오 방송 프로그램은 70퍼센트 이상이 쾌활한 재즈 등 음악 방송이었고, 1퍼센트 미만이 뉴스 보도에 할애되었을 뿐이었다. 음악이 나오는 간간이 성우가 말로 떠드는 샴푸 광고, 상점 광고가 흘러나왔다.[138] 1920년대에 새로운 발명품 라디오가 보급되자 저녁 식사 후 가족들은 거실에서 라디오에 귀를 기울이고는 했다.

영국의 BBC는 1922년 첫 뉴스 방송을 시작했다. 성우의 목소리, 음악, 효과음으로 제작된 라디오 드라마는 사람들의 무료함을 달래주었다. 그러나 라디오 드라마는 상당한 혼란도 초래했다. 영국 성공회 신부 로널드 녹스Ronald Knox는 BBC 라디오 방송의 프로듀서로도 일했다. 그는 런던의 도심이 분노한 공산주의자와 실업자들의 공격을 받은 상황을 가정하고 '바리케이드 방송Broadcasting from the Barricades'을 라이브로 내보냈다. 1926년 1월의 주말 아침 "런던의 의회 건물은 포위되었고, 군중들이 화이트홀Whitehall의 뒤쪽으로 위협적으로 몰려들고 있습니다. 빅벤 타워가 무너졌습니다!"라는 충격적 뉴스가 라디오에서 흘러나왔다.

이 라디오 드라마가 가상적 상황이라는 설명을 듣지 못했던 청취자들은 엄청난 혼란에 휩싸였다. 런던의 사보이 호텔이 정말 폭파되었는지 묻는 전화가 폭주했다. 마침 눈이 내린 주말이었기 때문에 신문도 배달되지 않았다. TV 방송은 없었고 라디오 방송의 역사는 4년밖에 되지 않았던 시절이었다. 하나의 미디어가 정보 전달을 독점하고, 정보의 진위를 확인할 다른 경로들이 극도로 제한된다면 허위정보가 퍼져나가 대중의 인식을 지배하기 쉬워진다. 현장감 넘치는 방송과 정보 확인 채널의 부재는 더 많은 사람을 패닉에 빠뜨렸다.

녹스의 라디오 방송 연출이 '실제' 사건으로 받아들여진 이유는 긴장이 팽팽했기 때문이다. 1차 세계대전 후 영국의 노동조합은 더 나은 임금과 근로조건을 얻어내기 위해 적극적으로 행동했다. 광부와 광산주 간에 임금과 작업 시간을 두고 끊임없이 분쟁이 일어났고 노동 쟁의는 정치적 쟁점이 되었다. 1926년 5월에는 대대적인 총파업이 발생했다. 석탄 산업 구조조정, 임금 삭감 정책, 노동시간 연장에 맞서 300만 명이 파업 행진에 참여했다. 그 당시 BBC 라디오는 파업에 대한 뉴스 단신을 하루에 다섯 차례 방송했다.


### 외계인이 뉴저지를 덮치다

녹스의 라디오 드라마가 초래한 혼란과 소동은 미국인 연출가 오손 웰스에게 영감을 불어넣었던 것이 분명하다. 1938년 10월 웰스는 라디오 드라마 〈화성침공〉을 CBS 라디오 네트워크를 통해 전국에 방송했다. 그 무렵 CBS가 운영했던 라디오 프로그램의 명칭은 〈수성극장 방송 중The Mercury Theatre on the Air〉이었다. 그 시리즈 한 편을 웰스가 맡아서 프로듀싱했고 내레이터로 출연까지 했다. 그의 〈화성침공〉은 1897년에 출간된 원작 소설『세계전쟁War of the Worlds』의 배경을 1938년으로 바꾸었고, 물리적 공간도 뉴저지주의 실제 지명으로 각색했다.

이 60분짜리 라디오 드라마 방송이 나간 날은 공교롭게도 1938년 10월 30일 핼러윈데이의 밤이었다. 긴급뉴스가 전달되는 과정도 교향악단 연주를 중계하는 가운데 외계인이 침공했다는 속보가 들어온 것으로 연출했다. 뉴스 속보에는 화성인을 목격한 사람의 목소리가 박진감 넘치게 흘러나왔다. 라디오 방송이 '목성에서 온 괴상한 생명체', '외계인 뉴저지주에 착륙', '침공', '실제 상황'을 다급하게 외치고, 폭발 효과음까지 들리자 사람들은 공포에 빠져들었다. 실제 상황으로 착각한 사람들은 거리로 뛰어나와 밤하늘을 살피고, 외계인이 뿜어대는 '가스 공격'을 피해 차를 몰고 도망쳤다. 경찰서에 전화를 걸어대며 탈출하는 방법을 물었다. 그러나 라디오 방송이 가공의 드라마로 밝혀지자 홧김에 총질을 해대거나 분풀이성 폭력행위가 이어졌다. 이 소동은 다음 날《뉴욕타임스》와《보스턴 글로브》의 헤드라인에 실렸다.[139]

웰스는 뉴욕시 법정에 출석해야 했지만 그는 기자들에 둘러싸여 유명세를 즐기는 듯한 모습을 보였다. 방송일을 핼러윈데이로 고른 이유도 소동이 일어나면 변명을 둘러대기 위한 방책이었다. 라디오 방송으로 혼란이 초래될 것을 정말로 예측할 수 없었냐는 기자들의 질문에는 "화성침공 방송은 핼러윈데이에 주고받는 장난처럼 여겨질 것이라고 생각했다"라고 대답했다. 그는 라디오 드라마에서 실감나는 탁월한 연출 능력으로 실력을 인정받았고, 미디어의 관심과 스포트라이트가 쏟아졌기 때문에 만족스러웠을 것이다.

〈화성침공〉 해프닝은 미디어가 전하는 가짜뉴스가 사람들을 패닉에 몰아넣을 수 있고, 대중 심리에 어떻게 영향을 주는가를 여실히 보여주었다. 긴급뉴스로 피해 상황과 피해자 인터뷰가 라디오에서 흘러나올 때 그 배경은 뉴저지였다. 뉴저지에 살던 프린스턴대학교 심리학자 해들리 칸트릴Hadley Cant-ril은 의문을 가졌다. "왜 사람들은 있음 직하지 않은 상황을 알리는 라디오 방송 때문에 패닉에 빠지는 것인가?" 사람들이 라디오 드라마를 의심하지 않고 피난 행동을 시작한 이유는 공신력 있는 라디오에서 뉴스 형식으로 전달되었기 때문이었을까? 1937년에는 헬륨 기체를 사용한 거대한 비행선 힌덴부르크호가 뉴저지에 착륙하다가 폭발하여 불길에 휩싸인 사건이 사람들의 뇌리에 남아 있었다. 그래서 사람들은 비슷한 악몽을 떠올렸을 수도 있었다.

매스미디어와 대중 심리의 관계에 관심을 가졌던 칸트릴은《뉴욕타임스》기사가 과장되었다고 확신했다.[140] 라디오 방송이 전국적으로 100만여 명을 패닉으로 몰아넣었다는 표현은 기사를 쓰려고 만들어낸 추정치에 불과했다. 〈화성침공〉 소동은 좋은 기삿거리를 제공했고 또 다른 과장된 가짜뉴스를 낳았다. 당시 라디오 청취자는 미국 전체를 합쳐도 700만 명 수준이었다. 조사 결과 라디오 방송을 진짜 뉴스로 착각해서 위협을 느낀 사람들은 수천 명이었다. 누군가는 '목성', '외계인'이라는 단어가 생소해 위기 상황을 제대로 이해하지도 못했고, 나치의 전격 작전Blitzkrieg이 미국에서 벌어졌다고 오해하기도 했다.

칸트릴은 저서 『화성침공The Invasion from Mars』에서 매스미디어가 대중에게 미치는 영향의 수준은 '방송된 내용' 자체보다 그 정보를 접하고 평가하는 '판단 기준'을 사람들이 사용하는지 여부가 더 중요하다고 결론지었다. 그는 〈화성침공〉 라디오 방송이 대중에게 연쇄적으로 퍼지는 '집단 히스테리mass hysteria'를 초래하지는 않았다고 보았다. 사회심리학에서 말하는 집단 히스테리란 집단적 광기, 공통적으로 발견되는 무지, 비이성적 행동 반응 등이다.

〈화성침공〉 드라마에 감쪽같이 속은 청취자들은 다시는 가짜뉴스 속임수가 발생하지 않도록 연방정부가 나서서 라디오 뉴스를 검열해야 한다고 목소리를 높였다. 1938년에 이미 시행되던 연방커뮤니케이션법Communications Act of 1934에는 "방송사는 공공의 이익, 편의성, 또는 필요"에 맞게 운영되어야만 한다는 근거 조항도 있었다. 그러나 연방통신위원회FCC는 폭넓은 집행 권한도 있었지만 공식 조치는 취하지 않았다. 사실은 그럴 필요조차 없었다. 방송이 검열될 수 있다는 위협만으로도 방송사들을 충분히 다룰 수 있었기 때문이었다. 방송사들은 규제가 시작되면 수익이 감소할 것을 우려해 뉴스 보도에 사용되는 전형적 용어를 드라마에 사용하지 못하도록 했다. 생방송 뉴스라고 시청자가 착각할 수 있는 표현들은 드라마에서 슬그머니 사라졌다.

오손 웰스의 〈화성침공〉 라디오 방송이 대중을 혼란에 빠뜨리고 56년이 흐른 1992년 연방통신위원회는 규제 권한을 발동해 방송국이 허위정보false information, 속임수broadcast hoaxes를 내보내지 못하도록 금지하는 행정명령을 내렸다.[141] 방송 저널리즘의 자유는 뉴스 프로그램에서 혹스나 왜곡news distortion을 전달할 수 있는 자유까지 뜻하지는 않는다. 방송국은 전파나 케이블을 통해 정보를 전달하는 '플랫폼'으로 분류되었다. 이 규정은 방송국이 '허위'를 알고 피해를 예견할 수 있었느냐를 기준으로 삼기 때문에 상황을 오관한 오보 등은 규제 대상에서 제외되는 셈이다.


## 《위클리 월드 뉴스》

미국의 작은 소매점에서 팔리던 타블로이드 신문《위클리 월드 뉴스Weekly World News》는 1979년부터 터무니없는 상상 속의 이야기, 초자연적 현상, 외계인을 만난 괴상한 경험담 등을 실었다. 이 신문에는 "세계에서 믿을 수 있는 유일한 신문The World' s Only Reliable Newspaper"이라는 문구가 적혀 있다. 사람들의 호기심을 자극하여attention-grabbing 무심코 신문을 집어 들게 하는 전략은 잘 통했다. 2007년에는 인쇄판이 매주 120만 부나 팔렸다.

《위클리 월드 뉴스》의 기사들은 모두 허구이지만 논픽션은 아니다. 예컨대 "박쥐 소년Bat Boy", "힐러리 클린턴 외계인 아기를 낳다", "빌 클린턴 가슴이 세 개인 인턴 고용", "오바마 화성인 대사를 임명하다", "숨어 사는 엘비스 프레슬리Elvis Presley와의 단독 인터뷰"는 히트를 쳤다. 1840년대 뉴욕《선》에 실렸던 '거대한 달 괴담' 이야기와 별다른 차이가 없다. 오히려 소재는 '달' 수준이 아니라 태양계를 넘어 외계까지 확장되었고 상상력은 더욱 풍부해졌다. 그렇지만 이 신문의 아래쪽에는 작은 글씨로 "이것이 아마도 진실일까요?"라고 적혀 있었다.[142]

화성 탐사선의 카메라에 30억 광년 떨어진 '찬란한 도시'가 잡혔다는 기사는 1994년 2월에 《위클리 월드 뉴스》에 실렸다.[143] 인간의 영혼이 이 천국의 도시에 도착하는 데는 300만 년이 걸리므로 아직 천국에 도착한 인간은 아무도 없다는 설명도 곁들여져 있었다. 허블 망원경으로 천국을 관측한 NASA는 이 사진을 교황의 요청에 따라 바티칸에 전달했다. 그런데 이 기사는 3년 후 번역되어 국내의 한 신문에도 실렸다.

그렇지만 《위클리 월드 뉴스》를 프로페셔널 저널리즘의 잣대로 판단해서는 곤란하다. 엉터리 기사들이라도 무료한 일상 속에서 소일거리를 찾는 사람들이나 엘비스 프레슬리를 그리워하는 사람들의 향수를 자극하고 허탈한 웃음을 선사할 수 있다. 《위클리 월드 뉴스》는 2007년에 경영난으로 인쇄 신문을 버리고 온라인에 진출했다.[144] 그러나 콘텐츠는 예전에 실렸던 기사의 텍스트와 포토샵으로 만든 조악하기 이를 데 없는 사진들뿐이다. 타블로이드판 신문이 제공하던 심심풀이용 콘텐츠는 '평평한 지구', '전자파 유해성 괴담', '모모귀신 경험담' 등 유튜브의 동영상으로 대체되고 있다.

## 2장
# 허위정보와 프로파간다

거짓은 빠르지만 진실은 절름발이라서 늦게 도착한다.
그러므로 아무리 속지 않으려고 해도 깨닫기에는 이미 너무 늦다.
거짓말 장난이 끝나도 그 효과는 남게 된다.
_조너선 스위프트, 《이그제미너(The Examiner)》에 쓴 글(1710) 중에서

## 프로파간다의 기원

라틴어 단어 'propaganda'는 '확장'을 뜻한다. 로마 교황청이 1599년에 '포교성Congregatio de Propaganda Fide'을 설립하던 무렵에는 '신앙의 확장'이란 의미가 강했다. 프로파간다는 대중을 특정한 방향으로 생각하고 행동하도록 유도하는 홍보 전술을 의미한다.[1] 가짜뉴스, 허위정보, 유언비어는 정치적 대립구도나 전쟁에서 대중의 지지를 이끌기 위한 프로파간다의 수단이었다. 프로파간다의 방식은 다양하며 시대를 거치며 변화해왔지만 그 목적은 언제나 하나였다. 대중의 인식을 사로잡고 여론을 장악하는 것이다.

미디어는 자연스럽게 프로파간다의 수단이 되었다. 미디어는 무엇이 정상적인 것이고 수용할 만한 것인가를 정의하고 어떤 정보나 사건에 대한 대중의 의견과 태도를 유도할 수 있었다.

프로파간다는 어떻게 영향력을 가지는 것일까? 민주사회에서는 대중은 강제에 익숙하지 않기 때문에 합리적으로 설득당하기를 원한다. 대중이 진지하게 성찰하기보다는 편견과 감정에 따라 행동하게 만드는 프로파간다가 범람하면 대중은 자신이 왜 그렇게 생각하는지 인식하지 못한 채 광고주나 선동가가 원하는 대로 행동하게 된다.[2] 프로파간다에 사용되는 허위정보와 거짓은 상대 진영을 향한 대중의 신뢰를 떨어뜨리는 역할을 했다. '흑색선전'은 의도적이고 전략적으로 거짓을 전달하는 방식인데 반대되는 정보와 사상을 억제하는 데 중점을 둔다. '회색선전'은 거짓일 수도 있고 아닐 수도 있는 정보를 전달한다.

마이클 스프라울Michael Sproule에 따르면 프로파간다로 사람들을 설득하기 위해 절반의 진실이나 완전한 거짓이 동원된다. 그렇지만 선동원들은 거짓 정보의 출처를 감춘 채로 선동적 어구를 외친다. 효과적 프로파간다일수록 반성적 사고를 막기 위한 교묘한 언어를 사용한다.[3]

프로파간다에 설득당하면 문젯거리와 갈등의 원인은 어디까지나 외부에 있으므로 심리학적 '투사透寫'로 인해 대중은 편안해진다. 투사란 자신에게 내재된 문제들을 타자의 특성이라고 믿어버리고 그 책임과 비난을 전가하는 심리적 방어 메커니즘이다.

전쟁이 벌어지면 국가가 주도하는 대규모 프로파간다가 시작되고 미디어는 애국심에 호소하는 논조로 적과 아군, 선과 악을 나눈다. 1차·2차 세계대전 당시 국가마다 역량을 총동원하여 대대적 선전을 펼쳤고, 전담 기구도 따로 설치했다. 프로파간다는 전쟁의 명분을 정당화하고, 애국심을 호소하고, 사기를 진작하는 수단으로 사용되었다. 기자 출신이었던 무솔리니는 파시즘을 주창하면서 추종자들에게 소속감을 심어주기 위해 발코니 연설, 제복, 국기, 행진 등 과시적 도구를 활용했다.[4]

### 적색공포 프로파간다

프로파간다는 독일인들에게 국가사회주의 이념을 심어주려던 나치뿐 아니라, 공산주의 세력의 발흥을 크게 의식했던 미국에서도 실행되었다. 미국 내에서 공산주의에 따르는 것은 반역행위로 여겨졌다. 1차 세계대전 때 우드로 윌슨Woodrow Wilson 대통령은 '적색공포Red Scare' 프로파간다를 실행했다. 그는 진실한 미국인들을 보호한다는 명목으로 공산주의, 무정부주의, 급진주의, 노동조합주의, 비미국적un-American 사상이 미치는 해악을 강조하고 몰아내려 했다.[5]

러시아의 볼셰비키 혁명 이후와 1차 세계대전 기간 비미국적 요소를 가진 개인들과 집단은 적으로 규정되었다. 뉴딜 정책의 추진 과정과 2차 세계대전 기간 내내 공화당 의원들은 프랭클린 루스벨트Franklin Roosevelt의 정책을 사회주의적, 비미국적인 것으로 간주했다. 공화당 상원 의원이었던 조지프 매카시Joseph McCarthy는 1950년부터 미국 연방 정부가 소련의 정탐꾼들이 숨어든 벌집처럼 되었고 국무부에 공산주의자가 득실거린다고 말했다. 추상적 미사여구glittering generalities를 사용한 그럴듯한 거짓말은 상호불신과 두려움을 퍼뜨렸다.

공산주의자가 정부에 침투했다는 그의 주장에 언론은 폭발적 반응을 보였다. 기자들은 그에게 몰려들어 명단을 요구했다. 매카시와 친밀했던 일부 기자들은 그의 상투적 수법을 뻔히 알면서도 신문에 대서특필했다. 그의 프로파간다는 미디어의 협력 없이는 불가능했다.[6] 언론은 매카시즘의 공범이었다.

정치적 적수를 공산주의자라고 낙인찍는 것은 1950년대 초반 공화당 정치인의 보편적 정치전술이었다. 상원의원 선거에 출마했던 리처드 닉슨Richard Nixon도 민주당 여성 후보를 깎아 내리면서 핑크 레이디Pink Lady라고 불렀다. 1952년 대선에서 매카시는 전국 선거 유세장에 모습을 드러내면서 반민주당 전선의 상징으로 떠올랐다. 드와이트 아이젠하워Dwight Eisenhower는 매카시의 인기를 선거에 이용했다. 그러나 백악관에 입성하고 난 이후에는 그와 거리를 두었다.[7] 매카시는 육군에도 공산주의자들이 있다고 주장했다. 상원이 '육군-매카시' 청문회를 열었지만 매카시는 근거 없는 혐의만 늘어놓다가 역풍을 맞았다. 전쟁 영웅이었던 아이젠하워는 이를 못마땅하게 여겼다.

매카시 광풍을 날려버린 것은 에드워드 머로Edward Murrow였다. 그는 1954년에 CBS 방송의 프로그램 〈시잇나우See it Now〉에서 매카시의 언행을 정면으로 비판했다. 공산주의자를 반역자로 몰아붙인 매카시의 연설과 발언을 짚어가면서 어떻게 그가 사실 왜곡과 모호한 표현으로 공포를 조성했는가를 보도했다. 그는 매카시의 주장을 객관적으로 되돌아볼 기회를 시청자들에게 선사했다. 머로는 〈시잇나우〉에서 이렇게 말했다.[8]

> 우리는 언제나 반대 의견(dissent)과 반역(disloyalty)을 혼동하지 말아야 합니다. 우리는 혐의(accusation) 자체가 증거가 아니며, 유죄는 증거와 적법절차에 따라서 판단되어야 한다는 것을 명심해야 합니다. 우리는 서로를 두려워하지 않을 것입니다. 우리는 비이성의 시대가 만들어낸 공포에 휩쓸리지도 않을 것입니다.

엄밀한 진실을 추구하는 저널리즘에 호되게 얻어맞은 매카시는 몰락의 길을 걸었다. 머로와 매카시는 공개 토론에서 맞붙었으나 흥분하여 인신공격을 일삼는 매카시의 모습은 불신만 키웠다. 상원은 매카시를 비난하는 결의안을 표결로 통과시켰다.

CNN의 브라이언 스텔터Brian Stelter는 머로를 기억하자고 호소했다. 머로의 지적이 트럼프에게도 적용되기 때문이었다.[9] 그러나 머로가 만약 보수 우파 성향의 언론사 소속이었다면 프로그램을 제작하지 못했을 것이다. 싱클레어 방송 그룹 같은 미디어 공룡이라면 케이블 채널을 통해 중계되지 못하도록 막을 수도 있었다.

매카시와 트럼프는 공통점이 있다. '우리 대 그들Us vs Them' 이라는 어법으로 분열적·대립적 구도를 만들었다. 또한 불안감을 부추기는 모호한 단어를 사용했다.[10] 매카시는 '애국'이라는 명분으로 고발을 남발해서 공포감을 조성했지만 트럼프는 백인 노동자의 좌절감, 소수인종과 불법 이민자에 대한 반감을 건드렸다. 허위적 언사는 선동가를 지지하는 정파적 언론에 의해 재생산되었고 증폭되었다. 리영희에 따르면 매카시즘 공포 정치의 진정한 협력자이자 하수인은 언론이었다.[11]

## 합의의 조작

1차 세계대전을 전후하여 적색공포 프로파간다에 직접 참여했던 월터 리프먼Walter Lippmann은 사람들이 왜곡된 정보에 설득되고 무의식적으로 길들여지는 모습을 지켜보았다.[12] 그는 1922년에 출간한 『여론Public Opinion』에서 '여론'이라는 사회심리학적 현상이 비합리적이라고 말했다. 현대 사회에서 건전한 여론이 형성된다는 관점은 환상에 지나지 않는다. 이 세상의 한쪽에는 지성으로 무장한 소수의 책임지는 사람들이 있고, 다른 한쪽에는 "대중the population이라는 속기 쉬운 무리bewildered herd"가 있다. 민주주의에서 "전지전능한 시민omnicompetent citizen"이란 실현될 수 없다.

그렇지만 어쨌든 대중도 어떤 역할을 정기적으로 수행해야만 한다. 그 역할은 '참여자'여서는 안 되고 '구경꾼'이 적당하다. 구경꾼 집단이 소수의 '책임지는 사람들'에게 권력을 부여하는 정기적 이벤트가 '선거'다. 투표가 끝나면 대중은 자기 집으로 돌아가 정치와 무관한 일을 계속해서 이어간다는 것이다.[13]

리프먼의 관점에 따르면 대중에게 설명을 해보았자 이성적인 판단이 어렵기 때문에 선거 캠페인에서는 늘 유권자들에게 귀가 솔깃한 매우 희망적인 약속을 들려주기만 하면 된다. 악의적 허위정보나 흑색선전을 동원해서라도 부정적 유권자들의 감정을 자극해 '동의를 만들어'내면 된다.

이처럼 리프먼의 인식은 미디어를 동원한 커뮤니케이션이 대중 심리에 영향을 미치기 때문에 민주주의가 위기에 봉착한다는 비관적 전망에 초점을 두었다. 여론이 생겨나는 과정은 복잡하지만 그 과정을 이해한다면 대중의 반응이나 여론을 조작할 기회는 충분하다고 그는 생각했다.

리프먼은 '합의의 조작manufacture of consent'에 주목했다.[14] 그는 규제도 받지 않는 미디어 기업이 '합의를 생산해내는' 세상에서 민주주의는 존속하지 못할 것으로 전망했다.[15] 정치적 프로파간다의 영향이 강력하게 공론장을 장악하므로 공적 토론을 거친 여론의 형성이라는 민주주의의 기초 이념을 순진하게 믿는 건 불가능하다는 것이었다. 유권자들의 동의와 여론의 지지를 얻기 위한 프로파간다의 수행자는 기만적 허위정보의 유포나 일방적 사실의 반복적 강조를 선택하기 때문이다.

민주주의가 그토록 실패하기 쉽다면 미디어는 엘리트의 손에 의해 규제될 필요가 있다고 리프먼은 생각했다.[16] 이런 발상은 해럴드 라스웰Harold Lasswell에게로 이어졌다. 라스웰은 1934년 미국 정치학회 회장으로 선출된 후 "두뇌를 가진 사람들이 횃불을 잡아야 한다"라고 말했다. 리프먼과 마찬가지로 그에게는 엘리트 의식이 넘쳐흘렀다.

1차 세계대전 당시 미국 정부는 군인들에게 전쟁의 당위성을 인식시키기 위해 미디어를 활용했다. 전쟁을 미화하는 미디어에 노출된 이후 전쟁에 대한 인식을 바꾸게 된 군인들을 보며 라스웰은 정치적 프로파간다가 수용자의 의견, 태도, 행동을 바꾸는 데 엄청난 영향을 미친다고 판단했다. 그는 프로파간다 기술propaganda technique이 수용자의 태도를 변화시키는 과정에서 막대한 영향력을 발휘한다는 이론을 제시했다.[17]


## 대중사회이론

리프먼과 라스웰은 플라톤의 눈으로 대중을 보았다. 대중은 궤변과 거짓 선전에 흔들리기 쉬운 존재였다. 고립된 개인은 프로파간다에 의해 조종당할 수 있으므로 미디어가 선동에 남용되지 않도록 할 필요가 있었다.[18] 수용자들이 저항 없이 매스미디어의 메시지를 스펀지처럼 흡수한다는 전제에 기초한 대중사회이론Mass Society Theory은 1930년대에 시작되어 1950년에는 최고조에 이르렀다.[19] 미디어는 강력하고 파괴적 영향력을 가지고 있기에 적절한 규제 없이는 민주주의는 실패하게 된다는 생가이 지배적이었다.

미디어가 개인들에게 직접적 영향을 미친다는 믿음을 가졌던 리프먼과 라스웰은 기술 관료들이 공익을 위해 미디어를 통제해야 한다고 믿었다. 그러나 언론과 출판의 자유를 굳건히 지키려는 수정헌법 1조 절대론자들은 규제에 반대하고 나섰다. 결국 두 입장은 절충되었고 자율규제에 기초한 사회적 책임론이 미디어 규제론을 잠재웠다. 미디어를 통제해야 할 필요성에 수긍하더라도 누가 그 일을 수행해야 할지 합의에 이르지 못했던 것이다.[20] 그 이후 미디어 산업계는 크게 성장했다. 그러나 미디어 소유권이 극소수 미디어 그룹의 손에 집중되자 그 권력이 민주주의를 위험에 처하게 만든다는 비판이 나왔다.[21] 과도하게 집중된 소유권은 다양한 목소리나 의견을 억누르고 특정 정치인에게 관심을 몰아줄 수 있었다.

1차·2차 세계대전은 끝이 났지만 정치 프로파간다는 사라지지 않았다. 소수의 집단이 선거전에서 프로파간다를 동원하여 유권자의 정치적 의사를 왜곡하여 정치권력을 잡을 가능성은 여전하다. 여론을 조종할 수 있다면 민주주의를 날치기하는 일은 불가능하지 않았다. 1988년 놈 촘스키Noam Chomsky와 에드워드 허먼Edward Herrmann은 『여론 조작Manufacturing Consent』에서 '합의의 조작에 사용되는 매스미디어의 속성'을 지적하고 나섰다.

촘스키에 따르면 미국 매스미디어는 효과적이고 강력한 '이데올로기적 제도'로서 시스템을 떠받치는 프로파간다 기능을 수행하고,[22] 자신들의 이익을 유지하기 위해서 움직인다.


## 루스벨트의 노변담화

신문과 비교하면 1930년대 새로운 매체인 라디오가 전하는 가짜뉴스는 믿을 수 없을 정도로 광범위하고 빨랐다. 돌아보면 1930년대는 라디오의 황금시대였다. 각 지역 방송국은 전속 관현악단이나 극단을 운영하기도 했다. 라디오 방송은 좋아하는 프로그램을 듣는 팬층을 확보하고 있었다. 그 당시 라디오의 영향력은 현재의 TV나 인터넷과 비슷했다.

라디오는 프로파간다에 이용하기에도 좋은 수단이었다. 라디오 방송이 없었다면 프랭클린 루스벨트도 아돌프 히틀러도 대중의 지지를 유지하기 어려웠을지 모른다. 나치 정권은 선전의 목적으로 국민 라디오Volksempfänger를 대량으로 생산하여 싼 가격에 보급했다. 미국에는 이미 중산층 가정마다 라디오가 보급되어 있었다. 루스벨트는 국민과 소통하기 위해 라디오 방송을 활용하여 '노변담화Fireside chat'를 시작했다. 대공황을 겪고 있던 시기에 일요일 저녁마다 거실에 함께 모여서 라디오에서 흘러나오는 대통령의 목소리에 귀를 기울이다 보면 심리적 안정감을 느낄 수 있었다. 많은 미국인에게 그의 차분한 목소리는 위안이 되었다.

루스벨트는 열린사회를 지향했고, 미국 경제를 되살려야 한다는 필요성을 절감하고 있었다. 우선 깊은 침체에 빠진 경기와 실업난 등을 해소하기 위해 '뉴딜New Deal 정책'을 실행해야 했다. 그런데 관련 법률을 제정하려면 국민들의 지지를 얻어야 했다. 연방정부의 공공지출로 대규모 토목공사를 진행하는 데에는 국민적 합의가 필요했다. 또한 2차 세계대전에 미국이 참전해야만 하는 이유를 설명했다.[23]

루스벨트의 프로파간다는 비난이나 분열적 선동과는 거리가 멀었다. 그는 대중의 지지를 얻으려고 갈등을 조장하는 거짓말을 사용하지 않았다.[24] 프로파간다가 언제나 허위정보를 끼워넣어 분노 감정을 유도하는 것은 아니었다.

### 괴벨스의 프로파간다

아이디어를 대량으로 유통하는 기법에 관심을 가졌던 에드워드 버네이즈 Edward Bernays는 "대중의 조직된 습관이나 여론을 의식적이고 현명하게 조종하는 일은 민주주의 사회에 중요"하다고 보았다. 오스트리아 출생이지만 미국으로 건너가서 활동했던 PR의 아버지 에드워드 버네이즈는 요제프 괴벨스Joseph Goebbels의 서재에 자신의 책 『프로파간다Propaganda』가 꼽혀 있다는 사실에 충격을 받았다.[25] 나치의 프로파간다는 자본주의 국가에서 대중의 심리를 장악하기 위한 방법으로 탄생했던 것이다. 그는 대중을 휘어잡는 선전·선동과 거짓말에 능통했고 히틀러가 정치권력을 차지하고 유지하는 과정에서 막대한 기여를 했다.

괴벨스는 대중을 강력하게 조종하는 것은 불안·공포·증오라는 점을 알고 있었다. 그는 1차 세계대전 패전 이후 베르사유 조약에 대해 독일인이 품고 있던 분노 감정을 이용했다. 아리안Aryan족의 우월성과 자긍심을 강조했고 유대인에 대한 사회적 반감도 활용했다.[26] "유대인 언론들의 프로파간다는 마치 우리가 자신들을 학대한다며 거짓말을 하고 있습니다. 하지만 그들은 명심해야 합니다. 우리 인내심에는 한계가 있습니다! 언젠가 우리는 더러운 유대인들이 입을 닥치게 만들 것입니다." 괴벨스는 유대인들을 부정직한 거짓말쟁이이자 해악적 존재로 규정한 다음에 분노의 연대를 촉구했다.

그는 프로파간다를 전개하면서 대담한 거짓과 권력을 동원했다. "커다란 거짓을 말하고 반복하면 사람들은 결국 믿게 된다. 거짓은 거짓이 초래하는 정치적·경제적·군사적 여파로부터 국가가 인민을 보호하는 동안에만 유지된다. 그러므로 국가가 모든 권력을 사용하여 반대자를 억누르는 것은 매우 중요하다. 거짓의 도덕적 적수는 진실이다. 따라서 진실은 국가에게 가장 강력한 적수다."[27] "프로파간다는 사랑스럽거나 이론적으로 정확할 것을 요구하지 않는다. 정치 연설의 요점은 사람들이 우리가 '옳다'라고 생각하는 것을 설득하는 것이다."[28]

이처럼 정부기관에 의한 인위적 선동이 대중의 관념을 지배하면 민주주의는 종말을 고하게 된다. 무엇이 올바른가를 정부가 반복하여 말한다면 진실은 자취를 감추고 이성적이면서도 독립적인 판단은 어렵기 때문이다.

나치의 영화선전부를 이끌었던 프리츠 히플러Fritz Hippler는 복잡한 이슈를 가능한 한 단순화하고, 단순화된 메시지를 반복하는 것이 프로파간다의 비결이라고 강조했다.[29] BBC는 "거짓말을 자주 반복하면 그것이 진실이 된다"라는 괴벨스식 프로파간다는 '환상적 진실효과illusory truth effect'에 의존했다고 분석했다.[30] 일정한 시간 간격을 두고 거짓을 반복해서 노출하면 이를 그대로 수용하는 비율은 더 커지게 된다. 실험 결과, 지식의 역할은 환상적 진실 효과를 차단하지 못했다. 실험 대상자가 비록 관련된 지식을 미리 알고 있었어도 거짓에 반복적으로 노출되자 분별력에는 별다른 차이가 없었다.[31]

## 독일제 RIF 비누

2차 세계대전 때 단치히의 나치 강제 수용소에 갇힌 유대인들에게 독일군이 배급했던 질 낮은 비누에는 'RIF'가 새겨져 있었다. RIF는 비누와 세척 제품의 생산과 배급을 담당하던 '독일 산업용 지방 준비센터Reichsstelle für Industrielle Fettversorgung'의 이니셜이었다. 그러나 전쟁 포로들은 'RJF', '순수한 유대인 지방Rein-Judisches-Fett'이라고 해석했다. 독일군이 유대인 포로들의 시체를 통에 넣고 삶아서 인간 지방을 모아 비누를 만든다는 소문이 돌았다.

이 소문은 1942년 폴란드 도시 루블린Lublin에도 퍼져나갔고 겁에 질린 폴란드인들은 나치Nazi에 의해서 자신들도 같은 운명에 처하게 될까 우려했다. 한편 이 소문을 접한 나치 친위대 슈츠슈타펠SS의 하인리히 히믈러Heinrich Himmler는 그것이 사실인지 조사하라고 명령했다. 그 이후 수용소에서 사망한 시체들은 태워지거나 매장되며 다른 용도로는 사용되지는 않았다는 내용의 보고서가 작성되었고 나치의 비밀경찰국Gestapo으로 보내졌다.

문제의 비누는 1946년 진쟁범죄 처벌을 위해 열렸던 뉘른베르그 재판에서 다시 등장했다. 전쟁범죄의 증거물로서 절반쯤 만들어진 비누와 인간 비누 제조법 문서가 제출되었던 것이다. 하지만 그 비누에서는 인간 DNA가 발견되지 않았고, 뉘른베르크 재판에서 RIF 비누는 홀로코스트의 증거물로 채택되지 않았다. 그러나 이런 결론은 어떤 이유에서인지 널리 알려지지 않았다.

인간 시체의 지방을 모아서 비누를 만든다는 발상은 역겨운 것이었지만 결국은 허위로 판명되었다.[32] 그렇지만 2차 세계대전 초반 잠시 인간 지방 비누가 생산되었다고 믿는 사람들이 여전히 있다. 특히 유대인들은 여전히 RIF 비누를 수용소에 갇혀서 죽어간 홀로코스트의 희생자들과 나치의 학살에 대한 상징물로 여겼다.[33] 예컨대 1948년에는 홀로코스트 희생자들이 수의로 감싼 네 개의 비누 형태로 이스라엘 하이파의 공동묘지에 엄숙한 의식에 따라서 매장되었던 것이다. 1991년에도 아우슈비츠에 갇혀 있던 유대인 포로가 인간 지방으로 만든 비누를 사용했다는 것은 확실하다고 주장하고 나섰다. 2015년 어느 날 네덜란드 이베이eBay에 RIF 비누가 판매 물품으로 등록되었다. 143파운드(한화 21만 원) 가격표가 붙었던 그 비누는 역사적 유품이라는 흥미를 끌었지만 이베이 운영자에 의해 곧 삭제되었다. 유대인 단체들은 이베이가 홀로코스트 관련 물품을 판매했다면서 분노를 표명했다.

역사가들에 따르면 인간 시체로 만들어진 비누 괴담은 애초에 1차 세계대전이 벌어지던 1917년 봄 영국에서 시작되었다. 그 무렵 영국은 독일인을 악마화하는 데 초점을 맞추었다. 영국의 《타임스》, 《데일리메일》, 중국의 상해에서 발간되던 영자 신문 《자림서보字林西報》에는 독일 황제를 비방하는 가짜 뉴스가 실렸다. 영국 해군의 봉쇄로 물자가 부족해진 독일군들이 병사들의 시체를 끓여서 지방, 식사용 뼈, 돼지 사료로 만든다는 이야기였다.[34] 독일군이 인간 시체에서 글리세린을 뽑아낸다는 소름끼치는 기사는 날조였다. 그 무렵 영국은 중국이 1차 세계대전에 참전하기 바랐기 때문에 반독일 정서를 불러일으키기 위한 허위정보전을 펼치고 있었다.

실제로는 1차 세계대전 무렵 영국이 시작한 날조였음에도, 2차 세계대전 무렵 다시 퍼졌던 RIF 비누 이야기는 나치의 만행으로 재등장했던 것이다. RIF 비누는 인간 생명을 존중하지 않는 나치의 잔학성을 보여주는 강력한 상징물로 여전히 통용된다. 실제로는 평범한 독일제 비누가 홀로코스트 관련 물품으로 여겨지는 이유는 무엇일까? RIF 비누는 유대인의 시체를 녹여서 만들었다는 증거도 없었고 나치의 비인간적 만행과 연결하기에는 무리가 있다. 그럼에도 불구하고 그 비극적 신화는 100년 넘게 지속되고 있다. 2013년 이스라엘에서 제작된 이얄 발라스Eyal Ballas의 다큐멘터리 영화 〈비누Soaps〉는 불편한 진실의 길을 추구했다. 이 영화는 나치 SS 친위대가 유대인을 죽여서 인간 지방 비누를 만들었다는 신화는 사실이 아니라고 밝혔다.[35]

## 아우슈비츠 거짓말

'아우슈비츠 거짓말Auschwitz Lie'은 2차 세계대전 무렵 벌어진 홀로코스트가 거짓이라는 주장이다. 독일과 프랑스 법률은 나치에 의한 유대인 학살 행위를 검증을 거친 분명한 역사적 사실로 인정하므로 이를 부인하는 행위 Holocaust Denial는 혐오발언으로 처벌한다. 아돌프 히틀러Adolf Hitler의 유대인 학살은 시오니즘Zionism이 빚어낸 날조이고 이스라엘이 유대인 학살을 악용한다는 책자를 낸 출판사와 저자는 독일 형법 제130조 '민중선동죄',[36] 제131조 '인종적 증오도발죄' 위반을 이유로 형사처벌을 받았다. 그러나 여전히 홀로코스트를 부인하고 역사적 날조라고 주장하는 정당도 있다. 홀로코스트를 부인하는 발언도 헌법상 표현의 자유에 포함되는 것일까?

독일 국민민주당NPD은 인종적 민족주의를 내세우는 정당으로서 '극우파'로 분류된다. 국민민주당은 당원 집회를 계획하면서 홀로코스트를 부인하는 극우파 역사가 데이비드 어빙David Irving을 초대하여 연설 순서를 마련했다.

국민민주당의 발표에 따르면 그 집회는 유대인들이 홀로코스트를 이용하여 독일 정치가들을 협박한 행위를 성토하는 자리였다. 그러자 뮌헨시는 어빙에게 나치의 유대인 대량학살과 박해를 부인하는 발언을 해서는 안 된다고 의무 조건을 부과했다.[37] 그러자 국민민주당은 독일 연방기본법 제5조 제1항 "자신의 의사를 말, 글, 그림으로 자유롭게 표현·전달"할 수 있는 자유가 침해되었다고 헌법소송을 제기했다.

그러나 이 사건을 심리한 독일 연방헌법재판소는 '아우슈비츠 거짓말'이 표현의 자유의 대상은 아니라고 판결했다. 그 논리를 요약하면 다음과 같다. 홀로코스트에 대한 부정은 의견 진술이 아니고, 사실 주장이다. 사실 주장에 대한 보호는 헌법에 명시된 의견 형성에 아무런 기여를 하지 않는다. 따라서 허위정보는 보호받을 가치가 없으며 허위로 밝혀진 사실에 대한 의견에도 자유가 보장되지 않는다.

이 사건 판결은 "표현의 자유는 개인들의 자유로운 '의견' 표명을 보호하지만, 사실에 관한 표현이 '허위사실'을 대상으로 한다면 제한될 수 있다"라고 밝히고 있다. "제3제국Drittes Reich에서 유대인 박해가 없었다는 주장은 수많은 증인, 문서, 형사재판의 사실 인정을 통해 허위로 입증된 사실의 주장에 불과하고, 그 주장은 표현의 자유에 의한 보장을 향유할 수 없다." 홀로코스트는 역사적 사실이므로 이를 부정하는 연설은 허위사실로 다루어졌다.[38] 따라서 정치 집회에서 허위 표현을 제한한 뮌헨시의 조치는 합당하고 기본권 침해도 아니라고 보았다.[39]


### 프랑스의 게소법

유럽연합 국가들에서는 반인류 범죄를 부인·왜곡하거나 대량의 인간 학살을 찬양·미화하는 발언을 형사처벌하는 일곱 개 법률이 시행되고 있다. 독일 형법 제130조는 유대인 집단학살을 부정·왜곡·미화하는 발언을 국민선동죄로 처벌한다. 프랑스도 인종주의·반유대주의·외국인 혐오범죄에 대응하기 위해 게소법Gayssot Law을 통과시켰다.[40]

이 법률의 보호 법익은 '개인의 명예'가 아니라 '역사적 진실'이다. 확정적인 역사적 사실을 부인하거나 다른 방식으로 해석하려는 시도를 차단한다. 따라서 명예훼손죄를 적용할 때 반드시 피해자가 특정되어야 한다는 약점을 극복했다. 역사를 왜곡하는 발언으로 인하여 명예를 훼손당하는 사람이 없더라도 제재가 가능하다. 이 법률의 금지 규정은 프랑스 언론자유법 제24조와도 일치한다.[41]

소르본대학교의 교수였던 로베르 포리송Robert Faurisson은 나치가 운용한 포로수용소 가스실에서 유대인 학살이 있었는가에 의문을 던지는 인터뷰를 했는데, 프랑스 법원은 게소법을 근거로 그에게 벌금형을 선고했다. 촘스키는 프랑스 좌파 지식인 사회의 지적 경직성과 폐쇄성이 드러났다면서 강하게 비판했다.[42] 포리송은 역사적 진실을 향한 진지한 관심을 나치즘의 발흥이자 역사 날조로 낙인을 찍었다고 부당함을 호소하면서 이 사건을 유엔인권사무소OHCHR의 인권위원회에 청원했다.

그러나 유엔인권위원회는 홀로코스트 자체를 부인하는 인터뷰의 진술이 반유대주의적 감정을 증폭시켰다고 판단했다. 포리송의 표현에 부과된 제한은 시민적·정치적 권리 국제규약ICCPR 제19조 규정에 비주어 정당화된다고 결론지었다.[43] 누구든지 간섭을 받지 않고서 의견을 표현할 권리를 가지지만, 타인의 권리·신용 존중, 국가안보·공공질서를 위해서 법률로 제한이 가능하다는 취지였다.

## 역사적 사실의 증명 가능성

역사적 사실에 대한 해석이나 평가는 사람마다 다양할 수 있다. 역사적 사실이라는 증명을 할 수 없다면 의견이 된다. 예컨대 해방 전 상해 임시정부의 활동, 건국 시기를 언제로 볼 것인지, 전임 대통령에 대한 주관적 평가, 안중근이 테러리스트인지 애국자인지, 일본의 식민지 수탈 정책을 우호적으로 볼 것인지는 '주관적 평가'다. 그러나 엄연한 증거가 있는 검증된 역사적 사실을 부인하고, 사실관계를 다르게 우기면서 정치적으로 이용한다면 그것은 역사의 날조이고 허위정보가 된다.

그렇지만 역사적 사실의 왜곡이 언제나 특정인의 명예를 훼손하는 것은 아니므로 법적 공백이 생겨난다. 비극적 역사적 사실을 왜곡하는 아우슈비츠 거짓말 등에 대한 특별 법률이 만들어진 이유는 바로 이 때문이다. 강제로 또는 속아서 위안부로 끌려간 일제 강점기의 여인들, 많은 시민이 희생된 1980년 5·18 광주는 역사적 사실이다. 그런데 이를 부인하거나, 가공의 사실을 추가하여 피해를 부인하거나, 잘못된 정보를 퍼뜨려서 역사적 사건의 맥락을 왜곡하거나 폄하하는 발언들은 정치적 공세에 이용되고 있다.

우리나라 법원도 역사적 사실에 대한 표현을 판단했던 사례가 있다. 4세기에서 6세기 사이의 한반도 역사에 대해 역사학자 A는 "임나일본부설任那日本府說은 사실이다. 야마토 조정이 백제를 통해 한반도 남부를 통치했다"라고 주장했다. 그러자 역사학자 B는 저서에서 "A가 일본 극우파 시각에 동조했다"라고 쓰고 '식민사학자'라고 비판했다. 그 후 B는 고소를 당했고 출판물에 의한 명예훼손죄로 재판에 넘겨졌다.[44] 그러나 대법원은 B의 표현이 '허위사실이 아니거나', '의견 표명에 해당한다'라는 이유로 무죄를 선고했다. 명예훼손죄의 처벌에 필요한 '사실의 적시'는 주관적 가치판단이나 의견 표명과는 대치되는 개념이라는 이유에서다.

이 사건에서 대법원은 A의 역사적 견해를 비판하는 B의 표현은 "겉으로 보기에 증거에 의해 입증 가능한 구체적 사실관계를 서술하는 형태를 취하고 있으나 실제로는 비평자의 주관적 의견에 해당한다"라고 판단했다. 증명이 불가능하므로 사실의 주장이라고 단정할 수 없기 때문에 '개인적 의견'이라는 논법을 택했던 것이다.

즉, 법적 관점에서는 의견 표명과 사실 주장을 구분하는 기준은 객관적 증거를 통해서 증명이 가능한지 여부다. 출판물에 의한 명예훼손죄에 필요한 사실의 적시가 입증되지 않았으므로 무죄라는 결론이 나왔다. 증거로 입증하기 애매한 역사적 사실에 대한 표현이 누군가의 명예를 훼손하지 않는다면 법적 문제가 아니라 학문적 견해로 여겨진다. 그러나 중요한 역사적 사실을 어떻게 평가하느냐는 여전히 현재의 정치적 동력과 연결되어 있는 경우가 많다. 그 때문에 역사적 진실을 왜곡하지 못하도록 프랑스 게소법과 같은 특별법이 제정되기도 한다.


### 5·18의 역사적 평가

"1980년 5월 광주에 대학생으로 위장한 600명의 북한 특수부대가 침투하여 전투를 주도했다"라는 주장은 역사적 평가로 포장된 허위정보의 전형적 사례다. "북한 특수부대가 광주에 투입되었다"라는 주장을 담은 신문 광고가 2002년에 일간지에 게재되었다. 이 광고는 신문사의 편집국을 거친 뉴스 보도는 아니었다. 광고의 게재자는 5·18 재단 이사장에게 출판물에 의한 명예훼손죄로 고소를 당했고 구속되었다. 그러나 북한군 개입설이 담긴 유인물은 2017년 대선 무렵에 또다시 나타났다.

또다시 포털 사이트에 5·18 역사를 왜곡하는 게시물이 올라오자 방송통신심의위원회의 시정 요구에 의해 삭제되었다. 작성자가 시정 조치의 취소를 요청하자 법원은 "역사적 사실의 왜곡과 사회적 편견의 조장을 방지하고자

하는 공익은 이 사건 접속 차단 시정 요구로 인하여 제한되는 원고의 사익보다 우월하다"라고 판단했다.[45] "5·18은 북한 특수군이 개입한 내란"이라는 주장이 의구심을 불어넣자 새로운 정치적 동력이 창출되었다. 5·18 피해자를 향해 "숨진 시민들을 찍어둔 사진이 실은 북한이 날조한 가짜 사진 아니냐"라는 시비가 불거진 것이다.[46]

그런데 북한군 개입설이 현재까지 주장되는 이유는 '진실'을 밝히기 위해서일까? 그보다는 보수 세력을 결집시키기 위한 정치적 전술이자 프로파간다에 불과하다는 해석도 있다. 북한군 개입설이 게시글, 유인물, 온라인 방송에서 집중적으로 강조되는 시기는 당대표 선거, 대선이 다가오는 무렵이다. 그러나 한 주한미군 정보요원은 신군부가 광주시민을 폭도로 만들려고 신군부가 '편의대'로 불리는 사복 군인들을 침투시켜 극렬 행위를 조장했다고 털어놓았다.[47]

주관적인 역사적 평가를 발언한다고 언제나 명예훼손죄로 연결되지는 않는다. 대법원은 '북한의 특수군이나 불순분자 등에 의하여 선동된 폭동'이라는 표현은 "그 목적이 5·18 민주화운동 유공자들을 비난하는 데 있다기보다 5·18 민주화운동의 성격을 피고인의 시각이나 관점에서 다시 평가하는 데 있다", "5·18 민주유공자들의 지위와 그에 대한 보상, 예우 등에 관하여 법적 및 역사적 평가가 확립된 상태이어서 게시물의 내용이 5·18 민주유공자의 개인의 명예를 훼손하는 정도에 이르렀다고 볼 수 없다"라고 보았다.[48]

"5·18은 북한군이 일으킨 폭동"이라는 표현을 허용하는 듯한 판결이 나오자 극우 진영은 환영하고 나섰다. 보수 유튜브 방송에 북한군 개입설이 빈번하게 올라왔다. 한 웹사이트는 "5·18은 광주시민으로 구성된 시위대가 주도했다는 대전제하에 전두환 등 피고인들을 단죄했다. 하지만 그 대전제는 실존하지 않았던 신기루"라는 사설을 실었다.[49] 수십여 년 전에 일어난 사건에 대한 맥락의 왜곡은 정치적 세력의 동력이 되었다.

한편 "김대중이 5·18 때 김일성과 짜고 북한군을 광주로 보냈다", "〈독도는 우리땅〉이라는 노래를 금지곡으로 지정했다"라는 표현은 피해자가 특정되고 비방의 목적도 인정되어 사자 명예훼손죄로 유죄 판결을 받았다.[50] "5·18 민주화운동 참여자와 유가족이 북한 특수군"이라는 표현에는 명예훼손의 주체가 드러나 있으므로 법적 책임을 묻기에는 어려움이 없었다. 한편 J 씨는 '5·18 북한군 배후설'을 담은 화보집을 발간하면서 "5·18 당시 촬영된 사진 속 사람들을 영상 분석한 결과 북한 고위직에 진출한 사람들"이라고 주장했다. 그러나 법정에는 얼굴 인식 프로그램을 사용한 증거나 전문가 조사를 거쳤다는 어떤 증거도 제출되지 않았다.

명예훼손을 수반하지 않는 역사적 사실의 평가는 기본적으로는 주관적 평가나 의견에 속하지만 특별법이 있다면 법원은 그에 기초해 판단하게 된다. 역사적 비극을 부인하는 단정적인 주장, 왜곡된 사실을 담은 유인물 배포 또는 대중 연설에 제한을 가하는 규제가 불가능하지는 않다. 프랑스의 게소법처럼 '5·18 역사적 사실 왜곡 금지법'을 도입하는 것은 가능하다.[51]

## 통킹만의 진실

전운이 고조되는 무렵에는 국지적 전투 소식이 간간히 보도되지만 언론을 동원한 여론전도 본격화된다. 일단 전쟁이 시작되면 언론은 실체적 '진실'을 밝히기보다는 눈앞에 닥친 전쟁에서 승리하기 위한 나팔수 역할을 했다. 전쟁 승리라는 국익이 진실 보도에 우선해야 한다는 점을 언론인들은 본능적으로 알고 있었다. 전쟁은 뉴스의 공정성보다는 애국심을 앞세우게 만든다. 그런데 가짜뉴스는 군사 작전에 대한 정부 발표를 언론이 그대로 받아쓰는 과정에서 생겨나기도 한다. 교전 소식, 사상자 수, 병력의 배치, 전황의 전개 등은 기자들이 진위를 확인하기 어려운 뉴스이기 때문이다.

1964년부터 1971년까지 계속되었던 베트남전은 북베트남이 먼저 미군을 공격해서 시작된 것으로 알려졌다. 1964년 8월 전달된 뉴스는 다음과 같았다. "북베트남 통킹만 주변에서 정찰 중이었던 미국 매덕스Maddox 구축함이 북베트남의 어뢰정으로부터 선제공격을 받았다. 그 후에 즉각적 반격에 나서 상대측 어뢰정 세 척을 파괴했다." 미국의 주요 신문들은 아무런 의문을 품지 않고 국방부의 발표를 대대적으로 보도했다. 며칠 후 연방의회는 통킹만 결의Gulf of Tonkin Resolution를 통해 대통령에게 베트남전쟁과 관련된 모든 결정을 할 수 있는 전폭적인 권한을 위임했다. 1967년이 되자 존슨 대통령은 '베트남 정보그룹'을 설치하여 전쟁 당위성을 홍보하는 활동을 전개했다.

통킹만 사건의 진실은 국방부 장관을 도와서 전쟁 기록을 정리하던 내부자가 제공한 '펜타곤 페이퍼Penagon Papers'를 통해 그 거짓이 낱낱이 드러나게 되었다.[52] 이 기밀문서에는 미국 국방부가 통킹만 사건을 조작해서 북베트남을 선제공격한 후 의회에 선전포고 결의안을 제출한다는 전략이 담겨 있었다. 1971년 6월 《뉴욕타임스》는 미국이 군사개입을 확대하는 과정을 분석해 실었고, 《워싱턴포스트》는 시리즈 보도를 시작했다.[53] 북베트남 어뢰정이 구축함을 공격했다는 증거는 없었지만 미국은 베트남전쟁을 시작하기 위한 구실이 필요했다. 젊은이들이 죽어간 전쟁에서 정부가 거짓을 말하고 전황을 속이고 있었다는 점이 드러나자 미국인들은 충격에 빠져들었다.

베트남전이 끝나가는 무렵, 진실이 암흑 속으로 사라질 것을 염려했던 대니얼 엘즈버그Daniel Ellsberg는 펜타곤 페이퍼를 폭로했다. 《뉴욕타임스》와 《워싱턴포스트》는 경쟁적으로 베트남전과 관련한 숨겨진 이야기와 추악한 거짓말을 공개했다.[54] 미국 법무부는 제1심 법원에서 국가기밀의 중대성을 이유로 문서 공개를 금지하는 임시명령을 얻어내는 데 성공했지만 《뉴욕타임스》는 이에 굴하지 않고 법정 투쟁을 계속했다. 연방대법원은 펜타곤 페이터의 공표를 제한하기 위한 연방정부의 안보 보호 주장은 정당화될 수 없다고

판단했다.[55]

이런 사례들은 군사 작전에 관한 뉴스 정보가 국익과 안보를 이유로 얼마든지 조작된 채로 공개될 수 있음을 보여준다. 통킹만 사건은 미국 정부가 베트남 전쟁의 명분을 조성하기 위한 술책이었다. 1895년에 메인호와 쿠바에서 침몰했을 때 1964년 매덕스호가 베트남에서 공격을 받았을 때 쏟아진 뉴스 보도들은 진실과 거리가 있던 가짜뉴스였다. 그렇지만 전운이 드리워지는 시기에는 반애국주의적 논조의 뉴스는 금기시된다. 만일 전쟁이 패배로 끝나게 되거나 뉴스 보도가 국가의 위신을 떨어뜨리면 엄청난 비난과 함께 미디어 책임론이 거론되기 때문이다.


### 나이라의 눈물

걸프전Gulf War은 이라크가 쿠웨이트를 먼저 침공하자 미국군, 영국군 등 다국적군이 반격하면서 시작되었다. 1990년 쿠웨이트를 점령한 이라크군이 병원에 들이닥쳐 인큐베이터에서 아기들을 꺼내서 잔인하게 죽였다는 소문이 나돌았다. 그런데 이 소문의 기원은 1차 세계대전 당시 독일군이 벨기에에서 아기들을 공중에 던져 총검으로 맞혔다고 비난한 영국발 프로파간다로 거슬러 올라간다. 그 줄거리에서 주체만 이라크군으로 바꾼 동일한 이야기가 1990년 9월 5일 런던《데일리 텔레그래프London Daily Telegraph》에 기사로 실렸다.[56] 쿠웨이트 정부 장관의 발언이 기사에 인용되었다. 이틀 후에《LA타임스》는 이 사건을 다룬《로이터Reuter》기사를 실었다. 그러나 전국적으로 공감을 얻기에는 인간적 요소가 너무나 부족했다. 무엇보다 현장 사진도 없었으며, 죽음을 슬퍼하는 어머니들의 울부짖음, 좌절한 모습, 그 흔한 인터뷰도 없었다.

그때 등장한 한 쿠웨이트 소녀가 미국 연방의회 인권위원회에 출석하여 이라크군이 벌인 비인간적 잔학 행위를 생생하게 증언했다. 그녀는 슬픔으로 눈물을 흘리면서 제대로 말을 잇지 못했다. TV 카메라는 의원들의 얼굴에 드러난 분노와 결단을 클로즈업했다. 이라크 군인이 아기들을 인큐베이터에서 꺼내 죽게 했다는 15세 소녀 나이라Nayirah의 증언은 미국 국민들에게 쿠웨이트에 군사개입의 필요를 강조하는 홍보 캠페인이자 전쟁을 준비시키는 분노의 북소리였다.

그러나 아기 학살 이야기는 진실이 아니었다. 현지 인권 모니터링 단체들은 나이라의 말이 순전한 거짓말이라고 강력하게 반박했다. 국제 앰네스티는 나이라의 주장을 뒷받침하는 증거가 없다고 발표했지만 미국 언론은 보도하지 않았다. 부시 대통령은 이라크의 후세인 정권이 얼마나 사악한가를 보여주는 사례로 인큐베이터 아기들을 여섯 차례나 연설에서 언급했다. CNN은 문제의 병원을 찾아서 의사를 인터뷰했다. 그는 "인큐베이터 살인은 없었다"라고 말했지만 긴장감으로 인해서 떨리는 목소리였고, 촬영은 관계자에 의해 갑자기 중단되었기 때문에 마치 거짓말을 하는 것처럼 보였다.

이라크의 쿠웨이트 침공으로 시작된 걸프전은 1991년 2월 말에 끝이 났다. 그 후 1992년 《뉴욕타임스》는 홍보회사 힐앤놀튼Hill & Knowlton이 나이라의 증언을 위해 미디어 코칭과 사전 연습까지 시켰다고 폭로했다.[57] '쿠웨이트 자유를 위한 시민들Citizens for a Free Kuwait'이라는 단체는 미국이 쿠웨이트에 군사적 개입을 하도록 캠페인을 벌였다. 이를 위해서 홍보회사 힐앤놀튼과 1,000만 달러의 계약을 체결했다. 실제로 나이라는 학살 현장을 목격하지도 않았고, 미국 주재 쿠웨이트 대사의 딸이었다. 쿠웨이트는 미국 국민들에게 '전쟁을 팔아넘길' 방법을 찾아야 했다.[58] 나중에 이런 진실이 드러났지만 이미 걸프전은 끝난 후였다.

쿠웨이트에 미국을 개입시키기 위한 명분 만들기에 나선 힐앤놀튼의 전략은 효과적이었다. 이라크 침공이 시작된 후 몇 개월 동안 언론은 인큐베이터 이야기를 무비판적으로 반복했다. HBO는 케이블 방송용 영화 〈바그다드의 소년들Live From Baghdad〉 스토리라인에 인큐베이터 이야기를 짜 넣었다. HBO와 CNN은 모두 AOL Time Warner 미디어 그룹이 소유하고 있었다.[59] 막연한 의혹성 뉴스나 편향적 보도가 걸러지지 않고 방송을 타는 원인은 미디어 집중도와도 관련이 있었다.

걸프전에서 미국의 침공이 임박하자 이라크는 유엔의 제재 조치로 죽은 이라크 아이들의 관을 수십 대의 택시 지붕에 묶고 바그다드 시내를 퍼레이드했다. 여성들은 바그다드 거리에 나와서 울부짖었다. 이 장면을 본 《타임》의 특파원은 이라크 국민의 빈곤, 분노, 절망이 느껴진다고 보도했지만, 영국 《텔레그래프》는 퍼레이드를 '가식charade'이라고 평가했다.[60] 이라크가 방만한 재정 운용으로 군대와 후세인 궁전에 돈을 사용해 병원과 진료소에 의약품이 부족해서 아동들이 사망했지, 유엔의 제재를 비난할 수 없다는 논리였다.[61]

걸프전 당시 주목을 끈 가짜뉴스들은 타깃화된 집단을 분명히 인식하고 초점을 두었다. "이스라엘군이 이라크와 전투를 벌이기 위해 미국인으로 속이고 다국적군에 참여했다", "미국 국방부가 이집트 여성들을 위안부로 걸프 지역의 미군에게 보냈다"라는 가짜뉴스는 페르시아만 주변 국가들에 나돌았다.[62] 이스라엘에 반감을 가진 범이슬람권을 결집시키려는 목적이었다. "다국적군에 소속된 파키스탄 병사들이 72명의 미군을 살해했다"라는 뉴스는 다국적군의 분열과 반목을 조장하려는 의도였다. "사담 후세인Saddam Hussein의 가족이 모리타니로 탈출했다"라는 뉴스는 전황의 불리함을 보여주었지만 결국 가짜뉴스이자 거짓으로 드러났다. 얼마 후 등장한 후세인은 이라크가 오히려 걸프전에서 미군을 물리쳤고 승리했다고 주장하면서 건재를 과시했던 것이다.

## 대량살상무기는 어디에?

미국은 2003년에 이라크를 다시 침공했다. 이라크가 서방 국가들을 공격하기 위해 쌓아놓았다는 대량살상무기WMD는 침공의 구실이 되었다. 파편화된 설익은 정보를 누군가 흘리자 언론은 합창하듯 그 위험을 확대·재생산했다. 대량살상무기 뉴스가 연일 이어지자 대중에게 일반적 사실처럼 익숙해졌고 피해를 미리 막아야 한다는 논리가 퍼져나갔다. 그러나 국제정치의 관점에서 이라크 전쟁의 진정한 이유는 중동 지역 석유 자원의 장악이었다. 1,400여 명에 이르는 이라크 조사그룹ISG이 함락된 바그다드, 왕궁, 군사 기지, 공업단지를 샅샅이 뒤지고 이라크 과학자들을 취조했지만 무기는 찾을 수 없었다.[63] 전 세계는 이라크 침공의 빌미를 제공한 가짜 정보phony information에 속은 셈이 되었다.

어떻게 이런 일이 가능했을까? 2000년 초반부터 조지 부시George W. Bush와 토니 블레어Tony Blair는 이라크가 보유한 대량살상무기의 위험성을 역설하고 나섰다. 그 후 유엔 안전보장이사회는 결의를 통해 이라크에게 국제원자력기구IAEA와 유엔의 사찰에 대한 즉각적이고 무조건적인 협조를 요구했다. 뉴스통신사들은 이를 전 세계에 보도했고 이라크가 사찰에 협조하지 않자 이는 점차 '사실'로 굳어졌다. 그럼에도 미국은 유엔 회의장에서 대량살상무기의 존재를 거듭 주장했고 안건으로 회부함으로써 위험을 현실감 있게 공식화하는 데 성공했다. 대량살상무기를 다룬 언론 보도가 극적으로 늘어나자 미국은 이라크 재침공할 수 있는 명분을 확보할 수 있었다.

대량살상무기는 부시 행정부의 중동정책을 좌우하던 네오콘이 막무가내로 만들어낸 속임수였을까, 정보 취합 과정에서 일어난 판단착오였을까? 아니면 미국 국방부조차 정보원의 말에 속았던 것일까?[64] 그 내막은 여전히 알 수 없지만 그 무렵 미국 국방부가 이라크를 공격할 구실을 찾고 있었다는 점은 분명하다. 미확인 정보 파편이 만들어낸 막연한 위험은 별다른 증거 없이도 '정의로운' 전쟁의 명분으로 역할을 다했다. 이라크전이 끝난 이후에도 대량살상무기는 어디에서도 찾을 수 없었다. 그것은 스케일이 거대한 국제 가짜뉴스로 판명되었다. 영국 이라크조사위원회는 7년간의 조사를 거쳐 2009년 12권의 『칠콧 보고서』를 펴냈다. 이라크는 테러 단체에 대량살상무기 제조 기술을 넘기지 않았고 이라크가 위험한 존재도 아니었다. 그러나 엄청난 학살 위협의 먹구름을 제거한다는 목적에서 시작된 이라크전에서는 15만여 명의 민간인이 죽음을 당했고 100만 명이 거처를 잃었다.

《뉴욕타임스》의 쥬디스 밀러Judith Miller 기자는 2001년 겨울에서 2002년까지 일련의 보도를 통해 전쟁 명분을 제공하고 분위기를 고조시켰다. 2002년 9월에 이라크로 수출되는 금속 튜브가 대량살상무기의 제조를 위한 재료였다고 보도했지만, 폭탄 부품 보도는 근거가 없는 것으로 드러났다.[65] 밀러는 펜타곤 고위 관리들과 미국으로 피신한 이라크 과도통치위원회의 아흐메드 찰라비Ahmed Chalabi 등에게 소스를 받아 억측성 뉴스들을 생산했다는 비판을 받았다. 훗날 밀러는 "고위 관료들이 정보를 떠먹여주지는 않았고 다만 지나치게 자신을 믿었다"라고 털어놨다.[66] 그러나 개인적 신념에만 치우친 나머지 뉴스는 객관성을 잃었고 불확실한 정보 소스에 지나치게 의존하는 취재 방식은 많은 혼란을 초래했다. 그녀의 음울한 상상력은 활자화된 기사를 통해서 공식적 사실로 변했고 전 세계에 퍼져나갔던 것이다. 그녀는 명분도 없었던 미국의 이라크 침공을 합리화하는 프로파간다를 담당한 셈이었다. 이라크전이 끝나고 2004년이 되자 《뉴욕타임스》 편집인들은 마이크 고든Michael R. Gordon 기자 등이 작성한 이라크와 관련한 의혹성 기사들은 무리한 추측이었다고 유감을 표명하는 사설을 내보냈다.[67]

이라크전은 미국 정치권-언론사-펜타곤의 관료들이 서로에게 책임을 떠넘겼던 거대한 거짓말 게임으로 역사에 남게 되었다. 평판도와 인지도에서 최상위에 위치한 언론사가 가공적 현실을 만들어내고 언론사들이 여과 없이 따라서 보도하면 그것은 '현실감'으로 존재하게 된다. 대중은 평판도 좋은 언론사가 내놓은 뉴스를 수용하고 신뢰하는 방식을 학습해왔기 때문에 뉴스 정보에 동의하고 그것을 흡수하는 데 매우 익숙하다. 누군가의 특별한 반박이나 팩트체크가 없다면 이미 형성된 가공의 기초 위에 또 다른 현실을 얼마든지 구축할 수도 있다. 다수의 뉴스 미디어가 보도하는 내용은 수용자에게는 어느 순간 '믿을 만한 정보'로 여겨지고 그렇게 인식이 조작되는 과정을 밟게 된다. 허위정보의 국제적 유통이 가능했던 것은 반박 가능한 소스의 부족, 유엔 총회에서의 공식화, 뉴스통신사들의 무비판적 보도도 한몫을 했다. 세계가 돌아가는 모습을 전달하여 객관적 판단을 위한 기초를 제공한다는 저널리즘의 공적 가치와 사명감은 초라하게 빛을 잃고 말았다.


## 전쟁 뉴스의 한계

전쟁이 벌어지면 군사작전이나 전황은 모두 보안사항이기 때문에 공개하기로 결정된 정보나 영상만이 제한적인 뉴스 소스가 된다. 2차 세계대전 이후 기자들의 뉴스 수집과 송고 능력이 크게 향상되자 군은 전쟁 취재에 제약을 가한다.[68] 기자들은 보도통제를 수용해야만 하고, 군이 보여주는 정보나 사진만 볼 수 있을 뿐이다. 방탄조끼를 입고 폭격 현장을 누비는 기자들도 있지만 정보에 대한 교차검증을 진행하기는 어려워진다. 지뢰, 총탄, 저격 위험, 휴대용 유탄 발사기의 폭발이 난무하는 숨 가쁜 전장은, 보도자료나 발표에 의심이 생겨도 검증의 칼날을 들이미는 건 불가능한 여건이다. 군사작전에서는 보안 유지는 극도로 중요하며, 역정보, 피습 가능성 등 위험 요소들이 넘쳐난다. 팩트체크에는 다각적 정보의 취합과 분석이 필요한데, 그 과정에서 보안이 무너지면 아군이 죽거나 피해를 입게 되므로 팩트체크는 불가능하다.

전쟁이 벌어지면 대다수 언론은 총체적 정보 부족에 시달린다. 군사작전이나 전쟁에 대한 허위정보는 언론이 아니라 국방부에서 인위적으로 흘리기도 한다. 그런데 전쟁 중에 프로파간다와 정보의 조작은 어디까지 합리화되는 것일까? 언론으로서는 정부와 군의 발표를 받아쓰는 수밖에 선택의 여지가 없다. 출처가 불분명한 허위정보가 끼어들어도 걸러내기는 어렵기 때문에 국제 뉴스통신사와 언론사 기자들은 때로는 누군가의 각본에 의해서 움직이는 단역 배우가 되고 만다. 전쟁의 북소리가 울리기 시작하면 언론의 합리적 의심과 비판력은 마비되어버리고 애국주의가 득세한다. 언론사들이 '배급되는' 전쟁 뉴스만을 받아 전달하는 역할로 전락한 사례는 여러 차례나 있었다.

걸프전 이후 본격적으로 시행된 기자풀제pool system는 공식적 정보를 제공하는 동시에 전쟁의 승패를 결정짓는 선전도구로 역이용되어왔다.[69] 2003년 이라크전쟁 당시에는 무려 700명의 서방 기자들이 연합군과 같이 생활하며 '임베딩embedding' 취재를 진행했다.[70] 만일 임베딩 기자가 취재 가이드라인을 어기거나 행동반경을 벗어나면 뉴스 정보를 얻을 수 없다.[71] 한편 임베딩 기자단 밖에서 목숨을 걸고 전장을 누비면서 뉴스 정보scoop를 직접 취재하는 계약직 현지 통신원, 프리랜서, 스트링어stringer의 사망률은 매우 높다.[72]

전쟁의 진실을 말하려고 시도했던 용기 있는 저널리스트도 있었다. 퓰리처상을 수상한 종군기자 피터 아네트Peter Arnett는 이라크 전쟁 당시 이라크 국영 TV와 인터뷰하며 개인적 견해를 밝혔다는 이유로 NBC에서 즉시 해고되었다. "미국은 이라크전에서 1차적으로 실패했다"라는 결정적인 한마디는 심기를 건드렸다. 미국 정치인들은 아네트의 인터뷰를 이적행위라고 비판을 퍼부었다. 전쟁이 진행되는 상황이라면 군사적 비밀 유지와 국익을 이유로 허위정보를 사실로 둔갑시키거나 언론의 입을 빌려 프로파간다를 펼칠 수 있는 조건이 조성된다. 의도적이든 의도적이지 않든 거짓 정보가 언론을 통해 공식화되면, 전쟁의 실제 상황을 속일 수 있고 말썽꾸러기 불량배 국가들을 손보기에도 좋은 명분을 쌓을 수 있다.

그렇지만 정부나 군이 제공하는 정보가 완전한 허위는 아니다. 보안을 이유로 노코멘트로 일관하는 경우도 많지만 전황의 일부를 공개하면서 실행 시점과 맥락에 윤색을 가하기도 한다. 언론 보도로 공개된 군사 정보조차 적을 속이기 위한 정보전쟁의 일환으로 기능하기도 한다. 이를테면 "항공모함이 한미 연합군사훈련을 위해 동해로 이동 중에 갑자기 남중국해로 방향을 틀었다"라는 뉴스가 나오더라도 실제로는 처음부터 다른 지역에서 군사작전 중일 수 있다.

트럼프는 2018년 미군이 시리아 분쟁 지역에서 IS를 격퇴했다고 트윗을 올렸다. 그는 시리아 지역의 미군을 철수시키기 위한 명분이 필요했다. 그러나 공화당 의원들조차 이를 가짜뉴스라고 비판하고 나섰다.[73] 영국 국방부 장관은 IS가 여전히 위협적으로 활동 중이라고 강조했다. 트럼프는 "오늘밤에 IS가 사라진다"라고 호언장담을 했다.[74] 그러자 CNN은 IS가 숨어서 활동 중이라고 보도했다.[75] 정말 IS는 점령 지역을 잃어버리고 사라졌던 것일까? 그로부터 한 달 후 IS는 스리랑카 부활절 폭탄 테러와 함께 돌아왔다.


### 공포팔이 북한 뉴스

북한 관련 뉴스의 오보는 해프닝에서 끝나지 않고 군사적 긴장을 높이고 불신을 강화할 수 있다. 일부 신문과 종편이 북한 관련 미확인 소식을 위협적 논조로 부각해서 보도하고 나중에 오보로 둘러대는 행태는 여러 차례 도마에 올랐다. 일부 탈북자와 소식통의 말만 전해 듣고 북한 소식을 기정사실처럼 보도하는 뉴스가 대표적이다. 처형되었다던 북한 간부들이 공식 석상에 등장하거나 권력의 핵심부로 복귀하는 사례는 드물지 않다. 일본 《마이니치每日신문》이 북한의 금고지기 리수용이 처형되었다고 보도하자 《연합뉴스》, YTN,

《서울신문》, 《매일경제》, SBS 등은 이를 그대로 보도했다. 그러나 그는 외무상에 임명되어 TV 화면에 등장했다. 그렇다면 확인이 어려운 뉴스 소스를 보도하는 적절한 논조는 무엇일까? "대남사업 총괄 담당자 최○○ 처형"이라는 단정적 뉴스는 가짜뉴스와 가장 거리가 가까울 것이다.[76] 그러나 "파면된 듯", "처형설說", "가능성 주목"이라는 표현은 여러 가능성을 열어두어 독자들에게 판단을 맡긴다. "최○○이 정말 처형되었는지 아직 알 수 없지만, 그가 숙청을 당했다는 것만은 명확합니다"라는 설명은 객관적이다.[77]

비공식 전언을 뉴스로 공식 보도하고 나중에 오보로 밝혀지는 촌극은 왜 계속되는 것일까? 북한 내부의 정보는 희소하고, 확인할 수 있는 공식 경로가 막혀 있기 때문이다. 북한 《로동신문》과 《조선중앙통신》의 발표도 엄포인지 진실인지 알 수 없다.[78] 정보 출처에 접근하는 것이 불가능하다면 뉴스의 배경·맥락을 알 수 없고 정보 신뢰도에 대한 교차검증도 불가능하다. 그러나 관심을 끄는 북한발 기사는 궁금증을 유발하기 때문에 뉴스의 페이지뷰가 올라간다.[79]

북한 관련 뉴스의 정보 출처는 제보자의 안전을 위한다는 명목으로 익명으로 처리되므로 사실인지 억측성 보도인지 판단하기가 어렵다. 뉴스 출처에 대한 조회가 극히 어려운 폐쇄적 정보 여건에는 실낱같은 전언에 의존해야 하므로 오보가 양산된다. 그렇다면 거짓된 뉴스 정보가 끼어들어도 팩트체킹을 하기 어렵다.

김창룡에 따르면 북한 측이 남한 언론의 보도에 반박하지 않고 침묵하거나, 뉴스 보도에 대한 정정 보도를 전혀 요구하지 않는다는 점도 북한발 오보가 양산되는 요인이다.[80]

북한의 군사 행동에 대한 오보로 인해 평화 무드는 사라지고 군사적 긴장도 고조될 수 있다. 예컨대 TV조선은 트럼프 대통령이 북미 정상회담을 취소한 직후 "북한 풍계리 갱도 폭파 안 해… 연막탄 피운 흔적"이라는 보도를 냈

다가 이례적으로 사과를 했다.[81]

2012년 7월에는 《뉴욕타임스》의 유명한 기자 빌 켈러Bill Keller를 흉내 낸 트위터가 사람들을 속였다. 가짜 빌 켈러의 트윗은 위키리크스Wikileaks에 올라온 정보를 믿었다. 가짜 계정의 운영자는 사실은 위키리크스의 신뢰도를 높이려는 지지자였다. 그는 저널리스트를 포함한 수백만 명을 속이는 데 성공했다.[82]

전문 저널리즘을 대표하는 《뉴욕타임스》조차 트위터 괴담hoax Tweets을 믿고 기사를 냈다가 철회하는 소동을 벌였다. '트윗 혹스'의 출처는 북한 조선중앙통신을 흉내 낸 트위터 계정이었다.[83] 2017년 7월 @DPRK_News는 "어리석은 미국인들이 북한 탄토학을 무시한다는 점을 보여주려고 술김에 동해로 미사일을 발사했다"라는 트윗을 올렸다. 그 실제 운영자는 미국 서부에 거주하는 데이터 분석가와 노스캐롤라이나에 사는 변호사로 밝혀졌다.[84]

《뉴욕타임스》 편집자가 이를 공식적 입장으로 믿으면서 오보가 시작되었다. "편집 실수 때문에, 이 기사의 종래 작성본은 북한 정부의 트위터를 부정확하게 인용했습니다"라는 설명과 함께 오보는 수정되었다.[85] 그러나 국내 언론은 북한 관련한 추측 기사가 오류로 드러나도 정정을 거의 하지 않는다. 그 결과 수많은 허위정보의 파편이 생산되어 온라인에 그대로 널려 있게 된다. 방치된 오보들은 새로운 오해를 일으키는 씨앗정보가 된다.

### 천안함 좌초설은 가짜일까?

2010년 민군 합동조사단은 서해안에서 천안함이 침몰한 이유는 북한 잠수정의 어뢰 공격을 받았기 때문이라고 발표했다. 신문지면과 방송은 어뢰 폭발로 보기는 어렵다고 의문을 제기하는 측과 어뢰의 비접촉 폭발로 인한 침몰이 맞다는 측으로 나뉘었다. 물론 "천안함 침몰 원인 네 가지 가능성"(《매일경제》)

처럼 객관적 접근도 있었다.[86] 그러나 천안함은 침몰 원인을 둘러싼 논란에는 과학적 불확실성뿐 아니라 안보 논리가 결부되어 있었다. 어느 순간 천안함은 '사상 검증'의 잣대가 되어 있었다. 좌초설을 믿는 자는 종북從北이었다.

천안함 침몰 후 다음 달에는 "조선 인민군이 원수에게 통쾌한 보복을 안겼다"라는 미확인 전언이 유력한 정보처럼 국내에 보도되었다.[87] 언론사들은 인터넷 매체 '데일리NK'를 인용했지만 데일리NK는 북한의 지인에게 전해 들었다고 출처를 지목했다.[88] 그러나 최초의 전언에는 '천안함'이란 단어는 언급조차 되지 않았다. 함경북도 한 공장의 당원 정세 강연회에서 당 간부가 "최근 인민군이 원수들에게 통쾌한 보복을 안겨, 남측이 국가적 두려움에 떨고 있다"라고 발언했다는 것이 정보의 전부였다.

천안함을 폭파한 군사 행동에 격려와 포상이 북한에서 진행되었다는 추정적 보도는 침몰 원인을 둘러싼 논란에서 한쪽 편을 지지하는 효과를 가져왔다. 조사 보고서도 나오기 이전이었지만 '폭침을 공식 확인'하는 기사들이 나오자 침몰 원인에 대한 합리적 의심은 마치 가짜뉴스처럼 여겨지기 시작했다.

2012년 1월《조선일보》는 1면에 "김정남: 천안함 북의 필요로 이뤄진 것"이라는 기사를 실었다.[89] 이 발언의 출처로는 김정남과《도쿄신문東京新聞》서울 특파원이 주고받은 이메일의 요약본이 지목되었다. 그러나 일본인 기자가 부인하자 오보 소동이 일었다. 그렇지만《조선일보》기사를 재인용한《동아일보》사설은 "김정남이 천안함 폭침은 북한의 군사적 도발이라고 단언했다"라고 주장했다.[90] 영국의 일간지《데일리메일》은 익명의 영국 정부 관리의 말을 인용하여 미-북 전쟁에 대비한 비상계획을 준비 중이라고 보도했다.《조선일보》는 이 추측성 단신을 그대로 실었다.[91] 이 사례는 미확인 정보의 파편이 어떻게 수많은 독자들에게 퍼져나갈 수 있는가를 여실히 보여준다.

"공개할 수는 없지만 정통한 소식통에 의하면"이라는 전형적 문구가 붙은 미확인 정보들은 전파를 타거나 신문 지면에 오른다. 그러나 취재원 공개거부권秘匿權을 핑계 대면 기자의 추정적 보도까지도 합리화될 수 있다.[92] 객관적 근거와 정보 출처에 대한 재확인 없이 익명의 '소식통'만을 인용하는 보도 관행은 거대한 불투명성을 낳게 된다. 이처럼 모호한 회색지대에서는 어떤 뉴스가 진짜인지, 실수에 의한 오보인지, 취재원 보호 차원에서 공개하지 않는 것인지, 이른바 '종북세력'을 견제하려는 목적인지 알 수 없다.

위협감이나 불안감을 조성하여 정치적 지지를 얻는 전략은 나중에 오보라고 핑계를 댈 수가 있다. 신뢰도 낮은 정보의 파편에만 의존하여 부풀려진 기사를 내놓는 관행이 군사나 안보 분야에서 반복되면 정치적 목적에 사용될 수 있다. 예컨대 이스라엘 총선에서는 적대국가와의 분쟁, 테러의 피해, 군사적 긴장이 고조될수록 극우파 정당의 지지율이 상승했다. 미확인 전언이나 소문을 마치 확인된 사실처럼 퍼뜨리기rumor-mongering, 불안감 조성하기fear-mongering를 돕는 언론 보도는 저널리즘의 공적 책무와는 거리가 멀다.

천안함의 침몰이 북한 어뢰의 피격 때문이라는 국방부의 공식적 발표에도 과학저널 《네이처nature》는 어뢰에서 검출된 흡착물질이 폭발로 나왔다고 볼 수 없다는 주장을 소개한 기사를 실었다.[93] 그런데 동일한 내용을 방송한 KBS 〈추적 60분〉은 '의도적 의혹 부풀리기', '공정성 상실'을 이유로 방송통신위원회의 경고를 받았다.[94] 합동조사단 위원이었던 신상철 씨는 좌초설을 주장하며 국방부가 사고 증거를 조작했다는 글을 온라인 게시판 등에 올렸다가 명예훼손 혐의로 기소되었다. 그러나 1심 법원은 의문을 제기하는 발언들의 주된 목적이 침몰 원인을 밝히려는 의도였고 공익 목적이 인정된다는 이유로 34건의 표현 중에 32건을 무죄로 판단했다.[95]

흥미롭게도 1심 판결을 보도한 뉴스들에는 현저한 관점의 차이가 드러났다. "신상철 '천안함 좌초설'은 무죄, 군 비방은 유죄"(《노컷뉴스》), "천안함 좌초설 근거 없다고 결론 낸 241쪽 판결문"(《중앙일보》), "1심 법원 천안함 음모론은 모두 허위사실"(《조선일보》).[96] 그럼에도 선체 손상 형태가 어뢰 폭발로 보기 어렵고, 천안함 내부 CCTV 영상의 조작 가능성, 사상자의 부상도 어뢰 폭발과 연결 짓기 어렵다는 지적은 여전히 이어지고 있다.[97] 천안함을 둘러싼 날선 대립의 뒤에는 과학적 사실 검증과 합리성 대신에 거대한 진영논리가 여전히 굳건히 버티고 있다.


## 냉전시대 허위정보전

손자孫子는 "전쟁이란 거짓으로 속이는 술책이 기본이다兵者詭道也"라고 말했다. '궤詭'는 '거짓詭'과 '속인다欺'라는 뜻이다. 거짓은 꼭 뉴스의 형태가 아니더라도 소문이나 광고의 형태로도 유포가 가능하다는 점에서 '가짜뉴스'보다는 넓은 개념이다. 페이스북은 자사 플랫폼에 유통되는 조작된 거짓 정보나 사람들을 오도할 수 있는 부정확한 정보를 허위정보disinformation로 표현한다. 이 단어는 1959년 소련USSR의 KGB에 설치한 정보조정과dezinformatsiya에서 유래되었다. 2차 세계대전 직후 20년 동안 이어진 '냉전'에는 장막의 뒤편에서 군비경쟁과 정보전이 펼쳐졌다. 허위정보와 거짓을 서방 언론에 흘리고 반목과 사회적 분열을 의도하는 KGB 전술이 1965년에 드러나자 영어사전에 단어 'disinformation'이 추가되었다.[98]

KGB는 전 세계 언론에 에이즈AIDS가 미국이 만들어낸 질병이라는 가짜뉴스를 뿌렸다.[99] 미국 중앙정보국과 질병관리본부CDC가 연합하여 발명했다는 것이었다. 역사학자 더글러스 셀비지Douglas Selvage는 동독 비밀경찰 슈타지MfS의 전문을 뒤져서 소련이 '에이즈가 미국이 만든 생화학 무기라는 아이디어'를 퍼뜨리기 위해 동독과 공동으로 작업했음을 보여주는 자료를 찾아냈다. "우리는 최근 몇 년 동안 미국의 새로운 위험한 질병을 알리기 위한 복잡한 활동을 실행하고 있다: 후천적 면역 결핍 증후군, 또는 에이즈." 독일 문서보관청BStU의 기록들을 보면 슈타지와 KGB가 에이즈 음모Die AIDSVerschwö rung에 가담했다는 점은 분명하다.[100]

KGB는 1983년 7월부터 1987년 10월까지 '감염작전Operation Infektion'을 실행했다. 국제사회에 미국 메릴랜드주에 위치한 포트 데트릭Fort Detrick이 생물학 무기 프로그램의 중심지라고 알려서 미국을 불신하게 만들어 고립시키고, 미군 기지가 있는 국가들에서 긴장을 조성하려는 목표였다. 허위정보 캠페인의 개시는 1983년 7월 친소련 성향의 인도 신문《애국자Patriot》에 익명으로 기고된 편지였다.[101] 그 제목은 "에이즈 인도를 덮칠 듯: 미국 실험으로 생겨난 의문의 질병"이었다. 펜타곤이 위험한 생물학 무기를 개발하여 파키스탄으로 이동하려는 계획이 드러났는데 이는 인도에게도 중대한 위협일 수 있다는 내용이었다. 저명한 미국인 과학자이자 인류학자를 자처한 인물은 신문 편집자에게 익명으로 다음과 같이 말했다.

> 에이즈는 미국에서 이미 큰 혼란을 야기한 의문의 질병으로서 새롭고 위험한 생물학 무기를 개발하려는 미국 국방부의 실험 결과로 믿어지고 있습니다. 이제는 이 위협적 실험을 통제할 수 없는 상황에 이르렀기 때문에 미국 정부는 다른 나라들로 급히 연구소를 이전하는 계획을 실행하고 있습니다. 이전이 예상되는 지역은 개발도상국가들 가운데에서 미국의 압력과 설득에 유연한 정부들이 위치한 나라들이 될 것입니다.

미국 내에서 공격용 박테리아 무기 연구는 닉슨 대통령의 행정명령으로 1969년부터 금지된 상태였다. 그러나《애국자》는 펜타곤이 생물학 무기를 포기하지 않았고, 포트 데트릭에서 에이즈가 개발되었다고 주장했다. 그 편지는 《US 월드리포트》,《AP통신》,《국방연구개발 잡지Army R,D&A》등 미국 내 언론에도 인용되었다. 그러나 그 뉴스의 주된 논조는 미확인 뉴스를 무비판적으로 퍼 나르는 것이 아니라 음모론의 가능성을 의심하는 신중한 것이었다.

미국 내에서 활동하는 KGB 요원들이 에이즈 음모론 캠페인을 조장했거나 적어도 관련한 자료들을 모으는 활동을 했을 것이라는 분석이 대부분이었다. 게이 커뮤니티 뉴스는 CIA-질병관리본부-에이즈의 정치적 연대를 보도했다.[102] 그러나 1983년 맨해튼에서 벌어진 '게이 프라이드Gay Pride' 행진에서는 반정부 구호를 외치거나 폭력을 행사하진 않았고 그 대신 현수막을 들었다. "에이즈: 히스테리가 아닌 치료법 연구가 필요하다."[103]

## KGB의 감염작전

인도 《애국자》를 인용한 뉴스가 2년 후 1985년 10월 소련의 주간지 《리체라투르나야 가제타Literaturnaya Gazeta》에 실렸다. 모스크바 주재 미국 대사는 항의 서한을 써서 출판해줄 것을 요청했으나 거부당했다. 소련 정부가 출판을 통제한다는 점이 알려져 있는 마당에 모스크바발 뉴스는 사실에 기초하지 않는다는 인상을 주었다. 주요 외신들은 그 뉴스를 외면했고 보도하지 않았다. KGB도 그 사실을 알고 있었다. 《뉴욕 암스테르담New York Amsterdam》 신문에만 "에이즈와 중앙정보국CIA 전쟁의 관계"라는 뉴스가 실렸다.[104] 아프리카의 일부 지역에서 에이즈가 확산된 것은 미국 첩보기관에 의해 수년 동안 실시된 세균학·화학 실험 때문이라는 주장이었다.

허위정보를 더 널리 확산시키기 원했던 슈타지는 동독에 살던 러시아 출신의 생물화학자 야코프 세갈Jakob Segal에게 접근했다.[105] 과학자의 신뢰scientific credence를 빌려서 서방 언론인들의 관심을 끌겠다는 아이디어는 대단히 성공적이었다. 베를린 훔볼트대학의 교수였던 세갈은 자기 연구가 프로파간다의 목적으로 사용되었다는 것을 알고 있었다.[106] 그는 공산주의자였고 동독 첩보기관 슈타지에게 충성을 바치는 긴밀한 관계를 유지하고 있었다. 과학의 엄밀성 따위는 기대하기 어려웠다. 세갈은 오직 '정황 증거'만을 통해 HIV 바이러스가 VISNA와 HTLV-1이라는 레트로 바이러스의 일부를 결합하여 인공적으로 합성되었다고 가정했다. 1977년 포트 데트릭에 특수보안 연구소가 설립되고 1년 후에 에이즈가 뉴욕에서 처음 발생했기 때문이었다.[107] 그러나 세갈이 《모스크바 뉴스 위클리Moscow News Weekly》에 보낸 기고문에는 그 어떤 직접적인 증거도 없었다.[108] 세갈의 상상적인 '이론'은 전문가들에게 인정을 받지 못했다. 파리 파스퇴르 연구소, 소련의 의학 연구소의 전문가도 인위적 제작 가능성을 부인했다. 베를린 주재 미국 대사도 부인하고 나섰다.

1986년에 작성된 「세갈 보고서Segal Report」는 '에이즈: 본성과 기원'이라는 제목의 52쪽짜리 보고서였다. 생화학 관련한 전문용어로 가득 차 있었기에 일반인은 그 허위성을 판단할 수 없었다. 전문가의 권위를 빌려서 가짜를 합리화했다. 에이즈가 포트 데트릭에서 진행된 실험의 결과로 창조되었다는 세갈의 인터뷰가 1986년 10월 우파로 분류되는 타블로이드 신문 《런던 선데이 익스프레스》에 실렸다.[109] 영국 신문에 인터뷰가 실리자 허위정보의 신뢰성은 급증했다. 뉴스 정보를 신중하게 검증하는 절차는 별다른 걸림돌이 되지 못했다. 《런던타임스》,《선데이 텔레그래프》는 세갈의 주장을 반박하는 기사를 내보냈지만, 11월 스페인의 한 잡지에 인터뷰 요약이 실렸다. 1987년 2월에는 독일의 《타게스자이퉁Tageszeitung》이 유사과학을 동원한 사악한 정치적 조작이라고 강하게 비판하고 나섰다.[110] 그러나 아르헨티나 일간지 《디아리오 포퓰라Diario Popular》는 스페인 잡지의 인터뷰를 내용을 가져다가 보도했다.

허위정보가 국제적 뉴스 정보 유통의 네트워크에 들어가자 어렵지 않게 확산되었다. 비슷한 내용의 기사가 전 세계 30개국 수백여 개의 언론 매체에 보도되었다. 미국 언론조차 관심을 가졌다. 1987년 3월 CBS 〈이브닝 뉴스〉는 "증거는 없지만 미군 연구소에서 실험 과정에서 유출된 에이즈가 원인이라는 주장이 소련의 군소식지에서 흘러나오고 있다"라고 TV로 알렸다.[111] 게이 커뮤니티 뉴스는 워싱턴 D.C.의 길가에 페인트로 '에이즈/게이의 학살'이라는

단어를 적었지만 기존에 알려진 질병의 기원과는 차이가 있어서 여전히 의아한 점이 있다고 썼다.[112]

아프리카, 아시아, 남미 지역의 많은 신문이 서방 언론의 뉴스 서비스를 구입할 여력이 없거나 뉴스를 얻는 데 문제가 있다는 점을 알아챈 소련은 66개 개발도상국가들에 있는 《타스TASS 통신》의 지국들을 활용하여 허위정보를 유포했다. 나중에 《타스 통신》은 디아리오 포풀라의 기사가 에이즈에 대한 허위정보를 처음으로 보도한 출처라고 뒤집어씌웠다. 소련발 뉴스를 전 세계에 전파하는 《노보스티Novosti 통신사》는 에이즈 허위정보를 아프리카의 전역의 신문사들에 제공하는 역할을 했다.

아프리카 국가들에서 소련의 에이즈 허위정보 캠페인은 매우 활발히 진행되었다. 에이즈로 인한 사망률이 높았기 때문에 아프리카인들은 이 소문을 상당히 민감하게 받아들였다. 에이즈의 기원에 대한 대안적 설명이 먹혀들자 소련은 이 허위정보 캠페인에 더욱더 집중했다. 누군가가 팩트체크를 하거나 시비를 걸지도 않았고 반박하는 현지 언론사도 없었다.

「세갈 보고서」가 처음 모습을 드러낸 곳도 아프리카였다.[113] 터키로 송출된 동독 방송은 터키 내 미군 기지의 종사자들이 에이즈 보균자이므로 기지를 없애버리는 것이 현명하다고 말했다. 한편 중요한 미군 기지가 위치한 필리핀에도 미군 병사들에 의해 에이즈가 확산된다는 인식이 퍼졌다. 필리핀 여성단체가 미군의 주둔이 에이즈 위협을 준다고 주장하면서 미군 기지를 반내아는 캠페인을 조직한 것은 우연이 아니었다.

'감염 작전'은 1984년부터 1987년까지 광범위하게 다양한 경로로 전 세계를 대상으로 실시되었다. 소련의 정보기관은 물론 동맹국, 관영 통신사의 지국, 과학자들까지도 동원한 거대한 규모였다. 25개 언어로 200여 건이 넘는 뉴스, 라디오 방송이 전파되었다. 1945년부터 40여 년간 지속된 냉전이 끝난 것은 베를린장벽이 무너지고 동독에 이어서 소련이 해체된 1991년이었다. 냉전이 끝나자 해외정보국 원장이었던 에프게니 프리마코프Yevgeny Primakov 등 전직 첩보 담당자들은 에이즈 허위정보 캠페인을 뒤에서 운영했다고 털어놓았다.

미국 CIA의 분석에 따르면 KGB가 조종한 허위정보 캠페인의 여파로 1992 년에 미국인들 15퍼센트는 "에이즈를 일으키는 바이러스가 미국 정부 연구소에서 의도적으로 만들어졌다"라는 이야기를 분명한 사실로 여기게 되었다.[114] 그러나 냉전이 종식된 이후에도 에이즈의 기원에 대한 잘못된 정보는 여전히 떠돌았다. 공식적으로 유포된 '오정보의 순환cycle of misinformation'은 독일과 많은 서방 국가의 신문과 다큐멘터리 영화에서 토론되고 전파되었다. 에볼라 바이러스를 미국이 만들어냈다는 불신이 서부 아프리카 지역에서 먹혀드는 이유는 1980년대 실시된 에이즈 허위정보 활동의 '잔해' 때문이다. 허위정보의 파편은 오래된 신문지면 속에만 남아 있지 않고, 사람들의 뇌리에 각인되고 자극을 받으면 재생산된다.

### 라디오 프리 유럽

냉전시대 내내 미국은 공산주의에 대한 히스테리에 걸려 있었다. 미국 정부는 KGB가 펼친 허위정보 캠페인에 마냥 당하고만 있지 않았다. 중앙정보국은 공산권 세력의 확장세를 약화시키고, 소련을 대하는 미국인들의 관점을 제시하기 위한 대대적 홍보 캠페인을 은밀하게 실행했다. 역사학자 케네스 오스굿Kenneth Osgood에 따르면 20년 동안 실시된 캠페인은 미 역사상 가장 광범위하고 일관된 정치 광고의 원형이었다.[115] 1950년 중앙정보국의 프랭크 와이즈너Frank Gardiner Wisner는 막후에서 '전미 자유유럽 위원회National Committee for a Free Europe'의 설립을 주도했다. 이 단체는 얼마 후 라디오 방송국 '자유의 십자군Crusade for Freedom'을 시작했고 '라디오 프리 유럽Radio

Free Europe'으로 명칭을 바꾸었다.

라디오 프리 유럽은 겉으로는 동유럽 지역의 청취자에게 뉴스를 전했지만 실제로는 철의 장막 뒤편의 소련, 동독 등 공산당 정권을 약화시키기 위한 정보전을 펼쳤다. 첫 방송은 1950년 7월 체코슬로바키아로 전파된 프로그램이었다. 그 후에 소련의 위성 국가들도 수신 대상에 추가되었다. '자유의 십자군'은 풍선에 수백만 개의 반공산주의 전단지를 담아 보내는 작전도 조직했다. 《타임》은 라디오 프리 유럽의 프로파간다 활동을 '새로운 진실의 목소리'라고 격려하는 기사를 실었다.[116]

라디오 프리 유럽은 '자유 달러'를 기부하면 폭압으로부터 체코, 폴란드, 헝가리 사람들을 구할 수 있다는 설명으로 미국에서 기금 모금 캠페인을 펼쳤다. 해리 트루먼Harry Truman, 리처드 닉슨도 캠페인을 공개적으로 지지했다. 연예인, 기업인, 언론인, 신문 배달 소년들도 참여해서 기부금을 모았다. 모금을 홍보하는 대형 광고판에는 '철의 장막'을 '진실'이라는 전파가 뚫고 지나가는 그림 옆에 "당신의 달러가 이것을 가능하게 합니다"라는 문구가 적혀 있었다.

훗날 공개된 기밀문서에는 CIA가 기금 모금 캠페인을 프로파간다의 수단으로 활용했음이 드러났다. 라디오 프리 유럽은 공산주의의 억압이 전 세계적 위협이라는 점을 강조하여 이데올로기 승기를 얻기 위한 방법이었다.

비영리 단체 광고 협의회Ad Council는 라디오 프리 유럽이 무료로 잡지나 신문에 광고를 할 수 있도록 도왔다. 1950년의 신문 광고에서는 아이젠하워가 사진과 함께 "자유를 위한 십자군 운동은 자유를 사랑하는 모든 미국인의 역할입니다"라고 강조했다. 1951년에는 배우 로널드 레이건Ronald Reagan도 "공산주의가 지배하는 동유럽에 희망과 자유의 세계"를 전하고자 십자군 운동 TV 광고에 출연했다. 1969년 잡지 광고에는 캘빈 클라인의 옷을 입은 남녀가 진지하게 라디오를 듣는 모습이 실렸다. 그렇지만 광고나 기금 모금 캠페인은 실제로 방송국 운영 자금에는 작은 도움만 주었다. 1971년까지 라디오 프리 유럽의 예산 대부분은 CIA가 비밀리에 운영한 자금에 의해서 지원되었다.

## CIA의 앵무새 작전

CIA는 공산주의에 대한 미국인들의 인식을 바꾸기 위한 미디어 홍보 캠페인publicity campaign을 전개했다. 홍보 캠페인 광고는 미국 내 모든 TV 네트워크, 전국 라디오 방송국, 수백 개의 신문지면에 게재되었다. CIA는 여론 형성을 위한 수단으로 기고문을 신문사에 보냈다. 허위정보를 퍼뜨리기 위해 익명으로 뉴스 기사를 실었다. 비록 만들어진 이야기일지라도 제3자에 의해 변경되거나 언론인에 의해 다시 뉴스로 쓰일 수도 있었다. 또한 뉴스 미디어를 통한 심리전뿐 아니라 미국 지식인들이 공산주의로 경도되지 않게 하기 위한 감시도 문학계, 영화계로 번졌다.

미국 내에서 반공 기류가 거세지자 의회에 의한 사상검증이 시작되었다. 2차 세계대전이 끝나자 다시 적색공포가 본격화되었다. 1947년 연방 하원의 반미활동 조사위원회HUAC는 청문회를 열어 공산주의자로 의심되는 작가들, 영화계 인물들을 소환했다. 찰리 채플린Charles Chaplin은 입국이 거부당하자 분노하며 영주권을 포기했다. 베르톨트 브레히트Bertolt Brecht는 미국을 도망치듯이 떠나서 동독으로 갔다.

CIA는 심리전을 위해 언론인들도 비밀리에 동원했다. 《워싱턴포스트》를 운영했던 캐서린 그레이엄Katharine Graham의 회고에 따르면 CIA는 1950년대 초반부터 '앵무새 작전Operation Mockingbird'을 시도했다.[117] 그것은 프로파간다를 목적으로 뉴스 보도를 조작하는 CIA의 대규모 프로그램이었다. 소련과의 '사상 전쟁'에서 승리하기 위해 미국 언론인들을 포섭한 것이다.[118] 다른 한편, 1946년에 덴마크 코펜하겐에서 결성된 '국제기자협회IOJ'는 26개 공산권 국가들에서 온 언론인들로 구성되어 있었다. 국제기자협회의 활동에는 KGB가 깊숙이 관여하고 있었다. 모스크바에서 받은 자금은 유럽 내 주요 신문사들의 기자들을 통제하는 데 사용되었다. 기자들에게 요청된 활동은 공산주의자의 대의communist cause에 적합한 뉴스들을 확산하는 것이었다.

미국의 앵무새 작전은 이에 맞불을 놓기 위한 수단이었다. 비밀 작전에 동원된 저명한 미국 언론인들도 협조의 대가로 돈을 받았다. 기자 중에는 퓰리처상 수상자도 있었다. 언론인들은 위조되거나 조작된 행적에 대한 정보를 들이미는 CIA에게 협박을 당한 끝에 홍보에 협력했다. CIA는 신문사 및 뉴스통신사로 구성된 25개 이상의 기자들을 접촉했다.[119] 《파리 리뷰Paris Review》도 CIA의 영향력 아래에 있었다. 기자들의 임무는 약간 반공산주의적 논조의 기사들과 출판물을 생산하는 것이었다.[120] 칼 번스틴Carl Bernstein은 1977년 《워싱턴포스트》를 떠난 후 6개월에 걸쳐 냉전시대 CIA와 언론과의 관계를 조사했다. 그는 CIA 본부의 내부 문서를 근거로 25년 동안 400여 명의 미국 언론인이 앵무새 작전을 비밀리에 수행했다고 결론지었다.

1976년 2월, CIA 국장이었던 조지 부시George H. Bush는 정보기관이 미디어를 이용하지 못하도록 금지하겠다는 정책을 발표했다. "이 순간부터 CIA는 미국 뉴스 서비스, 신문, 정기 간행물, 라디오, TV 네트워크, 방송국의 뉴스통신원에게 돈을 지불하거나 계약적 관계를 맺지 않을 것입니다." 그 이후 수십 년이 지났지만 앵무새 작전이 공식적으로 중단된 적이 없다고 생각하는 이론가들도 있다. 글로벌 미디어 기업이나 뉴스통신사가 애국심의 발로에서 정보원을 만들어내고, 정부 정보기관과 결탁한다면 새로운 앵무새 작전은 다시 실행될 수 있다.

## 뉴스통신사의 시작

뉴스통신들은 뉴스 정보를 공급하는 도매상의 역할을 한다. 국제정치 분야부터 스포츠, 금융, 엔터테인먼트 뉴스까지 모든 뉴스가 망라된다.[121] 뉴스통신사들은 상대적으로 적은 비용으로, 신뢰할 만한 정보를 빠르게 전달해준다. 뉴스를 통해 전달되는 정보의 다양성은 사실과 허위를 구분시켜주고 다양한 관점을 형성하게 해주므로 민주사회의 작동에 중요하다. 그러나 뉴스통신사는 뉴스 정보를 획일적으로 공급할 수 있는 영향력도 가지고 있다.

작가 오노레 드 발자크Honore de Balzac는 1840년 《파리지앵 리뷰La Revue Parisienne》에 보낸 기고문에서 "대중들은 신문들이 많다고 생각하지만 사실은 단 하나밖에 없다… 《아바스Agence Havas》는 행정부 관리처럼 정부에 충성심을 갖고 있다… 이것이 저널리즘이라는 거대한 기계의 메커니즘이다"라고 말했다. 파리에서 발행되는 신문들이 뉴스통신사 《아바스》가 공급하는 기사들로 온통 채워지고 뉴스의 다양성이 결핍된 모습을 한탄했다.[122]

한차례 파산을 겪었던 1835년 찰스 루이스 아바스Charles-Louis Havas는 해외 뉴스를 번역하는 일을 시작했다. 파리의 투자자들은 런던 시장에 영향을 미치는 뉴스들을 빠르게 번역하고 요약할 수 있는 누군가가 필요했다. 아바스의 친구는 은행 활동과 관련된 전쟁, 거래, 상품 가격 또는 파산 뉴스를 공급해달라고 부탁했다.

한편 아바스는 검열관으로 일했던 부친 덕분에 정부 관료들과 아주 긴밀히 연결되어 있었다. 당시 오를레앙 왕조의 내무부는 하위 부서였던 공보국 Bureau de l'Esprit public을 통해 지방 신문들에게 '승인된 뉴스'들을 공급하고 있었다. 아바스는 이 일을 대행하기로 하고 뉴스를 친정부 언론사들에게 공급했다. 그 대가로 매월 6,000프랑을 받았다. 프랑스의 언론 자유법은 1881년에야 통과되었다.[123] 그 전까지는 비판적 논평을 규제하는 복잡한 법률들이 난무했다. 국제적 긴장이 고조되자 아바스가 보도 영역을 확장하도록 프랑스 정부는 투자금을 지원했다. 아바스 통신은 2차 세계대전 이후 AFPAgence France-Presse로 이름을 바꾸었다.

1846년에는 다섯 개의 뉴욕 신문들이 아바스를 모델로 삼아 미국판 뉴스통신《Associated Press》를 설립했다. 아바스의 직원이었던 파울 율리우스 로이터Paul Julius Reuter와 베른하르트 울프Bernhard Wolff는 런던과 베를린에 뉴스통신사를 설립했다. 독일 땅을 떠나야 했던 유대인 은행가 로이터는 파리에서 피난처를 찾았다. 그는 아바스에서 1년간 일하고 1851년 런던에 뉴스 에이전시《로이터》를 설립했다.[124] 그는 영불해협의 해저 케이블을 구축하여 파리의 주식시장 정보, 런던의 금융 정보를 언론사들에게 보냈다.


## 가짜뉴스를 공급한 《AP통신》

1907년에 시작된 《UPUnited Press》(합동통신)는 석간신문을 위한 상업 분야의 뉴스통신이었으나 1차 세계대전을 거치며 보도 범위를 넓혔고 국제 뉴스통신사로 성장했다. 《UP》는 빠르게 뉴스 정보를 제공하고 선정주의적 기사를 양산하면서 《AP통신》과 격심한 경쟁을 벌였다.[125] 뉴스 공급망 속에서 뉴스통신사의 역할은 중차대한 것이었다. 가공의 기사나 선정적 뉴스들이 전국 신문사들에게 도매로 판매되자 허위정보는 미디어 시스템 내에 폭포수처럼 퍼져나갔다. 신문사들은 이런 이야기들이 돈이 된다는 점을 깨닫고 있었다.

1912년에는 콜로라도와 서부 버지니아의 광부들이 파업을 일으켰다. 광부들은 텐트에서 가족들과 함께 살고 있었는데 갑자기 들이닥친 회사 측 용역들에게 흠씬 두들겨 맞고 총질까지 당했다. 그러나 《AP통신》은 사실과 전혀 다른 반노동주의적 논조의 기사를 냈다. 파업한 광부들이 흥분하여 회사의 보안요원까지 습격했다는 뉴스가 퍼져나가자 정부는 노동자들을 진압하기 위해 군대를 파견하는 것까지 고려했다.[126] 《AP통신》의 뉴스는 나중에 펜실베이니아 지역의 《뉴캐슬뉴스New Castle News》에도 실렸지만 결국에는 가짜뉴스로 판명되었다.

가짜뉴스의 공급이 수지맞는 사업이 되자 경고음도 울리기 시작했다. 《AP통신》은 1897년 쿠바 하바나항이 폭도들에 의해 장악당했다는 기사를 배포했다. 그러자 뉴욕《선Sun》은 시카고에 위치한 《AP통신》을 향해 상상으로 뉴스 기사를 써대는 "가짜뉴스 공장FAKE NEWS FACTORY"이라고 비난하는 대문자 헤드라인으로 일격을 날렸다.[127] 《미니아폴리스 저널Minneapolis Journal》도 합류했다. "뉴스통신 서비스가 가짜뉴스를 건네주고 그 가짜뉴스가 다시 지역 신문사들에 재배포되는 방식이 지속된다면, 진실이 무엇인가를 말하기란 어렵다"라고 비판했다.

1919년 1차 세계대전이 시작되자 가짜뉴스 현상은 더 혼탁해졌다. 전쟁의 발발은 미국 미디어 생태계를 순식간에 잠식해버렸다. 친정부 신문들은 반전론자들을 공격의 타깃으로 삼아서 음해성 가짜뉴스를 퍼부었다. 미디어의 애국주의적 논조는 반독일 정서를 한껏 부추겼다. 미국이 전쟁에 뛰어들자 '전쟁 프로파간다'를 가짜뉴스라고 비판하던 객관적 논조의 신문들은 정부의 검열을 받기 시작했으며, 미디어 신디케이트에 의해 웃음거리로 전락했다.


### 1920년대 뉴스통신

오랜 역사를 가진 미국 잡지 《하퍼스 매거진Harper's Magazine》에는 1925년에 "가짜뉴스와 대중Fake news and the public"이라는 글이 실렸다. 이 칼럼은 뉴스 저널리즘에 침투한 가짜뉴스의 문제를 경고하고 있었다. 《AP통신》 미국 동부지역 관리자로 일하던 에드워드 맥커넌Edward McKernon은 언론이 소문, 시장 시세 조작자, 프로파간다꾼들과 싸워야 한다고 역설했다.[128] 그는 뉴스 제보가 전달되는 과정에서 허위정보가 끼어드는 현상을 우려했다. 또한 뉴스통신사가 속도 경쟁에만 열을 올리지 말고 정보의 정확성에 대해 책임감을 가져야만 가짜뉴스 문제를 막을 수 있다고 주장했다.[129]

《AP통신》은 1899년 미국 뉴저지주 샌디훅에서 열린 아메리카스 컵 America's Cup 요트 대회 기사를 전송하기 위해 무선전신telegraph을 처음으로 사용했다. 마르코니가 무선전신을 발명하고 3년 후였다. 인기가 높았던 요트 경기의 결과가 무선전신으로 재빨리 보도되자 사회에 유용한 기술이라는 평가를 얻었다. 《AP통신》은 1914년에는 전신으로 기사를 송고하는 타자기 Teletypewriter와 전송받은 뉴스들을 인쇄하는 프린터Teleprinter를 도입했다. 1분에 60단어를 송신할 수 있는 세계적인 텔레타이프 네트워크가 건설되었다.[130] 1846년에 설립된 《AP통신》은 뉴욕주 《연합통신》, 《유나이티드 프레스》 등과 경쟁했다.

1920년대 신기술을 갖춘 뉴스통신사들은 뉴스거리를 모아 뿌려주는 뉴스 도매상이자 정보 플랫폼의 역할을 수행했다. 뉴스와이어 서비스로 월스트리트 주식의 종가, 야구 경기 스코어, 돼지고기 가격, 내일 날씨가 빠르게 각 언론사들로 전송되었다. 1920년 《AP통신》은 미국 내 84개의 뉴스 정보 취합소 news-gathering와 뉴스 분류소news clearing를 운영했다. 그 규모는 1930년에 78개로 늘었다. 《AP통신》의 지역 사무소는 샌프란시스코, 시카고, 뉴욕 등 7군데가 있었다.[131]

무선전신을 갖춘 뉴스 정보 취합소는 조랑말을 이용했던 속달우편을 빗대어 '포니 익스프레스pony express'로 불렸다. 그러나 1920년대 초반에 뉴스통신사가 공급하던 뉴스에는 막연한 소문이나 오보도 상당했다. 뉴스통신사가 모든 뉴스의 진위를 확인하기는 역부족이었다. 기술의 발전은 수많은 뉴스 정보의 정확한 필터링을 어렵게 만들었다. 뉴스 정보 취합소와 전신을 통한 송신은 속도 면에서는 매우 효과적인 조합이었지만 뉴스의 정확도와 퀄리티는 상당한 압박을 받았다.

단순한 실수, 오보, 고의적 허위정보가 필터링 되지 않자 독자들은 혼란을 겪었고 저널리즘의 신뢰도는 타격을 입었다. 뉴스통신사들은 경쟁적으로 기사를 송고했기 때문에 허위정보나 오류를 발견하기에는 시간이 부족했고 이미 신문에 실린 뒤에야 오류가 드러났다.

상업적 이익을 노린 허위정보도 끼어들었는데 과열된 주식시장에서 시세조작을 유도하는 미끼였다. 예컨대 가짜로 정보를 내보내면 뉴스통신사의 취합소에서 추려진다. 그 정보가 텔레타이프로 송신되면 통신사에 회원으로 가입한 신문의 지면에 실린다. 그러나 나중에 허위정보로 드러나면 주식을 산 사람들은 허공에 돈을 날리게 된다.

의도적 허위정보와 정보 오류 때문에 지역 언론사들에게 항의를 받던 1920년대 뉴스통신사의 곤혹스러운 입장은 필터링 없이 허위정보가 오가는 소셜 미디어 플랫폼이나 포털 사이트 운영자의 입장과 비슷했다. 헛소문, 시세를 조작하는 허위정보를 막아야만 한다는 맥커넌의 기고문은 그리 공감대를 얻지 못했던 것 같다. 그로부터 4년 후 가짜뉴스를 타고 번져나간 공포는 월스트리트를 몰락의 길로 이끌었다.[132]


## 검은 목요일

1929년 10월 뉴욕 증권거래소에서 다우존스는 대폭락하기 시작했다. 이 사건은 이후로 12년 동안 이어진 대공황의 시작을 알리는 서막이었다. 삽시간에 퍼진 가짜뉴스는 '검은 목요일'의 공포를 증폭시켰다. 예컨대 10월 24일에는 주식 투자에서 돈을 잃은 "은행가와 투자가 11명이 투신자살했다"라는 소문이 돌았다.[133]

암울한 소문들은 빠르게 기세를 얻었고 11월 중순이 되자 맨해튼 전체로 퍼졌다. 주식시장은 점점 더 바닥으로 곤두박질쳤다. 뉴욕 증시에서 주식중 개인이 추락하는 장면을 현장에서 직접 목격했다는 리포터의 이름은 '윈스턴 처칠Winston Churchill'이었다. 그러나 그 당시 영국 재무장관이었던 처칠이 뉴욕 증시 지켜보면서 신문 기사를 쓰고 있을 리는 없었다.[134]

뉴욕시의 검시관 찰스 노리스Charles Norris는 패닉을 수습하기 위해서 "지난 4주 동안 발생한 44명의 자살자는 뉴욕시에서 작년 같은 기간에 자살한 53명에 비해 더 낮은 수치"라는 '통계적 사실'을 공개적으로 알리고 나섰다. 그러나 소문의 위력에 휘둘린 투자자들의 두려움을 혼자서 잠재우기에는 역부족이었다.[135] 경제사학자 존 케네스 갤브레이스John Kenneth Galbraith도 당시 떠돌았던 연속적 자살자에 대한 소문은 허황된 전설이었다고 평가했다.[136]

1920년대에는 증시가 상승에 상승을 거듭하고 있었기 때문에 은행들은 주식에 투자를 퍼부었다. 라디오와 자동차의 수요가 크게 증가하자 포드, 제너럴 모터스, 미국 라디오 회사RCA에 투자하면 수익은 거의 보장된 것이나 마찬가지였다. 그러나 상승장은 한계가 있었다. 때마침 등장한 중개인의 자살 소문은 대중의 피해 회피 심리를 극적으로 증폭시켰다.

패닉에 빠진 사람들이 예금을 인출하려고 한꺼번에 몰려들자 수백여 개 은행들은 견디지 못하고 문을 닫았다. 1차 세계대전 후 초호황기를 맞이했던 '포효하는 20년대roaring twenties'는 비이성적 과열 끝에 막을 내리고 말았다. 그 당시 모바일 소셜미디어가 있었더라면 허위정보는 더 빨리 퍼져서 주식 시장의 몰락을 초래했을까? 정확한 뉴스 정보가 제공되었다면 대중의 불안 심리를 더 자극했을까, 아니면 진실한 뉴스가 시장의 두려움과 패닉을 가라앉혔을까?


### 스트레이트 기사는 진실일까?

1948년 11월 《시카고 데일리 트리뷴Chicago Daily Tribune》의 편집자는 전

날에 치러진 미국 대선 투표의 결과를 확신했기 때문에 "듀이Dewey가 트루먼 Truman을 이겼다"라는 헤드라인으로 신문을 미리 인쇄해두었다. 듀이를 정치적으로 지지한다는 여론조사 결과가 압도적으로 높았으므로 모든 신문은 듀이의 승리를 당연시했다. 그러나 정작 개표 결과가 나오자 뜻밖에 트루먼이 당선되었다. 신문들은 사실관계를 새로이 파악하여 헤드라인과 기사를 다시 써야만 했다. 때때로 신문들은 사실에 기초하지 않은 추측성 기사를 쓴다.[137]

신문을 펼쳐보면 사실 정보만을 간략하게 전달하는 '스트레이트성 기사 straight articles', 중요 사건을 심층적으로 접근한 '피처 기사feature articles', 의견을 표명하는 '논평commentary', '사설editorial'이 있다. 언론사들은 뉴스 보도의 논조가 편향되지 않도록 단순 스트레이트 기사를 뉴스통신사에게서 공급받는다. 일반 신문사와 달리 뉴스 소스와 제보의 신뢰성을 빠르게 판단해야 하는 뉴스통신사의 서비스는 오보의 위험에 늘 노출되어 있다.[138] 뉴스통신사의 기사에 부정확한 사실, 오보, 허위정보가 담긴다면 일간지, 뉴스 방송, 소셜미디어로 빠르게 퍼져나간다. 뉴스통신사가 특정 정치인과 유착하거나 우호적 태도를 보인다면 보도에 담긴 사실관계가 축소되거나 부풀려진 윤색된 기사가 송고될 수도 있다. 뉴스통신사가 내놓은 기사의 논조와 의제 설정은 다른 언론사들에도 영향을 미치게 된다.

한편 대부분의 취재기자들은 각자 출입처가 정해져 있으므로 보도자료를 참조하거나, 인터뷰 기사를 작성해서 편집한 후 편집국으로 송고한다. 기사는 마감시간이 있으므로 취재진은 항상 시간에 쫓기게 되므로 팩트체킹이 물리적으로 어려울 수 있다. 그렇게 되면 오보가 나오거나 부정확한 추정이 들어가게 된다.

대부분의 일간지 기사들은 뉴스통신사들이 공급하는 스트레이트 기사를 사용하므로 영향을 받게 된다. 수많은 신문·방송·잡지사에게 뉴스를 공급하는 뉴스 도매상은 어젠다 설정에 영향을 줄 수 있다. 그런데 뉴스 공급자가 어떤 프레임으로 사건을 바라보느냐에 따라서 뉴스 소스를 선택적으로 고르기도 하고, 기사의 논조, 집필 방향이 정해진다. 그렇다면 뉴스 공급자는 수용자가 '무엇을 읽고 생각할 것인가'를 넘어 '어떻게 생각할 것인가'까지도 좌우할 수 있다.

월터 리프먼Walter Lippmann은 가려진 사실들을 백일하에 드러내고, 그들을 서로 연관시켜 묶고, 사람들이 행동의 근거로 삼을 수 있는 현실적 실상을 보여주는 것이 진실한 사실적 보도라고 말했다. 만일 언론사의 뉴스가 오직 사실 보도에만 집중하면 가짜뉴스가 끼어들 틈은 사라지게 될까? 뉴스거리에 목마른 언론들은 누군가가 소스를 던져주면 급하게 무는 경우도 많다. 신속 보도라는 명목 가치에 골몰한 나머지 정보를 재검증하거나 의심하지 않는 경우도 있다. 무비판적 정보 전달자의 역할에는 오직 빠른 손놀림만이 필요하다. 그러나 마감시간에 쫓기거나 뉴스거리를 찾아야 하는 언론사의 생리를 아는 사람에게 이용당할 위험도 있다.

화재, 교통사고, 재해, 유명인 관련 뉴스가 발생했을 때 소셜미디어나 앱을 통해 전달되는 소식을 뉴스 소스로 여기는 관행이 생겨났다. 유명인의 페이스북 포스팅이나 트윗은 그 자체가 뉴스가 된다. 이는 편집국을 경유해야 하는 전통 저널리즘보다 훨씬 빠르다. 이렇다 보니 게이트키핑은 신속한 보도를 방해하거나 수준 미달의 기자들이 거추장스러워하는 시스템으로 전락하게 된다. 그렇지만 온라인 커뮤니티나 소셜미디어에서 화제가 된 사건이나 발언은 어디까지가 팩트인지는 단시간에 파악하기 어렵다.

기자들에게 제공되는 보도자료는 관심 있는 이슈에 대한 정확한 사실을 통일적으로 알리려는 목적에서 배포된다. 그러나 활자화된 문건으로 뉴스 소스가 배포되어도 그 자료에 오도된 정보나 거짓이 담기기도 한다. 보도자료를 재확인 과정이나 의심 없이 기사로 옮긴다면 집단 오보가 발생하기도 한다.

스트레이트 기사를 받은 언론사가 다른 논조로 재가공하고 정보를 덧붙이는 과정에서 오류가 끼어들고 맥락도 달라진다. 국내 뉴스통신사가 해외 뉴스통신사에서 받아 보도하는 과정에서 오류는 드물지 않게 발견된다. 전쟁 때의 전투 뉴스, 안보 관련 사안에 대한 정부 발표는 무비판적 '뉴스 나르기'의 주된 사례다.

대다수 언론사들은 국내·해외 뉴스통신사와 전재계약을 맺고 있다. 국내는 국가 기간 뉴스통신사 한 개와 민간 뉴스통신사 네 개가 경쟁하는 체제다. 속보 경쟁이 치열한 뉴스통신 시장에서는 송고가 1초라도 늦으면 후속 보도는 무의미하다. 처음 단계에서 뉴스통신사가 사실 여부를 철저히 검증하지 않아 허위정보가 뉴스로 '공식화'된다면 부정적 효과는 걷잡을 수 없게 된다. 뉴스통신사가 보내준 스트레이트 기사에 담긴 허위사실, 오탈자, 잘못된 정보, 비문非文을 그대로 실은 국내 뉴스도 종종 발견된다.

국내 뉴스통신사가 해외의 뉴스 정보를 오역한 사례도 있다. 트럼프는 어느 날 이런 트윗을 올렸다. "북한은 연료 배급을 받으려면 길게 줄을 서야 하는군. 딱하네Long gas lines forming in North Korea. Too bad!."[139] 이 트윗은 북한의 연료난을 언급한 것이었지만 《연합뉴스》는 엉뚱하게 해석하여 "한국-북한-러시아를 잇는 가스관 사업에 트럼프가 유감을 표현했다"라고 보도했다.[140] 《워싱턴포스트》는 트럼프의 착각을 지적하면서 북한에는 연료를 사려는 줄서기는 존재하지도 않는다고 보도했다.[141]


### 프로파간다의 진화

1·2차 세계대전 무렵에는 주류 언론을 동원한 국가주의적 아날로그식 프로파간다가 실행되었다. 그렇지만 오늘날 허위정보를 동원한 선동은 익명성이 보장되는 온라인에서 은밀하게 실행된다. 대중의 마음과 정신을 장악하기

위한 정치 프로파간다는 소셜미디어에 시대에 넘쳐나기 시작했다. 특히 총선과 대선에서 가짜뉴스와 허위정보는 선거 캠페인, 여론전, 정치 프로파간다의 중요한 수단이 된다.

대부분의 국가에서 선거철이면 악의적 유언비어와 허위정보 살포, 증거 없는 의혹제기, 날조된 뉴스 퍼 나르기 등으로 상대를 깎아내리는 복마전伏魔殿이 펼쳐진다. 정보전쟁은 상대의 신뢰도를 저하시키고 여론의 지지를 차지하려는 제로섬 게임이기 때문에 누군가 이득을 보면 누군가는 그만큼 손해를 보게 된다. 상대방이 허위정보를 살포하기 때문에 잠자코 있으면 당할 수밖에 없다. 허위정보를 동원한 무차별적 공격은 진실을 왜곡할 뿐 아니라 선거의 결과를 바꾸기 때문이다.

이제는 정치인들도 자극적 뉴스 소재를 정치적 지지자들의 입맛에 맞게 재가공해 언론에 흘리는 방식에 익숙해지고 있다. 정치 공세의 수단으로 소셜미디어에 의혹을 제기하거나 불확실한 사실을 물고 늘어지면 그것이 특정 언론사에 의해 기사화되는 패턴은 반복되고 있다. 여론의 선동자는 편향된 평가를 담은 허위정보를 일체감을 조성하는 수단으로 사용했기 때문에 진실에는 관심이 없다. 이런 과정을 통해 증폭된 거짓은 기세등등해지고 초라한 진실을 넘어서게 된다.

허위정보를 동원한 집단적인 프로파간다와 여론 조작은 사람들이 몰리는 사이트와 소셜미디어에 집중되며, 정당의 외부조직, 자원봉사자들, 외국의 정보기관, 컨설팅 회사, '클릭 공장', '키보드 군단'이 동원되기도 한다. 이제는 셀 수 없이 많은 소셜미디어 가짜 계정들, 자동화, 봇넷, 알고리즘, 데이터 사이언스를 활용하여 엄청난 양의 허위정보를 뿌리는 컴퓨테이셔널 프로파간다Computational Propaganda가 등장했다.

누군가가 소셜미디어에 유포하는 허위정보와 가짜뉴스는 국제정치 전장에서 정보전쟁의 수단이 되고 있다. 잠재적 적대 국가들이 소셜미디어를 활용하여 허위정보를 뿌리자 페이스북은 페이지 및 그룹을 삭제하고 나섰다.

예컨대 이란 국영 매체가 운영한다고 의심되는 허위 프로필로 만든 계정 652개를 폐쇄하고 페이스북 페이지와 그룹들을 삭제했다.[142] 폐쇄된 계정들에는 81만 명의 팔로워가 있었고 영어, 아랍어, 페르시아어를 사용했다. 이란과 연계된 '리버티 프런트 프레스Liberty Front Press'는 페이스북, 인스타그램에 다수의 계정을 만들어 팔로워 15만여 명을 보유하고 있었다. 폐쇄된 계정들은 '비진정한 행태inauthentic behavior'를 협력적으로 실행하고, 중동, 영국, 미국의 사용자들을 목표로 삼아 정치적 허위정보를 전달했다. 계정 폐쇄는 적대국 정보기관이 후원하는 허위정보의 유포를 막기 위한 조치였지만 그다지 효과적이지는 않다. 계정은 금세 다시 만들 수 있기 때문이다.

트위터도 '협력적 조작coordinated manipulation'에 연루된 계정들을 삭제했다. 이 계정들은 이란 정부가 사용한 것으로 여겨졌다. 그러나 폐쇄된 계정들은 전체 트위터 유저 규모에 비하면 미미한 수준이고 언제든지 다시 늘어날 수 있다. 마이크로소프트는 러시아계 해킹 집단 스트론튬Strontium이 만든 84개 가짜 웹사이트들을 찾아내어 폐쇄했다. 러시아 군사 정보국은 허드슨 연구소, 국제공화주의 연구소IRI 등 미국의 보수적 싱크탱크의 웹사이트와 비슷한 가짜 사이트를 만들어 방문자들의 개인정보를 해킹하려다가 적발되었다. 공격 대상이 되었던 싱크탱크들은 러시아를 강력하게 다루어야 한다고 주장하는 단체들이었다.

# 3장

# 가짜뉴스의 경제학

우리가 만일 사실을 확인할 수 없다면, 우리는 서로를 믿지 못하게 될 것이다.
그렇게 신뢰가 사라지게 된다면 그곳에는 법은 존재하지 않는다.
법의 지배가 없다면 민주주의도 없다.

_티모시 스나이더, 『폭정』(2017) 중에서

## 관심시장의 제로섬 게임

허위정보와 가짜뉴스를 수단으로 하는 온라인 여론 조작 활동은 아직 민주주의가 정착하지 못한 권위주의적 국가들에서 더 심각하다. 아테네의 광장에서는 얼굴을 드러내놓고 군중 앞에서 연설을 하여 선동을 했다. 괴벨스는 국가사회주의를 내세운 매스미디어에 의존했다. 그런데 웹의 시대에는 익명성의 커튼 뒤에서는 정부 조직, 첩보기관, 야당, 친정부 매체, 시민단체, 외국 정부, 트롤링 기업들도 온라인 여론 조작 활동을 수행하고 있다. 각자의 이해관계를 위한 보이지 않는 전투가 격렬하게 펼쳐지고 있다.

최근 5년 동안 가짜뉴스의 생산이 크게 늘어난 원인으로는 트래픽을 유도하여 광고 수익을 얻으려는 속임수, 트롤링 부대의 활동, 가짜뉴스 소스를 제공하는 웹사이트, 소셜미디어를 통한 프로파간다, 대량으로 포스팅을 유포하는 봇bots, 가짜 계정을 통한 메시지의 증폭 등을 들 수 있다. 선거철에 펼쳐지는 정보전쟁에 뛰어드는 것은 개인들이나 후보자의 선거 운동원뿐만이 아니다. 얼굴을 가리고 허위정보전에 뛰어드는 행위자들은 많아졌으며 그들은 저마다의 이해관계가 있다.

그렇다면 범람하는 허위정보전을 '정치적 도덕성을 결여한 자'와 진실을 지키려는 '선한 자'의 대결로 보기는 어렵다. 정치적 관심시장attention market에 수많은 행위자가 뛰어들어 경쟁하는 제로섬zero sum 게임에 가깝다. 행위자들은 정치적 선택과 연결된 '대중의 주목', '여론의 지배'라는 한정된 파이를 차지하려고 치열한 경쟁을 펼친다. 외국 정부기관과 연결된 익명의 여론 조작 세력, 자동화된 프로파간다 기술로 무장한 상업적 홍보회사도 허위정보를 동원한 정보전쟁에 뛰어들고 있다.

　개인이 비조직적으로 온라인에 올리는 허위발언은 착각이나 주관적 의견인 경우가 많고 크게 위험하지도 않다. 개인들은 저마다 언어 방식이 있고, 신뢰 체계도 다르다. 공적 사안에 대한 토론 과정에서 표현의 오류, 지식의 부족, 편견, 착각도 발생한다. 각자는 최저임금 정책, 대북정책, 성적 소수자 정책, 난민 수용에 대한 개인적 의견, 또는 특정 정치인에게 느끼는 호감도에 대한 의견을 말할 수 있다. 정보 생태계의 행위자들은 각자 믿는 바가 다르고, 지지하는 정치세력이 다르다. 표현과정에서 사실과 틀린 부분이 있어도 자신이 믿는 바를 발언하고 교환하면서 정보 생태계에 연결되어 있을 뿐이다. 허위발언으로 초래되는 해악이 미미하거나 거의 없는데도 증거가 부족하고 논리가 결여되었다고 가짜뉴스로 규정하고 해악성을 당연시하는 것은 과민반응이다. 표현의 자유는 언제나 진실을 말할 의무까지 포함하지는 않는다.

　온라인 커뮤니티의 공개 게시판, 단체 카톡방, 유튜브 채널에 올라온 개인들의 극단적 발언이나 억측이 가짜뉴스 현상의 전부인 듯이 바라보는 접근은 문제의 본질을 외면하는 것이다. 여론에 진정으로 영향을 미치거나 민주주의를 위협하는 선동은 누군가가 허위정보를 크게 증폭시켜 다수의 인식을 오도하는 형태가 문제된다. 사회적 혼란을 일으키고 여론의 방향을 좌우하려면 거대한 메가폰이 필요하다.

　허위와 거짓이라도 압도적 가시성 없이는 거의 주목을 받지 못하고, 대중의 사고에 직접적으로 해악적 영향력을 미치기는 어렵다. 작은 목소리에 불과한 허위정보나 거짓 발언에 대한 가시성을 크게 증폭시킬 수 있는 힘을 가진 것은 플랫폼(신문·방송, 소셜미디어 채널, 포털 사이트 등)이다. 플랫폼은 허위 정보와 악소문의 도달 범위를 증폭시킬 수 있는 수단과 공간을 제공한다.

　가짜뉴스 현상의 소재가 되는 씨앗 정보들에는 정치인들이 부정확한 발언,

데이터 해석의 오류, 추정에 근거한 논평뿐만 아니라 갈등적 관점을 부추기는 언론 보도도 한몫을 한다. 특히 갈등적 사안을 전할 때 극단화되는 대립 구도식 보도, 불일치를 강조하는 선정적이고 부정적인 언어 사용, 맥락의 부정확한 전달, 정보의 의도적 선택과 배제 등은 합리적 토론의 기회를 차단하게 만든다. 감정적 반응을 유도하는 보도는 이성적 분석과는 거리가 멀다.

많은 언론사는 가짜뉴스를 미디어 생태계의 잡음을 일으키고 저널리즘의 위기를 가져오는 불청객으로 여기고 있다. 마치 평온하고 질서 잡힌 저널리즘의 세계에 비공식적으로 생산되는 가짜뉴스가 들어와 혼란이 초래되었기 때문에 이를 제어하면 된다고 생각하는 듯하다. 그러나 정작 가짜뉴스 현상을 초래한 것은 언론 자신이라고 할 수 있다. 허위정보와 가짜뉴스의 범람은 미디어 생태계의 오염으로 규정하기보다는 수많은 행위자들이 저마다 목소리를 내는 정보 생태계 현상으로 보는 접근이 적절하다.

제임스 글릭은 인쇄시대 이후로 정보 과잉이 초래하는 혼란과 복잡성은 갈수록 증가하고 있다고 말했다. 그 정보 홍수가 일으키는 불협화음은 소음과 정보 피로를 야기한다. 정보 과잉은 혼란과 좌절을 일으킬 뿐 아니라 관점을 흐리게 만든다. 인위적 허위정보의 생산은 그 무질서를 약간 더 악화시킬 수 있지만, 생산자 역시 의도한 메시지를 대중에게 전하려면 무질서의 혼란을 뚫고 가시성을 확보해야 한다. 잊지 말아야 할 점은 디지털 시대에도 아테네의 선동가처럼 연단에 서서 주목을 받으려면 협조자가 필요하다는 것이다.

만일 그렇지 못하다면 허위정보나 가짜뉴스라는 발언 역시 무질서와 혼란 속에 묻혀버릴 뿐이다. 마치 바닷가로 밀려오는 파도에 물 한 컵을 붓는 것과 같다. 따라서 특정한 분야의 허위와 거짓을 제거한다고 정보 과잉으로 인한 본질적 혼란이 감소되는 것은 아니다. 가짜뉴스 현상의 본질은 상업적 또는 정치적 목적에서 '관심시장'을 차지하기 위해 벌어지는 치열한 정보전쟁이다. 수많은 행위자들이 자신의 이해관계에 따라서 자신의 목소리로 외치지만, 거짓이나 선동의 목소리들은 대부분 충분히 크지도, 충분한 해악성을 가지지도 않는다. 이제부터는 허위정보나 가짜뉴스 생산자가 어떻게 대중의 주목을 받고 압도적 가시성을 확보하려 하는가를 살펴볼 것이다.

### 유료 정치 프로파간다

전략적으로 수행되는 온라인 프로파간다는 편향된 논평, 허위정보, 가짜뉴스가 정치적 여론에 영향을 미칠 수 있다는 합리적 기대감에 기초한다. MIT 테크롤로지 리뷰의 제이미 콘들리프Jamie Condliffe는 가짜뉴스와 사이버 프로파간다 활동이 유료로 판매되고 있음을 폭로했다.[1] 돈만 있다면 언론 보도를 맞받아치거나 '원하는 현실'을 만들 수 있다. 가짜뉴스는 흥미를 끄는 헤드라인을 사용하거나 쉬운 비디오 형태가 좋으며 수용자들의 편견에 호소해야 한다. 봇이나 실제 인물을 고용하여 소셜미디어를 통해 광고를 푸시하는 방법도 자주 사용된다. 소셜미디어 계정을 지지하는 '좋아요'와 '공유'가 필요하다면 구입할 수 있다. 5만 5,000달러를 지불하면 언론 보도를 의심하게 만드는 가짜뉴스를 뿌릴 수 있다. 20만 달러를 내면 사람들을 모아 거리에서 항의 시위를 벌일 수 있다. 40만 달러면 12개월 동안 항의 캠페인을 지속할 수도 있다. 이처럼 인위적 프로파간다가 대중의 관심을 선점하게 되면 TV 방송·신문의 정식 뉴스가 제공하는 공적인 영향력은 감소하게 된다.

소셜미디어 플랫폼을 악용하여 가짜뉴스를 퍼뜨리는 회사들은 돈을 받아챙긴다. 사이버 보안회사 트렌드 마이크로Trend Micro는 사이버 프로파간다의 실행과 가짜뉴스의 외주에 어느 정도 비용이 드는가를 조사했다. 콘텐츠 마케터가 작성한 800단어짜리 중국어 가짜뉴스는 30달러였다. 러시아 회사 SMOService를 통해 2분 분량의 유튜브 동영상을 올리는 비용은 621달러였다. 퀵팔로우나우Quick Follow Now에게 요청하여 2,500명의 트위터 팔로워

들이 리트윗하게 만드는 데 드는 비용은 25달러였다.[2]

### 트롤링 공장(troll farm)

인터넷 '트롤링trolling'은 공격적이거나 불쾌한 내용을 대량으로 퍼뜨려서 부정적 반응을 의도적으로 유도하는 행위다.[3] 트롤링 수법 가운데는 사실을 날조하거나, 곡해하는 허위정보가 포함될 수 있지만 부정적 인상만 조성하는 단순 메시지도 많다. '그리핑griefing'은 짜증을 나게 하거나 감정을 상하게 만들어서 분노를 부추긴다. '플레이밍flaming'은 욕설, 모욕, 인신공격 등 적대감을 드러내는 언어를 사용한다. '레이딩raiding'은 어떤 타깃을 정해 대량의 게시물을 퍼붓는 공격을 감행한다.

트롤링이 정치 프로파간다와 선거전에 활용되면 특정 후보에게 우호적인 여론을 만들거나 상대 후보자의 호감도에 상당한 타격을 주게 된다. 2016년 미국 대선에서는 페이스북이 가장 중요한 정치적 트롤political troll의 역할을 했다. 페이스북에 10만 달러를 지불하고 뉴스피드에 정치적 광고를 게재할 권리를 구매했던 것은 러시아 생피터스부르크에 위치한 '인터넷 리서치 에이전시IRA'였다. IRA는 인터넷 트롤링을 대가로 돈을 받는 홍보회사였다. 트롤링 타깃팅은 전 세계 어디든지 가능하다. 온라인에는 국경도 없고 접속에 제약도 없기 때문이다. 러시아의 트롤링 작업자들은 페이스북에 올리는 글이 미국인이 쓴 것처럼 보이도록 영문법을 교육받기도 했다. 미국 대통령 선거전에서 후보들이 지출하는 캠페인 비용은 4,000만 달러에서 5,000만 달러(427억~527억 원) 수준이다. 만일 러시아가 10만 달러의 광고 비용을 써서 미국 대선 결과에 영향을 미칠 수 있었다면, 비용 대비 효과는 그야말로 만점일 것이다.

2016년 대선이 끝나자 IRA는 '글라브셋Glavset'으로 명칭을 바꾸고 자회사로 FNAFederal News Agency를 설립했다. FNA는 온라인 프로파간다를 위한 뉴스 웹사이트 16개를 운영하며 200여 명의 저널리스트와 에디터를 고용하고 있다. 본격적으로 트롤링 공장이 개업한 것이다. 허위정보 서비스를 제공하는 영리적 트롤링 공장이 세계 각지에서 공공연하게 탄생하는 이유는 여론을 조작하여 얻어지는 이익이 크기 때문이다. 그 이익이 극대화되는 시기는 바로 정치권력이 걸려 있는 선거철이다

트롤링 공장이 돈을 받고 정치적 쟁점이나 후보자에 대한 호감도를 바꾸기 위해 대량으로 가짜뉴스를 뿌리면 유권자들은 영향을 받을 수 있다. 사이비 저널리즘과 외주를 받은 여론 조작자들의 결탁은 공적 토론의 기초가 되는 사실을 모호하게 만들고 맹목적 불신을 조성할 수 있다.


## 팔로워 팩토리

'양말 인형sock puppet'은 '꼭두각시 같은 사람'을 의미하는 단어인데, 인터넷에서는 신원을 속이려고 만든 가짜 아이디로 통용된다.[4] 소셜미디어 가짜 계정은 유료로 판매되어 바이럴 마케팅으로 입소문을 내거나 자신의 영향력과 유명세를 조작하는 데 사용된다. 페이스북에 다중 계정으로 로그인하여 '좋아요'를 누르거나 댓글을 남기고, 서로 링크를 걸어주고 글을 퍼 가는 식이다. 가짜 계정을 동원하여 페이스북 페이지나 뉴스피드 게시글의 가짜뉴스나 허위주장에 댓글을 많이 달면 가시성은 커지므로 주목을 끌게 된다.

소셜미디어에 올라온 뉴스나 소문에 대한 신뢰도는 팔로우의 규모, '좋아요', '공감'을 누른 사람들의 규모와 정비례한다. 《뉴욕타임스》는 소셜미디어용 가짜 계정들을 전문적으로 판매하는 업자들을 '팔로워 팩토리followr factory로 불렀다.[5] 한 청년이 운영하는 회사 디부미Devumi는 350만 개의 트위터 자동화 계정들을 사용하여 수백만 달러를 벌어들였다. 이 회사의 주소

는 플로리다 팜비치로 되어 있었지만 직원들은 필리핀에서 고용했다. 수억 개의 가짜 계정들은 소비자들의 관심을 끌어모아 사기 행위에 사용되었을 뿐만 아니라 온라인의 정치적 토론에도 영향을 미쳤다. 또한 트위터 공간에서 유명세를 얻기 원하는 고객들에게 2억 명의 트위터 팔로워를 제공했다. 인디애나대학교 복잡계 연구 센터는 트위터 계정의 15퍼센트에 해당하는 480만 개의 계정들은 사람이 아니라 봇에 의해 관리된다고 밝혔다.[6]

허위 프로필로 만든 가짜 계정들은 허위정보와 가짜뉴스를 널리 전파시키고 증폭시키는 주요 통로로 지목되었다. 2018년 하반기에만 페이스북은 15억 개의 가짜 계정을 삭제했다. 2019년 초에도 22억 개에 달하는 가짜 계정을 삭제했다.[7] 페이스북은 "가짜 또는 가상의 인물이나 유명인사, 단체를 대표하는 계정"을 신고하라고 안내하고 있다. 가짜 계정이 생성되면 인공지능 기술을 활용하여 몇 분 만에 자동으로 제거되는 방식도 도입되었다. 모니터링 요원 수천 명도 가짜 계정을 찾아내는 일을 한다. 페이스북이 측정한 월 평균 활성 유저는 24억 명인데 그 가운데 5퍼센트 정도가 가짜 계정으로 추정된다.

그런데 문제는 아무리 삭제해도 가짜 계정이 금세 늘어난다는 점이다. 페이스북은 2018년 상반기에 15억 건의 가짜 프로필을 삭제했지만 신원을 속이거나 타인 이름 등 가짜의 프로필로 계정을 만들려는 시도는 매일 650만 건이 넘는다.[8] 페이스북 가짜 계정들은 자동 프로그램을 사용하여 인터넷에 떠도는 프로필 사진을 도용해 만들어진다. 그 이후에 무차별적으로 친구 신청을 한다. 페이스북 계정을 만들 때 신원을 인증하는 수단은 이메일 주소 한 개나 특정 전화번호에 대한 확인 절차다.[9] 그러나 요즘에는 가짜 계정들을 만드는 일은 인공지능이 자동적으로 수행한다.[10]

트위터도 트윗을 인위적으로 늘리는 데 사용되는 가짜 계정들을 찾아내어 삭제했다. 전체 계정의 6퍼센트 정도가 사라졌다. 팝가수 레이디 가가Lady GaGa는 250만 명의 팔로워를 순식간에 잃었다.[11]

선거전에서 인위적 여론 조작을 우려하는 유럽연합 집행위원회는 페이스북, 구글, 트위터가 확보한 가짜 계정에 관한 데이터를 외부 전문가나 연구자 등에 제공하라고 요구했다. 유럽연합은 플랫폼 기업들에게 강행규범을 적용하지 않고 자율적 연성규범에 해당하는 '허위정보 실천규약Code of Practice on Disinformation'을 요구한다. 이 규약을 근거로 삼아서 가짜 계정, 가짜 이름을 사용한 계정, 비진정한 행태inauthentic behavior를 보이는 계정, 허위정보를 공유하고 클릭하도록 유도하는 계정을 제출하도록 요구한다.[12] 유럽 연합은 구글, 페이스북, 트위터가 가짜 계정을 느리게 삭제하는데 불만을 가지고 있고 더 적극적으로 대응해야 한다는 입장이다.[13] 자율규제로 가짜뉴스의 범람을 막지 못하거나 플랫폼 기업들의 협조가 불만족스럽다면 결국 강제력을 동원하게 될 것이다.

## 허위정보 증폭기

유명 인물들의 트위터나 페이스북에 올리는 코멘트, 사진, 주장에는 관심이 집중된다. 가짜뉴스의 생산자는 유명세를 이용하기 위해 페이스북 가짜 계정을 사들여서 많은 공감을 표시하거나 댓글을 다는 수법으로 사람들의 이목을 끈다. 블로그에 올린 글에 자동적으로 댓글을 다는 프로그램은 원래는 마케팅 용도로 개발되었지만 정치적 내용의 댓글을 블로거들에게 뿌릴 수도 있다.

요즘에는 트위터 트렌드를 조작하거나 손상시키기 위해, 답글이나 멘션을 대량으로 보낼 수도 있다. 유명 정치인의 의견은 수십만 번이나 리트윗되고 뉴스 방송에 소개된다. 전형적인 수법은 가짜뉴스나 허위의 정보를 의도적으로 수백 개의 가짜 계정을 통해 기계적으로 반복해서 재생산하고 증폭시키는 것이다. 트위터에 가짜 계정을 사용하여 팔로워 수가 늘어나고, 리트윗, '마음에 들어요'가 인위적으로 늘어난다면 트윗되는 뉴스 정보는 '믿을 만한 외관'을 갖추게 된다. 인위적 가시성의 부각과 다수의 공감은 기계적 조작이지 합의된 여론은 아니다.

가짜뉴스 웹사이트 운영자들이나 온라인 프로파간다를 수행하는 익명의 트롤링 부대가 소셜미디어 플랫폼을 '허위 증폭기false amplifier'로 남용하는 사례는 증가했다. 가짜 계정을 여러 개 사용하여 그룹 및 페이지 네트워크를 통해 엄청난 양의 콘텐츠를 게시하고, 웹사이트로 트래픽을 유도하는 수법이 전형적이다.[14] 본인 계정 이외에 다중의 계정들을 조작하여 한 명이 수백 건의 공감을 표시하고 포스팅을 더 널리 공유하는 관행은 흔한 방식으로 자리 잡게 되었다. 인위적으로 가공의 페이스북 친구와 트위터 팔로워를 순식간에 늘려서 어떤 정보나 의견을 다수의 군중이 관심을 가지고 동의하는 정보처럼 보이게 만든다.

소셜미디어 회사들은 가짜 계정을 탐지하고 제거하기 위한 자체 규칙을 만들어 실행하고 있지만 온라인 신원의 위장과 속임수를 불법으로 다루는 지역도 있다. 뉴욕주와 캘리포니아주가 대표적이다. 뉴욕주 법무장관 에릭 슈나이더먼Eric Schneiderman은 트위터, 유튜브, 핀터레스트, 사운드 클라우드에 가짜 팔로워들을 판매한 혐의로 소셜미디어 회사 '디부미Devumi'에 대한 수사를 벌였다.[15] 그는 "민주주의를 위한 가장 위대한 도구인 인터넷이 점점 불투명한 유료 공간으로 바뀌어가고 있다"고 말했다.

2010년에는 연방통신위원회FCC에 '망중립성'의 폐지를 요구하는 950만 건의 공개 의견이 접수되었다. 이 거대한 규모의 의견 제출은 '안티 망중립성 봇'을 이용한 조작이었다. 누군가가 실제 미국인 10만 명의 개인정보를 몰래 가져다가 사용했고, 5만 8,000건의 의견은 완전히 동일했다. 그렇지만 망중립성 규칙을 폐지하고자 했던 연방통신위원장 아짓 파이Ajit Pai는 뉴욕주 검찰의 수사에 협조를 거부하고 아무 정보도 제공하지 않았다.[16]

봇은 사용자의 질문에 자동으로 응답하고 채팅을 할 수 있고 질문에 대한 대답도 가능하다.[17] 그런데 트위터에 자동으로 게시물을 올리는 '트위터 봇' 계정은 스팸 게시물을 게시하거나 퍼뜨리는 용도로 사용되어 대량으로 허위 소문을 뿌릴 수도 있다. 그러자 2018년 2월 트위터는 "특정 트윗을 인위적으로 늘리거나 많아 보이게 하기 위해 다수의 계정을 쓰거나 개발자 플랫폼을 악의적으로 이용"하는 행위를 금지했다.

캘리포니아주는 봇을 사용한 의사소통 또는 상호작용임을 밝히지 않고 의도적으로 인공적 정체성을 오인시키는 경우를 불법으로 다루는 법률을 시행하고 있다.[18] 규제 대상은 상업적 거래에서 상품·서비스의 구매나 판매를 촉진하거나 선거에서 투표에 영향을 미치려고 의사소통의 주체를 의도적으로 속이는 행위다.

페이스북은 '가짜뉴스'라는 표현 대신 허위정보disinformation라는 용어를 사용한다. 페이스북의 뉴스피드에 반드시 언론사의 뉴스들만 올라오는 것은 아니기 때문이다. 페이스북은 필터링 없이 올라오는 허위정보가 정치적 투명성을 저해하는 문젯거리로 여겨진다는 점을 알고 있다. 그러나 '페이스북의 커뮤니티 정책'은 '모든 게시물이 진실일 필요는 없다'라는 일관된 태도를 유지한다. 허위정보 게시물을 삭제하지도 않는다. 다만 뉴스피드에서 표시되는 횟수를 줄여 배포를 감소시키는 방식을 선택했다. 허위 뉴스, 풍자, 의견 간의 차이를 구분하고 판단하기에는 기준이 모호하다는 점을 이유로 든다.[19]

페이스북에서 삭제되는 것은 허위정보나 가짜뉴스로 여겨지는 정치적 발언이 아니라 가짜 계정들이다.[20] 그러나 가짜 계정은 금세 다시 만들어진다. 마치 영원처럼 이어지는 꼬리잡기 게임 같다. 온라인에서 공개 토론을 억제하지 않으면서 계속 정보를 얻을 수 있도록 한다는 균형 잡힌 목표 설정은 가짜뉴스에 대한 단호하지 못한 대처법으로 여겨질 수도 있다.

페이스북 커뮤니티 정책은 '혐오발언'을 '불쾌감을 줄 수 있는 콘텐츠'로 분류한다. 특정한 이슈에 대한 사회적 인식을 높이거나 관련 내용을 알리기 위한 목적으로 '혐오발언'이 포함된 콘텐츠를 공유하는 것에는 허위정보에 비해 단호한 정책을 취한다. 혐오 콘텐츠에 대한 공유 의도가 불분명한 경우, 콘텐츠가 삭제될 수도 있는 것이다.[21]

한편 페이스북은 정치 광고가 유저들의 판단을 오도하는 프로파간다 수단이라는 점을 알고 있다. 2016년 미국 대선에서 러시아 기업이 구입한 친트럼프 페이스북 정치 광고가 문제 되자 '정치 및 중요한 국가적 이슈'를 다루는 광고에 대하여는 심사를 강화했다. 우리나라 중앙선관위에 따르면 종래에는 인터넷 카페나 이용자가 많은 커뮤니티형 웹사이트에 허위정보를 게시하는 방식이었는데, 최근에는 소셜미디어를 통한 전파, 유튜브에 논평 형식의 영상을 올리기, 위키백과의 내용 조작 등 가짜뉴스 유포 형태가 다양화되고 있다.[22]


## 허위정보가 생산되는 유인

허위정보와 가짜뉴스가 만들어지는 동기와 현실적 이익은 무엇일까? 그 목적은 방문자수를 늘리거나 광고 노출에 비례하는 금전적 이익을 얻거나, 정치 프로파간다를 통한 여론의 조종으로 볼 수 있다. 허위정보 유포와 편파적 뉴스 보도는 특정 세력에 대한 불신을 조장한다. 대립적 논쟁에 휩싸인 민감한 사안일수록 허위정보가 생산되는 분량도 많아진다. 그 지점이야말로 대중의 이목이 쏠리기 때문이다.

정치적 프로파간다 활동에서는 상대의 입장은 틀리고 나는 옳다는 진영陣營논리가 지배하므로 뉴스의 정확도나 진실성을 따져보려는 시도는 거의 무시된다. 같은 진영이라는 이유만으로 불합리, 부조리, 가짜뉴스까지 용인된다. 투표일이 막바지에 다다를수록 판세에 영향을 미치기 위한 정보전은 고조된다. 미국뿐 아니라 유럽, 인도, 아프리카 국가들까지 선거철이면 어김없이 가짜뉴스, 허위정보, 비방, 흑색선전이 등장하고 있다. 소셜미디어는 가짜뉴스의 생산과 전달 비용을 극적으로 낮추어주었다. 문제는 누가 그런 행동을 시작했는지 추적하기가 어려워진다는 점이다.

정치인들도 파편적 정보를 부풀려 비판하여 언론의 주목을 받거나 허위사실을 섞은 논란거리를 발언하여 정치 공세에 이용하는 일에 익숙해지고 있다. 선거철이 다가오면 상대 진영을 흠집 내고 신뢰를 깎아내리는 날조와 악평이 대량으로 유포된다. 정치적 지지층을 확대하기 위한 언론사의 편향된 논평은 공식적·비공식적 경로로 유포된다. 팩트가 틀리다는 비판이 쏟아지면 착각이었다는 식으로 둘러대면 그만이다.

상업적 목적의 가짜뉴스는 온라인 트래픽을 늘려서 광고 노출로 돈을 벌려고 언론사처럼 외관을 꾸며서 뉴스를 만든다. 유명인들을 뉴스에 등장시키고 자극적 이야기를 지어낼수록 클릭수는 폭증한다. 가짜뉴스 웹사이트의 링크를 페이스북이나 트위터에 뿌려서 '증폭기'로 사용하는 방식이 전형적이다. 이때 대량의 가짜 계정이 이용된다.

대중의 관심이나 궁금증이 클릭으로 이어지면 곧 광고 수익으로 직결되는 '관심경제'는 허위정보 생산에 인센티브를 부여한다. 돈을 벌려는 뉴스들은 질 높은 뉴스 정보의 제공하기보다는 클릭을 유도하려 온갖 노력을 쏟는다. 자극적 제목을 넣은 뉴스를 반복적으로 포털 사이트에 송고하는 '뉴스 어뷰징', 검색엔진에 노출되도록 인기 단어들을 메타테그meta-tags에 잔뜩 넣어 클릭을 유도하는 방식이 대표적이다.[23] 그러나 실제로 웹페이지의 내용은 빈약하거나 가십거리나 재탕 보도로 채워지는 경우도 많다.

한편 경제적 목적이 아니라 정치적 목적에서 허위정보나 편향된 뉴스를 생산하는 지식인층 전문가들도 있다. 전직 백악관 고문 스티브 배넌Stephen Kevin Bannon이 설립한 극우 보수주의 언론 《브레이바트Breitbart》가 그 사례다. 마케도니아의 10대들은 광고 수익을 얻으려고 가짜뉴스를 만들었지만, 《브레이바트》는 그 동기가 약간 달랐다.


### 허위정보의 생산비용

허위정보와 가짜뉴스의 해악에 대한 대응책을 마련하려면 온라인 뉴스와 허위정보가 생산·전달·소비되는 방식부터 이해해야 한다. 생산되는 비용과 그로 인해 얻어지는 인센티브가 무엇인가를 살펴볼 필요가 있다. 가짜뉴스 웹사이트나 블로그에 허위 뉴스를 올리고 그 링크를 소셜미디어에 살포하는 방식은 편리하고 간단하다. 익명의 개인이 생산·배포하는 가짜뉴스라면 취재 기자, 뉴스룸, 인쇄 과정, 편집자, 팩트체커를 고용할 필요도 없다.

가짜뉴스를 만들어서 온라인에 올리는 비용은 신문사가 기자들을 고용하고 윤전기를 돌려 신문을 찍어 집집마다 배포하는 비용에 비해 훨씬 저렴하다. 방송사들이 뉴스룸에 정보를 모아서 추려내고 스튜디오에서 촬영하고 주파수를 통해 송출하는 비용에 비해서도 무척이나 저렴하다. 가짜뉴스를 자신의 블로그에 올려둔 개인은 링크를 보고 찾아오는 인터넷 방문자들로 인해 광고 수익을 올리게 된다. 수익의 규모는 가짜뉴스가 담고 있는 내용이 자극적이고 충격적일수록 커진다.

이를테면 교황 프란치스코가 2016년 미국 대선에서 도널드 트럼프 후보를 지지하기로 했다는 기사는 전 세계로 퍼져나갔다. 루마니아의 가짜 정보 사이트에서 만들어진 정보의 조각은 순식간에 전 세계로 퍼졌다. 실제 인터뷰를 했을 리는 없지만 거물을 뉴스에 언급함으로써 전 세계가 관심을 가지도록 스위치를 누른 셈이었다.[24] 그 후 프란치스코 교황은 가짜뉴스를 사악한 죄로 규정하는 성명까지 발표했다. 바티칸이 나서서 가짜뉴스에 속아 넘어가면 안 된다고 경고까지 한 것은 이례적이다. 교활한 가짜뉴스는 공공연한 악이 되었다.[25] 미국 현직 대통령이 자신에게 불리한 기사를 쓰는 언론사들을 싸잡아서 가짜뉴스라고 독설을 퍼붓는 일도 전례가 없는 일이었다.

CNN은 2016년 대선이 끝난 후 동북쪽 마케도니아에 위치한 소도시 벨레스Veles를 방문했다. 예전 유고슬라비아 영토의 소도시에서 왜 그렇게 트럼프를 지지하는 보수적 정치 뉴스들이 많이 쏟아지는지 궁금했던 것이다. 온라인 가짜뉴스로 수백만 달러를 벌어들이는 작은 도시는 디지털 골드러시의 현장이었다. 인터뷰를 시도했으나 사람들은 공개적으로는 대답을 하지 않았다. 결국 CNN은 가짜뉴스의 도메인 주소와 웹사이트 명칭을 모두 가려주기로 하고 취재를 시작했다.[26] 벨레스의 가짜뉴스 생산자는 미국 내에서 만들어지는 온라인 뉴스들을 가져다가 내용을 약간 바꾼다고 대답했다. 벨레스의 가짜뉴스 생산자들은 미국 내 뉴스 사이트에서 과장된 억측과 가십성 기사들을 모아 재편집하고 자극적인 제목을 붙이는 식으로 식탁에 앉아 15분 만에 가짜뉴스를 만들었다. 벨레스를 방문한 《AP뉴스》 기자와 인터뷰를 한 벨레스의 청년은 이렇게 말했다. "진짜 뉴스인지, 가짜뉴스인지 상관없어요. 사람들이 뉴스를 보면 난 돈을 벌거든요. 가짜뉴스 웹사이트를 운영하면 하루에 2,000달러는 벌어요."[27]

### 국내 가짜뉴스의 특징

최근 국내에서 유행한 허위정보와 가짜뉴스들의 특징은 무엇일까? 그 전형적 수법은 부분적으로 사실은 맞지만 다른 부분을 왜곡하여 전달하고, 통계를 왜곡하여 평가하고, 이미 알려진 사실의 전후사정을 왜곡하는 논평을 덧붙이는 것이었다. JTBC가 시청자 설문을 거쳐서 선정한 2017년 최악의 가짜뉴스 순서는 다음과 같다. '태블릿PC는 조작되었다', '세월호 피해자들은 천안함 용사들, 서해 훼리호 참사피해자들보다 과도한 보상을 받는다', '5·18 당시 북한 특수군이 투입되었다', '청와대 직원들 500명만 탄저균 예방접종', '헌법재판소 8인 재판관 체제는 위헌', '헌법재판관이 범죄에 연루되었다', '최저임금이 올라 알바생이 9급 공무원보다 월급 더 받는다' 등이었다.

분석해보면 탄핵 정국에서 대중의 이목이 쏠렸던 정치적 이슈를 반박하고, 헌법재판소 탄핵심판의 합법성에 의구심을 가지도록 조장하거나, 정부 정책을 불신하도록 유도하는 내용이 많았다. 일부 언론에서 보도한 기사들이 소셜미디어에서 확대·재생산되며 유포되는 방식이었다.

한편 JTBC가 조사한 2018년 시청자가 꼽은 10대 가짜뉴스들은 다음과 같다. '대북 쌀 지원으로 쌀값이 폭등했다', '남북 정상회담에 태극기가 사라졌다', '박근혜 청와대 특수활동비는 전임자들의 5퍼센트 미만 수준이다', '남북 평화협정을 맺으면 주한미군 철수한다', '북한 헬기가 용인에 기습 남하했다', '정치인 노회찬의 부인이 전용 운전기사를 뒀다', '〈임을 위한 행진곡〉에 정부가 국가예산 12조 원을 사용했다', '5·18 유공자 현 정부에서 급증했다' 등이었다.[28] 이런 뉴스들은 기초 사실은 진실이지만 허위 내용을 덧붙이거나, 잘못된 설명으로 오해를 불러일으켰다. 정부 정책을 불신하거나 정치적 국면의 전환을 위해 의혹을 제기하는 내용이었다. 가짜뉴스에 포함된 수치와 통계는 일부만 계산에 넣어 발생한 오류이거나 의도적으로 규모를 부풀린 거짓으로 판명되었다.

따라서 팩트체커의 주요한 작업은 가짜뉴스의 주장이 공식 증거와 비교해볼 때 주관적 해석에 불과함을 밝히고, 통계의 일부가 의도적으로 곡해되었음을 드러내는 경우가 많다. 또한 팩트체크에 걸려든 뉴스들을 살펴보면 어디까지가 순수한 의견이고 어디까지 객관적 사실의 왜곡인지 구분하기 어렵다. 가짜뉴스의 내용은 정부 정책에 대한 막연한 비판이 주류를 이루고 정작 명예를 훼손당한 주체가 없는 경우도 많다.

2017년의 가짜뉴스는 탄핵 정국과 관련 내용이 많았지만 2018년에는 북한·안보의 비중이 크게 늘어났다. 5·18 관련한 가짜뉴스는 지속적으로 생산되고 있었다. 2017년에는 트위터 등 소셜미디어에서 가짜뉴스가 주로 활용되었으나 2018년에는 유튜브가 가짜뉴스의 생산과 유포에 핵심적인 통로로 부상했다. "쌀값이 미친 듯이 오른 세 가지 이유"는 북한에 정부가 쌀을 보내 쌀값이 폭등했다는 설명을 담고 있었다. 이 뉴스는 유튜브 채널에서 시작되어 소셜미디어로 퍼져나갔다. 그러나 대북 쌀 지원은 2010년 이후 중단되었다는 것이 진실이었다.

이처럼 가짜뉴스는 공식적으로 발표된 사실을 가공하고 부정확한 추정을 사용하며 허위를 덧씌운다. 별다른 증거도 없이 제기되는 일부 언론의 의혹 보도는 가짜뉴스의 생산을 부추기는 경우가 많다. 방송의 경우는 뉴스 시청률을 얼마나 올리느냐가 중요하기 때문에 뉴스거리라면 당연히 적지 않은 관심을 쏟게 된다. 언론의 자유는 정보의 획득에서부터 뉴스의 전파, 의견 논평 등 언론의 기능과 본질적으로 관련된 활동을 보호한다. 그러나 막연한 의혹 제기나 추측 보도는 일부 정치적 지지자들을 열광시킬 수는 있어도 전체적으로는 언론에 대한 신뢰도를 갉아먹고 공적 토론의 질을 낮추게 된다. 합리적 판단이 아니라 진영논리에 입각한 감정적 대립만을 거세게 부추기는 것이다.

허위정보나 가짜뉴스는 맥락을 엉뚱하게 조작하거나 부정적 측면을 부풀려 말하거나 허위를 섞지만, 여간해서는 특정인을 지목하거나 언급하지는 않는다. 대부분의 가짜뉴스와 허위정보는 특정한 개인을 공격 대상으로 삼아서 비방하지는 않기에 규제 공백 지대에 놓여 있다.[29] 그렇기 때문에 가짜뉴스와 허위정보가 명예훼손죄나 정보통신망법, 전기통신기본법 제70조 제1항에 저촉되는 경우는 많지 않다.

허위정보는 역사적 사실을 약간 비틀거나 가감하며 의견을 담는 방식이라 피해자를 특정하기 곤란하다는 문제가 있다. 그 사례는 다음과 같다. "BBC나 《뉴욕타임스》 등 유력 언론이 탄핵 과정이 비민주적이었다고 보도했다", "최저임금 인상으로 해고된 50대 여성이 스스로 목숨을 끊었다", "남한의 국무총리가 북한 주석을 찬양했다", "5·18당시 600명의 북한 특수부대가 침투하여 전투를 주도했다".[30] 국무총리가 베트남 호치민 국가주석의 묘에 참석하면서 쓴 방명록에 쓴 '주석님'이라는 표현이 북한의 주석에 대한 찬양이라는 설명과 함께 유통되기도 했다. 글자는 '주석님'이 맞지만 맥락이 조작된 논평이 붙은 채 널리 전달되어 오해를 불러일으킨 사례다.

## 클릭 미끼

풍부하고 정확한 정보를 담고 이해하기 쉽게 분석한 기사는 저널리즘의 신뢰를 키운다. 그러나 알맹이 없는 온라인 뉴스가 허탈감을 주는 경우도 많다. "충격", "경악", "이럴 수가", "세상에", "알고 보니" 등 자극적 단어들에 이끌려 클릭해보면 내용은 제목과 관련성이 떨어진다. 분석이나 취재 활동도 없이 클릭만 받기 위해 작성된 기사들을 읽는 독자들은 시간을 낭비했다거나 속았다는 불편한 감정에 휩싸이기 마련이다.

클릭 미끼clickbait 기사들은 주로 검색엔진의 상단을 점령한다. 이런 기사들이 만들어지는 것은 광고 수익의 확보가 저널리즘의 가치에 우선하기 때문이다.[31] 우리나라의 경우 클릭 미끼 기사들이 포털에 자주 등장했다. 그 이유는 '뷰view'에 따라서 수익을 얻는 구조 때문이다. 기사의 내용이 무엇이든지 클릭만 받으면 광고 수입의 증가로 연결되자 어뷰징이 발생하게 되었다. 온라인 기사를 볼 때 마다 평균적으로 12개 정도의 광고가 노출된다.[32]

트래픽이 늘어나면 광고 노출의 대가를 받아 챙기는 관심경제의 구조는 개인이든 언론사든 날조된 뉴스를 생산하는 경제적 동기를 제공한다. 1890년대나 지금이나 알맹이 없는 기사들을 양산하는 신문사들이 있다는 점은 놀라운 일이다.

'관심 낚아채기' 수법의 원조는 갓 인쇄된 신문 뭉치를 들고 뉴욕 거리에서 뉴스 헤드라인을 목소리 높여 외치던 뉴스보이까지 거슬러 올라간다. 온라인 유저들의 눈길eyeballs을 잡아끌려고 가짜뉴스 웹사이트에 미국 정치인들의 뉴스를 만들어서 올렸던 마케도니아 10대들의 수법은 더 진화된 것이다. 소셜미디어와 월드와이드웹은 정보 전달에 필요한 시간을 극적으로 단축시켰고, 무엇보다 거리의 제한을 소멸시켰다. 가짜 페이스북 계정들에 링크를 올려 클릭하도록 호기심을 자극하는 방식도 구조는 동일하다.

포털 사이트에서 실시간 검색어가 올라오면 기존의 기사를 재탕하여 실시간 검색어와 연결된 내용을 한두 줄 넣는 방법도 있다. 실시간 검색어에 궁금증을 느낀 유저들이 검색하는 심리를 노린 것이다. 가십이나 연예인 이슈에는 이런 전략이 꽤 잘 먹혀들었다. 일부 언론사는 클릭수를 높이기 위해 제목만 약간 수정하거나 문장 순서만 바꿔서 동일 기사를 반복적으로 송고했다.

포털 사이트에 뉴스를 공급하는 언론사들은 6,000여 개에 이르게 되었다. 이들의 경쟁이 과열되자 포털에 뉴스를 제공하는 언론사의 입점과 퇴출을 결정하는 '네이버·카카오 뉴스 제휴 및 심사규정'이 만들어졌다.[33] '중복·반복적 기사 전송', '특정 키워드 남용', '기사로 위장된 광고·홍보', '선정적 기사 및 광고', '포털 전송 기사를 매개로 하는 부당한 이익 추구'라고 판단되면 제한을 받게 되었다.

신문사업자, 정기간행물사업자, 방송사업자, 인터넷신문사업자, 뉴스통신사업자 등은 '뉴스검색 제휴'를 원하면 포털 사이트의 심사를 받는 신세로 전락했다. 저널리즘 품질과 윤리적 요소는 점수로 평가된다. 그러자 인터넷 포털이 언론의 생사를 결정하는 권력기관이 되었다는 비판이 터져 나왔다. 그렇지만 따지고 보면 포털과 언론사 간의 갈등이 불거진 원인은 저널리즘의 기본 가치를 무시하고 과열된 뉴스 공급 경쟁을 펼친 언론에 있다. 구글이나 바이두는 '뉴스' 코너를 운영하고 있지만 국내 포털처럼 뉴스 콘텐츠 자체를 보여주지 않고 해당 언론사의 웹사이트로 아웃링크outlink된다. 따라서 플랫폼이 언론을 통제한다는 논란은 일어나지 않는다.


## 가짜뉴스 생산의 7계명

《뉴욕타임스》는 가짜뉴스의 수법들을 '7계명'으로 정리하여 소개했다. 먼저 소재 선정이 중요하다. 첫째, 사람들은 평범한 뉴스에 흥미를 느끼지 않으므로 건강, 성 정체성, 인종, 질병 등 민감한 소재를 선정해야 한다. 둘째, 대범하게도 충격적인 거짓말을 날조하는 편이 성공 확률이 크다. 셋째, 거짓말의 주변은 작은 진실의 파편들로 둘러치면 수월하게 신뢰를 얻을 수 있다. 넷째, 가짜뉴스 생산자는 자신의 이름을 숨겨서 조작 행위를 추적할 수 없게 만들어야 한다. 다섯째, 가짜뉴스를 전파해줄 '유용한 바보'를 이용한다. 여섯째, 가짜뉴스의 정체가 탄로 나도 모든 것을 부인한다. 일곱째, 만들어낸 가짜뉴스의 논리에 부합하는 사례들을 모아 추가하고 장기전을 펼친다.[34] 냉전시대에 KGB가 실행한 허위정보전 '감염작전Operation Infektion'은 위 계명들을 그대로 따랐다. 허위정보는 냉전시대에 강력한 무기로 기능했다. 《뉴욕타임스》의 분석에 따르면 가짜뉴스를 널리 퍼뜨리는 '유용한 바보'는 트럼프가 대표적이다.[35]

최근 문제 되는 정치 분야 가짜뉴스는 정치적 과정과 여론에 고의적으로 영향을 미치려 한다. 실제 있었던 일의 단편만을 부풀려 비난을 유도하거나, 왜곡된 사실을 반복적으로 전달한다. 가장 잘 먹혀드는 가짜뉴스 방식은 선거철에 즈음하여 이미 알려진 사실의 맥락을 바꾸어 설명하거나 살을 덧붙여 불리한 허위정보를 섞는 것이다. 가짜뉴스를 접한 사람들은 비로소 진실을 알았다는 확신을 가지게 되고, 날조된 이야기의 주인공을 향한 불신과 분노를 품게 된다.

가짜뉴스가 제공하는 증거는 실제로는 관련성이 없지만 겉으로는 유력한 증거와 발언들의 조합이다. 가짜뉴스가 일단 대중에게 먹혀들기 시작하면 추가적인 뉴스는 다소 비논리적이어도 무방하다. 이미 심리적 저항의 입구를 넘어섰기 때문에 수용성은 높아진다. 특히 과학적 가짜뉴스는 전문가들이 아니면 진실을 발견하기 어렵기 때문에 일단 퍼지면 오랫동안 통용될 수 있다.

어떤 가짜뉴스는 의견의 형태를 빌려 허위사실을 덧붙이므로 눈치채기가 어렵다. 뒤에서 자세히 살펴보겠지만 허위의 사실 적시와 개인적 의견 표명은 실제로는 구분이 모호한 경우가 많다. 따라서 영리한 가짜뉴스 생산자들은 그 경계지대에 머무르는 전략을 취한다. 어떤 뉴스를 곡해하거나 덧붙이고, 없는 사실을 슬쩍 끼워 넣고, 맥락을 의도적으로 다르게 설명하면서 사상의 자유라고 강변한다. 악소문의 생산자들은 주류 미디어가 일부러 숨기고 있는 진실을 알아야 한다고 주장한다. 그러면서도 표현의 자유라는 방패막이를 놓치지 않으려고 특정인의 명예를 훼손할 만한 표현도 하지 않는다.

많은 가짜뉴스는 소문을 인용하거나 기존 언론사 보도를 언급하면서도 중요한 통계를 불투명하게 인용하거나 살짝 왜곡한다. 공식적 통계 수치를 의도적으로 잘못 해석하거나 극히 일부분만 강조하여 오인을 유도하는 방식은 빈번히 발견된다. 잘 알려진 사실이라도 그 맥락을 다르게 왜곡하거나 윤색하여 불신과 오해를 불러일으킨다.

특정 정치인이나 정당을 향한 흑색선전이나 혹스는 허위사실과 악의적으로 조작된 자료를 퍼뜨리는 방식이다. 특정인을 지목하여 허위사실을 적시하여 흑색선전을 한다면 명예훼손죄로 처벌될 수 있다. 그러나 '네거티브'와 '흑색선전'은 차이가 있다. 네거티브는 상대 후보의 약점을 파고들어 잘못을 꼬집어 부각시킨다. 어디까지나 사실에 근거하는 공격적 정치 광고는 허용된다.[36] 예컨대 미국 TV에서 등장하는 정치 광고 가운데 후보자 흔들기swift-boating 광고는 상대방이 했던 발언이나 과거 행동의 문제점, 모순을 은근히 부각시킨다. 가짜뉴스는 없는 사실로 채워진 허위정보라는 점에서 후보자 흔들기나 네거티브 광고와는 구분된다.

## 경합하는 진실들

가짜뉴스 생산자는 '뉴스의 정확성'과 '진실'이 언제나 같지는 않다는 점을 알고 있다. 뉴스 정보의 전달자와 수용자는 기본적으로 정보 비대칭의 구조 하에 놓여 있기 때문에 약간의 사실만으로도 허위를 덧붙여서 가짜뉴스를 만들 수 있다. 물론 명백한 뉴스의 날조는 금세 드러나고 공개적 비난과 불신을 받게 된다. 그렇지만 '먹히는' 허위정보와 악소문은 사람들이 관심을 가질 만한 이슈를 다루면서 나름대로 설득력과 논리를 갖추고 있다. 대개는 완전한 날조가 아니라 왜곡된 맥락으로 의구심을 심어준다. 하나의 주목받는 사건에는 이런저런 측면들이 존재하기 마련이다. 사건의 사실관계는 복잡하고, 그것을 둘러싼 시각, 주변적 정보는 무척 다양하므로 가짜뉴스 생산자는 그 파편적 정보들을 나름대로 선택적으로 구성할 수도 있다.

교묘한 허위정보 생산자는 어떤 발언이나 사건을 서술할 때, 진실의 '전체'를 전달하지는 않는다. 그 대신 극히 일부분의 진실만을 부각시킨다. 나머지 진실들을 덮어버리거나 물타기를 한다. 정보의 파편도 진실의 일부분이기는 하지만 전체적 상황에 대한 이해를 효과적으로 왜곡시키는 수단이 된다. 중요하지 않은 부분을 강조하거나 부정적 측면만을 부각하는 방식도 하나의 전략이 된다.

헥터 맥도널드Hector Macdonald에 따르면 "진실은 아흔아홉 개의 얼굴을 가졌다.[37] 특정 사건이나 정책을 합당하게, 거의 똑같은 정도로 합당하게 묘사할 방법들은 아주 많다". 그는 이것을 '경합하는 진실'이라고 부른다. 어떤 사람들은 경합하는 진실의 파편들 가운데 그저 자신이 믿고 싶은 측면만을 크게 주목한다.

허위정보와 가짜뉴스의 전법은 완전한 날조에 대한 동조를 구하는 것이 아니라 판단 불가의 혼돈을 목표로 삼는 경우가 많다. 어떤 신뢰받는 정보에 의구심을 심어주거나 어떤 사실의 부정적 측면만 부각시키거나 맥락을 비틀어서 주류가 믿는 견해에 불신을 자아낸다. 그러한 토대가 마련되면 비로소 수용자가 가공의 '진실다움truthiness'을 느끼게 만든다. 아무런 사실의 기반 없이도 직감적으로 옳다고 느껴지는 그것을 진실이라고 믿도록 유도한다.[38]

탈진실post-truth의 내러티브는 여론에 영향을 미칠 목적으로 믿음과 감정에 호소하는 전략이다. 이를테면 자신의 정치적 입장에 부합하는 편향된 뉴스와 논평을 짜깁기하고 진실의 실체는 언론사가 최종적으로 확정할 수 없다고 강조한다. 정확한 사실 보도는 제한된 주류 언론사들이 끼리끼리 합의한 것이라고 불신한다. 허위정보의 유포자가 어떤 정보를 조합하느냐에 따라서 대중은 '새로운 현실'을 상상하고 재구성한다. 그 결과 진실한 뉴스는 형해화되며 자기 기준에 부합하는 진실의 파편만이 남게 된다. '상대주의relativism'에 뿌리박은 관점의 고집은 탈진실 현상을 부채질한다.[39]

뉴스 정보의 판단에 있어서 수용자의 감정이 기준이 된다면 진실의 설자리는 소멸하게 된다. 진짜 같은 뉴스의 홍수 속에서 진실의 탄탄한 외형은 해체되고 뉴스 보도는 사실의 투명한 전달과는 점차 멀어지고 만다. 이목을 많이 끌기만 하면 '진실다움'을 인정받고 공감과 정치적 지지를 얻을 수 있는 세상은 가짜뉴스의 생산자에게는 유토피아일 것이다. 그렇다면 '진실'은 수많은 잡음과 거짓 속에 묻혀버리므로, 사상의 자유시장에서 공정한 토론 과정을 거쳐 최종적으로 승리하지 못하게 된다. 감정적 호소에 의한 진실다움에 빠져버리면 이성적 판단이 마비되기 때문이다. 이것은 일종의 시장실패에 해당한다.

## 가짜뉴스 웹사이트

페이스북 등 소셜미디어에 링크를 뿌려서 가짜뉴스 웹사이트로 이어지는 웹트래픽을 유도하는 현상은 2016년 미국 대선 때 특히 두드러졌다. 얼핏 보면 뉴스 전문 사이트처럼 보인다. 장난으로 속이는 혹스나 풍자satire 사이트와 달리 가짜뉴스 웹사이트는 금전적 또는 정치적 이익을 위해 독자들을 오도했다.

가짜뉴스 웹사이트 소유자는 방문자들에게 노출되는 광고가 늘어나면 구글 애드센스AdSense로 돈을 벌어들인다. 애드센스는 온라인 콘텐츠 옆에 무료로 타깃팅 광고를 게재하여 수익을 올릴 수 있는 간편한 방법이다. 그런데 웹사이트 소유자가 어떤 광고를 게재할지 결정하지 않고 애드센스가 광고 입찰을 통해 페이지에 게재할 광고를 자동으로 선택한다. 웹사이트 소유자가 수익금을 받을 수 있도록 구글이 웹사이트에 게재된 광고에 대해 광고주에게 비용을 청구한다. 공유된 가짜뉴스의 링크를 클릭하여 찾아오는 트래픽이 늘어날수록 광고 노출도 함께 늘어나는 구조다. 가시성을 높이기 위해 페이스북 등에 가짜뉴스 링크를 널리 공유하여 호기심을 자극하면 웹사이트 트래픽은 급증한다.

극우 성향 웹사이트 '엔딩더페드Ending the Fed'는 대선 직전 3주 동안 가장 많이 읽힌 열 건의 유명 가짜뉴스들 중에 네 건을 만들었다. 프란치스코 교황이 공화당 트럼프 후보자를 지지했다는 가짜뉴스는 엔딩더페드의 작품이었다. 이 뉴스의 링크는 페이스북에서 96만 건이나 공유됐다. 루마니아에서 만든 이 웹사이트는 트럼프 후보 지지자들을 타깃화하여 그들이 원하는 뉴스를 제공했다.[40] 그러나 루마니아 청년 오비듀 드로보타Ovidiu Drobota는 미국 선거판의 결과에는 관심이 없었고 오직 돈벌이가 주된 목적이었다. 허위의 헤드라인false headline을 보고 들어오는 미국인들이 많았던 덕분에 그는 매월 1만 달러를 벌어들였다.[41] 미국 대선은 가짜뉴스로 수익을 올리기 좋은 대목이었다. 구글 에드센스는 텍스트 광고와 디스플레이 광고를 웹사이트에 게재하면 방문자수를 기준으로 단가를 매긴다.

마케도니아의 소도시 벨레스에서는 140여 개의 가짜뉴스 웹사이트가 운영되었다. 이 영어 웹사이트들은 2016년 미국 대선 무렵에 친트럼프 정치 뉴스를 온라인에 쏟아냈고 가시성을 높이기 위해서 페이스북과 트위터에 뉴스 링크를 올렸다. 'WorldPoliticus.com', 'TrumpVision365.com', 'USADaily-Politics.com' 등 도메인 네임을 살펴보면 미국에서 운영되는 정치 뉴스 전문 언론이라고 착각하기 십상이었다. 'USConservativeToday.com'이 대표적이다.[42]

월드폴리티쿠스닷컴WorldPoliticus.com은 '밀레니엄 세대를 위한 뉴스!'를 제공하면서 힐러리 클린턴이 이메일 스캔들 때문에 FBI에 의해 2017년쯤 기소될 것이라는 기사를 뿌렸다. '70News' 블로그는 미국 대선 개표 결과 트럼프가 힐러리보다 전체 득표수가 많다는 허위 내용을 담은 기사를 검색엔진에 노출시켰다. 실제로는 전체 득표수는 힐러리가 더 많았으며 선거인단을 적게 확보했을 뿐이었다.[43] 온라인에서 뉴스를 읽는 대중들은 가짜뉴스 사이트와 '70News' 등의 블로그를 주류 언론과 구분하지도 않고 신뢰도가 엇비슷한 사이트로 여겼다. 도발적 제목으로 장식된 가짜뉴스들은 구글 검색에서 상위권에 올랐다.

버즈피드뉴스BuzzFeed News에 따르면 2016년 미국 대선 무렵 페이스북에서 가장 관심을 끈 정치 뉴스는 "민주당 오바마 대통령이 미국 전체 학교에서 국기에 대한 맹세를 금지하는 행정명령에 서명했다"라는 기사였다. 그러나 그것은 가짜뉴스 웹사이트 'ABCNews.com.co'에 올라온 뉴스였다. 얼핏 보면 ABC 방송과 도메인이 비슷해서 착각하기 쉬웠다.[44]

'denverguardian.com'에는 힐러리의 사설 이메일을 유출했다고 의심받던 FBI 요원이 사망한 채 발견되었다는 가짜뉴스가 올라왔다. 그의 사망은 자살로 위장되었다는 설명까지 붙어 있었다. 위키리크스Wikileaks에 폭로된 몇 줄의 내용은 의혹성 보도의 진정성을 뒷받침하는 유일한 정보원으로 빈번히 사용되었다.

미국 정치계의 뒷얘기를 다루는 보수파 정치 뉴스 웹사이트 '폴리티컬 인사이더The Political Insider'는 위키리크스를 인용해 "힐러리가 국무장관 시절에 IS에게 무기를 팔았다"라는 뉴스 기사를 올렸다. 이 기사는 평판도가 높은 언론사가 만든 의혹성 뉴스 보도였다. 78만 건이나 공유된 이 기사는 힐러리가 무슬림들에게 매우 우호적 정치인이라는 인상을 심어주기에 충분했다. 그 내용은 러시아 홍보회사 IRA가 페이스북에 올린 친트럼프 정치 광고와도 비슷했다. 사방에서 쏟아진 가짜뉴스 때문에 힐러리 클린턴은 극우주의 프레임과 감정정치의 틀에 갇혀버렸다.

정치학자 앤드루 게스Andrew Guess와 브렌던 나이헨Brendan Nyhan은 미국인 유권자 표본집단 2,500명의 온라인 활동을 2016년 미국 대선 무렵 5주 동안 분석했다. 설문조사 결과 네 명 중 한 명은 한 번 이상 가짜뉴스 웹사이트로 유도되었다.[45] 가짜뉴스 웹사이트 289개 가운데 80퍼센트는 트럼프를 지지하는 날조 기사들을 올렸다. 실제 트럼프를 찍은 사람들의 40퍼센트는 가짜뉴스를 접했다. 그러나 힐러리를 찍은 사람들 가운데서는 15퍼센트만 가짜뉴스 사이트에 노출되었다.

가짜뉴스 웹사이트를 방문했던 열 명 중 여섯 명은 가장 보수적인 온라인 뉴스를 즐겨 읽는 사람들이었다. 가짜뉴스 웹사이트의 날조와 가짜 이야기는 극단적 정치적 관점을 가진 집단의 확증편향을 강화시키는 역할만을 했던 것이다. 가짜뉴스가 모두를 감염시키고 정치적 신념을 순식간에 바꾼 것은 아니었다. 그러므로 허위정보와 가짜뉴스의 힘이 여론을 쉽게 조작하고 선거 캠페인의 결과까지 뒤바꿀 것이라는 주장은 무리가 있다.

국내에는 본격적으로 가짜뉴스를 올리는 웹사이트는 많지 않다. '한국뉴스

(https://korean-newsspot.blogspot.kr)'가 대표적이지만, '북한 공작원 그룹 숙소를 습격하여 다섯 명을 사살했다', '고래 고기를 먹는 붐이 일었다' 같은 터무니없는 기사를 주로 올리며 방문자는 많지 않다. 한국형 허위정보가 유통되는 경로는 페이스북 등 소셜미디어가 아니고 뉴스의 댓글, 폐쇄형 메신저, 다수가 접속하는 익명 게시판 등이다. 누군가에게 '전달받은 글', 어디에서 '퍼온 글', '유명인 어록', '읽어보세요'라는 제목으로 메신저 앱을 통해 유통된다. 대부분은 뉴스 형태가 아니라 작성자를 알기 어려운 익명의 단문 메시지다.[46] 일간베스트, 극우파 개인 블로그나 웹사이트는 편향적 시각을 담은 주장을 퍼뜨린다. 정치적 사안, 정치인의 발언, 정부 정책을 소재로 삼아 특정한 방향으로 왜곡하거나 의도적으로 편향되게 만들어 지인들, 동호회, 지역구민들에게 집단적으로 퍼 나르는 경우가 많다. 그러나 그 영향력은 미미한 수준이다.

### 라이트윙 뉴스

미국 내 가짜뉴스 웹사이트들도 정치 분야의 허위정보를 생산하여 웹 트래픽을 유도하는 전략을 사용했다. 존 호킨스John Hawkins가 설립한 라이트윙뉴스RWN는 동일 명칭의 페이스북 페이지를 여러 개 만들고 310만 명 팔로워들에게 RWN 웹사이트로 연결되는 링크를 뿌리는 방식을 사용했다.[47] 폭스뉴스의 선파 범위나 영향력과는 비교하기 어려운 수준이었지만 개인으로서는 꽤 효과적인 메시지 증폭 방식을 택한 것이다. 소셜미디어 플랫폼에 링크를 뿌리는 방식, 검색엔진에 노출하는 전략은 최선이다. 개인이 가시성을 이런 수준으로 늘이는 방식은 2000년대 초반에는 불가능했다. 그는 전통적 언론은 아니지만 정보 생태계의 네트워크 행위자networked actor였다.

2016년 미국 대선에서는 "CIA 요원들이 힐러리를 현행범으로 체포한 뒤 사망했다"라는 가짜뉴스로 유명세를 얻었다. 연방대법관 지명자 브렛 캐버노

Brett Kavanaugh의 상원 인준을 둘러싸고 반대 여론이 고조되었을 때 RWN은 "포드의 변호인이 민주당에서 뇌물을 받았다"라는 가짜뉴스를 퍼뜨렸다. 그러나 RWN은 자극적 가짜뉴스의 링크를 올려서 광고 수익을 늘리는 증폭기이자 '광고 농장ad farms'처럼 이용했다. 호킨스에게 페이스북은 자신의 진지한 정치적 견해를 알리고 공감을 얻는 소통의 공간은 아니었다. RWN이 페이스북과 유튜브에 올린 링크들은 거의 관심을 받지 못하는 가짜뉴스 웹사이트들을 방문하게 유도했고 그 때문에 노출은 늘어났다.

그러나 페이스북 계정에서 비정상행위inauthentic activity를 발견한 페이스북 관리자는 미국 내 정치 분야의 허위정보를 배포한다고 의심받는 800여 개가 넘는 페이지와 계정을 삭제했다. 라이트윙 뉴스뿐 아니라 '레지스탕스The Resistance', '스노우 플레이크Snowflakes', '리버프 프레스Reverb Press', '위기에 빠진 국가Nation in Distress', '합리적 인민연대Reasonable People Unite'의 페이지와 계정도 포함되었다.[48] 페이스북 계정에서 개인정보를 긁어모으는 것으로 의심되는 러시아계 데이터 회사 '소셜 데이터 허브SocialDataHub' 계정들도 삭제되었다.

### 광고 비수익화 정책

허위정보와 가짜뉴스의 생산·배포 비용은 진짜 뉴스에 비해 턱없이 저렴하지만 그 유포자를 찾아내어 책임을 묻기는 어렵다. 그렇지만 거짓이 먹혀들었을 때 얻어지는 경제적·정치적 이익은 막대하다. 그 기대 이익은 선거전의 승리, 부정적 여론의 형성, 상대 진영의 지지율 하락, 낚시성 기사를 통한 광고 수입 증가 등이다. 선거의 승리에는 정치권력이 걸려 있지만 은밀한 프로파간다 세력이나 가짜뉴스 생산자에게 돌아오는 법적 처벌이나 불이익은 대부분 불확실하다. 해악적 허위정보를 거대한 뉴스 정보의 흐름 속에 주입한 누군가를 추적하는 데는 많은 시간과 비용이 소요된다. 이런 구조적 여건에서는 가짜뉴스와 허위정보의 생산은 계속될 것이 분명하다.

처벌 규정을 도입하거나 벌금을 물린다면 허위정보와 가짜뉴스의 생산 비용을 높일 수 있을 것이다. 그러나 판단 기준이 모호한 규제는 표현의 자유를 침해할 수 있다. 비의도적인 오보와 정보 부족으로 인한 오류까지 불법으로 다룰 수 있다는 우려 때문에 규제 기관은 판단에 어려움을 느끼게 된다. 그러나 강제적인 규제만 가능한 것은 아니다. 이처럼 가짜뉴스 생산은 광고 수입, 알고리듬, 플랫폼 비즈니스 전략과 깊은 관련성을 가지고 있다. 그러므로 허위정보나 가짜뉴스를 생산하는 유인을 차단하는 정책은 효과적일 수 있다. 플랫폼 운영자가 코딩으로 사실상의 규제를 하는 것이다.

페이스북과 구글은 2016년 말에 가짜뉴스 웹사이트가 광고 수익을 얻지 못하게 하는 비수익화Demonetization 정책을 발표했다. 그 핵심은 가짜뉴스 웹사이트 운영자가 구글 애드센스AdSense와 페이스북의 오디언스 네트워크 Audience Network를 사용하여 노출에 비례하는 금전적 이익을 얻지 못하게 금지하는 것이다.[49] 페이스북 '콘텐츠 수익화 정책'에 따르면 '잘못된 정보', 즉 다른 사실 확인 기관이 거짓으로 평가한 콘텐츠라면 수익화 기능을 사용할 수 없다.[50] 그러나 게시물의 허위 여부는 페이스북이 판단하지 않는다. 콘텐츠 수익화 정책은 페이스북에 올라온 동영상에도 마찬가지로 적용된다.[51]

그렇지만 구글이 소유한 유튜브에서는 비수익화 정책이 뒤늦게 시행되었다. 노란색 달러 표시가 붙으면 수익화는 금지되는데, 그 판단 기준은 공개되지 않았다. 비수익화 결정에 있어서 가짜뉴스나 허위정보 여부가 관건인지는 불명확하다.[52] 'Youtube 커뮤니티 정책'에는 가짜뉴스나 거짓 정보를 담은 동영상의 신고를 접수하는 경로가 없다. 그 대신 광고주에게 적합하지 않다고 판단한 영상에는 노란색 달러($) 아이콘을 붙이기 시작했다. 노란 달러 아이콘이 표시된 영상물은 수익을 얻을 수 없다. 유튜브 정치 채널을 운영하는 상당수의 보수 유튜버들은 자신의 유튜브 채널에 붙은 노란색 달러 아이콘에 불만을 터뜨렸다.[53] 보수 언론은 유튜브 광고 제한 정책이 정치적 목적을 가지고 있다고 음모론을 제기했다. 그러나 진보적 성향의 유튜브 채널, '여군으로 경험했던 성차별 이야기', '동물 학대 영상' 등에도 노란 달러 아이콘이 붙었다. 알고리듬의 기계적인 판단이 적용되어 판단 기준이 들쭉날쭉했기 때문에 유튜버들은 공정하고 객관적 기준에 대한 충분한 설명을 요청했다.

'YouTube 스튜디오 수익 창출 아이콘 가이드'에 따르면 플랫폼이 거짓 정보나 허위 콘텐츠를 판단하는 절차는 나와 있지도 않다. 다만 '광고주 친화적인 콘텐츠 가이드라인'을 충족하지 못했다고 판단하면 노란 아이콘을 붙이는 방식이다. 동영상의 내용이 거짓이나 진실이냐를 플랫폼 운영자가 판단하는 데서 오는 논란과 모니터링 부담을 회피하고 광고주의 이해관계 보호라는 명목을 내세웠다. 광고주는 노란 달러가 붙은 동영상에 직접 광고 게재를 중지하거나 유지하는 선택을 할 수 있다.

유튜브는 동영상 하단에 광고를 노출하거나 구글 애드센스를 동영상에 연결하는 방식을 사용한다. 영상물 크리에이터는 노출로 얻어지는 광고 수익을 플랫폼과 나누어 가진다. 영상을 보는 접속자들이 많을수록 크리에이터와 유튜브의 수익은 늘어나는 구조다. 이러한 수익 구조를 살펴보면 왜 온라인 플랫폼이 허위정보를 담은 동영상 차단에 미온적인지 짐작할 수 있다.

유튜브에 올라온 한 동영상은 제대로 옷을 입지 않은 여자 아이의 누운 모습을 보여주었다. 그 동영상 하단에 광고가 게재되자 아이다스, 도이치뱅크, 휴렛 팩커드는 아동 착취 논란을 우려하여 광고를 중단했다.[54] 아동들이 출연하는 유튜브 동영상에 소아성애자들의 댓글이 달리자 AT&T, 네슬레, 디즈니는 동영상에 붙는 광고를 내렸다.[55] 기업 광고주들은 아동학대를 돕거나 방치하는 기업이라는 비판을 받을 수 있는 상황을 꺼려했다. 만일 부적절한 동영상의 하단에 광고가 노출되면 사용자들이 해당 기업의 브랜드를 불매할 수 있었다.

　기업들의 광고 보이콧은 구글의 수입을 감소시킬 수 있었기 때문에, 구글은 아동용 유튜브 채널에는 맞춤형 광고를 붙이지 않기로 했다.[56] 유튜브 크리에이터가 아동 콘텐츠로 분류하면 그 동영상을 보는 사용자의 데이터도 수집하지 않도록 시스템을 변경했다. 이 조치의 배경에는 규제도 작용했다. 미국 연방거래위원회FTC는 아동 온라인 사생활 보호법COPPA을 적용하여 불법으로 13살 미만 아동의 데이터 수집하고 성인용으로 제작되거나 위험한 콘텐츠를 아동에게 제공했다는 이유로 구글에게 1억 달러가 넘는 막대한 벌금을 부과했던 것이다.[57]

　광고주에게는 아무런 선택권이 부여되지 않고, 유튜브 플랫폼이 광고를 동영상에 무작위로 배당하자 해프닝도 생겨났다.[58] 5·18을 부인하거나 폄하하는 동영상에 기업, 정부기관을 홍보하는 광고가 붙고, 5·18은 폭동이라는 연설에는 방송통신위원회 광고가 붙었다. 사용자들의 눈에는 마치 정부 기관이 5·18 가짜뉴스에 동의하는 듯한 인상을 받을 수도 있었지만, 광고를 유튜브에서 구입한 정부기관과 기업들은 가짜뉴스가 담긴 동영상에 광고가 붙는지조차 몰랐다. 그러나 노란 달러 아이콘이 표시된 영상물은 광고주의 판단에 따라 광고가 붙지 않으므로, 유튜버는 금전적 이득을 얻지 못한다.

# 4장

# 선거판을 흔드는 가짜뉴스

데이터 조작, 혐오발언, 가짜뉴스는 선거의 공정성(electoral integrity)에 도전을
안겨준다. 그렇지만 복잡하게 얽힌 이 문제에 대한 단일한 해결책은 없으며
대처할 수 있는 행위자도 존재하지 않는다. 이 문제적 현상은 새로운 것도 아니며,
민주주의가 출현한 이후부터 선거 과정의 일부가 되어왔다.

_코피 아난, 《워싱턴포스트》와의 인터뷰(2018) 중에서

## 2016년 미국 대선과 페이스북 정치 광고

2019년 페이스북 계정을 가진 유저는 22.7억 명, 일간활성유저DAU는 15억 명이다. 동영상 콘텐츠는 다른 콘텐츠보다 89.5퍼센트 더 공유되고, 전체 페이스북 유저들의 32퍼센트가 남기는 댓글의 수는 매달 50억 건에 이른다. 페이스북에 올라오는 가짜뉴스들은 진짜 뉴스보다도 '좋아요', '공유'가 많이 클릭되고 댓글이 더 많이 달린다.

페이스북 타임라인과 뉴스피드에는 언론사의 뉴스, 친구의 소식, 출처를 알 수 없는 정치 뉴스도 올라온다. 광고라는 점을 눈치채기 힘든 정치 뉴스들과 상업적 광고들의 비중은 늘어나고 있었으나 업로드되는 콘텐츠에 대한 필터링은 잘 이루어지지 않았다. 매일 올라오는 분량이 어마어마하게 많기도 했지만 콘텐츠의 증가는 유저들이 플랫폼에 머무는 시간을 늘려 광고 수익도 커지게 하므로 굳이 허위정보를 삭제할 필요는 없었다. 이런 소셜미디어 플랫폼의 비즈니스 전략 덕분에 누구든지 가짜 계정을 이용하여 허위정보를 퍼뜨리는 환경을 조성하게 되었다.

러시아 정부는 부인하지만 미국 정치권은 2016 미국 대선에서 은밀하게 부당한 영향력이 행사되었다는 의심을 거두지 않고 있다. 그러나 트럼프와 푸틴 사이의 교감이 있었는지 여부는 알 길이 없다. 러시아는 페이스북을 이용해서 어떻게 선거전에 개입했던 것일까? 러시아의 한 기업은 온라인 광고를 활용해서 여론전을 하기로 했고 효과적인 수단을 찾다가 세계 최대의 소셜미디어 플랫폼을 선택했다. 더구나 페이스북은 인스타그램과 연동된다. 페이스북 유저라면 뉴스피드에 올라오는 새 소식 가운데 슬며시 끼어드는 광고를 알고 있을 것이다. 광고주는 뉴스피드 광고를 만들어 이벤트를 홍보할 수 있다. 이런 광고들은 차단할 수도 있지만, 그냥 무시할 수도 있다.

페이스북 뉴스피드를 보다 보면 무의식적으로 클릭하게 되는 광고가 있다. 광고 문구가 솔깃한 경우도 있지만 상당수는 유저들에게 이미지 클릭을 유도한다. 광고에 연결된 링크는 클릭하지 않을 수 있지만, 적어도 광고 이미지는 브라우징하는 짧은 순간에도 눈에 들어온다. 광고가 마음에 든다면 '좋아요'를 클릭할 수 있다.

페이스북 광고는 다른 온라인 광고들처럼 돈만 지불하면 구입할 수 있고 페이스북의 자체 광고 가이드라인을 준수한다면 무슨 내용을 노출해도 자유다. 그러나 공개적인 온라인 광고를 구입한 주체가 냉전시대부터 수십 년에 걸쳐 첨예한 군사적 대치를 이어온 적대 국가라면 이야기가 달라진다. 그것도 미국의 최고 군사통수권자를 뽑는 대선 기간에 특정 후보가 근소한 차이로 당선되었다면 무언가가 잘못되었음이 분명하다. 실제로 2016년 대선에서 트럼프가 전국적으로 얻은 득표수 합계는 힐러리보다 21만 표 적었다. 그러나 경합주swing states로 여겨지는 플로리다주, 펜실베이니아주, 오하이오주에서 승리를 거두면서 더 많은 선거인단을 확보함으로써 승리를 거두었다.

미국 상원 정보위원회의 조사에 따르면 러시아 기업 IRA는 10만 달러를 주고서 페이스북 광고 3,000건을 합법적으로 구입했다. 이 정치 광고들은 500여 개의 허위 계정들을 사용해 2015년 6월부터 2017년 5월까지 업로드되었고 1억 2,600만 명에게 도달되었다. 인스타그램에는 2,000만 명의 유저들에게 전파되었다. 러시아어로 된 2,200건의 광고물도 있었다. 페이스북은 자사의 프라이버시 보호 정책을 핑계대면서 러시아 기업이 만든 광고물의 공개를 거부했다. 그러나 태도를 바꾸어 2017년에 상원 정보위원회에 3,517건의 광고물 사본을 제출했다.

페이스북 광고는 유저가 검색했던 키워드와 관심사를 기초로 타깃팅하므로 효과가 크다. 페이스북은 광고주에게 다양한 타깃팅 옵션을 제공한다. 도시, 선거구, 우편번호를 기반으로 하는 '위치 타깃팅', 연령, 성별 등 인구 통계학적 특성, 클릭한 광고, 참여한 페이지, 관심사, 행태에 기초한 '상세 타깃팅', '맞춤 타깃Custom Audiences'이 가능했다.[1] 페이스북에서 일했던 야엘 아이젠슈타트Yaël Eisenstat는 "페이스북은 수익의 일부를 거짓말을 증폭시켜서 얻고, 정보전에 뛰어들려는 정치 활동가들에게 위험한 타깃화 광고 수단을 팔아서 얻습니다"라고 털어놓았다.[2] 그녀에 따르면 페이스북의 비즈니스 모델은 민주주의를 손상시키면서 돈을 벌고 있는 셈이다.

2016년 대선 당시 페이스북은 광고주 IRA를 위해서 미국인 유저들을 분류하여 정치 광고를 선별적으로 전달했다. 그 대상은 연령대, 거주 지역, 관심 이슈에 따라 분류되었다. 미국 내 흑인, 동성애자 및 성소수자LGBT, 무슬림, 보수주의, 진보주의, 인종 이슈마다 각기 다른 유형의 광고들이 준비되었다. 특이하게도 절반 이상의 광고물이 미국을 분열시키고 갈등을 부추기기 위해 인종race 이슈에 초점을 두었다.[3] 페이스북의 고백에 따르면 2016년 대선 캠페인이 진행되는 시기에 노출되었던 정치적 광고들은 "사용자들의 이데올로기 스펙트럼에 사회적·정치적으로 분열시키는 메시지"를 던졌다.

사례 1. 보수 기독교인을 타깃팅한 광고. Army of Jesus가 올린 광고에는 예수의 얼굴과 뿔난 악마가 마주보는 이미지에 문구를 적었다. "사탄: 내가 이기면, 클린턴이 승리한다!" "예수: 천만의 말씀!" "예수가 승리하기 원한다면 '좋아요'를 클릭하세요." 선악 이분법 프레임을 적용한 광고로서 예수를 믿는다면 힐러리를 정치적으로 지지하지 말라는 메시지였다.[4]

사례 2. 무슬림 이민에 반대하는 유저를 타깃팅한 광고. Stop A. I.가 올린 광고는 "미국 모든 주에서 샤리아(Sharia)법의 시행이 금지되어야 한다"라는 문구를 넣었다. 샤리아법을 따르는 이슬람 근본주의자들을 미국에 받아들이지 말자는 광고였다. 'Stop A. I.'는 '모든 침입자들을 막아라(Stop All Invaders)'라는 의미다.

사례 3. 페이스북 페이지 'United Muslims of America'에 올라온 광고는 힐러리 클린턴이 히잡을 쓴 여성과 웃고 있는 사진을 배경으로 "아메리칸 무슬림을 구하려면 힐러리를 클릭하세요"라는 문구가 나타난다. 힐러리가 무슬림들과 친밀한 관계를 유지하고 있다는 인상을 주어 미국 유권자들의 거부감과 이슬람 혐오(Islamophobia)를 유도했다.

사례 4. 민주당 대선 후보 경선에 출마했던 버니 샌더스의 사진과 함께 문구를 배치했다. 버니 샌더스: "클린턴 재단은 문제다." 대선 후보를 직접 겨냥하지 않고 민주당 내에서도 클린턴을 지지하지 않는다는 사실을 강조하여 전달했다.

이런 페이스북 광고들은 미국 내 보수·진보 진영이 대립해왔던 정치적 이슈를 둘러싼 정치인의 발언과 공개된 사진을 사용했다. 직접 트럼프 후보를 지지하는 광고는 전혀 없었고 수로 힐러리를 공석했다. 사실의 닐조와 허위 정보도 있었다. 광고물은 러시아에서 만들어졌지만 미국 내 무슬림 커뮤니티가 올린 홍보로 사칭imposter했다. 어떤 광고는 힐러리가 무슬림과 가깝고 그들을 옹호한다는 인상을 주었다.

비난의 뭇매를 얻어맞은 페이스북은 러시아와의 관련이 의심되는 가짜 계정을 찾아나섰다. 자체 조사를 벌이자 470여 개의 가짜 페이스북 계정과 페이지들이 러시아의 트롤링 공장과 연계돼 있었다. 페이스북 가짜 계정들은 몇

초 간격으로 같은 정치적 메시지를 끊임없이 생산하고 퍼뜨렸다.

러시아가 미국 대선판에서 벌인 활동은 페이스북 광고만이 아니었다. 보안 업체 파이어아이FireEye의 최고경영자는 미국 상원 청문회에 출석하여 러시아 기관, 러시아 유저들, 봇이 수천여 개의 가짜 계정을 만들어 프로파간다를 실행했다고 밝혔다. 미국인처럼 행세를 하는 온라인 인물들이 대선 후보자에 대한 평가, 공약 등을 주제로 토론이나 의견이 오가는 온라인 대화에 참여하여 반민주당, 반힐러리 여론을 주입했다.[5]

러시아 해커그룹 'APT 28', 'APT 29'가 민주당대선위원회DNC 의장과 클린턴 측근들의 이메일을 해킹했다는 위키리크스의 폭로가 나왔다. 연방수사국 FBI과 국토안보부DHS가 공동으로 발표한 조사에 따르면 러시아 연방보안국 FSB이 'APT29'의 배후에 있었다.[6] 워싱턴 D.C.에 소재한 러시아 투데이RT 영어방송도 선거 기간 힐러리에 대한 부정적 뉴스를 부각했다. 이런 정황들이 드러나자 트럼프 선거 캠프와 러시아 정부 간에 긴밀한 공조가 있었다는 의심이 증폭되었다. 대선이 끝나고 NBC의 앵커 메긴 켈리Megyn Kelly는 푸틴 대통령을 단독 인터뷰했다. 그녀는 러시아가 미국 대선에 개입했냐고 질문을 던졌다.[7] 푸틴은 트럼프-러시아 커넥션 의혹에 피식 웃으며 말도 안 되는 주장이라고 반박했다. 그는 러시아가 개입했다는 어떤 직접적 증거도 본 적이 없으며 오히려 미국이 각국 선거에 관여하고 있다고 반박했다.

**가짜뉴스가 트럼프를 당선시켰을까?**

비록 트럼프와 러시아가 결탁했다는 물증은 찾기 어렵더라도, 여전히 관심이 가는 대목은 '트럼프가 2016년 대선에서 승리하는 데 러시아 IRA가 실행한 네거티브 캠페인이 영향을 미쳤는가?'일 것이다. 예컨대 IRA는 '텍사스의 심장', '블랙매터스유에스BlackmattersUS' 등 가짜 페이스북 계정을 만든 뒤 정치 광고비 10만 달러를 내고 친트럼프, 반힐러리 광고를 게재했다. 트럼프의 당선에는 정치공학적으로 복잡한 요소들이 작동했기 때문에 한 가지 원인만으로 설명하기는 어렵다.[8] 여성계는 여성혐오가 만연해 힐러리 후보에 대한 거부감을 낳았기 때문에 득표가 줄었다고 분석했다. 한편 트럼프가 공치사만 해대는 정치인들과 달리 소외된 백인 유권자들의 마음을 화끈한 직설법으로 공략한 것이 주효했다는 해석도 있다. 노동계는 퇴락한 중공업 산업지대 rust-belt와 중서부 지역에 사는 가난한 백인들의 소외감을 트럼프 지지가 늘어난 원인으로 들었다.

CNN은 소셜미디어의 영향력 확대와 페이스북, 트위터로 퍼진 소문과 가짜뉴스가 트럼프 당선의 중요한 원인이었다고 분석했다.[9] 그러나 주류 미디어가 소셜미디어로 퍼진 가짜뉴스만 탓하는 것은 믿을 만할까? 의구심이 드는 것도 사실이다. 소셜미디어 플랫폼이 타깃화된 정치 광고를 유료로 판매하고 누군가 그 허위정보를 퍼 나른다고 해도 사람들은 그 정보를 모두 믿을까? 러시아 IRA가 구입한 페이스북 정치 광고는 정말로 선거 결과에 결정적인 영향을 주었을까? 정치적 지식이 부족한 일반인들에게는 뉴스가 전해주는 정보를 판단하는 감별력이 전혀 없는 것일까?

복스Vox의 분석에 따르면 2016년 미국 대선 캠페인 기간에 소셜미디어로 퍼진 가짜뉴스는 유권자들에게 그리 영향을 주지 못했다. 주류 미디어의 뉴스 편집 비중이 진정한 문제의 원인이었다.[10] 예컨대 실제로 가장 빈도 높게 TV 뉴스로 보도되었던 뉴스는 힐러리의 건강을 다룬 기사들이었다.[11] 힐러리가 개인용 서버로 이메일을 사용해서 국가안보에 영향을 미치는 비밀들이 유출되었다는 뉴스는 대다수 미디어가 톱뉴스로 연일 보도했다. FBI가 대선을 불과 일주일 앞두고 힐러리의 이메일 스캔들 재조사하겠다고 공식 발표하자 힐러리는 부패한 인물의 이미지를 가지게 되었다. 이 진짜 뉴스는 힐러리의 시시율을 크게 떨어뜨렸다.

하버드 케네디스쿨 쇼렌스타인 센터에 따르면 2016년 대선에서는 부정적 미디어 편향이 발견되었다. 힐러리를 비난하는 '나쁜 언론'은 64퍼센트였지만 '좋은 언론'은 36퍼센트에 불과했다. 힐러리는 말하기 스타일, 건강 문제, 이메일 서버의 불법 사용에 이르기까지 모든 측면이 언론의 주목과 비판을 받았다. 실제 대선 캠페인 기간에만 한정하여 살펴보면 트럼프에 대한 부정적 보도는 77퍼센트로 클린턴의 63퍼센트보다 많았다. 그러나 당내 경선을 포함한 2016 대선 전체 과정에서 생산된 뉴스 기사들을 분석한 결과 트럼프(56퍼센트)에 비해서 힐러리 클린턴(62퍼센트)이 더 자주 부정적 보도의 대상이 되었다.[12]

2016년 대선 당시 소셜미디어로 전파된 가짜뉴스도 무시하기는 어려운 수치다. 버즈피드BuzzFeed에 따르면 2016년 대선 이전 3개월 동안 가장 인기가 있었던 가짜뉴스 20건이 페이스북 플랫폼에서 공유되고, 댓글 수는 871만 1,000건에 달했다. 2018년 동안 페이스북을 통해 퍼져나간 50대 가짜뉴스들은 2,200만 건이 공유되거나 댓글이 달렸다. 이것은 2017년의 2,350만 건의 댓글에 비해 7퍼센트만이 감소된 수치였다. 소셜미디어에서 가짜뉴스에 대한 반응은 CNN,《뉴욕타임스》,《워싱턴 포스트》가 생산한 정치 기사들 가운데 상위 20건(736만 건)에 대한 독자 반응을 훨씬 넘어섰다.[13]

우리나라는 뉴스 기사가 포털 사이트를 통해 전달되는 비중이 압도적이지만 미국은 페이스북을 통해 전달되는 비중이 가장 높다. 구글은 온라인 뉴스를 아웃링크로 연결하기 때문에 특정한 기사에 의견을 댓글로 달려면 언론사의 웹사이트에 일일이 로그인을 해야 하는 불편이 따른다. 페이스북에 올라온 기사는 그 게시물 하단에 댓글을 달 수 있다. 그렇지만 우리나라처럼 비슷한 기사들을 집중형 플랫폼에서 모아서 읽고 상반되는 관점의 댓글들이 치열한 경쟁을 펼쳐지는 상황은 여간해서는 발생하지 않는다.

미국 상원 청문회에 불려간 마크 저커버그Mark Elliot Zuckerberg는 날카로운 공세에 시달리지는 않았다. 의원들의 뭉툭한 질문들은 청문회를 맹숭맹숭하게 만들었고 저커버그는 무사히 빠져나왔다. 그는 2016년 대선 당시 페이스북에 올라온 정치 광고는 결과에 별다른 영향은 미치지 못했노라고 작심한 듯한 어조로 강조했다. "페이스북에 올라오는 콘텐츠 가운데 99퍼센트 이상은 진짜입니다. 가짜뉴스나 거짓은 매우 적은 양에 불과하며, 거짓이 대선의 결과를 변화시켰을 가능성은 적습니다. 유권자들은 자기 경험을 토대로 투표를 합니다."[14] 페이스북에는 매일 1억 시간 분량의 동영상과 사진 20억 장이 업로드된다. 8억 명은 '좋아요'를 클릭한다. 페이스북에서 1퍼센트의 콘텐츠를 산술적으로 따지면 100만 시간의 동영상과 사진 2,000만 장에 해당한다.

### 네트워크 프로파간다

하버드 로스쿨 버크만센터가 2018년에 펴낸 『네트워크 프로파간다』는 미국 내 미디어 시스템, 선거, 민주주의의 관계를 다루었다. 이 책의 질문은 두 가지였다. 미국 언론사들은 2016년 대선 무렵 러시아 홍보기업이 실행한 친트럼프 페이스북 정치 광고와 비공식적 가짜뉴스들이 민주주의와 여론을 왜곡하고 대중들을 오도했다고 몰아붙였다. 그 말이 맞을까? 아니면 정치 뉴스를 보도했던 주류 미디어 편집의 편향성이 힐러리가 패배한 근본적 원인이었을까? 만일 전자라면 익명의 온라인 프로파간다는 위험하므로 인터넷 규제가 필요할 것이었다. 만일 후자라면 미국 미디어 생태계에 내재된 문제가 그 원인을 제공했을 것이다. 저자들은 2016년 미국 대통령 선거가 치러지기 직전까지 18개월 동안 생산된 200만 건의 뉴스를 통계적으로 분석했다.[15]

그 결론을 한마디로 요약하자면 트럼프의 승리가 부당하다고 느껴진다면 폭스뉴스를 비난해야지 페이스북을 탓하지 말라는 것이다.[16] 페이스북에서 집행된 정치 광고나 소셜미디어에 뿌려졌던 가짜뉴스는 유권자에게 별다른 영향을 주지 못했다. 2016년 당시 트위터에서 공유된 가짜뉴스의 80퍼센트는 0.1퍼센트의 사용자들에 의한 것이었다.[17]

벤클러에 따르면 소셜미디어에 올라오는 광고, 가짜뉴스 등은 새로워 보이므로 많은 사람의 관심을 끈다. 그러나 그 정치적 영향력을 케이블 TV, 라디오 등 전통적 플랫폼old platform의 영향력과 비교해본다면 여전히 초라한 수준이다. 다시 말해 집중된 미디어 소유권에 의해서 가능한 매스미디어의 편향적 보도는 여론을 오도할 만한 강력한 힘을 가지고 있다.

미국 미디어 생태계는 정치 뉴스 보도에서 정파적 입장을 충실하게 전달한다. 2016년 대선에 즈음하여 논쟁적·정치적 이슈들을 둘러싸고 비대칭적 양극화asymmetric polarization가 필연적으로 발생했다. 대선주자 힐러리와 트럼프를 다룬 뉴스 정보는 진보 언론사, 중도적 언론사, 보수 우파 언론사로 흘러들어갔다. 그런데 보수 우파의 미디어 생태계는 다른 미디어 환경과 근본적으로 다르게 작동했다. 진보 언론사들은 가짜뉴스라고 여겨지는 뉴스들을 걸러냈다. 따라서 트럼프에 대한 부정적인 논조의 기사들은 독자들에게 전달되는 횟수가 많지 않았다. 그러나 보수 우파 언론사들은 힐러리를 공격하는 뉴스거리를 계속해서 보도하여 부정적 인상을 심고 트럼프의 메시지를 전달하는 데 성공했던 것이다. 그것은 대선 결과에서 결정적 차이로 연결되었다.

정치 커뮤니케이션은 미디어 생태계의 세 가지 영역에서 영향을 미친다. 어젠다 설정, 점화 효과Priming, 프레이밍Framing이 그것이다. 트럼프의 선거 캠프와 브리바트Breitbart의 주요 목표는 2016년 선거에서 이민을 핵심 이슈로 부각시키는 것이었다. 우익 미디어는 무슬림과 이슬람 테러, 이민 문제를 물고 늘어졌다. 힐러리의 이메일 스캔들에 끊임없이 초점을 맞춘 것도 성공적이었다. 브리바트는 특종에 굶주린 《뉴욕타임스》 같은 주류 언론사들을 이용했고 '힐러리 클린턴의 부패' 프레임을 유지했다. 선정적인 뉴스 제목이 대중의 눈길을 사로잡고, 공감을 이끌어내자 힐러리에게 비판적인 뉴스들은 널리 공유되었다. 보수 미디어가 퍼부은 반힐러리 뉴스의 융단폭격은 결과적으로 트럼프에 대한 정치적 지지를 증가시켰다.


## 개인정보를 이용한 정치 광고

2016년 트럼프의 대선 캠프에서 선거 유세를 위해 방문해야 하는 도시를 결정한 인물은 데이터 과학자였다. 그는 미국 17개 주의 도시들에 순위를 매기고 트럼프가 유세를 집중하도록 했다.[18] 데이터 과학자들을 고용한 케임브리지 애널래티카Cambridge Analytica도 온라인 정치 캠페인 활동을 판매했다. "우리는 대중의 생각을 바꿀 수 있다"라는 문구로 선전을 하며 정치인들이 목마른, 지지율 상승이라는 상품을 판매한 것이다. 그들의 시장은 전 세계였고 데이터 분석 도구로 전략적 타깃을 정하고, 광고처럼 보이지 않게 설계된 온라인 '정치 메시지'를 노출시켜 지지율을 높였다.

스리랑카 정치인으로 위장하여 취재한 '채널4' 기자에게 케임브리지 애널래티카는 자신들의 전략을 일부 털어놓았다. 기자는 선거에서 승리하기 원하는 잠재적 고객인 척했다. 케임브리지 애널래티카는 선거와 관련한 허위정보를 웹의 혈류bloodstream 속으로 은밀하게 던져놓는다. 그다음 대중의 반응과 그 흐름이 커져가는 것을 지켜보면서 유지되도록 이따금씩 찔러준다는 것이다.[19] 이런 은밀한 선거 전략에는 많은 유저 데이터가 반드시 필요했다. 낯개된 온라인 커뮤니티에서 퍼져나가는 허위정보에는 배포자나 출처도 없기 때문에 추적당할 염려도 없었다. 추적을 우려하는 잠재적 고객들을 캠브리지 애널래티카는 이렇게 안심시켰다. "그들은 규제 권한이 없기 때문에 아무것도 하지 못해요. 관할권조차 없다고!"[20]

'사기꾼 힐러리를 무찌르자defeat crooked Hillar' 캠페인도 케임브리지 애널래티카의 작품이었다. 물론 케임브리지 애널래티카가 허위정보까지 조직적으로 생산했는지는 불확실하다. 이미 파산해버렸기 때문에 그 영업 비밀은 알 수 없을 것이다. 그러나 확실한 점은 미국 대선 캠페인에서는 케임브리지 애널래티카가 페이스북에서 빼내어 제공한 5,000만 명 이상의 개인정보가 사용되었다는 사실이다.

만일 페이스북이 개발자들의 사용자 데이터 접근을 제한하기 위해 2011년 미국 규제 당국과 합의한 조건을 지켰다면 문제는 발생하지 않았을 것이다. 미국 대선이 끝난 후 페이스북은 허위정보를 전파시킨다는 논란을 잠재워야 했지만 2017년 불거진 케임브리지 애널래티카의 데이터가 정치권으로 흘러 들어 갔다는 뉴스는 상황을 더 악화시키고 말았다. 캠브리지 애널리타는 페이스북 사용자의 데이터를 트럼프의 선거운동을 돕는 데 사용했다. 따지고 보면 케임브리지 애널래티카 스캔들은 페이스북의 느슨한 프라이버시 정책이 원인이었다.

많은 기업들은 현실화되지 않은 데이터 유출 위험을 방지하려고 신경 쓰기보다는 눈앞의 이익을 우선시하고 있다. 소셜미디어 기업들은 '플랫폼'이 단지 정보가 오가는 공간을 제공하는 데 불과하다고 주장한다. 그러나 실제로는 방대한 유저 데이터를 모아 분석하고 선호도, 나이, 거주지, 정치적 성향에 따라서 고도의 맞춤형 광고를 판매한다.


### 인스타그램의 가짜 밈(Meme)

2016년 트럼프를 위한 정치 광고를 집행했던 러시아 홍보기업 IRA은 2017년에도 활동을 이어갔다. 2018년에 미국 상원에 제출된 보고서는 IRA의 허위정보 전파 활동은 페이스북, 트위터에 비해 인스타그램에서 훨씬 성공적이었다고 평가했다.[21] 사이버 보안회사 뉴놀리지New Knowledge가 작성한 이 보고서는 인스타그램이 정치적 밈meme을 전파하는 강력한 플랫폼이라고 결론지었다. 밈은 유명인 발언이나 주목을 끄는 사건들을 소재로 삼아서 비꼬거나 풍자, 패러디를 하는 인터넷 문화다.

'리그램regram'으로 공유된 사진과 이미지는 바이럴viral의 힘을 빌려서 널리 퍼져나갔다.[22] 인스타그램의 규모는 트위터와 스냅챗 사용자들을 합친 것보다 크다.[23] IRA는 인스타그램에 133개의 계정을 운영했는데 주로 인종에 초점을 맞추었다. 2016년에는 약 2,600건을 매월 올렸다. 그 수치는 2017년에는 월 6,000건으로 감소했다. 상당수의 계정들이 차단당했기 때문이었다.

2016년 미국 대선에서 IRA가 트럼프를 위해 만든 페이스북 광고는 일정한 시각적 패턴이 있었다. 이미지나 사진 아래에 설명용 문구caption가 삽입되었다. 그것은 흔히 볼 수 있는 밈의 형태였다. 지지자들이 힐러리를 공격하는 밈을 가져다가 포토샵으로 재수정하거나 문구를 변형하여 온라인에 퍼뜨리기를 바란 것이다. 밈은 허위정보전에 이용되고 있었다.

페이스북 페이지 'Vets for Trump'는 트럼프를 정치적으로 지지하는 퇴역 군인들이 모인 보수 성향의 인터넷 커뮤니티였다.[24] 2017년 어느 날 이 페이스북에는 미국 프로풋볼리그NFL 시애틀 시호크스Seahawks 수비수 마이클 베넷Michael Bennett의 사진이 올라왔다. 사진에서 베넷은 라커룸에서 동료들과 함께 불타는 성조기를 들고서 환호하고 있었다. 이 사진의 캡션에는 "#Seattleseahawks는 더 이상 NFL이 아니다"라고 적혀 있었다. 그 사진은 포토샵으로 합성된 가짜였으나 하루 만에 1만여 건의 페이스북 '공유'와 '좋아요'를 받을 만큼 관심을 끌었다.

그렇다면 선수들을 반역자로 보이게 만든 불타는 성조기 조작 사건은 누가 퍼뜨린 것일까? 미국에서는 프로 미식축구나 야구, 농구 경기를 하기 전에 항상 국가를 부르면서 성조기에 경의를 표시한다. 2016년 8월 샌프란시스코 포티나이너스49ers의 쿼터백 콜린 캐퍼닉Colin Kaepernick은 경기장에서 '무릎 꿇기kneeling' 시위를 시작했다. 흑인을 사살한 백인 경찰의 폭력과 인종차별에 항의하려는 목적이었다. 이 방식은 미디어의 주목을 받았고 다른 팀의 NFL 흑인 선수들 사이에서 빠르게 번져나갔다.

시애틀 시호크스 선수들도 경기 시작 전에 국가가 흘러나올 때 기립한 채 가슴에 손을 포개는 행동Lock Arms으로 연대감을 보여주었다. 이를 지켜본 트럼프는 '애국심 없는 선수들의 무례한 행동'이라고 비난했다.[25] 그러자 페이스북 그룹 'Vets for Trump'는 충성스러운 지지자를 자처하면서 불타는 성조기 사진을 퍼뜨려서 공개적으로 트럼프의 편을 들었던 것이다.

'불타는 성조기' 사진은 노골적인 정치적 성향의 밈이었다. 그 사진의 원본은 흑인 풋볼 선수가 동료들과 승리에 환호하는 모습이었고 성조기를 들고 있지는 않았다. 그들은 '빅토리 댄스'를 추면서 라커룸에 모여서 즐겁게 허벅지를 두드리고 있었다. '불타는 성조기'는 원본 사진을 포토샵으로 조작한 것이었지만 수정과 변형을 당연시하는 밈 문화의 속성을 이용하여 '날조'라는 혐의를 비켜갔다. 그러나 비애국자가 누구인가를 공개적으로 지목하는 데 사용되었다. 인터넷 커뮤니티의 자유로운 비판을 상징하던 밈 문화는 정치 프로파간다 전략의 수단이 되고 있었다.

트럼프의 당선 이후 미국에서는 '대안 우파Alt-Right'와 백인우월주의White supremacy가 세력을 얻었다. 인종차별 발언이 허용되는 분위기가 형성되자 백인 우월주의자들은 밈을 포토샵으로 만들어서인스타그램에 올리는 방식을 즐겨 사용한다. 이런 현상이 보편화되자 《애틀랜틱Atlantic》은 인스타그램이 혐오 발언의 새로운 본거지가 되었다고 보도했다.[26]

인스타그램을 소유한 페이스북은 허위사실을 담은 게시물을 통제하는 방식을 고심하다가 사용자가 신고할 수 있는 '부적절한 콘텐츠' 가운데 '거짓 정보false information' 항목을 추가했다.[27] 그러나 이 조치는 신통치 않은 해결책으로 여겨졌다. 신고 항목은 허위정보를 통제하는 기능보다는 디지털 아트 창작물을 저작권을 침해하는 위조품으로 판단하여 차단한다는 비난만 초래했다.[28] 인스타그램에 올라오는 사진들 가운데 혐오발언, 거짓 정보, 사진을 수정한 예술품의 경계는 모호한 경우가 많다. 인스타그램에서 AI를 통한 검토는 포토샵 패러디물을 모두 차단하는 등 부정확성을 드러냈다.

온라인에서 인기를 얻은 밈 '개구리 페페Pepe The Frog'는 백인 우월주의자와 미국 보수 정치인들에 의해 악용되었다. 억울한 표정을 짓는 페페의 모습은 네오나치 사이트 《데일리 스토머The Daily Stormer》와 극우 보수 사이트 《인포워스InforWars》에 걸렸다. 트럼프의 모습을 페페처럼 만든 밈도 트위터에서 퍼져나갔다. 그러자 저작권자 맷 퓨리Matt Furie는 허락 없는 사용을 중지하라고 저작권 소송을 제기했다.[29] 그는 관 속에 누운 페페의 모습을 공개하며 캐릭터의 죽음을 알렸다. 그렇지만 페페는 2019년에 벌어졌던 홍콩 시위에서 민주주의를 염원하는 상징으로서 시민들의 티셔츠와 깃발에 다시 등장했다.


### 달라진 페이스북 정치 광고 정책

2016년 미국 대선 무렵 러시아 기업이 반목을 조장하는 정치 광고를 페이스북 플랫폼에서 올려서 선거에 개입하도록 방치했다는 강력한 비판이 일자 페이스북 CEO 마크 저커버그는 미국 의회의 청문회에 출석해야 했다. 의회 정문회는 페이스북이 어떻게 작동하는 줄도 모르는 정치인들의 혼란스러운 질문과 무딘 공세로 끝났다. 그렇지만 비판 여론이 사라진 것은 아니었다. 수세에 몰린 페이스북은 기존의 페이스북 정치 광고 정책Political Ads policy을 수정하여 광고의 투명성을 높이기 위한 조치에 나섰다.

2018년 5월에 발표된 페이스북의 광고 정책은 '뉴스 콘텐츠'와 '광고' 간의 모호했던 경계를 확실히 구분했다. 페이스북에서 구매한 모든 선거광고의 상단에는 '~가 구매했음paid for by'을 명확히 표시해야 한다. 정치 광고 광고주의 신원을 검증하고 광고주 이름까지 공개하므로 가짜 계정들을 통해 허위정보, 거짓, 분열을 야기하는 콘텐츠는 유포하기 어려워진다. 페이스북의 정치 광고들은 상단에 '정치 광고'라는 작은 문구와 함께 광고주를 밝힌 상태로 게시되고 있다.

투명성을 높인 새로운 정책에서는 누가 페이스북에 정치 광고의 비용을 지불하는가도 확인할 수 있다. '광고주 공개'는 페이스북에서 광고를 집행하는 주체와 광고 자금 제공자의 이름이 일치하지 않을 때 특히 중요하다. 정치 광고에 하단에 위치한 '광고 성과ad performance'를 클릭하면 개별 정치적 광고와 관련된 캠페인 예산, 클릭한 유저의 나이, 위치, 성별, 노출 정도를 그래프로 한눈에 확인할 수 있다.

> 페이스북과 인스타그램에서 정치 또는 중요한 국가적 이슈와 관련된 광고에 대한 내용은 다음과 같이 변경되었습니다. 페이스북 또는 인스타그램에 게재되는 정치 또는 중요한 국가적 이슈와 관련된 광고의 경우, 광고주는 광고의 비용을 지불한 사람이나 단체의 이름이 표시된 고지 사항을 광고에 포함해야 합니다. 정치 또는 중요한 국가적 이슈와 관련된 광고는 최대 7년간 광고 라이브러리에 보관될 수 있습니다.[30]

정치 광고 내용은 페이스북의 '광고 데이터베이스'에 저장된다.[31] 그러므로 누가 정치 광고, 중요한 국가적 이슈와 관련한 온라인 광고를 구매하여 페이스북과 인스타그램에 노출했는지도 확인할 수 있다. 광고 라이브러리에는 과거에 노출된 광고와 현재 집행되는 광고가 모두 포함되므로 정치인 이름이나 광고비를 지불하는 단체명을 검색할 수도 있다.

가명을 쓰거나 신원을 감춘 누군가가 러시아나 제3국에서 조직적으로 다른 나라의 선거판을 좌지우지 못 하도록 인증 절차도 생겼다. '정치 또는 중요한 국가적 이슈'와 관련된 광고를 하고 싶은 광고주는 광고 승인 절차를 완료해야 한다. 예컨대 광고주 승인 절차는 '미국에 거주'하며 '미국인을 타깃팅'하는 '미국 광고주'에게만 제공된다. 이 규칙은 공적 이슈에 대한 여론에 영향을 줄 수 있는 광고를 구매하려는 모두에게 적용된다. 그렇다면 정치 또는 중요한 국가적 이슈와 관련된 광고는 무엇일까?

- 과거 또는 현재 공직에 출마했거나, 정당이나 정치적 활동 위원회에서 후보로 활동했거나, 공직 선거 결과를 옹호하는 활동을 하는 사람에 의해 또는 대신하여 제작된 광고
- 투표 권유나 선거 정보 캠페인 등 선거, 국민 투표, 국민 발의에 관한 광고
- 광고가 노출되는 지역에서 공적으로 중요한 사안으로 여겨지는 입법에 관련된 광고
- 정치 광고로 분류되어 규제되는 광고

새로운 페이스북의 광고 공개 정책의 핵심은 비록 정치적 광고의 매출이 줄어들어도, 투명성을 늘리고, 광고 시스템을 더 신중하게 모니터링하겠다는 것이었다. 이렇게 정치 광고 투명성을 위한 개선작업을 마치고 난 다음 2019년 12월 저커버그는 거짓된 정치 광고false ads도 허용하겠다고 발표했다. 정치 광고의 진위 여부는 플랫폼 기업이 심사하지 않고 사용자가 스스로 알아서 판단하라는 것이었다.[32]

새로운 페이스북 정치 광고 정책의 실행 과정에서 뜻밖의 기술적 문제도 발생했다. 페이스북의 알고리듬 시스템이 오류를 일으켜서 비정치적 콘텐츠까지도 정치 콘텐츠로 분류한 것이었다. 예컨대 이민자 이슈를 다룬 뉴스들은 페이스북에서 정치 콘텐츠로 자동적으로 분류되었고 그 결과 광고가 거부되었다. "정치 콘텐츠를 담고 있어 광고를 실행할 권한이 없다Not Authorized for Ads with Political Content"라는 메시지가 떴다. 예컨대 비영리 탐사보도 기관이 작성한 이민자 구금 시설의 아동 치료 기사는 정치 콘텐츠로 분류되었다. 비슷한 사례가 계속되자《파이낸셜 타임스》,《뉴욕 미디어》,《뉴욕 매거진》,《더 컷》,《벌처》 등 일곱 개 미디어는 오류에 항의하고 페이스북에서 광고를 아예 중단해버렸다.[33]

《에포크 타임스Epoch Times》는 중국계 반공산주의 종교 그룹 파룬궁法輪功이 소유한 비영리 언론사다.《에포크 타임스》는 200만 달러를 트럼프를 돕는 페이스북 정치 광고의 구입에 썼다. 그 온라인 광고들은 트럼프의 정적들에 대한 '음모론'을 퍼뜨려 트럼프를 돕는 방식이었다. 그런데 정치 광고를 페이스북에 올리면서 실제 회사명을 적지 않고 "Honest Paper", "Pure American Journalism", "Patriots of America", "Best News" 같은 명의를 사용했다. 자신의 진짜 이름은 숨겼다. 광고주와 정치 광고의 관계를 모호하게 처리하는 것은 페이스북의 '정치 광고 투명성' 원칙에 위반하는 것이었다. 결국 페이스북의 새로운 광고 정책에 따라서《에포크 타임스》는 정치 광고의 구매를 차단당했다.[34] 이런 엄격한 광고 정책이 2016년 대선 때 시행되었더라면 러시아 기업은 가명으로 페이스북에 친트럼프 정치 광고를 올릴 수 없었을 것이다.


## 컴퓨테이셔널 프로파간다

데이터 과학, 머신러닝 알고리즘, 딥페이크 같은 기술은 전례 없는 수준으로 빠르게 발전하고 있다. 앞으로 허위정보의 생산과 유포가 자동화에 의존하는 비중이 커진다면 허위정보의 '무기화'는 본격화될 것이다. 옥스퍼드 인터넷 연구소OII가 운영하는 '컴퓨터 프로파간다 프로젝트Computational Propaganda Project'는 자동화, 봇넷, 알고리즘, 빅데이터, 머신러닝 기술을 이용한 여론 조작을 분석했다. 옥스퍼드 인터넷 연구소OII의 '컴퓨터 프로파간다 프로젝트'가 펴낸 보고서에 따르면 러시아의 IRA는 잠재적 유권자를 다양한 그룹으로 분류하고 힐러리 클린턴에 대한 부정적인 인식을 강화하기 위한 전략을 채택했다. 그러나 연구진은 부정적 정치 광고의 영향은 실제로는 미미했다는 결론을 내놓았다.[35]

2016년 미국 대선 캠페인을 전후하여 러시아 홍보기업이 구입한 페이스북 정치 광고는 산술적으로는 2,300만~7,000만 명의 유권자들에게 노출되었다. 그러나 가짜뉴스가 광범위하게 노출되었음에도 정작 그 링크를 클릭한 유저들은 거의 없었다. 페이스북 뉴스피드에 올라오면 눈으로 흘깃 보고 무시하는 경우가 많았기 때문에 실제로 네거티브 정치 광고가 유저들에게 도달된 범위를 정량화하기도 어려웠다. 결론적으로 그 정치 광고는 많은 개인들의 정치적 신념을 짧은 시간에 바꾸지는 못했다.

그렇지만 소셜미디어 플랫폼에 축적되는 사용자 데이터와 데이터 과학의 발전은 타깃화된 방대한 광고를 가능하게 만들고 있다. 이는 머지않아 가짜뉴스의 기법과 정치 프로파간다에도 새로운 지평을 열 것으로 보인다. 데이터 과학과 결합한 허위정보에 집중적으로 노출된다면 대중은 뉴스에 등장하는 인물에 대해 부정적 인상을 가지거나 그를 불신하게 될 수도 있다. 케임브리지 애널래티카 사건은 단순한 개인정보 유출이 아니었다. 데이터 회사가 7,000만 명이 넘는 미국인들의 개인정보를 '합법적 온라인 광고 표준으로 인정된 방법에 따라' 트럼프의 대선 캠프 관계자에게 넘겼고 정치적 메시지를 전달하는 데 사용했기 때문이다.

미국 2016년 대선 캠페인 기간에는 트위터로 전파된 정치 관련 정보 다섯 건 중에 한 건은 봇이 올린 것으로 드러났다. 멕시코 정부는 아예 적극적으로 봇을 사용했다. 2012년 대선에서 트위터, 페이스북에서 엔리케 페냐 니에토 Enrique Peña Nieto를 지원하기 위해 봇이 사용되자 '페냐봇Peñabot'이라는 이름이 붙었다. 친정부 선전을 확산하고 소셜미디어에서 반대 의견을 반박하기 위해 소셜미디어 자동화 계정이 사용됐다. 봇을 통해 인위적으로 여론을 조성하여 정치과정에 개입하려는 시도가 늘어난다면 공개 온라인 대화에서 실제 사람들의 의견과 목소리는 거짓의 바다에 빠져서 익사하게 될 것이다.


## 키보드 군단과 전자 파리들

비영리기구 프리덤 하우스Freedom House가 2017년에 발행한 '인터넷 자유' 보고서는 선거과정에서 소셜미디어의 조작manipulating이 어떻게 민주주의를 망가뜨리는가를 분석했다.[36] 온라인 여론 조작은 2016년 6월부터 2017년 5월까지 전 세계 18개국에서 실시된 선거에서 실제로 영향을 미쳤다. 그 방법은 댓글 달기, 게시물을 자동적으로 올리는 봇 사용, 가짜뉴스의 확산이었다. 중립적·객관적 판단자가 없거나 저널리즘이 성숙하지 못한 상황에서 소셜미디어를 활용하여 서로에게 가짜뉴스라고 소리친다면 대중은 혼란에 빠지게 된다. 65개 국가들 가운데 30개국은 집권 정치 세력에게 유리한 방향으로 온라인 정보를 조작하고 있었다. 선거 캠페인 기간은 소셜미디어를 통한 여론 조작 행위, 헛소문과 가짜뉴스로 인한 감정적 자극, 폭력 사태, 갈등, 소모적 논쟁이 난무하는 전쟁터가 되었다. 이런 경향은 중립적 저널리즘과 안정적 선거 관리가 정착되지 않은 나라들에서 당분간 불가피할 것으로 보인다. 몇몇 국가들은 소셜미디어에 정보를 많이 의존하고 있어 가짜뉴스의 확산에 특히 취약하다. 그러자 어떤 국가는 여론 조작과 익명의 가짜뉴스가 주는 폐해를 막겠다고 인터넷 접속을 차단한다.

페이스북은 케냐, 인도네시아 등 개발도상국가의 인터넷 접속 환경을 개선하는 '익스프레스 와이파이'를 출시했다. 앱을 깔면 지역 통신사가 운영하는 와이파이 핫스팟을 찾아준다.[37] 선정된 통신장비 업체는 유동인구가 많은 지역에 와이파이 핫스팟을 설치하고, 선불카드로 와이파이 이용권을 판매한다.

인종적 갈등과 폭력 사태가 벌어지던 와중에 소셜미디어 보급이 급속히 늘어나면 가짜뉴스를 통한 선동이 실행되기에 적절한 여건이 조성된다. 폐쇄적인 국가였으나 개방 정책으로 인터넷 접속이 쉬워진 미얀마에서는 폭력사태가 발생했다.

2017년 8월에 치러진 케냐 대통령 선거에 입후보한 정치인들은 트윗을 자동으로 생성하는 봇으로 젊은 유권자들을 겨냥했다. 케냐의 뉴스 정보 생태계도 모바일 소셜미디어가 점령하고 있기 때문에 전화도 없는 시골 마을을 떠올려서는 곤란하다. 모바일 이용자들은 4,000만 명이며 인터넷 접속률은 전체 인구의 90퍼센트가 넘는다. 페이스북, 왓츠앱, 트위터는 케냐의 젊은 유권자들이 매일 이용하는 인기 있는 소셜미디어 플랫폼으로 선거에 대한 의견, 예측, 가짜뉴스를 공유하는 데 사용된다. 예컨대 현직 대통령 측이 투표 개표소를 습격할 계획이라는 뉴스가 유포되자 이를 거짓이라고 비판하는 뉴스가 나왔다. 지오폴GeoPoll의 설문조사 결과 케냐인 87퍼센트가 '의도적으로 허위'를 퍼뜨리는 것으로 의심되는 선거 관련 정보를 본 것으로 나타났다.[38] 그러나 케냐 시민들은 이 통계는 가짜뉴스이며 외신을 받아 적은 것이기에 믿을 수 없다고 반박했다. 가짜뉴스와 허위정보의 유행에 대처하고자 케냐의 통신당국과 선거관리위원회는 '바람직하지 않은 정치적 내용'이라고 통보되면 24시간 이내에 온라인 플랫폼에서 게시물을 철회해야 한다고 규정한 가이드라인을 발표했다.[39] 선거일 이후 대규모 반정부 시위와 폭력으로 수십 명이 사망하고 선거관리위원회 홈페이지에 위조된 집계표가 공지되는 등 공정성 문제가 불거지자 케냐 대법원은 대선 결과가 무효라고 결정했다. 결국 케냐는 대선을 다시 치렀다.[40]

터키의 집권 여당 정의개발당AK Party은 20대 청년들을 동원한 트롤링을 실행해 여론 조작에 나섰다. 2016년 쿠데타 시도가 실패한 이후 터키 정부는 16개의 TV 채널, 45개의 일간 신문 및 29개의 출판사를 폐쇄했다. 저널리즘의 전문성에 대한 신뢰가 사라지자 그 빈 공간을 채운 것은 가짜뉴스였다.[41] 선거에 출마한 후보자들을 공격하는 가짜뉴스 등 악의적 캠페인이 난무했다. 2018년 봄, 미국과의 통상 갈등으로 터키의 리라화는 폭락했다. 그런데 언론이 통제되자 새로운 경제 정보가 부족해졌던 사람들은 소셜미디어에 의존했다. 터키 국민 89퍼센트는 페이스북과 트위터로 뉴스를 받아보았다. 그러나 그조차 못마땅했던 터키 당국은 환율 변동에 대한 가짜뉴스를 교환하여 경제를 위험에 빠뜨렸다는 이유로 소셜미디어 유저 300여 명을 조사했다. 그러나 그것은 비공식적인 경제 정보의 교환이었을 뿐이었다.

2017년 치러진 필리핀 대선에서 '키보드 군단keyboard army'은 소셜미디어에서 야당 정치인들에게 집단적 공격을 퍼부었다. 집권 여당에 고용된 400여 명의 키보드 군단은 일당을 받고 메시지와 포스팅을 퍼 날랐다. 대선이 끝난 후에도 필리핀 정부가 거칠게 밀어붙이는 '마약과의 전쟁'에 대한 당위성을 옹호했다.[42] 로드리고 두테르테Rodrigo Duterte 대통령의 트롤링 부대는 마약 단속 과정에서 경찰이 용의자를 현장에서 사살하더라도 어느 정도 불법은 불가피하다는 우호적 여론을 조성했다. 2016년 두테르테 대통령은 마약상이 살해한 피해자라면서 아홉 살 소녀의 사진을 공개하고 마약과의 전쟁이 필요하다고 강조했다. 그러나 그 사진은 실제로는 2014년 12월 브라질 알타미라시에서 발생했던 사건을 찍은 것이었다.[43] 한 기자에 의해 사진의 실체가 폭로되었지만, 이 사진은 여전히 마약과의 전쟁을 위한 홍보에 활용되고 있다.

2019년 2월, 알제리에서는 다섯 번째 연임을 시도한 대통령에 항의하는 반정부 시위가 벌어졌다. 수천 명의 시위대는 더 많은 개혁을 요구하며 거리로 나섰다. 알제리 시민들은 상당수가 페이스북을 통해 정보를 얻지만 정부는 시위의 확산을 통제하려고 인터넷 접속을 중단하고는 한다. 시위가 시작되자 가짜뉴스도 증가했다. 가짜 계정으로 가짜뉴스를 뿌리고, 친정부 메시지를 쏟아내는 인터넷 트롤은 '전자 파리electronic flies'로 불린다.[44] 전자 파리들이 군부를 지지하고 허위정보를 퍼뜨려서 공적 토론의 흐름을 바꾸려고 하자 시민들은 'Fake News DZ'를 통해 가짜뉴스를 찾아내고 있다.[45]

### 국제적 선거 개입

프랑스와 독일은 2017년 선거과정에서 러시아가 배후로 의심되는 해킹과 가짜뉴스로 몸살을 앓았다. 프랑스 대통령 선거 캠페인에서 에마뉘엘 마크롱 Emmanuel Macron은 친러시아 언론사가 불어로 쏟아낸 가짜뉴스에 피해를 입었다. 프랑스 국방장관은 대규모 허위정보 확산이 선거를 망칠 수 있다고 우려했다. 그의 예언은 현실이 되었다. 대선 투표일 직전에 마크롱 캠프에 대한 대규모 해킹이 일어났다. 해킹된 9기가바이트 분량의 자료는 익명으로 문서 공유 사이트 '페이스트빈Pastebin'에 게시되었다. 해킹된 진짜 문서와 가짜 정보가 섞인 이 자료는 대선 캠프의 이메일과 재무 상황이 담겨 있었는데 '의심'과 '허위정보'가 생산되는 자료가 되었다.[46] 이 해킹 사건은 2016년 겨울 힐러리 대선 캠프 관리자의 이메일이 해킹되어 위키리크스에 공개된 전례를 떠올리게 만들었다.

페이스북은 프랑스 1차 대선 투표를 앞두고 프랑스어 가짜 계정 3만 개를 정지시켰다. 그러나 가짜뉴스는 언론에서 터져 나왔다. "사우디아라비아가 마크롱의 캠페인에 자금을 댄다", "마크롱은 미국의 대리인이다"라는 가짜뉴스들이 일간지들에 실렸다. "부자 게이가 마크롱에게 자금을 준다"라는 뉴스는 중도우파 공화당 정치인이 인터뷰에서 한 말을 그대로 받아쓴 것이었다.[47] 대선 캠페인 과정에서 프랑수아 피용Francois Fillon 후보가 지지율 1위라는 가짜뉴스가 흘러나왔다. 러시아 국영 뉴스통신 스푸트니크 프랑스Sputnik France는 친러시아 성향 후보에게 우호적 기사를 썼다. 마크롱의 앙마르슈 캠프는 《러시아 투데이 프랑스RT en français》와 스푸트니크 프랑스 기자들의 접근을 막아버렸다.[48] 러시아 언론사가 프랑스 대선에서 합법적으로 여론에 영향을 미칠 수 있는 여건은 현지어로 뉴스 서비스를 제공하고 외국계 언론사라는 이유로 보도의 자유를 누릴 수 있기 때문에 마련된다. 러시아에게는 극우정당 후보 장 마리 르펜Jean-Marie Le Pen이 당선되는 편이 더 나은 시나리오였다. 마크롱은 "러시아가 군사적 위협과 정보전을 결합한 전략을 구사하고 있다"라고 비판했다. 그러나 《러시아 투데이 프랑스》는 가짜뉴스의 확산과 자신들 보도 활동은 아무 관계가 없다면서 강하게 부인했다.

앙겔라 메르켈Angela Merkel 독일 총리는 2015년부터 계속 "아돌프 히틀러의 딸", "극단적 공산주의자"라는 가짜뉴스에 시달렸다. 예컨대 한 과학자는 히틀러의 냉동 정자를 이용해 에바 브라운Eva Braun을 임신시켜 메르켈을 히틀러의 생일날에 태어나게 했다고 주장했다. 그러나 메르켈의 생일은 히틀러의 생일과 달랐다. 소셜미디어에 떠도는 이야기를 타블로이드 신문들이 기사화하자 소문은 더 커졌다. 독일의 타블로이드판 신문들은 메르켈 얼굴에 히틀러의 콧수염을 붙이거나, 그녀의 젊은 시절 사진과 히틀러 생모의 사진을 나란히 비교했다. "메르켈이 파리 테러와 브뤼셀 테러를 저지른 이슬람 테러 용의자들을 알고 있었다"라는 소문도 돌았다.[49] 그러나 히틀러가 공산주의자들을 싫어했다는 역사적 배경을 약간이라도 안다면 두 소문이 연결되지 않을 뿐더러 냉동 정자 이야기도 허황된 소리라는 것을 알 수 있다.

그런데 공교롭게도 메르켈에 대한 허위정보가 퍼진 때는 유럽으로 밀려든 난민들 89만 명을 '무조건 수용'했던 시기와 일치한다. 반反이민, 반反난민 목소리는 커지고 있으므로 우파 정치세력을 지원하는 가짜뉴스는 독일 내에서 늘어날 것으로 보인다. 한편 유로화와 유럽연합 체제의 확고한 지지자 메르켈의 인기가 사라지거나 메르켈이 실각한다면, 격랑에 휘말린 유럽연합의 정치적 결속은 힘들어질 것으로 전망되고 있다. 유럽연합의 힘이 약화되는 상황을 원하는 것은 누구였을까?

러시아가 뒤에서 조종하는 허위정보 캠페인이 유럽 국가들의 선거에 개입하는 사례가 늘어나자 나토NATO와 유럽 정보기관들은 가짜뉴스를 단지 미디어의 잡음이 아니라 안보 위협으로 보고 대응하기 시작했다. 가짜뉴스는 대중을 설득하지 않고 혼란에 빠트리고, 생산적 토론이 아닌 갈등만 유도한다는 인식은 유럽연합에서도 마찬가지다. 2019년 5월의 유럽의회 선거를 앞두고 유럽연합 집행위원회는 증오, 분열, 불신을 조장하는 가짜뉴스 확산을 허용하지 않겠다고 공언하고 나섰다. 페이스북은 유럽의회 선거 때 '워룸'을 설치했다. 가짜뉴스가 페이스북이라는 급류에 올라타지 못하도록 유럽 지역 24개 언어로 올라오는 정치적 게시물을 모니터링했다.

## 라이크워(LikeWar)

유럽연합 대외관계청EEAS은 유럽 지역 국가들의 선거 시즌을 노리는 가짜뉴스와 허위정보에 대한 경각심을 높이기 위한 웹사이트를 열었다. 'EU vs. Disinfo'(https://euvsdisinfo.eu)는 최근에 등장한 가짜뉴스의 내용을 제공하고, 3,000건이 넘는 허위정보들을 검색 가능한 데이터베이스로 제공한다. 이 사이트는 '외국 선거에 개입한 수법들' 10가지를 대중의 인식 제고를 위해 정리했다.[50] 유럽연합 국가들에서 허위정보 정책은 외부의 부당한 개입 없이 안전하게 투명한 선거를 치르는 데에 맞추어져 있다.

'EU vs. Disinfo' 웹사이트의 흥미로운 점은 선거전의 개입을 노리고 의도적으로 가짜뉴스를 유포하는 주체를 불특정한 익명의 개인들이 아니라, '크렘린'(러시아를 상징하는 건축물)이라고 대놓고 명시했다는 점이다. 러시아가 다른 나라의 선거전에 개입하여 은밀하게 활동하고 민주주의를 위협할 수 있다는 강력한 경계심은 유럽 국가들에서는 뿌리 깊은 것이다. 러시아가 사용하는 수단들은 '정보 조작information manipulation', '사이버 방해cyber disruption', '정치적 후원political grooming', '극단적 개입extreme intervention' 등이다. 10가지 툴킷들 가운데 가짜뉴스 유포와 깊이 관련된 항목은 허위정보, 정치적 광고다.

- 허위정보를 통한 정보조작: 사실에 기반한 현실을 모호하게 만들어 대중을 속이고, 정보를 오염시킨다. 여론을 조작하기 위해 주요 사건이나 사안에 대한 잘못된 설명이나 오해를 유도하는 뉴스 콘텐츠 제작하고 고의적으로 왜곡한다.
- 정치 광고를 통한 정보조작: 특정 정당, 후보자, 정치적 쟁점 또는 공적 인물에 대한 허위정보를 전파한다. 소셜미디어에서 정치 광고를 구매할 때 가짜 신원이나 추적이 불가능한 허위정보를 사용한다.

러시아의 프로파간다 활동으로 의심되는 허위정보의 사례들은 2014년 우크라이나 총선, 2016년에 실시된 영국 브렉시트Brexit 투표, 2016년 미국 대선, 2017년 스페인 카탈루냐 독립 투표, 2017년 독일 총선, 2017년 프랑스 대선에서 발견되었다. 특정한 유력 정치인의 지지율 하락을 의도한 날조도 있지만 '유럽연합이 해체가 멀지 않았다'라며 불안감을 조성했다.

이처럼 '가짜뉴스 현상'은 한 국가 내 미디어 생태계에 한정되지 않는다. 외국의 정보기관, 홍보회사, 자발적 개인 등 많은 행위자들이 뛰어들고 있다. 허위정보로 분노와 불신을 조장하여 '관심'을 끌고 '여론'을 조종하려는 치열한 경쟁은 국경을 넘나든다. 군사적 갈등 관계에 있는 잠재적 적국이 온라인 프로파간다를 펼쳐 은밀하게 선거에 개입할 가능성은 커지고 있다.

미국 상원 외교위원회에 제출된, '푸틴의 비대칭 공격'을 분석한 보고서는 소셜미디어 플랫폼이 민주주의 국가를 위협하는 허위정보 캠페인의 핵심적 경로라고 지적했다. 그러면서 소셜미디어 기업들이 일정한 책임을 져야 한다고 견해를 밝혔다.[51] 『라이크워LikeWar』의 저자 피터 워런 싱어Peter Warren Singer는 소셜미디어의 클릭이 무기화weaponization되고 있다고 말한다.[52] 스파이와 첩보원들이 적지에 침투하거나 총탄을 피해 달리지 않아도, 허위정보만으로 분열적 여론을 조성하고 군사적 갈등을 고조시킬 수 있게 되었다. 미션 임파서블mission impossible 액션은 현실에서 그 비중이 줄어들고 사이버전cyber war으로 옮겨가고 있다. 사이버전의 주요 수단은 소리 없는 허위정보의 배포와 갈등을 조장하는 악소문이다.

예컨대 러시아와 우크라이나는 2014년 군사 분쟁을 벌인 이후에 누가 먼저 무력을 사용했고 누가 가해자인지, 대중의 판단을 흐리게 만드는 정보전을 시작했다. '크림반도 영토 분쟁에서 우크라이나 군대가 러시아를 먼저 침략했다', '우크라이나군이 크림반도에서 잔혹행위를 하고 있다'라는 가짜뉴스도 퍼졌다.[53]

우크라이나 슬로뱐스크에 사는 여성은 "친러시아 군인의 아들이 레닌광장에서 십자가에 매달려 죽었다"라고 러시아 TV와 인터뷰를 했다. 우크라이나군의 손에 살해당한 아이는 세 살이었다. 그러나 실제로 그 도시에는 레닌광장이 없었고 학살된 아이도 없었다. 그녀의 남편은 친러시아계 군인이었다.[54] 우크라이나 분리주의자들도 허위정보전으로 반격을 시작했다. 우크라니아 언론 《DONi News》는 아클란틱 리졸브 군사훈련 때 미군이 국경지대로 87대의 전차를 보냈는데, 3,600대라는 과장된 수치를 들어 소식을 전했다.[55] 페이스북은 크렘린의 허위정보 작전과 연결되었다고 의심되는 계정들을 삭제하고 있다.[56] 러시아 정보기관은 우크라이나 선거에 개입하기 위해서 키에프에서 현지인들의 페이스북 계정을 돈을 주고 사들이기까지 했다.

미국 국무장관 마이크 폼페이오Mike Pompeo는 "지금은 총알과 폭탄이 아니라 '비트bit와 바이트byte'를 통한 전쟁"이 진행되는 시대라고 말했다.[57] 미국 정부는 영국의 5G 모바일 네트워크 구축 사업에 중국 화웨이가 사업자로 참여하지 못하도록 영국을 압박했다. 폼페이오의 발언은 디지털 정보 흐름을 지배하는 것이 국제정치에서 얼마나 중요한가를 보여준다. 중국의 통신장비는 중요한 기밀을 빼내는 수단으로 여겨졌다.

그런데 비트와 바이트는 허위정보전쟁의 속성을 보여주는 표현이기도 하다. 의도적으로 생산된 가짜뉴스는 긴장된 국제 관계에서 안보 위협을 증가시키고 군사적 오판까지 불러일으킬 수 있다. 가짜뉴스는 상황 이해 능력을 훼손시킨다. 중요한 정치적 인물과 적대국 지도자의 발언을 조작한 뉴스를 무비판적으로 믿고 반응한다면 파국으로 치닫게 될 수도 있다. 유명인의 트위터는 기자들의 뉴스 정보원 역할을 하는데 트윗조차도 가짜뉴스에 오염될 수 있다.

2016년 12월에 파키스탄 국방장관은 가짜뉴스에 속아 군사적 보복을 경고하는 트윗을 올렸다. 그는 AWD 뉴스 웹사이트에 올라온 뉴스를 우연히 보았다. 이스라엘 국방장관이 "파키스탄이 시리아에 지상군을 파견한다면 우리는 파키스탄을 핵 공격으로 파괴할 것이다"라고 주장했다는 보도였다.[58] 도발적인 발언이었지만 그 뉴스를 자세히 보면 이스라엘 전직 장관의 이름이었고 내용도 허풍이었다.

파키스탄의 합참의장은 발끈하여 문제의 뉴스를 인용하면서 트윗을 올렸다. "이스라엘 국방장관이 파키스탄의 역할을 언급하며 핵 보복을 위협했다. 이스라엘은 파키스탄도 핵이 있다는 사실을 잊은 것 같다." 인터넷에 올라온 가짜뉴스는 결국 이스라엘을 향한 강력한 핵 위협 발언으로 이어졌다. 착각 때문에 발생한 해프닝이었지만 군사적 긴장을 심화시킬 수 있었다.

카타르와 사우디아라비아, 아랍에미리트 간에는 가짜뉴스 때문에 갈등이 불거졌다. 카타르 국왕이 군사학교 졸업식에서 "이란을 강대국으로 인정한다", "이슬람 단체 하마스, 헤즈볼라, 무슬림 형제단을 찬양했다"라는 발언을 했다고 전해졌다. 그러나 이 뉴스는 누군가가 국영 뉴스통신사 《QNA》를 해킹하여 만든 가짜뉴스였다. 이란과 적대적인 관계에 있는 사우디아라비아는 카타르 국왕의 발언을 매우 불편하게 받아들였다.[59] 카타르는 해킹이 아랍에미리트의 소행이라고 의심했지만 아랍에미리트는 부인했다. 머지않아 미국 주재 아랍에미리트 대사의 이메일이 해킹되어 사생활이 고스란히 온라인에 공개되었다.

리투아니아에서는 나토 소속 독일군이 어린 소녀를 강간했다는 이메일들이 나돌았다. 《슈피겔》은 그 의혹을 보도했지만 머지않아 거짓으로 드러났다. 리투아니아 당국은 가짜 강간 사건의 조사에 착수했다. 나토군에 대한 반감을 조성한 가짜뉴스의 배경에는 나토의 동유럽 확장을 달갑지 않게 여기는 러시아가 있었다.[60] 2016년 베를린에서 아랍계 난민이 러시아 출신의 13세 소녀 리사를 납치하여 강간했다는 뉴스가 러시아 언론을 달구었다. 분노한 러시아계 독일인들은 해명을 요청하는 거리 시위를 벌였다. 남자친구와 함께 밤을 보낸 리사가 부모에게 변명을 하려다가 불거진 해프닝이었다. 독일은 러시아 정부에게 리사 사건을 왜곡해서 반독일 여론을 조성하려는 목적으로 이용하지 말라고 경고하고 나섰다.[61]

허위정보와 가짜뉴스는 추적하기 어렵고 발뺌하기도 편리하다. 만일 적대국가의 조직이 허위정보전을 은밀히 실행하더라도 그 증거를 찾아 공개적으로 책임을 추궁하기는 어렵다. 사이버 활동의 귀속attribution이 어렵기 때문에 이해관계가 걸린 선거나 갈등 과정에 개입하려는 유인은 더 커졌다.

냉전시대에 스파이 활동은 오프라인을 무대로 했지만 이제는 온라인에서 다시금 부활한 듯하다. 외국 정부나 하부 조직의 은밀한 후원을 받아서 실행되는 디지털 허위정보 캠페인에는 '대량혼동무기Weapons of Mass Distraction'라는 이름이 붙었다.[62] 1950년대에 실행된 라디오 프리 유럽 방송이나 앵무새 작전과 비교할 수 없이 효과적인 프로파간다를 대규모 단위로 실행할 수 있는 환상적 여건이 조성된 것이다. 웹과 소셜미디어에서 허위정보를 살포하여 선거판을 흔들거나 유권자의 판단에 혼동을 주어서 우호적 정권이 들어선다면 굳이 무력을 사용하지 않고도 국제정치의 지형도를 바꿀 수 있다. 이런 기대감은 확고하기 때문에 비트와 바이트를 동원한 소리 없는 국제적 허위정보전쟁은 갈수록 과열될 것으로 보인다. 2016년 미국 대선에서 러시아의 소셜미디어 광고 구입과 해킹을 둘러싼 논란, 유럽 국가들의 선거를 노리는 러시아의 허위정보 캠페인은 냉전시대의 허위정보 프로파간다 대결이 다시 부활했음을 말해주고 있다.


## 브렉시트 국민투표

영국의 유럽연합 회원국 탈퇴를 의미하는 브렉시트는 내각의 단독의 결정이 아니라 국민투표를 거쳤다. 2016년 6월 실시된 영국 국민투표는 72.2퍼센트의 투표율을 보였고 51.9퍼센트가 찬성했다. 헌법학은 국민투표를 레퍼렌덤referendum과 플레비시트plebiscite로 구분한다. 레퍼렌덤은 헌법이 규정한 절차에 따라 실시된다. 반면 플레비시트는 정치적으로 중요한 안건을 결정하기 위해 실시된다. 브렉시트에 대한 영국인들의 투표는 플레비시트였다. 데이비드 캐머런David Cameron 총리는 보수당이 총선에서 재집권에 성공하면 브렉시트 국민투표를 하겠다고 공약을 내걸었다. 그는 브렉시트가 당연히 부결될 것으로 예상했지만 영국인들은 떠나는 편을 선택했다.

대영제국 시절의 자부심을 간직한 영국은 법률과 정책을 결정할 수 있는 주권이 축소되었다는 데 불만을 가지고 있었다. 유럽연합 집행이사회가 결정한 규제 조치, 각종 정책을 따라야 하고 국내법은 그 범위에서만 제정할 수 있다는 점은 보리스 존슨Boris Johnson이 지속적으로 강조한 불만사항이었다. 유로존 경제는 급격히 악화되고 있는데 영국 경기는 살아나고 있었다. 동유럽과 프랑스에서도 청년들이 일자리를 찾아서 영국으로 몰려들었다. 그런데 예상을 넘은 많은 외국인이 유입되면서 세금 지출이 늘어나고, 고용시장에서 내국인에게 피해를 줄 것이라는 우려가 커졌다. 통계를 분석한 결과 브렉시트 투표에서 찬성표를 던진 사람들은 비교적 소득이 낮은 편에 속했다.[63] 유럽연합 탈퇴 캠페인에 나선 노동당 정치인들이 과거 제조업이 발달했던 지역들을 정치 기반으로 하고 있었던 것은 우연이 아니었다.

그런데 2016년 브렉시트 투표 결과는 진정 민의를 반영한 것이었을까? 러시아 홍보회사 IRA는 브렉시트에 찬성하는 여론을 조성하기 위한 은밀한 프로파간다 활동을 벌였다. 러시아 정부의 지원을 받은 것으로 의심되는 2,752개의 트위터 계정 가운데 419개는 브렉시트와 관련한 트윗을 빈번하게 작성했다. 영국 언론이 트윗을 인용하여 기사화하면서 반대론을 더 악화시켰다. 《가디언》이 데이터 흐름을 분석한 결과, 러시아 정보기관이 운영한 트위터 가짜 계정들은 브렉시트를 지지하는 트윗을 올렸다.[64] 러시아는 유럽연합이 분열되기를 원했다. 일부 블로거들도 대가를 받고서 탈퇴 여론에 군불을 지폈다. 러시아와 연계된 브렉시트 찬성 트윗의 내용은 영국 《텔레그래프Telegraph》, 《메트로Metro》에 10차례나 인용되어 실렸고 《버즈피드》에까지 올라왔다.

영국 타블로이드 신문들에 계속적으로 실린 부정확한 가짜뉴스들은 브렉시트 여론을 수년 전부터 부추겼다. 신뢰도 낮은 보수 일간지 《데일리메일》과 《데일리 익스프레스Daily Express》는 동부 유럽 이주민들에 대한 가짜뉴스를 보도하여 대중의 거부감을 조장했다.[65] 《데일리메일》은 "루마니아와 불가리아에서 영국으로 가는 항공권과 버스표가 모두 매진되었다"라는 기사를 실었다.[66] 동유럽 이민자들이 일자리를 찾아서 영국행을 선호하는 것은 사실이었지만 매진되지는 않았다. 그 이후에 영국 언론불만처리위원회PCC는 문제의 '이민자 가짜뉴스'에 대해 81명이 제기한 불만을 수정하라고 권고했으나 《데일리메일》은 모두 거부했다.[67] 그런데 언론불만처리위원회는 정부 기구도 아니었기 때문에, 수정 권고에 따르지 않더라도 언론사가 가짜뉴스 보도 이후 감수해야 하는 법적 제재나 불이익은 없었다.

영국 재무부는 브렉시트 이후 국내총생산GDP 성장률이 10퍼센트까지 하락할 것이라는 전망을 공식적으로 내놓았다. 브렉시트 여파로 글로벌 기업들의 영국 내 투자가 줄고, 관세 부과로 제품 가격이 상승할 것이라는 예측도 나왔다.[68] 그러나 이런 통계적 전망은 브렉시트 찬성을 막지 못했다. 흥미로운 점은 브렉시트 국민투표가 끝난 이후에 영국 내 구글 검색어였다. 1위는 "유럽연합을 이탈하면 어떻게 될까?", 2위는 "유럽연합이 무엇인가?"였다.[69] 그렇다면 영국인들은 브렉시트의 진정한 파급 효과나 경제적 의미를 모르고 투표를 했던 것일까? 브렉시트 표결이 찬성으로 끝나자 러시아의 가짜뉴스 술책, 정치인들의 포퓰리즘적 선동에 속아 넘어간 잘못된 선택이라는 논란이 일었다. 그렇지만 2019년 12월에 실시된 영국 조기 총선에서 브렉시트 찬성파가 압승을 거둠으로써 영국인이 무엇을 원하는가는 분명해졌다.


### 보리스 존슨의 거짓말

뉴스의 줄거리를 거짓으로 채워 넣는 기술에는 보리스 존슨도 일가견이 있었다. 그는 《타임스》 기자로 일할 때 다른 기사들을 인용하면서 인용 표시의 범위를 교묘히 고쳐 쓰다가 해고당했다. 《텔레그래프》의 특파원으로 브뤼셀에서 일하던 시절에는 유럽연합의 획일적 규제 조치를 비판하면서 "콘돔 사이즈조차 16센티미터로 통일하려고 한다"라는 기사도 썼다. 그것은 사실이 아니었다. 그는 정확성, 진실성, 도덕성과 거리가 멀어 보였지만 부분적 진실이나 거짓으로 대중의 마음을 얻는 정치적 자질은 갖추고 있었다.

그는 브렉시트 국민투표를 두고서 여론이 고조될 때 "영국이 매주 유럽연합에 3억 5,000만 파운드의 분담금을 바친다"라는 과장된 문구를 적은 빨간

버스를 타고 돌아다녔다. 그러나 실제 정확한 수치는 매주 1억 9,000만 파운드 수준이었다.《인디펜던트》의 조사에 따르면 거의 절반에 이르는 영국인들은 그가 내세운 자극적 문구를 그대로 믿었다.[70] 한 변호사는 런던 시장 존슨이 영국인에게 거짓말을 하고 오도lying and misleading했다는 이유로 기소를 시도했다. 그러나 존슨을 대법원에 세우려는 사적 기소 신청은 기각되고 말았다.[71] 고등법원은 존슨의 발언이 업무상 부정행위나 권한의 남용은 아니라고 판단한 것이다. 3억 5,000만 파운드의 분담금을 낸다는 거짓 슬로건은 브렉시트 투표에도 영향을 주었지만 그 누구도 처벌이나 제재를 받지는 않았다.

2019년 그는 보수당 대표를 뽑는 경선에서 훈제 청어를 가공·판매할 때 플라스틱 아이스팩을 붙이도록 한 유럽연합 규제가 부당하고 영국은 자율적 규제 권한을 확보해야 한다고 외쳤다. 그의 발언은 머지않아서 거짓으로 판명됐다. 가공생선 유통방식 규제는 영국이 만들었던 것이다. 비록 허위사실을 동원했지만 브렉시트를 향한 그의 메시지는 전달되었다.


## 중국은 대만 선거에 개입했을까?

대만의 정치계는 국민당国民党과 민진당民进党이 경쟁하는 체제다. 국민당은 중국 대륙과 소통하고 안정적이고 평화로운 관계를 추구해야 한다는 비전을 제시하지만, 민진당은 '하나의 중국'을 반대하므로 이른바 92공식九二共识을 인정하지 않는다. 92공식이란 1992년 중국과 대만의 민간기구가 만나 하나의 중국을 인정하되 중국과 대만이 각자의 해석에 따른 명칭을 사용一中各表하기로 합의한 것이다. 대만은 "하나의 중국을 각자 해석한다"라는 데 무게를 두고 있다.

중국 네티즌들은 2016년 대만 선거에 큰 관심을 기울였다. 신랑웨이보新浪微博, 지후知乎 등 블로그와 소셜미디어 사이트에 대만 대선에 대한 글을 많이 올렸다. 특히 민진당에 대한 비판이 주류를 이루었는데 중국 정부의 조직적 대응이라는 의심을 샀다. '우마오당五毛党'은 중국 정부의 지시에 따라 중국 우호적 사안에 집중적으로 온라인 언론을 조성한 것으로 여겨지고 있다.

대만 정부는 총통 선거에서 중국이 정치적 여론을 조작하지 못하도록 중국 IT 업체들의 비디오 스트리밍 서비스를 금지했다. 바이두가 서비스하는 동영상 플랫폼 아이치이愛奇藝, IQiyi는 불법영업 혐의로 대만에서 퇴출되었다. 텐센트 비디오Tencent Video 앱도 규제 대상으로 지목되었다. 구글과 페이스북은 대만의 앱 접속금지 조치가 검열을 조장한다고 비난했다.[72] 이 규제 조치의 명목은 중국발 가짜뉴스假新聞가 대만 사회에 혼란을 야기하고, 민주주의에 위협을 준다는 것이었다.

2018년 11월 치러진 대만의 지방선거에서 친중국 성향의 국민당의 지지율이 크게 올랐고 '하나의 중국' 원칙을 인정하지 않았던 민주진보당은 참패를 기록했다. 그 이유로 가짜뉴스의 유포가 지목되었다. 그러나 전문가들은 저임금, 실업난으로 젊은 층의 지지율이 감소한 것을 진정한 원인으로 꼽았다. 대만 집권당은 선거에 임박하여 중국의 인터넷 부대가 대만에 침입한다는 내용의 동영상을 공개했다. 이 동영상은 허위정보전에 유권자들이 속지 말라고 요청하고 있었다. 그러자 중국은 완전한 날조라며 크게 반발했다.

사실 중국 정부가 생산하는 허위정보를 온라인에서 구별할 방법은 마땅히 없었다. 그러나 많은 가짜뉴스가 중국 웹사이트에서 퍼져 나와 소셜미디어와 메시징 서비스를 통해 대만인들에게 노출된다는 정황 증거는 있었다. 대만에서 떠돌았던 온라인 가짜뉴스와 낭설을 추적하면 외국의 서버들로 이어졌다. 중국 정부가 고용한 50센트 군대, 우마오당이 대만 선거에 영향을 미치는 트롤링과 댓글을 달았던 것일까?《워싱턴포스트》에 의하면 중국 정부는 소셜미디어, 불법적 자금 제공, 가짜뉴스를 사용하여 대만 선거에 개입하는 역량을 빠르게 발전시켰다.[73] 국경없는기자회RSF는 중국 정부가 대만 언론의 약점을 이용하여 허위정보를 퍼뜨린다고 비난하고 나섰다. 2020년 1월 대만 총통 선거 때도 "차이잉원蔡英文이 학위를 위조했고, 대만의 아이들을 망치려는 레즈비언이다", "그녀는 대만을 일본과 미국에 팔아넘기려고 한다"라는 악소문이 소셜미디어에 퍼졌다. 페이스북은 악성 소문이 퍼져나가는 페이스북 페이지 수백여 개를 폐쇄했다. 《뉴욕타임스》는 친중국 성향의 국민당 후보를 미는 중국 정보기관이 선거에 개입하기 위해 허위정보를 뿌렸다고 의심했다.[74]

그러나 《포린 폴리시Foreign Policy》는 다른 해석을 내놓았다. 중국은 러시아와 이란처럼 국가기관이 조종하는 선거 개입 활동을 하기보다는 중국 인터넷 사용자들이 자기 의지에서 자발적으로 중국 정부에 우호적인 여론을 만드는 비중이 크다는 것이다.[75]


## 우마오당과 쯔간우

중국은 1990년대 중반까지 중국중앙 TV, 《베이징일보》 등을 통해 파룬궁이 건강에 이롭고 도덕성을 높인다고 장려했다. 그런데 1999년부터 중국의 모든 선전기관들은 갑작스럽게 파룬궁을 상대로 미디어 전쟁을 개시했다. 장쩌민江澤民 등 고위 지도부의 정치적 판단이 내려지자 국영 언론사들의 논조는 순식간에 달라졌고, 파룬궁을 부정적으로 평가하는 뉴스가 쏟아졌다. 중국 관영 중국중앙방송CCTV은 파룬궁을 악마로 규정한 특집 방송을 내보냈고, 파룬궁 수련자들의 분신자살 사건도 가짜로 만들어냈다.

2007년 후진타오胡錦濤 주석은 중국 공산당 중앙정치국 연설에서 '혁신 정신으로 네트워크 문화를 구축하고 관리를 강화'할 것을 지시했다. 인터넷에 사상·여론 기지의 건설을 강화하고, 여론 주도권을 장악하며, 전면적 선전의 강도를 높여 주류 여론을 형성하는 긍정적인 홍보를 해야 한다는 필요성을 공개적으로 밝힌 것이다.[76] 소셜미디어의 시대가 되자 중국 정부는 수십만 명을 동원하여 날조된 친정부 뉴스와 논평을 온라인에 배포하고 있다.

온라인 친정부 프로파간다는 '왕루어핑누이엔Internet commentators, 网络评论员'이 조직적으로 수행한다. 또한 중국의 친정부 프로파간다를 돕는 집단은 '우마오당'이나 '우마오五毛'로 불린다. '인터넷 평론인', '인터넷 문명전달지원자', '인터넷 홍커'라는 호칭도 있다. 우마오당은 '50센트 정당'이라는 의미다. 이 트롤링 부대가 받는 돈은 5지아오角(한화로 90원)다. 하버드대학의 정치학자 게리 킹Gary King에 따르면 중국에서 우마오당이 온라인 게시판과 소셜미디어에 올리는 '가짜 댓글들'은 매년 4억 5,000만 건에 이른다.[77] 그는 가짜 댓글들 가운데 99퍼센트는 우마오당에 의해 작성되었다고 분석했다.

중국 정부에서 돈을 받는 댓글꾼 우마오당의 규모는 1,000만 명 정도로 추산된다. 우마오당은 온라인에서 여러 개의 닉네임을 사용하여 자신의 신분을 감추고 가명을 쓴다. 우마오당은 중국 당국의 지시에 따라 서로 협력하거나 소그룹을 구성하여 정부, 지방정부, 관료의 입장을 옹호하는 활동을 한다. 2004년 중국 후난성 창사시 시위원회 선전부에 소속된 우마오의 기본급은 매월 600위안 수준이었다. 친정부 댓글을 하나 달면 5지아오를 추가로 받을 수 있었다. 우마오당에 참여하는 사람들은 지방 공무원이나 대학생이 대부분이다. 우마오당은 인터넷에서 자잘한 논쟁에는 참여하지 않고 정부를 칭찬하고 응원하는 글만을 쏟아낸다. 논쟁적 사안이 있어도 직접 댓글로 반박하여 열기를 고조시키기보다는 대중의 관심을 다른 이슈로 돌리는 간접적인 방법을 사용한다

한편 돈을 받지 않는 열성적 댓글꾼들은 '쯔간우自干五'로 불린다. "건량을 자체적으로 보유한 혁명의 대오自帶干粮干革命的队伍"라는 의미다. 그들은 "사회의 긍정적 기운을 자발적으로 지원하고 중국 발전을 장려하는 이들은 사회주의의 핵심 가치를 확고히 실천"하는 네티즌들이다.

쯔간우는 국가기관이나 지방정부의 소속은 아니지만 중국에 대한 맹목적

비난, 악의적 소문을 반박하고 객관적인 사실을 자발적으로 찾아서 인터넷에 올리는 방식으로 중국에 우호적 여론을 조성한다.

쯔간우는 스스로 사회주의의 가치관을 택하고 인터넷에서 반중국 세력에 맞서는 역할을 하지만 우마오당은 중국 내 지방정부에 고용되어 돈을 받고 온라인 활동을 펼친다. 우마오당은 지방정부의 부정부패나 문젯거리를 발견해도 공론화하지 않고 침묵할 가능성이 크다.[78] 정부기관의 지시를 충실히 따르고 금전적 이익을 위해 댓글을 달기 때문이다. 반면 쯔간우는 중국에 대한 우호적인 댓글을 남기지만 자신만의 시각을 갖추고 있다.


### 홍콩 시위와 정보전쟁

중국 홍콩특별행정구가 '범죄인 인도법'을 추진하자 이에 반대하는 시위가 홍콩 도심에서 2019년 6월부터 시작했다. 시위 참가자는 20대가 압도적으로 많았다. 홍콩의 젊은이들은 베이징의 통제에 반발했다. 그러나 중국 본토의 언론은 홍콩 시위가 대다수 시민들의 의지가 아니고 외부세력과 결탁한 극히 일부의 폭동이라고 규정했다. 홍콩에서는 거리에서만 시위가 벌어지지 않았고 여론을 유리하게 이끌기 위한 온라인 프로파간다도 함께 진행되었다.

홍콩의 《사우스차이나모닝포스트SCMP》는 시위가 전개되는 모습을 전달하려 사실 보도에 충실했지만 《환구시보環球時報》, 《인민일보人民日報》 등 관영 언론은 홍콩의 자유와 독립을 요구하는 '시위대'를 불법적 '폭도'로 묘사했다. CCTV와 《인민일보》는 시위 현장의 정보를 왜곡해서 유포하는 작업을 했다. 주요한 전략은 홍콩 시위대가 외국 기관의 사악한 꼬임에 넘어갔다고 규정하고 민족주의적 감정을 조장하는 것이었다. 《환구시보》는 시위대를 사회질서를 무시하는 폭도이자 테러리즘 세력으로 표현했다.[79]

대립이 격화되자 온라인 허위정보전도 펼쳤다.[80] 중국판 트위터 웨이보

Weibo에는 홍콩 시민들이 부상을 입은 홍콩 경찰을 동정하고 폭력적인 시위대의 모습을 담은 동영상이 많이 올라왔다. 또한 '하나의 중국'을 부인하는 시위대의 '일국양제' 요구를 비판했다. "홍콩을 보호하고 폭력을 거부하자"라는 제목으로 《인민일보》가 주최한 웨이보 토론에는 100만 개가 넘는 찬성 댓글이 달렸다. 시위대가 중국 오성홍기를 던지고 훼손하자 CCTV는 '오성홍기를 보호하자'라는 캠페인을 웨이보에서 진행했다. 홍콩 중문대학의 한 교수는 중국 관영 언론은 저널리즘이 아니고 프로파간다라고 평가했다.[81]

트위터와 페이스북은 홍콩에서 이용 가능하지만 중국 본토에서는 접속조차 불가능하다. 그런데 이상하게도 홍콩에서 벌어진 시위에 대한 부정적 평가를 담은 포스팅이 다수 관찰되었다. 중국 정부는 홍콩 시위에 대한 허위정보를 퍼뜨리려고 트위터 음란물 계정을 구입했다. 중국의 친정부 댓글부대는 트위터와 페이스북에 댓글을 달다가 꼬리를 잡혔다.[82] 그러자 트위터와 페이스북은 시위대에게 비난을 퍼붓는 계정들 20만 개를 찾아내어 정지시켰다. 구글은 홍콩 시위대를 부정적으로 폄하하는 허위정보를 배포한 유튜브 채널 210개를 폐쇄했다. 중국 정부가 배후에서 프로파간다에 사용한다고 의심되는 채널을 무력화한 것이다.[83] 시위 과정에서 경찰이 근거리에서 발포한 고무탄에 얼굴을 맞은 한 여성은 오른쪽 안구가 파열되는 심각한 부상을 입었다. 피를 흘리고 쓰러진 여성의 사진은 널리 공유되었다. 그녀는 공권력에 의해 탄압을 받는 홍콩 시민의 상징으로 떠올랐다. 홍콩 시위대는 과도한 폭력에 항의하는 의미로 홍콩 국제공항을 점령했다.[84] 한쪽 눈을 붕대로 감고서 '눈을 돌려달라還眼'라는 포스트잇을 써 붙였다. 그런데 CCTV는 그 여성이 실제로는 환전상이며 시위대가 던진 돌에 맞았다고 보도했다. 이 뉴스에는 그녀가 부상을 입기 전에 거리에 서 있는 사진까지 곁들였다.[85] 그러나 사람들은 이 뉴스를 시위대의 분노를 물타기하려는 조작이라고 여겼다.

시위대와 경찰은 불확실한 정보를 퍼뜨려서 상대방을 공격하고 여론의 지지를 얻으려고 했다. 전직 홍콩 교육부 장관은 라디오에 출연하여 14살 여학생이 시위대에 성을 제공하여 임신했다고 말했다. 시위대는 유언비어라고 반발했다. 그러자 한 16세 소녀가 경찰에게 성폭행을 당했다면서 고소를 했다는 뉴스가 나왔다. 경찰은 허위 주장이라고 발표했다. 오해를 유도하는 소문과 가짜뉴스가 온라인을 달구자 경찰과 시위대의 대립은 더 격화되었다.

시위대는 지하철역과 중국계 기업 매장들에 불을 질렀다. 그들이 남긴 낙서에 따르면 샤오미는 공산당의 앞잡이라는 뜻의 '나이공女爾共', 지하철은 공산당의 철도라는 뜻의 '당티에黨鐵'에 해당했다.

"우리는 모두 중국인이다"라고 언쟁을 벌이는 남자의 셔츠에 누군가가 휘발유를 뿌리고 불을 지르는 장면이 소셜미디어로 퍼져나갔다. 경찰이 18세 시위대의 가슴에 권총을 발사하는 장면도 페이스북으로 생중계되었다. 경찰과 시위대, 친중국 매체와 홍콩 매체, 중국 네티즌과 시위대는 유리한 여론을 조성하기 위해 이미지와 영상을 선택적으로 퍼뜨렸다. 공식적 뉴스와 소셜미디어로 실시간으로 전달되는 뉴스는 감정에 호소했고 상대방의 명분을 깎아내리는 심리전의 양상을 보였다. 어떤 정보를 믿느냐에 따라서 홍콩 시위대에 대한 평가는 극명하게 갈렸다. 중국의 압제에서 벗어나 홍콩식 민주주의를 추구하는 시민의 힘people power이거나 무질서한 폭민mob이었다.

폭력을 조장하는 표현을 막는다는 명목에서 온라인 검열이 허용되자 시위대는 텔레그램, 왓츠앱, '홍콩의 자유Liberty in Hongkong'라는 뜻의 'LIHKG' 토론방에서 시위 일정과 뉴스를 주고받았다. 그러자 중국은 'LIHKG' 사이트를 악성코드로 공격했다. 애플은 앱스토어에서 시위대에 경찰의 위치를 실시간으로 알려주는 앱 'HK맵닷라이브HKmap.live'를 삭제했다. 《인민일보》가 애플이 시위대를 돕고 폭력을 조장한다고 보도했기 때문이었다.[86]

## 선거운동(Wahlkampf) 사건

선거는 정치적 의사를 결정하는 중요한 민주주의 절차다. 유세 과정에서 정치인의 허위 표현과 비판은 어디까지 허용되는 것일까? 우리나라에서 선거 기간에 유포되는 가짜뉴스는 공직선거법 위반으로 규제 대상이다. 그런데 허위사실 유포 금지 조항이 적용되려면 특정한 후보자를 낙선시키거나 당선시킬 목적이 필요하다. 후보자에 대한 허위사실은 객관적 진실에 맞지 않는 사실을 의미하며 유권자들이 후보자에 대한 정확한 판단을 그르치게 할 가능성만 있으면 된다. 그렇지만 공직 후보자를 검증하려면 100퍼센트 진실이 아닌 한 형사처벌 가능성까지 감수해야만 하는 현실이 표현의 자유를 지나치게 제한한다는 비판도 존재한다. 국내 판례에 따르면 검사는 의혹 제기자의 주장이 '허위'라는 점을 증명하지 않더라도, 그 주장의 근거에 신빙성이 없다는 점만 밝히면 유죄 판결을 확보할 수 있다.[87]

공직선거법 규제는 간접적·우회적 표현 방식으로 허위사실을 암시했더라도 그 표현에도 적용된다. 대법원은 당선되지 못하게 할 목적으로 허위사실을 공표했다면 비록 공공의 이익을 위한 행위라고 할지라도 그 위법성이 사라지지는 않는다는 해석 기준을 유지한다.[88] 선거관리위원회는 허위사실 유포 행위의 위법성을 1차적으로 판단을 한 이후 검찰에 고발하고 있다.

독일 헌법재판소는 1982년 선거운동Wahlkampf 사건에서 정치적 발언자가 '허위적 사실unwahrer Tatsachen'임을 이미 알고 표현하거나, 타인의 발언을 '잘못 인용unrichtige Zitate'한 경우에도 표현의 자유로 보호되지 않는다고 판단했다.[89] '잘못된 정보Unrichtige Information'를 정치적으로 이용하는 행위는 연방기본법의 보호 대상이 아니라고 보았던 것이다. 그러나 이 같은 해석이 정치적 발언자에게 언제나 '진실 의무'를 요구하는 것으로 해석되어 표현의 자유에 부담을 주면 안 된다고 덧붙였다.

이 사건은 독일 연방의회 선거에 출마한 사회민주당SPD 소속 후보자의 발언에서 시작되었다. 현직 유럽의회 의원이었던 후보자는 "독일 기독교민주연합CSU은 유럽의 국민민주당NPD이다"라고 말했다.[90] 국민민주당의 이데올로기와 가치관을 빗대어 기독교민주연합을 간접적으로 비난한 발언이었다. 독일 국민민주당은 극우 민족주의 정당으로서 '인종적 민족주의'를 내세우고 있었다. 두 정당의 정치적 색채와 활동 지향점은 크게 달랐다. 따라서 "CSU는 유럽의 NPD다"라는 발언은 허위적 사실이자 경멸적 표현으로 받아들여졌다.

분노한 기독교민주연합은 다시는 이런 발언을 하지 못하도록 법원에 금지명령을 신청했다. 문제의 발언을 '의견'이 아닌 '사실의 진술'로 보았다. 그러자 발언자는 표현의 자유가 침해되었다면서 헌법소원을 제기했다. 독일 헌법재판소는 그 발언이 선거 캠페인 과정에서 예상되는 정당 간의 공적 논쟁은 아니었고, 어디까지나 허위사실이므로 표현의 자유로 보호되지는 않는다고 보았다. 한편 우리나라 공직선거법은 후보자를 낙선시키거나 당선시킬 목적을 가진 허위사실의 유포행위만을 처벌하지 정당 자체에 대한 비난은 문제 삼지 않는다.


### 소문을 인용한 주장

선거 유세기간에 상대 후보자에 대한 소문이나 타인의 말을 전달하면서 특정 후보자를 공격하는 수법은 흔하다. "A 후보에 대한 어떤 소문이 있다고 합니다"라면서 소문을 알린다. 그것이 거짓인지 진실인지는 모르지만 소문을 듣거나 제보를 받았을 뿐이라고 한다.

소문은 일반적으로 익명의 작성자에 의하여 이야기가 시작되고, 그 후 다른 사람들을 통해 그 이야기가 반복되어 널리 퍼지고, 마지막에는 인쇄 매체를 통해 보도된다. 그 소문이 보도되기 전에 실제로 존재했다면 신문사로서는 전달만 했기 때문에 법적 책임이 없다고 생각할 수 있다.

우리 법원은 그 소문이 실제로 존재하는지가 아니라 소문이나 의혹이 지목하는 '어떤 사실'이 허위사실인가를 살핀다.[91] 소문의 내용이 허위사실이라면 이미 떠도는 소문을 인용했어도 허위사실공표죄가 역시 성립된다. 미국에서도 명예훼손적 소문을 기사에 실은 신문은 최초 발표자와 같은 법적 책임이 인정된다.[92] 로드아일랜드주 대법원은 소문을 듣고 보도한 신문은 공정한 보도의 특권fair report과 중립적 보도의 특권neutral reportage을 누리지 못한다고 판결했다.[93] 공정한 보도의 면책은 어떤 개인에 대한 명예훼손적 보도가 특정될 수 있는 책임 있는 근거를 정확히 밝히는 경우에만 적용된다. 뜬소문은 그 근거가 부족하기 마련이다.

발언에 앞서 "누군가에게 어떤 소문을 전해 들었다"라고 전제하더라고 사실의 적시는 여전히 인정된다. 그러므로 의혹을 제기하려면 공직 후보자에 대한 어떤 악소문이나 제보를 접해도 그것이 진실인지 확인하는 절차를 거쳐야 한다. 막연히 소문 탓을 하거나 지인에게 전해 들었다고 주장해도 면책이 되지 않는다. 요컨대 상대 후보자에 대한 부정적 정보를 제공하여 의혹 제기를 할 수 있지만 조건은 까다롭다.

대법원 판례에 따르면 공직 후보자의 비리에 관한 의혹 제기는 무제한 허용되지는 않고 진실인 것으로 믿을 만한 상당한 이유가 있어야 한다. 어떤 의혹이나 사실이 존재한다고 주장하려면 진실을 인정할 만한 소명자료를 반드시 제시해야 한다. 진실이라고 믿을 만한 '상당한 이유'가 있으면 비록 나중에 진실이 아닌 것으로 밝혀져도 이를 벌할 수 없다. 상당한 이유는 결국 소명자료를 제시했느냐의 여부로 판가름이 난다. 의혹을 뒷받침하는 충분한 자료가 없다면 허위사실의 공표로 여겨지게 된다.

후보자와 관련한 사실이 진실한가를 확인하는 절차가 시간적·물리적으로 가능했는데도 정확하게 확인하려 노력을 하지 않았고 당선되지 못하게 할 목적을 가졌다면 허위사실공표죄의 고의가 인정된다.[94] 헌법재판소는 후보자를 당선되지 못하게 할 목적으로 허위사실을 공표하는 행위에 대한 처벌을 합헌으로 보았다.[95] 누군가 근거가 박약한 의혹을 제기한다면 나중에 의혹이 사실 무근으로 밝혀지더라도 후보자의 신뢰 훼손은 돌이키기 어렵고 유권자의 의사가 왜곡될 수 있기 때문이었다.[96]

## 수전 앤서니 리스트의 정치 광고

미국 내에서 낙태 허용은 여전히 논쟁거리이며 정치적 입장 차이는 뿌리가 깊다. 1973년 로우 대 웨이드Roe v. Wade 사건에서 연방대법원은 여성들이 임신 후 6개월까지 임신 중절을 선택할 수 있는 헌법적 권리를 가진다고 판결했다.[97] 그 이전까지 대부분의 주들은 낙태를 금지했다

미국가족계획협회Planned Parenthood는 전국 700개 진료소에서 피임기구 보급, 성병 치료, 임신 중절 등을 실시하는데, 환자보호 및 부담적정보험법 PPACA에 의해 연방정부에서 보조금을 지원받는다. 그러나 보수 기독교 근본주의자 등 낙태 반대론자들은 연방정부가 세금으로 낙태를 돕는 데 강하게 반대했다. 비영리단체 수전 앤서니 리스트SBA List는 환자보호 및 부담적정보험법에 찬성한 정치인들을 '저격'하는 광고를 시작했다. 이 법률은 낙태 시술에 연방 보조금을 지원하기 때문에 낙태 논쟁과 연결되어 있었다

며칠 후 빌보드 광고판에는 민주당 전직 의원 스티븐 드리하우스Steven Driehaus를 비난하는 문구가 큼지막하게 등장했다. "부끄러운 줄 알아라. 스티븐 드리하우스, 낙태시술에 세금을 주는 법안에 찬성하다니!" 오하이오주는 수십 년 째 공화당의 텃밭이었기에 하원의원 선거에 출마한 후보자가 낙태를 공개적으로 지지하면 유권자들의 외면을 받을 수 있었다. 낙태를 지지한다고 소문이 난다면 지지율을 잃거나 상당한 정치적 타격을 입을 수 있었다. 그러나 드리하우스는 환자보호 및 부담적정보험법 표결 때 찬성하지 않았다.

낙선한 드리하우스는 SBA가 선거 캠페인 기간에 빌보드 광고로 허위발언 false statements을 했다고 오하이오주 선거관리위원회에 고소했다. 오하이오 주법은 선거 캠페인 기간 중 허위발언을 형사처벌하고 있었다. 또한 선거법 위반 사건에 대해서는 선관위의 판단을 거치게 하고 있었다. 선관위는 SBA가 세운 빌보드 광고의 메시지가 허위사실이라는 합리적 근거probable cause가 있다고 결정하고 드리하우스의 손을 들어주었다. 그러자 미국시민자유연합 ACLU과 SBA는 "오하이오주 선관위에는 정치적 발언의 허위를 판단할 법적 권한이 없다"라며 반박했다.

2014년 연방대법원은 SBA 대 드리하우스Susan B. Anthony List v. Driehaus 판결에서 선거 캠페인 기간에 후보자를 향한 허위적 언사가 표현의 자유로 보호되는지 여부를 '오하이오주 선관위'가 판단할 권한이 없다고 판결했다.[98] 클래런스 토머스Clarence Thomas 대법관은 "오하이오주 선관위가 발언의 허위성 여부를 판단한다면, 발언자로서는 미래에 형사처벌을 받을 위협에 놓인다. 이런 절차는 선거와 관련한 발언electoral speech을 하는 데 부담을 주게 되므로 해악의 위협이 있다"라는 점을 그 이유로 들었다.

여기에서 멈추지 않고 SBA는 선거 캠페인 기간에 행한 허위적 발언을 광범위하게 규제하는 오하이오주 법률의 위헌성을 확인해달라고 다시 소송을 제기했다. 오하이오주에서는 후보자에 대한 허위정보를 캠페인 기간에 자료에 담아서 발행·공시·유포하는 행위를 금지했다. 그런데 홍보자료의 내용이 허위정보임을 알고 있었든지, 부주의하여 알지 못했든지 구분하지 않고 모두 처벌하고 있었다. 착각해서 허위사실을 말한 경우는 고의가 없는 셈이지만 처벌이 가능했다.[99] 2016년에 제6연방항소법원은 이 법률 조항이 수정헌법 제1조에 위반되어 위헌이라고 판단했다.[100] 미국에서 선거 캠페인 기간에 허위적 언사false statements 유포를 금지하는 주는 2015년 기준으로 11개 주에 이른다.[101]

국내 기준에 따른다면 SBA가 세운 빌보드 광고판의 내용도 낙선 목적 허위사실공표죄에 해당할 것이다. 우리나라 선관위는 후보자 등록 후 선거 캠페인 기간에 광범위한 모니터링을 통해 허위사실 공표 행위를 찾아내고 허위성을 1차적으로 판단한 이후에 검찰에 고발한다. 또한 허위 게시물의 '삭제 요청'도 가능하다. 그러나 미국 연방대법원은 주선거위원회가 표현의 허위성을 판단할 수 있는 권한을 가질 수 없다고 판결했다.

우리나라에서도 공직선거법상 허위사실공표죄로 처벌이 가능하려면 '허위성'의 인식이 필요하다. 그런데 고의는 정황상 추정되므로 광범위하게 인정된다. 예컨대 방송토론회에서 "L 후보자가 북침설을 주장하여 징역살이를 하였다"라고 허위사실을 말했던 사례에서 대법원은 고의가 인정된다고 판단했다. 의혹제기 차원에서 발언했어도 막연한 추측뿐이고 수긍할 만한 자료도 없었다면 허위사실 유포의 고의는 추정될 수 있다는 것이다.[102] 고의가 추정된다면 허위사실인지 미처 모르거나 실수로 착각해서 말했던 경우까지 처벌되는 경우도 생겨나게 된다. 그러나 미국의 판례는 만일 배포자가 홍보물의 내용이 허위인지 알지 못했다면 배포, 홍보 행위를 처벌할 수 없다는 입장이다.

이렇게 표현의 자유에 대한 헌법적 해석의 차이를 가져온 결정적 원인은 무엇이었을까? 우리나라 입법자는 선거의 공정한 관리를 정치적 표현의 자유보다 중요시했다.[103] 반면 오하이오주 정치적 허위발언금지법을 위헌으로 판결한 미국 법원은 주 법률이 정치적 발언과 비판을 위축하는 효과를 초래해서는 안 된다고 판단했다.[104]

# 5장
# 가짜뉴스 현상과 저널리즘의 책임

익히 알려진 정보 조작 전문가들이 있음에도 사람들은 새로운 위협들에 초점을
두는 경향이 있다. 광고, 가짜뉴스, 소셜미디어에 올라오는 콘텐츠는 많은
관심을 끌고 있다. 그러나 그 영향력을 케이블 TV, 라디오 등 전통적 플랫폼(old
platform)의 영향력과 비교해본다면 여전히 초라한 수준이다.

_요하이 벤클러, 『네트워크 프로파간다』(2019) 중에서

## 루겐프레스

'루겐프레스Lügenpresse'는 '거짓말쟁이 언론'이란 뜻으로 주류 언론을 경멸적으로 일컫는 단어다. 그 유래는 1870년에 벌어진 프랑스-독일 전쟁 때 독일의 저널리스트들이 적국의 프로파간다로 의심되는 뉴스들을 공격하기 위해 사용한 것이다. 거짓말쟁이 언론은 적대국의 강력한 무기로 여겨졌기 때문에 그 당시 독일의 종교 통신사 《복음주의 언론 서비스EPD》는 루겐프레스와의 전투를 사명으로 삼았다.[1] 1930년대 권력을 잡은 나치는 유대인, 공산주의에 우호적인 언론과 외신 보도를 루겐프레스로 몰아붙였다.[2] 백악관에서 CNN 기자를 가짜뉴스라고 부르면서 망신을 주는 트럼프의 모습은 나치의 모습과 닮아 있다.

트럼프는 대통령 취임 1년 맞아 직접 '2017년 가짜뉴스상' 톱 10을 골라서 발표했다.[3] 1위는 "트럼프의 대선 승리로 인해 경제가 심각한 침체에 빠질 것"이라고 예상한 폴 크루그먼Paul Krugman의 《뉴욕타임스》 칼럼이었다. 2위는 "마이클 플린Michael Flynn 전 국가안보보좌관이 FBI에서 2016년 대선 캠페인 기간에 트럼프의 지시로 러시아와 접촉했다는 자백을 할 것"이라는 ABC 뉴스 보도였다. "트럼프가 해킹된 위키리크스 문서를 대선 기간에 열람했다"라는 CNN 기사가 3위를 차지했다. 트럼프가 백악관 집무실에서 마틴 루터 킹 목사의 흉상을 치워버렸다는 《타임》 기사는 4위였다. 트럼프 가짜뉴스상을 받은 언론사들은 조롱을 잊지 못할 것이다.

대부분의 정치인들은 언론 보도의 부정확성에 분노하고는 한다. 그러나 특정 정당과 정파적 언론이 암묵적으로 결탁하는 경우도 드물지 않다. 일부 언론은 정치인의 발언이나 범죄 혐의를 지나치게 부각시키고 근거가 빈약한 추정을 분명한 사실처럼 보도한다. A라는 사실이 확정되기 이전에 A에서 논리적·필연적으로 파생되는 B 사실을 추정하고 파고들면서 기사들을 쏟아낸다. 머지않아 그 뉴스가 허위로 들통 나면 슬그머니 또 다른 궤변으로 둘러대기도 한다.

흠집을 내기 위한 보도, 맥락을 왜곡하는 보도, 억측성 기사, 특정 정파를 암묵적으로 지지하는 보도, 불분명한 사실을 전제로 쓰는 논평도 '허위'라는 점은 같다. 그러나 상상 속의 이야기거나 터무니없는 거짓으로 채워진 날조라면 뉴스룸을 통과하기 어렵다. 팩트체킹을 엄밀히 진행하고, 정확한 사실을 찾아서 보도하려는 다른 언론들의 반박을 지켜보면 그 과정에서 진실은 자연스럽게 드러난다. 저널리즘 정신으로 무장한 언론의 비판과 감시 기능은 여전히 작동한다고 볼 수 있다.

중요한 이슈에 대한 여론의 방향을 형성하거나, 선거전에서 위력을 발휘하는 주류 언론의 영향력은 편파적 보도나 부정확한 보도 자체가 아니라 뉴스 편집권에 달려 있다. 즉, 어떤 뉴스를 강조하거나 소홀히 다룰 것인가, 부정적 또는 긍정적 논조 가운데 무엇을 선택할 것인가, 어느 정도 비중으로 다룰 것인가 결정하는 것은 강력한 권력이다. 2016년 미국 대통령 선거는 그 분명한 사례라고 할 수 있다.

독립 미디어 복스Vox는 2016년 미국 대선 때 쏟아진 반힐러리·친트럼프 온라인 가짜뉴스들이 유권자들에게 거의 영향을 미치지 못했다는 결론을 내놓았다. 소셜미디어에 올라오는 가짜뉴스가 선거철에 즈음하여 실제로 여론에 미치는 영향력은 미미했다. 가짜뉴스 웹사이트보다는 신문, TV 등 주류 미디어가 '진짜 정치 뉴스'를 보도하면서 의혹과 자극적인 소재에만 집중한 나머지 정치 뉴스의 균형 있는 전달에 실패했다고 분석했다.[4] 즉, 소셜미디어에 넘쳐난 가짜뉴스는 무척 많은 듯 보였지만 실제로 민주적 선거를 위협하는 원인은 아니었다.

이선 주커먼Ethan Zuckerman과 요하이 벤클러도 마찬가지 결론을 내렸다. 2016년 대선 캠페인 과정에서 트럼프는 소셜미디어에 난무하던 허위정보가 아니라 보수적 주류 미디어를 통해 자신의 선거 어젠다를 주목받게 만드는 데 성공했다.[5] 트럼프 후보자의 주장을 보도한 뉴스들의 분량은 힐러리 뉴스에 비해 압도적으로 많았다. 힐러리에 대한 보도는 크고 작은 부정적 스캔들에 집중되었지만, 트럼프를 다룬 뉴스 보도는 그가 주장한 정책 어젠다에 중점을 두었다. 힐러리는 자신의 역량과 경험을 부각시키려고 애썼지만 그 바람과는 달리 클린턴 재단의 비리, 이메일 스캔들에 대한 FBI 수사, 건강 이상 징후들이 그 자리를 채웠다. 이민자 감축, 일자리에 대한 약속, 중국에 대한 관세부과 등 트럼프의 공약을 알리는 뉴스들은 그의 탈세 의혹이나 성추문 들추기보다 더 많았다. 《뉴욕타임스》는 트럼프의 1995년 세금신고 서류를 입수하여 편법·탈세 의혹을 다룬 특종까지 터뜨렸으나 대세를 바꾸지는 못했다.[6]

### 언론도 가짜뉴스를 보도하나?

미국 몬머스대학이 2018년 4월 실시한 설문에 따르면 미국인 응답자들 77퍼센트가 전통적 TV 방송과 신문사들이 가짜뉴스를 보도한다고 믿고 있었다. 2017년 조사에서는 긍정적 답변이 63퍼센트였으나 2018년에는 더 증가했다. 77퍼센트의 응답자 가운데 31퍼센트는 주요 TV 방송과 신문이 "정기적으로regularly 가짜뉴스를 보도한다"라고 응답했다. 46퍼센트는 "가끔occasionally 가짜뉴스를 보도한다"라고 답했다.[7] "부정확한 뉴스 보도inaccurate reporting가 가짜뉴스"라고 생각한 응답자는 25퍼센트에 불과했다. 반면에 응답자들 65퍼센트는 언론사가 어떤 정보와 뉴스를 보도할 것인가를 선택하는

"편집행위editorial decisions도 가짜뉴스의 범주"에 해당한다고 응답했다.

한편 국내에는 가짜뉴스 현상을 언론계 밖의 문제로 한정하려는 분위기가 팽배하다. 그러나 공적 책무를 내던진 정파적 저널리즘은 가짜뉴스 현상의 원인에서 결코 자유롭지 못하다. 언론이 민감한 이슈에 대한 편향된 뉴스를 내보내어 여론을 오도하였던 과오는 덮어 놓고 일탈적 개인들만을 문제시하는 것은 설득력을 가지기 어렵다.[8] 개인들이 만든 가짜뉴스 웹사이트나 비공식적 경로로 유포되는 허위정보만이 정보 생태계를 오염시키는 요인은 아니다. 개인들이 만드는 극단적 논조의 유튜브 시사 논평이나 메신저 앱을 타고 떠도는 가짜뉴스는 언론의 정파적 기사나 부정확한 억측성 보도를 씨앗 정보로 삼아서 살을 붙이고 주관적 관점을 가미한 것이다.

가짜뉴스의 경제적 비용이 30조 원에 달한다는 엄청난 추정치를 보도한 국내 기사들은 마치 가짜뉴스가 주류 언론과는 무관하다는 인상을 애써서 만들었다.[9] 그러나 국내에서 실시된 한 설문 결과는 언론에게도 가짜뉴스의 책임이 있음을 드러내준다. 시민들은 언론사들이 만드는 오보, 광고 수익을 목적으로 포털에 올라오는 어뷰징 기사, 낚시성 기사, 광고성 기사도 '가짜뉴스'로 인식하고 있었다.[10] 언론사의 뉴스 오보가 매우 유해하다는 응답은 65.2퍼센트로, 뉴스 형식을 가장한 가짜뉴스가 매우 유해하다고 답한 60.1퍼센트보다도 많았다. 뉴스 내용과 무관한 선정적 제목을 붙인 낚시 기사, 클릭수를 높이려 농일 내용을 올리는 어뷰싱 기사, 소셜미디어 포스팅을 기공해서 만든 기사도 가짜뉴스로 여겨졌다. 낚시성 기사들이 매우 유해하다는 응답은 54.4퍼센트였다.[11] 이런 설문 결과는 사람들이 주류 언론에게도 가짜뉴스의 책임이 있다고 여긴다는 점을 드러내준다.

## 가짜뉴스가 될 뻔했던 워터게이트

1972년 6월 워싱턴 D.C.에 있는 워터게이트 빌딩의 민주당 본부에 침입하던 괴한들이 경찰에 체포되었다. 11월 대선이 다가오는 시점이었다. 침입자 다섯 명 가운데는 전직 중앙정보국CIA 요원과 닉슨 재선 위원회 소속의 경호원도 있었다.

압도적 득표율로 재선에 성공한 리처드 닉슨Richard Nixon은 워터게이트 도청 의혹을 가짜뉴스라고 일축했다. 보수 신문들은 《워싱턴포스트》를 가짜뉴스라고 공격했다. 닉슨은 여유를 부리며 "사람들은 대통령이 사기꾼인지 아닌지를 알아야 하기 때문에 이런 종류의 테스트를 환영"한다며 침입 건에 대해 아는 바 없다고 했다.[12]

그러나 뒤로는 언론에 지치도록 시달린 나머지 부통령을 시켜 방송 네트워크과 신문사들에게 합법적으로 앙갚음할 수 있는 수단을 찾았다. CBS 뉴스에는 협박을 시도했고 연방통신위원회FCC를 동원해 TV 방송국의 재허가를 내주지 않는 방안까지 검토했다.

워터게이트 사건은 여론의 관심에서 밀려나고 있었다. 그런데 워터게이트 침입의 은폐를 지시하는 닉슨의 목소리가 담긴 테이프가 있다는 증언이 상원 특별위 청문회에서 나오면서 상황은 급변했다. 대통령실 보좌관이 대통령 집무실의 모든 대화가 자동으로 녹음된다고 밝혔던 것이다. 닉슨은 테이프의 공개를 거부하고 편집된 기록만을 제출했다. 그러나 기록문서의 상당 부분은 욕설과 국가보안 사항이라는 이유로 검게 지워져 있었다. 18분이 넘는 분량은 아예 빠져 있었다. 닉슨은 대통령 특권을 주장했지만 연방대법원은 만장일치로 문제의 테이프를 넘기라고 판결했다.[13] 결국 닉슨은 권좌에서 내려와야만 했다.

결정적 물증이 없었다면 진실을 밝히려는 보도는 흐지부지 끝나버렸을 것이다. 다행스럽게도 《워싱턴포스트》 기자 칼 번스타인Carl Bernstein은 정보원 딥스로트Deep Throat와 연결되어 있었다. 법무부 장관과 차관은 특별검사를 해임하라는 닉슨의 명령을 정면으로 거부하고 사퇴해버렸다. 연방대법원은 증거 조작을 숨기려는 권력자를 두둔하지 않았다.

트럼프 대선 캠프의 보좌관이었던 조지 파파도풀로스George Papadopoulos는 런던의 술집에서 러시아가 힐러리 흠집 내기를 하고 있다고 호주 외교관에게 떠벌였다. 제보를 받은 2017년 3월 FBI가 러시아의 대선 개입 혐의 조사를 시작한 이후 트럼프는 러시아와 아무런 공모도 없었다는 주장을 되풀이 했다. 군사 원조를 대가로 조 바이든Joe Biden 아들의 뒷조사를 하도록 우크라이나 정부를 압박했다는 우크라이나 게이트 의혹도 부인했다. 오히려 트럼프는 "민주당원들과 가짜뉴스의 유포는 위험하고 나쁘다"라고 규정하고 "탄핵 사기hoax"를 끝내라고 공격했다. 그의 호언장담은 50여 년 전에 닉슨이 내놓은 말을 떠올리게 만들었다. 닉슨의 워터게이트와 트럼프의 러시아 게이트의 공통점은 권력자의 거짓말이었다.

요즘은 모든 언론사가 워터게이트 사건을 추적했던 《워싱턴포스트》처럼 사회적 책임을 최우선으로 추구하지 않는다. 굵직한 탐사보도는 비영리 언론에서 나온다. 위계적·관료적 조직의 지시에 따라서 일하는 뉴스 제작자들은 제한된 자유만을 가진다. 거대 미디어 기업들은 공적 감시보다는 수익 확보에 더 열을 올린다. 미국의 경우 지난 40여 년 동안 미디어 산업의 집중도 수준은 더 높아졌다.

벤 바그디키언Ben Bagdikian이 1980대에 조사할 때 50여 개에 이르던 거대 미디어 기업들은 2010년대에는 6개로 줄어들었다. 소유가 고도로 집중화되면 신문·방송·뉴스 보도의 통제자들은 자신들의 경제적 이익과 정치적 성향에 부합하는 정보를 강조할 수 있다.[14]

## 미디어 집중도가 미치는 영향

미디어의 집중도가 커질수록 언론 보도의 다양성은 사라지고, 비판과 감시 역할은 위축된다. 미디어 법학자 에드윈 베이커Edwin Baker는 '미디어 집중이 언론의 자유와 민주주의에 어떤 영향을 미칠 것인가'에 관심을 가졌다. 그에 따르면 고도로 집중된 미디어의 소유권은 경제적 이익 극대화를 추구하기 때문에 오직 경제적 이익에 부합되는 한도에서만 작동한다.[15]

1983년에는 미국 미디어 시장은 50개 미디어 기업들이 지배했으나 2010년대 후반부터 21세기폭스, 컴캐스트, 타임워너, 월트 디즈니, CBS 코퍼레이션, 바이어콤 등 여섯 개 기업들이 90퍼센트를 통제하고 있다.

4대 지상파 방송사 CBS, Fox, ABC, NBC는 모두 대기업이 소유하고 있다. 막대한 자본력을 갖춘 소수 미디어 그룹에 정보가 집중된다. 이런 구조에서는 미디어 그룹의 소유자는 수많은 대중에게 어떤 뉴스를 보여줄 것인지 결정하고 여론의 흐름을 조종할 수 있는 권력을 가진다. 거대 미디어 기업은 주주 이익 극대화, 높은 시청률에 이해관계를 가지므로 민주주의를 위한 저널리즘의 역할은 뒤로 밀리게 된다. 정치계의 거물이 미디어 기업들과 결탁하거나 영향력을 행사하기도 한결 쉬워진다.

베이커에 따르면 미국에서 생산되는 인터넷 뉴스의 대부분은 소수의 메이저 뉴스통신사들이 제공하는 기삿거리로 채워지고 있으며 대중적이지만 돈이 적게 들어가는 뉴스나 논평을 제공하는 유명 블로거들에게 의존하고 있다. 오직 소수의 전통 언론사들만이 자신들의 제작한 뉴스 보도를 활용하여 여론 지배력을 확대할 수 있다.[16]

미디어 소유가 집중되면 선동가를 일제히 지지할 수 있지만, 분산된 구조에서는 다양한 목소리가 가능하므로 비민주적이고 선동적인 권력의 등장을 방지할 수 있다. 미디어 소유가 집중된다면 뉴스 생산은 민주적 과정process에 따르는 역할보다 경제적 상품commodity의 가치에 더 매몰될 수밖에 없다.

현재 미국 내 언론은 소수 미디어 재벌들이 지배하고 있고 미디어 집중도는 점차 심화되고 있다. 미국에서 미디어 집중도가 시간이 가면서 더 심화되는 원인은 디지털 융합의 진전으로 정보산업 분야에서 규모의 경제가 중시되기 때문이다. 결정적인 요인은 규제의 철폐였다. 연방통신위원회FCC는 1996년 에 언론사의 소유를 제한하던 규정을 약화시킨 텔레커뮤니케이션법을 제정 하여 미디어 그룹들이 언론사를 소유할 수 있도록 진입장벽이 낮추었다.

미국의 싱클레어 방송 그룹SBG, NBC, ABC, CBS, Fox 방송의 지역 계열사 들 등 미국 전역 190여 개 지역 방송국에 프로그램을 공급한다. SBG가 지역 방송국을 통해 연결된 네트워크의 규모는 2,600만 가구에 이르며 이는 미국 전체 가구의 4분의 1에 해당한다. 2004년 봄 ABC 뉴스〈나이트라인Nightline〉 의 앵커 테드 코펠Ted Koppel은 이라크 전쟁에서 숨진 전몰자 700여 명의 사 진을 넘겨가며 그 이름을 일일이 호명했다. 이라크전 반대의 메시지를 던지 고 안타까운 죽음을 기리기 위한 프로그램이었다. 그러나 보수적 성향을 가 진 SBG의 경영진은 〈나이트라인〉을 재전송하지 않기로 결정했다. 그 결과 많은 미국 가정은 그러한 프로그램이 방영되었는지도 모른 채로 넘어갔다.

미디어 집중도를 살펴보면 미국 내 언론의 전체적 판세는 보수 언론이 진 보 언론에 비해 세력 면에서 우세하다. 헤리티지 재단 등 싱크탱크는 보수 성 향의 언론인과 블로거 등을 공급하며 보수 언론과 긴밀한 관계를 유지한다. 보수 우파 언론사들이 진보적 언론사를 편견bias에 치우쳤다고 공격하는 논 조는 새롭지 않다. 그러나 정작 보수 언론이 균형 잡힌 보도를 하지 않고 일방 적 편들기에 나서는 모습은 트럼프가 지명한 브렛 캐버노 연방대법관의 상원 인준 과정 등에서도 드러났다.

우리나라는 신문·방송 교차 소유를 금지했지만 2009년부터 허용하기 시작 했다. 신문사들이 보도 전문 케이블 채널이나 케이블 종합편성 채널을 소유 할 수 있는 길이 열렸다. 재벌의 지상파 방송 소유 제한은 그대로 유지되고 있다. 종편의 정치적 편향성이 미디어를 전장으로 만들고 있다는 지적도 있다.[17] 종편은 끊임없이 나오는 뉴스와 시사토론 프로그램을 통해 정치적 영향력을 키웠다.

종편의 시사 프로그램이나 토크쇼에 출연한 논평가들은 자신들의 풍부한 식견과 정치적 견해를 과감하게 드러내면서 시청자들의 이목을 끌었다. 그런데 정치 논평가들은 중립적이지 않고, 특정 정당이나 싱크탱크와 밀착 관계를 형성하기도 한다. 종편의 시사 프로그램들은 출연자들의 특성과 정치적 성향을 파악하고 흥미를 끄는 정치 토크쇼를 진행했다.[18] 이런 구조에서는 의혹 제기라는 형식으로 누군가를 공격하는 미확인 보도가 방송을 타거나 민감한 정치적 사건을 편향적으로 설명할 가능성이 더 높아진다. 국내 미디어 집중도에서 지상파의 이용 점유율은 2015년 52.0퍼센트에서 2018년 39.6퍼센트로 감소했다. 반면 종편의 영향력은 상승하고 있다.


## 미디어 편향 차트 5.0

버네사 오테로Vanessa Otero가 만든 미국 미디어 편향 차트Media Bias Chart 5.0을 살펴보면 《타임》, BBC, 《이코노미스트》, 《포린어페어스》, 《뉴욕타임스》, 《포브스》, 《로이터》, 《블룸버그》, CBS, 《AP통신》, 《USA 투데이》가 중립적 미디어로 분류된다.[19] NPR, CNN, 《폴리티코》, 《가디언》, MSNBC, PBS, 《허핑턴포스트》, 《워싱턴포스트》는 좌편향 성향이다. 반면 《월스트리트저널 WSJ》, 폭스뉴스, 《내셔널 리뷰》, 《더 힐The Hill》, 《인포워스InforWars》는 보수적 언론으로 분류되었다. 앨릭스 존스Alex Jones의 《인포워즈》는 가장 극우적인 개인 미디어로서 허위정보와 주장을 남발한다는 평가를 받았다. 그러나 2016년까지 오테로는 CNN, ABC 뉴스, CBS 뉴스, MSNBC를 중립적 언론사로 분류했다. CNN 등은 보수 언론사의 주장을 반박하면서 설전을 벌였고 그로 인한 반사적 효과로 좌파 성향의 미디어로 평가받게 되었다.

예컨대 폭스뉴스와 으르렁대는 CNN은 최근에는 좌편향적 미디어로 인식되는데, 폭스뉴스 채널은 뉴스 코퍼레이션News Corporation이 소유하고 있으며 CNN은 현재 AT&T의 워너 미디어WarnerMedia에 소속되어 있다. 미국 내 신문의 발행부수 순위는 《뉴욕타임스》,《워싱턴포스트》,《USA 투데이》,《휴스턴 크로니클》,《월스트리트저널》,《시카고 트리뷴》,《LA타임스》,《뉴욕포스트》 순이다.[20]

트럼프가 벌이는 '주류 언론과의 전쟁'은 공교롭게도 미디어 편향 차트에서 좌파로 분류되는 언론사들을 대상으로 하고 있다. 그러나 미국 미디어의 정치 성향 지형도는 시간이 흐른다면 여러 변수에 의해 변화할 수 있다

한편 진보적 성향의 미디어와 보수적 성향의 미디어가 서로 '사실'에 근거하지 않은 가짜뉴스의 생산자라고 공격하는 모습은 미국에서 흔해지고 있다. 미국 내 보수 언론과 진보 언론의 대립적 양상은 어제오늘 일은 아니며 지난 수십 년 동안 이어져왔다. 그 배경에는 언론사 자체의 갈등보다는 공적 이슈에 대한 입장 차이와 진영논리가 존재한다. 궁극적으로는 어떤 가치를 더 우선시할 것인가에 대한 가치관과 관점의 차이가 존재하고 있다.

미국 정치계에서 보수·진보 진영이 첨예하게 대립하는 정책 이슈는 국경 장벽 건설, 불법 이민자 추방, 법인세 인하, 총기 규제, 의료보험 개혁, 낙태 허용, 동성 결혼, LGBT 등 소수자 보호, 기후변화 등이다. 트럼프가 집권하자 짧은 기간 내에 대부분의 분야는 우향우로 돌아섰다. 미국은 파리 기후변화 협약에서 탈퇴해버렸다. 그렇지만 오바마케어 법률은 다행히 살아남았다. 트럼프는 행정명령으로 불법 이민자들의 망명 신청을 제한했다. 급기야는 미국-멕시코 국경에 장벽 건설하기 위한 예산을 확보하기 위해 국가 비상사태까지 선포했다. 그러나 트럼프의 정치적 전략은 하원과 상원에서 모두 거부되었다.

'이민자 인권', '여성의 낙태권', 'LGBT 성소수자 차별금지', '정치적 올바름 political correctness'을 주장하는 급진적 민주주의자, 페미니스트, 인권 운동가 등의 영향력이 커지자 기독교 근본주의자들fundamentalist은 이를 견제할 필요를 느끼게 되었다. 그런데 근본주의자들은 반대편과 공개적인 토론을 통한 정책 대결은 거부하고 자기가 내세운 가설에 들어맞는 파편적 정보와 데이터만을 선택하여 강조하는 방식을 택한다. 자기 논리와 배치되는 정보라면 언급조차 하지 않는다.

## 음모론이 사실이 되는 과정

로즈Rhodes 장학생으로 선발되어 영국 옥스퍼드대학으로 떠나는 배 안에서 빌 클린턴과 친구가 되었던 로버트 라이히Robert Reich는 '거짓말lies을 반진실half-truth로 바꾸는 10 단계'를 설명했다.[21] 1단계, 트럼프는 거짓을 말한다. 2단계, 전문가들은 근거가 없는 허위라고 비판하고 언론은 거짓이라고 보도한다. 3단계, 트럼프는 전문가들을 공격하고 미디어가 "정직하지 않다"라고 비난한다. 4단계, 트럼프는 트윗과 연설에서 거짓을 반복하고, "많은 사람"이 그의 말이 옳다고 했다고 주장한다. 5단계, 주류 미디어는 그의 거짓말을 "논쟁적 사실"로 보도하기 시작한다.

6단계, 트럼프는 트윗, 인터뷰, 연설에서 거짓을 반복한다. 그의 대리인들은 TV와 우파 블로그에서 거짓을 반복한다. 7단계, 주류 미디어는 그의 거짓말을 '논쟁controversy'이라고 보도하기 시작한다. 8단계, 여론 조사에 따르면 트럼프의 거짓을 사실로 믿는 미국인(공화당원을 포함)이 늘어난다. 9단계, 언론은 트럼프의 거짓이 미국 내 "당파적 분열partisan divide을 반영"하는 주장이고, "많은 사람이 진실이라고 생각한다"라고 보도한다. 10단계, 대중은 사실이 무엇인지 혼란스러워하고 방향을 잃게 된다. 트럼프가 이긴다.

라이히의 지적은 허무맹랑한 거짓이라도 정치적 인물이 발언을 하고 그 내용이 거듭해서 보도되면 가공적 현실감이 구축된다는 점을 일깨워준다. 7단계와 9단계 과정에서 터무니없는 의혹일지라도 시청자들의 관심을 끌기 위해 보도하는 미국 언론의 반응은 중요한 역할을 한다. 어떤 언론사는 냉정하게 팩트체킹을 하기보다는 흥미로운 음모론이라면서 떠들어댄다. 그렇게 되면 다른 언론사는 반박을 위해 다시 언급하게 되므로 주목의 규모는 눈덩이처럼 커진다.

2012년 코네티컷주 샌디훅 초등학교에서 총기를 난사해 수십 명의 아이들과 교사가 사망한 사건이 발생했다. 그 후 총기규제를 촉구하는 시위가 전국에서 일어났다. 시위대의 목소리에도 아랑곳하지 않고 보수 정치 평론가 러시 림보Rush Limbaugh는 CNN, ABC를 향해 "총기 난사로 죽은 아이들을 내세워 총기를 소지할 시민의 권리를 막지 말라"라고 절규했다. 그가 문제 삼았던 단어는 ABC의 앵커가 방송에서 사용한 '집단학살mass killing'이란 표현이었다.

《USA 투데이》는 "미국에서 최대 학살은 다이너마이트에 의해 발생했지 '총기'에 의한 것은 아니었다"라는 림보의 주장을 상세히 소개했다.[22] 림보는 자신의 라디오 토크쇼에서 민주당원, 좌파, 미디어가 뭉쳐서 비극적 총격 사건을 이용하여 공화당원, 보수파, 보수적 가치를 공격한다고 외쳤다.[23] 그러나 CNN 논평의 내용은 무고한 인명 죽음을 막기 위해 총기 판매를 규제해야 한다는 것이었다.

그 무렵 극우 보수 방송인 앨릭스 존스는 코네티컷주 샌디훅 초등학교에서 발생한 총기 난사는 음모론이라고 주장했다. 그러자 사망자 부모들은 크게 분노하여 존스를 상대로 손해배상 소송을 제기했고 승소를 거두었다.[24] 이 소송은 '사실'을 부인하는 표현을 명예훼손으로 판단하여 효과적으로 대응한 사례였다.

보수 진영 극우 언론인들은 조직적 협업을 펼쳤다. 러시 림보, 앨릭스 존스, 글렌 벡Glenn Beck은 라디오쇼를 통해 어떤 의혹이나 가설을 음모론으로 발전시키고, 음모론을 다시 기정사실처럼 만들어 정치 공세에 활용한다. 정치적 이슈를 논평하며 반대 진영의 발언을 말꼬리를 잡아 따지고, 적과 아군을 확실히 구분한다. 이를테면 총기 규제를 반대하는 이유를 림보가 라디오쇼에서 말하면, 보수 정치 평론 사이트 '브레이바트'는 그 주장을 요약하여 온라인 기사로 작성했다.[25] 의혹과 가설을 강화하는 수법은 반복적 언어전쟁, 정치적 견해가 유사한 게스트의 섭외 등이다.

보수 방송인들이 내놓은 정치 논평은 이처럼 라디오쇼, 웹사이트, 신문 보도로 연결된 순환 구조 속에서 점차 풍선처럼 확장되어 여론화된다. 독설과 선정적 어조로 의심을 부추기는 수법은 시민들의 반목과 증오를 부채질했다는 지적을 받았다. 동일한 내용의 발언이라도 반복하다 보면 사람들에게 서서히 스며들어 상식으로 자리 잡게 된다. 그 주된 패턴은 중요한 시사적 사건이나 정치적 이슈에 공개적으로 의혹을 제기하고 부풀려가며 기정사실화하는 방식이다. 논평이라는 명목으로 의혹을 제기하고, 근거도 없이 주장만으로 사실을 만들어내는 과정에서 가짜뉴스가 탄생하게 된다. 매주 1,300만 명이 청취하는 라디오 토크쇼의 진행자 림보는 "팩트체크를 하는 언론사가 모두 당파적이기 때문에 팩트체크는 있을 수 없다"라는 주장을 했다.

보수 언론, 진보 언론이 진영을 이루고 서로 가짜뉴스라고 공세를 이어가는 미국 미디어의 모습은 국내의 정파적 언론의 대결 양상과 비슷하다. 예컨대 우리나라 우파 신문은 지상파 뉴스가 공정성을 잃고 편파적이라고 지적하고, 보수주의자들은 언론 논조가 민주노총에 의해 장악당했다고 불신한다.[26] 냉정하게 말하자면 진영논리를 고수하는 편향적 주장을 담은 뉴스의 생산은 진보적·보수적 미디어 모두의 전형적 기법이다. 일부 언론사들은 정치적 관점이 다른 언론사의 보도를 인정하지 않으려는 태도를 보이고 심지어 팩트체크 결과마저 무시한다. 지상파 TV 방송과 종합편성 채널이 진행한 팩트체크는 그 결과가 종종 다르게 나온다. 팩트체크 이후에도 무엇이 사실인가에 대한 정치게임이 이어진다면 언론에 대한 신뢰는 크게 떨어질 수밖에 없다. 요컨대 언론 보도의 양극화는 대중의 불신을 자초한다.


## 미국 대법관 청문회와 가짜뉴스

미국의 총기소지 완화 정책, 이민자 추방을 위한 대통령 행정명령, 저소득층을 위한 의료 제도를 누군가가 위헌이라고 주장하여 소송이 시작되면, 그것을 최종적으로 판단할 권한은 연방대법원에 있다. 그러므로 아홉 명의 대법관들을 어떤 성향의 인물들로 구성하느냐는 미국의 국가 정책 방향을 결정하게 된다. 헌법을 해석하는 인물들을 결정하기 때문이다.

대통령에 의해서 연방대법관 후보가 지명된 이후 상원에서 인사청문회를 거치는 동안 보수-진보 진영 간에 총성 없는 격전이 벌어지는 이유는 이런 역학구조와 관련이 깊다. 이렇게 커다란 이해관계가 걸려 있는 곳에서는 미확인 의혹 보도, 날조된 인터뷰 등 가짜뉴스를 동원한 정보전쟁이 발생하기에 알맞은 환경이 조성된다.

1987년부터 연방대법관 후보자의 청문회는 엄청난 압력 속에서 진행되었다. 레이건 대통령은 보수 성향의 로버트 보크Robert Bork를 대법관으로 지명했다. 보크는 낙태 허용에 반대했고, 인종차별적 발언과 성차별주의 성향이 드러나서 격렬한 반대에 부닥쳤다. 보크는 상원 인준을 받는 데 실패하고 말았다.

아버지 부시가 지명한 클래런스 토머스Clarence Thomas 후보자의 인사청문회 때는 성희롱 의혹이 핫이슈였다. 평등고용기회위원회에서 함께 일하던 애니타 힐Anita Hill이 토머스에게 성희롱을 당했다고 폭로한 것이다.[27] 그러나 그녀는 승리하지 못했다. 아홉 시간에 걸친 힐의 증언 이후 토머스는 '최고의 흑인을 향한 고도의 린치'라고 일축했다. 상원의원들은 오히려 피해를 왜 그 순간에 폭로하는지 그 의도를 캐물었다.[28] 힐의 목소리는 침착했지만 외로웠고 '#MeToo' 같은 지원은 없었다. 공화당 의원들이 그녀의 증언을 무시했기 때문에 토머스는 무사히 인준을 통과했다. 공화당 의원들로서는 대통령이 지명한 대법관 후보자를 연거푸 낙마시키기란 매우 부담스러운 일이었다.

보수적 가치를 옹호하던 앤터닌 스칼리아Antonin Gregory Scalia가 급서하자 2006년 새뮤얼 얼리토Samuel Alito가 후보자로 지명되었다. 당시 연방대법원은 총기 소유, 낙태 시술, 피임약 보험, 소수자 정책 등을 판단해야 하는 상황이었고, 버락 오바마Barack Obama의 '이민개혁 행정명령'의 합헌성 여부는 가장 뜨거운 이슈였다.[29] 후보자가 지명되자 진보 진영과 보수 진영 모두 뉴잉글랜드 지역의 상원의원들을 겨냥한 TV 광고를 퍼부었다.

보수파는 얼리토를 공정한 심성을 지닌, 정치적 성향 없는 판사로 그려낸 60초짜리 광고를 내보냈다. 반면 진보파는 얼리토가 '우파의 선택'이라서 개인적 자유를 제한하는 판결을 내릴 것이라는 우려를 강조한 광고를 제작했다.[30] 동일한 인물에 대한 정치 광고의 담긴 메시지는 광고주에 따라서 '존경받는' 판사와 '믿지 못할' 판사로 크게 상반되었다. FactCheck.org는 이 평가는 가짜뉴스가 아니고 둘 다 맞다고 판단했다.[31] 그러나 보수 언론 폭스뉴스는 '얼리토를 비판하는 정치 광고Anti-Alito Ad'의 송출을 거부했다.[32] 그 이유는 광고 메시지에 담긴 이데올로기 때문이 아니나 광고가 주장하는 사실관계가 틀리기factually incorrect 때문이라는 설명을 덧붙였다.

### 캐버노와 #Me Too

2018년 트럼프는 퇴임한 앤서니 케네디Anthony Kennedy의 후임으로 브렛 캐버노 판사를 지명했다. 그는 보수 성향의 법률가로서 여성의 낙태권을 인정한 로 대 웨이드 판결을 비판해왔다.[33] 캐버노가 연방대법관에 임명되면 보수와 진보 네 명씩으로 양분되어 있던 연방대법관의 구성 비율은 보수파 우위로 바뀔 수 있었다. 캐버노의 의회 인준은 트럼프의 정치적 승리를 뜻했기 때문에 그를 낙마시키기 위한 폭로전이 이어졌다.

캐버노가 술을 마시면 공격적으로 변한다는 예일대학교 동문의 성명이 나왔다. 1980년대 초 파티에서 그에게 성폭행을 당할 뻔했다는 크리스틴 포드 Christine Blasey Ford가 등장했다. 그녀가 상원 법사위원회 청문회에서 나와 증언하자 캐버노의 인준을 반대하는 여론이 높아졌다. 그러나 포드의 증언은 기억에만 의존했고 물증도 없었다. 캐버노가 외모가 뛰어난 여학생을 재판연구원으로 뽑는 경향이 있다는 소문도 나왔다. 1,000여 명의 여성들이 의회 앞에서, 학생들과 시민들도 연방대법원 계단에서 목소리를 높였다. 여성 시위대와 학생들은 의회와 연방대법원 계단에서 인준 반대를 외쳤다.

성폭행 피해를 주장하는 여성은 세 명이나 됐다. 피해 여성들의 인터뷰와 연일 이어지는 미투(#Me Too) 시위대의 목소리는 대법관 인사청문회에서도 위력을 발휘할 것으로 보였다. 그러나 그 가운데는 억측과 거짓도 있었다. 보수 매체들은 부정적 여론을 뒤집기 위한 대반격을 시작했다.

친트럼프 성향의 폭스뉴스는 캐버노를 인터뷰하여 의혹을 부정하는 그에게 반박할 기회를 주었다. 보수파 언론인 글랜 벡은 라디오 방송을 통해 피해 여성들의 편을 드는 민주당 상원의원을 맹렬히 공격했다. 러시 림보도 역시 자신의 라디오 토크쇼에서 캐버노를 두둔했다. 트럼프는 점잖게 물러나 있을 사람이 아니었다. 그는 성폭행 피해자들의 주장이 "완전한 사기"라고 지원 사격을 했다. 트럼프는 포드에게 성폭행 미수 사건이 발생한 날짜, 시간, 장소를 공개하라고 압박했다. 라이트윙 뉴스는 크리스틴 포드의 변호사들이 민주당에서 뇌물을 받았다는 가짜뉴스를 퍼뜨렸다.[34]

캐버노는 마구잡이식 거짓 혐의가 자신의 명성과 가족을 짓밟았다고 눈물과 분노를 쏟아냈다. 그럼에도 여론은 불리하게 흘렀기 때문에 로버트 보크처럼 낙마할 가능성이 커졌다. CNN의 조사 결과 임명에 반대한다고 응답한 민주당원들은 63퍼센트에서 91퍼센트로 급증했다. 공화당원들은 9퍼센트만 반대했다.[35] 상원 위원회에게 요청을 받은 연방수사국FBI은 피해 여성들의 증언과 관련 증거들을 파고들었다. 그 결과 주디 먼로-레이턴Judy MunroLeighton은 캐버노를 만난 적도 없었다. 그녀는 단지 사람들의 관심을 끌고 싶었을 뿐이라고 털어놓았다. 그녀의 성폭행 피해 주장은 날조된 것이었다. 성폭행을 제보한 익명의 이메일에는 작성일, 이메일 주소도 없었다. 청문회 마지막 날, 미디어에 의해 인격 살인을 당한 억울함을 울먹이면서 토로하던 캐버노는 상원에서 찬성 51표, 반대 49표를 얻었다. 그렇게 그는 가까스로 대법관이 되었다.

　연방대법원의 구성이 보수 5, 진보 4로 바뀔 수 있는 신임 대법관 인준 같은 공적 사안은 언론의 비판과 엄밀한 감시 기능을 필요로 한다. 그렇다면 캐버노의 성폭행 의혹을 보도한 기사들은 가짜뉴스였을까? 트럼프의 비난처럼 좌파 언론들이 마녀사냥에 나섰던 것일까? 당시 《뉴욕타임스》, 《폴리티코》 등 언론 보도는 성폭행 자체를 기정사실화하는 보도를 하지는 않았다. 피해자들의 주장을 인용하여 전달하는 데 충실했으나 증거의 유효성에는 신중한 태도를 보였다. 그렇지만 전체적으로는 캐버노에게 비우호적인 기사들과 칼럼들이 압도적으로 많이 쏟아졌다. 이처럼 정치 지형도를 바꿀 수 있는 중요 이슈나 공적 사안에 여론이 팽팽히 맞설 때 가짜뉴스가 주목을 끌기에 알맞은 여건이 조성된다.


## 피자게이트

미국 대선이 끝난 2016년 12월 무렵 에드거 웰치Edgar Welch는 워싱턴

D.C.에 있는 한 피자 가게에 들이닥쳐 라이플을 발사했다. 그는 왜 은행도 아니고 피자 가게에 쳐들어가 총을 난사했을까? 그는 민주당 대통령 후보였던 힐러리 클린턴이 코멧 핑퐁Comet Ping Pong 피자 가게에서 성매매 조직을 운영한다는 가짜뉴스를 믿었다. 그리고 직접 성노예를 구하고 정의를 실현하기 위해 총을 들고 나섰던 것이었다.

2016년 힐러리 대선 캠프의 매니저가 피싱pshing에 걸려들었다. 2만 페이지 가량의 이메일이 고스란히 위키리크스에 유출되었다. 이메일을 분석하자 '피자'와 관련한 이상한 표현들이 많았다. 아동 성매매 전과자, 전직 변태 대통령, 성노예 증언 등이었다. 그 내용을 살펴보면 피자 가게 주인은 대선 캠프 매니저와 이메일까지 주고받고 있었다.

'치즈', '도미노', '파스타' 등의 단어는 소아성애와 섹스를 의미하는 암호로 여겨졌다. 소아성애자 커뮤니티에서 피자는 '여자', '치즈'는 작은 소녀를 의미했다. 극우 보수파 방송인 앨릭스 존스가 진행하는 라디오의 애청자였던 웰치는 가짜뉴스에 속은 가여운 희생자였다.[36] 문제가 커지자 존스는 나중에 '피자게이트Pizzagate'를 지나치게 강조하여 부추긴 데 대해 사과했다.[37] 보수 우파 뉴스사이트 브라이트바트도 힐러리 캠프의 매니저가 소아성애자라고 주장했다. 그러나 위키리크스의 정보는 실제로는 부정확했다. 웰치의 예상대로라면 아동 성매매 조직의 본거지인 피자 가게 지하에는 감금된 성노예들이 잔뜩 있어야 했다. 그러나 웰치는 혼자서 소동을 벌이다가 체포되었다.

피자게이트는 해프닝으로 끝났지만 비공식적 허위정보가 어떻게 만들어지고 흘러가서 돌발 행동으로 이어지는지를 잘 보여준다. 웰치는 피자 가게 지하에서 비밀리에 인신매매와 아동 성범죄가 이루어진다고 착각했다. 여성두 명이 피자 가게로 찾아와서 납치된 아이들을 이동시키는 비밀 지하 터널을 찾겠다며 마구잡이로 바닥을 두들겨대는 소동도 있었다. CNN, 《뉴욕타임스》, 《워싱턴포스트》는 위키리크스 내용을 믿고 피자 가게에 뛰어든 한 남자의 소동을 극우 미디어의 선동과 엉터리 가짜뉴스 때문이라고 비난했다.


## 오바마 출생 의혹

버락 오바마가 하와이가 아닌 케냐에서 태어났고 유년 시절에 인도네시아에서 자랐기 때문에 미국 국적을 상실했다는 주장, 오바마가 기독교인이 아니라 무슬림이라는 음모론은 미국 선거판을 8년 동안이나 지배했다. 미국 헌법에 따르면 외국에서 출생했다면 대통령이 될 자격이 없다. 따라서 후보자의 출생지가 해외라는 점은 엄청난 폭발력을 가진 사안이었다. 물론 그 주장이 사실인 경우에 한해서 말이다. 오바마의 출생지에 대한 의혹을 정치적 공격의 무기로 삼은 의혹 제기자들은 '버서'birthers로 불렸다.[38]

오바마 출생 의혹은 2008년 트럼프가 시작하여 관심을 집중시켰다. 그 후 트럼프와 민주당 대선 후보들은 오바마를 출생 의혹을 마음껏 공격에 사용했다. 사실이었든 거짓이었든 정치 공세에서 이만큼 훌륭한 소재는 찾기 어려웠다.

"오바마의 출생증명서가 위조되었다"라는 주장은 소셜미디어와 피켓 시위에서 반복되었고 "오바마가 사실은 무슬림"이라는 의혹과 함께 퍼져나갔다. 의혹은 2016년 9월에서야 트럼프가 오바마의 출생 기록은 진짜였다고 공개적으로 인정할 때까지 끈질기게 이어졌다. 버서는 합리적 의심을 제기했던 애국자였을까? 아니면 어설픈 허위사실의 주장자였을까? 오바마 출생 의혹은 허위정보도 가짜뉴스도 아니었고 후보자의 자격을 엄밀히 검증하자는 정치 공세였다. 그렇지만 트럼프가 폭스뉴스와의 인터뷰에서 "힐러리 캠프가 2008년 무렵 버서 음모론을 처음으로 시작했다"고 말한 것은 거짓이었다.[39] 선동가와 특정 언론사의 눈물겨운 동지애는 거짓을 퍼뜨리는 거대한 엔진이었다.[40]

2011년 정계에 데뷔한 트럼프는 주목을 끌기 위해 버서 의혹을 처음 제기했고 거의 10년 동안 우려먹었다. 정치적 인지도를 높이고 흑인 대통령에게 백인들이 느끼는 거부감을 건드리는 전략이었다. 나라마다 정치 공세에 사용되는 소재는 다르다. 우리나라 대선 후보자는 안보관, 이념적 정체성, 5·18 정신 등을 검증받는다. 미국에서는 출생, 이민자와 무슬림를 대하는 관점, 낙태 합법화, 총기 규제 등이 단골 메뉴다. 내면에 잠재된 인종적 적대감을 건드리는 발언에 유권자들이 호응을 보인다면 버서는 멈추지 않을 것이다.

1828년 미국 대선에서 벌어졌던 비방전은 노골적이었다. 존 퀸시 애덤스John Quincy Adams와 앤드류 잭슨Andrew Jackson을 지지하는 신문들은 편을 갈라서 치고받았다. 《신시내티 가제트Cincinnati Gazette》의 기사는 잭슨의 모친은 영국군이 데려온 창녀였고 흑인 혼혈 남자와 자녀를 낳았는데 그중 하나가 잭슨이라고 주장했다. 잭슨은 애덤스가 주러시아 대사를 지낼 때 러시아 황제를 위해서 미국 여성들을 제공했다고 맞받았다. [41] 그러나 출생의 비밀은 그 사실 여부를 확인하기에 어려웠다. 그것은 진실을 위한 공방전이 아니고 모욕을 주기 위한 품위 없는 상호비방이었다.

버서로 재미를 보았던 트럼프는 대선 출마를 선언한 엘리자베스 워렌Elizabeth Warren을 '포카혼타스Pocahontas'라고 조롱했다. 그녀가 백인인데 원주민 혈통이 섞였다고 속여서 교수 채용에서 '소수민족 특혜'를 받았다고 몰아붙였다. 이에 발끈한 워렌은 자신의 DNA 분석을 공개하면서 체로키와 넬라웨어 부족의 먼 후손이라고 밝혔다. 그렇지만 그녀가 원주민 혈통에 해당하는 정도는 평균적 미국 백인과 큰 차이가 없었고 가까스로 원주민 자격을 충족했다. 체로키 부족은 워렌의 행동은 부적절하며 모독적이라는 성명을 내놓았다. 트럼프의 공세가 순전한 거짓말은 아니었던 셈이다.

## 트럼프는 왜 CNN을 비난할까?

미국 뉴스 미디어 생태계에는 '트럼프 대 진보 언론', '진보 언론 대 보수 언론'의 대립 구도가 형성되었다. 트럼프는 일부 언론을 '가짜뉴스'이자 '인민의 적enemy of the people'이라고 비난했다. 그것은 위험한 구분 짓기였다. 그 단어는 1950년대 스탈린이 정적들을 무자비하게 숙청할 때 쓰던 단어였기 때문이다.[42] 《MSNBC》, 《가디언》은 언론에 등을 돌려버린 트럼프가 닉슨의 길을 따라가고 있다고 평가했다.[43]

가짜뉴스 현상의 일부로서 트럼프를 관찰할 필요가 있는 이유는 언론 불신과 혐오를 부추기는 정치인이 사실에 근거한 공적 토론을 막는가를 보여주기 때문이다. '적대적 매체효과hostile media effect'는 갈등적 이슈에 관한 미디어의 보도를 자신과 반대되는 입장을 지지하는 것으로 인식하는 편향이다. 선동가들은 대부분 언론 보도를 믿지 않고 적대시한다. 그렇다면 지지자들도 마찬가지로 귀를 닫게 되므로 비판적 뉴스에 대한 공신력은 바닥을 치게 된다.[44] 자신에게 표를 준 유권자를 선동할 수 있다는 자신감은 언론의 비판쯤은 무시할 수 있다는 태도를 합리화한다. 문제는 그가 거짓말로 대중을 열광시킨다는 것이다. 《워싱턴포스트》에 의하면 하루 평균 14번, CNN에 따르면 하루 여섯 번 꼴이다.

트럼프가 대선에서 승리를 거둔 원인은 무엇보다도 보수적인 미디어의 강력한 지지 덕분이었다. 트럼프는 폭스뉴스, SBG, 아메리칸 미디어, 브레이바트 등 보수 언론의 지지를 받았다. 폭스뉴스 평론가들은 트럼프 행정부에서 대변인이나 보좌관으로 임명되었다. 반면 CNN 백악관 출입 기자에게는 마이크를 뺏는 등 면박을 주었다. 거슬러 올라가 보면 트럼프는 CNN과 개인적 악연도 있었다. CNN은 "트럼프의 경제 자문이 러시아 국영은행이 운용하는 러시아직접투자기금RDIF에 투자했다"라는 오보를 냈다.[45]

미국의 전직 대통령들은 기자들을 백악관 만찬에 초대해서 농담을 주고받으면서 유연한 관계를 맺으려 했다. 그러나 트럼프는 다른 방식을 택했다. 그는 백악관 출입 기자단 연례 만찬에 3년 연속으로 나타나지 않음으로써 자신이 특정 언론사들을 철저히 불신한다는 메시지를 던졌다. 만찬장에 초대받은 저널리스트들은 결코 모습을 드러내지 않는 '선동가'를 의식하면서 담소를 나누었다. 미국 뉴스 미디어는 '트럼프 대 진보 언론', '진보 언론사 대 보수 언론사'의 대립 구도가 형성되었다.

2020년 1월 《워싱턴포스트》는 트럼프가 취임한 이후 3년 동안 1만 6,200건이 넘는 거짓말과 오도성 발언을 했다고 공개했다.[46] 2017년에는 《뉴욕타임스》가 신문 한 면을 트럼프의 거짓말 목록으로 도배를 했고 날짜까지 열거했다.[47] 언론은 날조한 허위정보, 부풀리기, 허풍 등 거짓 어록을 일일이 감시하고 있음을 보여주었다. '인민의 적'이라는 평가를 받은 언론사들은 반트럼프 전선을 구축했고 더 이상 '가짜뉴스'로 매도당하지 않겠다는 결연함을 내보였다.

그런데 역사를 돌아보면 미국 대통령들이 언론 역할을 마냥 신뢰하지는 않았음이 드러난다. 미국 2대 대통령 존 애덤스John Adams는 "언론의 자유는 자유의 보장에는 필수적"이라는 말을 남겼다. 그러나 애덤스의 속마음은 달랐던 것 같다. 프랑스의 정치가 마르퀴 드 콩도르세Marquis de Condorcet는 저서 『인간 정신의 진보에 관한 역사적 개요』에서 언론이 확립하는 새로운 권위는 대중이 격정으로 흐르지 않도록 이성적 영향력을 행사했다고 적었다. 콩도르세는 언론이 오류를 스스로 저지할 수 있다고 주장했지만 현실은 달랐다. 애덤스는 그 책의 모서리에 이런 낙서를 남겼다. "언론의 자유가 주어진 1798년 이후 10년 동안 언론이 만들어낸 새로운 오류들은 지난 100년 동안보다 많다." 애덤스는 언론이 만들어내는 오류와 거짓이 초래하는 해악을 우려했다. 그는 "언론이 자기 의견을 말할 수는 있어도 진실을 부인할 수는 없다"라고 믿었다.[48]

독립선언서를 기초했던 토머스 제퍼슨Thomas Jefferson은 언론이 자유를 누리는 동시에 공적 책무도 이행할 것이라는 믿음을 가졌다. 식견을 갖춘 시민들이 신문을 읽고 토론할 수 있다면 민주주의가 안정적으로 자리 잡을 것으로 믿었다. 그는 존 밀턴John Milton이 말했던 '자기조정의 원리'를 신뢰했다. 편지글에는 "언론이 없는 정부와 정부 없는 언론 가운데 만일 하나를 골라야만 한다면 주저하지 않고 후자를 택하겠다"라고 썼다.[49] 그렇지만 나중에는 회의론에 빠졌다. 그는 신문들이 쏟아내는 악의적 비판을 읽고 "이제는 신문에 보이는 모든 것을 믿을 수 없군"이라고 말했다.

그로부터 100년이 지난 후 1896년 미국 대선에서 민주당 후보자였던 윌리엄 제닝스 브라이언William Jennings Bryan은 "가짜뉴스의 유행"을 경고했다. 그는 신문《코모너The Commoner》를 창간하고 가짜뉴스가 정치적 여론을 지배했을 때 위험이 무엇인가를 알렸다. 트럼프가 품격 없는 거짓말로 대중을 선동하고 인기를 얻자 브라이언이 예측한 위기가 실현되고 있다는 평가가 나왔다.[50]

## 트럼프를 도운 SBG

트럼프가 치르고 있는 가짜 뉴스 전쟁을 도운 것은 거대 미디어 재벌이었다. 미디어 소유권의 힘은 보수파 정치인을 드러내놓고 도왔다. 미국 내 최대 지역 TV 네트워크 싱클레어 방송 그룹SBG은 전통적으로 보수 우파로 분류된다. 2018년 3월, SBG는 자신이 지배하는 193개 지역 방송국들을 동원하여 트럼프가 치르는 미디어와의 전쟁에 원군을 보냈다. SBG에게 뉴스를 공급받는 지역 방송국들의 앵커들은 일제히 "가짜뉴스 현상을 우려한다"라는 메시지를 뉴스 방송에서 읽었다. TV에 등장한 방송국 앵커들은 앵무새와 같았다. 싱클레어 방송그룹이 미국 전역에 방송한 가짜뉴스 홍보Sinclair promotion 문구는

다음과 같다.[51]

> 지금 무책임하고 일방적 뉴스 기사들이 우리나라를 병들게 만들고 있습니다. 일부 언론사가 이런 가짜뉴스를 내보내고 있습니다. 이는 진실이 아니지만 사실 확인조차 하지 않았습니다. 불행히도 일부 뉴스 보도 제작자는 매체를 이용하여 개인의 편견을 내보내면서 사람들의 사고를 지배하려 합니다. 이는 민주주의에 지극히 위험한 일입니다. 우리에게는 진실을 추구하고 보도할 책임이 있습니다. 우리는 진실이 정치적으로 '좌편향도, 우편향도 아님'을 알고 있습니다. 우리는 진실을 추구하며 공평하고 균형이 잡힌 사실에 근거한 뉴스를 위해 노력하겠습니다.

이 스크립트에는 어떤 언론사의 이름도 구체적으로 언급되지 않았다. 그렇지만 SBG는 주류 언론을 가짜뉴스 생산자로 규정하고 몰아세우는 트럼프의 프레임 전략을 효과적으로 도왔다. SBG는 뉴스 채널 앵커들이 원고를 읽는 영상을 촬영해서 홍보물까지 만들었다.[52]

이에 발끈한 CNN 앵커 브라이언 스텔터Brian Stelter는 "트럼프가 늘어놓는 가짜뉴스에 대한 선정적 수사법을 SBG가 돕고 있다"라고 비난했다. 거대 방송그룹이 왜 트럼프를 편들어서 언론 때리기media-bashing 홍보를 하느냐는 항의였다. 그러자 SBG는 가짜뉴스 위험에 대해 스텔터가 CNN에서 언급한 장면들과 SBG의 홍보물을 교차 편집한 4분짜리 영상을 웹사이트에 올렸다. 아무런 목소리 더빙도 없는 이 편집 영상은 전형적인 물타기 수법이었다. CNN과 SBG는 서로를 향해 가짜뉴스라고 비난하는 형국이 되고 말았다. CNN은 2016년부터 보수 언론이 악의적 가짜뉴스로 대중을 속이고 민주주의를 납치할 수 있다는 위험을 경고했다. SBG는 프로모션이 방송되자 언론사들의 비난이 이어졌다. 그러자 트럼프는 "가장 부정직한 '가짜뉴스 네트워크'

가 SBG의 편향성을 지적하는 모습을 보자니 우습군"이라고 비아냥거리는 트윗을 날렸다.[53]

## 팽목항의 오보들

재난 현장에는 뉴스의 수요는 높지만 정확한 뉴스 소스는 극도로 부족한 숨 가쁜 상황이 벌어진다. 저널리즘은 거대한 무기력에 시달리면서 자잘한 뉴스만을 물어 날랐다. 세월호 사고가 발생한 이후 48시간 동안 배에 갇힌 인명들을 구조하거나 수색하는 작업은 거의 이루어지지 못했다. 카메라는 가라앉는 배 주위의 물살만을 계속해서 비춰주었다. 답답한 상황이 이어졌다.

2014년 4월 16일, MBN은 갑자기 "세월호 전원구조"라는 보도를 자막으로 내보냈다.[54] 그러자 다른 언론들도 사실 확인도 없이 순식간에 퍼 나르기 시작했다. YTN 방송을 본 해경은 "학생 전원구조"라고 무전으로 보고했다. 그 무전 장면을 본 단원고 교사는 "학생 324명 전원 무사히 구조"라는 문자를 학부모들에게 보냈다. 그 순간부터 팽목항은 거대한 오보의 소용돌이가 되었다. 신속한 구조가 이루어지기에는 수중에서 시야 확보가 어려웠고, 맹골수도의 물살은 너무 빨랐다. 담당자들은 책임이 돌아올까 봐 정보를 숨기기에 급급했다. 나쁜 소식이라도 정보는 정확히 전달돼야 했으나 해경 발표만 믿은 언론은 헛발질을 해댔다.[55] 구조작업은 불투명성, 수많은 판단 실수와 총체적 부실로 점철되었다

그때 아마추어 잠수부 홍가혜 씨는 MBN과 생방송 인터뷰를 진행했다. 홍가혜 씨는 구조 작업이 이루어지지 않아 답답하다는 심경을 토로했다. 검찰은 "생존자가 있는데도 해경이 민간 잠수부의 구조 작업을 막고 언론을 통제하여 진실을 은폐하고 있다"라는 유언비어로 이해했다. 방송 인터뷰가 나가자 그녀는 구조 활동을 지시하고 담당하는 해경과 해양경찰청장 등의 명예를

훼손했다는 이유로 구속되었다. 그러나 세월호 참사 구조 과정에서 해경의 체계적 지휘 시스템 부재와 구조 인력의 효율적으로 활용되지 못했다는 점은 다른 언론에서도 다룬 내용이었다. 무기력한 구조 작업에 대해 부정적으로 떠드는 개인에게 '재갈 물리기'에 나선 것이다.

JTBC는 해난구조 전문가로 알려진 이종인 씨와 다이빙벨 투입 관련한 인터뷰를 뉴스 프로그램에서 방송했다. 이때 "다이빙벨은 유속에 상관없이 20시간 연속으로 작업할 수 있는 기술"이라는 발언이 나왔다.[56] 그 후 다이빙벨은 구조 현장에 2시간 투입됐으나 실종자를 찾지 못하고 철수했다.

방송통신심의위원회는 세월호 구조 작업 관련하여 방송에서 "불분명한 내용을 출연자의 일방적 의견 위주로 사실처럼 방송하여 시청자를 혼동케 했다"라는 이유로 JTBC에게 제재 조치를 내렸다. 방송심의에 관한 규정 가운데 객관성 조항과 재난에 대한 정확한 정보제공 조항을 위반했다는 판단이었다.[57]


## 진실의 비용

그런데 반전이 일어났다. 서울행정법원은 방송통신심의위원회가 JTBC에 내린 제재 처분을 취소하라고 판결했다. 언론이 공공의 이익에 관해 진실한 사실을 보도한 경우에는 제재를 가하지 않는 것이 원칙이므로 방송통신심의위원회가 제재를 하려면 보도된 내용과 정보가 진실하지 않다는 점이 먼저 인정되어야 했다. 법원은 전문가 의견만으로는 JTBC의 다이빙벨 관련 보도가 진실하지 않다고 단정할 수는 없다고 판단했다.[58]

하지만 이 판결은 2심에서 다시 번복되었다. 고등법원은 뉴스 앵커가 다이빙벨 관련한 의견을 듣고서도 객관적 관점을 유지하지 않고, 부연설명을 유도하는 방향으로만 질문한 점이 인정된다고 판결했다.[59]

한편 세월호 현장에서 MBN과 진행한 홍가혜 씨의 발언을 심리한 광주지방법원과 대법원은 해경과 현장 구조대원을 비방할 목적은 인정되지 않는다며 무죄를 선고했다.[60] 보도 과정에서 적시한 사실이 공공의 이익에 관한 것인 경우에는 비방할 목적은 부정된다는 것이었다. 또한 "적시된 사실의 중요한 부분이 객관적 사실에 합치하는 경우에는 세부적으로 진실과 약간 차이가 나거나 다소 과장된 표현이 있더라도 거짓의 사실이라고 볼 수 없다.", "정부나 국가기관의 업무 수행과 관련된 사항은 항상 국민의 감시와 비판의 대상이 되어야 한다. 정부 또는 국가기관은 형법상 명예훼손죄의 피해자가 될 수 없다"라고 판단했다.

홍가혜 씨의 인터뷰는 근거 없는 허위의 유언비어나 무의미한 괴담은 아니었던 것이다. 언제나 가짜뉴스나 허위정보는 그 내용이 자극적이므로 빠르게 퍼지지만 진실은 걸음이 느리다.

언론 보도에서 홍가혜 씨는 '괴담을 퍼뜨리는 여자', '허언증 환자'로 표현되었다. '거짓 인터뷰녀', '관심종자', '연예부 기자 사칭', '과거 행적 보니 충격' 등 조롱하는 가십성 기사들이 언론사들에서 생산되어 포털 사이트를 달구었다. 예컨대《디지털 조선일보》는 열흘 동안 27건을 홍가혜 씨 관련 기사로 내보냈다. 홍 씨는 언론사를 상대로 손해배상 소송을 제기했고 승리를 거두었다. 서울중앙지방법원은 2019년 피고《디지털 조선일보》에게 명예훼손에 대한 손해를 배상하라고 판결했다.[61] 홍 씨의 평판과 사생활을 다룬 기사들은 진위 여부를 확인하기 위해 적절하고 충분한 조사를 다하지 않았고 진실성이 객관적 자료에 의해 뒷받침되지도 않았다고 판시했다.

만일 언론사가 인터넷 커뮤니티의 자료실이나 게시판에 올라온 가십을 참조하여 사실관계 조사와 확인 절차도 없이 기사를 썼다면 그 내용이 진실이라고 믿을 만한 상당한 이유가 없다는 것이 판례의 일관된 입장이다.[62]

그렇지만 홍가혜 씨 인터뷰의 진실이 드러나는 비용은 적지 않았다. 101일의 수감생활, 수차례의 형사·민사 재판을 거치는 동안 4년 8개월의 시간이 걸렸다. 대법원 확정 판결까지는 1,687일이 걸렸다. 이 사건은 굳이 가짜뉴스 규제가 없더라도 어떤 표현을 명예훼손죄로 해석하여 얼마든지 처벌이 가능하다는 점을 보여준다. 본보기 처벌을 통해 공적 사안에 대한 비판의 공론화를 막기 위한 위축 효과를 만들어낼 수 있다. 이 사례는 가짜뉴스 규제가 도입되더라도 그 판단이 객관적으로 이루어질 수 없다는 점도 여실히 보여준다.

돌아보면 세월호 사고 현장은 미확인 보도의 남발, 부정확한 오보, 더뎌지는 구조 작업에 대한 항의로 인해 혼란의 도가니였다. 세월호 침몰을 보도하는 과정에서 드러난 검증 없는 받아쓰기, 무분별한 속보 경쟁은 오보와 가짜뉴스가 어떻게 만들어지는가를 잘 보여주었다. 국민의 관심이 커지자 사실상 같은 뉴스를 제목과 내용을 약간만 바꾸어 다시 올리는 기사 어뷰징abusing도 만연했다. 재난 사고와 관련된 소식이 쏟아지는 현장에서는 진실한 보도와 실체 없는 허위정보를 즉각적으로 판단하기 어렵다. 그렇지만 세월호를 둘러싼 보도의 현저한 관점의 차이는 단지 사고 현장의 급박성 때문에 생겨난 것만은 아니었다.

침몰하는 순간부터 세월호는 이미 정치적 사건이 되어 있었다. 사고 원인에 대한 추측, 책임 소재, 피해 보상안을 두고 언론 보도의 논조에서 대결 구도가 이어졌다. 세월호 참사 유족이 특별법 재협상을 요구하자 유가족들을 인신공격하고 특별법에 의한 혜택을 과장하는 허위사실들이 소셜 미디어에 퍼졌다. 정파적 언론 보도를 가짜뉴스, 억측성 오보라고 비난하고 재반박하는 공방전이 과열되었다. 그러자 민주사회를 위한 변호사회는 세월호를 다룬 언론 기사에서 드러난 잘못된 사실관계와 의혹성 추측을 정리한 보고서를 내놓았다.[63] 해경은 '해수부-해경 수색작업 갈등설' 등 사실과 다른 추측성 오보들을 바로잡고자 99건의 해명자료를 내야 했다.

## 진실의 속도

아일랜드의 작가 조너선 스위프트Jonathan Swift는 『걸리버 여행기』와 여러 풍자적 작품들을 쓰기도 했지만 1704년 이후에는 의회에서 활동했기 때문에 현실 정치에서 난무하는 잔인한 술수들과 야비함도 잘 알고 있었다. 그는 1710년에 쓴 『정치적 거짓말의 기술The Art of Political Lying』에서 가짜 정보의 피해를 언급했다. 스위프트는 기명이든지 익명이든지 누군가가 정치적 거짓말을 하면 꼼짝없이 피해를 입을 수밖에 없다는 점을 지적했다. "거짓은 빠르지만 진실은 절름발이라서 늦게 도착한다. 그러므로 아무리 속지 않으려고 해도 깨닫기에는 이미 너무 늦다. 거짓말 장난이 끝나도 그 효과는 남게 된다."

그 효과는 거짓으로 인하여 한 개인의 평판과 신뢰가 크게 훼손되는 피해와 비용일 것이다. 그 피해는 나중에 다시 회복되기 힘들다. 가짜뉴스에 대한 스위프트의 말은 소셜미디어 시대에도 들어맞는다. 거짓은 빠르게 이곳저곳을 누비지만 진실은 언제나 그다음에야 느지막히 걸음을 옮긴다. 오류와 허위를 발견한 누군가가 이의를제기해도 자발적 수정이나 정정 중재는 늦게 이루어지며, 진실이 모든 사람에게 전달된다는 보장도 없다.

언론중재위의 절차를 거쳐 기사를 정정하는 속도와 가짜뉴스가 보도되는 속도는 엄청난 차이가 난다. 이처럼 진실이 밝혀지는 데는 시간이 걸리기 때문에 빠르게 변화하는 정치적 국면에서 여론의 방향을 오도하기 위해 가짜뉴스를 의도적으로 뿌리는 전략은 계속 활용될 것이다.

국회의원 임수경은 1989년 6월에 평양에서 개최된 세계청년학생 축전에 참석하기 위해 방북했다. 2012년 6월 《조선일보》는 임 의원이 방북했을 때 "김일성 수령을 아버지라 불렀다"라는 기사와 논평을 냈다.[64] 임 의원은 이 보도가 허위사실이라면서 정정 보도 청구를 했다. 그러나 정정 보도 청구를 받은 언론사가 정정을 거부했기 때문에 법원에 정정 보도 청구 소송이 제기되었다. 2013년 1심에서 임 의원은 패소했다. 법원은 그 발언 내용을 언론사가 진실이라고 믿었을 만한 상당한 이유가 있었다고 보았다. 그러나 항소심 법원은 허위사실이라고 인정했고 명예훼손에 따른 손해도 배상하라고 판결했다. 2019년 8월에서야《조선일보》는 신문에 정정 보도문을 게재했다. "행사장에서 김일성을 만난 적은 있지만, 임수경 씨가 김일성에게 아버지라고 부른 사실은 확인되지 아니하였으므로 이를 바로잡습니다." 뉴스 보도가 나간 이후에 7년 2개월이 지난 시점이었다.

2013년 보스턴 마라톤은 폭탄 테러 때문에 혼란에 휩싸였다. 사건 직후 트위터에서 많은 가짜뉴스들이 빠르게 전파되었다. "폭발 사건은 음모론이다" "샌디훅 참사 희생자들을 위해 달리던 어린 소녀가 폭발로 죽었다" "#Boston-Marathon victims 해시태그로 리트윗 하면 주최 측이 1달러씩 기부금을 받는다" 등의 허위정보가 트윗을 타고 퍼져나갔다.[65] 엉뚱한 사람을 용의자로 지목하는 트윗도 많았다. 온라인 소셜미디어에서 가짜뉴스나 허위정보는 왜 그렇게 빠르게 널리 퍼져나가는 것일까? 허위정보의 날조된 내용은 읽으면 새롭게 느껴지기 때문에 사람들의 관심을 낚아채기 쉽다. 또한 주변인들에게 최신의 핫뉴스와 소문을 과시하고 싶은 욕구는 리트윗과 공유를 부추긴다.[66]

MIT 경영대학원의 소루시 보스기Soroush Vosoughi와 시넌 애럴Sinan Aral은 트위터 사용자 300만 명이 2006년에서 2017년까지 공유한 뉴스 항목의 데이터를 분석하여 '참'과 '거짓' 소문이 확산되는 역학을 분석했다. 그 결과 허위는 진실보다 훨씬 더 넓고, 빠르게, 깊고, 더 넓게 확산되었다. 진실한 소문은 널리 퍼져나가도 거의 1,000명 미만에게 전달되었지만 거짓 소문은 1,000명에서 10만 명에게 전파됐다.[67] '공유'에 있어서도 진실한 소문은 가짜보다 느리게, 더 적은 범위로 확산되었다. 반면 거짓 소문이 1,500명에게 퍼지는 속도는 진실에 비해 무려 여섯 배나 빨랐다. 리트윗될 확률도 70퍼센트나 더 높았다.[68]

그러나 거짓 소문이 아무리 널리 빨리 전파되어도 곧장 여론이 되는 것은 아니다. 어떤 소문은 분노와 착각을 유발하지만 대다수가 그 정보의 파편을 그대로 믿는다는 보장은 없다. 소셜미디어로 퍼지는 악소문이 대중의 사고와 신념에 직접적인 영향력을 미친다고 우려한다면 규제론은 힘을 얻게 된다.

## 진영논리와 뉴스 보도

세월호가 수면 아래로 사라진 2014년 4월은 6월 지방선거를 목전에 둔 시점이었다. 세월호 침몰을 보도한 언론사의 뉴스는 정치적 경도를 극명하게 드러냈다.[69] 진보적 미디어는 정부의 무기력한 대응과 구조 작업의 미흡함을 비판했고, 보수적 매체들은 뜻밖의 교통사고에 대한 책임 소재를 선원들의 무기력한 대응과 선박회사의 부도덕성으로 돌렸다.[70]

뉴스 수용자는 언론사가 제공하는 논리와 시각을 통해 어떤 사건을 이해하는 경향이 강하다. 프레임은 뉴스 보도에서 수용자가 특정 사실을 인지하게 만들거나 무시하도록 유도한다.[71] 세월호 보도에서 프레임은 사고 원인과 책임 규명, 유가족에 대한 인간적 관심, 갈등, 사후 대책 등이었다. 보도의 관점은 재난 대응의 책임 소재과 진실을 낱낱이 규명하라는 진보 언론과, 세월호 침몰을 정치 전략으로 이용하지 말라는 보수 언론으로 갈렸다. 세월호특별법 제정과 진상규명 절차에 대한 보도에서도 대립이 반복되었다.[72]

"세월호 유가족들이 받는 지원은 특혜이고 국민 혈세의 낭비", "유가족에게 정신적 치료를 평생 동안 지원", "유족에게 조세 감면 혜택" 등은 2017년을 전후하여 페이스북과 카카오톡에서 유통되던 가짜뉴스다. 그 발원지를 추적해 보면 세월호특별법 제정을 논의하던 과정에서 나온 아이디어들을 비판했던 내용이 2년이 지나 맥락이 사라진 채로 다시 유통된 것이었다. SBS는 대선 후보에게 유리하게 해수부가 세월호 인양을 고의로 지연했다는 보도를 내보냈다. 해수부가 허위 뉴스라고 반박하자 SBS는 온라인에서 기사를 삭제했다.[73]

언론 매체의 정파성이 두드러지면 보도를 소비하는 집단 간에도 대립이 첨예해지고 온라인 댓글이나 토론 게시판은 격렬한 공방이 오가게 된다. 뉴스 수용자들이 진영논리 등 소속된 집단의 규범을 의식하여 뉴스 정보를 접하게 되면 객관적 판단은 사라지게 된다. 자신의 집단이 믿는 대전제를 부정하거나 관점과 다르게 보도하는 언론에는 강한 적대감을 품게 된다.[74]

언론이 보도한 내용이나 소셜미디어를 통해 전달받은 뉴스의 '내용'이 정확한가는 관건이 아니고 '누가' 그 메시지를 전하느냐가 뉴스의 신뢰도를 결정하게 된다. 보수 인터넷 매체 '팬앤드마이크'는 천안함, 세월호 침몰을 조사한 정부 발표에 의혹을 주장하는 목소리를 '가짜뉴스를 만드는 언론인'으로 규정지었다.[75] 과연 그럴까?

KBS, MBC, SBS를 통하여 전국 TV로 생중계되는 대통령 후보 초청토론회에서 "시민단체가 전체 시민이나 국민을 위해 봉사하고 공헌하는 것보다는, 상당히 위협을 주고, 어떤 특정 세력에 반대를 하고, 심지어 폭력적 위협을 하고 있습니다"라는 발언을 하면서 특별한 근거를 제시하지 않은 사례가 있다. 이 발언은 가짜뉴스였을까 아니면 시민단체의 문제를 지적하는 의견이었을까? 표현의 자유로 보호되는 것일까? 의견 표명과 함께 근거를 제시하지 않는 것과 제시한 것의 차이는 무엇일까?

대법원에 따르면 발언 내용이 공적인 관계에 관한 것이지만 피해자의 사회적 가치 내지 평가를 침해하는 내용이고, 보복이나 비방의 목적에서 비롯되었다면 불법행위를 구성한다. 의견 표명과 함께 근거를 제시하지 않았고 비방적 비판만이 있었다는 이유로 손해배상 판결이 내려졌다.[76] 그러나 불법행위로서의 '비방'과 표현의 자유에 속하는 '비판적 의견'은 칼로 무 자르기처럼 구분하기 쉽지는 않다.

《미디어 워치》의 B는 자신의 트위터 계정에 통합진보당 소속 국회의원 L을 '종북 주사파', '종북파의 성골쯤 되는 인물'이라고 묘사했다. 또한 《뉴데일리》

와 《디지털 조선일보》도 L의 정치적 성향을 비판하는 기사를 썼다. 그러자 L 은 명예훼손으로 인한 손해배상을 구하는 소송을 제기했다. 이 사건을 심리 한 1심 법원은 피고 측의 표현행위가 명예훼손에 해당한다고 판단했다. 그러 나 대법원은 단순한 정치적 표현에 대한 불법행위 책임의 인정을 신중하게 접 근했다.[77]

《미디어 워치》가 기사에서 특정인을 '종북', '주사파' 용어로 표현했지만 그 발언이 '사실 적시'가 아닌 정치적 의견 표명으로 볼 여지가 있다는 것이었다. 이 판결은 정치적 토론 과정에서 표현이 어디까지 가능한가를 가늠하게 해준 다. 수사학적 과장이나 비유적 표현까지도 명예훼손으로 처벌하게 된다면 표 현의 자유는 크게 제한된다. 세간의 주목을 받는 이슈에 대한 정치적·이념적 논쟁 과정에서 주고받은 온라인 게시글의 표현이 정치인을 단순히 부정적으 로 평가했다고 곧바로 명예훼손은 아니다.

최근 '허위사실'을 둘러싼 첨예한 공방전이 벌어지면 정정보도 청구나 공개 반박을 하기보다는 소송을 제기하는 사례가 늘어나고 있다. 언론인이 다른 언론인을 상대로 제기하는 명예훼손 고소와 민사 소송은 공적 토론을 위축시 키고 '사상의 자유시장'에서 다양한 관점의 대결을 사라지게 만들 수 있다.


**오보와 왜곡 보도의 차이**

현장을 발로 뛰면서 취재하고, 뉴스 제보를 확인하고, 중립적 관점을 유지 하려 노력하고, 꼼꼼히 팩트체킹을 수행하는 언론인들은 가짜뉴스의 생산자 와는 거리가 멀다. 그러나 뉴스 저널리즘이 언제나 중립적 관점과 정확한 정 보만을 전달하지는 않는다. 과장된 표현, 신빙성 없는 자료 인용, 불공정한 관 점 끼워 넣기, 내용을 사실과 다르게 윤색하여 보도하기, 근거 없는 의혹 제 기, 과학적 불확실성을 무시한 단정적 주장, 착각에 의한 오보, 조판 과정의 단순 실수도 있다. 현장에 가보지도 않고, 정보원이 부족한 나머지 빠진 연결고리를 마감시간에 몰린 기자가 짜 맞추는 경우도 생겨난다.

'오보誤報'는 잘못된 정보를 걸러내지 못하고 실수로 믿은 부정확한 기사이지만, 언론사가 사건의 사실관계를 부정확하게 가공하거나 왜곡하는 보도 distorted report는 수용자를 오도하므로 효과 면에서 가짜뉴스와 다르지 않다. 논평이라는 제목을 달고 이루어지는 왜곡 보도는 부정하고도 달콤한 사적 권력이 된다. 따라서 가짜뉴스를 언론계 밖의 문제로만 떠넘기려는 시도는 무리가 있다. 언론이 보도한 허위정보는 정당한 이유가 있는 '오보'라고 면죄부를 부여하고, 개인들이 만드는 허위사실만을 가짜뉴스 문제의 실체로 보려는 이분법은 설득력을 얻기 어려울 것이다.

'사실 확인'이라는 기본적 절차를 거치지 않고 기자의 주관적 '관점'에 맞게 맥락을 짜 맞추는 언론 보도는 가짜뉴스와 그 효과면에서 그리 다르지 않을 것이다. 나중에 문제가 불거지면 실수에 의한 오보라고 둘러대고 삭제하는 관행은 여전히 반복되고 있다. 부정확한 보도가 생겨나는 요인은 다양하지만 팩트체크를 사전에 진행하지 않는 보도, 정파적 논조, 진실과 허위사실을 뒤섞는 정치인들의 발언, 그 발언을 인용하는 관행 때문이다. 가짜뉴스 현상을 지켜본 독자들은 언론이 진영논리에서 벗어나 책임 있는 저널리즘으로 회복할 것을 요구하고 있다.

언론사가 인터넷 공개 게시판이나 소셜미디어 포스팅으로 올린 자료를 보고 제대로 확인하지 않고 기사를 썼다면 판례는 그 내용이 진실이라고 믿을 만한 상당한 이유가 없다고 본다.[78] 언론사가 추가적인 취재 없이 경찰이 제공한 자료만 믿고 허위사실을 보도해 타인의 명예를 훼손했다면 배상 책임을 피할 수 없다.[79] 경찰의 자료는 내용이 진실이라고 믿을 만한 상당한 이유가 있지 않을까? 그러나 대법원은 경찰이 배포한 자료라도 공식적 보도자료가 아니었으므로 언론사가 추가적인 취재를 통해 진위를 확인하지 않고 허위의 혐의 사실을 보도했다면 명예훼손으로 손해배상을 해야 한다고 판단했다.

요즘은 팩트체킹도 뉴스 프로그램의 일부로서 방송된다. 팩트체커의 분석은 최근 등장한 가짜뉴스 후보군을 하나씩 집어가면서 진실은 무엇인지, 신뢰도는 얼마나 되는지, 오해할 만하거나 우려할 점은 무엇인지를 설명한다.

어떤 뉴스 보도나 발언이 허위라는 팩트체크가 나가면 그 오류를 수긍하기보다는 반대로 팩트체크 내용에 허위와 오류가 있다면서 재반론을 하거나 정정 보도 청구의 대상으로 삼기도 한다. 팩트체커가 근거를 들어가며 객관적으로 판정했음에도 팩트체크의 판정에 동의하지 않거나 역효과backfire effect가 나타나는 경우도 있다.[80] 팩트체커의 판단이 언제나 흔쾌히 수용되는 것은 아니다. 팩트체킹의 결과를 부인하고 여전히 편향성과 정파적 입장을 유지한다면 진실이 무엇인가는 별다른 의미가 없게 될 것이다.


## 정파적 뉴스 논평

『이기적 진실True Enough』의 저자 파하드 만주Farhad Manjoo는 "온라인에서 접하는 뉴스 중 엄청난 분량은 진짜 뉴스가 아니라 끝없이 이어지는 논평commentary에 불과하다"라고 지적했다.[81] 논평은 뉴스를 객관적으로 균형 있게 보여주지 않고 오히려 독자들의 이해를 한쪽의 관점으로 몰아간다. 정파적 뉴스 보도는 논쟁적·정치적 사안에 집중된다. 특히 정치 분야의 뉴스들은 주관적 논평이 많으며, 사실 확정 없는 추측이 많고, 익명의 소식통을 인용한 문장이 많다. 사실이 아닌 내용이 드러나도 그것이 실수에 의한 오보인지 의도적 편들기인지 구분하기 어렵다.

보수 언론이든 진보적 언론이든 보도와 논평을 지켜보면 저마다 논리는 자연스럽고 설득력 있게 들린다. 그러나 주의 깊게 보면 강조하는 지점이 다르고 논평이 전제하는 사실에도 차이가 발견된다. 관점의 차이는 초점을 두는 문제의식을 달라지게 만들고, 토론자와 인터뷰에 응할 전문가 섭외에도 영향을 주게 된다. 그 결과 보도의 논조는 상당히 다르게 전개된다.

대부분의 언론사는 저마다 유지하고자 하는 담론과 정치적 이데올로기가 있다. 미디어의 정파적 관점은 뉴스 정보의 사실을 축소하거나 윤색하도록 만들기도 한다. 그렇다 보니 소모적 논쟁이 벌어지게 된다. 팩트체킹에서도 동일한 사실관계를 두고 각 언론사가 저마다의 평가를 고집하는 진풍경이 펼쳐지기도 한다. 이 모습은 마치 고집스럽게 버티는 참호전처럼 느껴진다. 주관적 견해를 담은 자극적인 표현과 추측성 논평을 충분히 섞는 뉴스는 주목을 끌기 때문에 구독률이나 시청률을 올리기에는 유리하다. 일부 언론사들은 공정성이 결여되었다는 비판에도 아랑곳하지 않고 사실관계를 비틀고 억측에 근거한 논평과 보도를 계속한다. 수용자들의 관점을 우편향, 또는 좌편향으로 몰아가고 논쟁적 이슈를 '어떻게 이해하고 믿으면 된다'라고 안내를 한다. 편파적 논조의 보도에 익숙해지면 어느덧 비판적 사고는 사라지고 특정한 관점을 주입하는 뉴스와 논평을 즐겨 소비하게 된다. 그 결과 시청자와 독자는 사실 보도를 접하는 것이 아니라 언론사가 관점을 불어넣은 논평을 학습하게 된다.

물론 비판적 수용자라면 기사 제목과 논조를 보고 어떤 언론사가 썼는가를 감지해낼 수도 있다. 보도의 관점이나 의도하는 방향이 드러나기 때문이다. 인위적으로 특정 사안에 대한 시각을 주입하거나 여론몰이를 하는 어설픈 기사는 댓글 공간에서 날선 비판과 비웃음을 받기도 한다.

저널리즘에 대한 불신, 나아가 가짜뉴스 현상은 어쩌면 허위사실의 순전한 날조보다는 어떤 사건에 대한 지나친 상상력과 전문가들이 쏟아내는 비중립적인 논평에서 비롯된 것인지도 모른다. 일부 언론은 진영논리에 충실한 편향된 뉴스를 내보내고, 추정에 근거한 논평을 하고, 사실관계의 맥락을 바꾸고, 익명의 소식통을 이용한 창작을 하고, 미확인 정보를 슬쩍 끼워 넣는다.

이런 관행은 가짜뉴스 현상을 부채질한다. 개인들은 편파적 언론의 기사, 오보의 잔해들, 부정확한 사실적 주장, 정치인의 계산된 정치공세를 씨앗 정보로 삼아서 흉내를 낸다. 그 결과 가짜뉴스 현상을 심화시키는 악순환의 고리가 만들어진다.

## 책임 있는 저널리즘

가짜뉴스는 언론사의 기사 형식을 빌려서 사실이 아닌 내용을 퍼뜨리는 행태가 많다. 악의적으로 일부의 사실만 부풀리거나, 공인된 사실을 부인하고 다른 맥락으로 설명하는 비공식적 뉴스 파편이 일반적이다. 그러나 익명의 개인들이 만든 특정한 의도를 가진 날조 정보만이 아니라 충분한 취재 활동이나 증거도 없이 보도하는 일부 언론사의 행태는 허위정보를 유포하거나 명예를 훼손하는 보도가 되기 쉽다.

기자가 취재원에게 정보를 얻고 익명으로 처리하여 제보자를 보호하는 경우도 있지만, 취재원이 과연 있었는지가 의심스러운 경우도 드물지 않다. 개인적 의견을 여론으로 둔갑시키고 사실 확인도 거치지 않고 뉴스로 내보낸다면 허위정보가 섞이게 된다. 기사를 쓰기 위한 충분한 증거를 확보하지 못했다면 언론은 허위정보의 증폭기이자 루머의 확성기가 된다. 정확한 근거를 바탕으로 기사를 쓰고 비판적·균형적 관점을 유지하는 기사들은 저널리즘의 정수를 보여준다. 반대로 막연한 추정과 의혹만으로 내용을 채우고 편파적 관점을 의도적으로 유지하는 기사도 쉽게 찾아볼 수 있다.

가짜뉴스 유포자에게 민사와 형사 책임을 물어야 한다는 격앙된 주장을 담은 사설들도 있다. 가짜뉴스 때문에 언론이 공신력을 잃는다고 우려하는 목소리도 있다. 그러나 특정 정치적 세력을 돕기 위하여 아무 증거도 없이 의혹성 보도를 내놓는 일부 언론사들은 자신이 바로 가짜뉴스의 생산자인 셈이다. 옥스퍼드대학교 로이터저널리즘 연구소의 2020년 조사에 따르면 한국의 뉴스 신뢰도는 최하위 수준이다. 정국에 영향을 미치기 위해서 자극적이고 편향된 기사를 내면서 허위정보를 창작하거나, 더 많은 조회수를 위해 관심 끌기 기사, 의혹성 기사를 남발하는 일부 언론사들은 대중의 불신을 자초한 다.

보도 과정에서 언제, 어디서, 누가, 무엇을 했다는 사실을 전달하더라도 '왜'라는 맥락에서는 얼마든지 자의적인 해석이 가능한 '암흑 대륙'이 열리게 된다.[82] 가장 위험한 지점은 공적 사안에 대한 보도에서 무엇이 사실이고 무 엇이 거짓인가를 스스로 결정할 수 있다고 언론이 믿어버리는 것이다.

미디어 학자 제임스 케리James Carey는 '저널리즘'과 '민주주의'가 실제로는 '같은 이름'이라고 보았다. 그에 따르면 "공중the public이란 저널리즘에 있어 서 신의 단어god-term이다. 저널리즘은 궁극적으로 '공적인 삶'과 결부된 것이 므로,[83] 진정한 저널리즘은 공중이 대화를 이어가도록 역할을 해야 한다". 그 는 만일 언론사가 이처럼 중요한 저널리즘의 요체를 잊는다면 저널리즘은 작 동을 멈추고, 언론사의 비즈니스 역시 실패하게 된다고 예견했다.[84]

예컨대 언론이 선거전에서 후보자들의 어젠다를 심층적으로 비교하지도 않고 수치화된 지지율만 보도하거나 정치인의 실언만을 부각시키거나 부풀 려진 편파적 뉴스로 여론을 오도한다면 대중의 진정한 관심을 충족시키지 못 하는 것이다. 전통적 언론 보도에서 필요한 정보를 얻을 수 없다면 사람들은 비공식적 경로인 소셜미디어와 유튜브를 대안으로 여기게 된다. 그런데 정작 언론은 소셜미디어에 올라온 가공된 뉴스 정보, 비공식뉴스에 포함된 오류와 부정확성에 강한 불신을 드러낸다. 보수와 진보를 가리지 않고 언론사들이 가짜뉴스 문제를 거론할 때 소셜미디어를 주로 겨냥하는 것은 미국이나 우리 나라나 마찬가지다.

## 팩트체킹은 공정할까?

허위정보와 가짜뉴스가 다수를 속이려고 해도 팩트체크가 신속하게 이루어진다면 그 해악은 미미할 것이다. 그러나 문제는 타이밍이다. 진실의 걸음은 언제나 느리다. 거짓은 휘발성이 사라지기 전에 다른 곳으로 빠르게 퍼져나가 누군가의 뇌리에 박혀서 근거 없는 믿음과 악평의 씨앗이 된다. 거짓은 뿌리를 내리고 새로운 현실감을 만들어낸다. 팩트체크는 기자들이 일일이 과거의 발언, 인터뷰 영상, 보도자료, 통계, 판결문, 행적에 대한 기록, 소셜미디어에 올린 내용을 찾아 비교하는 방식으로 이루어진다. 국내에서만 하루 2,000건이 넘는 뉴스 기사들이 포털 사이트로 전송되고 뉴스 콘텐츠도 넘쳐나기 때문에 모든 뉴스에 대한 팩트체킹은 불가능하다.

언론사들은 사회적 파장이 큰 사건의 소문이나 정치인의 발언, 주장이 맞는지 팩트체크에 나선다. 그런데 오류나 허위로 여겨지는 뉴스나 소문들을 택할 때도 가치판단이 개입된다. 검증 대상을 고르는 언론사의 기준은 저마다 다르며 주관적 요소가 개입된다. 팩트체킹은 예전이나 지금이나 매우 노동집약적 절차이고 그 결과는 가능한 한 신속하게 제공해야 하므로, 인력이 한정된 언론사로서는 가장 논란거리가 되는 이슈를 선택할 수밖에 없다.

팩트체크 과정을 거친다고 뉴스의 불확실성이 언제나 해결되지는 않는다. 팩트체크의 정확성을 둘러싸고 언론사 간에 제2라운드 공방전이 펼쳐지기 때문이다. 팩트체크 과정에도 정치적 색채와 가치판단이 반영되므로 검증 대상에 대한 판단은 각 언론사가 사안을 어떤 입장에서 바라보느냐에 따라 달라진다. 이 때문에 신문사, 지상파, 종편 방송의 팩트체크 결과가 상반되지만, 그 결과가 뉴스로 다시 나가기도 한다. 진영논리에 따라서 팩트체크의 결과마저 뭉개거나 완강하게 거부하여 미확인 논쟁거리로 만드는 방식은 드물지 않다. 예컨대 대선후보 토론회에서 한 후보가 제기한 문제를 두고 각 언론사의 팩트체크 코너는 똑같은 근거 자료를 사용하여 사실 여부를 확인한 다음에 서로

다른 결론을 내렸다.[85]

2017년 홍준표 자유한국당 후보는 TV 생방송으로 중계된 대선후보 토론회에서 "문재인 비서실장이 일심회 수사를 못 하게 막으려고 국정원장을 사퇴시켰다"라는 취지로 주장했다. 그 근거로 위키리크스에 폭로된 주한 미국 대사의 전문을 들었다. 노무현 대통령이 국정원장을 따로 불러 다른 설명 없이 "그만두시지요"라고 말했다는 사실이 위키리크스에 폭로되어 있다는 것이다.

그 직후 언론사별로 팩트체크가 이루어졌다. 관건은 일심회 사건의 부실수사를 문재인 실장이 지시했냐는 것이었다. SBS 〈사실은〉, JTBC 〈팩트체크〉,《오마이뉴스》, 뉴스타파, 《경향신문》은 '허위'로 보도했지만 TV조선은 홍준표 후보의 주장을 '진실' 또는 '일부 진실'로 판명했다.[86] 위키리크스의 폭로를 그 근거로 사용하고 팩트체킹 결과 사실로 인정되었다는 기사를 후속 보도로 내보낸 것이다. 그렇지만 대부분의 언론사는 위키리크스에 올라온 정보의 신뢰성이 낮다는 이유로 팩트체크 과정에서 소스로 사용하지 않는다.

언론사의 정치 성향이 뚜렷하고, 진영논리에 투철할수록 상대 언론사의 뉴스 보도에 흠을 잡거나 근거가 빈약한 억측, 오보로 몰아붙이는 비율은 더 높다. 팩트체킹의 결과가 나오더라도 일부만 인정하거나 오류를 그대로 유지한 기사가 다시 생산된다. 그 결과 뉴스 수용자들은 끝없이 자신의 입장만을 대변하는 언론사들의 공방만 보게 된다. 팩트체크의 결과를 두고 언론사들 간에 다시 벌어지는 논쟁과 견해 불일치는 가짜뉴스의 생산자가 그리 멀리에 있지 않음을 깨닫게 해준다. 팩트체크가 이루어진 후에도 여전히 논란거리로 남은 언론사의 오보나 정파적 보도를 가져다 페이스북에 올리거나 유튜브 방송에 사용하는 개인들은 가짜뉴스의 생산자로 비난받아야 할까?

## 충돌하는 팩트체킹

《AP통신》, ABC 뉴스는 '스누프스Snopes', '팩트체크FactCheck.org', '폴리티팩트닷컴Politifact.com' 등의 도움을 받아서 뉴스의 진위를 검증한다. 만일 뉴스가 허위로 판정되면 '논란의 여지가 있음disputed' 태그를 단다. 그러나 팩트체크 과정을 거쳐도 이슈가 명쾌하게 정리되지 않는 사례는 늘어나고 있다. 언론사들의 팩트체크가 불일치할 때는 2라운드 공방으로 재점화하기도 한다. 국내에서도 팩트체킹의 결과가 상이한 경우는 드물지 않다. 각 언론사는 입맛에 맞는 팩트만을 주목하거나, 맥락과 논점에서 벗어난 주장을 '일부 사실'이라고 강변하기도 한다. 팩트체크마저 가치판단이 개입하여 정파적 해석을 내놓는다면 누구의 말을 믿어야 할까? 검증을 검색이나 빈약한 증거에 전적으로 의존하기 때문이다. 팩트체킹에 대한 불만은 정치적 사안의 보도는 복잡한 맥락이 있고, 충돌하는 해석들이 가능하도록 열려 있음에도 팩트체커가 일방적 해석만 내놓는다는 것이다.[87] 그 배경에는 언론사마다 극명하게 다른 정치적 관점에 따라 서로 다른 논조의 보도를 내놓는 마당에 과연 팩트체킹이 객관적일 수 있냐는 의구심이 자리하고 있다. 언론사마다 자기 관점을 고집한다면 어쩌면 팩트체킹의 결론은 이미 정해져 있는 것인지도 모른다.

어떤 언론사는 자사가 예전에 보도했던 기사를 재인용하거나 관점이 유사한 타 언론사의 보도만을 팩트체크의 기준으로 고집한다. 객관적 통계 자료는 일부분만 인용하거나 모호한 단어로 포장하고, 상반된 관점도 신중히 검토하지 않고 기계적 균형만을 강변하기도 한다.

소셜미디어의 클릭이 '무기화'되고 리트윗, 공유되는 가짜뉴스들이 점차 많아지면서 팩트체킹 시장도 커지고 있다. 팩트체킹은 어디까지나 의견opinion이 아닌 사실fact이 정확한가를 살펴야 한다. 주관적인 의견은 표현의 자유의 영역이기 때문이다. 사실/의견 이분법은 대법원의 판단 기준이기도 하다. 그런데 팩트체킹이 대상으로 삼는 뉴스들에서 주관적 의견과 객관적 사실을 무

자르듯 나누기는 어렵다. 사실/가치 이분법에 따르면 사실은 객관적이고 합리적 논의가 가능하지만, 가치판단은 주관적인 정서나 태도의 문제이기 때문에 팩트체킹을 한다고 해도 어떤 객관적 진리나 정답은 있을 수 없다.[88]

사실/가치 이분법에 대한 집요한 비판자였던 힐러리 퍼트넘Hilary Putnam에 따르면 "사실은 가치와 불가분의 관계이고, 사실에는 가치가 적재되어 있다".[89] 퍼트넘의 지적은 팩트체크의 결과에 대해서 왜 일부 언론사가 수긍하지 않고 버티는지 그 이유를 짐작하게 해준다.

그렇지만 어떤 사실을 보는 관점 자체가 주체마다 다르다면 가치 상대주의로 흐를 수 있다. 자신만의 주관적 관점을 고수하는 언론 보도는 탈진실 현상과도 밀접하다고 할 수 있다. 그러나 언론사의 관점이 사실 확정에까지 미치게 되고 사실에 대한 불일치가 확대되면 공적 의제에 대한 의미 있는 토론은 어려워진다. 이러한 현상을 프란시스 후쿠야마는 '탈사실post-fact의 세계'라고 불렀다. 그는 "사실상 모든 권위 있는 정보 출처가 의심을 받고, 모호한 품질과 정보 출처를 가진 반대되는 사실에 의해서 도전을 받는 세계"가 창발하고 있다고 지적했다.[90]

기본적으로 팩트체크는 뉴스 보도나 정치인 발언의 사실을 검증하려는 것이다. 그러나 그 사실의 존재 여부, 논리적 정합성을 검증하는 과정은 때로는 정치적 관점이나 가치관의 영역까지 침범하게 된다. 팩트체크는 객관적 사실에만 머무르는 것이 바람직하다. 그렇지 않고 한 걸음 더 나아가 뉴스 보도자의 정치적 관점이나 가치관의 평가까지 곁들이면서 '잘못'이나 '옳음'을 선언하는 경우도 종종 발견된다.

온라인에서 연결된 다수가 협력하여 뉴스의 진위를 확인하는 집단적 팩트체킹truth-squadding도 있다.[91] 이렇게 해서 가짜뉴스로 판단된다면 특정 언론사 진행하는 팩트체킹의 편향적 관점이나 충돌은 완화될 수 있을 것이다. '위키트리뷴WikiTribune'은 위키피디어처럼 유저들이 직접 기사의 내용을 수정하고 팩트체킹을 하는 플랫폼이다. 위키미디어 재단은 지역 언론인과 뉴스 보도의 사실 여부를 검증하는 협업 프로젝트로 위키트리뷴을 시작했다.[92] 한편 니만랩Niemanlab은 크라우드 소싱 방식의 집단적 팩트체킹이 그렇게 큰 효과가 없었다고 밝히고 있다.[93]

## 자동화된 팩트체킹의 한계

수많은 뉴스가 오가는 온라인 플랫폼들은 뉴스를 직접 생산하지 않고 유통과 전달만을 담당하기 때문에 팩트체크를 수행할 뉴스룸이나 기자들이 없다. 디지털 뉴스가 유통되는 플랫폼의 사회적 책임이 강조되자 플랫폼은 자동화된 팩트체킹 시스템을 개발하기 시작했다.[94] 팩트체크 작업에는 사실과 관련된 정보를 찾아내어 일일이 꼼꼼히 대조하는 인력이 필요하다. 매일 쏟아지는 엄청난 분량의 기사들을 모두 검증하는 건 물리적으로 불가능하다.

또한 어떤 뉴스를 골라서 팩트체킹을 할 것인지도 언론사의 편향성과 주관성이 반영된다는 문제가 있었다. 편견을 배제하고 팩트체킹을 할 필요가 있었다. 또한 사실 확인을 해야 할 텍스트는 급격히 증가하고 있으므로 광범위한 뉴스들을 대상으로 더 빠르게 팩트체크를 할 필요도 있었다.

페이스북이 개발한 클릭 갭Click-Gap은 구글, 빙 등 다른 플랫폼과 비교했을 때 페이스북 뉴스피드에서 유독 인기가 높은 웹사이트의 링크를 찾아낸다. 페이스북 내에서 특정 웹사이트로 연결을 유도하는 링크가 많다는 점을 감지하면 그 링크를 뉴스피드에서 감추는 식으로 가짜뉴스 확산을 제한한다.[95] 영국의 비영리단체 '풀팩트Full Fact'는 구글 디지털 뉴스 이니셔티브에서 자금을 지원받아 자동화된 팩트체크 앱을 개발했다.[96] '팩트마타Factmata'는 팩트체크 대상이 되는 문장의 내용을 분석하여 과거 텍스트, 통계와 비교해서 사실인가를 판단한다.[97]

그러나 머신러닝에 의한 자동적 팩트체크는 데이터를 비교하여 매칭하는 작업에 국한되어 있기 때문이다. 예컨대 구글의 '지식그래프Kowledge Graph'는 사실적 문장을 입력하면 사실에 부합하는 정도를 점수로 나타낸다.[98] 그러나 정작 왜 그렇게 판단했는지 정보의 소스를 보여주지 않는다.

가짜뉴스와 허위정보를 '인공지능AI 캅cap'이 잡아낸다는 전망은 실현될 수 있을까? 머신러닝 알고리듬과 팩트체킹 활동만으로 플랫폼을 경유하는 허위정보의 유통을 감소시킬 수 있을지 미지수다. 정보 검색·전달·공유 기술의 비약적 발전으로 발생한 문제를 다시 기술 개발로 해결할 수 있다는 장밋빛 약속은 어딘가에 허점을 감추고 있다.

자동화된 팩트체킹은 과거 데이터를 탐색할 때 도움은 되지만, 사실 여부를 정확히 판단할 수 있는 수준은 아니다. 현재 자동화된 팩트체킹은 디지털로 기록되어 있는 과거를 현재와 비교해 분석하는 방식에 불과하다. 만일 이미 공개된 관련 데이터 기록이 없다면 뉴스의 진위를 확인하기는 불가능하다.[99] 플랫폼 기업들은 자동화된 팩트체킹이 허위정보와 가짜뉴스를 몰아낼 수 있다는 기대를 심어주려는 듯하다. 가짜뉴스의 언어는 복잡하며 사실을 살짝 뒤트는 경우도 많다. 특히 정치인들의 언어 방식에서 미묘한 맥락을 알아채고 진술한 내용을 정확하게 텍스트로 추출하려면 자연어처리NLP 기술이 더 개발될 필요가 있다.

언어 표현에 대한 분석을 통해 허위정보를 찾아내는 머신러닝 알고리듬은 그 설정 방식에 따라서 차단되는 정보 흐름이 크게 바뀔 수 있다. 머신러닝은 복잡한 맥락을 판단하거나 인간의 감수성을 반영할 수 없기 때문에 판단 오류가 얼마든지 발생할 수 있다. 중국의 검색엔진 바이두는 연간 30억 건의 가짜뉴스를 걸러낼 수 있는 기술을 개발 중이다. 플랫폼과 정부가 협업하여 '잠재적 거짓 정보'를 찾아내 차단하고 유관 기관에 검증을 맡기는 시스템이다.[100] 이런 시스템은 인공지능을 이용한 검열제로 기능할 가능성이 높다. 비판적 관점이나 민주화를 요구하는 목소리가 봉쇄당할 수 있는 위험이 커지는 것이다. 베트남, 중국, 싱가포르, 태국 등 권위주의적 색채가 강한 국가들은 가짜뉴스로 인한 피해 가능성을 온라인 콘텐츠의 통제를 강화하는 명분으로 사용하고 있다.

# 6장
# 플랫폼 알고리듬

소셜미디어의 가짜 계정들이 가짜 뉴스를 만들어 증폭시킨 뒤에,
그 가짜뉴스들이 폭스뉴스 같은 편파적 주류 미디어에 보도되어 '진실'로
둔갑하는 것도 소셜미디어 알고리듬(BUMMER)의 폐해다.

_제론 레니어, 『당신은 전자기기가 아니다』(2018) 중에서

## 웹의 구조와 플랫폼

보르헤스가 『바벨의 도서관』에서 빠뜨린 유일한 은유는, 아마도 '플랫폼'일 것이다. 그는 세상의 모든 정보가 균일하게 산재된 평평하고 늘어선 우주를 생각했던 것 같다. 그는 '정보 과잉' 상태의 우주 속에는 정보가 담긴 책들이 꽂혀 있는 육각형 방들이 무한하게 이어져 있다고 상상했다. 그러나 실제 웹의 구조를 살펴보면 수많은 링크와 노드들이 빽빽하게 몰려 있는 중심핵 SOC은 밝게 빛난다. 디지털 정보는 연결되어 있으며 웹에서 서로는 서로에게 지식의 원천이 되고 있다. 그렇지만 많은 디지털 뉴스는 중심핵에서 제공되며 중심핵에 위치한 소셜미디어나 검색엔진에서 링크를 클릭하게 유도하여 가짜뉴스 웹사이트로 유인하는 일도 가능하다. 링크와 정보는 중심핵에 잔뜩 몰려 있다. 반면 대부분의 웹사이트들은 적은 링크들만 연결되는 부익부rich-getricher의 선호적 연결을 가지고 있다.[1] 허위정보와 가짜뉴스는 노드들이 밀집되는 지점에 몰리는데 그곳은 바로 '플랫폼'이다. 거대 디지털 플랫폼들은 이 중심핵 속에 위치하며 정보의 흐름을 지배할 수 있다.[2]

웹의 구조를 살펴보면 어떤 단일한 노드나 소규모 노드들의 집합도 그 정보 흐름을 완전히 막거나 통제하지는 못한다. 뉴스, 소문, 오정보, 정치 광고 등 디지털 정보의 흐름이 집중되는 플랫폼에는 고도로 빽빽한 링크 연결성이 존재하고, 플랫폼 운영자는 정보의 흐름을 좌우할 수 있는 알고리듬으로 무장하고 있다. 플랫폼이 정보의 유통에서 핵심적 지위를 차지하자 자기의 발언을 '증폭'시켜서 다수에게 널리 퍼뜨리는 '가시성의 부각'이 가능해졌다. 그

렇기 때문에 가짜뉴스 생산자와 유포자는 거대 플랫폼을 집중적으로 노린다

웹의 위상구조에서 거대 디지털 플랫폼은 뉴스를 포함한 온갖 정보가 모이고 흘러가는 경로의 역할을 한다. 예컨대 페이스북 플랫폼은 23억 명의 유저들과 더 많은 노드로 연결되어 있다. 소수의 플랫폼으로 유저들이 몰리면서 고도로 집중화되는 과정에 있다.[3] 2018년 전 세계에서 가장 거대한 소셜미디어 플랫폼은 페이스북이며 월간 활성유저active user는 20억 명에 이른다. 인스타그램은 매달 8억 명, 트위터는 3억 3,000만 명, 핀터레스트는 2억 명을 각각 기록했다.[4] 인터넷 소사이어티ISOC의 지적에 따르면 극소수의 거대 플랫폼에 데이터와 인터넷 서비스가 집중consolidation되는 현상은 강화되고 있다.[5] 소셜미디어와 검색엔진도 예외는 아니다. 수십억의 인구가 불과 몇 개의 디지털 플랫폼과 서비스에 고도로 몰려 있는 상황은, 플랫폼이 원한다면 정보의 흐름을 결정할 수 있음을 의미한다.

소셜미디어 플랫폼과 검색엔진은 언론사가 생산하는 콘텐츠 또는 가짜뉴스와 개인들 사이에 연결관funnel 역할을 한다. Parse.ly의 조사에 따르면 전 세계 뉴스 웹사이트로 연결되는 트래픽 가운데 43퍼센트는 소셜미디어에 올라온 링크를 타고 들어왔다. 이는 검색엔진으로 뉴스를 찾아서 읽는 비율 38퍼센트를 가볍게 넘어선다.[6]

2017년에 실시된 국내의 조사는 소셜미디어를 통한 온라인 뉴스 소비가 일상적으로 자리 잡았음을 보여준다. 뉴스 이용률 순위는 페이스북이 42퍼센트, 유튜브가 31퍼센트로 나타났다. 텍스트가 아닌 유튜브 동영상을 통해 뉴스 콘텐츠가 소비되는 비중도 늘어나고 있다.[7]

페이스북에 로그인할 때면 사람들은 새로운 메시지나 댓글을 궁금해하고, 뉴스피드에서 흥밋거리를 읽고 싶다는 기대감을 무의식적으로 가지게 된다. 페이스북은 유저들이 무엇을 기대하는지 데이터를 분석해서 파악하고 있다. 이런 메커니즘은 가짜뉴스들이 소셜미디어를 거침없이 오가도록 만드는 구조

적 원인을 제공한다. 대량으로 가짜뉴스를 전파하는 봇, 소셜미디어를 중심으로 재편된 뉴스 유통의 구조적 변화는 가짜뉴스 차단을 어렵게 만들고 있다.


## 플랫폼 권력

2018년 발표된 퓨 리서치Pew Research의 조사에 따르면, 미국인들은 TV(57 퍼센트)에 이어 소셜미디어(38퍼센트)를 통해 뉴스를 접했다. 2016년 미국 대선 당시 소셜 네트워크를 통한 뉴스 이용률은 급격히 증가했는데, 대선 관련한 정보를 얻는 비율은 44퍼센트나 되었다. 무엇보다 청년층의 소셜미디어 이용률은 압도적으로 높았다. 2019년 조사에서는 미국인 성인 69퍼센트가 페이스북을 이용했다.[8] 국내에서는 DMC 미디어의 2016년 조사 결과 소셜미디어 사용자의 40.5퍼센트가 뉴스를 읽기 위해 소셜미디어를 활용하는 것으로 나타났다.[9]

사정이 이렇다보니 정치인과 마케터들은 소셜미디어를 통한 입소문이나 홍보 전략을 외면하기 어렵게 되었다. 압도적 규모의 사용자를 확보한 소셜미디어 플랫폼은 대량으로 특정한 정보를 널리 전파시키는 용도로 사용되고 있다. 그에 따라서 클릭을 유도하는 자극적 뉴스 기사, 혐오발언, 가짜뉴스를 통한 여론 조작 위험성도 증가하게 되었다.

정치 홍보전과 투표행위가 고도로 디지털화 될수록 어떤 뉴스를 보도하고 노출시킬 것인가에 대한 판단은 권력이 되고 있다. 후보자들이 엇비슷해 보인다면 신뢰를 깎아내리거나 부정적 반응을 키우는 악소문이나 의혹을 보도하는 편집권은 선거를 좌우할 수 있다.

2016년 미국 대선에서는 한정된 TV 뉴스 방송은 여론에 막대한 영향을 미쳤다 어떤 뉴스꼭지를 상위에 올릴 것인가를 결정하는 뉴스룸, 어떤 뉴스를 신문 헤드라인으로 뽑을 것인가를 결정하는 편집자의 힘은 여전하다. 한편 어떤 뉴스와 정보를 부각시킬지를 결정하는 포털 사이트와 뉴스피드에 노출되는 빈도를 결정하는 디지털 플랫폼의 알고리듬은 새로운 통제권을 가지게 되었다.

포털 사이트, 검색엔진, 소셜미디어 등 디지털 플랫폼은 일상생활을 담은 사진의 게시, 친구와 소식을 주고받기, 블로깅, 정치인 발언을 다룬 뉴스뿐 아니라 수천여 개의 뉴스 생산자들이 밀집된 통로다. 플랫폼 운영자나 알고리듬이 어떤 뉴스 정보를 더 부각시켜 노출하거나 두드러지지 않게 감추느냐에 따라서 여론은 영향을 받을 수 있다.

오늘날 허위정보의 증폭은(그것이 유권들의 사고나 태도에 직접 적인 영향을 미쳤는지는 확인이 어렵지만) 페이스북, 트위터, 유튜브 등 거대 플랫폼을 빼놓고 말하기 어렵다. 플랫폼 사업자들은 오로지 사용자의 선호만을 반영하여 정보 흐름을 조정하지 않고 무엇을 노출할지를 판단하고 결정할 수 있는 역량을 쌓고 있다. 사용자 데이터와 알고리듬은 뉴스 정보의 흐름을 지배하고 노출 수위를 결정할 수 있는 플랫폼 통제 권력을 강화시킨다. 지금 이 순간에도 사용자들의 인종, 성별, 거주 지역, 정치적 성향, 콘텐츠 선호도에 대한 데이터는 서버의 어딘가에 저장되는 중이다. 페이스북이 광고주에게 선택 옵션으로 제공하는 마이크로 타깃팅 광고는 데이터 분석에 기초한다. 신문·방송 등 올드 플랫폼old platform이 여론을 조종하는 힘은 점차 약해지겠지만, 뉴 플랫폼 new platform의 힘은 더 커지게 될 것이다.

선동가는 턱없는 거짓 의혹과 절반쯤의 사실이 맞닿아 있는 모호한 회색지대를 노리고 메시지를 반복하는 전략을 사용한다. 그러나 신문·방송 등 전통적 플랫폼과 새로운 디지털 플랫폼 모두 정치인의 과장법, 반쯤의 진실, 왜곡된 허위사실을 걸러내는 일에는 허술함을 드러냈다. 일부 언론은 입맛에 맞는 특정 정치 집단을 노골적으로 편들었고, 소셜미디어는 사용자를 오래 잡아둘 수만 있다면 거짓이든 뭐든 슬쩍 눈을 감았다.

그렇지만 온라인 플랫폼의 운영자들은 게이트키핑 기능을 전혀 수행하지 못하고 있다. 소셜미디어 시대는 모든 정보가 필터링 없이 온라인 유저들에게 전달될 수 있다. 그 결과 진위를 검증하지 않고 정보가 전파되는 사례들은 더 늘어나고 있다. 요컨대 유명무실한 온라인 플랫폼의 게이트키핑 기능은 혐오발언과 허위정보의 전파와 발흥에 상당한 원인을 제공하고 있다.

　　페이스북을 포함한 글로벌 플랫폼 기업들은 소셜미디어에서 벌어지는 개발도상국들의 폭력 사태와 혼란에 제대로 대응하지 못하고 있다. 가짜뉴스를 생산하는 계정의 폐쇄, 허위·해악적 콘텐츠를 찾는 알고리듬 개발 등 기술적 해결책 홍보에 집중하고 있다. 그러나 가짜 계정은 짧은 시간에 얼마든지 금세 불어날 수 있다. 뉴스룸과 편집국이 없는 소셜미디어 플랫폼은 허위정보를 걸러내지 못하고 '거짓 정보' 신고를 받지도 않는다.

　　허위정보의 유통으로 인한 부작용에 대한 논란이 커지자 플랫폼의 사회적 책무에 대한 요구는 증가하고 있다. 그렇지만 소셜미디어 플랫폼에 쉴 새 없이 업로드되고 소비되는 수많은 뉴스 정보를 어떤 기준을 적용하여 모니터링하거나, 일일이 검토하여 진위를 판단하는 작업은 막대한 모니터링 부담을 초래한다. 로마 거리에 있는 파스퀴노나 16세기에 팸플릿을 찍던 인쇄업자들은 유언비어, 허위정보, 신념을 모두 믿었을까? 콘텐츠의 정확성이나 진실을 확인하는 것은 파스퀴노나 인쇄업자의 몫은 아니었다. 페니프레스의 시대에 신문사를 상대로 제기된 명예훼손 소송은 빈번했지만 정부가 페니페이퍼에 실린 가짜뉴스가 위험하다고 벌금을 매기거나 인쇄기를 압류하지는 않았다.

　　그렇지만 오늘날 디지털 플랫폼은 뉴스 정보를 유통하고 누군가의 발언을 증폭시켜서 널리 전달하는 데 필수적 도구가 되었다. 허위정보와 가짜뉴스의 범람을 통제하려면 발언자를 추적하는 일보다는 그 경로가 되는 플랫폼의 역할이 중요해졌다. 사회적 책임을 강조하거나 자율규제를 택할 수도 있겠지만, 플랫폼을 통제하기 위해 법적 강제를 택한 국가들도 나타나고 있다.

## 디지털 갱스터

2019년 영국 하원이 펴낸 '허위정보·가짜뉴스 보고서'는 페이스북을 '디지털 갱스터'로 표현했다. 페이스북 같은 플랫폼은 온라인 세계에서 갱스터처럼 법을 초월하여 행동할 수 있다는 것이다.[10] 이 보고서는 허위정보와 가짜뉴스의 전파에서 소셜미디어 플랫폼의 역할을 분석했으므로 자세히 살펴볼 필요가 있다. 보고서가 지적한 세 가지 위협은 '민주주의', '데이터 프라이버시', '플랫폼의 시장 지배력'이다.

첫째, 민주주의는 소셜미디어 플랫폼을 통해 전달되는 허위정보와 개인화된 광고, 악의적이고 타깃팅으로 위험에 처해 있다는 것이다. 소셜미디어는 한 번의 터치만으로 전 세계 수백만 명에게 다가갈 수 있는 강력한 도구인데, 출처를 밝히지 않고 허위정보를 효과적으로 퍼뜨리는 데 사용하므로 위협 요인이다. 둘째, 해악적·불법적 콘텐츠의 업로드를 막기 위해 소셜미디어 플랫폼이이 행동에 나서야 하고, 유저들의 데이터 프라이버시를 존중해야 한다. 셋째, 소셜미디어 플랫폼과 사람들 간의 권력 균형을 위한 급진적 변화가 필요하며, 부적절한 자율규제의 시대는 끝나야 한다고 주장했다. 이것은 소셜미디어 기업에 대한 독립적 규제의 권고로 이어졌다. 플랫폼은 콘텐츠에 대해 별다른 법적 책임을 지지 않지만 해악적·불법적 콘텐츠에 대한 모니터링과 삭제 의무를 이행하지 않으면 막대한 벌금을 부과해야 한다고 주장했다.

영국을 포함한 유럽 국가들은 페이스북이 러시아의 미국 대선 개입 논란을 초래했으므로, 유럽에서도 비슷한 상황이 발생할 수 있기 때문에 안심할 수 없다고 여긴다. 소셜미디어 플랫폼이 유저 데이터를 마구잡이로 긁어모으고, 타깃화된 정치 광고와 허위정보를 통제하는 데 실패해 민주주의를 파괴할 것이라는 전망은 지나친 것일까?

정치학자 야스차 뭉크Yascha Mounk는 민주주의를 지키기 위해서는 소셜미디어 기업들이 가짜뉴스와 혐오발언의 확산을 막아야 한다고 주장했다.[11] 그러나 페이스북 등 소셜미디어는 콘텐츠의 진위를 판별하는 작업을 의무적으로 떠안기를 꺼린다.

이 대목에서 두 가지 불편한 진실에 직면하게 된다. 우선 소셜미디어 플랫폼 기업들에게는 주주의 이해관계와 수익 창출이 최우선이지, 플랫폼이 미치는 사회적·정치적 여파는 어디까지나 후순위로 밀린다는 점이다. 플랫폼의 비즈니스 모델은 광고 판매에 기반하고 있으므로 노출이 중요하다. 따라서 사용자들을 플랫폼에 오래 붙잡아둘 수 있는 다양한 정보, 흥미롭고 자극적 콘텐츠는 많을수록 좋다.

팀 버너스리Tim Berners-Lee 등 IT 전문가들은 사회적 담론과 소통을 통제할 수 있는 전례 없는 디지털 플랫폼의 힘이 웹을 박살내고 있을 뿐 아니라 허위정보 문제와 연결된다고 여긴다. 거대 플랫폼 기업들은 알고리듬의 통제자, 정보의 매개자, 개인 데이터의 수집가, 타깃 광고의 판매자 역할까지 하고 있다. 플랫폼 기업들이 운영하는 클라우드의 서버 어딘가에 저장되는 '나의 정보'는 어떻게 사용되고 누구에게 팔리는지 알 수 없다. 그러므로 플랫폼은 사용자 데이터를 통합하는데, 사용자 데이터 기반 조작은 정치 광고에 사용되어 선거를 왜곡할 수 있다.[12] 투표자 프로필 데이터를 빼돌려 미국 대선 캠페인에 활용한 케임브리지 애널래티카 사건이 그 사례다. 이 사건 이후 많은 사람은 자신들의 데이터가 어떻게 조종manipulation에 사용될 수 있는지를 깨달았다.

빈센트 모스코Vincent Mosco에 따르면 캠브리지 애널래티가 사건 이후 페이스북이 가장 원하지 않았던 시나리오는 프라이버시 관련 법안의 강화였다. 규제는 10억 명의 사용자들의 데이터를 활용하여 수익을 창출하는 페이스북의 기업 전략을 좌절시킬 수 있었다. 연방거래위원회FTC가 페이스북과 거래하는 데이터 브로커들data brokers를 조사하기 시작하자 페이스북은 로비 자금을 퍼부었다.[13]

그럼에도 정책입안자들 가짜뉴스와 허위정보의 유포자를 추적하기보다는 확산의 통로가 되는 플랫폼을 통제하는 것이 효과적 방법이라고 믿기 시작했다.[14] 예컨대 해악적 거짓 정보라는 신고가 들어오면 다수에게 전달되지 않도록 삭제·차단할 의무를 부과하는 것이다. 누군가가 올린 해악적 허위정보나 거짓이 소셜미디어, 포털 사이트, 검색엔진 등을 통해 그 가시성이 커지지 않는다면 영향력은 감소하게 된다. 그러나 매일같이 업로드되는 게시글의 분량은 어마어마한 수준이다. 현재 개발된 머신러닝을 이용한 거짓 정보의 검출 방식은 부정확하며 그다지 효과적이지도 않다. 페이스북, 유튜브, 트위터 등 글로벌 플랫폼 사업자들은 가짜 계정과 페이지를 삭제하고 있지만 허위정보를 의무적으로 모니터링하고 신고를 받아 삭제하는 방식에는 난색을 표하고 있다.

페이스북은 미디어 기업이 누리는 표현의 자유를 방어 논리로 사용하고 있다. 2019년 10월 저커버그는 "온라인에서 100퍼센트 진실만 게시될 수 있도록 플랫폼 기업들이 판단해야만 하는 세상은 누구도 원하지 않을 것"이라고 일장 연설을 쏟았다.[15] 그는 그런 의무가 강요된다면 "우리는 표현의 자유를 위해 맞서야 한다"라고 주장했다.[16]

그렇다면 "우리"는 누구였을까? 저커버그의 발언은 마치 악어의 눈물처럼 비쳐졌다. 민주주의를 위협하며 막대한 수익을 거두는 거대 플랫폼이 규제를 지나치게 두려워한다는 비판이 이어졌다.[17] 플랫폼 규제론자의 주장은, 걸러내지 않고 방치하는 허위정보, 거짓, 혐오발언이야말로 선동가늘의 목소리들 키워주는 편리한 도구라는 것이다.

표현의 자유가 필요하다는 저커버그의 주장은 실제로는 플랫폼의경제적 이익 추구를 위해 남용되고 있을 뿐이었다. 엘리자베스 워렌은 직격탄을 날렸다. "페이스북은 트럼프가 거짓말과 오정보를 뿌리도록 기꺼이 돕고 있다. 이미 트럼프의 당선을 한 번 도왔다. 페이스북은 이익을 얻기 위해서라면 또다시 그렇게 할 수 있을 것이다."[18]

유럽연합은 플랫폼을 통해 유포되는 혐오발언, 허위정보, 테러 조장 콘텐츠가 제대로 통제되지 않는다고 여긴다. 그렇지만 중국이나 싱가포르처럼 허위정보에 대한 강행 규제를 택하지 않았고, 플랫폼 기업들이 자율적으로 가짜뉴스와 싸울 수 있도록 했다. 2018년에는 트위터, 페이스북, 유튜브 등이 온라인 허위정보 실천규약Code of Practice on Disinformation에 동의했다. 이 자율규제 권고에는 허위정보 제공자의 금전적 이익 제한, 팩트체크 기관과의 협력, 정치 광고 타깃팅 제한, 익명·가명 계정의 폐쇄, 봇과 인간 활동의 혼동 방지가 포함되어 있다.

유럽에서는 끈질기고 파괴적인 러시아의 정치 개입과 공작으로부터 민주주의를 수호해야 한다는 긴장감이 팽배하다.[19] 유럽연합의 최대 관심사는 '선거'가 왜곡될 위험이다. 미국에서는 클릭 미끼, 가짜뉴스 웹사이트, 페이스북 정치 광고가 문제 되었지만 유럽 국가들은 안보 관점에서 허위정보를 대한다.

2020년 하반기에 발표될 유럽 디지털 서비스법Digital Services Act은 소셜미디어 플랫폼이 '통지notice와 삭제take down' 명령을 의무적으로 이행하도록 하고 있다. 그 대상은 불법 콘텐츠로서의 혐오발언, 인종주의, 외국인 혐오, 아동 포르노, 폭력행위 조장, 정치 광고 등이다. 그러나 허위정보는 포함되어 있지 않다.[20]


## 플랫폼 알고리듬의 뉴스 선택

디지털 정보 환경은 전통적 저널리즘이 수행하던 뉴스의 생산과 유통에 지각 변동을 가져왔다. 기사 노출이 포털 사이트 플랫폼과 검색엔진에 의해서 좌우되고, 모바일 소셜미디어의 시대에 스마트폰이 일상 속에 침투하자 허위정보가 널리 전파되기에는 완벽한 환경이 조성되었다.

가짜뉴스 현상의 분석을 위해서는 포털 중심의 뉴스 공급 구조, 소셜미디어가 불러온 뉴스 소비 방식 변화를 살펴볼 필요가 있다. 두 가지 요소는 뉴스가 온라인으로 전달되고 소비되는 방식을 바꿔놓았다. 정보통신 기술의 발전이 불러온 정보 생산·전달 방식의 혁명적 변화는 언론의 권위와 전통적 수익 모델을 붕괴시키는 과정에 있다. 포털 사이트로 집중되는 뉴스들, 모바일로 접속하는 소셜미디어 플랫폼은 아날로그 시대의 저널리즘과 작별하는 중이다.

로이터 저널리즘 연구소의 보고서는 페이스북의 알고리듬 수정이 언론사의 트래픽에 큰 영향을 주었다는 것을 보여주었다.[21] 페이스북은 알고리듬의 수정을 통해 비용 면에서 가장 효율적으로 특정 언론사에 대한 수용자 참여 audience engagement를 증가시켰다. 이는 디지털 구독으로 연결될 수 있었다. 얼마나 영향을 받았는지는 언론사마다 달랐다. 예컨대 《르 몽드Le Monde》는 이런 상호작용이 3분의 1로 감소했다고 말했지만, 《타임스》는 오히려 증가했다. 국내에서는 포털 사이트의 알고리듬과 뉴스 기사를 배치하는 방식이 뉴스의 노출 여부에 막대한 영향력을 행사한다. 이런 뉴스 유통의 구조는 뉴스 기사에 대한 인링크, 아웃링크 논쟁을 야기한다.

그러나 소셜미디어에는 출처를 알 수 없는 허위정보가 전달되더라도 그것을 걸러내는 필터링 기능은 없다. 9시 뉴스를 방송하는 앵커의 마이크를 잡아챌 수는 없었지만, 페이스북에서는 가공의 인물이 사실과 맥락이 조작된 뉴스를 불특정 다수에게 뿌려댈 수 있다. 개인이라도 소셜미디어를 통해 발언의 전달 능력과 가시성을 극적으로 확대할 수 있다. 가장 쉬운 방법은 불법적으로 가짜 계정들을 여러 개 사들이거나, 페이스북에서 광고를 구입하여 노출을 늘리는 방식이다. 이런 행위를 하는 사용자를 페이스북은 '허위 증폭기 false amplifier'라고 부른다.[22] 그러나 따지고 보면 거대 디지털 플랫폼의 알고리듬이 증폭기의 기능을 별다른 제약없이 제공하고 있다.

소셜미디어 플랫폼의 알고리듬은 게시된 콘텐츠의 진실이나 거짓을 구분하지는 않는다. 플랫폼 사업자들은 광고 수입을 올리기 위해 수많은 사용자들의 개인별 데이터를 긁어 들여서 분석하고, 개별 유저들에게 타깃화된 광고를 전달한다. 사용자들의 규모가 커질수록 데이터는 늘어나고 광고를 전달할 수 있는 대상도 늘어난다. 그렇다면 광고주들은 더 몰리게 된다.

관심경제에 뿌리를 둔 소셜미디어 플랫폼의 운영자는 알고리듬을 조종하여 유저들에게 정치 뉴스를 편향적으로 제공할 수 있다는 의심의 눈초리를 받고 있다. 가짜뉴스의 생산자들은 알고리듬의 패턴을 분석하거나 취약점을 이용하여 자신의 게시글을 최대한 노출시키기 위한 어뷰징abusing에도 전문가들이다.

제론 레니어는 "소셜 미디어의 가짜 계정들이 가짜뉴스를 만들어 증폭시킨 뒤에 그 가짜뉴스들이 폭스뉴스 같은 편파적 주류 미디어에 보도되어 '진실'로 둔갑하는 것도 소셜 미디어 알고리듬의 폐해"라고 말했다.

2016년 미국 대선 때에는 구글 검색엔진이 우파에 편향적인 뉴스들을 더 많이 노출시켰다는 비판을 받았다.[23] 구글 검색엔진은 네오 나치 웹사이트와 반유대주의 주장을 검색 결과 상단에 올렸으며 "기후변화는 혹스다", "게이가 되는 것은 죄악이다", "샌디혹의 학살은 일어나지 않았다" 같은 문장이 구글 검색엔진의 자동완성 기능으로 추천되었다. 사실 구글의 유저는 웹을 직접 검색하지 않는다. 이미 검색엔진 스파이더가 웹페이지들을 색인Index하는데, 이때 저장한 구글 데이터 베이스를 검색한다. 구글 검색엔진의 알고리듬은 가짜뉴스를 널리 전파시키는데 기여한다는 비판을 받는다.[24] 그러자 구글은 가짜뉴스와 저질 정보의 노출을 차단하고 가짜뉴스 웹사이트가 검색 결과에 나타나지 않게 막는 방법을 개발하고 있다. 그렇지만 관련성 높은 정보를 찾아내는 강력한 검색엔진의 기능은 이러한 시도를 번번히 무력화시키고 있다.[25] 페이스북도 거짓뉴스를 걸러내기 위해 알고리듬 머신러닝을 개발해왔다. 이미 검출된 거짓뉴스의 제목에 자주 쓰인 표현들을 학습시키는 식이다.[26]

페이스북은 가짜뉴스fake news라는 일반적 단어를 쓰지는 않는다. 그 대신 '허위정보disinformation', '오정보misinformation', '거짓뉴스false news'로 구분한다.[27] 그 차이가 무엇인지는 아마도 페이스북 책임자만이 알 것이다. 모호하기 짝이 없는 개념들을 열거하면 플랫폼이 가짜뉴스를 방치한다는 비판을 피해가기에는 편리할 것이다. 임의로 나눠놓은 개념들은 가짜뉴스라는 이유로 콘텐츠를 대거 삭제하거나 차단하지는 않겠다는 생각을 보여준다.[28]

페이스북에는 거짓뉴스나 허위정보에 대한 신고를 받아서 차단 또는 삭제한다는 정책은 실행하지 않고 있다. 페이스북이 밝힌 구체적인 정책은 다음과 같다.

거짓뉴스 자체가 페이스북이 정한 커뮤니티 스탠더드Community Standards를 위반하는 것은 아니지만, 그것이 스팸, 혐오발언, 또는 가짜 계정이라는 항목에 해당하는 경우라면 우리는 제거합니다.

페이스북에 퍼져 있는 많은 오정보는 1990년대 이메일 스팸과 마찬가지로 재정적 동기를 부여합니다. 가짜 기사를 클릭하여 웹사이트를 방문하도록 충분한 사람들을 스패머가 확보할 수 있다면 광고 노출로 인해 (구글 애드센스를 통해) 돈을 벌 수 있습니다. 이러한 행위로 수익을 얻지 못하도록, 거짓뉴스가 페이스북 뉴스피드에 배포되는 비중을 줄여 인센티브를 파괴합니다. 그리고 클릭 미끼clickbait , 스패머가 자주 공유하는 링크 및 '광고 농장ad farms'으로 불리는 품질 낮은 웹페이지로 연결되는 링크에도 불이익을 주기 시작했습니다.[29]

## 연결된 대중의 힘

2000년대 중반부터 소셜미디어는 권위주의 국가에서 통제와 억압을 뚫고 민주적 소통을 가능하게 하는 유용한 도구였다. 튀니지에서 정치적 격변이 가능했던 요인은 페이스북, 트위터 등을 통해 인터넷에서 이루어진 정보 교환이 힘을 발휘한 것이었다. 튀니지 인구 1,000만 명 가운데 60퍼센트가 25세 이하의 젊은이이며 페이스북 사용자는 200만 명에 달했다. 튀니지 같은 권위주의적 국가에서 가짜뉴스는 '정부에 의한 인위적 프로파간다'로서 등장했다. 대규모 시위가 시작되자 정부는 시위를 폭력행위로 비난하는 잘못된 맥락의 뉴스를 제작했다. 튀니지의 풍자적 뉴스 웹사이트의 제작자는 체포되어 허위 정보의 유포 혐의로 기소를 당하기도 했다.

튀니지 정부는 언론 검열을 강화했지만 실시간으로 정보를 전달하는 페이스북을 통제하지는 못했다. TV와 신문은 정부 검열 때문에 시위 관련 뉴스를 보도하지 못했지만 소셜미디어로 집회 소식을 공유하는 젊은이들에게 혁명은 말 그대로 라이브였다. 재스민 혁명Jasmine Revolution에서 연결된 개인들의 엄청난 힘을 발견한 클레이 셔키Clay Shirky는 《포린 어페어스Foreign Affairs》에 "소셜미디어의 정치적 힘"을 기고했다.[30] 네트워크로 연결된 인구는 정보에 더 많이 접근하고 정치활동에 참여할 수 있는 기회가 많아졌으며 집단 행동을 할 수 있는 능력도 향상됐다.

그의 주장처럼 대중매체가 아닌 소셜 네트워크로 연결된 대중의 힘이 정부를 더 투명하게 바꾸고, 의견의 표출구가 될 것이라는 기대감은 한껏 고조되었다. 미얀마에 보급된 페이스북이 로힝야족을 집단적으로 학살하는 참극을 불러오는 수단이 되기 전까지는 말이다. 소셜미디어는 풀뿌리 민주주의의 도구가 될 것이라는 기대를 받았지만, 폭민mob의 광기를 부추기는 가짜뉴스의 통로로 전락했던 것이다.

## 증오를 확산시킨 페이스북

2013년 가택에 연금되었던 아웅산 수 치Aung San Suu Kyi가 석방되고 군부가 정치권력에서 한 발짝 물러서자 미얀마에는 규제 완화가 대폭적으로 이루어졌다. 미얀마 투자위원회MIC는 그동안 제한하던 외국인 투자 분야를 풀어주었다. 그러자 데이터 통신료와 인터넷 접속 비용은 극적으로 감소했다.[31] 핸드폰 심카드의 가격은 200달러에서 2달러 수준으로 떨어졌다. 시장 확장을 고심하던 페이스북에게 미얀마는 좋은 비즈니스 기회였다. 곧 페이스북은 미얀마에서 가장 인기 있는 소셜미디어 플랫폼이 되었다. 미얀마 5,000만 국민 중 1,800만이 페이스북을 사용했다. 이들에게 소셜미디어는 뉴스를 얻고 공유하는 거의 유일한 방법이었다.

그러나 미얀마 국민들은 인터넷 경험이 없어 선동에 취약한 상태로 페이스북을 접했다. 해묵은 인종적·종교적 갈등이 축적된 상황에서 인터넷 접속이 급속하게 확대되었다.[32] 온라인의 정보를 거르는 문해력이 충분히 갖춰지지 않은 군중은 페이스북에 올라온 가짜 사진과 선동 문구에 쉽게 흥분했다. 불교 신자들은 페이스북에 올린 영상과 선동 메시지로 폭력을 조장했다. 가짜 사진을 본 사람들은 흥분하여 로힝야족을 공격하고 나섰다. 로힝야족을 혐오하는 페이스북 게시물은 '좋아요',' 공유'를 통해 널리 퍼졌고 게시물을 본 버마족은 인종 청소를 지지하거나 거기에 참여하기 시작했다. 증오는 페이스북 공간에서 증폭되고 폭력행위를 결집시켰다.

로힝야족은 방글라데시와 국경을 맞대는 지역에서 거주했지만 언어도 다른 이슬람교도들이다. 90퍼센트가 불교도인 미얀마에서 무슬림 집단의 존재는 갈등과 불화의 씨앗이 되었다. 불교도들에게는 로힝야족은 일자리와 천연자원을 강탈하는 외지인이자 이교도 집단에 불과했다. 인종적 갈등이 축적된 상황에서 페이스북은 무기가 되어 방아쇠를 당겼던 셈이다. 2012년 미얀마-방글라데시 접경 라카인주에서 로힝야족과 충돌이 일어나 200여 명이 숨지는 일이 발생했다. 무기를 든 불교 승려들이 학살에 참여했다. 미얀마 군부는 살인과 유혈 사태에 깊숙이 개입했다. 70만 명의 로힝야족이 방글라데시로 피신했고 수만여 명은 난민캠프에 격리되었다.

그러나 미얀마 정부군이 로힝야족에게 폭력과 학살을 자행하던 순간에도 페이스북은 혐오발언, 가짜뉴스, 폭력을 선동하는 콘텐츠를 차단하지 않았다. 그것은 무료라는 이유로 브레이크조차 달지 않은 자동차를 건네준 것과 같았다. 로이터 조사 위원회는 페이스북에 1,000건이 넘는 로힝야와 무슬림들을 향한 인신공격과 부적절한 사진들을 발견했다. 끔찍하고 경악스러운 사진들은 5년 동안 아무런 제재 없이 게재되어 있었다. 게시물과 사진은 로힝야를 개, 돼지로 묘사하는 등 인간 이하로 취급했다.

로이터 조사팀이 찾아낸 사진들은 분명 페이스북의 가이드라인에 위배되는 것들이었는데 왜 페이스북은 혐오스러운 사진들을 삭제하지 않은 것일까? 페이스북은 미얀마 시장에 진출하면서 규모 확대에 신경을 기울였지 인종적 갈등의 원인과 그것이 얼마나 심각한 수준인지 판단하지 못했다. 극단적인 민족주의자들이 집단으로 공격을 벌이는 순간에도 페이스북은 상황을 파악하지도 못했고 모니터링과 폭력행위를 조장하는 콘텐츠의 차단은 제대로 실행되지 않았다. 페이스북은 우선 언어의 해석에 어려움을 겪었기 때문에 플랫폼을 통해서 오가는 조직적 학살과 공격 계획을 알아차리지 못했다.[33]

예컨대 무슬림을 향한 인종차별적 단어 '칼랄kalar'은 '병아리콩'이라는 의미도 있다. 미얀마 국민들이 가지고 있던 낡은 휴대전화로는 페이스북에 올라온 게시물을 신고하는 방법을 담은 가이드라인을 제대로 읽을 수 없었다. 미얀마어 콘텐츠를 모니터링하는 인력도 1명밖에 없었다. 2020년에 예정된 미얀마 전국 선거에서 페이스북을 이용한 가짜뉴스의 유포와 선전, 선동은 다시금 반복될 수 있다.

그러나 아웅산 수치는 페이스북에 올라온 많은 가짜뉴스는 반정부 무장집단이 퍼뜨린 것이며 부족집단 간의 갈등을 조장하고 선동하려고 사실을 조작했다고 주장했다. 거대한 거짓 정보들이 반정부 집단의 이익을 대변하고 있다는 것이었다. 대응 시스템에 문제가 없다고 항변해온 페이스북은 유엔 진상 보고서가 나온 이후에야 잘못을 인정했다. 페이스북은 인종·종교적 긴장을 확대하는 활동을 막기 위해서 뒤늦게야 미얀마의 페이스북 계정 18개와 페이지 52개를 삭제했다. 그 페이스북 계정과 페이지를 팔로우했던 사람들은 1,200만 명이나 되었다.

《뉴욕타임스》 막스 피셔Max Fischer의 분석에 따르면 인종적 갈등이 팽배한 미얀마, 스리랑카에 모바일 인터넷의 급속한 보급은 마치 "화약고에서 페이스북이라는 성냥을 그어댄 것"과 같았다.[34] 페이스북은 많은 개발도상국가들에서 거의 유일한 온라인 정보의 유통 플랫폼으로 역할을 한다. 페이스북의 모니터링 요원들이 선동적인 내용의 포스팅을 삭제하는 데 실패하자 페이스북의 뉴스피드는 소문의 전달에서 학살까지 모든 단계에서 중심적 역할을 했다. 페이스북 관리자들은 "페이스북이 미얀마와 스리랑카에서 또 다른 무기가 될 수 있다"라는 경고를 무시하고 미리 문제를 막으려는 노력을 하지 않았음을 인정했다.


### 분노는 어떻게 증폭되었나?

가짜뉴스의 범람이 폭민을 부추기는 사례는 인도, 미얀마, 스리랑카 등에서 관찰된다. 페이스북이 소유한 메신저 앱은 인도에서 증오심과 거짓의 유통 채널이 되었다. 왓츠앱으로 공유된 소문이 공포감을 증폭하여 갈등과 폭력 사태가 발생했다. 확인되지 않은 소문 때문에 2018년에만 24명의 무고한 사람들이 구타당해서 숨졌다.[35]

글로벌 독점을 노리는 페이스북은 '시장 확장'에는 커다란 관심을 기울였다. 서구 시장은 이미 포화 상태에 이르렀기 때문에 저개발 국가의 잠재적 시장을 개척하고자 했다. 심지어 페이스북은 데이터를 충분히 이용하지 못하는 스마트폰 보유자들에게 무료 와이파이를 연결하는 서비스를 제공했다. 그 결과 인터넷을 처음 접한 사람들에게 페이스북은 유일한 온라인 정보의 출처로 활용되었다. 그러나 플랫폼을 통해서 오가는 가짜뉴스와 혐오발언의 해악성에는 충분히 신경을 쓰지 않았다.

폭력행위를 선동했던 민족주의자들이 집중적으로 올린 가짜뉴스와 혐오발언은 어떻게 증폭되었던 것일까? 탐사기자 레이먼드 세라토Raymond Serrato는 로힝야족 학살과 페이스북 플랫폼에서 오갔던 혐오발언의 관계를 파고들었다. 그는 5만 5,000명의 회원들이 가입된 반로힝야 페이스북 그룹의 1만 5,000건의 페이스북 포스팅을 분석했다. 미얀마의 강경파 민족주의자들의 일간 포스팅 횟수는 무장단체 아라칸 로힝야 구원군ARSA을 공격한 직후에 200퍼센트나 폭발적으로 증가했다.[36]

소셜미디어에 올라온 부정확한 정보나 날조된 사실이 대중의 분노를 조장하고 폭력으로 이어진 사례들은 아시아 지역에 한정하더라도 미얀마, 스리랑카, 인도 등에서 발생했다. 불교를 믿는 싱할라족이 절대 다수를 차지하는 스리랑카에서는 가짜뉴스와 혐오발언이 갈등을 선동했다. "무슬림들이 불교도를 죽이기 위해 독약을 준비했다", "무슬림이 불교 사원에 대한 공격을 준비 중이다" 같은 소문이 온라인에 퍼지자 싱할라족은 분노 감정에 사로잡혔다. 디가나 지역에서 불교도들이 무슬림이 운영하는 상점을 불태운 사건은 무슬림 요리사가 싱할라족의 음식에 몰래 불임제를 넣었다는 소문 때문이었다.[37]

AFP 통신에 따르면 페이스북에 올라온 정치 광고도 갈등에 원인을 제공했다. 싱할라어로 작성된 광고는 인종주의 정서를 자극했다. 무슬림 극단주의자들이 스리랑카의 문화유산을 훼손했음을 암시하려고 바닥에 쓰러진 불상 사진이 페이스북에 올라왔다. 그러나 실제로 그 불상이 보관된 사원은 무슬

림의 공격을 전혀 받지 않았다.[38]

인도에서는 페이스북이 소유한 왓츠앱Whatsapp이 증오심과 거짓의 유통 채널이 되었다.[39] 빠르게 공유된 소문이 공포감을 증폭하여 갈등과 폭력 사태가 발생했다. 확인되지 않은 소문 때문에 인도에서는 2018년에만 24명의 무고한 사람들이 얻어맞아서 숨졌다.[40] 아쌈 지역에서는 왓츠앱을 통해 납치범들이 돌아다니며 마을 아이들을 납치했다는 소문이 돌았다. 나쁜 짓을 하는 아이들을 잡아간다는 괴담 속 주인공 '호파도라'가 신장과 안구를 적출한다는 소문이 퍼지자 경계심이 고조되었다. 그때 마을을 지나가다 차에서 길을 묻던 외지인들이 있었다. 누군가가 "유괴범이다, 유괴범이다"라고 소리를 치자 주민 200여 명은 확인도 하지 않고 달려들어 때리기 시작했다.

한 55세 여성은 아이들에게 초콜릿을 주려다가 납치를 시도한 것으로 오해받아 주민들에게 폭행을 당했다. 신성한 소를 죽였다는 소문의 주인공으로 지목되어 힌두교인들에게 맞아 사망한 무슬림 남성도 있었다. 비슷한 폭행 사건은 인도 둘레Dhule 지방의 레인다파Rainpada에서도 발생했다.[41]

페이스북을 포함한 글로벌 플랫폼은 소셜미디어에서 오가는 가짜뉴스와 혐오발언이 초래하는 폭력 사태와 혼란에 제대로 대응하지 못하고 있다. 문제의 해결을 위해 가짜 계정의 폐쇄, 허위정보와 해악적 콘텐츠의 차단을 위한 알고리즘 개발 등 기술적 솔루션에 주로 치중한다. 그런데 인종 갈등과 폭력행위를 부추기는 혐오발언이 누구의 인위적 선동이었는지를 확인하려면 누가 특정한 게시글에 '좋아요'와 '공유'를 눌렀는가에 대한 데이터가 공개되어야 한다. 데이터가 있어야 허위정보나 편파적 게시글의 유포 과정을 추적할 수 있다. 그러나 페이스북은 유럽 개인정보보호규제GDPR 준수 등 프라이버시 보호를 이유로 데이터 공개를 거부했다. 다만, 신속하게 선동적 게시 글들을 삭제하려는 노력을 하겠다는 약속만 하고 있다.

왓츠앱은 종단 간end-to-end 암호화가 적용되어 괴소문의 최초 유포자를 찾기가 어렵다. 왓츠앱으로 퍼진 소문이 분노를 부추기고 폭력 사태로 이어지자 인도 정부는 암호화된 보안 메시지를 추적할 수 있는 기능을 페이스북에 요청했다. 그러나 왓츠앱을 소유한 페이스북은 이 요청도 프라이버시 보호를 이유로 거부했다. 그 대신 사용자들이 왓츠앱으로 전달받은 텍스트 메시지를 신중하게 판단할 수 있도록 메시지에 작게 '전달됨forwarded'이라는 표시를 추가했다.[42]

## 가짜뉴스의 심리학과 알고리듬

오바마 출생 의혹은 몇 번이고 논쟁의 대상이면서 많은 사람의 정치적 이념에 깊이 뿌리 내렸다. 트럼프가 수없이 반복해서 애용했던 오바마 출생 음모론은 소외된 보수적 백인 공화당 지지자를 노린 것으로 여겨졌다. 그런데 조사 결과 놀랍게도 정치적 지식이 가장 많은 백인들이 오바마 출생 의혹을 더 강하게 믿었다.[43] 가장 똑똑한 사람들이 허위정보를 더 잘 믿는 이유는 무엇일까?

정치적 소문이나 음모론를 믿는 승인률은 심리적인 요인들, 즉 동기화된 추론motivated reasoning과 성향predisposition이 작동했기 때문이었다. '동기화된 추론'은 자신이 이미 합당하다고 믿는 정보를 확인해줄 만한 정보만을 찾는 행동이다.[44] 이미 믿고 싶은 바를 결정한 뒤에 그 결정을 정당화하기 위한 설명만을 찾는다면 소문이나 음모론의 옳고 그름을 논리적으로 분석하지 않게 된다. 그저 자기가 믿고 싶은 대로 믿고 나머지 정보는 외면하려는 심리적 관성이 자라나게 된다.[45]

뉴스 수용자는 자기가 듣고 싶은 말이나 희망을 누군가가 말해 주기를 기대한다. 그 심리적 욕구에 따라서 뉴스 정보의 공급자를 선택하려는 선망편향desirability bias도 가지고 있다.[46] 허위정보나 가짜뉴스의 전문적 생산자가 이런 심리적 취약점을 모를 리가 없다. 그렇다면 허위정보로 인해 격화되는 불신이나 정치적 양극화 현상은 그 선망편향의 거리와 차이를 본격적으로 드러내주는 과정에 불과하다.

사람들은 자신의 개인적 신념에 부합하는 기사를 읽음으로써 심리적 유용성을 얻으려고 하는 성향을 보인다. 기사의 논조나 댓글에 달린 반응들을 관찰하는 과정에서 각자의 가치 체계는 거부감이나 호감을 느끼게 만든다.[47] 그 결과 믿음에 반하는 정보는 무의식적으로 소홀이 여기고, 믿음에 부합하는 정보를 더 주목하게 된다. 허위정보가 수용자에게 자기 관점을 재확인시켜주는 만족감을 주기는 하지만 그 노출이 정치적 신념을 바꾸게 한다는 증거는 아직 없다.[48]

사람들이 허위정보나 가짜뉴스를 믿는 이유는 다양하다. 뉴스를 분석적으로 읽지 않으려는 게으름이나 사고 부족의 결과일 수도 있다.[49] 누군가는 허위사실을 담은 뉴스 헤드라인에 너무 자주 노출되어서 그것이 진실이라고 착각하기도 한다. 누군가는 허위정보를 철석같이 믿는 주변 사람들이 많아서 사회적 압력이 작용하기 때문에 허위정보를 믿는다. 예컨대 주류 언론의 보도나 분석의 한계에 대한 불신이 크다면 허위정보 자체보다는 그 정보를 건네주는 사람이나 소속된 단체에 대한 신뢰가 크기 때문에 믿는다. 이 경우 개인들은 대부분 주변인이나 단체의 정치적 성향을 자연스럽게 따라가게 된다. 약간 견해가 다르다고 인간관계를 끊기에는 부담이 되기 때문이다.

한편, 거짓 소문이나 허위정보는 대부분 놀라움과 분노 등 감정적 반응을 촉발하므로 새롭고 참신하게 여겨지는 경향이 있다. 예나 지금이나 진실은 무미건조하므로 별로 재미가 없고, 인간의 심리는 나쁜 소문에 더 민감하게 끌리게 마련이다. 소셜미디어에서 관측되는 이런 사용자 반응은 플랫폼 알고리듬에도 영향을 주게 된다. 알고리듬은 사용자가 클릭한 데이터를 모아서 그 선호도를 사용자를 위한 개별화된 알고리듬에 반영한다.

컴퓨터 과학자 제론 레니어Jaron Lanier에 따르면 소셜미디어 알고리즘에는 적응성이 있다. 알고리즘은 사용자들이 더 잘 반응하는 콘텐츠를 보여 주기 위해 끊임없이 변화한다. 알고리즘은 인간의 뇌를 조종하는 데 가장 효과적인 매개변수를 찾아내기 때문에 콘텐츠 중독을 일으키기도 한다.[50] 그는 플랫폼 알고리듬을 '부머BUMMER라고 부른다.[51] 레니어는 소셜미디어를 사용하지 않는다.

필터버블filter bubble은 개인의 선호에 맞추어 플랫폼이 추천하는 맞춤형 정보에 갇힌 세상에 대한 비유다.[52] 이것은 소셜미디어의 맞춤형 정보를 제공하는 개인 추천 알고리즘은 사람들을 순환고리feedback loop 속에 가두고 정치적·문화적·사회적 관점을 편향적으로 유도한다는 가설이다. 페이스북의 뉴스피드News Feed 알고리즘이 그 사례다.

그러나 필터버블의 효과는 실제로는 입증되지 않았는데도 지나치게 과장된 측면이 있다. 미국 연방 상원에서는 '필터버블 투명성 법안FBTA'까지 제안되었다. 이 법안은 사용자가 개인화된 콘텐츠 제공 여부를 선택할 수 있도록 했다. 또한 사용자가 제공에 동의하지 않은 개인정보를 기반으로 검색 결과나 뉴스피드와 같은 콘텐츠를 제공할 때에는 사용자에게 알려야 한다.[53] 그러나 개인들의 동의 여부는 알고리듬 투명성의 실질적 개선과는 아무런 관련성이 없어 보인다.

그런데 실제로 사람들은 맞춤형 정보를 제공하는 필터버블 때문에 편향된 뉴스를 소비하고, 그로 인해 양극화가 발생하는 것일까? 로이터 저널리즘 연구소가 36개 국가들에서 설문조사를 진행한 결과 소셜미디어와 뉴스 수집 서비스를 이용할 때는 평소에 접하지 않던 언론사 뉴스들도 접하게 된다는 응답이 40퍼센트를 넘었다.[54] 구글 뉴스Google News도 개인화 콘텐츠를 제공하지만 필터버블 효과는 나타나지 않았다.[55] 실제로 필터버블에 의한 콘텐츠 소비의 편향은 거의 관찰되지 않았던 것이다.

MIT 미디어랩의 이선 주커먼은 소셜미디어가 사람들의 관점을 필터버블 속에 가두어 양극화를 조장하는 문제에 관심을 가졌다. 그는 사용자들이 필터버블이나 '반향실echo chamber'에 갇히지 않도록 돕기 위한 기술적 해결책으로 '고보Gobo'(https://gobo.social)를 만들었다.[56] 컨트롤 슬라이더를 사용자가 직접 선택할 수 있어서 필터버블 효과를 확인하고 조정할 수 있다.

### 댓글 여론

미국 대선에서는 가짜뉴스 웹사이트가 소셜미디어에 링크를 클릭하도록 유도해 트래픽을 유발시켰다. 러시아 IRA는 페이스북에서 광고를 구입하여 친트럼프 광고를 했다. 그러나 실제로 유권자들에게 영향을 미친 것은 온라인 가짜뉴스 링크도, 페이스북 정치 광고도 아니었다. 보수적 주류 미디어의 보도가 영향력이 가장 컸다.

그런데 한국형 여론 조작에 사용된 허위정보의 유포 방식은 약간 달랐다. 가짜 트위터 계정이나 봇을 사용하거나, 페이스북을 이용한 온라인 프로파간다는 국내에서는 압도적인 방식은 아니다. 국내 대선에서는 소셜미디어가 아니라 포털 사이트의 댓글 공간이 주요 공략 대상이었으며, 폐쇄된 커뮤니티에서는 메신저를 통해서 링크 없이 메시지 형태로 허위정보가 퍼졌다.[57] 지지자들이나 반대자들은 사람들이 몰리는 포털 뉴스나 공개 게시판 하단에 댓글을 달았다. 댓글에는 특정 정당이나 후보자에 대한 인신공격, 허위정보, 감정적 비판이 난무했다. 그런데 댓글에 '공감'을 인위적으로 조작하는 사례가 국내에서는 두 차례나 발생했다.

첨예하게 대립되는 정치적·사회적 이슈가 부상할 때 관련 뉴스 기사에 달린 댓글들은 그 자체로 여론의 흐름을 암묵적으로 보여주며 영향력을 발휘하게 된다. 어떤 개인은 자신만의 정보 탐색이나 판단 기준을 멈추고 무비판적으로 군중의 목소리에 자기 판단을 맡기기도 한다. 그러나 '군중에게 호소하는 오류argumentum ad populum'는 논리학적 오류 가운데 하나다. 다수가 믿는다는 이유로 어떤 명제를 무비판적으로 참으로 여기는 타성과 침묵은 거짓을 진실로 둔갑시키는 데 기여한다.

특히 개인들의 소셜미디어에 포스팅되는 뉴스는 소스가 불명확하거나 허위의 사실인 경우도 많다. 날조된 기사들이 주목을 받거나 공감을 받을 확률은 더 커진다. 커뮤니티 내에서 영향력을 가진 누군가의 페이스북이나 블로그에 올라온 뉴스에 댓글이 넘쳐난다면 그것은 동조를 강요하는 사회적 압력이 된다.[58]

가짜 계정들을 동원하여 특정한 관점을 우월한 여론으로 보이게 만드는 조작은 더 빈번해지고 있다. 일단 형성된 군중의 감정은 단순해지고 과장되어 한쪽으로 몰리는 여론으로 표출된다. 다른 의견을 가진 집단의 반대 의견을 허용하지 않는 경향도 강하다.

어떤 댓글이 플랫폼에서 관심을 받는 과정은, 일단 활동적 참여자들이 그 정보를 흥미로운 대상으로 인정해야만 한다. 그다음 공감을 많이 받아서 반박하는 '비공감'을 눌러야 가시성이 커지게 된다. 플랫폼 운영자는 공감이 많은 댓글을 최상위에 배치하도록 게시판을 설계했다. 댓글은 비아냥, 분노, 욕설의 배출구이기도 하지만 진지하게 공감이나 거부감을 표시하고 짧막하나마 나의 논평을 제시하여 타인들의 반응을 살펴볼 수 있는 미시적 형태의 온라인 공론장이다. 대부분의 포털 사이트 뉴스들은 언론사의 송고를 거치므로 완전한 날조는 거의 불가능하지만 댓글은 다르다. 유저들이 별로 관심이 없는 뉴스 기사라면 내용도 없는 댓글이 두어 개 정도 달리는 것이 보통이다. 하지만 비정상적으로 댓글을 많이 작성하는 열성 댓글꾼들이 팀을 짜고, 자동 댓글 프로그램을 사용하면 댓글 순위를 조작하기는 쉬워진다. 댓글이 많이 달린 논평은 다수가 동의하는 의견으로 관심을 끌 수 있다. 인위적 댓글 공작이 실행되면 개인들의 진지한 논평은 대량의 집단적 댓글 공세에 밀리게 된다. 일방적 관점을 강조하는 가짜뉴스가 그 현저한 가시성을 획득하게 된다.

인위적 여론 조작에는 단순히 '공감'이나 '좋아요'를 뒤바꾸기, 댓글로 우호적 의견을 달기, 새로운 글을 쓰기 등 다양하다. 압도적 다수가 댓글로 찬성했다면 겉으로는 '합의된 다수의 생각'처럼 보일 수 있겠지만 실제로는 아니다. 인위적으로 댓글의 '찬성', '반대'를 조작할 수 있기 때문이다. 그럼에도 사람들은 다수의 여론을 중요시한다.

### 포털의 뉴스 집중도

국내의 경우 어떤 디지털 기사가 노출되고 선택을 받고 읽히느냐는 독자들이 검색을 하는 포털에 달려 있다. 포털은 뉴스 콘텐츠를 분류하고 이를 한 장소에서 연결시켜주는 진입로의 역할을 한다. 한국언론진흥재단에 따르면 네이버·다음·네이트 등 3대 포털 사이트의 온라인 뉴스 이용 집중도는 2016년에 85.2퍼센트, 2017년에 86.3퍼센트를 기록했다. 이 수치는 2018년에 89.3퍼센트라는 압도적인 비율까지 증가했다. 통계의 의미는 포털 3사를 통해 온라인 뉴스를 읽는 비율은 열 명 가운데 아홉 명이라는 것이다.

뉴스 이용에서 포털 사이트에 강력한 쏠림 현상이 일어나는 데 반해, 134개 언론사 웹사이트 이용 집중도는 14~10퍼센트에 불과하다.[59] 포털이 뉴스 유통을 독점하므로 대중이 어떤 뉴스에 노출되는지에 포털의 판단이 막대한 영향을 미칠 수밖에 없는 구조다. 포털은 뉴스 공급을 절대적으로 지배하고 사람들은 새로운 뉴스를 읽으려 몰려들기 때문에 포털은 언론사들이 치열하게 경쟁하는 장이자 허위정보가 목표로 삼는 타깃이 되었다.

웹의 시대가 되자 뉴스 정보의 흐름을 결정하는 권력은 뉴스룸, 윤전기, 방송국을 보유한 신문·방송이 아니라 거대 디지털 플랫폼으로 넘어갔다. 포털은 검색 결과에서 언론사를 n분의 1화하고 독과점 지위를 가진 신문사들의 기사에 특별한 대우를 하지 않는다. 그러자 유력 언론사들의 브랜드 파워는 약화되었고 수많은 언론사는 사실상 포털의 하청업체의 지위로 전락하게 되었다. 포털에 뉴스를 제공하는 매체는 6,000여 개에 달한다. 이런 구조에서는 퀄리티 있는 기사보다는 클릭을 받기 위한 빈약한 뉴스가 더 많이 생산된다.

소수의 포털 사이트에 뉴스 정보가 9할이 넘도록 집중되자 플랫폼 운영자는 어떤 뉴스를 노출할지 결정하는 사적 권력을 가지게 되었다. 88퍼센트가 넘는 이용자들은 포털 메인 페이지의 뉴스 제목을 보고 클릭을 한다.[60] 다시 말해 언론사의 명성에 무관하게 포털 최상단에 위치한 뉴스를 더 많이 클릭한다. 언론사의 이름이 아니라 흥미로운 제목이 클릭과 직결되다 보니 경쟁을 펼치는 많은 언론사는 흥미를 자극하는 선정적 제목을 궁리하고, 실시간 인기 검색어가 들어간 기사를 약간만 고쳐 반복적으로 올리는 어뷰징abusing 문제가 심각해졌다.

포털이 결정하는 뉴스 기사의 배치가 공정하지 않다는 불만은 여전하다. 2013년 사용자가 직접 'MY뉴스'에서 언론사를 선택하도록 하고, 각 뉴스 스탠드 내부에서 언론사는 스스로 기사를 배치할 수 있다. 그렇지만 포털에서 헤드라인 뉴스, 정치 분야, 경제 분야 뉴스의 카테고리는 여전히 존재한다. 네이버는 "헤드라인 뉴스와 각 기사 묶음 타이틀은 기사 내용을 기반으로 자동 추출된다"라고 설명하지만 기사 배열의 조작이나 검색 결과 순위 조작은 불가능하지 않다.

2017년 '최순실 게이트' 수사 과정에서 네이버는 삼성의 요청으로 이재용 삼성전자 부회장의 경영권 승계 관련 기사를 축소해서 배치했다. 또한 최순실 국정농단과 관련하여 생성된 자동완성 검색어 '김동선 정유라 마장마술', '박근혜 7시간 시술'을 삭제했다.[61] 외부의 부탁이나 압력에 의해서 포털이 언론사 기사를 임의적으로 재배열하거나 숨기는 사례도 생겨났다.[62]

그러므로 포털 역시 인위적 여론 조작과 가짜뉴스 현상에 상당한 책임이 있는 셈이다. 국내 뉴스 정보 생태계에서 압도적 패권을 가진 것은 포털 사업자다. 포털은 사람들이 궁금해하는 시사성 있는 이슈의 노출을 후순위로 밀어버리거나, 어떤 뉴스의 가시성을 크게 부각시켜 여론을 들끓게 할 수도 있다. 정파적 언론사의 노골적 사실 왜곡이나 허위정보를 걸러내지 못하고 퍼뜨리는 소셜미디어만이 가짜뉴스 현상의 전부는 아니었던 것이다. 온라인 뉴스 정보의 대부분이 극소수 포털을 경유하여 유통되고 소비되는 고도의 독과점적 구조는, 뉴스를 여론 조작에 매우 취약하도록 만들고 말았다.

이런 이유에서 다음과 같은 결과가 발생했다. 첫째, 네이버는 뉴스에 달린 댓글의 공감과 비공감 수를 비교해 공감 비율이 높은 댓글이 상위에 올라올 수 있도록 했다. 우호적 관점의 뉴스를 메인 화면에 올리려면 누군가가 그 링크를 널리 뿌리고 집단적으로 몰려와서 공감을 표현하거나 댓글을 달아야 한다. 이런 이유로 인해서 '좌표 찍기'가 보편화되었다. 둘째, 한규섭에 따르면 포털 중심의 뉴스 유통 구조는 함량 미달의 언론사 수를 기하급수적으로 늘리는 기형적 상황을 만들었다.[63] 포털에서 발견되는 질 낮은 정치적 기사의 일부는 사실 확인을 거치지 않는 오보와 가짜뉴스로 지목되는 것들이다.

포털 사이트 뉴스 메뉴의 하단에는 댓글 공간이 형성된다. 개별 언론사의 홈페이지에 가지 않더라도 포털에서 뉴스에 대한 반응을 표현하고 의견을 달 수 있는 구조는 우리나라에만 관찰되는 특이한 현상이다. 논쟁적 이슈를 전달하는 뉴스의 하단에는 다양한 반응과 의견을 담은 댓글들이 순식간에 달린다. 특정 정치적 관점이나 정치세력에 대한 비방 댓글을 달아서 부정적 인상을 주거나, 반대로 과장된 호평과 강력한 지지를 표현할 수도 있다. 포털의 메인에 올라온 중요성 높은 뉴스에 달린 1위 댓글이 강력한 가시성을 얻었다면, 여러 댓글 사이에 경쟁을 거쳐서 많은 사람의 공감 클릭을 얻었기 때문이라고 생각하기 쉽다. 그렇지만 매크로 프로그램을 활용하거나 일부 열성 댓글꾼들이 좌표 찍기로 댓글 공감수를 인위적으로 조작했다면 다수가 읽고 클릭한 흔적은 아니다.

JTBC의 2018년도 조사에 따르면 네이버 이용자들 중에 실제로 댓글을 다는 사람들은 1퍼센트도 되지 않는다. 네이버 뉴스 기사에 댓글을 한 번이라도 남긴 사용자는 170만 명이었고 1,000개가 넘는 댓글을 올린 헤비 댓글러는 3,200명이었다.[64] 포털 사이트에서 뉴스 제목과 댓글만을 읽는 사람도 많다. 다수의 긍정을 받는 댓글 의견은 사람들의 심리에 신호를 제공하고 논쟁적 이슈에 대한 입장을 정하도록 은근히 유도한다.

한 설문 조사에 따르면 포털 사이트에서 뉴스 기사를 읽은 전체 독자 가운데 댓글을 읽은 사람은 70.2퍼센트였다. 댓글을 읽는 목적으로는 타인들의 생각이 궁금했기 때문이라는 응답이 84퍼센트로 가장 높았다. 댓글이 전체 여론을 대신하는가에 관한 항목에서는 소수 의견에 불과하다는 의견이 55.8 퍼센트였다. 44.2퍼센트의 응답자는 댓글이 전체 여론을 가늠하게 해준다고 생각했다.[65] 그렇다면 논쟁적 사안의 뉴스에 우호적 공감이 많은가, 비판이 많은가는 대중 인식에 영향을 미칠 수 있다. 댓글 조작에 포털 사이트도 책임이 있다는 응답은 83퍼센트를 넘었다.

### 침묵의 나선

'워드미터wordmeter'의 조사에 따르면 네이버 뉴스 플랫폼에 접속하는 뉴스 독자들 가운데 실제로 댓글을 작성하는 비중은 0.7퍼센트에 불과하다. 네이버 계정을 가진 유저들 0.7퍼센트가 다는 댓글의 분량이 무려 하루 30만 개에 이른다는 분석도 있다.[66] 이 수치는 소수의 열성 댓글꾼들이 전체 네이버 댓글의 25퍼센트 비중을 장악하고 있다는 점을 보여준다. 수많은 댓글이 소수에 의해 인위적으로 조작된다면 그 실체는 온라인 프로파간다라고 할 수 있다.

뜨거운 논쟁이 오가는 정치 분야의 뉴스 기사를 읽을 때 댓글을 유심히 보게 되는 이유는 무엇일까? 뉴스 플랫폼을 이용하는 유저들도 타인의 판단에 내 생각을 비교해보거나 의존하려는 경향을 보인다. 수많은 타인이 정보의 가치를 어떻게 판단했는가, 어떤 감정적 반응을 보이는가를 가늠해봄으로써 '내' 평가가 공정한가를 체크하게 된다. 내 생각과는 완전히 다른 입장의 댓글에 '공감'이나 '좋아요'가 수천 개 붙어 있다면 나는 적지 않게 당황스러울 수 있다. 정치 뉴스의 댓글 공간을 장악하는 방식은 어떻게 여론에 영향을 주는 것일까? 정치적 논란거리가 되는 이슈를 읽은 개인들은 자기 생각과 기사를 평가하는 누군가의 댓글을 비교하면서, '대세'와 '여론 쏠림'이 어느 쪽인지 감을 잡으려 한다. 예컨대 어떤 뉴스에 달린 댓글이 8,000건이 넘는 '공감'을 기록하고 그 댓글에 다시 수많은 동조성 댓글이 달렸다면 침묵하는 개인들의 사고에 직접 영향을 미칠 수 있다.

다시 말해서 온라인 뉴스 소비에서는 타인의 판단과 자기 인식의 정확성, 타당성을 비교하려는 심리적 경향이 수반된다. 뉴스 정보를 어떻게 받아들일지 망설여질 때 타인들의 관점을 자신에게 적용할 가치가 있는 지표로 여기게 된다. 이런 의존성은 인터넷 사용자들에게 관찰된다.[67] 대부분의 개인은 타인들의 평가를 고려하려는 욕구가 있고, 사회적으로 고립되지 않기 위해 의견의 분위기climate of opinion를 살핀다.

포털의 뉴스 기사의 댓글, 페이스북, 트위터 등 소셜미디어 플랫폼에도 '침묵의 나선spiral of silence'이 나타난다.[68] 엘리자베스 노엘 뉴먼Elizabeth Noëlle Neumann이 설명했던 '침묵의 나선'은 애당초 매스미디어 이론이었다. 특정한 의견이 이미 다수의 지지를 받고 있다면 반대 의견을 가진 소수는 고립될 수 있다는 두려움으로 인해 소극적으로 표현을 하거나 침묵하려는 경향을 의미한다.[69] '침묵의 나선'이 생겨나는 원인은 인간 심리 속에 잠재된 사회적 고립에 대한 두려움이다. 어떤 여론이 지배적이라면 다수의 의견은 더 세력을 얻고, 소수의 의견은 더 위축된다.미디어의 뉴스 보도와 소문은 여론의 분위기를 파악할 수 있는 중요한 수단이다.[70] 무엇이 대세인가를 통계적으로 끊임없이 확인하려는 경향은 온라인 뉴스 소비와 소셜미디어에서도 관찰된다. 조작된 댓글들은 개인의 신념을 일시에 바꾸지는 못하지만 압도적인 댓글 공감수는 '대세'가 무엇인가를 '시각적'으로 확실히 보여준다. 문제는 다수의 공감 반응이 조작된 긍정일 수 있다는 점이다. 소셜미디어와 포털 사이트가 가짜뉴스나 여론 조작을 위한 프로파간다의 온상이 되는 이유는 댓글과 '좋아요'에 영향을 받는 개인이 많다고 여겨지기 때문이다.

### 댓글 조작은 효과적이었을까?

포털 사이트 뉴스에 달리는 댓글이 영향력은 가지는 이유는 무엇보다 사람들이 많이 몰리기 때문이다. 온라인 뉴스를 보려고 유저들이 개별 언론사 사이트를 접속하는 비율(2.4퍼센트)에 비해 네이버, 다음 플랫폼에 접속하여 뉴스를 읽는 비중은 65.4퍼센트, 25.5퍼센트 수준으로 압도적으로 높다.[71] 포털 사이트 뉴스에 달리는 댓글과 공감 비율이 여론에도 실제로 영향을 준다고 여겨졌기에 여론 조작의 집중적 타깃이 되었다. 특히 베스트 댓글의 방향성과 논조는 압도적 동감과 정치적 승인을 암시하기에 일반인들의 심리적 동조 효과를 유도할 수 있다.

포털 사이트의 뉴스에 달리는 댓글 공간은 매우 좁지만 여론이 형성되는 '공론장'이라는 점은 분명했다. 그러나 은밀한 온라인 프로파간다가 집중되는 '여론 조작의 공간'이기도 했다.[72] 단일한 플랫폼에 유저들이 3,000만 명이나 몰리고 경제적·정치적 영향력이 커지자 댓글 여론을 인위적으로 왜곡하려는 시도가 그치지 않고 있다.[73] 18대 대선에서는 국가기관의 직원들을 동원하여,

19대 대선에서는 정치 브로커가 자동화 프로그램으로 댓글 여론을 지배하려는 시도가 있었다. 여론에 영향을 줄 수 있는 거대 포털의 뉴스 댓글은 특정 세력의 조직적 개입에 무방비 상태였다. 댓글의 공감을 인위적으로 조작하여 특정한 관점을 대세로 보이게 만드는 수법이 포털을 지배한다면 개방적이고 민주적 공론은 이상론에 머물고 만다.

2012년 대선이 다가오자 국가정보원, 국방부는 온라인 여론 조작을 실행했다. 국가정보원 사이버팀은 신분을 숨기고 익명으로 게시글과 댓글 작성, 찬반 클릭, 트윗과 리트윗을 했다. 국정원은 전교조, 무상급식, 4대강사업, 제주 해군기지, 반값 등록금 주장에 반대하는 온라인 여론 조작에 뛰어들었다. 국정원장의 지시는 "종북 세력들이 사이버 공간에서 선전·선동을 하므로 좌시해서는 안 된다"라는 것이었다.[74]

국방부 사이버사령부는 여론 조작을 위해 2012년부터 2년 동안 보수 정보 공유 사이트 '포인트 뉴스pointnews'를 설립하여 운영했다. 국가기관을 동원한 집단적 게시글 및 댓글 올리기 작전에는 가설 사설망VPN과 차명 아이피IP 주소가 사용되었다. 작업이 실행된 주요한 온라인 공간은 오늘의 유머, 뽐뿌, 보배드림, 트위터, 일간베스트 저장소, 네이버 댓글, 다음 아고라, 네이트였다. 게시글과 댓글에 올린 내용은 천안함 폭침, 연평도 포격 도발, 전시작전권 환수 연기, G20 정상회담 홍보, FTA 협상에 대한 지지 여론 조성이었다.

19대 대선 때는 드루킹druking이 '킹크랩'이라는 매크로 프로그램을 통해 포털 사이트 뉴스에 달린 댓글의 추천에 영향을 미쳤다.[75] 그 대상은 3대 인터넷 포털 정면에 올라온 '대문 기사들' 가운데 정치 뉴스의 하단에 노출되는 댓글란에 집중되었다.

킹크랩 시스템은 포털 사이트 뉴스 기사의 댓글에 공감·비공감 내지 추천·반대를 반복적으로 클릭하여 댓글의 순위를 조작했다. 킹크랩은 2016년 12월부터 2018년 4월까지 3대 포털의 뉴스 기사 7만 6,000여 개에 달린 댓글 118

만 건에 총 8,840만 번의 공감·비공감 클릭 신호를 보냈다. 그러나 정작 대통령 선거 무렵에는 한 개 댓글당 공감 추천수는 30~40회에 불과했기에 원하는 댓글을 최상단으로 밀어 올리기에는 무리가 있었다. 따라서 댓글을 통한 정치적 여론 조작은 불가능했다는 지적도 있다.[76]

드루킹은 우호적 댓글을 달기 위해 킹크랩을 사용했다고 주장했지만 3년형을 선고받았다. 2020년 대법원은 매크로 프로그램을 이용하여 포털 사이트에서 대량의 댓글을 조작한 행위는 허위의 정보와 부정한 명령을 입력한 행위이고 컴퓨터 등 장애업무방해죄에 해당한다고 판시했다.[77] 댓글 추천수 조작으로 집계 시스템에 장애를 발생시켜 포털의 댓글 순위 산정 업무를 방해했다는 점이 인정되었다. 실제로 댓글이 정치적 여론에 영향을 미쳤는지 여부는 판결에 고려되지 않았다.

그렇지만 매크로 프로그램의 사용을 기술적으로 아예 막는 건 불가능하다. 법적으로 따져보면 매크로 프로그램은 몰래 설치되는 악성 프로그램도 아니다. 서버를 점거하여 다른 유저들의 서버 접속 시간을 지연시키거나, 시스템의 기능을 저하시키지도 않는다. 2019년에 대법원은 매크로 프로그램 개발자와 판매 중개 사이트를 무죄로 판단했다. 자동 회원가입, 자동 방문 후 이웃신청 기능을 이용하여 네이버 카페나 블로그 등에 글·이미지를 등록하고 메시지·쪽지를 반복해서 발송하는 매크로 프로그램이 정보통신망법에서 규정하는 '악성프로그램'에 해당하지 않는다고 해석한 것이다. 이 사건 프로그램은 업자들이 포털 사이트에 댓글을 자동적으로 등록하고 게시글을 모니터하여 재작성해주었다.[78] 네트워크에 부하를 유발한다는 이유만으로 정보통신시스템의 운용을 방해할 수 있는 악성 프로그램으로 보기는 어렵다는 논리였다.

드루킹 사건 이후 네이버는 대량의 기계적 댓글을 방지하기 위해 뉴스 기사에 개인이 달 수 있는 댓글수와 댓글 연속 쓰기를 제한했다. 또한 댓글 공간에서 매크로 프로그램을 이용한 어뷰징을 감시하는 시스템을 도입했다. 24시간 이내 달 수 있는 '공감·비공감' 수를 50개로 제한하고, 하나의 뉴스 기사에 세 건 이내의 댓글만 쓸 수 있고, 연속적으로 공감을 표현하려면 1분이 지나야 가능하다. 다음daum도 연속적 댓글이나 공감을 표현하지 못하도록 댓글 정책을 도입했다.[79]

또한 네이버는 댓글을 달도록 허용할지 차단할지 여부를 개별 언론사에 맡기기로 했다. 포털에 올라오는 뉴스를 아웃링크로 처리하면 기사 아래에 댓글을 달거나 추천수를 올리기는 어려워진다. 그러나 매크로 프로그램을 막는다고 해도 다른 기술적 방법을 동원한 조작은 얼마든지 가능하다.

허위를 담은 선정적 댓글을 대량으로 반복하는 댓글꾼을 차단하는 방식은 반발을 불러올 가능성이 높았다. 그러자 네이버는 댓글 작성자의 활동 기간, 작성한 댓글수, 전체 댓글 목록, 답글수, 받은 공감수를 공개했다. 예를 들어 어떤 아이디는 3,900건의 댓글을 달았고 2만 7,000건의 공감을 받았다. 댓글 이력을 찬찬히 살펴보면 원색적 비방과 거짓을 퍼붓는 전문 댓글꾼과 신중한 논평가를 어느 정도 구분할 수 있다. 댓글 이력 공개가 시작되자 정치적 댓글의 전체 분량은 줄어들고 댓글 삭제가 늘어났다.[80] 그렇지만 정치·종교 세력에게 집단적으로 중요한 뉴스 기사에 달린 댓글을 베스트 댓글로 만들자고 권유하거나 지시하는 좌표 찍기 관행은 여전했다.

생각해보면 댓글 공간에 집중되는 허위정보의 파편이나 베스트 댓글 조작 논란 등은 디지털 뉴스를 공급하는 플랫폼의 과도한 시장 지배력 때문이라고 할 수 있다. 허위정보 확산이나 여론 조작을 막으려면 포털이 뉴스의 제공을 멈추거나 그 지배력을 분산시킬 필요가 있다. 최근 부상하는 유튜브 정치 채널은 콘텐츠가 부정확하거나 정파적 색채가 강하고, 포퓰리즘에 빠질 우려도 있다. 그러나 유튜브를 통한 뉴스 유통이 늘어나는 현상은 포털의 뉴스 장악력을 약화시키는 순기능도 감지된다. 그 결과 포털에 뉴스를 공급하는 언론사들 간에 발생하는 정치 뉴스의 극단화가 현상이 감소될 가능성도 있다.

## 유튜브 정치 채널

2019년 상반기 통계에 따르면 전 세계에서 유튜브에 로그인한 유저는 18억 명에 이른다. 로그인하지 않고 유튜브를 이용하는 인구를 제외한 수치다. TV를 소유한 가구수보다 많다. 정치 논객들이 주도하는 유튜브 방송 채널은 '유튜브 저널리즘'으로 불린다. 유튜브에는 최근 대안적 정치 콘텐츠가 폭발적으로 성장하고 있다. 많은 정치 토론 채널이 유튜브에 둥지를 틀고 있다. 유튜브는 진입장벽이 낮고, 채널을 지지하는 시청자들에게서 클릭을 받는다면 돈을 쉽게 벌 수 있고, 토론이나 대담에 의존하므로 텍스트보다 제작하기 쉽다.

진보·보수 진영의 정치 논객들은 TV 방송, 라디오 인터뷰의 섭외를 기다리거나, 종편의 시사 프로그램에 출연하지 않아도 언제든 대중에게 다가갈 수 있는 유튜브 방송에 나섰다. 구독자수 기준 상위 10개 정치 채널 중 보수 성향 채널은 9개였다. 구독자수 1위 정치 채널은 유시민이 진행하는 '사람사는세상 노무현재단'이다.[81]

유튜브 정치 채널이 주장하는 음모론, 거짓말, 허위정보에 노출된다면 댓글을 달거나, 사람들을 만나 대화를 나누면서도 자신이 듣고 본 것을 이야기하기 마련이다. 허위정보를 담은 유튜브 영상들의 확장세는 정치적 양극화를 더 악화시킬 우려가 있다. 유튜브의 알고리듬이 보수적 동영상을 더 많이 추천한다는 의심도 생겨났다. 그러나 국내에서 정치 또는 시사 이슈를 다루는 유튜브 방송 채널들은 러시 림보나 알렉스 존슨처럼 심각하게 정파적인 수준은 아니다.

미국에서도 유튜브는 온라인 괴롭힘, 허위정보, 모바일 기술이 아동에게 미치는 영향 등에서 논쟁을 촉발하는 발화점이다. '트럼프'라는 단어는 미국 정치 또는 시사에 초점을 맞춘 동영상의 인기 키워드로 나타났다.[82] 미국에서 보수주의 정치색이 짙은 유튜브 1인 방송들 중에는 '마크 다이스Mark Dice'가 가장 유명하다.[83] 그다음으로는 '넥스트 네트워크The Next News Network', '벤

사피로 쇼Ben Shapiro Show', '블레어 화이트Blaire White', '스티븐 크로더 Steven Crowder' 등이 콘텐츠를 꾸준히 업데이트하고 있다.

보수주의 정치 평론가 러시 림보의 토크쇼는 미국 전체 라디오 토크쇼 가운데 청취율 1위를 기록했다. 반면 진보적인 유튜브 채널은 상당히 열세에 놓여 있다. '짐도어 쇼Jimmy Dore Show', '데모크라시 나우Democracy Now', 'TYT 정치TYT Politics' 등이 있지만 구독자수는 보수 유튜버의 절반 정도에 불과하다. 데일리 코스Daily Kos의 유튜브 채널은 거의 방치되고 있다.

마크 다이스가 운영하는 유튜브 채널의 구독자수는 짐도어 쇼의 세 배에 이른다. 마크 다이스가 1인 방송을 하는 방식은 차분한 인터뷰나 정치 분석이 아니라 노골적인 육두문자와 비아냥거림으로 가득하다. 언제나 유튜브 화면을 절반으로 나누어 왼쪽에는 자신의 표정을 보여주는 얼굴을 배치하고 오른쪽에는 비판하고 싶은 발언이나 인물들을 띄운다. 대부분은 민주당 의원 등 진보 정치인들을 등장시킨다. 예컨대 보편적 의료서비스 제공, 일자리 보장을 주장하는 민주당 소속 여성의원 오카시오-코르테즈Ocasio-Cortez의 CNN 인터뷰를 대놓고 조롱한다. 지구온난화를 막자는 민주당의 정책 어젠다를 소개하면서 말도 안 되는 헛소리라고 코웃음을 치는 식이다.

미국에서는 유튜브 채널이 아니라 페이스북이 가짜뉴스가 유통되는 주요 통로다. 65세 이상 노년층이 페이스북의 가짜뉴스를 가장 많이 공유하는 경향이 발견되었다. 2019년《사이언스Science》에 발표된 연구에 따르면 미국인 연령층 가운데 고령층이 페이스북에서 가짜뉴스를 공유할 확률이 가장 높았다.[84] 실제로 나이 많은 유저들은 교육, 성별, 인종, 수입과 무관하게 젊은층보다 가짜뉴스를 더 많이 공유했다. 나이는 뉴스와 관련한 유저들의 행태를 예측하게 해주는 가장 정확한 요소였다.

전 세계 통계에 의하면 뉴스를 시청하기 위해 유튜브를 이용하는 비율은 연령대가 높아질수록 낮아지는 추세였지만, 국내에서는 청년층과 중년층의

이용률이 거의 비슷한 수준이다.[85]

## 유튜브 알고리듬

유튜브 추천시스템 담당자로 일했던 엔지니어 기욤 샬로Guillaume Chaslot
는 유튜브의 추천 알고리듬이 민주주의적이지도 진실에 가깝지도 않다고 털
어 놓았다. 유튜브의 검색엔진과 추천 알고리듬은 균형을 찾기보다는 동영상
시청 시간을 연장하여 광고 수입을 늘리도록 설계되어 있다는 것이었다. 그
는 "유튜브 알고리듬은 진실을 위험하게 왜곡시킨다"라고 결론지었다.[86] 다시
말해 유튜브 알고리듬은 중립적이지 않고 분열적이고 선정적이다.

유튜브 추천 알고리듬은 재생중인 동영상 옆에 '다음' 사이드바에 표시될
목록을 결정한다. 이 알고리즘은 동영상에 붙어 있는 메타태그meta-tag를 통
해 관련성을 판단한다. 유튜브 사용자들이 사용한 시간의 70퍼센트 이상을
결정하며 기본적으로 플랫폼에서 더 많은 시간을 보내도록 설계되어 있다.

예컨대 음모론 동영상의 시청이 늘어나면 그와 비슷한 음모론 동영상의 노
출과 추천도 체계적으로 증가하는 구조다. 지구가 사실은 평평하다거나, 아
폴로호의 달 착륙이 거짓이고 기후변화 현상도 엉터리라고 설명하는 동영상
을 한 개라도 시청하면 비슷한 동영상이 추천되어 플랫폼에 더 오래 머물도록
유도한다.

그런데 유튜브 알고리듬의 추천 시스템은 정치 분야의 동영상에도 그대로
적용될까? 그 결과 유튜브 알고리듬의 확증편향은 정치적으로 극단적인 관점
을 강화시키게 될까? 예컨대 유튜브 알고리듬이 특정 후보자를 비웃거나 비
리를 폭로하는 영상물을 계속해서 보여준다면 부정적 인상을 받을 수 있다.
2016년 미국 대선 무렵에서는 힐러리 클린턴에 대한 비판과 허위정보를 담은
동영상들은 트럼프를 부정적으로 표현한 동영상보다 훨씬 많이 재생되었

다.[87] 성경 이사야 45장의 내용이 트럼프의 집권을 예견한다는 내용의 영상도 있다. 또한 힐러리가 정신 장애를 일으켰다는 수십여 개의 동영상, 그녀가 매독이나 파킨슨병에 걸렸고 오노 요코小野洋子처럼 비밀스러운 성관계를 일삼는다는 음모론도 있었다.

유튜브 플랫폼의 설계가 정치적 극화radicalization를 이끌거나 시청자들의 정치적 관점에 직접적으로 영향을 미쳤다는 구체적 데이터는 아직 없다. 《뉴욕타임스》는 대학 중퇴생 칼렙 카인Caleb Cain이 수년 동안 세뇌당한 것처럼 극우far-right 유튜브에 깊이 빠져들었던 이야기를 소개했다. 삶의 목적을 잃은 백인 젊은이들이 클릭을 한다면, 대안 우파alt-right 또는 백인우월주의의 토끼굴 속으로 빠져들 수 있다는 위험을 경고하고 나섰다.[88]

그러나 정치적 극화를 필연적으로 초래한다는 주장을 반대하는 연구도 나오고 있다. 펜실베니아대학교 정치학자들은 문제는 추천 알고리듬이 아니라 보수 성향의 정치 콘텐츠를 소비하는 우익 커뮤니티라고 지적했다. 정치 미디어의 양과 인기도는 수요와 공급에 의해 좌우되는데 보수적 정치 콘텐츠의 생산이 공급을 증가시켰다는 것이다.[89] 유튜브 추천 알고리듬의 메커니즘은 영업 비밀이기 때문에 공개된 적이 없으며 만일 편향성이 발견되더라도 그것을 수정할지 말지는 구글의 선택이다.

유튜브 플랫폼에서 특정한 동영상의 '가시성'을 높일 수 있는 방법은 있다. 더 많은 노출을 위한 인위적인 어뷰징abusing이 발생하는데, 이는 알고리듬의 취약점을 공략한다. 일부 유튜버들은 과장된 제목을 동영상을 올리거나 자극적인 동영상 썸네일을 보여주는 방식으로 클릭을 유도한다. 유튜브는 사용자가 원하지 않은 동영상을 보도록 유도하는 방식으로 조회수, 좋아요 수, 공유 수, 채널 구독자 수를 최대한 늘리려는 어뷰져들에게 경고를 보내고 있다.

그럼에도 불구하고 특정 동영상의 검색 결과를 인위적으로 늘리거나 조회수, 좋아요·공유, 채널 구독자수를 늘려주는 전문업체도 등장했다.[90] 조회수는 100만 건이 넘어가는데 평균 시청 시간이 5초도 안 되는 동영상들이 흔하게 발견되었다. 그러자 유튜브 측은 동영상의 조회수가 아니라 실제 시청 시간에 가중치를 부여하는 식으로 알고리듬을 바꾸었다.

최근에는 유튜브는 영상 하단에 위키피디아Wikipedia 항목으로 연결되는 링크를 배치했다.[91] 유튜브 영상을 믿을지 말지를 스스로 판단하라는 것이다. 그러나 위키피디아에는 부정확한 정보도 많다. 심지어 독일의 나치가 달을 먼저 정복했다는 내용도 있다.


## 유튜브 혹스

유튜브에 올라온 '지구 평면설' 등 사이비 과학, '캘리포니아 대형 산불은 비행기가 발사한 레이저 때문'이라는 음모론 동영상은 많은 조회수를 기록했다. 지구가 구형이라는 사실을 받아들이지 않는 사람들이 있다는 것은 불가능해 보인다. 미국과학진흥협회AAAS에서 발표된 연구는 "지구 평면설 추종자가 급증한 것은 유튜브 때문"이라고 지목했다.[92] 호기심으로 재미 삼아 혹스 동영상을 하나 시청하면 그 선호를 인식한 유튜브 알고리듬은 연속적으로 추천을 해준다.

혹스 동영상은 진지한 '뉴스 보도'는 아니고 흥밋거리용이다. 1860년대 페니프레스는 허무맹랑한 기사들을 공들여서 만들었지만 이제는 많은 유튜버가 혹스 동영상을 얼마든지 창작할 수 있다. 동영상은 일단 입소문이 나면 링크가 소셜미디어, 왓츠앱 등으로 퍼지게 되므로 조회수는 폭발한다. 그러나 의도적으로 착각이나 오해를 유도하기도 한다.

2018년 플로리다주 파크랜드시의 고교에서 총기 난사로 17명이 사망한 비극이 발생했다. 그때 기적적으로 살아남은 생존자 데이비드 호그David Miles Hogg는 총기 규제법을 제정하라는 캠페인을 펼쳤다. 그러자 '인포워즈' 유튜브 채널에는 호그가 총기 난사에서 살아남은 인물이 아니고 '재난사건 전문배우'로 연기를 했을 뿐이라는 동영상이 올라왔다.[93] 이 음모론 동영상은 20만 건의 조회수를 기록했다. 호그가 음모론 동영상을 보고 유튜브에 항의를 한 후에야 문제의 동영상은 삭제됐다.

유튜브는 혹스 동영상, 가짜뉴스 동영상의 차단이나 삭제에 큰 노력을 기울이지 않았다. 그렇지만 허위사실을 담은 백인우월주의, 소수자에 대한 혐오발언, 테러의 배후를 날조한 영상물에 대한 우려의 목소리가 커지자 플랫폼 운영자들도 차단에 나섰다. 극우파 언론인 앨릭스 존스는 "미국 오클라호마시티 폭탄 테러와 9·11테러의 배후에는 정부가 있다", "샌드훅 초등학교의 총기 난사는 총기 규제론자들이 조작한 것이다"라는 주장을 펼쳐온 인물이었다. 그는 샌디훅에서 아이들을 잃은 유가족들에게 명예훼손을 당했고 손해배상금을 지불해야 했다. 존스가 운영하던 구독자 240만 명의 인포워즈 유튜브 채널은 두 차례 접속을 차단당했다.

결정적 이유는 '플로리다 총격과 재난전문 배우의 진실'이라는 동영상 때문이었다. '편파적 발언'과 '괴롭힘'은 유튜브 가이드 위반에 해당했다.[94] 페이스북, 애플, 스포티파이도 존스가 제작한 콘텐츠를 동시에 퇴출했다. 인포워즈는 접속을 차단당한 동영상을 홈페이지에 올렸기 때문에 실제로 극우파들은 동영상을 얼마든지 시청할 수 있었다. 인포워즈가 다큐멘터리 전달, 예술적 맥락에서 만든 동영상을 왜 삭제하느냐고 항의하자 유튜브는 관리자의 실수였다면서 접속 차단을 슬쩍 풀어주었다. 혐오발언으로 여겨지는 동영상을 유튜브에 신고하더라도 영구적 접속 차단은 실제로는 거의 이루어지지 않는다. 그 이유는 검열이라는 비판에 직면하거나 소송을 당해 배상금을 물어줄 수도 있기 때문이다.

PragerU는 최저임금에 반대하며, 총기 소유는 헌법적 권리이고, 미디어는 신뢰할 수 없다고 주장하는 동영상들을 유튜브에 만들어 올렸다. PragerU는 대학처럼 보이지만 실제로는 극우파 비영리단체다. 페이스북은 PragerU 페이지의 동영상을 차단했다가 '검열'이라는 항의를 받고 동영상을 복구하고 사과했다.[95] PragerU의 유튜브 채널은 혐오 표현과 이데올로기적 콘텐츠라는 이유로 제한모드restricted mode로 분류되었다. 그러자 PragerU는 '교육적인 동영상'이 차단되어 자유로운 발언이 제한당했다면서 소송을 냈다. 그러나 캘리포니아주 법원은 구글, 페이스북이 동영상 접속을 차단한 조치는 국가행위자state-actors에 의한 검열도 아니므로 캘리포니아주 헌법이 적용되지 않는다고 판단했다. 인터넷 서비스 제공자의 콘텐츠 편집과 차단은 통신품위법 제230조에 의해서 책임이 면책된다. 그러자 PragerU는 큰 LED 모니터가 달린 트럭을 빌려서 자신의 동영상을 틀어놓고 실리콘밸리의 거리를 돌아다녔다.


## 극단주의 콘텐츠

현재 유튜브는 폭력적 극단주의를 담은 동영상의 98퍼센트를 머신러닝 알고리듬으로 걸러내고 있다. 이전에 신고된 테러 콘텐츠와 유사점을 찾아내는 방식이다. 유튜브는 이런 발표를 내놓았다. "전 세계 수천 명이 유튜브 플랫폼을 남용abuse of platform하고 있습니다. 유튜브의 엔지니어들은 알려진 테러 콘텐츠가 다시 업로드되지 않게 막는 이미지 매칭 기술을 개발했습니다."[96] 그러나 머신러닝의 판단에만 의존하기에는 한계가 있기 때문에 유튜브는 '신뢰 기반 신고자Trusted Flagger'의 전문가들을 늘려서 차단이 필요한 극단적 콘텐츠인지, 아니면 표현의 자유의 대상인지를 판단한다. 원래 플래거는 도로에서 형광조끼를 입고 안전주행을 돕는 요원crossing guard을 의미한다. 전문 지식을 갖춘 개인, 비영리단체, 정부기관이 참여할 수 있다. 판단의 정확성이 높기 때문에 유튜브 측은 플래거의 신고를 우선적으로 검토한다.[97] 유튜브는 폭력적 콘텐츠를 찾아내면 업로드한 유저의 계정과 모든 동영상을 삭제한다. IS의 테러행위를 지지하는 동영상도 폭력적이라는 이유로 유튜브 검색 결과에서 제거되고 있다.[98] 그러나 공식 계정의 채널에서 삭제되어도 개인 유튜브 채널에 다시 업로드하고 직접 링크를 걸면 유포가 가능하다.

독일어로 원자폭탄을 뜻하는 '아톰바펜 디비전Atomwaffen Division'은 미국 남부에서 자생적으로 시작되어 전국으로 퍼졌다. 아톰바펜 디비전은 아돌프 히틀러에게 매료되어 '인종 전쟁'을 벌이고, 미국 정부를 전복하겠다는 '백색 혁명'을 목표를 삼고 있다. 《허핑턴포스트》의 한 칼럼리스트는 게이와 양성애자의 살인이 최근 400퍼센트나 증가한 이유는 백인 우월주의자들이 대학 캠퍼스에서 LGBTQlesbian, gay, bisexual, transgender, queer를 향한 폭력행위를 조장하기 때문이라는 분석을 내놓았다.[99] 아톰바펜 디비전이 만든 동영상은 '증오심 표현'을 금지하는 유튜브 정책 위반이어서 접속을 차단당했다.[100]

### 유튜브 커뮤니티 가이드

플랫폼마다 운영하는 '정책' 또는 '가이드'를 통해 자율규제가 이루어지고 있지만, '가짜뉴스' 또는 '허위조작정보'는 위반 사항에 해당하지 않는다. 유튜브는 서비스를 제공하는 각 국가마다 다른 인터넷 관련 법규들을 모두 준수하기보다는 웹에 공지된 유튜브 정책policy 및 자체 가이드에 위반하는 콘텐츠만 신고받아 선별적으로 차단하는 방식을 고수하고 있다.

'유튜브 커뮤니티 가이드'의 첫 줄은 이렇게 적혀 있다. "YouTube에 표시되는 콘텐츠가 모두 마음에 들 수는 없을 것입니다."[101] 유튜브는 유해·위험한 콘텐츠, 폭력적·노골적 콘텐츠, 폭력·범죄 조직, 증오 표현, 권리 침해, 사이버 폭력을 차단한다. 유튜브 동영상 차단을 요청한 신고는 전 세계에서 2019년 4월에서 6월 사이에 1,000만 건이 넘었다.[102]

가짜뉴스나 허위조작 정보에 대한 항목은 유튜브 커뮤니티 가이드나 정책에 없다. 그러므로 '가짜뉴스 영상'이라는 신고 접수조차 하지 못한다. 그러자 유튜브 영상 옆의 '신고' 버튼을 누른 뒤, '추가 의견' 란에 "이 채널은 한국의 전형적인 가짜 뉴스 채널This is a typical fakenews channel in Korea"이라고 신고하는 편법도 생겨났다. 정치인들은 유튜브가 5·18과 관련된 허위정보 동영상들을 계속 방치한다는 데 불만을 표출했다. 현재 유튜브 동영상의 삭제나 차단을 강제하려면 방송통신심의위원회가 해당 영상이 가짜뉴스라는 이유가 아닌, 대한민국 헌법과 민주질서를 훼손한 행위로 보아 시정 요구를 해야만 한다.

어느 국가에서 분노를 촉발시키거나 사회적 분열을 유도하는 허위정보나 날조 발언으로 여겨져도 글로벌 플랫폼 기업의 눈에는 사소한 잡담 정도로 보일 수 있다. 그 맥락, 역사적 배경, 가치판단 기준을 이해하지 못하기 때문이다. 선동적 허위정보에 대한 언어적 뉘앙스는 내국인이 아니면 파악하기 곤란하다. 미얀마에서 로힝야족을 향한 폭력이 자행될 때에도 페이스북 담당자는 미얀마어를 몰랐기에 위험을 감지하지 못했다. 그러나 글로벌 플랫폼의 자율규제에만 의존하면 개별 국가들에서 문제시되는 허위정보의 심각성이나 맥락을 이해하기 어렵다.

방송통신심의위원회의 '정보통신에 관한 심의규정'은 방송 콘텐츠뿐 아니라 인터넷 게시판, 만화, 유튜브, 소셜미디어 플랫폼, 모바일 어플리케이션까지 심의 대상을 확대했다.[103] 따라서 '정보'에는 방송 프로그램, 언론 보도, 인터넷 게시물도 해당한다. 온라인 콘텐츠의 삭제·차단을 권고할 수 있는 심의 대상에 가짜뉴스나 허위정보는 빠져 있다. 방심위는 2018년에만 온라인 콘텐츠 삭제·차단 요청을 23만 8,000건이나 심의했다. 그 대상은 불법정보, 유해정보(차별, 비하, 욕설, 혐오), 권리 침해 등이다.[104]

어떤 유형의 악의적 가짜뉴스와 허위정보가 '국가 안전을 해할 우려'에 해당할지는 미지수이지만, '불건전 정보'에 대한 방송통신심의위원회의 시정 요구 제도는 헌법재판소에서 합헌으로 결정되었다. 불건전 정보에 대한 규제는 온라인 매체의 폐해를 방지한다는 이유에서다.[105]

# 7장
# 표현의 자유는 어디까지?

언론보도의 진실성이란 그 내용 전체의 취지를 살펴볼 때 중요한 부분이 객관적
사실과 합치되는 사실이라는 의미로서, 세부에 있어 진실과 약간 차이가 나거나
다소 과장된 표현이 있다고 하여 진실하지 않다고 볼 것은 아니다.

_대법원 2018.10.12. 선고 2014다51855 판결

## 오류와 의도적 날조 구분하기

하버드대학교 니만 저널리즘랩niemanlab은 가짜뉴스의 발흥이 민주주의와 미래 저널리즘을 위협한다고 경고하며 대응책 마련을 촉구했다.[1] 그러나 '표현의 자유'를 보호하면서 '뉴스 정보의 투명성'을 유도하는 방안을 찾기는 쉽지가 않다. 소셜미디어 플랫폼 운영자들은 자율규제와 기술적 해결책을 선호한다. 저널리즘 전문가들, 팩트체킹 기관들, 소셜미디어 기업들이 협력하는 '팩트체킹 저널리즘'도 증가하고 있다.

선거를 위협하고 공적 토론을 조작하고 사회적 분열을 부채질한다는 이유로 전 세계적으로 규제가 늘어나고 있다. 한편 허위정보의 판단 기준이 모호하므로 정부기관이 진위를 판단한다면 정치적 목적으로 남용될 것이라는 우려도 있다. 가짜뉴스를 규제하려는 제안들은 표현의 자유로 보호되는 영역이 어디까지인가라는 질문을 던지고 있다. 가짜뉴스가 야기하는 사회적 피해를 우려하여 규제를 서두르는 나라들도 있다. 그러나 규범적 차원에서 보자면 가짜뉴스의 진위 여부, 그리고 그것이 미치는 공공의 해악성을 누가 어떻게 판단하느냐는 여전히 어려운 숙제다.

자유로운 토론 과정에서 의견을 말하다가 포함된 오류, 여론 조작을 위해 의도적으로 만들어진 거짓, 공적 사안에 대한 비판적 보도 과정에서 실수로 포함되는 불가피한 오류 사이의 경계는 불분명하다. 정황 사정만으로는 그 진의를 판단하기 어렵기 때문에 모호한 회색지대로 남아 있게 된다.

뒤에서 살펴보겠지만 미국 연방대법원이 설리번Sullivan 판결의 진정한 취지는 '허위를 알고 퍼뜨리는 행위'와 '허위를 모르고 보도하는 과정에서 오류가 섞이는 경우' 가운데 후자만을 보호하려는 것이었다.[2] 전자의 경우에는 실질적 악의가 있으므로 손해배상을 부담하게 된다.

그러나 실제로는 의도적 허위정보의 유포까지도 표현의 자유라는 그늘 속에 숨는 결과가 나타나고 있다. 가짜뉴스가 문제될 때 언론사가 보도 내용에 담긴 '허위사실'을 알고 있었는지, 아니면 일부러 '오인을 유도할 의도'가 있었는지 확인하기 어렵기 때문이다. 이런 맹점은 표현의 자유를 보호하기 위해 지불해야 하는 사회적 비용으로 여겨진다.

뉴스의 생산자가 착각하고 허위사실을 전달한 것인지, 악의적인 헛소문을 내기로 한 것인지 구분하기란 현실적으로 어렵다. 그 때문에 두 가지 형태 모두 표현의 자유로 보호를 받는 현상이 나타나게 된다. 가짜뉴스의 생산자들은 이 모호한 영역에 숨어 표현의 자유를 외친다. 자신은 허위사실에 근거한 정보라는 점을 몰랐고, 그렇게 믿을 만한 근거도 있다고 항변한다. 허위사실이 아니고 주관적 의견이자 평가이므로 발언의 자유를 억제하지 말라는 것이다. 이 때문에 가짜뉴스의 규제, 특히 피해자가 없는 허위사실에 대한 규제는 상당한 난관에 부닥치게 된다.


### 사실과 의견의 구분

대부분의 뉴스는 '사실'을 전달하거나 전제 삼아서 작성된다. 뉴스에 포함된 '사실'은 시간과 공간이 구체적인 과거 또는 현재의 사실관계에 관한 진술이다.[3] 반면 의견 표현은 발언자의 주관적 가치판단이나 평가를 내용으로 한다. 뉴스가 공개적으로 '허위 또는 진실한 사실적 주장'을 하면 명예훼손 여부가 문제될 수 있지만 순수한 '의견 표명'은 표현의 자유로 보호된다.

따라서 허위정보나 가짜뉴스로 의심되는 어떤 표현이 있다면 그것이 의견이나 논평에 불과한지, 아니면 주장 속에 어떤 사실을 담고 있는지부터 살펴볼 필요가 있다. 사실의 조작이나 왜곡이 있어야만 가짜뉴스이지, 그러한 사실이 포함되지 않은 주관적 평가는 의견이기 때문에 자유의 영역에 속하고 법적으로도 문제가 되지 않는다. 정정보도를 청구하기 위한 조건도 언론 보도가 사실적 주장에 관한 것으로서 진실하지 않아야 한다. 실제로 대부분의 가짜뉴스나 허위정보는 불신이나 의구심을 일으키지만 명예훼손의 대상을 특정하지 않은 경우가 많아서 형사법적 처벌 등 규제의 영역을 벗어나 있다.

이처럼 '허위사실의 주장'과 '허위의 의견' 표명에 대한 규범적 평가는 크게 달라진다. 그러나 실제 언론 보도와 일상적 언어 방식에서 사실의 주장과 의견 표명이 혼재되어 있기 때문에 이들을 구분하기 쉽지 않다. 뉴스 보도는 사실과 의견이 상당 부분 결합되어 있는 것이 대부분이다.[4] 언론 보도가 사실적 주장인지, 단순한 의견 표명인지 어떻게 구분할까? 대법원은 보도 내용이 객관적으로 입증 가능할 정도로 명확하고, 보도한 자의 동기, 목적, 심리 상태 등이 외부로 표출된 것이라면 사실적 주장이라고 본다.[5] 다시 말해서 객관적으로 입증 가능하지 않다면 의견에 불과하다. 이때 입증할 수 있는 것은 '사실 자체'가 아니라 오직 '사실에 관한 진술'이다.

허위정보나 근거 없는 소문은 비공식적 경로로 전파되지만 신문, 방송에 보도되기도 한다. 기자들은 제보를 받으면 출처를 확인하는 등 팩트체크를 한다. 그러나 사실관계를 확실히 파악하지 않고 제보자나 전달자의 말만을 믿고 기사를 쓴다면 언론사는 가짜뉴스를 공식화하여 진실로 전파하는 거대한 확성기가 될 수 있다.

어떤 사실을 담은 소문이나 제3자의 연설, 다른 언론사의 보도를 받아서 인용하는 방식으로 기사를 작성하면 어떻게 될까? 기자들은 언제나 법적 책임에서 자유로울까? 적시된 사실이 이미 사회에 알려진 소문이라고 하더라도 보도 내용에 담아서 사회적 평가를 저하했다면 명예훼손에 해당한다.[6] 따라서 뉴스 기사의 어조가 단정적인 표현이 아니고 '전해들은 말'의 정리, 단순한 전문傳聞보도, 또는 추측한 것을 기사화하는 형식을 취하였어도 표현 전체의 취지로 보아 사실이 존재할 수 있다고 암시한다면 사실의 적시다.[7]

다만 우리 대법원은 정정보도 사건에서 "언론 보도의 진실성이란 그 내용 전체의 취지를 살펴볼 때 중요한 부분이 객관적 사실에 합치한다면 세부적으로 진실과 약간 차이가 나거나 다소 과장된 표현이 있더라도 거짓 사실의 주장이라고 볼 수 없다"라고 밝히고 있다.[8]

언론 보도에 대한 소송이 제기되면 법원은 그 표현이 사실을 적시한 것인지, 의견 표명인지 먼저 판단한다. 그 이유는 사실을 주장했다고 인정되어야 명예훼손죄의 처벌이나 손해배상이 가능하기 때문이다. 허위사실을 담은 '주장'과 허위의 '의견' 표명에 대한 규범적 평가는 크게 달라진다. '사실의 적시'와 달리 '주관적 의견' 표명은 자유의 영역이다.


## 허위사실 보도와 거츠(Gertz) 판결

시카고시의 경찰 리처드 누치오Richard Nuccio는 이탈리아계의 다혈질 사내였다. 그는 검문에 멈추지 않고 골목길로 도망갔다는 이유로 19세 백인 청년을 쏘았다.[9] 소년은 칼을 들고 있었다. 누치오는 1968년에 2급살인 혐의로 기소되어 14년 형을 선고받았다. 형사재판이 종결되자 피해자 가족은 명망 있는 변호사 엘머 거츠Elmer Gertz를 고용하여 누치오를 상대로 민사소송을 제기했다. 소송 과정은 잡지 《아메리칸 오피니언American Opinion》에 시리즈물로 연재되었다. 그런데 그 줄거리는 누치오를 상대로 진행된 민사소송은 지역 경찰들의 명예를 훼손하려는 공산주의자들의 음모였다는 식으로 왜곡되었다. 게다가 변호사 거츠가 의도적으로 누치오에게 누명을 씌웠다는 허위사실을 담고 있었다. 거츠가 많은 전과를 가지고 있고, 레닌주의자이며 공산주의 정치 조직에 소속되어 있다고도 주장했다.

이 사실을 알게 된 거츠는 잡지 발행자를 상대로 명예훼손 소송을 제기했다. 편집자 로버트 웰치Robert Welch는 잡지에 실린 기사의 내용이 허위인지 제대로 검토하지 못했다고 재빨리 인정했다. 그렇지만 이 사건은 '공적 인물'이 관계된 사안은 아니었다. 법원은 변호사 거츠가 사회에서 일반적 명성이나 평판을 얻지는 못했기 때문에 설리번 판결이 적용되는 '공적 인물'에는 해당하지 않는다고 보았다. 따라서 잡지사는 개인을 지목하여 허위사실을 보도한 행위에 대해 명예훼손 책임을 져야 했다. 거츠가 '공산주의 음모'에 가담했다는 허위의 사실을 보도한 행위에 초점이 모아졌다.

1974년 연방대법원은 보도된 내용이 '사실 주장'이 아닌 '의견의 표명'이라면 허위가 아니므로 언론사는 명예훼손의 법적 책임에서 벗어날 수 있다고 전제했다. 그러나 만일 보도된 내용이 비록 의견의 형태일지라도 '사실에 대한 허위언사false statements of fact'라면 헌법적으로 보호할 가치가 없다고 판결했다. 그 결과, 언론사가 '의견 논평'을 통해서 허위사실을 보도한다면 표현의 자유를 보호막으로 삼아서 법적 책임을 벗어날 수는 없게 되었다. 따라서 언론사는 비록 '칼럼'이나 '의견'으로 보도하더라도 뉴스에 담긴 사실을 뒷받침하는 관련 증거를 비교하여 허위와 사실을 구분하는 절차를 스스로 거칠 필요가 있다.

한편 순수한 의견 표명이라면 허위는 아니므로 언론사로서는 명예훼손으로 인한 손해배상 책임은 부담하지도 않는다. 거츠 판결 이후 '허위 의견false idea'이라는 개념은 본질적으로 존재하지 않고, "발언을 보호하기 위해서는 약간의 허위some falsehood도 표현의 자유로 보호된다"라는 법적 원칙이 통용되었다.[10]

## 의견 보도와 밀코비치(Milkovich) 판결

어떤 언론 기사의 표현이 사실 주장인지 아니면 의견인지는 어떻게 구분할 수 있을까? 1990년 미국 연방대법원은 밀코비치Milkovich 판결에서 양자의 구분은 객관적 증거를 통해 증명되어야 한다고 밝혔다.[11] 마이클 밀코비치 Michael Milkovich는 고등학교의 레슬링 코치였는데 다른 학교 팀과의 시합 도중에 언쟁에 휘말리게 되었다. 싸움이 발생하자 팬들도 폭력 사태에 뛰어들었다. 학생들 몇 명은 병원에 입원까지 했다. 현장에 있던 사람들은 밀코비치가 그 소동의 원인을 제공했다고 믿었다. 그가 경기 도중에 심판의 결정을 크게 비난하면서 학생들의 감정을 자극했었기 때문이었다.

오하이오 고교체육연합OSHAA은 밀코비치가 속한 고등학교에 출장 정지를 결정했다. 그러자 학생들은 적법한 절차도 거치지 않고 출장 정지가 결정되었다며 취소해달라고 법원에 소송을 제기했다. 법원은 결정을 뒤집었다. 재판을 참관했던 테드 디어딘Ted Diadiun은 신문《뉴스 해럴드News Herald》에 "밀코비치가 법정에서 선서를 했음에도 거짓말을 했다"라는 칼럼을 실었다. 신문을 읽은 밀코비치는 마치 자기 발언이 위증인 것처럼 칼럼이 작성되었다며 명예훼손 소송을 제기했다. 코치와 교사로 일하는 자신의 사회적 평판이 손상되었다는 항의가 나오자 신문사는 디어딘의 칼럼은 의견opinion이었을 뿐이라고 옹호했다.

이 사건을 맡은 윌리엄 렌퀴스트William Rehnquist 대법관은 "거츠 판결 취지는 '의견'이라는 모든 표현 행위로 야기된 명예훼손에 면책을 부여하지는 않는다"라고 설명했다. 그 이유는 "신문에 실린 의견의 표현이 때로는 객관적 사실의 주장을 암시"하기 때문이다. 이 사건에서 칼럼의 내용은 밀코비치가 위증했다는 사실을 강력하게 시사하고 있었다.

이 사건의 법적 쟁점은 디어딘의 칼럼이 순수한 의견만을 표현했는지 아니면 객관적 사실을 담았는지 여부로 모아졌다. 칼럼의 문장에 담긴 '의견'과 '사실적 주장'의 구분이 필요했다. 렌퀴스트 대법관은 이렇게 판결했다. "칼럼은 가정적 또는 비유적 문장으로 쓰이지도 않았다. 밀코비치가 오하이오 고교체육연합 청문회에 출석했을 때의 발언과 법정에서의 증언 기록을 비교해보면 허위false인지 진실true인지 쉽게 알 수 있었다. 그러나 칼럼 필자는 자료를 대조하는 작업을 하지도 않았다." "밀코비치가 위증죄를 저질렀다는 내용이 신문의 칼럼에 함축되어 있었고, 이는 허위 또는 진실로 밝혀지기에 충분한 '사실'이다."

밀코비치 판결은 "순수한 의견 표명은 헌법적 보호를 받지만, '허위사실이 함축되어 있는 의견'은 표현의 자유로 보호되는 영역에서 배제된다"라는 법적 기준을 제시했다. 비록 외형은 의견 표명이지만 실제는 객관적 사실을 주장하는 것으로 밝혀졌다면 언론사는 명예훼손 책임에서 벗어날 수 없다. 사실/의견 구분은 언론사가 이름 붙이기 나름이 아니다. 규범적 차원에서 양자는 그 내용이 진실이라고 '검증될 수 있는가' 아니면 '검증이 불가능한가'로 판가름 된다.

1974년에 내려진 거츠 판결의 취지는 뉴스 보도의 내용이 사실 주장이 아닌 의견의 표명이라면 허위가 아니므로 언론사는 명예훼손의 법적 책임에서 벗어날 수 있다는 결론이었다. 그러나 1990년에 나온 밀코비치 판결은 언론사가 허위사실을 '의견'의 형식으로 보도하더라도 명예훼손죄의 법적 책임에서 벗어날 수 없다고 판시했다.

우리나라는 '진실한 사실'을 오로지 '공익'의 목적으로 보도했을 때에만 형사상 명예훼손죄의 위법성이 사라진다.[12] 또한 진실한 사실이라는 입증이 없어도 행위자가 진실한 것으로 오인하고 행위를 한 경우, 정당한 이유가 있다면 명예훼손죄는 성립되지 않는다. 언론 보도로 인한 명예훼손 소송에서 그 보도 내용이 공익 목적이었으며, 진실로 믿을 만한 사정이 있었다는 입증은 언론사가 해야 한다.

헌법재판소는 "허위라는 것을 알거나 진실이라고 믿을 만한 정당한 이유가 없는데도 진위를 알아보지 않고 게재한 허위 보도에 대하여는 면책을 주장할 수 없다"라고 결정했다.[13] 언론이 제기하는 의혹의 강도가 강하거나 사안이 중요할수록 확실한 근거 자료나 신빙성을 뒷받침하는 증거들이 필요하다. 그렇지 않다면 상상력에 의한 가짜뉴스라는 오명을 쓸 수 있다.

### 미네르바, 감옥에 갇히다

가짜뉴스나 허위정보의 유포는 처음부터 무조건 불법일까? 아니면 헌법상 표현의 자유에 의해서 보호받을 수 있을까? 헌법재단소의 미네르바 사건 결정은 그 해답을 가늠하게 해준다. 박대성 씨는 '미네르바'라는 필명으로 2008년 무렵 인터넷 포털 사이트 다음 아고라에 국내외 경제 동향 분석과 예측을 담은 글을 올렸다.

미네르바의 글은 인기를 끌었다. 한국판 서브프라임 사태가 발생할 것이라는 예측, 환율 폭등, 금융위기 가능성에 대한 분석은 지혜로운 현자의 분석이라는 찬사와 평판을 얻었다. 그러나 의도적으로 정부의 금융정책을 불신하게 만드는 유언비어로 여기고 불만을 갖는 관점도 있었다. "외환보유고가 고갈되어 정부가 외환예산 환전 업무를 중단했다"라는 주장이 올라오자 기획재정부는 미네르바를 고소했다. 그러자 검찰은 '공익을 해칠 목적으로 인터넷에 허위사실을 유포'했다는 이유로 그를 구속했다.[14]

그 당시 전기통신기본법 제47조 1항은 '공익을 훼손할 목적'의 허위 통신행위를 처벌하고 있었다. 미네르바는 "표현에서 사실과 의견을 명확히 구분하기는 어렵고, 표면상 허위이지만 실제로는 진실을 드러내는 과장, 풍자, 조롱도 있고, 명백한 왜곡도 사회적·역사적 상황에 따라서 공익에 부합할 수 있고, 객관적 진실이라고 믿어지던 내용이 나중에 허위인 것으로 밝혀질 수도 있으므로 '허위의 표현' 자체를 절대악으로 파악하여 표현의 자유의 보호 범위에서 배제할 수는 없다"라고 주장했다.

그러나 법무부 장관은 "표현의 자유로 보호되는 표현은 진실인 경우 또는 진실인지 허위인지 밝혀지지 아니한 상태에서만 보호되지, 허위사실로 밝혀졌거나 허위사실의 표현이 공익을 해할 목적으로 이루어지는 때 이를 제재하고 처벌하는 것은 정당하다"라고 주장했다.

이 사건을 심리한 헌법재판관 7인은 전기통신사업법에 규정된 '허위의 통신'을 위헌으로 판단했다.[15] 국민에게 일반적으로 허용되는 '허위의 통신' 가운데 어떤 목적의 통신이 금지되는 것인지 알려주지 못하므로 표현의 자유에서 요구하는 명확성 요청에 위배된다고 밝혔다. '공익을 해할 목적'에서 '공익'은 그 의미가 불명확하고 추상적이어서 어떤 표현행위가 이를 해하는지 판단이 사람마다 크게 달라질 수 있다"라고 지적했다.

5인 다수의견의 논거는 첫째, 의견 표명과 사실의 주장에 대한 구별이 어렵기 때문에 의견 표명까지 처벌될 수 있고, 둘째 허위사실이라도 그 표현이 우리 사회에 도움을 준다고 판단했다. 그러나 이런 헌법재판소의 논리는 '허위를 알고 의도적으로 전파하는 행위'와 '공론을 위한 발언 과정에서 의도적이지 않게 허위를 전파하는 행위'를 명확하게 구분하지 않았다.[16]

중요한 점은 헌법재판소가 '허위 표현'도 기본적으로 표현의 자유로 보호되는 영역으로 보았다는 점이다. 5명의 재판관들은 보충의견에서 다음과 같이 밝혔다. "표현이 어떤 내용에 해당한다는 이유만으로 표현의 자유의 보호 영역에서 애당초 배제된다고는 볼 수 없고, '허위사실의 표현'이 일정한 경우 사회윤리 등에 반한다고 하여 전체적으로 표현의 자유의 보호 영역에서 배제시킬 수는 없다." "표현에 허위사실이 있다는 이유만으로 국가질서의 교란 등이 발생할 구체적인 위험이 있다고 할 수 없고 사회적 해악으로 연결되는 것도 아니다."

미네르바 사건이 위헌으로 결정된 이후 국회에 전기통신기본법 제47조 제1항을 대체하는 법안들이 상정되었으나, '허위 통신'의 범위를 규정하는 데 어려움을 겪고 있다. 허위 통신도 표현의 자유에 속한다는 결정은 가짜뉴스에 대한 규제와 관련하여 중요한 규범적 판단 기준이 되고 있다. 그 핵심은 국가질서의 교란 등이 발생할 구체적 위험이 없다면, 허위사실의 표현이 있다는 이유만으로 국가가 후견적으로 개입하여 표현행위를 억제하지 말라는 것이다. 어떤 표현이나 정보의 가치 유무, 해악성 유무가 국가에 의하여 1차적으로 재단되어서는 아니되며, 이는 시민사회의 자기교정 기능과 사상과 의견의 경쟁메커니즘에 맡겨져야 한다는 것이 헌법재판소의 입장이다.[17]

미네르바가 경찰에 구속된 이후에 미네르바 가짜설, 조작설은 계속되었다. "청와대, 검찰 등과 공모하여 박 씨를 미네르바로 조작했다", "가짜 미네르바는 사건 조작을 위해 준비된 인물일 뿐이며 자폐증의 일종인 아스퍼거 증후군 환자다"라는 글이 인터넷 게시판에 올라왔다. 그러나 모든 것은 허위주장이었다. 흥미로운 것은 미네르바의 '영향력'을 자기 것으로 만들려는 '필명' 쟁탈전이 일어났다는 점이다. 여기에는 언론도 가세했다. 《신동아》는 '진짜' 미네르바를 인터뷰한 기사를 내보냈고, 이미 구속된 박대성 씨를 가짜 미네르바라고 주장했다.[18] 진짜 미네르바는 '금융계 7인' 그룹이라는 이 기사는 근거 없는 가짜로 밝혀졌기 때문에 편집자는 오보에 대한 공개사과를 발표해야 했다.

### 허위발언의 보호: 앨버레즈(Alvarez) 판결

2007년, 그 자비에 앨버레즈Xavier Alvarez는 캘리포니아주 계곡의 수자원 관리 단체 지역구 이사회에서 은퇴한 군인으로 자신을 소개했다. 그는 해병대 25년간 복무하는 과정에서 부상을 입었고, 제대할 때 '의회 명예훈장'을 받았다고 떠벌렸다. 나중에 거짓말이 들통난 앨버레즈는 '빼앗긴 명예법Stolen

Valor Act' 위반으로 기소되어 1심에서 유죄 판결을 받았다. 무공 훈장을 받았다는 거짓말은 '계산된 사실적 허위calculated factual falsehoods'에 해당되어 처벌 대상이었다. 그러나 앨버레즈는 이 법률의 처벌 조항이 표현의 자유를 제한하므로 위헌이라고 주장했다.

이 사건 재판 과정에서 법무부는 허위발언fale statement은 수정헌법 제1조의 보호 대상이 아니라고 주장했다. 그러나 미국 연방대법원은 발언에 허위성 있다고 해서 표현의 자유를 부인하지 못한고 판결했다. "타인에게 해를 입히거나 정부 기능에 급박한 위해를 끼치지 않는 한 허위발언이라도 수정헌법 제1조로 보호된다"라고 판단했다. 사적 또는 공개 대화에서 개방적이고 활력 있는 표현들이 오가려면 어느 정도 허위발언은 불가피하다는 논리였다.

반박과 논박refutation으로 거짓lie을 극복할 수 있다는 케네디 대법관의 의견은 사상의 경쟁 메커니즘을 논리적 전제로 하고 있다.[19] 이 판결의 소수 의견은 정부기관이 나서 어떤 발언이 진실인지 허위인지를 자의적으로 판단할 권한은 없다고 보았다.

> 만일 법률이 정부에게 앨버레즈의 발언이 범죄행위에 해당한다고 선언하도록 허용한다면, 정부는 무엇이 허위 표현이기 때문에 처벌할 수 있는가에 대한 금지대상 목록을 편집할 수 있는 권한을 부여받게 된다. 이런 정부의 권력에는 명확한 제한 원리가 결여되어 있다. … 미국 연방대법원의 헌법적 전통은 오세아니아 진리부가 필요하다는 발상을 거부해왔다.

'진리부Ministry of Truth'는 조지 오웰Goerge Orwell의 『1984』에 등장하는 전체주의 국가에 설치된 부처 중 하나다. 진리부는 역사적 사건들을 조작하고 날조하여 프로파간다를 통해서 대중을 속이는 일을 한다.

## 광우병 보도는 가짜뉴스였나?

동물의 사체에 포함된 어떤 특정한 물질이 인체에 위해를 미친다고 보도했다면 그것은 가짜뉴스일까? 그 위해성을 '과학적 불확실성'을 언급하지 않고 단정적 논조로 보도했다면 허위사실일까?

2008년 4월 MBC는 〈PD수첩〉 프로그램을 통해 '미국산 쇠고기, 광우병에서 안전한가?' 편을 방송하여 미국산 30개월 이상된 소의 안전성 문제를 공론화했다. 수입을 반대하는 촛불시위가 이어지자 〈PD수첩〉 보도를 무책임한 가짜뉴스로 보는 시각도 있었다. 미국산 쇠고기 수입 반대 시위는 위험성을 부풀린 허위정보에 자극을 받은 불필요한 패닉이었을까, 아니면 식품안전성 보장을 위한 합리적 요구의 표출이었을까?

미국산 쇠고기 수입 협상은 과학적 위험에 대한 우려에서 정권에 대한 불만으로 돌변했다. 대규모 촛불집회가 이어졌지만 정부는 강경론으로 맞섰다. 그러나 정부 발표에 숨겨진 거짓말까지 드러나면서 불신은 커졌다. "30개월 미만 소라도 도축검사에 합격하지 못하면 동물사료로 사용할 수 없다"라고 설명했지만 실제 수입 조건에는 도축검사에 불합격해도 동물성 사료로 사용할 수 있다고 되어 있었다.

과학적 사실을 증명하기 위한 충분한 데이터와 객관적 평가가 필요하지만 언론이 인터뷰나 대담 프로그램에서 섭외한 전문가들의 관점은 크게 달랐다. TV에 출연한 패널들은 과학적 사실의 불명확성을 대하는 성숙한 태도가 아니라 프리온 감염 가능성에 대해서는 자기주장을 뒷받침하는 근거만 늘어놓았다. 여론이 들끓자 결국 정부는 광우병이 발생하면 소고기 수입을 즉시 중단하겠다는 약속을 하고, 미국과의 재협상을 거쳐 30개월 미만의 소의 뇌, 눈, 머리뼈 부분과 척수는 수입하지 않기로 결정했다.[20]

검찰은 〈PD수첩〉의 광우병 보도가 과학적 근거도 없이 공포를 부추겼다는 이유로 프로그램 제작자들을 명예훼손과 업무방해 혐의로 기소했다. 대법원은 광우병의 위험을 보도한 동기와 목적이 공공 이익을 위한 것이었기 때문에 명예훼손죄의 '비방할 목적'이 없다고 판단하여 무죄로 판결했다.

한편 〈PD수첩〉은 "정정·반론 취지문 보도가 필요하다"라는 언론중재위원회의 결정을 거부하고 사건을 법원으로 가져갔다. 보도가 진실하지 아니하여 피해를 입은 때에만 정정보도 의무가 있는데, 이에 따르지 않은 것은 보도가 진실하다고 믿는다는 의미였다.[21] 대법원은 특정위험물질의 수입 여부, 정부 협상단의 태도에 대한 보도는 허위사실이 아니라고 판단했다.[22] "정부가 미국산 쇠고기의 광우병 위험을 잘 모르거나 은폐"했고 "미국에서 인간 광우병이 발생해도 한국 정부는 대응을 할 수 없다"라는 〈PD수첩〉 보도는 허위사실의 주장이 아니라 의견 표명이라고 보았다.[23]

또한 "쇠고기 수입 협상단의 대표와 농림축산식품부장관이 미국산 쇠고기 실태를 제대로 파악하지 못했다"라는 보도도 "정부가 미국산 쇠고기 수입 위생조건 협상에 필요한 만큼 미국 도축시스템의 실태를 제대로 알지 못했다"라는 '주관적 평가'라고 보았다. 정정보도는 어떤 '사실적 주장'이 진실하지 않을 때만 가능했으므로 이런 법적 해석은 정정보도 청구를 기각하는 해석이었다.

한편 〈PD 수첩〉 보도에는 명예훼손적 표현도 있었기 때문에 형사 재판도 열렸다. 초점은 언론이 국민들에게 위해성을 경고하기 위하여 과장된 보도를 하는 과정에서 담당 공무원의 행위를 설명하다 일부 허위가 있었다면 처벌받을 수 있는지 여부였다. 광우병 소가 인체에 미치는 위해성을 강조하기 위한 과장된 표현은 시청자들에게 충격을 안겨주었고 가짜뉴스라는 비난을 초래했다. 보수 언론들은 지금도 가짜뉴스의 사례로 본다.[24]

그렇지만 대법원은 "복잡한 사실관계를 알기 쉽고 단순하게 만드는 과정에서 일부 특정한 사실관계를 압축·강조하거나 흥미를 끌려고 사실관계에 장식을 가하는 과정에서 과장이 있더라도 전체 보도의 중요 부분이 객관적 사실과 합치되면 진실성이 인정된다"라고 판결했다.[25] 자유로운 견해를 말하거나 공개된 토론을 하는 과정에서, 잘못되거나 과장된 표현으로 인한 법적 책임을 의식하여 공적 토론이 위축될 것을 우려한 판결이었다. 또한 표현의 자유가 보장되려면 '숨 쉴 공간'이 있어야 하므로, 세부적인 문제에서 객관적 진실과 완전히 일치할 것을 요구할 수는 없다고 밝혔다.

### 설리번(Sullivan) 판결과 실질적 해악

1960년대 미국에서도 사실과 다르거나 오류가 있는 뉴스는 신문이나 방송에서 사라지지 않았다. 그로 인하여 명예훼손 소송이 다수 제기되자 언론사들은 비판이나 공개적 토론에 부담을 느꼈다.

공적 인물public figure 이론을 정립한 설리번 판결은 흑인 인권 탄압에 항의하고 민권운동에 대한 국민적 지지를 호소하는 의견 광고에서 시작되었다.[26] 1960년 흑인들의 시위에서 경찰이 가혹한 진압 방법을 사용했다는 전면광고가 《뉴욕타임스》에 게재되었다. 이 의견 광고는 경찰들이 흑인들을 앨라배머주립대학교에서 몰아냈고, 마틴 루터 킹Martin Luther King이 주도했던 시위에서 경찰들이 가혹하고 폭력적 진압 방법을 사용했다고 주장하며 사례들을 열거했다. 그러자 앨라배머주 몽고메리 경찰국 감독관이었던 설리반L. B. Sullivan은 그 광고 내용 가운데 허위사실이 있다며 《뉴욕타임스》를 상대로 민사소송을 제기했다. 의견 광고 가운데는 실제 사실과 다른 내용도 일부 있었다. 그는 독자들이 자신을 앨라배머주립대학에서 벌어진 시위진압 책임자로 오해할 수 있다고 주장했다.

그러나 연방대법원은 언론 보도로 명예훼손의 피해를 입은 공직자가 손해배상을 받으려면 기사에 포함된 허위사실에 실질적 악의actual malice가 있었음을 입증해야만 한다고 판결했다. 악의의 입증 책임은 언론사가 아닌 피해를 주장하는 공적 인물에게 있다. 다시 말해 공적 인물은 언론사가 보도 내용의 허위falsity를 알았거나 무분별하게 무시했다는 점을 민사소송에서 증명해야 한다.

설리반 판결은 한마디로 보도가 공적 인물의 명예훼손을 했을 때 그 손해배상의 요건을 어렵게 만든 것이다. 그렇지만 우리 법원은 설리반 판결을 수용하지 않았기 때문에 명예훼손을 당한 공적 인물이라도 민사소송을 통한 피해 구제가 비교적 쉽다. 언론 보도로 피해를 입은 공적 인물은 언론사의 '실질적 악의'까지 입증할 필요는 없다. 소송에서는 보도가 공익을 위한 것이 아니라는 점만 인정되면 언론사에게 명예훼손으로 인한 손해배상을 받을 수 있다.[27] 언론사로서는 공직자나 정치인 등을 겨냥한 언론 보도가 '오로지' 공공의 이익을 위한 것이었다고 인정을 받아야만 민사·형사 책임에서 벗어나게 된다.

### 비판을 위한 '숨 쉴 공간'

공적인 사안을 비판하거나 보도하는 언론 뉴스의 내용이 일부분 사실과 다르다면 언론사는 허위사실을 유포한 것일까? 개인들이 정부 정책을 비판할 때 단편적 정보만 듣고 판단하거나 전문성 부족으로 상황을 오해하여 오류가 있는 이야기를 퍼뜨린다면 그것은 전부 가짜뉴스일까?

언론이 언제나 오류 없는 완벽한 뉴스만 보도하기는 현실적으로 불가능하다. 만일 허위사실의 보도를 이유를 불문하고 불법행위가 되므로 진실만 보도하라는 규제가 있다면 언론사는 극도로 조심할 것이고 섣불리 공론화를 하기보다는 차라리 입을 다물어버리는 편을 택할 것이다. 이런 '위축효과chilling effect'가 초래될 수 있다는 우려 때문에 공적 사안에 대한 비판과 토론에서 불가피한 정보 오류는 용인되고 있다.

설리번 판결은 "공적 사인이나 공적 인물에 대한 비판과 자유로운 토론이 오갈 때 어느 정도 허위와 오류 있는 발언은 불가피하다"라고 보았다. 발언을 위축시키기보다는 약간의 오류가 발생하더라도 수긍하는 해석을 택했다. 앨라배머에서 벌어졌던 흑인 탄압을 비판한 의견 광고에는 사실과 다른 내용도 많았다. 의견 광고의 일부가 허위였지만 이를 근거로 손해배상을 청구하도록 한다면 비판의 자유는 크게 위축될 수 있었다.

연방대법원은 이 같은 사정을 감안하여 공적 쟁점에 대한 토론은 억제되지 않아야 하고 토론에는 '숨 쉴 공간breathing space'이 필요하다고 보았다. 윌리엄 브레넌William J. Brennan 대법관은 이렇게 설명했다. "공적인 관심사에 관한 토론은 규제되지 않아야 하고, 활기가 넘쳐야 하고, 널리 개방되어야 한다. 토론 과정에는 정부나 공무원에 대한 강력하고 격렬하며 때로는 불쾌할 정도로 날카로운 공격이 포함되어도 좋다. 자유로운 토론에는 때로 잘못된 표현도 불가피하며, 표현의 자유를 보장하기 위해 '숨 쉴 공간'이 필요하므로 잘못된 표현도 보호되어야만 한다."

설리번 판결은 공적인 사안을 감시하고 비판하는 보도에 담긴 허위적 언사로 인한 명예훼손 소송을 어렵게 만들었기 때문에 언론을 두텁게 보호하는 효과를 가져왔다. 그렇지만 언론사가 실질적 악의를 가지고 명예를 훼손하는 뉴스를 내보냈다는 점이 입증된다면 사상을 표현하는 데 필수불가결한 자유가 아니라는 이유로 헌법적 보호를 받을 수 없다.[28] 공적 인물이나 공적 사건을 다룬 언론 보도일지라도 언론사가 기사 내용의 '허위성'을 알고 있었냐는 점이 증명되면 표현의 자유라는 보호막은 순식간에 사라지는 것이다.

요컨대 설리반 판결은 허위사실을 의도적으로 날조하여 공적 인물의 명예를 깎아내리고 신뢰를 떨어뜨리는 가짜뉴스까지 보호하는 것은 아니다. 물론 요즘의 가짜뉴스는 허위정보를 조작하여 끼워 넣으면서도 명예훼손으로 소송을 당하지 않도록 특정 인물을 구체적으로 지목하지 않는 경우가 더 많다.

## 《롤링스톤》 날조 기사

미국의 대중잡지 《롤링스톤Rolling Stone》의 한 기자는 "캠퍼스 성폭행"이라는 제목의 기사를 내보냈다. 버니지아대학교 한 여자 신입생이 2012년 무렵 사교 클럽 파티에 초대받았다가 일곱 명의 남학생에게 집단 성폭행을 당했다는 폭로기사였다. 이 뉴스로 인해 대학 내 성폭행 문제가 논쟁에 중심으로 떠올랐다. 그러나 기사는 사실과 달랐다. 파티에 초대된 날에는 실제로 행사는 열리지도 않았고 경찰은 피해 신고를 받지도 않았다.[29] 오로지 피해자 '재키'의 주장만을 그대로 기자가 전해 듣고 쓴 오보였다. 진실 공방전 끝에 《롤링스톤》의 편집자는 사과문을 공개했다.[30]

그러나 이 가짜뉴스 소동은 기사의 철회와 사과만으로 끝나지는 않았다. 《롤링스톤》은 명예훼손 혐의로 민사소송을 당했다. 평판을 훼손당한 버지니아대학교와 가해자로 지목되었던 남학생들은 《롤링스톤》 소유주와 기자를 상대로 손해배상을 청구했다. 그러나 1심 판사는 《롤링스톤》의 기사에 공개된 성폭행 가해자들의 신원 정보가 모호했다는 이유로 명예훼손을 인정하지는 않았다. 항소심에서 롤링스톤은 160만 달러를 주기로 하고 합의에 이르렀다. 《롤링스톤》 사건에 대한 조사를 의뢰받은 컬럼비아대학교 언론대학원은 이 사건을 '저널리즘의 실패'라고 평가했다.[31] 이러한 오보는 팩트체크를 거쳤다면 충분히 방지할 수 있는 것이었다.

2006년에도 캠퍼스 성폭행 사건이 세간을 떠들썩하게 만들었다. 듀크대학교 라크로스팀에 소속된 백인 선수 세 명이 스트립 클럽에서 흑인 스트리퍼를 성폭행했다는 기사가 신문을 장식했다. 화장실에서 강간당했다고 주장했던 여성은 인근 대학에 다니고 있었다. 성폭행을 당했다고 주장한 크리스털 맨검Crystal Mangum은 46명의 선수들 가운데 두 명을 가해자라고 지목하고 "100퍼센트 확신한다"라고 말했다. 가해자로 지목된 선수들은 무죄를 입증하고자 변호사를 통해 DNA 자료를 제출했지만 어떤 이유에서인지 담당 검사는 수사를 계속했다.[32] 부유한 백인 남성들이 가난한 흑인 여성을 착취했다는 이야기들이 연일 신문에 오르내렸다. 듀크대학교 교수들은 엘리트 대학 캠퍼스에 침투한 인종주의, 성차별, 특권적 행동의 사례라고 성명을 발표했다. 이 비판적 성명은 정의로워 보였지만 추측의 조각들이 만들어낸 신기루에 근거하고 있었다.[33]

피해 여성의 호소를 믿은 언론사들은 심정적으로 동조하는 기사들을 썼지만 성폭행 주장은 날조된 것이었다. 그녀는 택시 절도로 체포된 전력까지 있었다. 강간의 증거는 없지만 백인 위주의 듀크대학교 라크로스 팀에 존재하던 인종 차별과 여성혐오 등을 드러냈다는 평가를 받았다. 결국 성폭행 혐의를 입증할 만한 증거는 나타나지 않았고 기소는 이루어지지 않았다. 사실 이 성폭행 사건의 뒤에는 매스미디어의 주목을 끌어 정치계에 진출하려는 야망을 가졌던 담당 검사와 흑인 여성에 대한 가해라는 복잡한 문제들이 뒤얽혀 있었다. 이 사건을 맡았던 마이크 니퐁Mike Nifong 검사는 비윤리적 권한 행사를 이유로 해임되었다.[34] 그는 훗날 변호사 자격까지 잃고 파산했다.

그러나 듀크대학교 학생들은 언론사들을 상대로 명예훼손 소송을 제기하지는 않았다. 언론이 오보로 범죄 혐의를 만들어낸 것이 아니라 성폭행 혐의로 수사가 개시된 사건을 보도하는 데 그쳤기 때문이었다. 듀크대학교의 성폭행 스캔들은 언론발 가짜뉴스나 정보 취합 과정에서 발생한 오보가 아니라 맨검의 허위 고소에서 비롯되었다.

언론은 가해자로 여겨지는 부유한 백인 듀크대학교 운동선수들과 흑인 여성 피해자의 대립 구도 속에서 피해자를 의심하기는 어려웠다. 그런 관점의 보도는 시청자의 비난을 받기 십상이었다. 결국 그 어떤 언론사도 그녀의 거짓말을 걸러내지 못했다. 그로부터 7년 후 맨검은 남자친구를 칼로 찌른 혐의로 기소되었다.

## 익명의 정보원

2003년에는 《뉴욕타임스》 기자였던 제이슨 블레어Jayson Thomas Blair의 가짜 기사 작성 행각이 들통이 났다. 그는 대부분을 뉴욕시에 머물면서도 마치 직접 찾아가서 인터뷰를 한 것처럼 감동적 스토리를 만들어냈다. 드라마틱한 기사를 원하는 독자들을 지나치게 의식했던 블레어는 기자와 소설가의 역할을 구분하지 못했다.

그는 텍사스주 소도시 로스 프레스노스에, 실제로 가지도 않았지만 이라크 전쟁에서 아들이 실종된 어머니를 인터뷰한 것처럼 기사를 썼다. 그러나 그의 인터뷰 사기 행각은 《샌안토니오 익스프레스San Antonio Express》 기자의 눈에 걸려들었다. 인터뷰에서 나오지 않은 문장과 단어들도 창조되어 기사 속에 들어갔다. 그는 해고되었다고 《뉴욕타임스》는 긴 사과문을 통해서 그의 속임수를 일일이 열거했다. 그것은 독자들에게 신뢰를 지켜가기 위한 저널리즘의 책임 있는 태도였다.[35]

독일 주간지 《슈피겔Der Spiegel》의 기자 클라스 렐로티우스Claas Relotius는 7년 동안 14건이 넘는 기사들을 조작했다가 들통이 났다. 역설적이게도 《슈피겔》은 현재 지구상 최대 규모의 팩트체킹 부서를 운영하고 있었다. 그는 남미 이주자들에 대한 미국인의 반감을 묘사하려고 미네소타주 주민들이 "멕시코인 접근 금지"라는 피켓을 들고 반대 시위를 벌였다는 가짜 이야기를 만들었다. 쿠바의 관타나모 기지 수용소에 갇힌 예멘인 문제를 보도하면서 가짜 인터뷰도 만들어 넣었다.[36]

렐로티우스는 터무니없는 사실 전체를 날조하기보다는 시사성 있는 뉴스의 현장감을 살리기 위한 줄거리 부풀리기, 빈틈 채워 넣기, 윤색하기에 능숙했다. 그는 CNN이 선정하는 '올해의 언론인상'을 받았고, 시리아 소년에 관한 기사 등으로 '올해의 기자상'을 받기도 했다. 그가 윤색한 뉴스는 비록 기자로서 윤리의식을 저버리기는 했으나 그로 인하여 큰 사회적 혼란을 일으키지는 않았다.

만일 언론사들이 익명의 정보원을 모두 실명으로 표시해야 한다면 공익 보도는 위축될 것이다. 워터게이트 사건에서 딥스로트가 실명을 공개했다면 《워싱턴포스트》는 정보를 받을 수 없었을 것이다. 그러나 기사 작성에서 익명의 정보원 활용은 보안이 중대한 사건이나 입증하기 어려운 경우 등 최소한에 그쳐야지 기자의 상상력을 뒷받침하는 가공의 인물들이 연속적으로 나온다면 그 효능감 측면에서는 가짜뉴스와 그리 다를 게 없다.[37] 특히 국내 언론보도에서 북한 뉴스는 군사안보와 관련해 관심이 집중되지만 그리 공정하지도, 투명하지도, 객관적이지도 않다, 북한 인사 총살설 등 충격적인 기사가 나오고 몇 주가 지나서는 거짓으로 판명되는 패턴은 어제오늘 일이 아니다.

익명의 정보원은 출처를 숨기고 없는 사실을 꾸며내기에 완벽한 도구가 된다. 또한 프레임 경쟁의 시기에 편견을 불어넣는 정파적 기사에 사용되기가 쉽다.[38] 주요 외신 편집부는 익명의 정보원을 쓸 때 엄격한 규정을 적용한다. 기자들이 정보원을 날조하거나 정보 출처를 둘러대어 편집부와 독자를 기만하는 것을 막기 위해서다.[39]

친트럼프 언론사로 분류되는 《에폭 타임스Epoch Times》는 프랑스와 독일에서 팩트체크도 하지 않고 '대안적 정보원'을 이용하여 반이민, 반이슬람 메시지와 극우파 정치인을 돕는 기사를 만들어냈다.[40] 트럼프는 "가짜뉴스가 미친 듯이 오보를 만들어내고 있으며 익명의 정보, 사실상 존재하지 않는 정보만 사용하고 있다"라고 비난을 퍼부었다.[41] 그의 말이 완전히 틀린 것은 아니었다.


**퀴노아는 식량난을 악화시켰나?**

원래 스페인에서 자라던 곡물 '퀴노아quinoa'는 남미 지역에도 널리 퍼져나가게 되었다. NASA는 장기간의 인간 우주 임무를 위한 이상적인 곡식으로 퀴노아를 선정했다. 식량농업기구FAO는 2013년을 '퀴노아의 해'로 지정했다. 페루와 볼리비아의 농부들이 전 세계 퀴노아의 92퍼센트를 생산한다. 퀴노아가 채식주의자들에게 단백질 공급원으로 소개되면서 선진국에서도 다이어트 식품으로 인기를 끌게 되었다. 그러자 퀴노아 가격도 2006년에서 2011년 사이에 미국, 유럽에서 세 배 이상 폭등했다.

국제 곡물시장에서 퀴노아 가격의 상승은 농부들의 수입을 늘어나게 해주었지만, 가격이 뛰면서 비판적 기사도 나왔다. 2011년 《뉴욕타임스》는 퀴노아 농부들의 수입은 늘어났지만, 퀴노아 가격 인상 때문에 볼리비아는 식량난에 처했다고 보도했다.[42] 퀴노아 가격이 세 배나 오르는 동안 볼리비아의 소비량은 같은 기간 34퍼센트 감소했던 것이다. 2013년 《가디언》에 실린 기사에서 조애너 블리트먼Joanna Blythman은 퀴노아를 선호하는 채식주의자들에게 '윤리적 소비'가 필요하다고 주장했다.[43] 그녀는 영국의 푸드 칼럼리스트이자 탐사보도 기자였다. 퀴노아 가격이 현지 빈곤국가의 식량난을 악화시킨다는 오해는 통계 정보를 자의적으로 해석한 기고에서 비롯되었다. 그녀는 경제학자는 아니었다.

기사가 나가자 정의로운 채식주의자들은 빈곤 국가들의 식량 부족을 악화시키는 퀴노아를 구입하지 않겠노라고 앞다투어 선언했다. 점차 소비량이 감소하면서 국제 곡물시장에서 퀴노아 가격은 2015년에 크게 하락했다. 그러자 당연히 안데스 지역 농부들의 소득도 줄어들었다. 퀴노아 가격이 식량난에 악영향을 미치는가를 둘러싼 공방전은 《이코노미스트》,《NRP》,《가디언》에 오르내렸다. 경제학자들까지 거들고 나섰다. 이 문제의 해답을 찾으러 안데스 지역에 도착한 기자들에게 농부들은 "퀴노아는 얼마든지 있어요"라고 웃어 보였다.

퀴노아 가격 논쟁은 판단하기 어려운 여러 데이터와 정보들이 혼재되어 있었기 때문에 더 커졌다. 누군가는 단편적인 통계 수치만 보고 암울한 상상을 할 수 있다. 우선 페루, 볼리비아는 빈곤 국가이며 아동들의 영양실조도 지속되는 것은 사실이다. 그러나 소득이 늘어난 농부들은 퀴노아를 소비하는 대신에 입맛을 끄는 서구 패스트푸드 등을 구매하는 비중이 증가했다.

농부들은 퀴노아 가격 상승으로 오히려 이득을 얻었고 후생 수준도 개선되었다. 퀴노아 소비량의 감소세는 수출 증가에 따른 가격 인상 때문만은 아니었다. 곡물 수출이 늘어나 국제 시장가격이 폭등해서 저소득층이 구입하기 어려워졌다고 단정하기도 어려웠다. 소규모 농부들은 퀴노아를 직접 재배했고 현지에서 퀴노아 가격은 그리 높지 않게 유지되었던 것이다.

페루 정부가 매년 2만 2,000가구들을 무작위로 선정해 조사하는 ENAHO 데이터는 이 문제에 대한 체계적 분석을 가능하게 해주었다.[44] 퀴노아 가격 논란에 관심을 가진 미네소타대학교 경제학자들도 분석에 뛰어들었다. 서구 국가들이 내놓은, 퀴노아 소비로 말미암은 퀴노아 가격 상승이 현지인들에게 고통을 안겨준다는 주장은 설득력이 부족했다. ENAHO 데이터의 분석은 퀴노아 가격 상승이 피해를 준다는 막연한 추정이 오류라는 점을 보여준다.[45]

퀴노아 난제Quinoa Quandary를 해결하고자 뛰어든 또 다른 분석도 있다. 퀴노아의 가격이 2004년부터 2012년까지 네 배 증가했어도 페루 푸노 지역의 가구들은 퀴노아 소비량을 줄이지 않았다는 점이 재확인되었다.[46] 그러므로 서구 채식주의자들이 윤리적 소비를 위해서 일부러 퀴노아 구매를 거부하는 집단행동을 할 필요까지는 없었던 것이다.

퀴노아를 둘러싼 공방은 언뜻 보기에 양립되기 어려운 통계들을 정확한 맥락에 맞게 해석하지 못했을 때 편향된 극단적 관점이 뉴스에서 부각될 수 있음을 보여준다. 뉴스 기사를 누가 쓰느냐에 따라 개인적 성향, 데이터 문해력, 정치적 관점은 다르므로 동일한 팩트를 다르게 분석하여 보도하는 일은 자주 일어난다. 퀴노아 가격 통계를 자의적으로 해석하여 빈곤 국가들의 식량 부족 악화로 연결한 기사는 악의적 가짜뉴스로 보기는 어렵지만 대중이 오해할 수 있는 단서를 제공했다. 언론사들은 정확한 현상을 포착하여 뉴스를 제공하기 위해 데이터 저널리즘을 도입하고 있다. 그러나 최근 등장하는 가짜뉴스들은 데이터로 무장하고 있다.

### 편향된 데이터 해석

20세기의 탐사 저널리즘은 내부자들을 통해 구한 서류 장부와 파일에 담긴 수치와 회계 자료들을 데이터의 원천으로 삼았다. 그 이후 컴퓨터 활용 보도 CAR 시대를 거쳐 이제는 데이터를 수집·정리·저장·시각화하는 웹 기반 도구가 활용되고 있다. '데이터 저널리즘'은 2010년에 팀 버너스 리Tim Berners-Lee가 데이터 분석이 저널리즘의 미래라고 말한 이후 전 세계에 확산됐다.

데이터에 대한 접근이 어려운 권위주의 국가들에서는 정부가 선택적으로 유리한 데이터 공개를 하거나 일부 언론이 그대로 받아쓰는 방식의 공개적인 눈속임이 가능했다. 이제는 데이터 공유가 늘어나고 있기 때문에 데이터를 긁어모아서 분석하면 유용한 패턴을 찾을 수 있다. 이미 많은 데이터가 공개되고 있다면 데이터 저널리즘은 '품질'의 문제가 된다. 데이터를 따라잡기 위해 기자들이 데이터를 이해할 수 있는 문해력으로 무장하는 일이 갈수록 중요해지고 있다.

팩트체커와 가짜뉴스 생산자 간의 복마전 같은 전쟁에서 데이터는 중요하다. 거짓이나 극단적인 편향적 관점을 주입시키려는 가짜뉴스들이 통계자료나 데이터를 곁들이는 이유는 뉴스의 외형을 정확한 진실처럼 보이게 만들려는 전략이다. 가짜뉴스가 범람하는 시대에 데이터 저널리스트들은 데이터 시각화나 인터랙티브 지도의 제작 말고도 다른 작업 능력도 요구된다.[47] 공식 데이터가 어떤 의미를 갖고 있는지, 누가 왜곡하거나 물타기를 하는가를 간

파할 수 있고, 데이터의 특징을 빼고 일부분만을 부각시켜 악용하는가를 찾아낼 필요가 있다.

유럽 저널리즘 센터EJC가 발간한 『데이터 저널리즘 핸드북 2』는 "데이터는 세계를 중립적으로, 있는 그대로 표상하지 않는다. 데이터는 정치, 문화, 돈, 권력이 뒤엉켜 있다"라고 지적한다.[48] 그러나 미디어학자 니컬러스 디아코풀로스Nicholas Diakopoulos에 따르면 "데이터는 본래 진실을 내포하지는 않지만 정직한 추론 과정을 통해서 데이터에서 진실을 발견할 수 있다".[49] 데이터를 분석하면 명백한 거짓을 발견할 수 있고, 가려져 있던 진실을 찾을 수도 있다는 점은 팩트체킹에서 중요한 의미를 가진다.


### 숫자도 거짓말을 한다

가짜뉴스가 주요한 대상으로 삼는 데이터는 경제 성장률, 피해 규모, 사상자 수, 실업률, 범죄율, 물가 인상률 등이다. 데이터에 대한 부정확한 평가를 담은 가짜뉴스는 오인misleading을 유도하고, 현 정권의 '실패한 정책'을 공격하는 수단이 된다. 가짜뉴스가 인용하는 데이터는 대부분 공식적 수치와 통계이지만, 그 일부만을 계산에 넣어 평가하거나 의미가 미미한 데이터만을 집중적으로 부각시키는 수법을 사용한다. 데이터 부풀리기, 주관적으로 평가하기로 인해 데이터는 쉽게 부정적 맥락으로 윤색될 수 있다.

'숫자는 거짓말을 하지 않는다'라는 상식이 흔히 통용되지만 수치에 대한 객관적이지 않은 평가를 퍼뜨리는 뉴스는 거짓이자 가짜뉴스가 된다. 예컨대 트럼프는 선거 유세 지역을 돌면서 세율 인하가 세수를 더 늘린다는 비논리적 주장을 반복했고, 미국의 범죄율이 지속적으로 치솟아 재앙적 수준에 이르렀다고 외쳤다. "언론에서는 듣지 못했겠지만, 미국은 지난 45년 동안 가장 높은 살인율을 보이고 있습니다. 아무도 말하지 않죠."[50]

두 가지 주장은 통계적 분석에 기반한 정치적 발언이었고 열렬한 호응을 얻었다. 그러나 팩트체크 결과 모두 거짓으로 드러났다. 《워싱턴포스트》는 발언의 진위를 파고들었다. 미국 재무부가 공개한 자료에 따르면 2016년 소득 상위군 10퍼센트가 전체 개인 소득세의 80퍼센트를 냈다. 상위 20퍼센트는 94.8퍼센트, 상위 0.1퍼센트는 24.5퍼센트를 냈다. 연소득 5만 달러 이하 중산층에는 훨씬 많은 사람이 있기 때문에 세금 감면이 이루어져도 납세자마다 배분될 이익은 급격히 줄어들게 된다.[51] 세율 인하는 전체적으로 세수를 감소시키고 부자들만 더 부유하게 하는 효과를 불러온다. 또한 FBI 통계에 따르면 미국 내 폭력 범죄율과 살인율은 1991년에 정점을 찍었고 그 이후 2015년까지 계속해서 하락하고 있었다.[52] 1991년에는 10만 명당 758건의 폭력 범죄가 발생했지만 2015년에는 372건으로 감소했다. 1991년에 10만 명당 9.8명이었던 살인율은 2015년에는 4.9명으로 줄어드는 뚜렷한 감소세를 보였다. 그러나 트럼프 캠프의 관계자는 팩트체킹을 신뢰할 수 없다면서 간단하게 일축해버렸다.

앞으로도 데이터 분석은 정치적 목적으로 많이 이용될 것이다. 비판적 기자들과 팩트체커들은 데이터의 맥락을 파악하고 가짜뉴스가 인용한 데이터 속에 숨어 있는 허위와 거짓을 가려낼 필요가 있다. 그러나 비공식 조사와 데이터 보고서에 대한 뉴스들이 쏟아지면 데이터를 해석하는 관점도 홍수를 이루게 된다. 믿고 싶은 뉴스만 믿는 탈진실Post-truth의 시대에는 믿고 싶은 데이터 분석만 신뢰하는 경향이 커지고 있다. 그것이 비논리적 주장이거나 가짜 데이터라도 상관없다는 대중의 태도는 팩트체커들에게 무력감을 안겨준다. 사람들은 자신이 지지하는 정치인의 발언이라면 오해의 소지가 있더라도 수용하고, 오히려 오류를 바로잡는 뉴스를 거부하는 경향마저 보였다.[53]

## 《허슬러》 패러디 광고

신문을 펼쳐보면 한 컷의 그림에 곁들여진 압축적인 문구로 유명인이나 정치·시사 사건을 풍자·과장·은유하는 만평漫評, political cartoon이 있다. 만평의 표현이 과장된다면 가짜 사실을 진짜라고 믿게 만들 수 있다. 만평뿐 아니라 패러디 광고도 원래의 의미를 변형하고 비틀어 풍자와 익살을 선사한다. 유명한 잡지 《허슬러Hustler》에 실린 패러디 광고paroday ads로 입은 정신적인 피해를 배상하라는 민사소송이 제기되었다. 그러나 연방대법원은 풍자와 패러디가 표현의 자유로 보호된다고 보고 손해배상 청구를 거부했다.

문제가 되었던 잡지 광고는 저명한 정치 평론가이자 기독교 근본주의자 제리 폴웰Jerry Falwell을 소재로 했다. "제리 폴웰이 첫 경험을 말합니다"라는 가짜 인터뷰를 실은 것이다. 폴웰이 자신의 첫 성경험이 근친상간이었다는 것을 털어놓는 문구, 100달러를 준 침례교 창녀보다는 더 나았다는 문구도 있었다. 그렇지만 하단에는 'ad parody'라고 적혀 있었다. 사진에는 '신앙심 깊은 녀석'인 진저 소다주 '캄파니'가 배치되어 있었기에 상업적 광고가 분명했다. 허슬러에 실린 술 광고는 유명 인사들의 첫 경험 시리즈였다. 폴웰은 래리 플린트Larry Flynt와 《허슬러》를 상대로 명예훼손, 사생활의 침해, '고의적 정신적 가해행위'를 이유로 소송을 제기했다.

그러나 렌퀴스트 대법관은, 합리적 사람이라면 '사실에 대한 허위적 언사 false statement of fact'를 담은 패러디 광고를 진실로 여기지는 않았을 것이라고 판단했다.[54] 공공의 이해관계나 공적 사안에 대한 사상과 의견의 자유로운 흐름을 보호하는 편을 택했다. "비판은 필연적으로 합리적이거나 점잖지 않고 때로 공적 인물들에게 격렬하고 신랄하며, 때로는 유쾌하지 않은 날카로운 공격을 가하게 된다."

연방대법원은 캐리커처 패러디가 공적 인물에게 정신적 피해나 정서적 고통을 의도적으로 야기했다고 보지 않았다.[55] 설리번 판결에 따르면 허위사실을 동원한 공적 인물에 대한 비판은 '실질적 악의'가 없다면 헌법적으로 보호된다. 표현의 자유가 '숨 쉴 수 있는 공간'이 있어야 하므로 손해배상을 받으려면 그 표현이 허위사실일 뿐 아니라 실질적 악의에 의해 이루어졌음을 입증해야 한다. 그러나 폴웰은 《허슬러》의 광고에 실질적 악의가 있다는 점을 입증하지 못했다. 따라서 '고의적 정신적 가해행위IIEA'에 기초한 손해배상은 부인되었다.

패러디 광고가 초래하는 감정적 괴롭힘emotional distress은 수정헌법 제1조 보호를 부인하기에는 충분하지 않았던 것이다. 폴웰은 《허슬러》 발행인 래리 플린트를 찾아가 다른 관점을 가지고 있으므로 토론을 벌여보자고 제안했다. 나중에 둘은 서로 친구가 되었다.

## 혐오 표현과 풍자의 경계

파리의 시사 주간지 《샤를리 엡도Charlie Hebdo》가 발행한 풍자적 카툰은 무슬림들에게 환영받지 못했다. 날아오는 총알을 신성한 코란으로 막는 장면, 무함마드가 엉덩이를 드러내고 누워 담배를 피우는 모습은 심각한 신성모독이자 무슬림 집단에 대한 모욕으로 여겨졌다. 특정한 종교를 비판하는 혐오조장hate-monering은 저널리즘의 공적 책무와는 거리가 있어 보였다. 그러나 《샤를리 엡도》의 비평은 무슬림만을 소재로 삼지는 않았고 '사회와 개인을 억누르는 모든 형태의 억압들'에 저항한다는 기치를 내걸었다.

풍자 만평에 분노한 이슬람 단체들은 거리에서 항의 시위를 벌이고 명예훼손 소송을 제기했다. 그러나 파리 경범죄 법원은 만평이 이슬람 전체를 의도적으로 모욕하거나 공격할 의사는 없었으며 표현의 자유가 허용하는 한계를 넘지 않았다고 보았다.[56] 그러나 법원의 판결은 별 효과가 없었다. 무슬림 혐오에 대한 분노와 프랑스 사회에서 비주류로 소외받아온 분노를 완충할 수 있는 수단은 없었다. 계속되는 자극적인 만평은 반감을 키웠고 결국 비극이 일어났다. 편집자와 만평가들이 테러리스트의 총격을 받아 사망한 것이다.[57]

많은 시민은 거리에서 희생자들을 애도하며 "나도 샤를리다"를 외쳤다. 계속해서 표현의 자유를 지키겠다고 다짐했다. 한편에서는 《샤를리 엡도》 테러를 두고 이미 프랑스 사회에서 차별받아온 무슬림 집단을 조롱하는 '혐오발언'을 표현의 자유라는 명목으로 방치한 결과라는 비판도 나왔다. 꺄냐흐의 풍자 문화는 프랑스의 오랜 관행이겠지만, 무슬림 이민자들은 풍자 만평을 정체성에 대한 조롱이자 종교적 신념에 대한 거부로 보았기 때문에 상당한 분노를 느꼈다. 종교적·문화적 차이로 인한 갈등이 격화되면 풍자에 우아하게 대응하는 것은 기대하기 어려워진다. 《샤를리 엡도》의 풍자적 만평은 그 시각적 전달력이 신문 기사의 텍스트보다 훨씬 컸다.

기본적으로 공격적 혐오 표현이 만드는 해악성과 풍자적 만평이 의도하는 비판은 영역이 다르다. 패러디와 풍자는 공적 사건이나 뉴스의 이슈들을 정치적·사회적 비판의 소재로 삼을 수 있다.[58] 법원은 신문의 풍자 캐리커처나 개그 프로그램의 재담을 불온통신, 혐오 표현, 모욕, 명예훼손으로 판단하지 않는다. 미국 연방대법원도 수정헌법 제1조는 공적 인물을 풍자하는 만화 광고에 고의의 불법행위 책임을 물을 수 없다는 입장이다.[59] 그러나 때때로 풍자, 가짜뉴스, 혐오 표현의 경계는 매우 흐릿하기 때문에 사안별로 신중하게 판단할 필요가 있다.

《샤를리 엡도》의 비극적 사례는 시사만평이 풍자가 아니라 극심한 혐오발언으로 받아들여져 분노와 종교적·이념적 갈등을 폭발시켰다. 표현의 자유는 어디까지나 규범적 판단의 문제다. 허위로 물든 혐오발언으로 피해의식을 느끼는 특정 집단에게는 법원의 판단 따위는 중요하지 않다. 규범적 판단이야 어떻든 자극적 비꼬기나 무제한적 풍자가 시대나 장소에 무관하게 수용되지는 않는다.

2019년 어느 날 캘리포니아주 샌디에이고에 위치한 시나고드에 들이닥친 10대 백인 청년이 유대인들에게 총격을 가했다. 그러자 트럼프의 친유대 정책이 대중의 반감을 샀기 때문이라는 평가가 나왔다. 이스라엘 전략부 장관은 《뉴욕타임스》에 실린 반유대주의 카툰이 테러리스트를 자극했다고 비난했다.[60] 카툰에서 트럼프는 유대식 스컬 캡을 머리에 얹고 검은 안경을 낀 시각장애인으로 그려졌다. 베냐민 네타냐후Benjamin Netanyahu 이스라엘 총리는 그를 이끄는 안내견이었다. 미국이 이스라엘의 이해관계와 의도에 따라서 맹목적으로 외교 정책을 결정하는 경향을 비꼰 것이었다.

카툰을 향한 이스라엘의 비판이 거세지자 《뉴욕타임스》는 "심한 편견을 담은 카툰을 신문에 실은 것은 판단 오류였다"라고 고해성사에 가까운 사과를 했고 카툰을 삭제했다.[61] 그렇지만 그 카툰은 이스라엘에 비위를 맞추는 트럼프의 외교 정책에 대한 풍자였지 반유대주의 테러를 부추긴 혐오 표현까지는 아니었다. 체포된 범인은 피츠버그 유대교 회당 테러, 뉴질랜드 크라이스트처치에서 무슬림 대상 테러에서 영감을 받았다고 털어놓았다. 요컨대 《뉴욕타임스》의 카툰은 테러범과 직접적인 관련성은 없었다. 그렇지만 유명 일간지에 실린 카툰이 반유대주의를 암묵적으로 널리 확산시킬 수 있다는 우려는 편집자를 굴복시켰다.


## 검열관 존 밀턴

인쇄술이 발명된 15세기 이후 왕권과 교회 권력은 인쇄 기술을 자신들의 통제하에 두려고 했다. 만일 규정을 위반하면 징역에 처해질 수 있었다. 권력자의 자의적 판단이나 이해관계에 따라서 인쇄는 금지되거나 허가되었다. 인쇄되는 정보가 정치권력을 위협할 수 있는지 여부가 면허를 부여하는 기준이 되었다. 그러나 종교개혁 이후 16세기 유럽에서 등장한 자유지상주의자들

libertarians은 권위주의적 통제에서 벗어나기를 바랐다. 그들은 가톨릭 교회와 왕권에 대항한 개신교도이자 시장에서 부를 축적한 신흥세력이었다. 그들은 국가 권력에 의한 억압적인 출판 통제가 없더라도 자유로운 공적 토론에서 양심에 따라 소통하면 허위, 거짓, 속임수를 이겨내고 궁극적 진리the Truth에 다다를 것이라고 믿었다.[62]

17세기 잉글랜드에서 출판은 여전히 통제를 받았다. 인쇄를 하려면 허가 license나 특권printing privilege을 얻어야 했다. 책, 팸플릿, 문서는 검열관을 거치지 않으면 인쇄될 수 없었다. 사회질서를 무너뜨리는 선동을 위한 팸플릿이나 가치 없는 내용의 전파를 막는다는 명목하에 왕이 지명한 관리에게 출판 이전에 허가를 받아야만 했다. 검열관은 자신의 결정에 대해 설명을 할 필요도 없었고 검열 기준 따위도 없었다. 검열관은 자의적으로 가치 있는 사상과 대중에게 불필요한 문서들, 정치적 위협을 주는 글을 판단했다.

존 밀턴John Milton은 '진리의 탐색'search for the Truth을 위해 출판허가제를 없애야 한다고 주장했다. 그의 아내는 결혼 후 친정으로 가서 돌아오지 않았지만 교회는 이혼을 금지했다. 그는 불행한 부부가 행복을 추구하기 위해서 이혼할 수 있는 권리를 주장하는 『이혼론』을 집필했지만 규제 때문에 재판 reprint이 금지되었다. 당시 왕당파는 의회파의 세력을 억누르기 위해 출판허가제를 이용하고 있었다. 의회파였던 밀턴은 1644년 「아레오파지티카Areo-pagitica」(1644)라는 팸플릿을 만들었다.

> 모든 원리들이 지상에 풀려나 있고, 진리도 작동하고 있지만, 우리는 '허가'와 '금지'를 통해서 진리의 위력을 불신하며 해를 끼치고 있다. 진실과 거짓 (falsehood)이 씨름하도록 하자. 자유로운 공개 대결에서 진리가 허위를 패배시킬지 누가 알겠는가?

이 팸플릿의 부제목은 '잉글랜드 의회에 보내는 허가가 불필요한 출판 자유를 위한 존 밀턴 연설'이었다. 그의 주장은 정부 규제를 거부하는 자유지상주의자의 입장이었다. 그의 주장은 자기조정 원리self-righting principle로 불리게 되었는데 미디어 자유를 존중하는 '사회적 책임 이론'에 기초를 제공했다. 그러나 모든 표현의 절대적 자유나 민주주의를 위한 여론 형성을 강조하지는 않았다.

밀턴은 '진리'를 찾으려면 그 전제로서 출판허가제 폐지가 필요하다고 보았다. 그 진리가 유권자의 의사를 반영한 민주적 선거를 의미한 것은 아니었다.[63] 올리버 크롬웰Oliver Cromwell이 청교도 혁명으로 정권을 잡고 왕당파를 몰락시키자 밀턴은 신문 《정치 통신Mercurius Politicus》에서 검열관으로 일했다. 이 신문은 크롬웰 공화정 정부의 기관지 역할을 했다. 크롬웰이 승리를 거둔 것은 그가 진리를 찾았기 때문이라고 믿고 기꺼이 검열관이 되었다.[64]

크롬웰이 사라지자 왕정복고로 1660년 왕위에 오른 찰스 2세는 자신에 대한 나쁜 소문을 막으려고 언론 검열을 실시했다. 그러자 사람들은 런던에 생겨난 커피하우스로 몰려갔다. 커피하우스에서 사람들은 입소문으로 뉴스를 얻었다. 누군가 문으로 들어서면 "아는 뉴스 없어요?"라고 던지는 말이 관행처럼 자리 잡았다.[65] 1페니만 내면 터키에서 수입된 커피를 마시면서 정보도 얻을 수 있었다. 1689년에 발표된 '관용법The Tolerance Act'으로 인하여 드디어 출판물의 사전검열 제도가 폐지되었다.


### 사상의 자유시장

표현의 자유에 철학적 근간이 되는 '사상의 자유시장marketplace of ideas'은 그 뿌리를 존 스튜어트 밀John Stuart Mill의 정치사상에 두고 있다. 밀은 영국의 공리주의 철학자로서 다수가 소수를 억압한다면 개인의 자유가 침해될 수 있다고 보았다. 이런 '다수의 횡포'는 일상생활에 파고들어 인간의 정신을 노예화할 수 있으므로 정치적 폭정보다 나쁘다고 보았다.[66] 『자유론On Liberty』에서 밀은 개인의 자유와 국가 권력의 경계선을 밝혔다.

밀이 강조한 '위해원칙harm principle'에 따르면 타인에게 해를 끼치는 것을 막기 위한 목적에서만 강제력 사용이 허용되고 이를 제외하고 자유를 침해하는 어떤 권력 행사도 정당화될 수 없다. 예컨대 굶주림에 시달려 분노한 군중에게 "여러분의 굶주림은 곡물 도매상 같은 자들의 착취 때문"이라고 말하는 것은 해악을 유도하므로 허용될 수 없다. 사상과 토론의 자유는 진리의 발견을 위해 필요하므로 다수 세력이 형벌이나 여론을 이유로 억압하는 것은 잘못이다.

"모두가 동일한 의견을 가지고 있는 상황에서 단 한 사람만 다른 의견이어도, 다수가 그에게 침묵을 강요할 권리는 없다"라는 밀의 주장은 '사상의 자유시장'에 핵심 아이디어를 제공했다. 그 핵심은 다른 의견을 가진 개인들이 사회에서 공존할 수 있고, 다수가 의견이 다른 개인들을 침묵하게 만들지 못하도록 안전장치를 부여하는 것이었다.[67] 밀은 정통성이 없거나 틀린 것으로 보이는 의견이라도 나중에는 널리 받아들여지거나 사실로 판명될 수 있으므로 "제한 없는 토론이 진실을 발견하는 데 도움을 준다"라고 믿었다.

그렇다면 밀은 허위사실이나 거짓의 의도적 유포까지도 사상의 자유시장의 일부로 보았던 것일까? 그는 다양한 사상idea이나 의견들opinion의 교환과 토론을 중요시했으므로 그 전제를 망가뜨리는 사실의 날조fabrication까지 보장하려던 것은 아니었다. 예컨대 화재가 발생했을 때 다른 인종이 고의적으로 방화를 저지른 것이라고 속이던가, 증오심을 부추기는 조작된 피해자들의 사진을 퍼뜨려 군중에게 집단적 폭력을 유도하는 행위는 해악적이다. 거짓 발언이 이처럼 사회적 해악을 야기한다면 국가의 강제력은 예외적으로 개입할 수 있었다. 밀은 군중을 선동하여 폭정으로 이끌 수 있는 무제한의 자유를 지지하지는 않았다.

그로부터 60여 년이 지난 이후 미국 연방대법원의 올리버 웬델 홈스Oliver W. Holmes 대법관은 에이브럼스 대 미국 정부Abrams v. United States 판결에서 '시장 경쟁 속에서 자유로운 의견의 교환'이 이루어지는 메커니즘을 옹호했다. 시장에 진입한 사상들은 그에 내재된 장점, 호소력, 공감력이 있어야 대중들에게 수용되고 살아남을 수 있으므로 굳이 정부가 검열이나 통제 등 강제력까지 동원하여 논쟁 과정을 봉쇄할 필요는 없다는 것이다.

> 투쟁적 신념들도 시간이 흐름에 따라서 사라진다는 점을 사람들이 깨닫게 되면, 그들이 바라던 궁극적 선은 자기 행동의 준거가 되는 신념보다는 사상의 자유교환free trade in ideas에 의해서 더 잘 달성될 수 있음을 굳게 믿게 될 것이다. 진리를 시험할 수 있는 최고의 시금석은 '사상의 힘power of thoughts'이 시장에서의 경쟁competition of the market을 거쳐 수용되도록 하는 것이다.[68]

미국 연방대법원이 현재까지도 유지하고 있는 '사상의 자유시장'이란, 민주사회에서 가장 적절한 사상이 무엇인가를 결정하기 위한 유일한 방법은 사상들이 논박하고 싸우도록 두어야 한다는 것이다. 사상의 다양성을 보장하려면 어떤 표현이 급박한 위험을 초래하지 않는 한 제한해서는 안 된다. 다시 말해 표현의 자유는 개인의 자율성, 진리의 탐색, 자기 지배, 민주주의를 위한 권력 남용 견제에 필요하므로 막연한 위험만을 이유로 규제하지는 못한다.[69]

사상의 자유시장 이론은 다양한 사상의 자유 경쟁과 투명한 공개적 담론을 거쳐 진실이 얻어진다는 전제에서 토론의 개방성과 다양한 의견들이 오가는 이상적 공간을 상정했다. 무엇보다도 정부의 규제 조치로 인한 '과소 발언, 과소한 사상의 교환'을 우려했다. 그러나 오늘날 대부분의 민주국가들에서 웹을 통한 정보 전달, 소셜미디어의 사용이 보편화되었다.

가명이나 익명을 사용하는 수많은 개인들, 홍보 회사, 정부기관, 또는 여론 조작자들이 적은 비용으로도 날조된 사실을 담은 뉴스나 허위정보를 널리 퍼뜨려 대중의 인식을 조종할 수 있게 되자, 진실이 충돌과 공정한 경쟁을 거쳐 최후에 승리를 거둔다는 전제는 위태롭게 되었다. 요컨대 사상의 자유시장은 거짓을 증폭하여 다수에게 전달할 수 있게 되면서 시장실패market failure로 귀결될 위험이 커졌다.

허위적 언사와 거짓을 동원한 선동이 대중의 관심을 잡아채고 여론을 형성하는 세계에서는 진실이 별다른 힘을 가지지 못하고 책임성과 신뢰가 사라져 버린다. 탈진실post-truth 또는 탈사실post-facts 사회의 혼란은 허위정보의 범람으로 인하여 사상의 자유시장이 가진 본래의 기능이 마비되고 있다는 증거라고 할 수 있다.[70]

# 8장
# 과학적 위해성의 진실

언론이 논쟁적인 주제에 관한 과학적 연구에 근거하여 그 과학적 연구의 한계나
아직 진위가 밝혀지지 아니한 상태라는 점에 관한 언급 없이 그 과학적 연구에서
주장된 바를 과학적 사실로서 단정적으로 보도하였다면 그 과학적 사실에 관한
언론보도는 진실하지 아니한 것이다.

_대법원 2011.9.2., 선고, 2009다52649, 전원합의체

## 과학적 불확실성과 뉴스

어쩌면 허위정보의 유포로 인해 가장 큰 피해를 입는 영역은 유권자의 의사 왜곡이나 민주주의가 아닌 과학 분야일지도 모른다. 광우병의 인체 전염, 백신 접종의 부작용, 전자파 위해성, GMO 식품의 잠재적 위해성을 다룬 뉴스들은 '과학적 위험'에 초점을 둔다. 그러나 조금만 더 검색해 보면 과학적 불확실성을 둘러싸고 대립하는 다른 관점의 뉴스도 발견된다. 어떤 뉴스는 단정적 어조를 구사하고, 특정한 조건에서 얻어진 실험 결과를 일반적 사실로 포장하는 경우는 드물지 않다.[1] 예컨대 일부 언론은 기후변화의 실체를 무시하고 낙태 시술의 트라우마를 강조한다. 반면 진지한 과학자들은 절대적 과학적 사실의 선언이 아니라, 불확실성을 좁혀가는 접근이 연구의 기본임을 잘 알고 있다.

인체에 미치는 영향을 과장한 뉴스, 기계적 일반화의 오류, 과학적 방법론의 무시는 어디에서 오는 것일까? 복잡한 전문용어로 가득한 연구논문과 독자들이 읽는 간략한 과학 뉴스 사이에는 심연의 골짜기 놓여 있다. 특히 단정적 논조로 위해성을 알리는 뉴스는 대중의 공포심을 자극하는 원인이 된다.

과학의 정치화, 줄어드는 과학 전문 기자, 많은 시간과 돈이 소요되는 과학적 사실의 발견은 부정확한 과학 정보가 생산되는 요인이다. 미세먼지, 전자파, GMO 식품 등 과학적 불확실성이 주는 혼란은 생활의 가까이에 있다.

인체 위해성과 관련한 과학적 진실이 그리 명쾌하지 않다는 점은 언뜻 보기에는 납득이 가지 않는다. 과학적 사실의 증명은 특정한 조건하에서 이루어지지만 그에 대한 반증도 가능하다. 칼 포퍼Karl Popper는 과학적 지식은 절대 불변의 진리가 아니고 반증 가능성falsifiability이 열려 있다고 말했다. 반증을 통해 기존의 지식에서 오류를 제거하면 지식은 더 명확해진다.[2]

어떤 해로운 물질이나 위해 요소가 인체에 미치는 과학적 영향은 완전히 밝혀지지 않은 경우가 많다. 특히 식품 위해성이 충분히 증명되지 아니한 가설이나 연구 결과에 의존하는 경우가 많은 것이 현실이다. 객관적으로 증명된 과학적 위험과 독자들의 주관적 위험 평가 사이에는 상당한 불일치가 존재하는데도 위해성을 축소하거나 부풀리는 부정확한 뉴스들은 혼란을 부채질한다.

뉴스 보도가 과학적 위해성에 대해 '논란 중'이라는 중립적 관점을 유지하지 않고, 심각한 위해성을 단정하거나 부풀린다면 대중의 패닉에 빠뜨릴 수 있다. 대중의 위험 인식은 그 통계적 발생 가능성에 의해서 평가되지 않고 위험을 꺼리는 심리, 주변 인물의 과민반응, 막연한 두려움에 더 큰 영향을 받는다.[3]

인체 손상의 가능성 등 계량적 데이터가 아닌 감정적인 판단, 주변인의 평가 등에 의존하여 위험을 주관적으로 평가하는 경향이 뚜렷하다.[4] 평범한 사람들은 과학 정보에 대한 문해력이 그리 높지 않기 때문에 뉴스를 걸러 듣지 않고 그대로 받아들일 수 있다. 과학적 위험을 알리는 뉴스는 일반적 위험general risk을 개인화된 위험personalized risk으로 전환시키는 역할을 한다.[5] 그것이 실제로 '나에게도' 영향을 미칠 수 있다는 인식을 심어주는 것이다. 위험을 부풀린 뉴스에 위험 평가가 증폭된다면 혼란이 발생할 수 있다.

그러나 과학적 불확실성scientific uncertainty이 있다는 이유로 언론이 무조건 침묵할 필요는 없다. 피해가 현실화되지 않았어도 개연성이 크다면 위험의 실체를 알려서 경각심을 유도할 수 있다. 사전예방 원칙precautionary principle은 위험의 파급효과가 되돌리지 못할 정도로 크다면 과학적 증거가 부족하더라도 위험을 미리 경고하고 회피해야 한다는 정책 옵션이다.

예컨대 액상 전자담배는 일반 담배보다 더 안전한 대체품이고, 흡연 시 유해물질이 적고 냄새가 없다는 장점을 내세워 시장을 넓혀 나갔다. 액상 전자담배 '줄JUUL'을 개발한 창업자들은 혁신가로 찬사를 받으며 신문에 인터뷰까지 실렸다.[6] 인터뷰는 줄의 성공만 부각했지 정작 건강 위해성은 전혀 언급되지 않았다. 곧 액상 전자담배를 피운 중증 폐질환 환자들이 미국에서 1,000여 명이 넘게 발생했고 사망자도 33명으로 늘어났다.[7] 줄의 CEO는 사임했고 소송을 당했으며 모든 광고는 중단되었다. 미국 질병통제예방센터CDC에 따르면 폐질환 사례들은 액상 니코틴을 기체 형태로 흡입하는 베이핑vaping 때문에 생겨났다.[8]

캘리포니아주는 미국 식품의약처FDA가 전자담배가 건강에 미치는 영향을 명확하게 밝혀내기 전까지 전자담배의 제조, 판매, 유통을 모두 금지한다고 밝혔다. 그러나 우리 정부는 액상형 전자담배 사용 자제를 권고만 했고 판매 금지 조치를 내리지는 않았다.[9]

과학적 위험성이 크다면 언론은 탐사보도를 통해 정책 입안자에게 사전예방 원칙을 실행하라고 요구할 수 있다. 유럽연합 이사회는 공중보건의 차원에서 사전예방 접근을 정책 수단으로 권고했다.[10] 그렇지만 위험의 가능성을 '과학적 사실'로서 단정하고, 부풀려서 뉴스를 내보내면 가짜뉴스가 되어버린다. 이때 요청되는 것은 논란의 핵심을 정확히 잡아내고 막연한 공포의 거품을 벗겨낼 수 있는 과학 전문 기자들의 활약일 것이다.

과학적 사실을 얻으려면 충분한 임상시험 등 투자가 필요하고 시간이 걸리기 마련이지만, 일부 언론은 과학적 이슈가 부상하면 성급하고 단정적으로 위해성에 대한 결론을 내리거나 괴담으로 치부하는 오류를 범하고는 한다. 반대로 가습기 살균제 사례처럼 위해 가능성을 지적하지 못하는 경우도 생겨난다.

우리나라뿐 아니라 외국 주요 신문사와 미디어 산업도 의학과 과학 분야의 전문 저널리스트를 많이 고용하지 못하는 실정이다. 전문 저널리스트의 수가 감소하면 복잡한 과학적 문제를 정확히 설명하기 어려워지고 부정확한 평가와 가짜뉴스의 가능성이 늘어나게 된다.[11] 언론사들이 고용하는 과학 전문 기자의 수는 전반적으로 감소하는 추세이지만 현대사회의 과학적 위험은 더 복잡하며 고도화되고 있으므로 그 간극은 쉽게 좁혀지지 않을 전망이다.

### 과학의 정치화

'과학의 정치화politicization of science'는 정치적 이유 또는 이데올로기적 이유로 인하여 과학적 과정이나 과학적 결론이 부당하게 손상되거나 변경되는 현상이다.[12] 크리스 무니Chris Mooney는 "정치적 이유나 이념적 이유로 과학적 과정이나 결론을 손상·변경하는 행위, 또는 정치권이 과학적 연구에 부적절하게 개입하는 행위"라고 말했다. 과학의 정치화는 한마디로 과학에 대한 공격이며, 과학적 사실을 발견하기 어렵게 만든다.[13] 과학적 사실은 언론의 부정확한 위해성 보도, 정치적 발언, 지지율을 의식한 정책에 따라서 이리저리 춤을 추었다.

과학자들은 이제 뉴턴의 시대처럼 혼자 연구하지 않는다. 수십여 명의 연구원들이 필요하므로 기업들의 자금 지원이나 정부의 연구 자금에 크게 의존하게 된다. 이런 구조에서는 돈줄을 쥔 정치권의 요구, 정부 정책의 변동, 후원기업의 이해관계가 작용하므로 과학의 정치화가 발생하게 된다.[14] 예컨대 연구 우선순위를 결정하거나 결론을 내릴 때 정치적 신념이나 이데올로기적 요소가 개입되면 과학 연구를 손상하거나 변경하는 결과로 이어진다.

정치적 믿음이 과학적 진실에 우선하는 일은 실제로 일어난다. 예컨대 미국에서는 정권이 바뀌자 기후변화 대응 정책도 극명하게 변화했다. 석유·석탄 산업계의 이해관계를 두둔하는 트럼프는 파리기후협약Paris Agreement에서 탈퇴하겠다고 공식적으로 발표했다. 뉴스코프, 폭스뉴스 등 보수 미디어는 기후변화의 위협을 부인하는 뉴스를 줄기차게 생산했다. 온실가스 감축을 꺼리는 산업계, 지지층의 이해관계를 의식한 정치인, 보수 우파 미디어는 과학적 사실을 부인하는 눈부신 팀플레이를 펼쳤다. 조지 부시 대통령은 정치적 지지층을 이루는 기독교 근본주의자들의 낙태 금지 주장을 뒷받침하고자 낙태가 정신병이나 유방암을 유발한다는 연구를 후원했다.[15] 그러나 낙태가 정신건강에 미치는 영향AMH을 둘러싼 논란은 긍정론·회의론이 평행선을 그리고 있다.

유동적으로 변하기 마련인 정치적 입장과 불확실성이 상존하는 과학적 진실 간에 빈틈을 메꾸는 것은 조작된 데이터다. 그 전형적 방식은 어떤 결론을 미리 정해두고 의도적으로 과학적 발견의 일부분만을 강조하거나 실험 데이터를 정책 방향에 맞추어 왜곡하는 것이다. 학자가 권위를 남용하여 객관적으로 조사되고 판단되어야 할 과학적 사실을 특정 결론에 맞추어진 시나리오에 손을 들어준다면 혼란이 커지게 된다. 이미 합의된 과학적 사실scientific consensus을 의도적으로 훼손하려는 이익 집단은 미디어를 적극 이용한다.[16]

거대 광고주가 언론사에 미치는 강력한 입김도 과학적 위해성에 대한 진실 보도를 가로막는 요인이 된다. 일본의 경우 경기 침체로 광고 수입이 급감했다. 그러자 지역 신문사, 방송국은 우량 광고주의 심기를 건드려서 광고 수입이 사라질까 봐 두려워했다.[17] 이런 언론의 약점을 광고주에게 귀띔해준 것은 다름 아닌 광고 대행사들이었다. 도쿄전력東京電力의 광고 발주는 언론사에게 원자력 발전을 장밋빛 미래로 그려 달라고 부탁하는 뇌물이자, 부정적 뉴스는 자제하라는 협박으로 기능했다. 이렇게 확립된 광고 비즈니스의 구조는 고착화되었고, 신문에 의한 '원전 프로파간다'의 확장을 가능하게 만들었다.[18]

원전을 운영하는 일본 전력회사들의 발표는 고스란히 지역 신문에 우호적인 기사로 실렸다. 일본 자원에너지청·문부과학성 등 관료 조직, 원전 제조업체, 광고 대행사, 도쿄전력, 원자력 연구기관, 무비판적 언론이 합작한 '원전 프로파간다'는 원자력이 안전하다는 신화를 지속적으로 대중에게 주입했다. 2011년 후쿠시마 원전이 녹아내리는 사고가 일어나기까지 70년 동안이나 안전성의 신화는 지속되었다.

국내 언론이 외신을 인용하는 과정에서 내용이 왜곡되기도 한다. 독일의 시사 주간지 《슈피겔》은 재생 가능한 미래를 위한 정책비판 기사를 실었다.[19] 그러자 국내 언론은 '탈원전 정책의 실패'를 독일 저명지가 비판했다고 보도했다.[20] "200조 원 쓴 탈원전, 값비싼 실패 독일의 후회", "독일의 탈원전 반면교사" 같은 기사가 등장했다.[21] 정부의 탈원전 정책을 비판하기 위해 외신 보도를 짜 맞추고 윤색했지만 원문의 맥락은 달랐다. 재생에너지 전환과정이 순조롭지 않다는 평가와 미래를 향한 제언이 담겼고 "에너지 전환Energie-wende은 여전히 성공할 수 있는 방법"이라고 지지했다. 원전을 부활시키자는 제안은 없었다.

뉴스 원문을 임의적으로 택하여 재구성하자 "독일도 실패한 탈원전을 한국 정부가 고집해서는 안 된다"라는 메시지가 탄생했다. 그것은 중립적 뉴스가 아니라 친원전 호소문이었다. 진실은 무엇이었을까? 그것은 OECD 35개 국가들 중 25개국에는 원전이 없거나 원전 감축을 추진 중이고, 독일도 그 추세를 따르고 있다는 것이다.[22]

### 가짜과학의 이해관계

과학사학자 나오미 오레스케스Naomi Oreskes에 따르면 거대 기업의 상업적 이해관계에 맞는 연구를 수행하는 과학자들의 목소리는 진실을 감추는 데 기여한다.[23] 가짜 과학의 범위는 흡연, 가습기 살균제의 위해성, 백신 부작용,

기후변화, 에이즈 음모론까지 광범위하다. 예컨대 기업의 재정적 후원을 받는 나쁜 과학자들은 지구온난화에 대한 과학계의 지배적 합의에 의문을 제기하고, 반박 의견을 언론에 흘려 여전히 논쟁 중 사안으로 보이게 만든다. 어떤 위해성이 연구를 통해 증명되더라도 실험 수행 방법의 허점을 공격하고, 정반대되는 데이터나 사례를 제시하며 그 연구의 신뢰성을 깎아내린다.

그런데 '나쁜 과학자들'은 왜 대중에게 의심을 심어주는 것일까? 일부 과학자들이 산업계에 우호적 평가를 하는 동기는 돈뿐이 아니며, 그들은 강한 유대감을 유지하고 정치적으로는 보수 성향이다. 자유지상주의자libertarian로서 시장에 대한 정부 규제에 반대하고 환경보호 단체를 적으로 간주한다. 이들은 시장 효율성을 중시하는 프리드리히 하이에크Friedrich Hayek의 신념을 기초로 절대적 개인주의가 실현될 수 있는 '최소한의 정부'만을 지향한다. 그렇기에 위험이 확실히 입증되지 않았다면 불확실한 우려만 가지고 규제 정책을 도입하는 접근에는 결단코 반대했던 것이다.

나쁜 과학자들은 과학적 사실에 기반한 정부의 규제 정책에 의문을 던지며 기업들의 이해관계를 더 보호한다. 이미 검증된 과학적 사실을 비틀거나 왜곡하는 방식으로 의심을 던지고 시비를 건다. 과학적 확증이 부족하다고 지적하고, 실험 과정에서 문제가 있었다거나 인과관계가 결여되었다고 주장한다. 이처럼 과학자들이 반론을 공식적으로 제기하면 긴급하게 대처가 필요한 사안은 논쟁에 휘말리게 된다. 그렇다면 추가적 조사가 필요한 사안이 되고 과학 정책의 집행은 뒤로 밀리게 된다.

담배업계는 미디어를 통한 여론전의 효용성을 일찍 알아차렸고 과학적 증거가 나왔음에도 인체 유해성을 부인하는 태도로 일관했다. 담배를 피워 무는 미남 카우보이 말보로맨Marlboro Man 광고, 영화, 드라마에서 담배를 피우는 모습은 소비 충동을 조장하고, 위해성을 숨기는 도구가 되었다.[24] 말보로맨들이 줄줄이 폐암으로 사망했다는 소식은 나중에야 나왔다. 최근 담배회사, 주류업자는 소셜미디어 마케팅으로 방향을 틀었다. 담배 브랜드 사진을 올리고, 홍보용 해시 태그를 넣는 대가로 많은 팔로워를 보유한 스타들에게 돈을 지불한다. 이 마케팅은 흡연 사망률이 높은 중간 소득 국가와 저소득 국가에 집중되고 있다.[25] 주류업계는 주류 광고 제한 정책을 피해 유튜브로 옮겨 갔다.

과학사학자 전치형은 과학적 진실을 밝히는 데는 시간이 걸릴 뿐 아니라 비용도 많이 든다고 말했다.[26] 과학 분야의 뉴스는 다른 분야의 뉴스에 비해 팩트체크에 비용이 많이 소요된다. 제대로 된 과학적 진실을 얻으려면 정확한 절차를 거쳐서 얻어진 데이터와 충분한 분석 시간이 필요하기 마련이다. 어떤 결론이 나와도 다시 검증을 거쳐야 하고, 해당 분야 전문가들에게 인정을 받아야 한다. 데이터가 조작되지는 않았는지 우연이나 예기치 못한 변수에 의해 얻어진 것인지도 확인해야 한다.[27]

### 가습기 살균제의 위해성

2002년 언론은 가습기 살균제가 "영국에서 저독성을 인정받은 항균제를 사용하여 인체에 무해하다"라고 보도했다.[28] 업체가 제공한 보도자료를 그대로 인용했을 가능성이 컸다. 그 보도는 허위정보를 전달한 셈이었다. 제품의 겉면 광고 문구에는 인체 유해 가능성에 대한 경고는 없었고 '삼림욕', '아로마테라피 효과' 같은 표현이 있었다. 물에 첨가하면 질병을 일으키는 세균을 완전히 살균해주는 제품이라는 신문 광고도 나왔다. 그러나 그로 인한 피해는 참혹했다. 가습기 살균제가 급성 폐질환을 일으켰다는 뉴스는 2011년 9월부터 쏟아졌다.

가습기 살균제로 인한 피해자들이 급증하고 있는 순간에도 인체 위해성과 인과관계가 충분하지 않다는 이유로 공식 발표가 늦어졌다. 관료주의적 절차는 느리고 길었다. 법률에 따르면 제품 '수거명령'은 안전성 조사를 실시하여 위해성이 확인된 경우에만 가능했다.[29] 현재의 제도는 피해자가 발생하더라도 확신할 수 있는 데이터가 없다면, 정부가 수거명령을 내릴 수 없다. 생활화학물질이 초래하는 위해성에는 사전예방 원칙precautionary principle이 작동하지 않았다. 인체 독성을 섣불리 공식화하면 업체에 손해를 줄 수 있었다.

위해성 판단 과정에는 시간이 소요되었다. 보건복지부는 2011년에 동물흡입실험 결과 가습기 살균제에 사용된 성분 중에 PHMG와 PGH만이 폐 섬유화를 일으켰고 메칠클로로이소치아졸리논CMIT, 메칠이소치아졸MIT 성분은 위해성이 확증되지 않았다고 발표했다. 제품안전기본법에 따라서 수거하라고 명령을 내렸으나 CMIT·MIT 성분이 들어간 제품은 수거명령의 대상이 아니었다.[30]

환경부는 CMIT·MIT 성분을 폐손상을 초래하는 물질의 목록에서 빼버렸고 검찰도 기소하지 않았다. 2016년 공정위는 CMIT·MIT의 인체 독성이 규명된 바 없으므로 업체에게 기만적 광고의 책임을 물을 수 없다고 결론지었다. 동물흡입 실험의 결과는 규범적 판단에 영향을 미쳤다.

그러나 4년 후에 환경부가 CMIT·MIT의 유해성을 알고도 묵인했다는 보도가 나왔다.[31] 언론은 미국 다우케미칼의 상품안전평가서에 담긴 내용을 물고 늘어졌다.[32] CMIT·MIT를 흡입하면 기관지에 염증을 일으키고 양이 많다면 사망에 이를 수 있었다. 국내 업체는 기준치를 네 배 넘는 수준으로 사용하고 있었다.

2016년 검찰이 CMIT·MIT 성분을 사용한 업체들을 수사하기 시작하자 환경부는 불안감 해소 차원에서 CMIT·MIT를 사용한 생활화학제품을 전면조사하겠다고 나섰다. 2년 후에 발표된 추가적 동물실험 결과에서 CMIT·MIT의 위해성을 보여주는 증거는 나오지 않았다. KBS가 이를 보도하자 환경부는 동물실험에서 확인되지 않았어도 사람에게는 위험할 수 있다는 논리를 폈다.[33]

환경부 폐질환조사판정위원회가 CMIT·MIT 성분이 인체에 미치는 위해성을 인정하기로 하자 모든 게 달라졌다.[34]

CMIT·MIT의 진실은 질병관리본부, 환경부, 공정위, 검찰 수사, 언론 보도 사이를 탁구공처럼 왔다 갔다 했다. 과학적 불확실성으로 인해 혼란스러워진 행정기관은 세간의 관심이 쏠린 위험물질에 대한 판단을 번복했다. 공정위는 조사를 재개하여 CMIT·MIT 성분의 위해성을 소비자들에게 알리지 않은 잘못이 업체들에게 있다고 결정하고 검찰에 고발했다.[35]

스프레이형 제품과 방향제에 CMIT·MIT 성분 사용을 금지하는 환경부 고시는 2017년에야 시행되었다. "CMIT·MIT를 사용한 가습기 살균제가 호흡기로 유입되면 유해"하다는 뉴스는 2019년에야 등장했다.[36] 언론은 CMIT·MIT의 유독성에 대한 해외 사례를 찾아서 감추어진 진실 찾기를 도왔다.[37]

화학물질의 위험성을 외면하고 밀폐된 실내에서 작동되는 분무기에 첨가하면 살균이 된다는 제품 마케팅은 엄청난 참극을 불러왔다. 그러나 유해물질로 인한 질병은 잘 알려지지 않은 경우가 대부분이므로 적당한 과학적 증거를 발견하는 데에는 한계가 있었다.[38] 과학적 사실의 불확정성은 정의를 추구하려는 법적 판단과 격렬하게 충돌했다. 과학적 사고와 법적 사고는 사실인정fact-finding 방식에서 가장 두드러진다. 과학은 올바른 사실을 얻는 데 관심이 있으며 관찰과 데이터에 기초하여 결론을 내린다. 그러나 법원은 시간의 제약이 있는 상태에서 증거나 증언에 기초하여 판단을 한다. 형사재판에서 과실과 피해의 인과관계는 '합리적 의심'을 할 여지가 없을 정도로 요구된다.[39]

PHMG 성분의 가습기 살균제의 경우, 제조업자는 안전성 확보를 위한 충분한 검증을 하지 않았다는 이유로 유죄 판결을 받았다. PHMG 흡입독성반응과 폐질환 발생 간의 인과관계가 인정되었다. 그러나 CMIT·MIT 성분을 사용한 제품의 판매업자들은 CMIT·MIT 성분과 폐질환 사이의 인과관계는 확

인되지 않았다는 입장만 반복했다.[40]

## 과학뉴스의 문해력

과학지식scientific knowledge은 쉽게 이해하기 어려운 복잡한 정보다. 수년 동안 실험을 통해 얻어진 데이터를 분석한 연구 결과가 온라인 고급 저널에 공개되어도 일반인은 그 내용을 이해하기는 어렵다. 대다수는 과학기술의 정보와 지식을 얻을 때 신문이나 방송에서 나오는 뉴스에 크게 의존한다. 대중이 접하는 과학 뉴스는, 새로운 발견은 무엇인지, 경계해야 할 위해성은 무엇인지를 납득 가능한 쉬운 언어로 설명해주는 거의 유일한 통로가 된다.

기자들은 과학 지식을 쉬운 언어로 풀어서 전달하는 역할을 맡는다. 이 과정에서 언론은 저명한 과학자, 연구원, 박사급 전문가 등 정보원을 찾아 자문하거나 인터뷰를 한다.[41] 그 분야를 오래 연구한 사람일수록 단정적인 발언은 자제하는 경향이 있다. 그 이유는 어떤 과학적 발견이 일정한 전제조건하에서 얻어진 결론이라는 점을 강조하여 과도한 일반화를 경계하기 때문이다.

과학사회학자 도로시 넬킨Dorothy Nelkin에 따르면 과학의 복잡성이 증가하자 기자들은 과학을 심오하고 신비스러운 영역으로 인식했다. 과학 연구를 다룬 뉴스들은 연구의 내생적 한계와 불확실성을 지적하는 대신에 한계로 여겨졌던 사회 문제를 과학이 단번에 해결해줄 것이라고 낙관하려는 경향을 보였다.[42] 게다가 어떤 언론사는 전문가에 의존하지 않고 고도로 어려운 논문을 직접 다루거나, 주관적 해석을 붙여 넣거나, 정치적 요소를 반영한 기사를 작성한다. 과학적 위해성을 과장하여 클릭을 유도하거나, 잠재적 광고주나 산업계에 미치는 영향을 고려하여 위해성을 대폭 축소하기도 한다. 이 과정을 거치면서 과학적 연구는 부정확한 뉴스로 재탄생하거나, 본래 의미가 왜곡되는 수순을 밟게 된다. 과학 뉴스에서 극단적 생략, 터무니없는 단순화, 맥락의 변형, 부정확한 비유는 흔하다. 이런 현상은 취재 기자가 내용을 잘못 이해하거나 뉴스 꼭지에 할애된 시간이나 신문 지면이 한정된 탓일 수도 있다.

저널리즘은 사회적·윤리적 책임과 긴밀한 연관이 있고 그것은 과학 분야에서도 마찬가지다. 미디어가 잘못된 과학적 데이터나 사실을 전달하여 대중을 오도한다는 우려에 대해 과학 커뮤니케이션 전문가 바버라 가스텔Barbara Gastel은 "대부분의 매스미디어는 과학 연구를 꽤 정확하게 전달하지만 명성 있는 언론사들도 때로는 실수를 저지른다"라고 평가했다. 가스텔에 따르면 현재 과학 저널리즘이 가짜뉴스에 취약한 이유는 신문사들의 매출이 줄어들면서 과학 전문 기자가 급격히 줄어들고 있기 때문이다. 그 결과 과학 기사를 쓸 만한 능력이 부족한 기자들이 이해하기 어려운 정보를 다루게 된다. 또한 미디어의 파편화로 인하여 헤아릴 수 없이 많은 채널과 정보의 유통 경로가 생겨났다. 따라서 독자들은 과학적 지식을 잘못 제시하는 미디어에 노출될 가능성도 덩달아 높아졌다. 과학 저널리즘의 역할을 유용한 객관적 정보를 전달하는 것으로 생각하지 않고 흥미 돋우기용으로 여기는 언론사도 있다.[43] 복잡하고 엄밀한 연구를 지극히 간단하게 요약하고, 시선을 끌기 위해 선정적 제목으로 포장한 다음에 위해성이나 유용성을 부풀리는 것이다.

### 암을 치료한 구충제

NPR 사이언스의 진행자 조 팔카Joe Palca는 주류 미디어가 의도적으로 부정확하거나 잘못된 정보를 포함시키려 하지는 않기 때문에, 과학 분야에서 의도하지 않은 가짜뉴스를 줄이려면 과학자들이 뉴스로 인해 불거진 논쟁에 적극 뛰어들 필요가 있다고 해결책을 제시했다. 그러나 백신이나 GMO 식품의 위해성을 다룬 뉴스를 믿고 따르려는 사람들이 많지만, 과학적 정확성을 밝히기 위해서 열정을 보이는 전문가들은 그다지 많지 않다. 그는 소셜미디어를 통해 과학 뉴스가 전파되는 비중이 커지자 정보의 부정확성이 증가했으며 이 현상은 가짜뉴스의 증가에도 영향을 미쳤다고 지적했다.[44]

한국어 유튜브 채널 '월드빌리지 매거진 TV'에 동물용 구충제를 복용하고 폐암이 완치된 이야기가 올라왔다. 펜벤다졸fenbendazole이 말기암 완치에 효과가 있다는 동영상이 퍼지자 국내에서는 동물용 구충제의 판매가 크게 늘었다.[45] 조 티펜Joe Tippens은 말기소세포 폐암4기 환자였으나 펜벤다졸 덕분에 3개월 만에 완치되었다고 주장했다. 유튜브 채널에서 조 티펜 이야기를 소개한 제작자는 영국 《데일리메일》 보도를 인용했다.[46] 《데일리메일》은 오클라호마시 TV 방송 'KOCO NEWS 5'의 인터뷰 영상을 보고 기사를 썼다.[47] 생존율이 1퍼센트에 불과했던 티펜은 수의사의 조언을 믿고 동물용 구충제를 복용했다. 그는 자기 경험이 공유될 필요가 있다고 믿었다. 이 이야기는 완전한 거짓은 아니었다.

뉴스의 파편은 미국 지역 방송에서 영국의 신문으로, 다시 한국어 유튜브로 흘러들었다. 생존율이 1퍼센트에 불과했던 암 환자가 수의사의 조언을 믿고 동물용 구충제를 복용했다는 점은 분명했다. 그러나 유명한 엠디 앤더슨 암센터에서 방사선 치료를 받고, 면역 항암제를 투여받았다는 사실은 소개되지 않았다. 그가 펜벤다졸로 치료한 것은 폐에 있던 암 세포가 아니라 온몸으로 퍼졌던 암세포였다.[48] 그러나 국내에서 펜벤다졸은 폐암 치료제로 소개되고 드라마틱한 기적만 부각되었다. 국내 뉴스는 펜벤다졸이 품절이 되었다는 소식과 인체에 사용하면 위험하다는 이야기뿐이었다.

《사이언티픽 리포트Scientific Reports》에 실린 연구에 따르면 펜벤다졸이 암세포를 사멸시키는 효과가 증명되었지만 일반화하기는 어려웠다. 게다가 동물에게만 투약이 가능하므로 인체용으로 사용하려면 용도 변경을 위한 실험이 필요했다.[49] 펜벤다졸은 독성이 낮고 안전성이 높았지만 식약처는 인체 안전성과 유효성이 입증되지 않았다고 밝혔다.[50] 소셜미디어로 개인적 경험은 쉽게 공유되지만 다수가 공감을 표현했다고 해서 치료법의 과학적 안전성이 보장되지는 않는다. 하지만 사람들은 전문가의 판단보다는 경험을 들려주는 누군가의 이야기를 더 믿는 경향이 있다.

## 백신을 불신하는 사람들

백신에 대한 불신은 대중의 과학 지식 부족에서 비롯된 유행일까 아니면 합리적 선택일까? 백신 부작용은 실제로 빈번한데도, 의료인들은 공중보건의 달성이 더 중요하기 때문에 진실을 감추고 권위로 묵살하는 것일까? 세계보건기구WHO는 2016년 갑작스러운 홍역 증가 원인으로 백신을 불신을 하는 사람들Anti-vaxxers과 가짜뉴스를 지목했다. MMR 백신에 대한 불신이 수그러들지 않는 이유는 순전한 허위정보가 아닌 오정보 때문이다. 수십 건 정도로 통제 가능한 감염병들이, 백신에 대한 오정보가 넘쳐나게 되면서 발병자가 몇백 건, 몇천 건으로 늘어났다는 것이다.

전 세계에서 5세 미만의 아동 사망률은 지리적으로 차이가 크게 난다. 대부분의 신생아 사망은 아프리카와 동남아시아 지역 저소득국가에서 발생한다. 원인으로 조산, 출산 중 질식, 신생아 폐혈, 선천적 결함이 신생아 사망의 큰 비중을 차지했고, 뒤이어 폐렴, 설사, 말라리아, 에이즈, 홍역 순서였다. 폐렴, 로터바이러스에 의한 장염과 설사, 뇌수막염, 백일해, 홍역, 파상풍은 예방 가능하므로 백신을 접종했더라면 생명을 구할 수 있었다. 홍역, 풍진, 백일해는 우리나라 법에 따르면 필수예방접종으로서 예방접종을 끝내지 못한 영유아, 학생 등에게 예방접종을 해야 한다.[51]

국경없는의사회가 발간한 보고서 '올바른 접종The Right Shot'은 글로벌 제약업체들에게 폐렴구균 백신 가격을 5달러로 낮추라고 요구했다. 아동 1인당 백신 가격은 2001년에 비해 68배나 더 높아졌기 때문이다. 매년 100만 명의 빈곤국 아동은 비싼 가격 때문에 백신을 구할 수조차 없지만 백신의 부작용을 우려하는 부모 때문에 예방 접종을 전혀 받지 않은 아이들도 늘어나고 있다.

영국에서는 홍역·볼거리·풍진MMR 백신의 부작용에 대한 소문이 퍼지자 부모들이 예방접종을 꺼린다. 백신에 효능이 없다는 불신, 예방접종을 하면 다른 질병 걸릴 위험성이 커진다는 우려, 홍역이 심각한 질병은 아니라는 생각은 접종을 거부하는 비율을 늘렸다. 백신 반대론자들은 예방 접종은 의무가 아니라 개인 선택이라고 주장한다. 예방 접종이 감소하자 사라졌던 질병들이 돌아오고 있다.

2017년 세계보건기구는 영국을 홍역 안전지역으로 선언했지만 2018년에는 900여 건의 홍역 감염이 보고되었다. 루마니아에서 홍역 감염률이 치솟자 그 여파는 유럽 전체로 이어졌다. 영국, 그리스, 체코, 알바니아는 홍역 퇴치국의 지위를 잃었다. 홍역 환자는 2017년 2만 4,000여 명이었지만 2018년에는 거의 네 배로 치솟았다. 독일 의회는 백신 접종을 거부하는 학부모에게 벌금을 물리도록 감염병 예방법을 개정했다.[52]

수백여 건의 홍역이 브루클린에 발생하자 뉴욕시는 공공보건 비상사태를 선포하고, MMR 백신 강제접종 명령을 내렸다. 종교적 신념을 따라 백신 접종을 거부할 수 있다는 주법이 있었지만 뉴욕주 법원은 의무접종 명령을 정당하다고 판결했다. 브루클린 지역에서 백신 접종을 집단적으로 거부한 초정통파 유대교인들에게 배포된 '백신 안전 핸드북'에는 백신에 쥐·돼지 DNA와 혈청을 포함하고 있다는 가짜 정보가 담겨 있었다.[53] 그렇다면 백신 접종은 코셔 kosher 율법에 반하는 것이었다. 초정통파 랍비가 적어 넣은 이 비과학적 정보는 불신의 시스템을 고집스럽게 작동시켰고 감염의 위험을 강화시켰다.

남태평양의 섬나라 사모아에서는 전체 인구 20만 명 중 5,600명 이상이 홍역에 감염되었다. 2018년 6월 영아 두 명이 홍역 예방접종을 받고 사망하자 부모들은 백신접종을 불신하고 파파야 잎과 비타민을 치료제로 사용했기 때문이었다. 사모아 정부가 홍역 예방 접종을 9개월 동안 중단하자 접종률은 34퍼센트까지 떨어졌다. 그 결과 사망자가 크게 늘어났다. 사모아 정부는 부랴부랴 모든 공적 업무를 중지하고 공무원들을 홍역 백신 접종에 집중적으로 투입했다. 백신 거부는 경제적 이익을 노린 허위정보의 살포 때문이라기보다는 과학적 무지, 오해misconception, 잘못된 믿음myth이 겹쳐졌기 때문이었다.

### MMR 백신과 자폐증 논란

백신-자폐증 논쟁Vaccine-Autism Wars은 1998년 의학 학술지 《랜싯Lancet》에 실린 논문에서부터 시작되었다. 소화기내과 의사 앤드루 웨이크필드And-rew Wakefield는 자폐증 아동들이 공통적으로 장膓 질환을 겪는 점을 발견하고 염증성 장 질환과 자폐증의 관계를 연구했다. 그는 미국과 영국에서 MMR 예방접종 이후 자폐증이 늘어났다는 통계를 토대로 삼아서 논문을 작성했다. 런던 왕립자선병원에서 열린 기자회견에서 MMR 백신과 자폐증의 위험을 연결 지어 언급했다. 백신에는 세균이나 곰팡이균의 서식을 방지하는 인공 보존제로 수은화합물 티메로살Thimerosal이 포함된다.[54] 이 수은 화합물이 아동의 정상적 신경조직의 형성을 방해한다는 것이 웨이크필드의 주장이었다.

MMR 백신의 위험성을 언론에 대서특필하자 영국 내 MMR 백신 접종률은 61퍼센트 수준으로 급격하게 떨어졌다. 그런데 웨이크필드는 백신 제조업체를 상대로 민사소송을 제기한 인물들과 깊은 유착관계를 맺고 있었다. 심지어 그의 연구원들도 소송의 당사자였다. 또한 연구를 위한 혈액 샘플도 웨이크필드의 열 살짜리 아들의 생일파티에 초대된 친구들에게 5파운드씩을 쥐어주고 얻은 것이었다.[55] 연구윤리를 위반하는 행동들은 영국 일반의료위원회의 조사과정에서 드러났다. 청문회에 출석했던 웨이크필드는 사실을 인정했고 의사면허를 취소당했다. 문제의 주장을 담은 논문도 결국 철회되었다.[56]

그럼에도 MMR 백신접종이 자폐증을 유발한다는 의구심은 그치지 않고 있다. 가짜뉴스 및 소셜미디어로 소문이 확산되면서 백신 접종을 주저하는 경향은 더 늘어나고 있다. 예방 접종을 거부하려는 부모들의 개별적 결정은 자녀만을 고려하지만, 보건당국의 입장에서는 집단 면역이 무너질 수 있는 심각한 문제였다. 널리 퍼져나가는 MMR 백신에 대한 불신은 보건 당국을 긴장시켰다. 백신을 맞지 않은 아동들에게 감염병이 창궐하면 공중보건 전략은 차질을 빚게 된다. 백신에 대한 거부감은 보건당국과 제약회사에 대한 불신에서 비롯된다. '대안적 사실'을 믿는 백신 반대자anti-vaxxer들은 백신으로 야기되는 부작용이 공식화되면 의약품 시장을 잃게 될까 봐 제약회사가 백신의 위험성을 은폐한다고 확신한다.

2019년 9월 캘리포니아 주지사와 주의회는 백신 접종 의무를 강화하는 법안을 통과시키기로 합의했다. 캘리포니아주 보건국에 따르면 LA통합교육구에 속한 400개의 학교들에서 백신 접종 비율이 적정 기준선인 95퍼센트 이하로 나타났기 때문이었다. 게다가 일부 의사들은 백신 접종을 면제시켜주면서 수익을 올리고 있었다.

법안은 의사의 판단으로 백신 접종을 면제하는 절차를 어렵게 만들고 최종 권한은 의사가 아닌 캘리포니아주 공공보건국이 갖게 했다.[57] 예방 접종률이 95퍼센트 미만인 학교와 1년에 다섯 건 이상의 백신 면제 소견서를 내준 의사들은 조사를 받도록 했다. 이 법안은 공중보건의 필요성이 부모의 권리에 우선하느냐는 격렬한 논쟁을 일으켰다. MMR 백신 접종을 면제해주는 의사를 처벌하는 법안에 항의하는 여성들은 주의회 의사당에서 시위를 벌였다. 《AP 통신》은 성조기를 거꾸로 들고 울부짖는 여성들의 표정을 클로즈업했다.[58] 이 법안에 반대하는 시위는 계속되고 있다. 부모들은 소셜미디어의 가짜뉴스에 순진하게 속아 넘어간 것일까, 아니면 불완전한 백신으로부터 아이들을 보호하기 원했던 것일까?

## 백신 불안감과 미디어의 역할

백신에 대한 불안감이 증가하면 미디어는 전문가 인터뷰를 통해 자세한 정보를 소개하는 방식을 택할 수 있다. 그런데 대립되는 입장을 공평하게 소개해야 한다는 언론의 '기계적 객관주의' 원칙에 따르다 보면, 백신에 대한 부정적 평가도 늘어나게 된다. 예방 접종은 자신뿐만 아니라 남도 보호한다는 말보다는 백신의 부작용으로 인한 발병률에 더 관심을 기울게 된다.

오프라 윈프리쇼에 출연한 여배우 제니 매카시Jenny McCarthy는 자기 아들이 백신 때문에 자폐증에 걸렸다고 털어놓았다. 오프라 윈프리Oprah Gail Winfrey가 물었다. "그렇다면 예방접종을 반대하나요?" 제니 매카시는 이렇게 말했다. "아니요! 우리 아이들에게 안전한 백신을 만들어주세요."[59] 백신이 안전하지 않다는 인식은 시청률 높은 TV 방송을 통해 대중에게 퍼져나갔다. 윈프리는 백신이 자폐증을 유발한다는 불확실한 아이디어를 홍보할 수 있는 플랫폼을 제공했던 것이다. 그 후에도 ABC 방송은 토크쇼 〈더 뷰〉에 매카시를 패널로 1년간 출연시켰다.

의사, 과학 저널리스트, 논평가들은 백신 반대론자 매카시가 방송에 고정 출연하면 오인 정보를 퍼뜨릴 수 있으므로 그녀를 섭외해서는 안 된다고 강력히 주장하고 나섰다.[60] 대선 후보 시절에 트럼프도 백신 접종과 자폐증의 관계를 트위터에 올렸다. "건강한 아이들이 어마어마한 양의 백신을 주사받고 시름시름 앓는다. 자폐증에 걸리는 경우가 비일비재하다"라는 트윗은 과학적 분석이 아니라 오바마 행정부를 향해 백신으로 인한 자폐증에 대책을 내놓으라는 정치 공세였다.

CNN 의료 전문 기자 산제이 굽타Sanjay Gupta는 MMR 백신과 자폐증 간의 상관관계를 조사한 코펜하겐 국립 혈청연구소의 연구를 보도했다. 1999년에서 2010년 사이에 덴마크에서 태어난 65만 7,461명을 대상으로 MMR 백신 접종으로 자폐증 진단이 이루어졌는지를 추적·조사했다. 백신을 접종군과 비접종군을 비교했지만 자폐증 발병 위험에 대한 유의미한 차이는 발견되지 않았다. 오히려 MMR 백신 접종을 받은 경우가 자폐증에 걸릴 확률이 7퍼센트 낮았다.[61]

개인들이 소셜미디어에 올리는 경험담, 일반화된 부정확한 의학 정보, 과장된 피해 사례, 비과학적 대처법은 백신에 대한 불신을 더 키운다. 부모들은 선택권 없이 의무적으로 백신을 접종해야 하거나, 특이 체질의 아이에게 발생할 수 있는 피해를 꺼린다. 제약회사 머크Merck의 후원으로 영국공중보건학회RSPH에서 발간한 보고서는 백신에 대한 불신과 싸우려면 소셜미디어 플랫폼과 미디어가 나서야 한다고 촉구했다.[62] 그 무렵 유튜브는 백신이 불필요하다는 메시지를 전하는 동영상은 광고 수익을 얻지 못하도록 조치했다. 그 이유는 광고주들의 항의 때문이었다. 광고주들은 논란거리가 되는 영상물 하단에 자신들의 광고가 노출되는 것을 원하지 않았다. 그렇지만 유튜브 측은 백신의 위해성을 다룬 영상들을 아예 플랫폼에서 내리지는 않았다.

백신에 대한 불신은 완전한 가짜뉴스는 아니었다. 2010년 국내에 대유행했던 신종인플루엔자AH1N1를 예방하기 위한 백신을 단체로 접종받고 하체가 마비된 초등학생이 나타났다. 그 학생의 부모는 부작용을 미리 알려주지 않았고 약품 관리에도 소홀했다며 국가를 상대로 소송을 제기했다. 신종인플루엔자는 제4군 법정 감염병으로 국가는 감염병 확산 방지 의무가 있었다. 신종인플루엔자 백신의 경우 총 103건의 피해보상 신청이 있었고, 그중 46건에 대해 보상판정이 내려졌다. 질병관리본부는 피해보상을 하기로 결정했지만 예방접종과 하체 마비와의 인과관계는 없다고 발표했다.


**HPV 백신의 진실**

예방용 백신의 접종 덕분에 12~18세 여성들의 인유두종 바이러스HPV의 발병률은 급속히 감소했다. 일본은 2010년부터 10대 소녀들을 대상으로 무료 HPV 예방접종을 시작했고, 2013년에는 국가 예방접종 프로그램에 포함시켰다. 그런데 HPV 백신이 대규모로 접종되자 부작용 보고 건수도 증가했다. 전체 접종자 중 0.08퍼센트에 이르는 2,000여 명에게 만성통증, 보행장애, 마비 증상이 나타났다. 63명은 제약사를 상대로 소송을 제기했다.

언론이 HPV 백신 '부정 반응'을 보도하자 일본 후생성은 백신 부작용을 심인성心因性 반응이라고 판단했지만, 적극적인 접종 권고는 중지했다.[63] 이를 두고 세계보건기구의 백신 안전 글로벌 자문위원회는 "약한 증거에 기반한 위해성 주장은 진정한 해악으로 이어진다"라고 경고했다. 진정한 해악이란 안전하고 효과적 백신의 사용이 중지되는 상황이었다.[64]

이때부터 HPV 백신의 위해성을 둘러싼 언론 공방이 시작되었다. 의사 무라나카 리코村中璃子는 HPV 안전에 대한 광범위한 연구를 수행했다. 그녀는 안티 백신주의자들에게 위협을 받았지만 백신에 대한 공포심이 과학적 근거가 없다는 점을 알리는 공공인식 활동을 계속했다. 그녀의 활동은 높게 평가를 받았고 '존 매덕스 상'이 수여되었다.[65] 한편 신경학자 이케다 슈이치池田秀一는 〈TBS NEWS 23〉 방송에 출연하여 자신의 연구를 소개하면서 HPV로 인한 뇌 손상을 보여주는 실험용 쥐의 뇌 절편 슬라이드를 공개했다.[66] 이 방송을 지켜본 무라나카는 한 온라인 잡지에 글을 기고하여 HPV 백신이 뇌 손상을 초래한다는 뇌 절편 슬라이드는 의도적으로 날조되었다고 주장했다. 백신 접종 반대 단체들은 무라나카가 제약회사의 돈을 받았다고 공격했다. 동물 대상 실험 데이터 조작을 둘러싼 공방은 명예훼손 소송으로 이어졌다.

도쿄 법원은 "슈이치가 연구 데이터를 '날조'했다는 무라나카의 주장은 증거 자료가 취재의 부족으로 인하여 결여되었다"라고 판단했고 잡지사에게 사과문을 게시하고 기사 일부를 삭제하라고 명령했다.[67] 언론은 "HPV 백신 날조 보도, 명예훼손 소송에서 전면 패소"라는 뉴스를 내보냈다.[68] 그러나 연구

자금을 제공했던 후생성은 이케다의 연구윤리 문제를 지적하면서 "발표에 이용된 동물실험의 결과가 단정적으로 표현되었고 부적절한 발표로 대중의 오해를 초래한 사회적 책임이 있다"라고 지적했다.[69] 조사 결과 실험용 쥐 한 마리에서 나타난 증세를 이케다가 성급하게 일반화시켰다는 점도 드러났다.

이 사건은 HPV 백신을 향한 불신과 과학적 진실의 대립을 보여주는 사례로 《사이언스》, 《네이처》에 소개되었다. 판결문 내용과 HPV 백신의 안전성은 전혀 관계가 없었지만, 이 사건은 백신의 위해성을 오도하는 가짜 정보와 싸우는 과학자들에게는 적지 않은 타격을 안겼다.

2014년 국내 언론은 "면역반응 높이는 '항원보강제', 백신 부작용 범인일까 아닐까?"라는 기사를 썼다.[70] 자궁경부암 백신의 효과를 높이기 위해 사용되는 알루미늄염 성분의 항원보강제가 초래하는 부작용을 다루고 있었다. 보강제 때문에 마크로파지macrophages 백혈구가 근육에서 과잉 생성되어 알루미늄염을 둘러싸면 분해되지 못한 채 전신에 퍼져 염증을 일으킨다는 것이었다. 실제로 백신 성분이 과잉면역 반응을 일으키면서 알레르기 증상이 심해진 사례가 있었다.[71]

국내 질병관리본부의 보고서는 "보강제는 안전하지만 알레르기 반응과 신경독성의 우려가 있다고 추정된다"라고 설명하고 있다.[72] 그러나 항원보강제의 안전성은 이미 과학적으로 입증되었고 새로운 항원 보강제를 개발하는 일은 쉽지 않은 문제였다. 개발에 들어가는 비용은 막대하지만 그 이후에 자금 회수가 어렵다는 현실적 문제도 있었다.

미국 질병통제예방센터CDC는 최소한 50퍼센트의 사람들이 일생 중 어느 때에는 HPV에 감염되며, HPV 예방용 백신은 안전하다고 밝혔다. 그렇지만 국내에서는 부작용을 걱정하는, "자궁경부암 백신은 안전한가요?"류의 기사들이 여전히 생산되고 있다.[73]

## 소아마비 백신에 대한 소문

나이지리아 북부 카노 지역에서는 보수 이슬람 단체들의 주도로 소아마비 백신 접종이 거부되었다. 무료로 나누어주는 소아마비 백신을 왜 불신하는 것일까? 그것은 무슬림 인구를 줄이기 위해 은밀하게 소아마비 백신에 불임 호르몬을 첨가한다는 소문이 돌았기 때문이다. 나이지리아인들은 소아마비 백신이 빈곤 국가들의 인구를 줄이려는 미국의 계획이라고 믿었다. 무슬림 종교 지도자 이맘imam들이 소아마비 백신을 맞으면 에이즈에 걸릴 수 있고, 광우병 발병과도 관련이 있다고 줄기차게 설명했기 때문에 백신에 대한 경계심은 널리 퍼졌다.

1900년부터 나이지리아를 식민지로 삼았던 영국인에 대한 나이지리아인의 반감은 여전했고, 서구의 공중보건 인력에 대한 심리적 거부감도 강했다. 나이지리아인의 입장에서는 말라리아, 장티푸스에 걸린 아이들을 살릴 수 있는 의약품을 제공하지 않아 죽음에 이르게 했는데, 감염자수도 얼마 되지 않는 소아마비 예방을 위해 백신을 맞으라는 권유는 납득하기 어려웠다. 게다가 공중보건 인력들이 직접 호별 방문을 해서 소아마비 백신을 접종하려는 방식도 지나치게 강압적이었다. 이런 배경에서 소아마비 백신을 접종하던 의사들이 이슬람 무장단체 보코하람Boko Haram에 의해 살해당하기도 했다.

소아마비 백신을 맞으면 불임에 이른다는 의심은 대중의 불신을 한껏 부추겼다. 그런데 백신 성분에는 실제로 피임약에 사용되는 성호르몬인 에스트로겐과 프로게스테론이 소량이 들어 있었다. 그러므로 새빨간 허위정보의 유포에 의한 미신이라고 보기는 어려운 측면도 있었다. 그러나 의도적으로 출산율을 낮추는 것이 백신을 접종하는 목적은 결코 아니었다. 충분한 홍보와 단계별 접근을 시도하지 않고, 백신 접종률 달성을 위해 지나치게 강하게 밀어붙인 접종 시행 계획은 집단적 거부감을 야기했다.

소아마비가 아직 남아 있는 파키스탄과 아프가니스탄 지역에도 소문이 퍼졌다. 알카에다와 지역 성직자들이 소규모 FM 라디오 방송을 통해 백신은 무슬림의 인구 증가를 막기 위한 미국의 음모라고 주민들에게 허위정보를 퍼뜨렸다.[74] 소아마비 백신을 접종받으면 성 불구자가 될 수 있다는 소문이 돌자 아동 16만 명에 대한 접종 계획은 실패로 돌아갔다. 백신 접종률이 떨어진 지역에서는 소아마비 발병 비율이 증가했다. 그러나 순전히 근거 없는 미신이거나 가짜뉴스로 취급되던 이 소문은 시간이 흐른 후 사실로 드러났다.

《가디언》에 따르면 실제로 2011년 무렵 CIA는 알카에다 지도자 오사마 빈 라덴Osama bin Laden과 가족들의 생체정보DNA를 모으기 위해 파키스탄에서 가짜 소아마비 백신 접종 사업을 활용했다.[75] 마을 어린이들의 생체 정보를 수집해 전달한 현지인 파키스탄 의사는 빈 라덴의 거주지를 파악하는 데 결정적인 역할을 했다. 의사까지 동원된 가짜 백신 접종은 성공적이었지만 빈 라덴이 특수부대에 의해 사살된 이후에는 필요가 없어졌다. 미국의 소리VOA와 NPR 라디오는 CIA의 발표를 인용하여 이 사실을 공식화했다.[76] 《사이언티픽 아메리카》는 의료 인력을 활용한 첩보 활동이 소아마비 퇴치 활동을 막아서 모두를 위험에 빠뜨린다고 비난하고 나섰다.[77] 백신에 대한 불신은 막연한 우려에서 발생하는 것이 아니라 크고 작은 의료 사고들과 목격담이 구전되면서 확고하게 자리 잡게 된다.

### 에볼라 가짜뉴스

2014년 서부 아프리카 지역을 휩쓴 에볼라는 전 세계를 공포에 몰아넣었다. 2만여 명이 감염되었고 사망자는 7,000명에 이르렀다. 에볼라 바이러스뿐 아니라 에볼라에 대한 가짜뉴스도 사람들을 죽였다. 나이지리아에서 병원에 입원한 환자들은 블랙베리 인스턴트 메시지BBM로 퍼진 잘못된 치료법을 따라 하다가 사망했다. 에볼라는 공기로 감염되며, 온수에 목욕을 하고 소금물을 많이 마시면 치료가 된다는 미신을 믿었기 때문이었다.[78] 그러나 에볼라 바이러스는 공기, 물, 음식이 아닌 체액으로만 전파된다. 콜라 넛kola nuts 같은 식물을 먹으면 에볼라가 치료된다는 허위정보도 널리 퍼졌다.[79]

과학저널 《사이언스》에는 허술한 시체 관리와 잘못된 매장 풍습, 시신을 씻고 입 맞추고 만지는 전통적 아프리카의 장례 문화 때문에 에볼라가 더 빠른 속도로 전파된다는 연구가 실렸다.[80] 그러나 현지에서 안전한 시체 매장 방식을 권유하던 적십자 직원은 목에 치명상을 입었다. 기니Guinea에서 활동하는 공중보건 전문가들과 저널리스트들은 에볼라 대처 방법을 알리려고 한 마을에 방문했다가 죽임을 당했다. 외국인들이 질병을 가져온다고 믿은 적대감에 찬 현지인들은 돌을 던지고 차량을 부수었다.

민주 콩고DRC에서 2018년 여름에 시작된 에볼라는 역사상 두 번째로 큰 규모로 발병해 감염자수가 1,000명을 넘어서고 있었다. 그러나 정치인들의 강력한 홍보 때문에 에볼라는 야당 지지자들을 몰살하려는 정치적 전략이자, 외국 제약사들이 돈을 벌려고 퍼뜨린 질병으로 이해되었다. 그해 겨울 실시된 혼란스러운 대선 캠페인에서 야당 정치인은 에볼라 음모론을 포함한 가짜 뉴스를 무차별적으로 퍼뜨렸다. 치명적인 에볼라 바이러스마저도 선거에서 표를 모으기 위한 정치 조작의 대상이 되었던 것이다. 현지 설문조사 결과 36퍼센트의 주민들이 에볼라는 날조된 이야기라고 믿고 있었다.[81] 야생동물 고기를 훔쳐 먹은 사람이 사냥꾼의 저주에 걸려 에볼라가 시작되었다는 미신도 한몫을 했다. 공무원들조차 라디오 방송에서 에볼라 저주는 치료가 불가능하다고 말했다.

《네이처》는 민주 콩고 안에서도 특히 반군과의 전투, 인종 학살이 벌어지는 '전쟁 지역'에서 에볼라 감염자수가 크게 늘어났다고 보도했다.[82] 에볼라 초기 증상을 숨기고, 예방용 백신의 접종을 거부하고, 안전하지 않은 시체 매장 방식을 고집하기 때문에 에볼라의 기세는 꺾이지 않았다. 공중보건 인력들은 에볼라뿐 아니라 대중의 공포와 악전고투를 벌여야 했다. 에볼라 바이러스가 외부에서 유입되었다고 믿는 무장 괴한들이 세계보건기구 소속 카메룬 역학자까지 살해했다.[83]


## 에볼라는 생물학 무기였나?

에볼라 감염이 급증하던 2014년 8월 라이베리아의 최대 일간지《데일리 옵서버The Daily Observer》에는 "에볼라는 의료 재난이 아니라 미국 국방부가 개발한 생물학 무기"라는 기사가 1면에 실렸다.[84] 이 기사에는 에볼라는 유전자 조작으로 만들어졌으며 아프리카 국가에서 비밀리에 실험 중이라는 주장이 담겼다. 미국 국방부가 제약회사와 계약을 맺고, 건강한 사람들에게 에볼라 바이러스를 의도적으로 주입하고 있다는 음모론이었다. 아프리카인들을 바이러스 실험용 기니피그로 사용하지 말라고 주장한 이 기사는 라이베리아에서 출생한 델라웨어주립대학교 시릴 브로더릭Cyril Broderick의 기고문이었다. 그렇다면 언론을 통해 허위정보를 퍼뜨린 행위는 합리적 의심을 담은 경고였을까?

브로더릭 주장의 근거가 된 씨앗 뉴스는 "캐나다 제약회사 테크미라Tek-mira가 미국 정부와 계약을 맺고 에볼라 백신을 개발하여 건강한 사람을 대상으로 예비 임상실험을 진행하다가 중단했다"라는《로이터》의 보도였다.[85] 기사의 줄거리는 같지만 그 의도와 맥락을 조작하자 불신과 공포심을 촉발하는 음모론으로 재탄생되었다. 논란이 커지자 조사에 나섰던 델라웨어주립대학교는 브로더릭의 기고를 표현의 자유로 보고 개입하지 않기로 결정했다.[86]

브로더릭의 기고문은 신문에 실려 라이베리아에 혼란을 야기하는 영향력을 발휘했다. 그러자 러시아계 방송《RT 아메리카RT America》는 에볼라와 에이즈가 서구 제약회사와 미국 국방부가 합작한 무기라는 의혹이 라이베리아에 퍼지고 있다는 뉴스를 내보냈다.[87]《RT 아메리카》는 파키스탄에서 소아마비 백신 프로그램을 이용했던 CIA의 치부를 들추면서 라이베리아에서 그런 의심이 생기는 것이 무리는 아니라고 살짝 꼬집었다. 그러나《워싱턴포스트》는 오바마 행정부가 에볼라 감염의 확산을 막기 위해서 서부 아프리카 지역에 미군 3,000명을 파견하고 7억 달러의 예산을 지출했다는 점을 상기시켰다. 에볼라 확산을 막으려 애쓰는 미국의 모습은 에볼라 음모론 주장과는 모순된다고 지적했다.[88]

## 무리한 임상실험

돌아보면 서구 제약업계에 대한 불신이 커진 것은 아프리카 빈곤 국가들에서 제대로 된 설명도 없이 위험한 임상실험을 진행하는 다국적 제약회사들의 관행에서 비롯되었다.[89] 서구 국가들과 달리 빈곤 국가들에는 임상실험 과정에서 준수해야 하는 윤리적 가이드라인과 규제가 아예 없거나 느슨하다. 예컨대 남아프리카 공화국의 베링거 인겔하임Boehringer Ingelheim의 실험실은 케이프타운의 슬럼가 옆에 붙어 있다. 1996년 나이지리아 북부에 뇌막염이 창궐하자 화이자Pfizer는 치료제 트로반Trovan을 200명의 아이들에게 투약했다. 인명을 구한다는 목적보다는 임상실험 데이터를 확보할 필요가 있었기 때문이었다.[90] 이 가운데 11명이 부작용으로 목숨을 잃었다. 트로반이 유럽에서 간 중독의 위험 때문에 판매 허가가 취소된 약품이라는 점은 나중에야 드러났다. 미국 법원에 손해배상 소송이 제기되자 화이자는 비밀 유지를 조건으로 막대한 합의금을 지불했다.[91]

크고 작은 임상실험 사고들, 서구인들이 아프리카인들을 상업적 목적으로 실험한다는 불신, 정치인들이 선거에 승리하기 위해 상대 진영을 공격하려고 만들어낸 음모론은 공중보건 목적으로 접근하는 외국계 의료 인력에 대한 거부감을 키웠다. 그들이 믿는 가짜뉴스는 대중이 느끼는 반감에 뿌리박고 있었다.

2014년 10월에는 뉴욕시에서도 에볼라 환자가 발생했다. 그는 기니에서 에볼라 환자들을 돌보다 귀국한 미국인 의사였다. 에볼라 바이러스가 뉴욕시에 상륙한다면 북미 전체로 퍼져나가는 대재앙이 현실화될 수도 있었다. CNN은 긴급 뉴스를 내보냈고 병원 주변에는 긴장감이 감돌았다.[92] 다행히 그는 살아남았고 무사히 퇴원했다. 그러나 그 후 댈러스에서 라이베리아인 환자는 에볼라로 인해 숨졌다. 그를 돌보던 의료진까지 감염되자 에볼라 공포는 또다시 전국으로 확산되었다. 《로이터》는 미국의 가짜뉴스 사이트 '내셔널 리포트National Report'가 에볼라 헛소문을 생산한다는 사실을 찾아 보도했다. 예컨대 "텍사스주 유치원들이 라이베리아 외국인 교환학생을 받고 있다", "정부가 에볼라 백신을 접종하면서 전파를 이용한 신원인식 칩RFID chip을 시민들에게 심기로 했다", "에볼라 치료에도 오바마케어를 적용하겠다는 약속이 있었다" 등이었다.[93] 텍사스주 퍼돈Purdon에서 한 가족이 에볼라로 진단받아 격리되었다는 가짜뉴스가 페이스북 뉴스피드에 올라오자 34만 건이나 공유되었다.

에볼라가 서구 국가들까지 위협하게 되자 에볼라 백신의 개발과 상용화에 막대한 공공자금이 투입되었다.[94] 공공자금에 전적으로 의존하여 개발되는 백신은 제약회사들에게는 백지수표나 다름없었기 때문에 제약업계는 에볼라 백신을 생산하기 위해 치열한 경쟁을 벌이는 중이다. 그러나 에볼라 바이러스는 쉽게 변이를 만들어 변화무쌍하기 때문에 맞춤형 백신을 개발하기는 어렵다. 실험 중인 백신을 맞고 항체가 형성되지 않아 사망하기도 했다. 백신을 맞고 인체에 항체가 형성되는지 확인하기도, 안전성과 효과성을 실험할 수 있는 지역과 대상자들을 찾기도 어려웠다.

## 에볼라 백신 음모론

2015년 여름 의학저널 《랜싯》에 발표된 성공적인 예방 효과를 보인 에볼라 백신rVSV-ZEBOV의 임상실험은 에볼라의 발원지 기니에서 4,400명에게 실시되었다.[95] 글락소스미스클라인GSK은 2015년에 라이베리아에서 에볼라 백신 2상 임상실험을 300명에게 접종했다. 그러나 감염병이 확산되고 있는 지역에서 임상실험을 실시하는 것은 이례적이었다.[96] 《네이처》에 따르면 2014년 무렵 백신 시제품의 임상실험 설계에서 공중보건 담당자들은 윤리적 난제에 직면했다. 에볼라 치사율이 70퍼센트가 넘는 서부 아프리카 지역에서 임상실험 참가자들을 표준 증상 처방만을 받을 수 있는 대조군control group에 넣는 것이 옳았을까? 임상실험은 공포, 불신, 선택 가능한 효과적 치료 방법의 부족, 의료 인력을 향한 폭력 속에서 실시되었던 것이다.[97]

실험용 백신을 전달했던 한 영국인 보건학 교수는 "외국 제약사들이 아프리카 흑인들에게 불완전한 백신들을 실험하려고 몰려오고 있구나"라고 생각할까 봐 우려된다고 털어놓았다.[98] 그렇다면 에볼라 백신에 대한 항체반응 실험을 흑인뿐만 아니라 백인에게도 동시에 실시할 필요가 있었다. 백신에 대한 특허권을 취득해도 서구 제약업체의 재산이지 아프리카 현지인들에게 무상으로 제공한다는 약속도 없었다. rVSV-ZEBOV는 캐나다 공중보건청이 개발하여 머크Merck에 이미 권리를 넘겼다. 백신 개발이 완료되어 승인을 받고 시판되면 아프리카의 빈곤 국가들은 비싼 가격을 지불해야만 할 것이다. 에볼라 관련 가짜뉴스는 소수의 의견 조작이 아니라 과열된 제약회사들의 경쟁에 대한 반발심과 널리 퍼진 불신을 타고 번져나갔던 것이다.

음모론은 더 있었다. IS가 에볼라를 생물학 무기로 개발했다는 소문도 나돌았다. 라이베리아 정부를 불신하는 사람들은 에볼라가 국제 원조를 끌어들이기 위해 벌인 사기극이라고 믿었다. 그러나 미국과 서구 제약회사의 합작품이라는 주장이 훨씬 강력한 음모론으로 통용되고 있다. 널리 퍼진 악소문은 불신, 비협조, 폭력행위를 조장했기 때문에 에볼라와의 싸움을 더 어렵게 만들었고 결과적으로 환자들의 생명을 더 위태롭게 만들었다. 외국 공중보건 인력과 의료진에 대한 거부감이 강했기 때문에 에볼라 백신 접종과 치료는 수월하지 않았다.[99]

## 남아프리카공화국의 에이즈

비과학적 미신도 정치적 선택에 의해 얼마든지 공공정책이 될 수 있다. 남아프리카공화국은 에이즈로 인한 피해가 심각한 대표적인 국가였다. 1990년 대 HIV 바이러스의 감염이 급속하게 확산되고 있었음에도 남아공 정부는 별다른 의료 대책을 시행하지 않았다. 타보 음베케Thabo Mbeki 대통령은 남아공 국민회의ANC 집회에서 "제약회사들이 의약품을 팔아먹으려고 HIV가 에이즈를 초래한다는 허위정보를 퍼뜨린다"라고 외쳤다. HIV는 에이즈 바이러스와 아무 관련이 없고, 낮은 위생 및 영양실조가 원인이며, 치료제로 비트 뿌리, 마늘, 레몬 기름을 사용하는 편이 값비싼 항레트로바이러스 의약품보다 훨씬 효과적이라고 말했다.

확신에 찬 군중의 박수 소리 속에서 나온 대통령의 발표는 정부와 집권 여당에게는 심각한 에이즈 사망에 대한 책임을 벗어나게 해주고, 서구 제약회사에 대한 불신을 증폭시키는 마법을 발휘했다. 이처럼 과학적 사실을 공식적으로 부인하자 콘돔의 사용이나 항레트로바이러스 투약은 필요 없어졌다. 식물 뿌리에 의존하는 치료의 결과 30만 명의 불필요한 죽음이 초래되었다.[100] 남아공에서는 에이즈에 대한 가짜뉴스와 허위정보의 출처는 바로 정치 지도자의 비과학적 발언이었다. 언론은 팩트체킹을 통해 과학적 사실을 밝히고 권력자의 발언을 비판하고 견제할 만큼 독립적이지 못했다.

에이즈의 확산에는 비과학적 미신도 요인을 제공했다. 소녀들을 납치하여 강제로 결혼하는 '우쿠스왈라Ukuthwala'라는 악습은 깨끗한 어린 처녀와 동침하면 에이즈가 완치된다는 미신이 작용했다. 폭력적 납치가 용인되는 관행은 에이즈를 더 창궐하게 만들었다. 납치는 시골 지역에서 주로 일어나는데 소녀들은 대부분 미성년자다.[101] 소녀들은 강제로 결혼해야 하므로 학교를 그만두어야 하고, 자기 삶에 대한 선택권도 빼앗기에 된다. 남아공은 에이즈 환자뿐 아니라 HIV 양성 반응자를 가장 많이 보유한 나라가 되었다.

백인들이 흑인을 대상으로 HIV 바이러스를 고의적으로 감염시켰다는 음모론도 있다. 흑인들의 높은 감염률은 에이즈가 인구 통제를 위한 발명이라는 음모론의 배경이 되었다. 남아공 백인 우월주의 정부는 1980년대에서 1990년대에 걸쳐 화학생물학 전쟁CBW을 실시했다. 흑백차별정책 아파테이드Apartheid를 실시하던 시기였다. 1998년 남아프리카 진실화해위원회SFC의 청문회에 제출된 문서에 따르면 남아프리카 해양 연구소SAIMR는 인종 차별적 집착을 가지고 있었다. 이 단체는 흑인 인구를 감소시키고 백인들의 지배권을 강화시키기 위해 에이즈를 이용했다. 백신이라고 속이고 HIV 바이러스를 접종했던 것이다.[102]

그러나 전문가들은 HIV 바이러스만 따로 관리하고 원하는 때마다 접종하기란 기술적으로 어렵다고 평가했다.[103] 미국 언론들은 남아공의 에이즈 음모론을 신빙성이 낮다고 보았다.

## 전자기장의 유해성

전자파가 인체 신경계에 이상을 초래할 가능성이 있다는 우려는 괴담일까, 과학적 사실일까? 유튜브에 '전자파 유해성'을 검색하면 통화 중으로 표시된 핸드폰 옆에 있는 철가루가 꿈틀대면서 움직이는 영상이 나온다. 전화기를 마주 놓고 전화를 걸면 옥수수 알갱이가 팝콘이 되어서 튀어 오른다. 플라스틱 물병 주변에 휴대전화 여덟 대를 원형으로 배치하고 전화를 걸자 물이 끓기 시작한다. 이 동영상들은 모두 관심을 끌기 위해서 조작된 영상들이다.

"전자파 공포 유해논란 진실은?", "생활 곳곳에 퍼져 있는 전자파, 위험해? 안 위험해?"[104] 등 상반된 정보를 담은 뉴스들은 혼재되어 있다. 뉴스를 읽는 대중은 전자파의 유해성을 무시해도 되는 것인지 판단하기가 어렵다. 고주파를 사용하는 휴대전화의 유해성은 과연 심각한 수준일까? 전자파는 백내장, 뇌종양, 심장병, 신경통, 유산까지 일으킬까? 고압 송전선 부근에 살면 정말 암에 걸릴까?[105]

전자파의 유해성을 다룬 뉴스들은 위험사회 속에 살아가는 대중의 두려움을 해소해주기는커녕 모호한 불확실성의 영역을 키우게 된다. 동일한 이슈에 대한 상반된 설명을 담은 기사들이 검색된다면 대중은 혼란을 느끼기 마련이다. 전자기장은 아직 가습기 살균제처럼 인과관계가 분명한 인체 피해가 발생하지는 않았다.

과학적 불확실성은 국가 정책에도 영향을 미친다. 고압 송전탑의 설치를 놓고 대립한 밀양 주민들과 한국전력 간의 갈등, 고고도 미사일 방어체계 THAD에 대한 지역 주민들의 반대는 전자파의 인체 위해성을 주된 근거로 하고 있었다. 성주 지역 참외가 '사드 참외'로 알려져 팔리지 않고, 전자파가 건강을 해칠 것이라는 소문이 돌았다.[106]

'사드 참외'의 인체 위해성을 둘러싼 논란은 실소를 자아냈다. 한 연예인이 "참외를 안심하고 키우도록 도와주는 것이 진정한 국방"이라고 외치자 한 정치인은 "내가 사드 레이더 앞에서 성주 참외를 깎아 먹겠다"라고 되받았다. 그러자 한 식품안전 전문가는 참외 재배지는 거리가 멀기 때문에 영향이 없다고 끼어들었다.[107] 전자파에 대한 우려가 정치적 사안으로 변화하자 국방부는 사드 기지의 전자파 수준은 기준치 이하라는 측정 자료를 제시해야 했다.

전자파의 위해성을 다룬 국내 뉴스들을 분석하자 여러 가지 발생 원인들

중에 사드, 휴대전화를 분석한 뉴스 기사들에 댓글이 더 많이 달렸다. 국내 뉴스들에는 전자파의 인체 위해성에 대한 '과학적 증명'은 아직 없다는 내용이 많다. 반면 위험성을 알리는 뉴스도 상당수 발견된다. "휴대전화 전자파, 머릿속 파고들어 뇌종양 키운다",[108] "생활공간 전자파 '무방비' 노출… 허용 기준 중국의 100배",[109] "휴대전화 전자파 이동 중 5배, 밀폐공간에서 7배 증가"[110] 등이었다.

교류 2만 5,000볼트(V), 60헤르츠(Hz)를 사용하는 고속철도KTX 내부와 전력설비에서 측정된 전자기장을 다룬 뉴스들은 동일한 시기에 동일한 결과를 바탕으로 쓰였지만 관점은 극명히 대조된다. "전력설비 전자파에 얽힌 감성적 불안 떨쳐내야", "고속철 자기장 건강 위협 수준".[111] 그런데 실제로 조사한 결과 고속철 고압선에 의해 유도된 전자기장 세기는 15밀리가우스(mG)로 상당히 높게 나타났다.[112] 전자기장이 인체에 해로운 수준이라는 주장과 그렇지 않다는 관점의 차이는 어디에서 비롯된 것일까?[113] 그 이유는 복합적이지만 위해 정보를 누가 판단하느냐도 중요한 요소로 작용한다. '부설 연구소'에서 비공식적으로 실시한 단편적 측정 결과와 '대학교수'가 분석한 결과라는 '권위'의 대결도 펼쳐진다. 뉴스가 전자파의 인체 위해 가능성을 강조하느냐는 언론사 성향에 따라 달랐다.

전자파는 전자기장EMF의 변동이 파동으로 공간에 전파되는 현상이다. 휴대전화 등 무선통신에 사용되는 고주파수 대역 방사 주파수RF에서 유도되는 전자기장은 생체분자가 심하게 진동하여 발열하는 열熱작용을 일으킨다. 반면에 극저주파ELF로 형성된 전자기장에서는 비열非熱작용이 주로 나타난다. 고속철도나 송전설비에서 측정되는 전자파는 극저주파(60Hz)인데 생체에 미치는 위해성은 과학적으로 증명되지 않았다는 것이 국립전파연구원의 공식 설명이다.[114] 정부의 전자파 인체보호 기준은 2008년도에야 마련되었다.[115] 그러나 뉴스들에는 국내에 전자파 단기 노출 기준 833밀리가우스(mG)만 있을

뿐 장시간 노출에 따른 기준은 없다는 문제는 거의 다루지 않고 있다.[116]


## 전자기장은 암을 유발하나?

전자기장의 장기적 노출이 인체에 미치는 위해성을 일찍이 주목한 학자가 있었다. 1979년 병리학자 낸시 웨더아이머Nancy Wertheimer는 고압 전류에 의해 유도된 자기장이 인체, 특히 아동들의 건강에 어떤 영향을 미치는가에 대한 역학조사를 실시했다.[117] 콜로라도주 덴버의 고압 전력선에서 40미터 거리 안쪽에 사는 아동들의 백혈병 발병률은 다른 지역보다 두 배 이상 높았다. 60헤르츠 교류 전력AC Power에서 발생하는 전자기장을 그 원인으로 지목했던 이 연구는 전자파의 인체 위해성 논란에 불을 지폈다. 주간지 《뉴요커The New Yorker》의 기자 폴 브로더Paul Brodeur는 크게 늘어나는 고압 송전선에 문제의식을 느끼고 '전기장의 위해성'을 다룬 기사를 썼다.[118]

1986년에 발간된 이 기사는 전기장판, 전기 침대, 전력선과 전자기장이 미치는 생체적 영향에 대한 연구들과 소송 사례들을 소개했다. 기사는 경험적 연구 결과를 파고들었지만 지나친 과장, 억측, 호들갑은 아니었다. 조기경보용 레이더 시스템 페이브 포스PAVE PAWS가 설치된 이후 케이프 코드Cape Cod 주민들의 발암률이 증가했다는 통계를 보도했다. 전기 가열 물침대를 사용한 산모들이 유산을 겪었다는 웨더아이머의 연구도 포함되어 있었다.[119] 1986년 미국전기연구원EPRI 발표에 따르면 60헤르츠의 전기장에 노출된 돼지들은 3세대 후에 이르러 몸무게가 줄었고 선천적 결손도 두 배나 높게 나타났다. 텍사스주에서는 전기장이 학생들의 건강을 해친다는 이유로 소송이 제기되었고 결국 전력회사는 학교에서 멀리 우회하도록 송전선을 다시 설치해야 했다.

뉴욕주에서는 토지 소유자가 뉴욕주 전력관리소를 상대로 소송을 제기했다. 207마일 길이의 345킬로볼트의 고전압 송전선이 건설되자 전자기장에 대한 두려움 때문에 '발암 회랑cancer corridor'이 형성되어 토지 통행권의 시장 가격이 폭락했다고 주장했다. '암 공포증cancerphobia' 주장은 1심 법원에서 인정되지 않았고 뉴욕주 전력관리소가 승리를 거두었다. 그러나 항소법원은 토지 소유자가 암 공포증 때문에 입은 재산상 손해를 입증해야 할 책임은 없다고 보았다. 대중이 고압 송전선에서 나오는 전기장으로 인하여 건강위험health risk을 느낄 만한 합리적 개연성이 있다면, 송전선 인근 토지 소유자는 그 손해를 배상받을 수 있다고 판결했던 것이다.[120] 그 이후 유사한 취지의 판결들이 이어졌다. 전자기장으로 인한 재산 피해를 인정하는 판결들이 나오자 대중은 전자기장의 위험을 현실로 인식하기 시작했다.

하지만 핀란드에서 진행된 조사 연구에 따르면 송전선에 의해 유도된 전자기장은 성인 백혈병 위험성을 증가시키지 않았다.[121] 고압 송전선 부근 500미터 이내에 거주한 성인 38만 명 가운데 백혈병 사례는 203건이었다. 그런데 이처럼 다른 결과는 어디에서 비롯되었던 것일까? 전자기장의 세기가 거리의 제곱에 반비례하여 줄어든다는 물리적 특성을 감안하면 웨더아이머가 조사했던 콜로라도 지역의 40미터와 핀란드의 500미터는 상당한 차이가 존재했고 이는 상이한 백혈병 발병률로 나타났던 것이다.

### 무선 이어폰 전자파

전자기장의 인체 위험성을 일반화하거나 확장하여 불안감을 자극하는 가짜뉴스도 등장했다. "무선 이어폰, 암 위험 우려"라는 뉴스 기사가 소셜미디어에 공유되었다.[122] 이 뉴스는 주목을 끌었지만 논란이 일자 하루 만에 삭제되었다. 막연한 추정으로 불안감을 자극하는 제목을 뽑았고 공인된 연구 결과를 인용하지도 않았다. 국립전파연구원은 무선 이어폰의 전자파는 20밀리

와트 이하여서 측정 대상도 아니라고 밝혔다.[123]

그렇다면 이 오보를 만든 정보의 파편은 어디에서 흘러온 것이었을까? 처음 시작은 'EMF Scientist'라는 단체가 비이온화 전자기장의 위험에 대한 대중의 관심을 촉구하고자 세계보건기구, 유엔환경계획UNEP에 제출한 호소문이었다.[124] 2015년에 공개된 이 호소문은 주목을 받지 못하다가 무슨 이유에서인지 3년 후 블로그 '미디엄Medium'과 《데일리메일》에서 기사로 재등장했다.

문제는 《데일리메일》 기자가 EMF Scientist의 호소문에는 없던 단어를 뉴스 제목에 슬쩍 끼워 넣은 데서 시작되었다. "에어팟 이어폰은 위험한가? 250명의 과학자가 청원에 서명Are AirPods dangerous? 250 scientists sign petition"이 기사의 제목이었다.[125] 전자파가 건강에 주는 영향을 연구하는 과학자들도 블루투스 무선 이어폰까지 심각하게 여기지는 않는다. 에어팟 이어폰이 출시된 것은 호소문이 발표되고 이듬해였기 때문에 시기도 앞뒤가 맞지 않았다. 호소문에 서명했던 UC 버클리대학교의 조엘 모스코비츠Joel Moskowitz는 어떤 제품 명칭도 언급하지 않았다고 밝혔다.

영국 《데일리메일》은 뜬소문을 여과 없이 싣는 대중지로서, 뉴스를 그대로 믿고 인용한 언론사와 정치인들을 여러 차례나 성공적으로 낚은 바 있다. 위키피디아가 정한 '신뢰 가능한 참고자료' 목록에서 삭제되는 수모를 겪기도 했다. 전자기장의 위험성을 무선 이어폰으로까지 확대한 《데일리메일》의 기사는 오해를 주기에 충분했다. 어쨌든 그 기사는 언론사 간의 신디케이트로 기사 공유가 되면서 MSN 뉴스 영문판에 실렸다. 그 후 번역되어 MSN 뉴스 국문판으로 국내 독자들에게 전달되었다. 그 내용은 《중앙일보》 기사와 동일했다.[126] 그런데 영어 기사에서 나름 중요한 역할을 했던 제목의 물음표(?)는 번역 과정에서 그만 사라져버렸다.

뉴스 전재 계약을 타고 외신의 부정확한 과학 정보가 그대로 국문 뉴스로 보도되는 구조에서는 유사한 사고는 언제든 반복될 수 있다. 블루투스 이어폰이 암을 일으킨다는 뉴스는 위험에 대한 창작적 짜깁기, 외신에 대한 지나친 신뢰, 무비판적 받아쓰기 관행이 결합된 해프닝이었다. 스누프스는 뉴스 헤드라인에 들어간 오류 하나가 많은 뉴스의 오보로 이어졌다고 평가했다.[127]

## 맥락을 잃은 과학적 지식과 뉴스

전자파를 다룬 국내 뉴스들을 살펴보면 "세계보건기구가 2만 5,000건의 연구를 검토한 결과 비이온화 전자파가 건강에 미치는 어떤 영향도 확인할 수 없다"라는 문구가 전형적 공식처럼 인용된다. 그러나 이것은 비이온화 non-ionizing 전자파를 이용하는 의료기기에서 저준위low level 전자기장이 생체에 미치는 위해성을 찾을 수 없었다는 설명이다.[128] 개인용 저주파 자극기는 시중에 판매되고 있다.

한편 세계보건기구 산하 국제암연구소IARC는 2002년부터 휴대전화 전자기장의 유해성에 주목했고, 2011년에는 휴대전화 전자기장을 발암유발 가능물질(2B 등급)로 분류했다.[129] 언뜻 보면 두 가지 정보는 양립될 수 없어 보인다. 14개 국가들에서 모인 31명의 과학자 워킹그룹이 무선통신에 사용되는 고주파 대역 방사 주파수RF의 전자기장을 발암유발 가능물질로 보기로 결정한 것이다. 독자들이 관심을 가지는 것은 아마 후자일 것이다.

그럼에도 여전히 통상적 휴대전화 사용이 인체에 질병을 야기했다는 인과관계가 증명된 연구 결과는 아직 없다. 스웨덴 카롤린스카 연구소KI가 휴대전화를 10년 이상 사용한 북유럽 국가들의 주민 35만 명을 관찰했지만 암 발병률은 일반인과 차이가 없었다.[130] 휴대전화 사용이 남성 불임 가능성을 높이거나, 두뇌의 신경교종glioma을 증가시키지 않았다는 결과는 휴대전화로 인한 전자파의 노출이 질병을 야기한다는 막연한 불안감과는 상반된다.

한편 《사이언스 어드밴시스》에는 약한 자기장이 줄기세포의 성장과정에 변경을 야기했다는 기사가 실렸다.[131] 휴대전화 전자파의 위해성을 증명한 동물실험 결과도 발표되었다. 미국 국립보건원 산하 국가독성프로그램NTP이 10년 동안 쥐를 이용하여 실험하자 유의미한 결과가 나왔다. 연구진은 실험군 대상 쥐들이 자궁에 있을 때부터 GSM(유럽 이동통신규격) 방식과 CDMA(코드 분할 다중 접속) 방식 휴대전화에서 나오는 전자파를 매일 9시간씩 2년 동안 하루도 쉬지 않고 노출시켰다.[132] 그러자 수컷 쥐 3.3퍼센트에서 종양이 생겼다. 암컷 쥐에도 약간의 종양이 발생했다. GSM 방식에서 1.1퍼센트, CDMA 방식에서 2.2퍼센트의 비율이었다. 휴대전화 전자파에 노출되지 않았던 쥐에는 종양이 발견되지 않았다.[133]

수컷 쥐의 뇌종양 발생과 휴대전화 전자파 노출의 관계는 확연했지만 그 결과를 인체로 확장해서 인정할 수 있냐는 문제가 남는다. 예컨대 쥐에게 노출된 전자파는 인체 전자파흡수율SAR과 다를 것이기 때문이다. 연구 결과를 보도한 《월스트리트저널》은 휴대전화가 실제 인체 뇌종양을 증가시키는 영향은 미미할 것이라고 신중한 평가를 내렸다.[134] 구체적 설명과 전문가 평가를 담은 《월스트리트저널》의 논조는, 상상에 기반한 이야기로 막연한 두려움의 일으킨 《데일리메일》의 뉴스와 달랐다.


## 가짜뉴스가 되어버린 기후변화

지구가 뜨거워져 기상이변이 일어나고 해수면이 상승하여 주요 도시들이 바다에 잠길 것이라는 예측은 과학적 근거가 없는 거짓말일까? 대다수 과학자들은 지구온난화를 과학적 사실로 인정하고 인간의 활동에 의한 것임이 밝혀졌다고 주장하지만 여전히 논쟁거리처럼 인식되는 이유는 무엇일까? 미국 과학자들은 1998년부터 "인간의 활동으로 인한 이산화탄소 방출량이 가까운 미래에 지구 대기에 격변적 가열을 유발한다는 과학적 증거는 없다"라면서 온라인 서명을 모았다. 이 청원의 메시지는 비교적 단순했다. 미국 정부가 교토 의정서Kyoto Protocol 등 글로벌 기후변화 협약에서 빠져야 한다는 것이었다.[135]

오레곤 청원Oregon Petition에 서명한 참여자들은 2009년에는 3만 1,000여 명이 넘었다. 이 청원의 핵심은 '인간 활동이 지구온난화를 가속하는 요인은 아니다'라는 주장이었지만, 일부 언론은 "3만 명의 과학자들이 기후변화를 혹스로 규정했다"라는 자극적 제목을 뽑았다. 《뉴펀치New Punch》는 "기후변화는 엘 고어 같은 민주당 엘리트들이 돈을 벌려고 만든 속임수라는 것을 3만 명의 과학자들이 나서서 확인했다"라는 뉴스를 썼다.[136] 그런데 빙하가 녹아내려 먹이를 구하기가 어려워진 북극곰은 이 보도를 어떻게 생각했을까?

그렇지만 폴리티팩트는 《뉴펀치》의 뉴스를 '새빨간 거짓말Pants on fire'이라고 판단했다.[137] 청원은 기후변화에 있어서 인류의 역할에 대한 과학적 합의에 도전했지만 기후변화를 돈벌이를 위한 사기로 규정하지는 않았다고 지적했다. 스누프스는 오레곤 청원을 '대체로 거짓Mostly False'으로 판단했다. 그 이유는 청원이 정치적 동기에 의해 진행되었고, 오인을 유도하는 배포 전술을 사용했고, 서명의 진정성에 대한 책임도 없었기 때문이었다.[138] 《허핑턴 포스트》는 오레곤 청원이 프로파간다라고 지적하고 나섰다. 조사 결과 오레곤 청원을 재정적으로 지원했던 것은 석유재벌 엑손Exxon과 연결된 연구소였다.[139]

오레곤 청원 서명에 참여한 과학자들은 기후변화에 대한 전 세계 과학자들의 합의scientific consensus와는 거리가 멀었다. 비록 3만 1,000명의 과학자들의 동의라는 눈속임을 했지만 학부생들도 서명에 참여했다. 연구 분야도 각자 달랐다. 전체 서명자들 중에서 기후학 전공자의 비율은 0.1퍼센트에 불과했다. 예일대학교 기후변화 커뮤니케이션YPCCC 프로그램의 앤서니 레이저위츠Anthony Leiserowitz와 사회심리학자 샌더 반 데르 린덴Sander van der

Linden은 과학적 합의에 의문을 품게 만드는 허위정보 캠페인이 범람하기 때문에 감별력이 필요하다고 반박하고 나섰다.[140] 기후과학을 연구하는 전 세계 80개국의 과학자들 95퍼센트는 기후변화가 실질적 위협이라는 점을 인정하고 있던 것이다.

그러나 기후변화는 정치인의 입에서 '속임수', '헛소리', '엄연한 현실' 사이를 오갔다. 2012년 유엔 Rio+20 회담이 개막된 다음 날 민주당 존 케리John Forbes Kerry는 상원에서 허위정보 캠페인을 강하게 비판했다. "허위정보는 행동을 위한 합의consensus momentum를 방해한다. 기후변화가 수백만 달러짜리 거짓말이라는 비꼬기, 비논리적·비과학적 명제, 기후변화 대응이 세금 인상과 실업을 증가시킨다는 허위 위협은 진실을 덮는 수법이다." 그러자 공화당 의원들은 기후변화 위협에 의문을 가지는 과학자들이 더 늘어나고 있다는 주장을 했다. 폭스뉴스는 기후변화는 '타협된 과학settled science'이므로 속지 말라는 뉴스를 줄기차게 내보냈다.[141] 폭스뉴스에 따르면 기후변화에 대한 회의적 관점이 더 우세하며 위기를 느끼는 미국인은 45퍼센트가 되지 않는다. 그러나 예일대학교 기후변화 커뮤니케이션 프로그램의 조사에 따르면 지구온난화가 크게 우려된다고 응답한 미국인의 비율은 51퍼센트가 넘는 수준이다.[142]

## '기후변화' 대 '지구온난화'

교토 의정서Kyoto Protocol 이후 기후변화에 대응하기 위한 방안을 국가들이 한창 논의하던 2015년 무렵 트럼프는 "기후변화는 속임수"라고 비난했다. 그가 대통령으로 선출되자 미국은 파리기후협약에서 탈퇴해버렸다. 인간 활동으로 인한 이산화탄소 증가가 지구온난화를 초래한다는 확실한 근거는 없다는 해석은 트럼프가 즐겨 이용하는 표현이었다. 그 후 트럼프는 2018년에

CBS TV의 〈60분〉에 출연하여 "기후변화는 실제 일어나고 있으므로 속임수 hoax는 아니지만 인간이 초래한 위기라는 점은 의문"이라고 말을 바꾸었고, "기후 과학자들이 정치적 어젠다를 가지고 있다"라고 의심한다고 밝혔다. 그러나 현실은 정치인들이 과학적 사실을 공격하는 것이다.[143]

기후변화에 대한 정치인의 말은 손바닥 뒤집듯 달라질 수 있어도, 과학적 사실이 갑자기 달라지지는 않는다. 미국은 글로벌 에너지 시장에서 세계 최대 석유·천연가스 생산국의 지위를 굳혔으므로 클린 에너지로 급격히 전환할 만한 유인이 크지는 않다. 트럼프는 더 많은 일자리를 창출하는, 석탄과 석유 생산량을 급격히 늘리는 정책을 선택했다. 그가 대선에서 높은 득표율을 기록한 선거구가 최대 석탄 생산지 와이오밍주, 웨스트버지니아주라는 점은 결코 우연이 아니었다. 이런 배경에서 트럼프는 신재생에너지 전환을 의무화하는 파리협약을 꺼렸다.

오바마 행정부는 기후변화 대응과 탄소배출 감축에 중점을 둔 정책을 유지했으나 트럼프는 실업자를 늘린다는 이유로 철회해버렸다. 오바마가 행정명령으로 부과했던 탄소배출 제한 규제를 없애고 셰일가스·셰일오일 산업, 석탄채굴 산업을 적극적으로 부양하고 나섰다.

'기후변화climate change'라는 말은 '지구온난화global warming'보다는 덜 위협적으로 들리므로 위기감이나 심각성을 누그러뜨린다. 지구온난화라는 용어에는 파국적인 결과에 대한 암울한 예측이 수반되었다. 동일한 과학적 현상을 지칭하는 용어에 대한 대중의 반응은 다르다. 미국에서 실시된 설문에서 '기후변화 현상'에 대한 부정적 반응은 63퍼센트였으나, '지구온난화 현상'에는 76퍼센트였다.[144]

미국 공화당 정치인들은 그 차이를 재빨리 눈치 채고 '기후변화' 용어를 사용하도록 촉구하는 메모를 작성했다. 그 이후 조지 부시 대통령은 연설할 때마다 '기후변화', '보호론자'라는 단어를 일관되게 사용했다. '지구온난화'와

'극단적 환경주의자'는 『불편한 진실』의 저자 엘 고어Al Gore를 포함한 민주당 진영을 상징했다.[145]

두 용어가 전 세계 뉴스 검색에 사용된 빈도를 '구글 트렌드'를 통해 데이터를 비교하자 두드러진 변화가 나타났다. 2008년 무렵에는 100 대 20으로 '지구온난화'가 압도적으로 많이 사용되었지만, 2019년에는 22 대 9로 '기후변화'가 우세를 보였다.[146] 2014년 9월에 '기후변화' 관련 뉴스 검색은 네 배 이상 폭증했는데, 150개 국가에서 기후행진People' s Climate March이 열렸기 때문이었다.

동일한 시기 미국 내 뉴스 검색에 한정해서 비교하자 53:9 비율로 지구온난화가 많았지만 시간이 흐르자 8:24로 기후변화가 역전했다. 구글 한국어 뉴스 검색어는 2008년 무렵에는 '기후변화'가 많았지만 2019년에는 거의 같아졌다. 대체적으로 한국인들은 기후변화에 그다지 관심을 보이지 않았다. 국내 네이버 검색어 트렌드를 2016년부터 2019년까지 비교하자 '지구온난화' 비율이 약간 많았다.

《타임》, 《사이언스》, 《네이처》, 세계경제포럼은 '지구온난화'를 기사 제목에 주로 사용한다. 적어도 과학자들은 과학적 사실을 엄밀하게 지키려고 한다. 그러나 폭스뉴스, BBC, 《가디언》, 《뉴욕타임스》, 《월스트리트저널》, 《파이낸셜타임스》는 '기후변화 위기', '기후책임', '기후비용' 등의 표현을 더 선호한다.

2019년 여름 브라질 북부 아마존에서 발생한 대규모 산불 소식은 전 세계로 보도되었다. 아마존 열대우림은 정말 지구의 산소를 20퍼센트 생산하는 '지구의 허파'일까? 이 수치는 많은 미디어 보도에서 공식처럼 통용되고 있었다. 기후변화 문제에 민감한 프랑스의 마크롱도 이 수치를 트위터에 올리면서 불타는 아마존이 지구의 산소를 고갈시킨다고 탄식했다.[147] 그러나 이것은 잘못된 이해에 기초한 비판이었다. 브라질 대통령은 아마존 화재가 마크롱의 정치적 이득을 위해서 이용되고 있다고 반발했다.

브라질 정부는 식민시대 사고로 주권을 침해한다고 비난하며 G7의 원조 제안까지 거부했다. 프랑스는 노트르담 대성당의 화재도 예측 못했으면서 무슨 아마존 불길까지 걱정하느냐는 빈정거림도 나왔다. 브라질 외교부 장관은 "환경 재난 타령은 사실을 질식시키려는 좌파 거짓말쟁이의 마지막 무기일 것"이라고 폄하했다.

가짜뉴스 논쟁의 조짐을 포착한 《내셔널 지오그래픽》은 "아마존은 그 정도의 산소를 만들지는 않는다"라는 기사를 재빨리 내보냈다.[148] 아마존이 광합성을 통해 내놓는 산소는 배출하는 이산화탄소의 양과 거의 같다. 지구상 산소 대부분은 바다의 광합성 세균이 생산하므로 지상의 화재가 아무리 심하더라도 고갈되는 전체 산소의 양은 매우 미미하다.

한편 브라질 국립우주연구소INPE의 환경학자들은 기후변화를 억제하려면 아마존 열대우림을 보호해야 한다고 주장했다. 이것은 매우 타당한 과학적 진실이었다. 아마존이 파괴되면 토양에 저장되어 있던 엄청난 분량의 이산화탄소가 대기 중으로 배출될 것이기 때문이다. 그것은 거대한 재난의 시작일 것이다.


## 적당한 알코올은 건강에 좋은가?

하루에 와인 한 잔을 마시면 건강에 좋다는 이야기는 상식처럼 돌고 있지만 적당한 음주의 효과를 둘러싼 과학 논쟁은 치열하다. 와인이 건강에 좋다는 문구를 담은 근사한 광고나 뉴스 보도는 어디까지 신뢰할 수 있을까? 와인의 항산화 물질은 심장 기능을 돕기도 하지만 알코올성 간질환을 유발하기도 한다. 실제로 와인을 자주 마시는 프랑스인의 알코올성 간질환 사망률은 높은 수준이다. 와인을 마시는 사람들이 그렇지 않은 사람보다 재력이 좋고, 신체 건강을 유지하기에 좋은 사회적 지위와 습관을 갖고 있기 때문에 건강이 좋다는 연구 결과도 있다.[149] 사람들이 흔히 생각하는 통념적 인과관계의 역전을 보여주는 통계다.

뉴스 보도에 등장하는 '적당한moderate 알코올'은 의미가 모호하다. 저마다 알코올 흡수력, 취향, 건강 상태가 다르기 때문이다. 건강에 위험을 줄 수 있는 알코올 소비 수준의 가이드라인은 대개 역학적 연구의 메타 분석을 기반으로 작성된다. 알코올 소비가 건강에 유해하다는 뉴스가 많아져도 여전히 음주를 선택하는 사람들은 있다. 술자리는 사회적 친밀도를 높여주고 잠시나마 긴장을 풀어주고 만족감을 주기 때문이다. 그렇기에 섭취하는 알코올 '양'은 건강에 직결되는 중요한 요소다. 건강을 위협하지 않는 음주량은 일반 맥주 340밀리리터, 와인 140밀리리터다. 순수한 알코올로는 14그램 정도다.[150] 영국 정부가 2016년에 발표한 음주 권고량은 1주당 맥주 3.4리터다. 그런데 알코올은 간경화, 위장병, 심혈관 질환, 치매, 암 위험을 증가시키기 때문에 기준선을 낮출 필요가 있다는 주장도 있다.[151] 주류회사들은 연구 결과나 보도 자료를 통해 적당한 음주의 효용성을 강조하려는 유인을 가지게 된다.

존스홉킨스대학교 등 16개 연구소는 매일 마시는 '적당한 알코올'이 심장질환과 당뇨병 위험을 감소시키는지 여부를 파악하기 위해 6년 동안 7,000명을 관찰할 예정이었다. 1억 달러의 예산은 주류 업계로부터 지원받기도 했다. 그러나 미국 국립보건원은 연구를 중단할 것을 명령했다.[152] 연구책임자가 주류업계와 지나치게 친밀한 관계를 유지한다는 점이 문제였다. 과학적 전제scientific premise가 편향되게 설정되고, 적당한 음주가 건강에는 유용하다는 방향으로 연구가 진행될 수 있다는 우려가 제기되었다. 주류업계가 연구 결과를 대대적으로 홍보할 수 있었다.

2018년 미국 심장학회에 발표된 논문은 알코올 소비와 심장질환으로 인한 사망률의 관계를 통계적으로 언급했다.[153] 알코올 섭취량은 심근경색으로 인한 사망 위험의 감소와 관련이 있다. 가벼운 음주가 심장병으로 인한 사망을 막는 효과가 약간 있어도, 과음은 암으로 인한 사망 위험을 증가시킨다는 것이 결론이었다. HDL 콜레스테롤은 LDL 콜레스테롤이 동맥을 막지 않도록 하고 간으로 이동시켜 분해되도록 한다. 알코올 소비는 HDL 콜레스테롤 수치를 증가시킬 수 있지만 암에 걸릴 위험은 51퍼센트나 증가시켰다.[154] 양립 가능한 두 가지의 과학적 사실들 중에 일부만 보도한다면 그것은 진짜 뉴스일까 가짜뉴스일까?

영국 《데일리메일》은 "술을 매일 마시는 사람이 건강하다"라는 기사 제목을 뽑았다.[155] 매주 3회 이상 14회 음주가 좋다는 친절한 안내까지 기사 내용에 포함시켰다. 국내의 한 뉴스 큐레이션 업체는 이 기사를 번역하여 페이스북 뉴스피드에 올렸다. 음주에 호의적 평가를 내린 이례적 뉴스를 발견한 2만 3,000명은 '좋아요'를 눌렀고 1,600회나 공유가 이뤄졌다. 과장된 허풍에 담긴 과학적 정보가 뉴스로 포장되어 소셜미디어에 흥밋거리로 유통되었던 것이다.

《데일리메일》의 뉴스와는 달리 케임브리지대학교 연구팀이 전 세계적 규모로 진행한 경험적 연구는 알코올 섭취에 안전한 수준은 없다는 결과를 확인했다.[156] 1990년부터 2016년까지 195개 국가에서 비음주자와 하루 한 잔 이상의 술을 마신 사람의 데이터를 비교한 결과 건강에 미치는 위험은 술잔이 늘어나면서 지속적으로 증가했다. 건강에 '적당한 알코올 양'이란 존재하지 않는 것이 결론이었다. 다른 연구에 따르면 적당한 음주를 포함하는 라이프 스타일을 가진 사람들의 수명은 통계적으로 더 길었다. 그러나 적당히 알코올을 소비하는 그룹은 절대 금연, 적절한 체중, 정기적 신체 활동, 건강한 식습관까지 가지고 있었다.[157]

음주가 건강에 미치는 영향에 대한 과학적 연구를 뉴스 기사로 전환하는 과정에서 일어나는 데이터의 재해석, 지나친 일반화, 연구 조건의 왜곡은 대중의 판단에 혼란을 초래한다. 전환의 과정에는 흥미로운 기삿거리를 만들어 내려는 욕구, 기자들의 과학적 문해력의 부족도 한몫을 한다. 타블로이드 신문들은 유용한 지식이나 진실을 전달하지 않아도 독자의 관심만 끌면 된다.

비슷한 목적에서 만들어지는 클릭 미끼 뉴스들은 과학적 연구 과정에서 설정된 까다로운 조건은 모두 지워버리고 "적당히 술을 마시면 오래 산다", "와인이 건강에 더 좋다"라는 결론만을 단순 명제로 보도하는 경향이 강하다. 한편 유튜브가 정확한 과학 지식을 전달하는 수단으로 사용되기도 한다. 넘쳐나는 가짜 건강 정보를 바로잡기 위해 의료인들이 만든 유튜브 채널들은 인기를 끌었다.

### 미세먼지와 가짜뉴스

태국 방콕에서는 초미세먼지(PM 2.5)에 노출된 여성이 숨졌다는 자극적 설명을 넣은 사진을 게재한 가짜뉴스 웹사이트 운영자가 경찰에 체포되었다.[158] 그는 방문자수를 늘려서 광고 수익을 얻으려고 했다. 물론 방콕이 심각한 미세먼지와 공해에 시달리고 있는 것은 사실이었다. 대중에게 혼란이나 공포를 불러일으킬 수 있는 가짜뉴스를 웹에 게재하는 행위는 태국에서는 컴퓨터 범죄로 다루어진다.

한편 국내 미세먼지의 발생 원인이 중국에서 넘어온 것인지 국내 화석연료의 연소와 쓰레기 소각 등에서 생겨나는 것인지에 대한 논쟁이 끊이지 않고 있다. 국내 뉴스 보도를 살펴보면 미세먼지와 고농도 초미세먼지가 중국에서 넘어온다는 설명이 압도적으로 많다.

"NASA 사진에 딱 걸렸다, 중국 미세먼지 오리발"[159]이라는 기사는 NASA 지구관측시스템EOS에 사용된 테라 위성과 아쿠아 위성의 MODIS 이미지 데이터를 기사화한 것이다. "올 초 미세먼지, 중국 요인이 70퍼센트 이상"에 등장한 수치는 국립환경과학원의 자료를 인용한 것이다.[160] 국내를 덮친 미세먼지 가운데 중국발 오염원이 기여하는 영향도가 평상시에는 30~50퍼센트, 심한 고농도일 때 60~80퍼센트 수준이라는 주장이었다.

최악의 미세먼지가 중국에서 흘러온 대기의 흐름 때문이라고 보도하는 뉴스들은 흔히 위성사진을 곁들인다. 한편《오마이뉴스》에 실린 한 기고문은 미세먼지의 원인과 책임을 국외 요인으로 무비판적으로 떠넘기는 뉴스 보도에 일침을 가했다. 그러나 이 기고문은 보건학자의 견해였지 대기과학 전문가의 분석은 아니었다.[161]

동북아 상공에서 찍은 위성사진에 나타난 물체들이 모두 초미세먼지(PM 2.5)라고 믿을 수 있을까? 위성사진에서 중국 산둥반도와 한반도 상공은 뿌옇게 변해 있다. 한반도 서쪽 하늘은 수도권에서 제주도까지 짙은 농도이지만, 남동쪽은 상대적으로 낮은 농도를 보였다. 그러나 위성사진은 높은 상공에서 찍기 때문에 촬영된 물질이 일시적 황사인지, 구름인지, 실제로 유독한 미세먼지인지는 판단하기 어렵다. 이 때문에 중국 측은 인공위성 사진이 지표면부터 높은 고도까지 공기층을 위에서 찍어 보여주므로 직접적 증거는 못 된다고 반박한다. 실제로 미세먼지·스모그·황사는 원인, 구성 성분, 크기에 차이가 있고 미세먼지는 육안으로 보이지 않는다.

황사는 흙먼지·모래가 이동하여 지표에 떨어지는 자연현상으로서 크기는 10마이크로미터 이하다. 미세먼지는 난방, 자동차 타이어 마모, 배기가스, 화석연료 사용, 공장, 화력발전소에서 발생하며 질산염, 중금속 등이 포함되어 있다. 그 크기는 황사보다 훨씬 작은 2마이크로미터 이하다.[162] 황사와 미세먼지의 발생원과 성분 차이로 인해 이동 경로 예측과 측정 방식에 차이가 있다. 황사는 기상청이, 미세먼지는 환경과학원이 관찰하여 통합해서 예보하는 방식으로 운영되고 있다.

2019년 3월 국회 환경노동위원회에는 동북아시아 상공을 찍은 위성사진이 등장했다. 어스눌스쿨Earth Nullschool 웹사이트의 화면을 차지한 붉은색 영역은 한반도와 중국에 걸쳐 있었다.[163] 미세먼지의 흐름이 아니라 대기 이동의 한 장면을 컬러로 만든 자료일 뿐이었다. 어스윈드맵Earth Wind Map은 지구 유체의 대순환을 시뮬레이션으로 보여줄 뿐인데도 언론에는 '전 세계 미세먼지·대기오염 사이트'라고 소개되었다.[164]

어스윈드맵의 데이터는 세 시간 마다 업데이트 되고, 자바 데이터를 시각화한다. 그러나 어스윈드맵이 시각적 데이터 생성에 사용한 데이터는 미세먼지 조성에 관련된 질산염, 황산염, 그리고 미세먼지 생성의 재료가 되는 오염물질 또는 그 생성 반응에 관여하는 산화제를 관측한 것도 아니다.[165] 지도의 메뉴 중 고도(H)에서 지면(Surf)를 클릭하면 지상의 미세먼지 농도를 보여준다는 설명은 무리가 있었다.

시각적으로 과대 포장된 미세먼지 데이터는 대중의 불안감을 자극하게 된다. 어스눌스쿨 웹사이트의 시각화 자료를 믿은 뉴스들은 미세먼지의 원인이 대부분 중국 탓이라는 통념을 강화시켰다. 마음속에서 이미 결론을 정했다면 데이터는 편향적으로 평가되기 마련이다. 한 국회의원은 미세먼지가 이동한 증거라면서 위성사진과 함께 항의서한을 주한 중국 대사관에 발송하는 정치적 퍼포먼스를 벌였다. 그러나 중국 외교부는 과학적 근거에 의한 결론도 아니고, 전문적 증거도 없다는 입장을 내놓았다.[166]

초미세먼지에 대한 한중일의 첫 공동 연구는 2019년 말에야 발표되었다. 2000년부터 2017년까지의 데이터를 분석하자 국내 초미세먼지(PM2.5)의 32퍼센트는 중국에서 불어왔지만, 절반가량은 국내 요인으로 밝혀졌다.[167]


**에어비주얼 데이터**

미세먼지에 대한 관심이 커지자 각종 측정 지표, 웹사이트, 앱, 디지털 측정

기기가 쏟아졌다. 공기질에 대한 '지나치게 많은 정보TMI'가 경쟁하는 상황이 벌어졌다. 미세먼지의 수준에 대한 정확한 측정에는 한계가 있는데도 일단 숫자로 변환되면 대중의 신뢰도는 매우 높아진다. 미세먼지에 대한 뉴스가 단일 정보 출처에만 의존하거나 특정 웹사이트의 측정 지표를 무비판적으로 전달한다면 굳이 보도할 필요까지도 없을 것이다.

에어비주얼AirVisual이 전 세계 도시들과 국내 지역별 미세먼지 수준을 한눈에 보여준다는 말은 사실일까?[168] 이 앱은 베이징에 사는 얀 보키요Yann Boquillod가 만들었다. 중국 정부기관이 발표하는 미세먼지 데이터를 불신하는 정서가 강했기 때문에 에어비주얼 앱의 인기는 폭발했다.[169] 그런데 미세먼지 상태를 실시간으로 확인할 수 있다는 에어비주얼은 얼마나 정확할까?

이에 대한 대답은 에어비주얼의 데이터가 어떻게 모이는가를 보면 알 수 있다. 미국 도시들의 데이터는 미국 공기질 지수USA AQI를 사용한다. 미국 상무부 산하 환경보호국은 청정대기법Clean Air Act에 의해 규제되는 다섯 가지 대기 오염물질들을 고려하여 대기질 지수AQI를 종합한다. 지상층 오존, 입자 오염(미립자 물질), 일산화탄소, 이산화황, 이산화질 등이다.[170] 그러나 미국 이외의 국가들에서는 인공위성 사진 등 간접 지표나 현지 측정 데이터를 전달받아서 사용한다. 국내 데이터는 환경공단 에어코리아Air Korea가 작성하는 통합대기환경지수CAI를 사용한다.[171] 그런데 측정소들이 산 중턱에 위치하거나, 드문드문 설치되어 있어 정확성이 높지 않다는 지적이 있다.[172]

과학적 위험성에 대한 데이터는 측정 기준에 따라서 크게 달라진다. 많은 단체들과 연구소들은 '환경성과지수'라는 명칭을 사용하지만 저마다 다른 측정 기준을 적용한다. 예일대학교 데이터랩과 컬럼비아대학교 국제지구과학 정보센터가 발표하는 환경성과지수EPI는 180개 국가들의 24가지 데이터를 제공한다.[173] 그 가운데 미세먼지 농도의 측정도는 위성사진의 분석에만 의존하므로 상당히 부정확하다. 어느 날 이 센터가 측정하는 환경성과지수 기준이 갑작스럽게 변경되었다. 그 결과 우리나라의 대기질 순위는 거의 꼴찌 수준에서 수직 상승했다.[174] 그러자 국내의 대기질이 매우 좋아졌다는 착시현상을 일으켰다.


## GMO 식품은 정말로 위험할까?

GMO 식품에 대한 대중의 과민한 우려는 부정적 뉴스 보도에 의해 증폭되기도 한다. 최근에는 정부가 유전자를 조작한 SPS-E12 감자의 국내 수입을 허용하자 논란이 일었다. "유전자변형 감자 첫 수입 앞두고 뜨거운 논란", "GMO 감자 안전성 승인 '졸속 처리' 논란… 식약처 재심사", "美 과학자 GMO 감자 독소 축적가능성 경고", "유전자조작식품(GMO)의 대재앙" 기사는 GMO 감자를 먹은 쥐들에 면역 체계가 손상되는 비율이 높아졌고 백혈구의 활동이 둔화되어 질병에 쉽게 걸렸다는 연구를 인용했다. 부정적 논조의 기사였지만 막연한 추정이 아니라 위해성에 대한 충분한 증거 자료를 뒷받침하고 있었다. 국내 식품의약품안전처는 유전자변형 감자 SPS-E12 안전성은 '과학적 사실'과 논리에 입각한 경우에 한하여 검토할 수 있다"라고 원론적 입장만 밝혔다.

그런데 인체 위해성과 관련하여 가장 자주 기사에 등장했던 작물은 GMO 밀과 옥수수였다. "불안한 식탁, GMO 식품, 이래도 먹을 건가요"는 라운드업 레디Roundup-ready 옥수수의 독성에 대한 경각심을 촉구했다. "실험용 쥐가 먹고 죽은 GMO 옥수수 한 해 100만 톤 이상 수입"은 주사기가 옥수수에 무수히 꽂혀 있는 그래픽까지 실었다.[175] "GMO 식품을 장기 복용하면 종양, 장기 손상, 간 기능 손상, 자폐증, 난임, 불임을 유발한다"라는 단정적인 기고도 있다.[176] GMO의 유해성을 확신하는 학자의 입장에서는 GMO로 인한 인체 피해는 없었다는 뉴스들이 모두 허위정보로 보일 것이다. "GMO, 한 건의 구체적 부작용 사례 없다"라는 주장은 업계 이익을 노골적으로 대변하는 것처럼 느

껴진다.[177]

세계보건기구는 GMO 식품의 안전성 평가 방법을 밝히고, 인간 건강과 관계된 이슈로 알레르기 반응, 유전자 전이, 유전자 교차를 유발할 가능성에 주목하고 있다.[178] 그러나 '완벽하게 안전하다'라는 결론을 내놓지는 않고 있다. 해외 과학저널들에는 GMO 식품 섭취가 인체에 위해성을 미친다는 증거는 발견하지 못했다는 연구 결과가 압도적이다. 일간 신문과 전문 과학저널의 논조는 왜 이렇게 큰 차이가 나는 것일까? 누구의 말이 옳은 것일까?

GMO 음모론은 다국적 농업기업 몬산토Monsanto가 바이오 기술을 활용하여 GMO 품종을 상업화하지만 대중의 건강과 안전은 신경 쓰지 않는다는 불신에 뿌리를 두고 있다. 가짜뉴스들은 GMO가 실제로는 인체에 유해하다는 데이터가 있지만 비밀로 취급되고 있다는 막연한 두려움을 소재로 삼는다. GMO 반대 활동가들은 건강 위해성에 대한 정보, 농업 생태계에 미치는 부정적 영향에 대한 정보를 소셜미디어를 통해 퍼뜨렸다.

일반 대중의 과학 지식 수준은 그다지 깊지 않고 GMO 기술의 원리에 대해 이해가 부족하기에 부정적 언론 보도에는 상당히 취약하다. 부정적 정보의 확산은 GMO 식품의 수용을 꺼리는 태도에 영향을 미쳤다. 아프리카의 빈곤국가 잠비아는 식량 부족에 시달림에도 GMO 곡물을 원조받기를 거부했다. 최근 잠비아 정부가 엄격한 조건하에 GMO 식품의 수입을 허용하기 시작하자 이에 반대하는 여론이 폭발했다. 잠비아 소비자 협회, 아프리카 소비자 연합은 규제 당국이 거대 곡물 기업의 압박에 굴복했다고 비난했다.

극단적 반대론자들은 전문적 지식은 적지만 스스로 많이 알고 있다고 착각하는 상황도 벌어지게 된다.[179] 막연한 주장은 과학적 사실에 대한 공방전을 매우 감정적으로 흐르게 만든다. 다큐멘터리 영화 〈푸드주식회사Food, Inc〉에 따르면 GMO 식품을 둘러싼 정치적 논쟁에 등장하는 사례들은 크게 과장되어 있다. GMO 기술에 매혹된 과학자들과 탐욕스러운 기업들은 미디어를 통해 GMO 종자로 가능한 식량 증산을 장밋빛으로 포장한다. 한편 GMO에 병적인 반감을 보이는 진영도 희박한 과학적 근거만을 제시할 수 있을 뿐이다. 따라서 주고받는 논쟁의 수준은 퇴보했고 GMO 식품 위해성 문제를 이성적으로 고려하거나 증거에 근거한 논박을 진행하기도 어렵게 되었다.

유럽연합은 '사전예방 원칙'을 정책에 수용했다. 어떤 물질이 해롭다는 증거가 없다고 해도, 그 물질이 해롭지 않다는 증거가 되지는 못한다는 것이다. 사전예방 원칙은 이론적으로 위험을 내포할 수 있다면 그 물질을 신중하게 다루자는 입장이다. GMO 식품의 섭취가 인체 건강에 유해하다는 증거가 없었음에도 유럽 내에서 판매금지 조치가 내려진 것은 사전예방 원칙 때문이었다. 다만 이 금지 조치는 2006년 세계무역기구 분쟁해결기구에서 위법하다는 판정을 받았다. GMO 식품의 판매금지 조치가 부당한 무역장벽이라고 주장한 미국과 식량 수출국들이 세계무역기구에 제소했기 때문이다.

그렇지만 유럽연합은 식품의 포장에 유전자변형 성분의 포함 여부를 표시하도록 규제하고 있다. 레이블링 요건labeling requirement을 통해서 소비자들의 선택권을 보장한다는 것이다. 그러나 국내 제도에 따르면 유전자변형 단백질 또는 DNA를 함유한 품목 등은 표시해야 할 의무가 없다. 식품회사들은 GMO 재료를 쓴 제품이라는 표시를 꺼린다. 미국에도 라벨링 규제가 있지만 GMO 성분을 제품 라벨에 명시적으로 기재할 의무는 없다. 그 대신 소비자들이 웹사이트나 QR코드 등으로 해당 정보를 찾아볼 수 있도록 안내하게 되어 있다.

과학자들은 2017년에 처음 유전자 가위CRISPR를 사용하여 인간 배아단계에서 심장 결함을 일으킬 수 있는 유전자 돌연변이를 치료했다. 현재는 조작된 돌연변이를 이용하여 HIV 감염을 치료하려 실험하고 있다.[180] 값비싼 인간 유전자 편집은 세상을 더 불평등하게 만들고, 취약한 사람들을 더 취약하게 만들고, 특권층의 지배를 강화시킬 것이라는 비판도 나왔다. 또한 유전자 가위로 편집한 식물과 동물을 어떻게 규제하느냐는 뜨거운 논란거리가 되었다. 다음 세대로 넘어가는 유기체 게놈에 뜻밖의 변화가 발생하면 위해성이 잠복할 수 있다는 우려가 제기되었다.

그렇지만 미국 농무부USDA는 유전자 편집 작물에 대한 규제는 불필요하다고 결정했다. 일본 정부도 유전자 편집 작물이 특정 기준만 충족하면 안전성 검사 없이도 식품 제조에 사용하도록 허용하기로 했다.[181] 그러나 유럽연합 사법 재판소ECJ는 유전자를 편집한 작물들도 GMO 식품에 적용되는 유럽연합 규제GMO Directive를 따라야만 한다고 판결했다.[182] 그러자 영국의 연구자 그룹은 런던 사이언스 미디어 센터에서 "이 같은 판결은 유럽의 식물 육종에 악영향을 줄 것이다"라고 비난하고 나섰다.[183]

현재 GMO 식품의 라벨링 제도나 유전자 편집 작물·동물의 규제가 각 국가마다 다른 이유는 대중의 '위험 인지'가 다르기 때문이다.[184] 위험 인지에는 문화적 배경, 역사적 경험, 정치적 요인 등 비과학적 요소들이 복잡하게 작용한다. 다시 말해 인종, 교육 수준, 종교적 배경, 지역에 따라 과학적 진실에 대한 믿음도 크게 달라질 수 있다. 이런 메커니즘은 기자들이 과학 분야 뉴스를 어떤 논조로 쓸 것인가를 결정할 때에도 부지불식간에 작용한다.


### 황금쌀 논쟁

비타민 A의 결핍으로 야맹증을 겪는 빈곤국가의 아이들에게 풍부한 베타카로틴β-Carotene을 공급할 수 있다는 '황금쌀'도 GMO 품종으로 개발되었다. 노란 쌀 색깔은 베타카로틴 성분 때문이었다. 황금쌀 개발은 GMO 작물 연구개발의 상징 그 자체였고, 영양결핍에 시달리는 빈곤국가 아이들을 돕는다는 도덕적 정당성까지 갖추고 있었다.[185] 그러나 실제 효능은 미지수로 남아 있다. 황금쌀을 섭취하면 인체 내에서 어떻게 작용하는가는 아직 과학적으로 증명되지 않았다.[186] 게다가 환경보호단체 그린피스처럼 안전성을 이유로 여전히 GMO 식품을 반대하는 진영도 있다. 황금쌀의 효능을 알아보기 위해 터프트대학교 연구진은 2008년 중국 후난성 지역의 6~8세 아동 25명을 대상으로 임상실험을 실시했다. 그러나 아동들은 자신들이 실험대상인지도 몰랐고 동의도 받지 않았다는 점이 드러났다. 실험 과정에서 윤리 규정을 어겼다는 이유로 논문 게재는 철회되었다.[187]

2016년 107명의 노벨상 수상자들은 그린피스에게 황금쌀 반대 캠페인을 포기하라고 공개적으로 촉구하고 나섰다. 노벨 생리학의학상을 수상한 필립 샤프Phillip Allen Sharp는 그린피스가 과학적 지식이 전혀 뒷받침되지 않은 상태에서 겁을 주고 있다고 비난했다. 황금쌀을 반대한 그린피스는 졸지에 영양실조로 인한 빈곤국가 아동들의 고통이나 건강권을 무시하는 비인도적 단체가 되었다.

그린피스는 황금쌀이 실제로는 효능이 없고 대중을 속이고 있다면서 '황금색 환상Golden-Illusion'으로 부른다.[188] GMO 작물의 효능을 부풀리는 과대광고는 환경과 인간 건강에 위험을 초래한다. 황금쌀 품종이 재배지로 퍼져나가면 전통적인 쌀 품종과 유기농 품종을 오염시킬 가능성이 높기 때문에 농부들이 곡물 시장을 잃게 된다는 것이다. 실제로 GMO 작물만을 사용한 농사법이 풍토병과 병충해에 약하여 기대한 만큼의 수확량을 거두지 못한다는 불만도 있다. GMO 작물은 해마다 특허 로열티를 내야 하기 때문에 빈곤한 농민들은 감당하기 어려울 수 있었다.

2018년 미국 식품의약처FDA는 황금쌀을 식품으로 사용해도 좋다고 승인했다. 중국의 연구원들이 개발한 GMO 쌀 품종도 같은 해 FDA의 승인을 받았다. 중국은 GMO 식품을 '쓰레기'라고 비난하던 모습에서 돌변하여 세계적 농업회사 신젠타Syngenta를 인수해 '농업굴기農業崛起'에 나섰다. 그러나 GMO 작물의 수입만 허용했고 국내 재배는 허용하지 않았다. 중국의 입장은 GMO

작물의 연구 개발은 진행하지만, 중국인들의 거센 심리적 거부감 때문에 재배와 소비를 제한하는 역설적 상황에 놓여 있다.[189]

그런데 애초에 GMO를 혐오하도록 유도한 것은 다름 아닌 중국 당국이었다. 중국 정부는 2005년 무렵 불법적 GMO 쌀 재배지 666헥타르를 강제로 압류했다고 발표했다. 2010년 지방정부의 실수로 공개된 문건에는 GMO 쌀의 통제 관리를 강화하고 판매를 금지하라는 내용이 담겨 있었다. 2014년 중국 후베이성 우한시에서는 충격적인 뉴스가 터져 나왔다. 중국중앙방송CCTV의 탐사프로그램 〈신문조사新闻调查〉는 우한 지역 슈퍼마켓의 쌀 다섯 포대 중 세 포대에서 'Bt63' 쌀이 발견되었다고 폭로했다. 이 쌀의 유전자 변형 코드는 병충해의 공격을 막기 위한 독성을 스스로 생산한다. TV 방송으로 Bt63 쌀의 소식을 들은 중국인들은 분노와 두려움에 떨었다. 그런데 Bt63 쌀이 경작된다는 사실은 10여 년 전에 나왔던 뉴스를 재탕한 것이었다.[190]

그러나 중국 정부는 경작지 부족과 인구의 팽창으로 인한 식량부족에 대비하려고 반GMO 정책을 갑작스럽게 폐기했다. 2015년 《차이나 뉴스 위클리》는 GMO 쌀이 후베이성에서 대규모로 재배 중이라고 보도했다.[191] 관영 언론을 통한 연속적인 보도는 GMO 작물의 광범위한 재배를 기정사실로 받아들이도록 유도했다. 정부의 정책이 변화하자 GMO 위해성에 대한 과학적 판단도 순식간에 달라졌다. 중국의 GMO 정책은 과학의 정치화가 대중의 위해성 인식을 어떻게 조작할 수 있는가를 보여주는 사례다.

### 광우병과 특정위험물질(SRM)

소의 뇌와 척수가 마치 스펀지 모양으로 변하는 소해면상뇌병증BSE이 처음 발견된 것은 1986년이지만 영국 정부는 1996년이 되어서야 이 병이 인체에 제이콥병vCJD 형태로 전이될 수 있음을 인정했다.[192] 실제로 인체 광우병 사례가 발생하자 거대한 공포감이 감돌았다. 1997년 노벨 생리의학상은 변형 프리온PrPSc을 발견해 인간 광우병(크로이츠펠트 야콥병)과 쿠루병의 원인을 해명한 학자에게 돌아갔다. 노벨 생리학상이 수여되기 이전까지는 변형 프리온이 인체 광우병 감염을 일으킨다는 주장은 거의 인정을 받지 못하고 있었다.[193] 프리온Prion은 정상적인 신경세포막에 존재하는 당단백질이었다. 프리온은 인체에도 존재하며 유해하지는 않다. 그러나 변형이 일어난 프리온은 생물학적 독성물질, 즉 병원체pathogen로 여겨지는데 치료제도 없고 소독·가열을 거쳐도 없어지지 않는다.[194] 프리온PrPC이 구조적으로 변형된 변형 프리온PrPres이, 사람이나 동물의 뇌에 축적되면 소해면성뇌병증BSE 등 프리온 질병을 발병시켰다. 그런데 발병한 경우라면 변형 프리온이 특정한 부위에 몰려 있기 때문에 특정위험물질specific risk material이라고 부른다.

2008년 정부는 '뼈와 내장을 포함한 30개월 이상 소고기'와 '특정위험물질을 포함한 30개월 미만'의 미국산 쇠고기의 수입을 전격적으로 허용했다. 얼마 후 MBC 〈PD수첩〉은 미국산 쇠고기의 안전성에 의문을 던지는 방송을 내보냈다. 핵심에는 광우병에 걸린 소에서 발견된 '특정위험물질SRM'이 있었다.[195] 광우병을 뜻하는 소해면성뇌병증BSE에 걸린 소의 특정위험물질 부위를 사람이 섭취하면 변형 프리온이 인체로 옮겨가서 크로이츠펠트 야콥병 vCJD에 걸릴 수 있었다. 크로이츠펠트 야콥병은 인간 광우병으로서 1996년 이후 전 세계에서 약 200여 명의 환자가 발생했다.

유럽연합은 병원성 프리온이 많이 포함된 특정위험물질의 철저한 제거, 동물성 사료 금지, 전수검사 등을 실시하고 있다. 그러나 변형 프리온 단백질이 작용하여 인간의 면역체계를 언제, 어떻게 무너뜨린다는 경험적 연구는 아직 축적되지 않았다.

그러나 유럽연합과 달리 2008년 국내에서는 변형 프리온의 위험성은 인체에 미치는 위해성의 데이터가 부족하다는 이유로 이명박 정부와 국내 보수 언론에 의해 '광우병 괴담'으로 규정되었다.[196] 농수산식품부 장관은 "미국산 쇠고기 수입 조건 합의는 국제적 기준과 과학적 기준에 의거해 이루어졌음에도 과학적 근거 없이 제기하는 안전성 문제가 사실처럼 알려지고 있어 안타깝게 생각한다"라고 발표했다.

〈PD 수첩〉의 광우병 보도에 대한 정정보도 청구사건을 심리한 대법원은 과학적 연구의 한계나 아직 진위가 밝혀지지 않았는데도 상관관계가 있다고 단정적으로 보도한다면 '허위'라고 판단했다.

> 과학적 연구의 한계나 아직 진위가 밝혀지지 아니한 상태라는 점에 관한 언급 없이 그 과학적 연구에서 주장된 바를 과학적 사실로서 단정적으로 보도하였 다면 그 과학적 사실에 관한 언론 보도는 진실하지 아니한 것이다.

대법원은 〈PD수첩〉 보도 가운데 소해면상뇌병증BSE에 걸려 주저앉는 소 downer cow를 화면에 보여주면서 "광우병 감염될 가능성이 있거나 크다"라고 보도한 장면은 허위사실이라고 판단했다. 또한 "한국인들 중에 94퍼센트가 MM형 유전자이어서 한국인의 유전자형이 광우병 감염 확률이 높다"라는 단정적인 표현을 사용한 부분도 허위사실로 인정되었다. 대법원은 다우너 소가 생겨나는 원인은 광우병 이외에도 매우 다양하고 미국에서 1997년 이후 출생소에서 광우병이 발견되지 않았으므로 광우병에 걸렸을 가능성은 크지 않다고 판단했다. 〈PD수첩〉은 판결에 따라서 광우병의 인체 위해성을 시사하는 장면에 대한 정정보도를 내보냈다.

그러나 〈PD수첩〉의 광우병 보도로 인한 명예훼손을 심리한 형사재판에서는 제작진 모두가 무죄 판결을 받았다. 광우병 보도 내용 중에 비록 허위사실이 있었어도 정부를 비판하는 보도로서 공공성·사회성이 인정되고 민주주의의 토대인 여론 형성이나 공개 토론에 이바지할 수 있었다는 이유로 명예훼손의 책임을 물을 수 없다는 결론이 내려졌다.


## Y2K 재난 괴담

2000년이 되는 순간 컴퓨터 시스템이 오류를 일으켜 전기와 통신 등이 모두 셧다운될 수 있다는 소문으로 세기말은 뒤숭숭했다. 1999년 NBC에서 방송한 드라마 〈Y2K〉는 미국 전역에 한바탕 소동을 일으켰다. 밀레니엄 버그로 인한 대재앙을 다룬 드라마는 뉴욕 타임스퀘어에 모여 새해맞이 카운트다운을 하는 모습으로 시작한다. 마침내 2000년 1월 1일이 되는 순간, 전력 발전소의 컴퓨터가 이상을 일으켜 전력이 끊기고 도시는 암흑으로 바뀐다. 공항에서는 착륙 유도등이 꺼지며 여객기가 비상 착륙을 시도하고 교도소에서는 자동으로 제어되는 문이 열려 죄수들이 뛰쳐나온다. 핵발전소의 제어장치가 전력 차단으로 인해 작동을 멈추고 원자로는 붕괴되기에 이른다. 물론 이 시나리오는 현실이 되지는 않았다. Y2K 재난을 예측 보도한 국내 뉴스들은 피해만 강조한 SF 드라마의 대본과 같았다.

Y2K 버그는 소프트웨어의 연도 인식에서 발생하는 오류이지만, 하드웨어나 물리적 설비까지 영향을 줄 수 있었다. IT 컨설팅 업계들은 Y2K 문제를 대재앙과 직결시켜 정부 담당자들을 위기감 속에 빠뜨렸다. IT 리서치 기업 가트너Gartner는 Y2K가 단순한 전산 시스템 장애가 아니며 이 문제를 해결하지 않으면 컴퓨터 시스템의 파국을 초래할 수 있다고 경고했다. 미국, 영국, 일본은 정부 차원에서 Y2K 문제에 접근했다. 국가적 재앙 사태가 예상되기 때문에 정부가 산업 분야별 책임 기관을 정하고 강력하게 대응해야 한다는 여론이 조성되었다.

미국 백악관이 '2000년 위원회Year 2000 Council'를 만들자 우리나라 정부도 Y2K 정부종합상황실을 구성했다. 한국전산원은 전산 재앙은 피할 수 없을 것이라고 결론을 내렸다. 전력 분야는 송배전시스템에 문제가 생길 가능성이 높았고, 전기공급자동화시스템EMS도 취약하다고 평가되었다.[197] 정부는 대책반을 구성하는 등 떠들썩하게 움직였지만 기업들은 별다른 대응도 없이 느긋한 태도를 보였다.[198]

기자들은 예상 시나리오를 현실감 있게 전달하고 시선을 끄는 뉴스를 만들려고 경쟁했다. 뉴스는 상상력 대결의 장이었고 재난 시나리오는 공포심을 자극하는 내용이 대부분이었다. Y2K 재난 발생의 가능성이 99퍼센트가 넘는다거나 사실상 불가피하다는 단정적 보도가 일반적이었다.[199] 2000년 1월 1일이 시작되면 프로그램을 파괴하는 Y2K바이러스의 위험도 보도되었다.[200] 국방 시스템 오작동으로 공격이 일어날 수 있다는 경고까지 나왔기 때문에 방독면, 건조식품, 비상 용품을 사재기하는 사람들도 나타났다.

드디어 2000년의 날이 밝자 Y2K 재앙을 예측한 뉴스들은 모조리 오보로 전락했다. 인명 피해는 없었다. 전력, 가스 공급, 교통 인프라, 항공사, 국방, 통신 인프라에도 재앙은 벌어지지 않았다. 미국의 잭슨빌전기공사JEA에서 2000년 1월 1일 전력 계측기 날짜가 1900년 1월 1일로 표시되는 해프닝이 빚어졌다.[201] 런던의 소매점 신용카드 결제 단말기는 2000년 1월 1일을 인식하지 못했을 뿐이었다.

'Y2K 재난'에 대한 부풀려진 우려는 시민들, 정부 담당자, 뉴스 미디어를 모두 낚은 셈이 되었다. 20여 년 전에 겪은 Y2K 재앙에 대한 소동은 과학기술 분야의 위해성을 다룬 뉴스에 전문성이 있었는지, 과장된 피해의 우려를 반복했던 모습이 적절했었는지를 되돌아보게 만든다. IT 업계의 컨설팅 수요를 늘리기 위해 Y2K를 지나치게 강조하여 전 세계를 속임수와 공포 속으로 밀어넣었다는 비난이 나왔다.[202] 뉴스 보도가 막연하게 공포를 자극하고 범국가적 대응이 필요하다는 여론을 조성한 결과 미국과 서유럽 IT 업계의 장비 교체 건수는 크게 늘었다. 돈벌이를 위해 '만들어진 위기'를 뉴스 보도로 한껏 자극한 것이라는 의심도 일었다. Y2K 소동에 아무 대비도 하지 않았던 러시아는 어떤 피해도 입지 않았다.

1997년부터 2000년까지 Y2K 재난의 가능성은 서서히 고조되었기 때문에 어떤 언론사도 Y2K 문제를 과소평가하지 못했다. 만일 재난 가능성을 무시하다가 시스템의 실패로 이어진다면 엄청난 비난이 쏟아질 게 뻔했기에 선택의 여지는 없었다. 1999년 말에 반복되었던 Y2K 재난 시나리오는 무시무시했으며 긴장감까지 감돌았다. 그렇지만 정작 Y2K 당일에 별다른 사고 없이 넘어가자 전력·통신·금융·산업 자동화 설비·국방 분야의 대응 준비에 투입된 1조 원 넘는 국가 예산의 적정성을 놓고 논쟁이 불붙었다. Y2K는 무지를 이용한 '재난 괴담disaster hoax'이었을까? 정부 관료는 만일 아무런 대비를 하지 않아서 국가 기간 시설이 오작동을 일으켰다면 그 피해와 회복 비용은 더 막대했을 것이라고 반박했다.[203]

Y2K 괴담이 남긴 교훈은 기술 문해력이 부족한 대중은 과학적 위험을 쉽게 믿는다는 것이었다. 정보 비대칭이 심한 분야에서는 기자들마저 전문가들의 과장된 예측에 속아 넘어갈 수 있다. 대다수의 언론사들이 과학적 위험을 기정사실화하고 충격적 기사 제목을 뽑는다면 대중의 인식 속에 '사실'로 자리 잡게 된다. 정부로서는 언론이 강조하는 과학적 위험과 우려가 턱없이 과장되어 있더라도 무시하기 어렵게 된다.

# 9장

# 가짜뉴스 통제하기

저는 진실의 침식(erosion of truth)을 물론 걱정합니다. 그렇지만 기술 기업들이
오직 100퍼센트 진실이라고 판단할 때에만 글을 올릴 수 있는 세상에서 사람들이
살기 원할 것이라고 생각하지는 않습니다

_마크 저커버그, 2019년 조지타운대학교에서 한 연설 중에서

## 플라톤의 경고

페리클레스의 죽음 이후 아테네에는 군중을 사로잡는 화술이 판을 쳤다. 포퓰리스트들이 출현하자 민회Ecclesia는 상대를 적으로 몰아세우는 공격과 인기를 얻으려는 선동적 논변으로 가득 찼다. 기원전 5세기의 아테네에서 6,000명의 정족수를 가진 민회는 직접 민주주의 방식이었다. 정치인들은 민회에서 공익을 위한 논리적 정견을 펼치기보다는 시민들을 충동하는 감정적 연설을 하는 데 힘을 쏟았다. 소피스트들sophist이 가르친 웅변술은 지식이 아니라 민회에서 주장이 받아들여지게 하는 요령이었다. 근거 없는 논리나 궤변일지라도 민회를 장악할 수만 있다면 모든 게 가능했다.

스승 소크라테스의 죽음에서, 플라톤은 억지 견해doxa에 휘둘릴 위험이 있는 아테네 민주주의 취약점을 보았다. 그는 『국가The Republic』에서 이성에 의해 얻어진 참된 인식episteme이 배제되는 비합리적 군중통치ochlokratia의 가능성을 경고했다.[1] 포퓰리스트들이 지배한 폭민통치mob rule는 아테네를 혼란 속으로 몰아넣었다. 중우정치는 다수가 이성적 판단을 버리고, 허위적 언사와 거짓말에 선동되거나 감정적으로 변할 때 모습을 드러냈다. 적절한 근거도 없는 억견臆見을 저마다의 감각만으로 믿어버리는 경향은 탈진실post-truth의 문제를 야기했다. 정치의 영역에서 군중이 가진 인지적·감정적 편향과 비합리성은 고질적인 문제였다.[2] 그것은 아테네의 민주주의를 몰락으로 이끌었다.

미국 헌법의 입안자였던 제임스 매디슨James Madison은 1789년 선동가들과 폭도들에게 무릎을 꿇고 말았던 아테네의 직접 민주주의 사례를 살펴보았다. 파리에 머물던 토머스 제퍼슨은 메디슨에게 '실패한 민주주의의 역사'를 다룬 책들을 두 개의 상자에 가득 채워 보내주었다. 메디슨은 6,000명의 정족수를 요구했던 아테네 민주주의의 구조가 선동가들과 포퓰리스트의 열정을 필연적으로 이끌어냈다고 결론을 내렸다. 선동가들은 연설을 통해 대중을 열광적으로 자극시켰을 때에만 정치권력을 얻을 수 있었다.

메디슨은 민주주의를 안정적으로 유지하고 폭도에게 저항할 수 있는 미국의 국가 시스템을 고심했다. 미국은 넓은 영토와 많은 인구를 지녔으므로 주별로 나누어 투표를 하게 만든다면 대중은 열정보다는 이성에 의해 지배될 것이고, 중우정치로 무너져버린 아테네 민주주의의 실패를 반복하지 않을 거라고 생각했다.[3] 그는 이성적 토론을 강화하고자 언론을 믿고 '식견 있는 시민들'을 길러내는 방법을 선택했다. 미국 전역에서 신문이 배달되고 읽히게 하는 것은 메디슨이 구상했던 새로운 민주 정부의 핵심적 부분이었다.[4] 그는 계몽된 저널리스트들을 지식계급literati이라고 부르면서, 언론사들이 사상의 교환commerce of ideas을 활발하게 만드는 역할을 할 것이라고 기대했다.

1791년 미국의 '권리장전'이 비준되었을 때 메디슨은 이렇게 썼다. "여론은 정부와 경계선을 그었다. 여론은 모든 자유 정부의 진정한 주권자"이다. 그러나 여론을 주무르는 선동가는 언제든 출현할 수 있었다. 트럼프는 노골적 거짓말과 음모론을 떠벌여서 대중의 주목을 받았다. 그는 백인 노농자들의 분노를 건드렸고, 오바마 출생 음모론을 지어냈고, 이민자, LGBT, 히스패닉 등 국가 공동체의 일부에게 상소리를 퍼부었다.

2016년 대선 캠페인에서 트럼프를 지지했던 보수 미디어는 수많은 방송국들 지배하고 있었다. 그의 트윗은 먼 곳에도 빠르게 선동적 메시지를 전달하는 엄청난 능력을 보여주었다. 그의 도발적이고 선동적 발언은 성공적으로 증폭되었고 뉴스 보도로 널리 전달되었기 때문에 아테네 민회에서 자극적 연설로 눈앞에서 감정을 뒤흔드는 것과 다를 게 없었다. 트럼프가 분열적 선동과 거짓말을 수단으로 삼아 정치권력을 차지하자 헌법학자 제프리 로젠Jeffrey Rosen은 이렇게 말했다. "미국은 지금 메디슨의 악몽 속에서 살고 있다."[5]


## 가짜 소문과 폭민

1788년 의사 폭동Doctor's Riot은 불법적 시체도굴에서 비롯되었다. 그 무렵 흑인 노예들이 묻히던 뉴욕시 외곽의 공동묘지는 콜롬비아 의과대학에서 가까운데 있었다. 그곳은 '니그로들의 매장지'라고 불렸다. 교육 목적으로 시신을 구하려면 매우 비쌌고 거의 불가능했다. 의대생들이 해부학 실습을 위해 시체를 묘지에서 몰래 훔친다는 소문이 돌았다. 흑인 노예들은 파헤친 무덤을 보수해달라고 뉴욕시 위원회에 청원했다. 그들은 품위가 적절히 보장된 여건이라면 해부 실습에 반대하지는 않겠다고 말했다. 그러나 그 요구는 무시되었다.

어느 날 소년들이 놀고 있는데 콜롬비아 의과대학 학생 존 힉스가John Hicks가 창밖으로 팔을 꺼내 흔들면서 "네 엄마의 팔이야. 내가 파냈어"라고 소리쳤다고 한다. 혼비백산한 소년에게 충격적 소식을 전해들은 사람들은 그녀의 무덤을 파보았다. 그러나 시신은 거기에 없었다. 시신이 콜롬비아대학 병원으로 옮겨져 난도질되었다는 소문에 흥분한 군중은 거리로 몰려나왔고 병원에 들이닥쳤다. 해부 실습용으로 잘려진 시신들이 더 발견되자 분노는 커졌다. 끔찍한 목격담이 널리 퍼져나갔기 때문이었다.

군중의 규모가 2,000명으로 불어나자 의사들은 유치장으로 피신했다. 그들은 힉스를 찾아서 브로드웨이로 내려왔다. 그때 군중을 진정시키려고 막아섰던 판사 존 제이John Jay는 돌에 머리를 맞아 의식을 잃고 쓰러졌다.[6] 며칠 동안 소동이 이어지자 뉴욕 주지사는 민병대와 기병대를 동원해서 군중을 해산했다.

존 제이는 이듬해 미국 초대 대법원장에 올랐으나 머리에 입은 부상 때문에 『연방주의자 논집Federalist Papers』 집필에 거의 참여하지 못했다. 새로운 미국 정부를 설계하고 민주주의의 작동 방식을 시민들에게 교육시키려고 진지하게 노력했던 헌법 기초자Framer가 소문에 흥분한 폭도들에 의해 피해를 입었던 것이다.

230년 전 뉴욕시에서 발생한 이 사건에는 거짓 소문, 떼법mob rule, 민주주의의 관계가 투영되어 있었다.[7] 불만을 가진 군중은 정확한 정보와 이성적 판단이 아니라 가짜뉴스와 감정적 선동에 취약하기 마련이었다. 흥분한 군중이 휘두르는 폭력이 정당화된다면 민주주의는 위기에 내몰릴 수 있었다.[8]

소셜미디어를 통해 거짓과 허위정보가 전달되는 현대에도 비슷한 사건은 다시 발생할 수 있다. 거짓으로 채워진 트윗으로 지지자들을 오도하고, 이민자 혐오와 인종차별적 발언을 일삼고, 보수 미디어 집단과 결탁한 트럼프의 정치적 화법은 선동가의 전략으로 비춰지고 있다.[9] 미국 내에서 성적 소수자, 유색 인종, 불법 체류자에 대한 혐오와 반감을 부추기는 정치적 발언이 늘어나면 백인 우월주의자들의 활동도 역시 증가하게 된다.

2019년 어느 날 텍사스주 엘파소El Paso의 월마트에서 총기 난사 사건이 벌어졌다. 범인은 소셜미디어와 에잇챈8chan 게시판에 미리 '선언문'을 올려두었다.[10] 그는 '히스패닉의 텍사스 침공'을 막기 위해 행동에 나선 것이었다. 트럼프는 범인이 "인종적 혐오racist hate에 사로잡혔다"라고 비난했다. 그렇지만 따지고 보면 총기 난사범의 언어와 트럼프의 언어는 다를 게 없었다. 트럼프가 재선 캠페인을 준비하느라 구매한 페이스북 정치 광고는 미국-멕시코 국경에 진입하려는 이민자들이 '침공invasion'하고 있다고 표현했다.

## 소셜미디어 시대의 중우정치

엄청난 분량의 뉴스 정보가 생산되어도 대부분의 사람들은 포털 사이트, 이메일로 전달된 뉴스, 뉴스 큐레이션앱, 페이스북, 트위터만을 둘러본다. 그러다 보니 제한된 정보만을 흡수하고 자신이 믿고 싶은 것에 주목하기 마련이다. 그러므로 매스미디어를 이용한 '합의의 조작'은 소셜미디어 시대에도 충분히 가능하다. 허위정보를 빠르게 널리 퍼뜨릴 수 있는 소셜미디어 시대에 '소떼몰이'는 오히려 쉬워졌다.

소셜미디어 시대의 중우정치를 상징적으로 보여주는 하나의 단어는 아마도 트럼프의 트위터 '@realDonaldTrump'일 것이다. 그는 이민자, LGBT, 히스패닉에게 상소리를 퍼붓고, 음모론을 떠벌이며, 백인들의 감춰진 박탈감과 분노를 건드렸다. 그 모습을 지켜보노라면 민주주의의 매커니즘은 한계를 드러내고 중우정치로 전락하고 있는 듯하다. 그러나 트럼프는 미국인들의 거대한 분노가 촉발되는 원인은 자신의 입이 아니라 부정확하고 사기적인 뉴스 보도 때문이라고 외쳤다. 그는 "미디어가 뉴스를 정확하고 공정하게 보도해야만 한다"라고 강조했다. 그런데 그의 말대로 미디어가 '진정한 인민의 적'이거나 편향적인 것일까? 이런 낙인찍기는 고도의 프로파간다 전략일 것이다. 지지자들을 계속 선동하기 위해서는 비판적인 언론사의 뉴스 보도 따위는 차단해버리고, 자신의 목소리에만 귀를 기울이도록 만들 필요가 있었다.

정치사학자 티모시 스나이더Timothy Snyder는 가짜뉴스의 발흥과 선동가 정치인의 등장은 전체주의가 탄생할 수 있는 불길한 전조라고 경고했다. 그는 트럼프의 선동을 나치가 정치권력을 장악했던 1930년대 초반의 상황과 유사하다고 본다. 스나이더에 따르면 가짜뉴스를 심각하게 경계하지 않는다면 취약한 민주주의는 순식간에 실패할 수 있다.[11] 거짓과 허위정보를 가려내어 정확하게 전달하는 저널리즘이 마비되거나 관변 언론만 존재하거나 선동에 취약한 나라들은 이미 나가떨어지고 있다. 유엔 사무총장을 지냈던 코피 아난Kofi Annan은 많은 개발도상국가가 포퓰리스트들의 쉬운 먹잇감이 되고 있다고 말했다.[12] 나라마다 상황은 다르지만 부정확 정보의 파편들이 오가면서 들끓는, 시끌벅적한 온라인 공간에서의 벌어지는 대규모 정보 조작은 시장과 안보를 불안하게 만들 수 있다.

그렇지만 허위정보와 가짜뉴스의 범람이 인터넷을 차단하고, 발언자를 형사처벌하는 방식까지 합리화하는 것은 아니다. 민주주의에 미치는 부정적 효과는 국가에 따라 다르기 때문에 허위정보가 언제나 유권자의 사고나 태도를 바꾸어 선거 결과를 뒤바꿀 수 있다고 단언하기는 어렵다.

## 권위주의 국가들의 대응

허위정보와 가짜뉴스에 대한 우려가 커지자 권위주의 국가들은 그 우려를 온라인 검열이나 통제를 강화하기 위한 명분으로 사용했다. 중국, 터키, 러시아, 이란, 우즈베키스탄, 태국, 사우디아라비아 등은 가짜뉴스를 '허위정보', '유해 정보', '국가 위협 정보'로 다루고 콘텐츠 검열을 실시한다. 실제로는 통제 활동의 대상은 지도자에 대한 비방, 정치적 선동, 음란물 유통에 집중되었다. 이런 상황에서는 정치적 사안의 비판이나 가짜뉴스의 생산은 심각한 범죄로 다루어진다. 터키는 건국의 아버지를 모독하는 영상이 유튜브에 올라오자 접속 금지 명령을 내렸다.

아프리카와 동남아의 많은 국가들에서는 소셜미디어에서 오가는 비판적 발언이 정치적 무질서를 조장하는 유언비어로 취급된다. 정치 상황에 대한 비판이나 요구는 익명의 불온 세력이나 분열주의자들이 만들어낸 가짜뉴스라고 낙인을 찍는다. 그렇지만 역설적이게도 집권당이나 대통령이 친정부 조직을 동원하여 시위대를 공격하는 허위정보를 뿌리는 사례도 나타났다.

정치적 상황이 악화되면 가짜뉴스가 폭력행위와 혼란을 초래할 수 있다는 이유로 인터넷과 소셜미디어가 차단되기도 한다. 프리덤 하우스 보고서에 따르면 가장 자주 인터넷을 차단한 나라는 바로 인도였다. 2016년 1월부터 2018년 5월까지 154차례나 되므로 전 세계 어느 나라보다 많다.[13] 인도 당국은 소수 집단에 대한 폭력행위를 선동하는 오정보의 확산을 막는다면서 폭동과 시위가 일어나면 통신 네트워크를 일시적으로 차단했다. BBC는 힌두교 민족주의자들이 소셜미디어에 근거 없는 뉴스 정보와 소문을 퍼뜨리고 있다고 분석했다.

인도에서 인터넷이 차단된 빈도, 지리적 분포, 중단 기간은 모디 총리가 집권한 2014년 이후 크게 증가했다. 파키스탄과의 분쟁이 일어나는 카슈미르 지방에 허위정보가 난무한다는 이유로 인터넷 차단, 전화 차단, 문자 송수신 차단이 이루어졌다. 그러나 인도 대법원은 표현의 자유를 침해하므로 정부의 조치를 재검토하라고 판결했다.[14]

러시아는 서방 언론이 가짜뉴스를 확산한다는 이유로 인터넷 가설사설망과 웹프록시 서비스 링크를 제공하는 검색엔진까지 규제한다. 2019년 1월 역사상 처음으로 민주적으로 치러진 민주 콩고DRC의 대선에서 투표 과정은 순조롭지 않았다. 한국의 IT 업체가 수출한 터치스크린 방식의 전자투표기 수천 대는 불에 탔다. 투표일에도 전자투표기 540여 대는 전혀 작동이 되지 않았다. 크고 작은 폭력 사태가 난무하는 혼란 가운데 수기형 투표가 치러졌다. 에볼라 바이러스 발병 지역에 거주하는 100만 명은 투표 기회를 박탈당했다.[15]

전자투표기를 이용했지만 발표까지 열흘이나 걸렸기 때문에 선거 결과가 조작되었다는 의혹이 일었다.[16] 대통령 선거 직후 가짜뉴스의 유포를 막는다는 이유로 인터넷 접속, 문자메시지 서비스, 라디오 방송이 모두 정지되었다. 일주일 동안 지속된 인터넷 접속 차단은 많은 불만과 의혹을 낳았다. 그때 차단된 것은 근거 없는 유언비어였을까 투표 결과의 부정한 조작을 알리는 뉴스였을까?

2019년 스리랑카에서 발생한 부활절 폭탄 테러로 200여 명이 사망하자 스리랑카 정부는 가짜뉴스, 소문, 허위정보의 유포를 차단한다는 명목으로 페이스북, 왓츠앱, 유튜브, 스냅챗, 바이버 인스타그램 등 소셜미디어 접속을 24시간 동안 차단했다.[17] 최근 방글라데시 통신규제위원회와 선관위는 총선에서 가짜뉴스와 프로파간다를 막는 대책안을 내놓았다. 그것은 투표일을 전후하여 4G에서 2G로 모바일 인터넷의 속도를 늦추고 모바일 뱅킹을 차단하는 것이다.[18]

2018년에는 13개 국가들이 허위정보 확산을 이유로 시민들을 기소하고 반체제 인사들을 투옥했다.[19] 르완다의 블로거는 시민 불복종을 선동했다는 이유로 징역 10년형을 선고받았다. 방글라데시의 한 미디어 활동가는 페이스북으로 방송을 내보낸 이후 몇 시간 만에 경찰에 체포되었다. 방글라데시에는 정부에 대한 가짜뉴스를 퍼뜨리면 최대 7년 징역형에 처하는 정보통신법이 있기 때문에 이런 일이 가능했다.

태국에서는 2019년 3월 총선에서 친군부 정당이 압도적 승리를 거두었다. 그런데 "선거관리 위원 두 명이 해고되었고 60만 건의 불법 투표용지가 섞여 있다"라는 글이 페이스북에 올라왔다. 태국 경찰은 가짜뉴스를 전달했다는 이유로 게시자를 체포했다. 태국에서 허위정보의 유포는 컴퓨터 범죄법에 의해 처벌된다.[20] 이 법은 온라인 콘텐츠의 불법성을 행정기관이 판단하고 정권에 대한 비판도 처벌하는 근거가 된다.

정치적 비판이나 거짓말을 올린 개인을 직접 추적하여 해악성의 수준을 따지지 않고 형사처벌하거나, 특정 지역의 인터넷 접속을 아예 차단하는 방식은 권위주의 정부의 특징이었다. 개인 간의 소통에서 오가는 동영상, 사진, 비판적 발언조차 검열하고 사이버 안보의 문제로 과장하여 해석하거나 범죄로 다루는 분위기에서는 정치적 발언이나 공적 토론은 자유롭게 오갈 수 없다.

## 검망(劍網) 2018

중국의 젊은이들은 구글, 트위터, 페이스북이 없는 온라인 환경에서 살고 있다. 바이두Baidu, 百度, 웨이보Weibo, 微博, 위챗WeChat, 微信이 각각 동일한 서비스를 제공한다. 만리장성 방화벽Great Firewall은 외국 웹사이트의 접속 시도를 차단하고, 황금방패Golden Shield는 온라인 활동을 검열한다. 중국에서 정권에 대한 비판이나 정치 개혁을 요구하는 게시글을 올리면 몇 시간 이내에 삭제되거나 추적당한다.[21]

검망劍網 활동은 국가판권국國家版权局이 실시하는 온라인 특별 단속이다. 온라인 콘텐츠에 대한 검열과 차단, 삭제가 상시적으로 이루어지므로 중국인들은 자기 나라에서 무슨 일이 일어나는지 알지 못하는 경우도 많다. 예컨대 필자가 가르치던 수업에 들어온 중국 대학생들은 천안문 시위를 전혀 모르고 있었다. 1976년의 천안문사건만을 알고 있었고, 1989년에 광장에서 벌어진 유혈 진압은 들어보지 못했다. 중국에서 검색엔진에 '天安門 事件'을 입력해도 탱크에 맞선 한 남자의 사진, 대규모 시위 현장, 사망자들의 사진은 보이지 않는다. 위챗이나 웨이보에 1989년 천안문 시위 현장 사진과 피해자들의 사진들이 올라온다면 인터넷을 검열하는 담당자는 안보를 위협하는 정보로 분류한다. 그러나 역사적 사실이 불온한 정보이자 가짜뉴스일까?

2018년 11월 국가인터넷판공실國家互联网信息办公室은 '집중 정화활동'을 벌여 가짜뉴스를 올린다고 의심되는 개인 계정을 폐쇄하고, 텐센트騰迅, 시나新浪 등 플랫폼 운영자에게 허위 콘텐츠를 막으라고 경고했다.[22] 중국은 가짜뉴스로 의심되는 정보를 차단하는 것이 아니라, 아예 그 정보가 유통되는 앱을 삭제하거나 플랫폼 운영자에게 모니터링 의무를 부과하는 방식을 택했다.

스타트업 기업 바이트댄스ByteDance은 콘텐츠 모니터링 요원을 5,000명으로 늘렸지만 정부의 '앱' 폐쇄 조치를 막을 수 없었다. 바이트댄스의 CEO는 위챗에 "우리는 잘못된 길을 걸었고, 일부 콘텐츠가 사회주의 핵심 가치와 일치하지 않았습니다. 우리가 받은 처벌은 제 개인의 책임입니다"라는 글을 올렸다.[23] 이 메시지는 진심이었을까?

인기 절정의 뉴스앱 진르터우탸오今日頭條('투데이 헤드라인'이라는 뜻)은 갑자기 폐쇄되었다. 6억 명이 사용하는 뉴스 앱이 규제 당국의 통제로 인해 하루아침에 사라진 것이다. 농담과 유머를 담은 영상과 GIF 파일을 공유하는 네이한돤즈內涵段子 앱도 미성년자의 임신 소식 등 저속한 콘텐츠가 오간다는 이유로 삭제되었다.[24] 페이스북이 허위정보를 퍼뜨리는 가짜 계정을 삭제하듯이 플랫폼 텐센트는 토큰클럽TokenClub, 훠비쯔쉰火幣資訊 등 위챗 공식계정公衆號을 영구히 삭제했다. 가상통화에 대한 투기행위를 부추기는 정보를 부풀려서 제공했다는 이유였다.

중국에서 유해정보의 유통경로로 지목된 개인화 매체는 '쯔메이티自媒體'였다. '자체 미디어'라는 의미다. 그 형태는 블로그와 유사하지만 포스팅된 글은 위챗과 웨이보 등 소셜미디어와 연동되는 방식이다. 일부 사용자들은 조회수를 높이기 위해 개인화 매체에 거짓 정보, 자극적 제목의 글, 설명과 맥락이 조작된 사진들, 선정적 콘텐츠를 올린다. 인터넷 정화 운동을 주도한 국가인터넷판공실은 1만 개의 쯔메이티를 폐쇄하고 플랫폼 사업자들에게 모니터링을 강화하라고 요구했다. 《로이터》의 보도에 따르면 중국 정부는 2019년 초에만 700만 건의 온라인 정보와 9,382건의 모바일 앱을 삭제했다.[25] 정치적으로 유해한 정보의 확산과 공산당의 역사를 허위로 만들었다는 이유였다.

개인용 앱의 폐쇄와 삭제는 국가인터넷판공실과 국가신문출판광전총국의 전광석화 같은 조치였다. 폐쇄의 이유는 정치적으로 해로운 정보를 유통시키거나, 공산당과 중국의 역사를 악의적으로 고쳐 영웅들과 국가 이미지를 훼손했다는 것이었다. 광범위한 콘텐츠 규제에 대해 《인민일보》 평론은 인터넷 공간은 치외법권이 아니라면서 폐쇄를 옹호하고 나섰다. 인기 앱들이 중국 정부의 규제 조치로 사라지자 《뉴욕타임스》는 표현의 자유를 억압한다고 비판했다. 그러자 중국 관영 《글로벌타임스》는 인터넷 사용 환경을 정화하는 조치라고 맞받아쳤다.[26] "미국 내 미성년자 임신을 권장하는 웹사이트를 만든 다음에 여론이 어떻게 나올지 지켜보는 실험을 해보라"라고 덧붙였다.

### 지나치게 넓은 '유해정보' 규제

중국에서 '유해정보'란 국가 통합을 저해하거나, 증오를 부추기거나, 세간의 소문을 퍼뜨리거나 사회도덕을 해치는 내용까지도 포함된다. 국가기밀 누설, 민족단결 파괴, 루머 유포, 사회질서 훼손은 그 위험성이 동일한 수준으로 다루어진다.[27] 그 결과 콘텐츠의 통제 범위는 크게 넓어진다. 중국 국가인터넷정보판공실은 공산당에 도움이 되는 온라인 환경 조성이 중점 추진 과제라고 밝혔다. 특히 시진핑이 2016년 언급한 사이버 안전의 시급성에 동의하고 충성을 맹세했다. 국가조직이 충성을 맹세하면 반정부적 발언이나 비판은 정치적 자유가 아니라 사회에 유해한 정보로 판단될 확률이 커진다.

중국 정부가 유해정보 단속을 실시하여 폐쇄한 웹사이트는 2018년에만 4,000개 이상이다. 230개의 인터넷 기업들은 시정명령을 받았고, 14만 7,000건의 유해 정보들이 삭제되었다.[28] 중국 당국은 근거 없는 소문의 확산조차 유해정보로 분류해서 차단하고 소셜미디어 업체를 직접 조사했다. 포르노, 도박, 가짜뉴스, 정치적 반대는 모두 부정적인 유해 정보로 하나로 묶어서 '사이버 청소' 과정에서 삭제되었다. 정화운동은 개인용 블로그, 짧은 동영상, 라이브 스트리밍을 제공하는 플랫폼에 집중되었다.

정부 주도의 획일적 판단과 강력한 콘텐츠 규제가 실행되자 인터넷 기업들은 '명목상'의 자율규제에 나서도록 떠밀리게 되었다. 인터넷 기업들은 수천 명에 이르는 콘텐츠 모니터링 인력을 고용하고 있다. 규제 환경이 이렇다 보니 정치적 반론이 공론화되지 못하고 해악적 정보도 퍼져나갈 수 없을 것처럼 보인다. 그러나 중국의 규제 기관들이 유해정보를 통제하고 삭제하는 감시 활동을 벌이고 있지만, 위챗, 웨이보 등에서 여전히 발견되는 가짜뉴스는 규제의 실패를 여실히 보여준다.[29]

프리덤 하우스Freedom House 가 2018년에 펴낸 보고서 『디지털 권위주의의 부상』에 따르면 많은 국가가 중국의 광범위한 검열 및 자동 감시 시스템 모델을 수용함으로써 디지털 권위주의로 나아가고 있다.[30] 이러한 추세는 인터넷 자유를 감소시키게 된다. 레베카 매키넌Rebecca MacKinnon은 '유해정보'의 확산을 막으려는 중국식 정부 규제와 그 요구를 수용하는 플랫폼 기업의 권력이 결탁한다면 디지털 공론장에서 시민들의 표현의 자유가 크게 억눌리게 될 것이라고 예측했다.[31] 《포린 폴리시Foreign Policy》도 가짜뉴스와의 전쟁을 펼치는 중국의 방식을 부정적으로 평가했다. "민주주의 국가에서 실행 가능한 수준을 훨씬 넘어서는 중국의 콘텐츠 통제는 성공을 부르기 어렵다."[32]

칼 포퍼Karl Popper는 『열린사회와 그 적들』에서 두 가지 사회를 대비했다.[33] 닫힌 사회에서 여론은 정치적 지배자에 의해서 조종될 수 있고, 합리적 비판의 기회는 없어지고, 하나의 지향점을 향한 목소리에 억눌리게 된다. 열린사회는 대중의 비판과 토론을 수용할 수 있는 사회다. 중국식 허위정보 규제는 플랫폼 기업에게 막대한 부담을 주고, 발언을 모니터링하는 권력을 의식하는 시민들에게 위축효과를 미치게 된다. 공적 사안에 대한 논쟁과 비판을 허위정보라는 이유로 구분하지 않고 억누르는 규제정책은 포퍼가 우려했던 '닫힌사회'의 모습을 보여준다.


## 가짜뉴스 규제 법률

익명 발언의 비판 또는 날조된 소문을 권력에 도전으로 여기고 통제하려는 시도는 16세기 헨리 8세와 교황 하드리아노 6세까지 거슬러 올라간다. 그러나 어떤 표현은 진실로 드러났다. 그 무렵 표현의 자유를 통제한 목적은 종교적 권위와 정치권력을 안전하게 유지하기 위해서였다. 권력자가 느낀 조바심과 초조함은 과민반응으로 이어졌으며 새로운 사상이나 비판을 반역 또는 이단으로 규정했다. 현재 권위주의 국가들에서도 비슷한 일이 벌어지고 있다. 가짜뉴스와 유해정보의 범주를 매우 넓게 보고 국가안보와 사회 혼란을 야기한다는 이유로 강력한 규제가 시행되고 있다.

중국 정부는 가짜뉴스나 유해 콘텐츠가 유통된다고 의심되면 폐쇄명령을 내리고 플랫폼 사업자에게 콘텐츠 모니터링을 강요한다. 태국과 베트남에서도 규제되는 허위정보의 대상은 넓고 개인적 차원의 허위발언이라도 강력하게 단속한다. 그러나 유럽국가들은 허위정보와 가짜뉴스가 선거에 영향을 미칠 것인가를 우려하지만 그에 대한 직접적 규제나 형사처벌은 아직 없다. 그 대신에 페이스북, 트위터 등 플랫폼 기업들과 '허위정보 실천규약'이라는 자율규제에 합의했다.

2019년 3월 러시아 의회는 의사당 밖에서 벌어진 수천 명의 반대 시위를 무시하고 가짜뉴스 법안을 재빨리 통과시켰다. 그런데 이 법률은 개인이 아닌 언론이 생산하는 뉴스만을 적용 대상으로 한다. 가짜뉴스를 유포하는 언론사news outlets에 30만 루블의 벌금과 행정벌을 부과한다. 처벌에 인신 구속은 없다. 정부 지도자와 국가의 상징을 모욕하는 표현도 제한할 수 있다.

러시아 통신정보기술매스컴관리국Roskomnadzor은 필요하면 언론사 웹사이트를 차단하고 소셜미디어 계정도 폐쇄할 수 있다. '무엇이 가짜뉴스인가'를 판단하는 것은 검찰총장의 권한이다.[34] 허위성을 판단할 때 법원의 판단은 개입되지 않는다. 정부의 판단이 우선시되기 때문에 규제 남용의 위험이 따르고, 객관적 기준도 불명확하다. 반면 프랑스는 가짜뉴스로 신고되면 법원이 심사하여 그 허위성을 판단하므로 중립성이 보장되어 있다.

2018년 11월 파리 유네스코에서 열린 인터넷 거버넌스 포럼IGF에서 마크롱 대통령은 자유롭고, 개방적이고, 안전한 인터넷은 '필요불가결한 요소sine quanon'라는 점을 강조한 연설을 했다. 곧이어 프랑스 의회는 선거 기간에 한정하여 가짜뉴스를 차단·삭제할 수 있는 법률을 통과시켰다. 투표일 이전 3개월 동안 공직 후보자가 인터넷에 유포되는 "부정확하거나 오해의 소지가 있는 주장이나 비방"의 중단을 법원에 신청하면, 법원이 삭제를 명령할 수 있다.《러시아 투데이》등 외국계 라디오 TV 방송이 프랑스 내에서 가짜뉴스를 보도하면 고등방송위원회CSA가 폐쇄 조치를 취할 수 있다.[35]

독일의 네트워크 강화법NetzDG은 '불법적' 콘텐츠 삭제를 하지 않는 소셜 미디어 플랫폼에 벌금을 부과한다. 그 대상은 범죄 모의, 테러 선동, 아동 포르노, 혐오의 선동, 모욕, 명예훼손, 나치 찬양, 홀로코스트 부정 등이다.[36] 이 법률은 온라인 증오 표현과 극단주의에 초점을 두고 있다. 그러나 혐오발언의 방지가 입법의 목적이지 허위정보나 가짜뉴스는 적용 대상이 아니다.[37]

유교적 통제 문화가 강한 싱가포르에서는 '온라인 허위 및 조작 방지법 POFMA'이 시행되는데, 이 법은 허위정보가 게시된 웹사이트 운영자에게 정부가 수정을 명령하고 불응하면 직접 제거할 수 있게 했다. 또한 자동적으로 허위정보를 게시하는 컴퓨터 프로그램의 오용을 방지하는 조항도 있었다. 싱가폴 정부는 POFMA는 허위사실의 전달을 금지하는 규제이지, 의견·비판·풍자·패러디를 규제할 의도는 없다고 밝혔다.[38] 체인점에서 판매된 할랄 돼지고기가 바이러스에 감염되었다는 가짜 사진, 아파트 건물의 상단이 무너졌다는 가짜 사진이 초래했던 소동은 허위정보 규제의 배경이 되었다. 그런데 정작 규제가 마련되자 그 법의 적용은 정치 분야의 비판적 발언에 집중되었다.

POFMA를 근거로 삼아 정부는 야당 의원의 페이스북 글에 수정 명령을 내렸다. "싱가포르 국부펀드의 투자 결정에 정부가 개입했다"라는 주장을 담은 페이스북 글에는 '허위false'라는 빨간색 문구가 스탬프처럼 찍혔고와 글의 하단에는 "이 글이 허위정보라는 이의가 있다"는 설명이 나붙었다.[39]

싱가포르 정부의 허위정보 규제는 판단의 기준이 정부기관에게 주어져 있다는 문제가 있다. 싱가포르 정부는 진실과 허위를 판단하는 전지전능한 '온라인 진리부Ministry of Truth'를 운영하는 셈이다. 어떤 발언이 허위이고, 어떤 거짓의 유포는 위험하다고 판단할 수 있는 권한을 가진 정부기관은 정보 흐름을 자의적으로 제한하는 '절대반지'를 낄 수 있다. 벌금형이나 통제가 무척 많은 싱가포르의 규제 문화는 허위사실의 유포를 규제하는 방식에도 영향을 미쳤다.

### 허위정보 규제의 헌법적 통제

인류 문명사에서 새로운 발언이나 사상을 수용할지 거부할지에 대한 공식적 판단권, 유언비어와 소문의 혼돈 가운데 무엇을 거짓이고 진실로 인정할 것인가에 대한 판단권은 늘 권력자에게 있었다. 16세기 잉글랜드에서 개신교도들의 주장을 담은 팸플릿은 반역행위로 다루어졌다. 13세기부터 17세기까지 지속되었던 종교재판소는 제도의 일부였지만 소문에 기초한 고문과 형사처벌로 많은 피해자를 낳았다. 그것은 카톨릭 교회의 지배를 위해 기여했을 뿐이다. 청나라와 조선 시대에도 소문을 들먹이면서 거대한 해악성을 막는다는 핑계로 권력자가 칼을 휘두른 사례는 수 없이 많다.

1930~1950년대 유행하던 '대중사회이론'과 '선동이론'은 나치와 공산주의 프로파간다에 대한 경계심에 바탕을 두고 있었다. 최근 부상한 규제론도 이와 비슷하다. 가짜뉴스와 허위정보는 대중을 거짓으로 선동하고, 공적 토론의 전제를 오염시키고 갈등과 분열을 부추긴다는 전제에 있기 때문이다. 분노한 군중의 힘을 등에 업은 선동가에 의한 중우정치가 시작된다면 민주주의는 몰락하게 될 것이라는 우려심이 깔려 있다.

그렇지만 미디어의 메시지가 대중의 사고와 행동에 직접적으로 영향을 미친다는 전제는 수동적 수용자를 당연시하고 비판적 수용자의 존재를 외면한 것이었다. 소셜미디어에서 거짓 소문과 파편적인 뉴스 정보가 무비판적으로 공유되는 속도와 규모는 늘었지만 제대로 된 정보를 전달하고 진실을 분명하게 확인하려는 활동과 웹사이트도 늘어났다. 허위정보와 가짜뉴스에 대한 규제가 아예 불가능한 것은 아니다. 그렇지만 수동적 수용자만을 전제하는 것은 적절하지 않다.

허위정보와 가짜뉴스를 규제한다면 무엇이 허위사실이고, 무엇이 해로우며, 그 해악성을 누가 어떤 기준으로 판단하느냐의 문제에 직면하게 된다. 허위조작 정보, 거짓 뉴스, 오도 정보, 해악 정보 같은 용어들은 정확한 개념적 구분부터가 어렵다. 해악성 판단의 기준은 저마다의 가치관, 윤리관이나 시대적 상황에 따라서 달라질 수 있다. 게다가 '허위사실을 의도적으로 전파하는 행위'와 '공적 토론이나 보도 과정에서 실수로 부정확한 허위사실이 포함'되는 경우는 칼로 무 자르듯 구분하기는 어렵다.

일상 대화나 문화적 표현으로 허용되는 패러디, 혹스, 장난으로 속이기, 농담, 실언 등도 실제로는 허위사실을 담고 있다. 몇 퍼센트의 진실이어야 처벌을 받지 않는 것일까? 심각하게 오인하게 만든다면 위법한 것인가? 온라인에서 주고받는 가짜뉴스를 검출하면 음주운전 측정기의 혈중 알코올 농도처럼 진실의 함유 정도를 판단해야 하는 것일까?

규범적 판단의 차원에서는(적어도 헌법심사의 관점에서는)악의적으로 여론을 조작할 수 있다는 가능성, 정치적 선택을 왜곡할 수 있다는 막연한 가능성만으로는 규제의 이유로 충분하지는 않다.[40] 따라서 규제는 공공에 미치는 해악이 분명한 분야의 표현에 한정될 필요가 있다. 또한 허위 여부, 해악성 수준에 대한 판단권이 정부기관에게 주어지거나 불명확한 개념 조항이 들어가 있다면 정부가 언제 어떤 표현을 허용하거나 불법으로 다룰 것인지 판단할 자의적 권한을 부여받게 되기 때문에 위헌이 될 가능성이 높다.

만일 충성심이 강한 행정기관이 가짜뉴스의 해악을 판단한다면 오남용의 우려가 크므로 객관적 판단이 가능한 주체가 필요하다. 정치권력이 자신의 이해관계에 따른 정치적 판단, 자의적 판단을 내릴 수 있다. 정치적 관점이 다르거나 비위에 거슬리거나 비판적인 발언을 막기 위해 판단권이 남용될 수 있다. 허위정보를 줄이기 위한 규제를 도입할 때는 공공복리를 위한 관점에서 최소한의 규제가 요구되며 그로 인하여 잃게 되는 가치는 무엇인가를 고심할 필요가 있다.

### 완전한 소음과 증폭기

미국 등의 국가들에서는 어떤 표현으로 인한 '명백하고 현존하는 위험'이 표현의 자유를 규제하는 입법의 요건으로 여겨졌다.[41] 미얀마, 스리랑카, 아프리카의 분쟁 지역, 인도 등에서는 가짜뉴스로 인해 오해와 반목이 증폭되어 폭력 사태, 무력 충돌, 인종 간 테러가 발생했다. 오랫동안 축적된 사회적 갈등과 물리적 충돌은 선동에 취약했기 때문에 급박한 위험과 피해가 예견될 수 있는 상황도 많았다. 거짓 선동과 혐오발언은 실제로 폭력, 살인, 잔학행위로 이어졌다. 플랫폼 기업들은 개발도상국들의 포퓰리즘, 선동, 폭력 사태와 혼란에 일정 부분 책임이 있다.

그러나 우리나라에서 주목받는 가짜뉴스나 허위정보는 경제위기설, 쌀값 폭등의 원인, 외신 인용 과정에서의 오류, 세금 증가의 원인, 5·18 북한군 개입, 정책 비판의 과정에서 주로 나타났다. 팩트체킹 코너에서는 매주 새로운 가짜뉴스를 찾아 보도하지만 하나하나 뜯어보면 억지 의견에 그치거나 이해의 부족에서 초래된 오류가 대부분이지 심각한 선동에 해당하는 사례는 많지 않다.

수많은 정보 파편과 뉴스의 홍수 속에서 허위정보의 진원지를 찾아내는 모니터링 비용과 규제 비용도 매우 높다. 기사 하단에 바이라인by-line을 가짜로 적어 넣으면 겉으로는 언론사의 뉴스 같아 보이지만 실제로는 누구의 의도적인 조작인지 알기 어렵다. 바이라인이 없거나 가명을 적은 가짜뉴스, 폐쇄형 메신저에서 전달되는 허위정보의 파편을 뿌린 사람을 찾으려면 IP를 추적하고 경찰력을 동원할 필요가 있다.

이런 문제점들로 인해 허위적 발언의 최초 진원지를 찾아내어 형사처벌을 하는 방식은 현실성이 크게 떨어진다. 따지고 보면 개인적 발언에 일부 허위사실이 있다는 이유만으로 사회가 혼란에 빠지거나 급박한 위험이 발생하지는 않는다. 이미 정보 생태계는 모든 말로 뒤죽박죽 섞여 있고, 정보 과잉의 상태이므로 대중은 뉴스 정보의 피로감에 시달리고 있다.[42] 개인의 미미한 목소리가 쉽게 다수에게 전달되어 가시성을 확보할 수 있다면 광고산업은 오늘날처럼 성장하지도 못했을 것이다. 한마디로 뉴스 정보는 너무 많고, 무시되고, 망각된다.

현재의 정보와 미디어 환경은 '완전한 소음total noise'이다.[43] 사실들, 맥락, 관점의 쓰나미 속에서 거짓이든 진실이든 설득력 있게 전달되려면 누군가의 협조나 증폭기 없이는 불가능하다. 웹에서는 누구나 발언한 수 있지만 증폭과 전달은 다른 문제다. 어떤 거짓이 증폭되고 다수에게 비로소 전달되어 영향을 미치려면 메신저 앱을 통한 반복적 살포, 가짜뉴스 웹사이트, 소셜 미디어에서 가짜 계정을 통한 링크 뿌리기, 은밀히 수행되는 조직적 프로파간다 또는 특수한 관계에 있는 언론의 협력이 필요하다.[44]

허위정보의 통제가 실제로 의미를 가지는 영역은 거짓이 조직적으로 광범위하게 반복되고 증폭되는 경우다. 프로파간다에 전통적으로 사용되었던 증폭기는 연설, 출판물, 신문, 방송이었다. 중세에는 팸플릿이 그 수단이었고, 나치의 프로파간다와 미국의 적색 공포 프로파간다는 매스미디어에 집중되었다.

그러나 뉴스룸의 필터링을 거치지 않고도 메시지를 전달할 수 있고, 비용도 거의 들이지 않고, 발언자의 신원도 숨기고 지리적 거리에도 구애를 받지 않는 페이스북, 트위터, 유튜브, 디지털 플랫폼은 훨씬 각광을 받기 시작했다. 게다가 그 플랫폼은 고도로 집중되어 있으므로 그 정보의 혈류에 허위정보를 주입하기만 한다면 엄청난 수준의 가시성을 쉽게 얻을 수 있다. 2019년 기준으로 미국 성인 가운데 69퍼센트는 페이스북으로 디지털 뉴스를 받아본다. 73퍼센트는 유튜브에 접속한다.[45] 우리나라는 10명 중에 8명이 포털 사이트에서 디지털 뉴스를 읽는다. 그러므로 진실한 뉴스 정보이든, 거짓 소문이든 가장 효과적인 증폭기는 디지털 플랫폼이라고 할 수 있다.

### 허위정보 전파도 표현의 자유인가?

토머스 제퍼슨Thomas Jefferson은 미국 수정헌법 제1조를 제정하는 토론가운데 "오류는 국가의 후원을 필요로 하지만, 진리는 내버려두어도 자기 스스로 승리한다"라는 말을 남겼다. 그가 대통령으로 취임하고 처음 의회에서 발표한 연두교서에서 "이성이 자유롭게 오류를 논쟁할 수 있는 곳에서 의견의 오류Error of opinion는 용인되어야 한다"라고 말했다.[46] 이는 식견 있는 시민이 참여하는 공적 토론이 신생국가에 민주주의를 뿌리내리게 할 것이라는 바람을 담고 있었다. 그러나 제퍼슨은 언론이 매개하는 이성적 토론을 정착시키려고 했지 분노 감정에 호소하거나 이성을 마비시키는 사실 왜곡이나 날조까지 두둔하지는 않았다.

예일대학교 로스쿨에서 헌법을 가르쳤던 토머스 에머슨Thomas Emerson은 "진실을 억누르지 않으면서 거짓을 억누르는 방법은 없다"라는 명언을 남겼다.[47] 그에 따르면 "새로운 의견이 완전히 허위일지라도 그 표명과 토론의 시작은 사회적 목적에 필요불가결한 기여를 한다. 새로운 허위 의견은 수용된 기존 의견을 재고하게 만들고 재시험할 기회를 준다. 그 결과 어떤 의견이 유지되는 이유를 깊이 이해할 수 있다"

그러나 에머슨이 놓친 부분도 있다. 그는 '의견의 허위'만 예상했지 악의적 '사실 조작'까지는 고려하지 않았던 것이다. 의견을 자유롭게 토론하고 반박할 자유는 중요하지만, 의견이라는 명목으로 조작된 거짓이나 허위사실까지 인정한다면 진실에 이르는 과정은 오염되고 갈등과 분열의 악순환만 넘쳐나게 된다. 공적 토론의 순기능은 기대하기가 어려워진다.

어윈 체머린스키Erwin Chemerinsky는 인터넷의 등장은 표현의 자유의 지평을 뒤바꾸어 놓았지만 가짜뉴스 논란 때문에 표현의 자유가 위축되어서는 안 된다고 주장한다.[48] 인터넷에서 적게 말하도록 규제하기보다는 많은 말을 하도록 두는 편이 적절하다는 것이다.

우리 헌법재판소, 미국 연방대법원은 '비진실'과 '의도적인 허위발언'이라도 기본적으로 표현의 자유로 보호된다고 해석하고 있다. 가짜뉴스와 허위발언을 보호되지 않는 범주categorization로 구분하여 배제하지는 않는다. 미국 연방대법원은 2012년 앨버레즈 판결에서 정부 기능에 급박한 위해를 끼치지 않는 한 허위발언이라도 수정헌법 제1조로 보호된다고 밝혔다.[49]

그렇지만 의도적인 허위발언과 사실의 날조까지도 사상의 경쟁 속에서 두어야 하는가에 대한 회의적 시각이 헌법학계에 등장했다.[50] 날조하거나 창작된 뉴스가 공론장에 들어오면 그 허위정보는 대화 과정에서 소모적인 분열, 갈등, 다툼만 초래하지 건설적 토론이나 여론의 형성을 돕지는 않기 때문에 '사상의 자유시장'에서 퇴출해야 한다는 것이다. 사상의 자유시장은 헌법에 의한 표현의 자유가 보호되는 영역이므로 퇴출은 규제를 의미한다.

법학자 캐스 선스타인은 의도적 허위발언intentional falsehoods과 혐오발언이 심각한 해악을 일으키지 않는 한 수정헌법 제1조의 보호 영역으로 보호하는 미국 연방대법원의 태도를 강하게 비판한다.[51] 그는 사회에 명백하게 해를 끼치는 허위 소문false rumor과 거짓 정보 확산은 규제해야 한다고 주장한다.[52] 예컨대 테일러 스위프트Taylor Swift가 새로운 앨범을 앙숙 관계에 있는 케이티 페리Katy Perry의 노래들로 채우기로 했다는 소식은 헛소문이 분명하다. 그는 악의적 허위 소문 따위는 표현의 자유와 무관하므로 수정헌법 제1조의 보호 범위에서 제외하자고 제안한다.

그러나 미국 연방대법원은 사상의 자유시장을 가능한 한 넓게 유지하려고 하며 허위의 표현으로 인한 구체적 해악의 발생이나 발생 가능성이 있어야만 규제입법의 합헌성이 인정된다는 입장이다. 표현의 자유는 '민주주의 생명 같은 호흡life-breath of democracy'으로 여겨지고 있기 때문에 강도 높은 헌법적 보호가 부여되고 있다.[53]

그렇다고 가짜뉴스나 허위 표현에 대한 규제가 아예 불가능한 것은 아니다. 표현을 제한하려는 규제는 미국 연방대법원에서 엄격심사strict scrutiny를 거치게 된다. 정부는 정당한 공익이 존재하고, 그 제한의 수단이 최소화되었다는 점을 성공적으로 입증해야 한다. 표현 내용contents을 규제하는 수단은 규제의 목적과 적합성이 있어야 하고, 공익의 달성을 위해 좁게 재단되고 narrowly tailored or drawn 합리적이고 명확한 기준reasonable and definite standards을 갖추어야 한다. 또한 권리의 제한이나 피해를 최소화하는 규제라는 점도 인정되어야 한다.[54] 우리나라도 일정한 유형의 가짜뉴스가 초래하는 해악이 크다면 공공복리를 위해 이를 제한하는 입법은 가능하다.[55] 표현의 자유의 규제에는 명확성 원칙, 포괄위임금지 원칙, 사전허가금지 원칙, 과잉금지 원칙, 침해의 최소성 원칙이 심사 기준으로 사용된다.

과연 무엇이 규제가 가능한 해악적 표현인가에 대하여는 몇 건의 판례들이 시사점을 준다. 미국 연방대법원의 '위대한 반대자'였던 올리버 웬델 홈즈는 실질적 해악substantial evil을 초래할 정도로 명백하고 현존하는 위험을 방지할 수 있는 권한이 의회에 있다고 말했다. 예를 들어 깜깜한 극장 내부에서

"불이야!" 하고 소리를 치는 행위false shouting은 사상의 교환이나 의사소통에 있어서 완전한 시장 실패의 사례다. 누군가가 허위임을 알면서 불이 났다고 외치면 사람들은 그 진위 여부를 확인할 시간조차 없기에 혼란과 공포를 느끼고 어두운 곳에서 몰려서 넘어지고 아우성을 친다. 아무리 합리적으로 행동한다고 하더라도 공공의 피해는 피할 수 없다.

1950년대에는 공산주의에 대한 히스테리가 팽배했다. 그러자 연방대법원은 "정부가 공산주의로부터 스스로를 보호해야 한다"라면서 '현존하는 위험'의 원칙을 버리고 '명백하고 개연성'이 있다면 규제가 가능하다는 기준으로 후퇴했다.[56] 결국 무엇이 위험한 표현인가는 시대에 따라서 변했던 것이다.

1960년대에 오하이오주 검찰은 KKK단의 지도자 클래런스 브랜든버그 Clarence Brandenburg의 발언이 인종적 갈등과 분규를 촉발한다는 이유로 기소했다. 그러나 연방대법원은 그의 발언에는 표현의 자유를 제한할 정도의 위험의 '급박성'은 없었다고 판단했다.[57] 브랜든버그는 폭력을 '고무advocate' 했지만 '선동incite'하지는 않았던 것이다.[58] 이 판결은 표현행위를 그대로 두면 위험이 임박할 것이라고 믿을 만한 합당한 이유가 있어야 한다는 기준을 제시했다. 어떤 발언이 대중의 감정을 건드리는데 그치지 않고 어떤 행동에 나서도록 하는 수준에 이르러야 규제가 가능하다는 것이다.


### 도전받는 사상의 자유시장

사상의 자유시장이란 과소한 정보의 교환만으로는 진실을 발견하지 못하므로 과도할 정도로 자유롭게 다양한 의견들이 오가면서 경쟁을 펼치고 서로를 무너뜨리도록 그 과정을 지켜보자는 것이다. 이 메커니즘에서는 타당한 아이디어나 사상은 자유로운 경쟁 과정을 통해 자명하게 드러난다. 그러므로 어떤 아이디어든 주장, 반박, 재반박이 오갈 수 있는 개방된 공간과 발언의 자유가 요구된다. 따라서 사상의 자유시장 이론은 공권력이 개입을 최소화하고 자유방임laissez faire에 맡기자는 무규제론에 가깝다.

그런데 민주주의는 다양성과 합의를 전제로 하는데 사실이 날조된다면 반목이 심해지므로 대화가 불가능하고 합의를 할 수가 없다. 사상의 자유시장과 자유로운 경쟁을 강조했던 미켈존스도 익명의 누군가가 순식간에 소셜미디어에 퍼뜨리는 가짜뉴스의 범람과 그로 인한 신뢰의 붕괴, 민주주의의 위기, 혼란의 스케일은 전혀 예상하지 못했을 것이다.[59]

저명한 헌법학자 오웬 피스Owen M. Fiss는 사상의 자유시장은 경제학에서 차용한 아이디어인데, 그리 적절한 비유는 아니라고 말한다. 피스의 지적에 따르면 정작 로널드 코스Ronald Coase 등 경제학자들은 사상들이 자유롭게 경쟁을 한다는 메커니즘을 납득하지 못했다.[60] 완전경쟁 시장은 자유방임으로 일관하거나 정부가 방치하면 시장실패를 야기할 수 있다. 마찬가지로 사상의 자유시장도 아무런 규제가 없다면 커다란 목소리가 압도적으로 지배하게 되므로 실패할 수 있다.

수정헌법 제1조 덕분에 사상의 자유시장에서 다양한 의견들이 교환되고 공정한 토론이 이루어질 것으로 예상되었다. 그러나 실제로는 거대 미디어 회사, 사적인 단체들에게만 이익이 되는 불균형한 시스템이 구축되었다.[61] 피스는 이것을 '자유 표현의 아이러니Irony of Free Speech'라고 말했다.

피스는 공정한 공적 토론이 제대로 이루어질 수 없는 조건에서는 정부가 규제를 통해 사회에 의견의 다양성을 확보할 필요가 있다고 주장했다. 예컨대 혐오발언이나 포르노에 대한 규제는 소수 인종이나 여성의 목소리가 공적 토론에서 외면당하지 않도록 하기 위해 필요하다. 이때 국가는 가치 있는 표현을 보호하려는 '친구'이지 표현의 자유를 무시하거나 광범위한 규제를 시행하는 '불량배'가 아니다. 허위정보와 거짓도 사상의 자유시장에서 진실이 승리하기 위한 공정한 토론의 전제를 막으므로 피스의 관점이 적용된다.

노아 펠드만Noah Feldman도 허위사실의 악의적 유포와 가짜뉴스의 생산은 수정헌법 제1조에 의한 보호를 받기 어렵다고 주장한다.[62] 가짜뉴스는 진실과는 아무런 상관없이 특정 메시지의 전파를 위해 인위적으로 조작됐기 때문에 헌법적 보호대상에 해당되지 않는다는 것이다. 펠드만의 논리는 다음과 같다. 사상의 자유시장에서는 누구든지 자신의 아이디어를 내놓고 경쟁하고 논박할 수 있지만, '허위'와 '날조'를 주장한다면 여론의 형성을 돕기는커녕 방해만 하게 된다. 그렇다면 누군가가 만들어낸 가짜뉴스는 '의견과 사상들이 자유롭게 오가는 시장'에 진입할 자격이 없다. 오히려 갈등과 분란, 반목만 초래하기에 공적인 토론의 대상으로 삼아서는 안 된다.

펠드만의 관점에서 보면 악의적인 날조와 사실의 왜곡은 공적 토론만 오염시키지 표현의 자유의 대상은 아니다. 따라서 악의적 날조와 가짜뉴스 유포자에 대한 규제의 경우에는 법원이 굳이 엄격 심사를 거쳐서 두터운 헌법적 보호를 제공할 필요는 없다.

돌아보면 사상의 자유시장은 발언의 자유를 억압하려는 왕권과 가톨릭교회의 권위를 거부하는 데 초점이 맞추어져 있었다. 16세기 초반 자유지상주의자들은 자본주의 경제원칙을 미디어에 적용했다. 자유는 권력의 허가나 개입을 두려워하지 않는 비판, 다양한 의견이 오가는 여건을 의미했다. 그 당시에는 '과소 발언, 과소한 사상'의 교환이 문제시되었다. 그러나 소셜미디어로 뉴스가 전달되는 현대에는 '과소한 사상'이 아니라 '지나치게 많은 사상'과 정보 혼돈 속에 끼어드는 거짓과 허위가 문제가 된다.

날조된 뉴스가 빛의 속도로 확산되고 조직적인 허위정보가 온라인 공론장을 장악하는 상황에서는 자유롭고 공정한 공적 토론이 이루어지기는 어렵다. 밀은 사상의 자유시장을 제시하면서 날조된 사실로 대중을 속이거나 여론을 조작하는 자유까지 보장하지는 않았다.

허위사실의 조작, 감정에 호소하는 증폭된 거짓, 군중의 분노를 이끄는 선동이 난무한다면 진리가 결국에는 승리를 거두게 된다는 기대는 실현될 수 없다. 시장경제에서 시장실패market failure가 발생하듯이 사상의 자유시장도 실패할 수 있다. 조작된 허위사실이 대중을 오도하고 이성적 토론을 마비시키는 가짜뉴스 현상이 그 대표적 사례라고 할 수있다.

존 스튜어트 밀의 시대와 비교해보면 2020년의 상황은 크게 달라졌다. 자유지상주의자들은 강권적 국가권력의 제약을 심각한 문제로 예상했지 소셜미디어나 이름을 드러나지 않은 행위자들의 집단적 프로파간다 활동에 휩쓸릴 수 있는 민주주의의 취약성은 예상하지 못했다. 또한 크게 성장한 미디어 산업의 소유권이 과도하게 집중된 구조 또는 뉴스 정보를 전달하는 디지털 플랫폼이 거짓 발언의 가시성을 크게 증폭시키는 상황도 생각하지 못했다.

오늘날 정보 생태계는 신문 사설이나 공개 연설 등으로 이성적 논박을 펼치던 시대와는 다르다. 허위정보의 주입은 수많은 비공식적 경로로 가능하며 기계적으로, 대규모로 이루어질 수 있다. 친정부 여론 조종 활동을 하는 키보드 군단, 가짜 계정을 동원한 조회수 조작, 트롤링 공장, 자동화 봇, 댓가를 받는 프로파간다, 맞춤형 정치 광고, 필터링도 거치지 않은 뉴스 정보가 트위터에서 빠르게 공유된다.

게다가 한 국가의 구성원들만이 아니라 외국에서도 여론 조종에 뛰어든다. 국제정치적 이해관계가 밀접한 외국 첩보기관이 소셜미디어를 무기화하는 전략은 인위적 날조와 오정보를 크게 증가시켰다.

### 미국 통신품위법 230조

1995년 티모시 맥베이Timothy James McVeigh는 폭탄이 가득 실린 트럭을 몰고 오클라호마시 연방청사로 돌진했다. 폭발로 일어난 충격파는 리히터 규모 3.0의 지진과 같았고 시정부 청사 건물은 누더기가 되었다. 테러범은 연방

정부가 대중을 억압하는 절대악이라는 적개심을 품고 있었다. 168명의 희생자가 발생한 공격한 폭탄 테러가 일어난 후 아메리카 온라인AOL의 '미시간 군사 운동' 게시판에는 공격을 찬미하는 글이 익명으로 게시되었다. "폭파범 티모시 맥베이를 1996년 대통령으로!!"

그런데 이 글과 함께 올라온 티셔츠 판매 광고에는 엉뚱한 전화번호가 적혀 있었다.[63] 구매에 관심이 있으면 전화하라는 안내가 게재되자 제란Zeran은 협박 전화를 받기 시작했다. 그는 AOL에 연락하여 포스팅을 삭제했다. 그 이후에도 새로운 광고가 익명으로 게시되었다. 제란은 다시 AOL에 연락하여 게시판의 글을 삭제했다. 제란은 FBI에게 연락했지만 다음 주에도 새로운 글들이 계속해서 올라왔다. 오클라호마시 라디오 방송국 KRXO은 AOL에 올라온 문제의 게시글을 그대로 읽었다. 그러자 위협 전화와 협박은 폭증했다. 제란의 집은 보호 감시를 받았고 거의 2분마다 전화가 걸려왔다.

제란은 익명의 허위 공지bogus notice가 악의적이고 사기적이었음에도 적절히 반응하지 않은 AOL를 상대로 손해배상을 청구했다. 그러나 법원은 통신품위법을 적용하면서 AOL은 허위정보의 '단순 전달자'였다는 이유로 손해배상 청구를 받아들이지 않았다. 재판부는 만일 허위정보의 게시를 '알았다'는 이유로 책임을 져야만 한다면 온라인 서비스 제공자는 오히려 자기가 몰랐다는 점을 주장하기 위해 인터넷 콘텐츠를 적극적으로 모니터링하지 않을 것이라고 판단했다.

페미니스트 저널리스트 머피는 트위터에서 자신을 성전환 남성이라고 소개했다. 그녀가 백인 남성의 정체성을 사용하자 트위터는 머피가 성정체성을 허위로 소개했다는 이유로 계정을 정지시켰다. 미스젠더링misgendering은 혐오행위 정책 위반이었다. 그녀는 소송을 걸었지만 캘리포니아주 법원은 통신품위법에 따르면 트위터에게는 콘텐츠를 자율적으로 편집할 권한이 있으며 그에 대한 법적 책임은 면책된다고 판단했다.[64]

1996년에 제정된 통신품위법 230조(c)(1)은 온라인 서비스 제공자OSP는 제3자 콘텐츠 전달과 관련하여 법적 책임을 면제한다. 이 법률은 온라인 플랫폼은 '출판자publisher', '발언자speaker'가 아니라고 규정했기 때문에 콘텐츠와 관련하여 포괄적 면책이 가능하다. 자체적으로 판단한 접속 제한, 차단 등 자율규제 조치에도 민사나 법적 책임을 지지 않는다.[65] 지난 20년 동안 이 조항은 온라인 서비스 사업자들에게 안전지대를 제공했다.

미국 내에서 허위정보 유포자를 규제하는 연방 입법은 준비되고 있지 않고 딥페이크를 규제하는 주법만이 있다. 온라인 콘텐츠 규제가 자유로운 발언을 위축시키는 효과를 가져올 것이라는 우려 때문이다. 수정헌법 제1조는 자유롭게 다양한 사상들과 아이디어들을 표현하고 경쟁하도록 두자는 '사상의 자유시장' 전제 위에 서 있다. 그러나 최근에는 규제를 손봐야 한다는 변화의 요구가 나타나고 있다.[66] 정책 입안자, 기술자, 법학자들은 허위정보의 확산과 영향을 퇴치하는 방법에 대한 논의를 시작했다. 온라인 플랫폼을 경유하는 허위정보의 범람을 해결하려면 자율규제에만 의존하지 말고 통신품위법DCA 제230조를 개정하자는 제안이 나오고 있다.

《타임》은 "우리는 글로벌 정보전쟁 속에 있다"라면서 통신품위법의 개정 등 변화가 필요하다고 주장했다.[67] 소셜미디어야말로 전 세계 역사상 가장 큰 '출판사'이므로 콘텐츠에 대해 더 많은 책임을 져야 한다는 논리였다.

그렇지만 통신품위법 230조 입법 유래나 내용을 자세히 보면 온라인 서비스 제공자가 스스로 콘텐츠의 삭제, 차단 등의 조치를 하라는 취지를 가지고 있다. 단지 그 조치에 대하여 민사 책임을 지지 않도록 했다. 다시 말해서 플랫폼 기업들은 허위정보와 가짜뉴스의 유통을 삭제·차단할 수 있는 여건이 충분히 마련되었는데도 매우 미온적인 태도를 보였다.[68] 그 이유는 무엇이었을까? 대중을 오도하는 허위정보를 삭제하는 활동은 사용자들의 반발을 초래하고 플랫폼에 올라오는 콘텐츠의 다양성을 축소할 수 있었기 때문이다. 콘텐츠가 진실이든 거짓이든 사용자들이 읽고 시청하고 반응한다면 광고는 계속 노출되므로 수익은 늘어나는 구조다.

페이스북, 유튜브, 트위터 등은 머신러닝 기술을 개발하고 담당 인원을 늘리고 팩트체크 기관과 협력하는 등의 방식으로 허위정보의 모니터링과 차단에 나서고 있다. 그러나 여전히 모든 콘텐츠가 진실할 필요는 없다는 입장을 고수하고 있다. 가짜뉴스, 거짓 뉴스, 허위정보는 콘텐츠 차단·제거 커뮤니티 정책에 포함되어 있지도 않고 관련된 신고도 받지 않는다. 페이스북은 거짓 뉴스가 발견되어도 삭제하지 않고 알고리듬을 조정하여 노출 빈도만 줄이고 있다.[69]

만일 각국의 정부가 허위정보 통제 법률을 통해 플랫폼 기업들에게 허위정보, 가짜뉴스에 대한 정부의 명시적 삭제·차단 요청을 허용하고, 강도 높은 모니터링 의무를 부여한다면 무슨 일이 일어나게 될까? 펜PEN 아메리카 센터의 수잔 노셀Suzanne Nossel은 온라인에 떠도는 사기성 뉴스를 막기 위해 소셜미디어 플랫폼을 직접 규제한다고 해도 가짜뉴스는 여전히 생산될 것이라고 회의적 입장을 보였다.[70] 온라인 서비스 제공자는 법적 책임을 부담할 위험을 피하기 위해 뉴스 기사나 게시물이 조금이라도 허위 내용을 포함할 가능성이 있다면 차단하거나 삭제하는 조치를 취할 것이므로 표현의 자유가 위축되는 부작용이 발생할 수 있다는 것이다.[71]

### 정보재앙이 오게 될까?

아비브 오바드야Aviv Ovadya는 소수의 거대 플랫폼들이 장악한 인터넷 세상이 초래할 수 있는 정보재앙information apocalipyse을 경고한다.[72] 그가 정치 시뮬레이션Polity Simulation을 거쳐서 얻은 최악의 시나리오는 정치 캠페인이 가짜 풀뿌리 운동에 의해 조작된다는 것이다. '아스트로터핑Astroturfing'

은 스폰서나 특정 단체의 이해관계를 주장하지만 겉으로는 풀뿌리 참여자들의 활동처럼 보이게 만드는 인위적 조작이다. 정치적 봇넷이 주도적 역할을 하는 가짜 정치 활동과 아스트로터핑은 미래 민주주의의 디스토피아가 될 수 있다. 이 우울한 전망은 기계적으로 대량생산되는 가짜뉴스가 넘쳐나는 정보 생태계의 미래일지도 모른다.

오바드야에 따르면 현재의 웹과 정보 생태계는 전혀 건강하지 않다. 페이스북, 트위터, 구글 등 거대 플랫폼은 사람들을 자극하여 오도하거나 극단적 양극화로로 이끄는 정보에 더 많은 인센티브를 부여하도록 설계되어 있다. 플랫폼들은 '클릭', '공유하기'를 유도하고 그럴수록 광고 노출이 늘어나 수익을 올리기 때문에 온라인 정보의 퀄리티에는 크게 관심이 없다. 이런 구조적 조건 아래에서는 중독적 콘텐츠와 해악적인 허위정보의 생산과 유통은 감소하지 않고 더 늘어나게 된다. 누군가가 진실을 왜곡하기 위해 플랫폼을 사용한다면 그것을 견제할 필요가 있다는 점은 분명하다.

적어도 구글, 페이스북, 유튜브, 트위터, 애플 등은 사용자가 뉴스 기사의 출처를 이해하도록 하고 신뢰도를 개선하여 독자들이 '좋은' 뉴스가 무엇인지 알 수 있도록 도와줄 의무가 있다. 그렇지만 플랫폼들은 정부가 그 의무를 규제로 엄격화하려고 하면 '표현의 자유'의 침해라고 주장하며 권위주의로의 이행을 우려한다.[73] 그렇다면 생각해볼 문제는 이것이다. 플랫폼이 방치하는 선동적인 허위정보가 민주주의를 위협하는 것일까, 아니면 고의적으로 확산되는 잘못된 정보들의 차단과 제거를 요청하는 플랫폼 책임론이 표현의 자유를 위협하는 것일까?

정보재앙의 가능성을 키우는 또 하나의 요인은 콘텐츠의 진위 판명이 어려워지고 있다는 점이다. 1992년 NPR 라디오는 워터게이트 사건으로 권좌에서 물러난 리처드 닉슨의 목소리를 성대모사하여 "대통령 선거에 재출마할 것이다"라고 만우절 인터뷰를 방송했다. 성대모사 코미디언들은 이제 설 자리가 사라질 것이다. 사람 목소리를 추출해서 인공지능으로 텍스트에 합성하는 기술이 개발되었기 때문이다. 음성 합성 소프트웨어는 사람의 목소리의 리듬과 억양을 복사한다.

누군가가 몰래 인공지능으로 가짜 대화를 만들어도 그 진위는 식별하기 어려워진다. 목소리는 정체성의 일부였으나 더 이상은 아니다. 몬트리올에 위치한 스타트업 라이어버드Lyrebird는 어떤 문장을 입력하면 목소리로 출력하는 기술을 개발했다.[74] 그들이 개발한 AI 기반 미디어 합성 기술은 사람 목소리 샘플을 딥러닝으로 학습시킨다. 그다음 구글이 공개한 대화형 인공지능 비서 듀플렉스Duplex는 미용실에 전화를 걸어 사람의 목소리로 예약을 잡아준다. 영국 한 에너지 회사는 음성 모방 소프트웨어에 감쪽같이 속아 넘어가서 송금을 했다. 범인은 회사 경영진의 목소리로 전화를 걸어 직원에게 수십만 달러를 헝가리로 보내도록 요구했다. 가짜뉴스도 더 이상 텍스트 형태에만 머물지 않을 것이다. 머신러닝 기술을 통한 가짜 인터뷰 녹음 파일과 가짜 동영상이 대량으로 정보 생태계에 유입된다면 어떤 일이 벌어지게 될까?


### 머신 리얼리티(Machine reality)

집단적으로 사실을 조작하거나 허위정보를 대규모로 뿌려서 여론을 조종하려는 '댓글 부대', '키보드 군단', 홍보회사가 운영하는 '클릭 공장', '트롤링 공장'은 활발하게 가동되고 있다. 돈을 받고 온라인에서 조작된 정보를 유포하는 홍보회사들은 '팔로워 팩토리'에서 가짜 소셜 미디어 계정들을 사들인다. 앞으로 봇, 매크로 프로그램, 머신러닝 알고리듬, 데이터 과학을 활용한 컴퓨테이셔널 프로파간다, 딥페이크의 비중은 늘어나게 될 것이다. 굳이 수많은 사람이 달라붙지 않아도 풍부한 자금과 자동화 기술만 확보하면 가공의 여론을 만들어낼 수 있는 것이다.[75]

트롤링 기업, 영리적 홍보회사, 정보기관, 매크로 프로그램, 트윗봇이 허위 정보를 퍼뜨린다면 공론장에서 자유로운 토론을 거친 여론 형성의 매커니즘은 여전히 유지될 수 있을까? 유료 프로파간다와 허위정보로 오염된 공론장에서는 투명한 토론은 기대하기 곤란하다. 여론을 좌우하려는 정보 조작이 심화된다면 뉴스에 민주주의의 미래도 장담할 수 없을 것이다.

뉴스 정보의 전달 수단에서는 시각적 정보, 영상 정보가 텍스트 정보를 앞서고 있다. 실제로 일어나지 않은 사건과 하지 않은 발언으로 대중을 속일 수 있다면 어떻게 될까? 눈과 귀로 보고 듣는 것이 허구가 사람들의 생각을 오도한다면 어떻게 될까?[76] 트위터 CEO 잭 도시Jack Dorsey는 주목을 끄는 트윗을 올렸다. "머신러닝 기반의 최적화된 메시지 전달, 마이크로 타게팅, 미확인 오정보, 딥페이크는 엄청난 속도로 고도화되고 있고 양적으로도 어마어마하게 증가하고 있습니다."

딥페이크 동영상이 전하는 가짜뉴스는 가공의 현실감을 만들어낸다. 2018년 여름 워싱턴대학교 연구진은 오바마 전 대통령이 인터뷰하는 동영상을 만들어냈다. 14시간 분량의 오바마 동영상을 학습한 인공지능이 만든 이 딥페이크 영상은 표정, 눈빛, 입 모양이 자연스럽게 변했다. 발언의 내용은 이상했지만 표정이나 말투는 어색함을 눈치 채지 못할 수준이었다. 온라인에 공개되어 있는 'FakeApp' 앱을 사용하면 누구나 기존 영상에서 얼굴만을 바꿔 넣은 동영상을 만들 수 있다.

트럼프가 뮬러 특검의 수사 결과를 은폐하고 있다고 민주당이 공세를 높이던 무렵 '술 취한 펠로시' 동영상이 페이스북에 올라왔다.[77] 낸시 펠로시Nancy Pelosi는 "트럼프에게 미국을 위해 무언가 역사적 결정을 할 수 있는 기회를 주자"라고 말했지만 그것은 혀가 꼬인 늘어진 발음이었다. 원본 영상의 속도를 75퍼센트 느리게 만든 이 영상에는 펠로시가 취했다는 캡션 설명이 붙어 있었는데 사람들은 진짜로 그렇게 믿을 수 있었다.[78]

펠로시와 정치적으로 대립하던 공화당원들은 이 영상을 신나게 퍼 날랐다. "왜 그녀는 늘 취해 있지? 오 마이 갓! 그녀 말투가 느ㄴㅇ으ㅇ을어지이는 모습은 보기에 당황스럽네!" 등 빈정거리는 댓글들이 달렸다. 펠로시는 페이스북에 가짜 영상을 차단해달라고 요청했다. 그런데 페이스북은 "페이스북에 올라온 모든 정보가 반드시 사실이어야 한다는 내부 정책은 없다"라며 거절했다. 다만 해당 동영상이 페이스북에서 노출되는 빈도를 줄이겠다고 밝혔다.

어느 날 인스타그램에는 저커버그가 CBSN과 인터뷰하는 가짜 동영상이 올라왔다.[79] 소파에 앉은 저커버그는 "한 사람이 수십억 인구에게서 훔친 정보와 비밀을 이용하여 사람들의 삶과 미래를 통제하는 세상을 상상해보세요"라고 자아비판을 한다. 그는 "데이터를 통제하는 자가 미래를 통제할 것이다"라고 주장한다. 'bill_posters_UK'라는 예술가 집단이 만든 이 영상은 사용자 데이터를 이용해 광고 수익을 올리는 페이스북을 저커버그의 입을 빌려 풍자했다. 관심은 인스타그램이 가짜 저커버그 영상을 삭제할 것인가로 쏠렸다. 인스타그램은 풍자가 분명한 딥페이크를 동영상을 삭제하지 않겠다고 밝혔다.

기술은 어디까지나 중립적이기 때문에 유명인이 등장하는 포르노 비디오를 제작하거나 정치인의 가짜 고백, 장난에도 사용될 수 있다. 할리우드의 영화 제작자들은 그레이스 켈리Grace Kelly, 마릴린 먼로Marilyn Monroe 등 왕년의 스타들을 되살려내 영화를 찍고 있다. 〈제미니 맨Gemini Man〉에 출연한 배우 윌 스미스Will Smith는 50대이지만 인공지능 기술 덕분에 23세로 젊어졌다.[80]

레딧Reddit 커뮤니티에는 〈스타워즈〉 여주인공 데이지 리들리Daisy Ridley의 딥페이크 포르노 영상이 올라왔다. 스칼렛 요한슨Scarlett Johansson은 자신이 등장하는 딥페이크 포르노에 대해 사람들이 진짜는 아니라고 믿을 것이기 때문에 영향을 받지 않는다고 말했다. TBS의 〈코난 쇼〉에 출연하여 재담을 주고받던 코미디언 빌 헤이더Bill Hader의 얼굴은 딥페이크의 소재가 되었다.

헤이더는 어느 순간 배우 아널드 슈워제네거로 얼굴과 목소리로 바뀐다.[81]

유명 연예인과 정치인의 얼굴 이미지를 가져다 만든 가짜 인터뷰, 가짜 포르노 영상을 딥페이크는 새로운 사생활 침해와 명예훼손 유형이다. 또한 개인의 동의 없이 얼굴 이미지를 사용하므로 인격권 침해가 된다. 그러나 누가 최초로 만들어 배포했는지 알 수조차 없다면 딥페이크에 대한 법적 대응은 어려워진다.

딥페이크는 팽팽한 선거전이나 긴장된 국제 분쟁의 국면에서 오판을 유도할 수 있다. 대통령의 대국민 메시지나 연두교서를 바꿔치기 하여 대중에게 불신과 실망을 안겨준다면 선거의 판도가 달라질 수 있다. 경제인의 목소리나 얼굴을 조작해서 주가에 영향을 미치거나 민족주의를 자극하는 대중 선동에 사용될 수도 있다. 인터뷰나 담화 형식으로 제작된 딥페이크는 텍스트 기반 가짜뉴스보다 훨씬 영향력이 클 것이다. 인도, 인도네시아, 스리랑카, 미얀마에서는 텍스트 기반의 가짜뉴스만으로 종교적 갈등, 살인, 폭력행위가 발생했다.

트위터는 딥페이크 동영상이 트위터 플랫폼에 올라오지 못하도록 막겠다고 밝혔다.[82] 그러나 딥페이크가 마치 포토샵처럼 보편적으로 사용된다면 금지 정책은 달라질 것이다. 딥페이크는 이미 하위문화subculture의 일부가 되고 있으며, 영화 제작이나 흉내 내기를 통한 공적 인물의 조롱에도 효과적이다. 하지만 딥페이크가 선거전에 실제로 영향을 주려고 배포되거나 대중을 오도하는 가짜뉴스 생산에 사용된다면 이야기가 달라진다.

2020년 미국 대선을 앞두고 딥페이크가 선거에 영향을 줄 수 있다는 우려가 커지자 페이스북은 딥페이크 동영상의 게시를 금지하겠다고 발표했다. 그러나 패러디, 풍자 동영상, 단어를 생략하거나 어순을 변경한 편집은 허용된다.[83] 미국 버지니아주는 타인에게 강요하거나, 타인을 괴롭히거나 위협하려는 의도로 생산된 가짜 비디오 영상faked footage을 규제 대상에 포함시켰다.[84] 텍사즈주 선거법은 공직 후보자를 공격하거나 선거 결과에 영향을 주려는 의도로 딥페이크 영상을 제작·배포하는 행위를 범죄로 규정했다. 일어나지 않은 행동을 실제 인물이 한 것처럼 묘사하여 대중을 속이려는 의도가 있다면 처벌된다.[85]

중국 정부도 온라인 비디오 뉴스 제공자나 사용자가 딥 러닝이나 가상현실을 이용하여 가짜 뉴스를 만들지 못하도록 규제를 시작했다. 국가인터넷정보판공실国家互联网信息办公室은 딥페이크를 생산하여 유포하는 행위를 형사처벌한다.[86] 그러나 진보하는 기술은 언제나 악의적 가짜뉴스 생산자의 편이다.


## 데이터와 맞춤형 정치 광고

플랫폼에 저장된 사용자 데이터는 얼마든지 상업적·정치적 목적으로 오용될 수 있다. 예컨대 정보 전달 방식 가운데 맞춤형 정치 광고 또는 마이크로타겟팅microtargeting은 고도로 분류된 유권자 집단을 목표로 삼을 수 있다. 광고주는 허위, 비방, 진실한 사실, 거짓 등을 동원하여 오도성 메시지를 전달하고 인상을 형성할 수 있다.[87]

스마트폰 앱으로 모바일 투표를 하게 되면 사람들은 투표소를 찾아서 줄을 서서 기다릴 필요가 없다.[88] 신원 도용, 시스템 해킹의 가능성이 있지만, 이미 미국에서는 더 많은 유권자들 권리를 행사하도록 모바일 투표 플랫폼이 시도되고 있다. 유권자는 TV 뉴스를 보고, 스마트폰에 깔린 소셜미디어로 뉴스를 읽고 간단하게 인터넷 쇼핑을 하듯이 투표를 하게 될 것이다.[89]

정치 뉴스, 누군가가 메신저로 전해주는 소문, 정치인의 발언, 개별적으로 타킷화된 정치 광고, 모바일 투표를 위한 앱은 모두 하나의 특정한 하나의 장소로 집중된다. 그것은 바로 유권자들의 스마트폰이다. 플랫폼 기업들은 사용자들의 데이터를 차곡차곡 저장하고 있다. 그렇다면 플랫폼은 해악적 거짓과 대중을 오도하는 허위정보를 걸러내려는 노력을 기울이게 될까? 아니면 정치적 발언에 포함된 허위는 무시해 버리고 사용자 데이터를 이용하여 정치 광고를 만들어 판매하려고 할까? 기억해야만 하는 것은 이 두 가지 활동이 본질적으로 충돌한다는 사실이다. 사용자들의 데이터는 타깃화된 정치 광고라는 수익성 높은 상품을 만드는데 용이하다.

페이스북은 2012년에 70만 명의 사용자들을 대상으로 비밀리에 심리 실험을 진행했다. 페이스북은 68만 9,300명의 뉴스피드를 인위적으로 조작해 긍정적이거나 부정적인 내용의 피드를 보여주고 사용자들이 어떻게 반응하는지를 살폈다.[90] 뉴스피드에 노출되는 콘텐츠가 부정적이라면 슬며시 사용자들에게 슬픈 감정을 자극할 수 있었다. 노출되는 콘텐츠로 사용자의 감정적 반응을 유도하는 기법이 점차 발달한다면 정치적 호감도나 긍정적 반응도 조종할 수 있을 것이다. 플랫폼이 누구에게 정확하게 무엇을 노출할 수 있느냐는 권력이 되고 있다. 특히 정치 광고가 사용자의 사고나 태도에 직접적으로 영향을 미칠 수 있는 가능성은 커지고 있다.

그러므로 프로파간다의 미래는 코드가 맞는 정파적 미디어에 의존하거나 마구잡이식으로 허위정보를 살포하는 방식이 아니라 사용자 데이터를 분석한 다음 개인화된 메시지를 전달하거나 맞춤형 정치 광고를 보내는 형태가 될 것이다. 이는 사용자 데이터의 수집과 분석을 기초로 한다. 잠재적 유권자의 성향을 보여주는 데이터를 향한 요구는 엄청난 수준이기 때문에 캠브리지 애널래티카 사건과 비슷한 사례는 계속해서 나오게 될 것이다. 이를 막으려면 명시적 동의 없이는 데이터 수집과 사용을 못 하도록 제한하는 법안이 필요할 것이다.

페이스북은 광고주를 공개하는 등 투명성을 개선했지만 정치 광고를 중단하지는 않았다. 저커버그는 진실의 침식erosion of truth을 걱정하지만, 정치 광고는 계속 허용하겠다고 밝혔다.[91] 저커버그는 페이스북으로 전달되는 정치 광고가 진실인지 허위인지는 상관하지 않고, 팩트체크도 하지 않겠다고 선언했다. 거짓된 정치 광고false ads도 허용하겠다는 페이스북의 발표에 비난이 쏟아졌지만 저커버그는 광고를 '검열'해야 하는 작업에 비교하면 더 나은 선택이라고 맞섰다.[92]

이와 달리 트위터 CEO 잭 도시는 플랫폼에 정치 광고를 판매하지 않겠다고 발표했다.[93] 정치 광고의 범위는 "후보자, 정당, 선출직·임명직 공무원, 선거, 국민투표, 득표수 계산, 입법, 규제 또는 사법적 판결"에 대한 광고다. 페이스북이 정치 광고를 필터링하지 않고 허용하겠다는 방침을 고수하고 사용자들의 개인 정보를 분석한 타깃 광고를 판매하기로 하자 많은 사람이 분노를 표시했다. 수많은 사람에게 뉴스 정보를 전달하는 거대 IT 기업의 플랫폼이 정치에 개입할 수 있기 때문이었다. 그러나 반대로 트위터를 비난하는 목소리도 있다. 이 타깃화된 정치 광고에 노출된다고 유권자의 신념이 당장 달라진다는 증거는 없기 때문이었다. 그러나 플랫폼이 개인의 정치 성향, 선호도, 취향 데이터를 더 많이 축적하여 개인들의 심리적 상태를 파악하고 정치 광고에 활용한다면 그 영향력은 증가하게 될 것이다.[94]

최악의 시나리오는 광고주가 사실을 왜곡하거나 거짓으로 특정 후보를 중상모략하거나 부정적 이미지를 뒤집어씌우는 것이다. 많은 자금을 가졌을수록 더 정확하게 메시지를 특정 성향의 개인들에게 전달할 수 있다. 저커버그가 이렇게 결정한 이유는 무엇일까?

미디어학자 시바 바이디야나단Siva Vaidhyanathan은 이런 해석을 내놓았다. 영국의 브렉시트당, 인도의 모디 총리, 브라질의 볼소나로 대통령, 필리핀의 두테르테 대통령은 포퓰리스트이며 우파 정치인들이다. 이들은 페이스북과 왓츠앱에 의존하여 정치권력을 쟁취했고 인기를 유지하고 있다. 볼소나로는 남미의 트럼프로 불린다.

만일 페이스북이 허위정보에 대한 우려에 굴복하여 플랫폼에 오가는 글,

광고, 발언의 진실을 가려내고 판단하려 든다면 이들은 페이스북을 규제 등으로 압박하려고 할 것이다.[95] 페이스북으로서는 글로벌 시장을 지키려면 다른 국가들의 포퓰리스트들과 타협할 수밖에 없다는 것이다.

정치 광고에 대한 비판과 데이터 유출 스캔들에도 불구하고 페이스북의 수익은 여전히 계속 증가하고 있다. 그렇기 때문에 정치 광고를 중단 할 만한 동기가 크지 않다. 페이스북에서 오가는 거짓 뉴스, 허위적 언사, 정치 광고가 개인들에게 직접적 영향을 미치거나 투표의 변화로 이어졌다는 인과관계는 아직 명확하게 나오지 않았다. 페이스북이 이 점을 모를 리가 없다.

저커버그는 《워싱턴포스트》에 기고문을 보내 인터넷 규제를 요청하고 나섰다.[96] "프라이버시, 선거의 무결성election integrity, 해로운 콘텐츠harmful content, 데이터 이동에는 정부 규제가 필요하다"라는 주장이었다. 사용자가 자신의 데이터에 대한 통제권을 가지지 못한다면 개별적 타깃 광고 또는 허위 정보의 전달도 자유롭게 가능하다. 정부 규제는 페이스북의 수익 감소로 이어질 수 있지만, 규제 요청은 페이스북 정치 광고를 이용한 러시아의 대선 개입 의혹, 캠브지리 애널래티카의 개인 정보 도용, 뉴질랜드 총격 현장의 난동의 페이스북 생중계에서 비롯된 사회적 비난을 돌파하려는 의지로 비쳤다. 그러나 이것은 진정한 고해성사가 아니었다.

저커버그가 말한 '해로운 콘텐츠'는 혐오발언이나 폭력행위의 중계를 의미하지 가짜뉴스 또는 허위정보는 포함되지 않는다. 그는 IT 기업이 허위정보에 대한 모니터링을 해야한다는 것은 부당하다며 '표현의 자유'를 들고 나왔다. 그러나 유권자에게 잘못된 뉴스 정보를 전달할 수 있는 디지털 플랫폼이 더 책임감을 가지고 날조된 허위정보를 걸러내야 한다는 요구는 커져가고 있다. 인터넷 서비스 제공자의 콘텐츠 편집과 차단은 통신품위법 제230조에 의해 책임이 면책되므로 마음만 먹는다면 얼마든지 가능하다. 한편 우연히 유출된 페이스북 내부 자료에 의하면 페이스북은 지나치게 강한 데이터 프라이버시 규제가 들어서지 못하도록 전 세계 국가들에서 반대 로비를 벌이고 있다.[97] 그 방법으로는 규제가 강력한 국가에는 투자를 줄이겠다는 협박이 주로 사용된다.


## 허위정보, 여론, 민주주의의 관계

이제 가짜뉴스 현상의 고고학적 탐색이라는 긴 여정의 끝에 다다랐다. 지금까지 수많은 형태의 '거짓'이 어떤 이유에서 의도적으로 생산되고, 누가 어떻게 전달했고, 어떤 혼란과 피해를 주고, 어떤 방식의 규제가 제안되었나를 살펴보았다. 이 책의 가장 처음에 던졌던 질문으로 돌아가 보자. 허위정보와 가짜뉴스는 인류 문명사에서 어떻게 살아남았을까? 여론과 정치권력에 영향력을 발휘하는 메커니즘은 무엇일까? 각 시대의 기술적 조건은 어떤 영향을 미쳤던 것일까? 몇 가지 공통점과 차이점은 아래와 같이 정리해 볼 수 있다.

거짓과 허위정보는 대중의 관심을 이끌고 분노 감정을 유도하기 위한 사실의 날조, 왜곡하는 전언傳言, 증오심 부풀리기, 적군과 아군을 나누는 선동의 요소였다. 그것은 갑작스러운 낯선 침입자가 아니라 정보 생태계의 오랜 주민이었고, 우리 자신이기도 했다. 인쇄술, 라디오, 무선 전신, 웹브라우져, 모바일 인터넷 등 기술 발전에 힘입어 미디어의 힘이 강력해지는 동안 허위정보도 그림자와 같이 진화를 거듭했다. 미디어의 역사는 허위정보 전파의 역사이기도 했다. 16세기 팸플릿의 시대부터 1930년대 라디오의 전성기, 1960년대 TV 뉴스 방송에서도 오보와 허위정보는 흘러나왔다. 완전한 사실만이 뉴스로 전달되던 시대는 한 번도 없었다.

허위정보는 인쇄시대 이전부터 정치적 술수의 일부분이었고 여론을 장악하려는 많은 경쟁자들은 치열한 정보전을 펼쳤다. 군사적 대결, 고조된 정치적 갈등의 국면, 냉전시대에는 공식적, 비공식적 프로파간다가 수행되었다.

열광, 이성의 마비, 집단 히스테리, 무조건적 지지, 집단행동, 폭력의 합리화는 프로파간다가 의도한 반응이었다. 대부분의 유언비어나 비공식 뉴스는 진정한 민의나 비판으로 여겨지기보다는 지배 권력에 도전하는 불편한 목소리로 간주되었다.

소문이나 발언 가운데 무엇이 진실이고 거짓인가를 지배 권력이 자의적으로 판단할 때 생겨나는 해악은 중세 가톨릭 종교재판소, 18세기 청나라의 저혼사건叫魂, 반대자를 가혹하게 탄압한 나치의 비밀경찰, 중국의 국가인터넷판공실이 실시하는 강력한 단속이 보여준다. 교황권은 이단 척결을 내세워 마녀 사냥을 가톨릭의 권력을 유지하는 수단으로 사용했다. 나치의 프로파간다는 게르만 민족주의 자긍심을 고취시켰고, 미국의 적색 공포 프로파간다는 반공산주의가 곧 애국이라는 명분으로 대중을 설득할 수 있었다. 그러나 선동가가 거짓으로 정치권력을 잡았을 때는 많은 희생양들이 뒤따랐다.

왕권제와 교황의 지배력이 사라지고 민주적 공화정이 들어섰지만 여전히 민주주의는 취약한 제도였다. 대중의 심리는 언변을 갖춘 선동가가 쏟아내는 표면적 명분을 갖춘 반복적 메시지에 쉽게 흔들릴 수 있었다. 허위정보의 생산자들이나 프로파간다의 선동원들은 이 점을 알고 있었다. 그 발언이 진실이 아니더라도 여론의 흐름이 한쪽으로 쏠리기 시작하면 소떼몰이가 가능했다. 선거의 승리가 모든 것을 잠재우고 권력을 부여하는 시스템에서는 유권자를 분노하게 만들든지, 속이든지, 선동하든지, 위협하든 승리하면 된다는 생각은 여전히 지배적이다.

i) 악의적 소문, 허위정보를 동원한 선동, 날조된 뉴스가 위력을 발휘할 수 있었던 공통된 조건은 그 사회에 존재하는 갈등적 요소 또는 불만을 거짓말로 자극하여 공포와 분노를 유도했다는 점이다. 거짓 자체의 설득력이 아닌 거짓을 반복적으로 전달하여 정치적 동력으로 이용했던 선동가들은 합리적 명

분을 내걸었고 대중의 심리를 능수능란하게 조작할 수 있었다. 허위정보 프로파간다의 주도자가 정치권력을 차지하여 사회적 규범social norm을 구축한 때에는 대중은 비판적 관점을 유지하거나 이성적 판단을 할 수 없었다.

ii) 경제적·정치적 인센티브가 존재하는 한 허위정보와 가짜뉴스의 생산은 사라지지 않을 것이다. 정치 분야에서 허위정보의 생산과 전달은 선거전의 승리, 사회의 혼란, 상대 진영에 대한 불신 조장, 여론의 지배, 최종적으로는 정치권력의 쟁취라는 이해관계를 추구했다. 한편 페니프레스, 클릭을 유도하는 미끼 기사, 가짜뉴스 웹사이트, 유튜브 혹스, 음모론 등은 허위정보 생산이 경제적 이해관계를 추구하고 있음을 보여준다.

iii) 커다란 정치적·경제적 이해관계가 걸려 있다면 의혹 보도, 허위정보, 날조된 가짜뉴스를 동원한 정보전이 발생하는 환경이 조성된다. 투명한 저널리즘이 확립되지 않은 시대나 국가에서 비공식적인 뉴스 정보 가운데 무엇이 '진실'인가를 판정하여 공식화하는 것은 늘 권력자의 권한이었다. 뉴스 정보가 소수에게 독점되었던 시대에는 정치권력과 일부 언론이 결탁하여 가짜뉴스를 만들어낼 수 있었다. 자유로운 표현에 대한 억압과 교차검증이 가능한 경로의 부족은 지배 권력이 생산하는 가짜뉴스에 대한 반박이나 팩트체크를 어렵게 만들었다.

iv) 언론 대 비언론, 활자화된 뉴스 대 소셜미디어의 이분법을 유지하면서 주류 미디어가 생산하는 보도만이 진실하고 개인들이 만드는 유튜브 채널이나 비공식적 경로의 뉴스 정보는 허위정보로 취급하는 방식은 여전히 발견된다. 그러나 이런 방식은 매체 우월적 관점과 이분법적 논리는 가짜뉴스 현상을 초래한 언론의 무책임을 외면할 뿐만 아니라 갈수록 복잡해지는 가짜뉴스 현상을 분석하기에는 무리가 있다.

v) 정치 분야의 허위정보전은 관심시장에서 많은 행위자가 경쟁하는 제로섬 게임에 가깝다. 선동가형 정치인, 돈을 받는 홍보기업, 익명의 정부조직, 외국 첩보기관, 야당, 친정부 매체도 정보 생태계의 행위자들이다. 선거철에는 정치권력과 연결된 '여론의 지배'라는 한정된 파이를 차지하려고 치열한 경쟁을 펼친다. 오늘날 허위정보를 동원한 정치 프로파간다의 특징은 대중을 설득하여 태도를 바꾸는 것이라기보다는 반대 진영을 불신하게 만들고 그들에 대한 신뢰를 떨어뜨리는 데 있다.

vi) 개인들이 생산하는 거짓은 중상모략, 금전적 이익의 추구, 정보이해의 부족에서 비롯된 오해, 편견 등에서 나오지만 그 해악성을 평가할 때는 조직화된 집단적 프로파간다 활동과 구분할 필요가 있다. 인쇄되거나, 미디어에 보도되거나, 디지털 플랫폼을 거치지 않는 한 가시성을 확보하기는 어렵다. 정보 생태계는 이미 정보 과잉으로 인한 혼돈, 정보 피로와 무질서의 도가니다. 따라서 의도적으로 허위정보를 대중에게 전하려면 잡음을 뚫고 목소리를 증폭하고 가시성을 확보해야 한다. 허위정보가 다수의 주목을 받고 영향력을 미치기 위해서는 협조자와 증폭기를 반드시 필요로 한다.

vii) 올드 플랫폼old platform과 뉴 플랫폼new platform은 모두 허위정보와 가짜뉴스의 증폭에 사용된다. 올드 플랫폼은 케이블 TV, 지상파 방송, 라디오, 신문 등이고 뉴 플랫폼은 검색엔진, 포털 사이트, 소셜 미디어를 의미한다. 2016년 미국 대선 캠페인 기간에 소셜미디어로 퍼진 가짜뉴스는 분량은 많았지만 직접적으로 유권자의 사고나 태도에 영향을 주었다는 증거는 없다. 당시 트위터에서 공유된 가짜뉴스의 80퍼센트는 0.1퍼센트에 사용자에 의한 활동이었다. 페이스북에서 집행된 정치 광고나 소셜미디어에 뿌려졌던 가짜 뉴스는 유권자에게 별다른 영향을 주지 못했다. 그보다는 대선 후보자에 대한 주류 미디어의 뉴스 편집 비중이 여론에 진정한 영향을 미쳤다.

viii) 사실과 허위를 구분할 수 없는 상태에서 특정한 목소리가 가시성을 가진다면 진리가 '언제나' 거짓에 승리하게 된다고 기대할 수 없다. 허위정보가 공정한 토의를 위한 전제를 망가뜨린다면 사상의 자유시장은 '시장실패'에 직면할 수 있다. 사상의 자유시장은 자유지상주의에 기초하여 정부의 개입을 거부하기 위한 개념이었지만, 애당초 공정한 토론을 방해하고 감정을 선동하는 해악적 허위사실이나 거짓의 악의적 유포로 인한 혼란까지 전제한 것은 아니었다. 대규모로 전파되는 허위정보가 여론 형성 과정을 오염시키고 민주주의를 위협한다고 보는 관점은 정부 개입의 필요성을 인정한다.

ix) 미국 연방대법원과 우리 헌법재판소는 허위발언은 일반적으로 허용되며 해악성이 구체적이어야만 표현의 자유 규제가 헌법심사를 통과할 수 있다는 기준을 유지하고 있다. 해악적 허위정보는 규제의 필요성이 인정되더라도 무엇이 '규제 대상'인가를 명확하게 설정해야 하고, '해악성·위험성'의 유형, 중립적 판단의 주체도 정해야 한다. 그러나 추상적 기준을 법률에 문언화하는 일은 난관에 부닥치게 된다. '허위사실을 의도적으로 전파하는 행위'와 '비판적 보도 과정에서 착각이나 이해 부족으로 허위사실을 기재하는 경우'는 구분하기 쉽지 않다. 그러나 권위주의 국가들은 해악적 허위정보의 범주를 넓게 설정하고 금지하여 정치적 비판을 억누르는 도구로 사용하고 있다.

x) 허위정보를 유포하는 프로파간다의 실행은 점차 외주화·고도화·전문화되고 있지만 허위정보를 뉴스의 혈류 속에 주입하는 과정을 찾아내기는 어렵

다. 주체가 허위정보를 생산하면서도 오히려 상대에게 책임을 돌리는 사례는 반복되고 있다. 프로파간다는 사적 영역에서 판매되고 있으며 전문 홍보업체는 데이터 과학과 인공지능을 활용한다. 컴퓨테이셔널 프로파간다와 머신 리얼리티machine reality가 거짓 선동가의 역할을 대신하면 가짜뉴스 현상은 더 악화될 것이다. 자동화된 프로파간다, 트롤링 공장, 팔로워 팩토리 등의 활동은 공론장에서 공정하고 이성적 토론을 거쳐 여론이 형성될 것이라는 기대를 비현실적인 시나리오로 전락시킬 수 있다.


## 맺음말: 앨리스 구하기

수학자였던 루이스 캐럴Lewis Carroll은 아무런 생각 없이 흰 토끼를 따라간 앨리스를 안타까워했던 게 분명하다. 앨리스는 토끼를 지켜보다가 우연히 토끼굴로 따라서 뛰어들었는데 그 굴은 터널처럼 이어지다가 갑자기 아래로 푹 꺼져버렸다. 앨리스는 호기심을 가졌을 뿐인데 갑작스러운 일이 닥친 것이다. 터널은 너무나 깊었기 때문에 앨리스는 마치 지구 중간까지 추락하는 느낌이었다.

상황을 알아차렸을 때 앨리스는 이미 아주 깊은 우물 속으로 떨어지고 있었다. 수많은 뉴스 정보 가운데 하나의 관점에만 골몰하게 된다면 우리 모두는 부지불식간에 이상한 나라로 떨어지는 앨리스가 될 수 있다. 물론 비판적 수용자라면 허위정보가 유도하는 바를 알아채고 경고음을 외치거나 혼란을 부추기는 정보를 재해석하고 거부할 만한 판단력이 있다. 그러나 모두가 뛰어난 뉴스 문해력을 갖춘 것은 아니다. 어떤 사람들은 가짜뉴스를 무조건적으로 수용하거나 어떤 의심도 하지 않고 속아 넘어간다.

초창기 인쇄시대와 비교해보면 오늘날 매일 쏟아지는 디지털 뉴스 정보는 급증했고 정보 과잉이 만성화되었다. 넘쳐나는 복잡한 정보들은 불가피하게

'정보 피로'와 '불확실성'을 초래했다. 무한대의 소음과 무질서 속에서 사람들은 자신의 성향과 믿음에 가까운 정보만 찾는 경향을 보이기 마련이다. 절반의 진실, 약간의 허위를 섞은 정보에 이끌리는 이유는 그 혼란 속에서 자신의 실존을 찾기 위한 것인지 모른다. 진실한 뉴스, 허위정보 또는 가짜뉴스는 단지 텍스트의 차이만은 아니었다. 새로운 정보는 개인들이 세계의 변화를 이해하고 지식과 신념의 체계를 구축하는 재료이며 어떤 뉴스를 받아들이는가는 개인의 인식과 연결된다. 뉴스와 소문이 교묘하게 고안된 거짓이라면 대중을 속여 생각과 행동까지 장악할 수 있다. 선동가가 거짓으로 지지를 얻어 정치권력을 차지했던 국가의 역사는 불행했다.

누군가가 사상의 자유시장에 들어와 커다란 토끼굴을 만들고, 사람들이 그 속으로 빠져들도록 체계적으로 유도한다면 경고음을 내고 반박할 필요는 있다. 엄밀히 말하면, 토끼굴 속으로 끌고 들어갈 필요도 없다. 사실이 무엇인지 구분할 수 없는 회색지대나 판단을 막는 혼란의 모래폭풍은 선동가에게 승리를 안겨줄 수 있다.

거짓말로 극단적 대립을 조장하고, 적과 아군을 구분 짓고, 분노를 조장하는 선동가가 거대한 모래폭풍을 만들지 못하게 하는 일은 사상의 자유시장의 실패와 민주주의의 실패를 막기 위한 일이다. 만일 허위정보가 대중의 사고나 태도에 영향을 주고 합리적 판단을 마비시킨다면 선거도 위험해질 수 있다.

그러나 개인적 수준의 발언이 크게 증폭되어 널리 퍼지거나 가시성이 압도적이지 않아서 주목을 끌지 못한다면 사회에 혼란을 주거나 대중을 감정적으로 선동할 수 없다. 그 누구도 증폭기가 없이는 자신의 메시지를 확장하지 못한다. 그러므로 혼란의 소용돌이를 일으켜 사람들을 토끼굴로 몰고 가는 힘을 누가 가졌는가, 누가 거짓을 증폭할 수 있는가를 주목해야 한다. 그것은 다름 아닌 전통적 플랫폼인 신문·방송과 새로운 플랫폼인 디지털 플랫폼이다.

거대한 디지털 플랫폼에게 집중된 권력이 가짜뉴스 현상이라는 위기를 만든 원인이라는 팀 버너스 리의 말은 과장이 아니다. 뉴스 기사를 선택하여 배치하고 개인화된 뉴스 큐레이션 서비스를 제공하는 플랫폼은 언론사의 역할을 대신한다고 여겨진다. 예컨대 국내 극소수의 포털 사업자가 제공하는 뉴스 정보는 압도적이다. 디지털 플랫폼은 동시에 사용자 데이터를 클라우드에 저장하고 마음껏 이용하는 데이터 사업자이고, 알고리듬을 조종할 권력을 가진 인공지능 개발자이며, 최대의 광고업자이기도 하다. 클라우드에 축적되는 방대한 사용자 데이터, 공개되지 않는 불투명한 알고리듬은 언제든지 다른 목적으로 사용될 수 있다.

허위정보가 영향력을 확대하거나 민주주의 취약점을 공격하지 못하도록 막으려면 저널리즘의 신뢰 회복, 정확한 보도 관행, 팩트체킹의 강화, 뉴스 정보에 대한 비판적 수용도 중요하다. 진정한 해결책은 개인 발언자를 추적하는 방식이 아니라 허위정보가 전달되고, 증폭되기 위한 필요불가결한 수단이 되는 플랫폼의 역할에서 찾는 편이 현명할 것이다. 개방적 인터넷 자체는 민주주의를 붕괴시키지도, 허위와 진실을 구분하는 개인들의 능력에 직접적으로 영향을 미치지도 않는다.

# 주

## 1장 가짜뉴스는 어떻게 시작되었나?

1 황용석·권오성, 「가짜뉴스의 개념화와 규제수단에 관한 연구」, 《언론과 법》 제16권 제1
호 (2017), 53-68쪽

2 https://www.france24.com/en/fight-the-fake

3 "The media's definition of fake news vs. Donald Trump's" PolitiFact (Oct. 18, 2017)
www.politifact.com/truth-o-meter/article/2017/oct/18/deciding-whats-fake-medias-
definition-fake-news-vs/

4 미셸 푸꼬, 『지식의 고고학』, 민음사, 2000, 3~22쪽

5 "Final report of the High Level Expert Group on Fake News and Online Disinformation",
European Commission (Mar. 12, 2018)

6 "Dealing with propaganda, misinformation and fake news", The Council of Europe,
www.coe.int/en/web/campaign-free-to-speak-safe-to-learn/dealing-with-propaganda-misi
nformation-and-fake-news

7 "For Pope Francis, Fake News Goes Back to the Garden of Eden", *The New York Times*
(Jan. 24, 2018)

8 한국언론진흥재단, 미디어연구센터 온라인 설문조사 (2019년 2월 13~17일, N=1,200); 양
정애, 「일반 시민들이 생각하는 '뉴스'와 '가짜뉴스'」, 《Media Issue》 제5권 제1호 (2019.2.)

9 Edson C. Tandoc Jr et al., "Defining 'Fake News': A typology of scholarly definitions",
*Journal Digital Journalism*, Volume 6, 2018

10 www.theonion.com

11 "No, Emma Gonzalez did not tear up a photo of the Constitution", CNN News (March 26,
2018)

12 "New York Times Publisher and Trump Clash Over President's Threats Against
Journalism", *The New York Times* (July 29, 2018)

13 정은령, 「한국 팩트체크 저널리즘의 특징」, 《언론정보연구》, 제55권 제4호 (2018.) 11쪽

14 Damian Tambini, *Fake news: public policy responses. LSE Media Policy Project Series*,
Tambini, Damian and Goodman, Emma(eds.) (Media Policy Brief 20), The London School
of Economics and Political Science, London, 2017

15 Damien Tambini, "Who benefits from using the term 'fake news'?", LSE Media Policy
Project (April 7, 2017)

16 "Six Fake News Techniques and Simple Tools to Vet Them", Global Investigative

Journalism Network

17  전기통신사업법 제53조 제1항 위헌 결정. 헌법재판소 2002. 6. 27. 선고 99헌마480 전원재판부

18  Julie Posetti & Alice Matthews, "A Short Guide to the History of 'Fake News' and Disinformation", International Center for Journalists (ICFJ) 2018

19  Joanna M. Burkhardt, *Combating Fake News in the Digital Age*, American Library Association(2017)

20  Jorge Borges, "La biblioteca de Babel" in El Jardín de senderos que se bifurcan, Editorial Sur, 1941

21  제임스 글릭, 『인포메이션』, 김태훈·박래선 옮김, 동아시아, 2016, 557쪽

22  Izabella Kaminska "A lesson in fake news from the info-wars of ancient Rome" *Financial Times* (Jan 17, 2017); Eve MacDonald

23  "The fake news that sealed the fate of Antony and Cleopatra" *The Conversation* (January 13, 2017)

24  Jasper Burns, *Great Women of Imperial Rome: Mothers and Wives of the Caesars*, Routledge, 2006; *Matthew Dennison, Livia, Empress of Rome: A Biography*, St. Martin's Press, 2011, pp. 183-210

25  Jacob Soll, "The Long and Brutal History of Fake News", *POLITICO* (Dec. 19, 2016)

26  성 시몬의 고문과 죽음에 대한 상세한 자료, http://www.stsimonoftrent.com/

27  Hellmut Schramm, *Jewish Ritual Murder: A Historical Investigation*, Lulu.com, 2017, pp.57~60

28  임병철, 「유대인과 '의식살해': 15세기 후반 이탈리아의 사례」, 《인문과학》 (2016), Vol., No.63, 101~129쪽

29  움베르토 에코, 『중세 3 : 1200~1400: 성, 상인, 시인의 시대』, 시공사, 2019, 34~49쪽

30  Graeme Donald, *Lies, Damned Lies, and History: A Catalogue of Historical Errors and Misunderstandings*, The History Press, 2009, pp. 99~103

31  Jonathan Barry et al., *Cultures of Witchcraft in Europe from the Middle Ages to the Present*, Palgrave Macmillan, pp. 4~22

32  Margaret Murray, *The Witch-Cult in Western Europe*, Oxford University Press, 1921, pp. 318-326.

33  Richard Kieckhefer, *Magic in the Middle Ages* (2nd ed.), Cambridge University Press, 2014, pp.15-89 참조

34  양태자, 『중세의 잔혹사 마녀사냥』, 이랑, 2015, 43~99쪽 참조

35  Allison C. Meier "The Talking Statues of Rome" JSTOR Daily (June 18, 2018)

36  Claire Giangravè "Statue a reminder that pope criticism is just Romans being Romans" CRUX (Feb. 17, 2017)

37　"The Pasquino statue" https://artsandculture.google.com/exhibit/SAKC8f4-oZKNKg

38　"Rome's Talking Statues" https://www.thewingedsandals.com/romes-talking-statues/

39　Néstor F. Marqués González, Fake news de la antigua Roma 2019

40　T. J. Coles, "Real Fake News: Techniques of Propaganda and Deception-based Mind Control, from Ancient Babylon to Internet Algorithms", 2018

41　"Secrets of the Colosseum", *Smithsonian Magazine* (Jan, 2011)

42　John C. Greider, *The English Bible Translations and History*, Xlibris (2013)

43　Ben Grafton, "King Henry VIII and the Act of Supremacy", The Official Magazine Britain

44　Joad Raymond, *Pamphlets and Pamphleteering in Early Modern Britain*, Cambridge University Press, 2003.

45　"British Pamphlets, 17th Century." British Pamphlets, 17th Century. The Newberry. Web. 14 March 2015. http://www.newberry.org/british-pamphlets-17th-century

46　"The True History of Fake News" The Economist 1848 Magazine (June/July 2017) http://www.1843magazine.com/technology/rewind/the-true-history-of-fake-news

47　Ibid.

48　Robert Darnton, "The True History of Fake News", *The New York Review of Books* (February 13, 2017)

49　Howard M. Solomon, *Public Welfare, Science and Propaganda in 17th-Century France* (2015) p. 106; Lethève., Jacques "L'information en France avant le périodique, 517 canards imprimés entre 1529 et 1631" (1965)

50　Steven J. Shaw "Colonial Newspaper Advertising: A Step toward Freedom of the Press", *The Business History Review*, Vol. 33, No. 3 (Autumn, 1959), pp. 409~420

51　Mitchell Stephens, *A History of News*, Oxford University Press, 1997

52　Greg Jenner, *A Million Years in a Day: A Curious History of Everyday Life from the Stone Age to the Phone Age*, Thomas Dunne Books, 2016

53　Gregory Dowd, *Groundless: Rumors, Legends, and Hoaxes on the Early American Frontier*, Johns Hopkins University Press, 2015

54　Supplement to the Boston Independent Chronicle (March 12, 1782)

55　Hugh T. Harrington "Propaganda Warfare: Benjamin Franklin Fakes a Newspaper" *Journal of the American Revolution* (November 10, 2014)

56　London General Advertiser and Morning Intelligencer (June 29, 1782)

57　'hocus-pocus'의 역사적 변화에 대하여는 다음을 참조하라. www.etymonline.com/word/hocus-pocus

58　"전화만 받아도 125만원 과금. 신종사기 사실일까?" KBS 뉴스 (2018.9.22.)

59　"A Uniquely Korean Household Worry", *The New York Times* (May 23, 2016)

60　《중외일보(中外日報)》, 1927년 7월 31일 자

61  "동아일보 속의 근대 100景 (1) 문맹퇴치 운동",《동아일보》(2009.10.19.)

62  연재소설 '밀림' 29회,《동아일보》(1935.10.31.)

63  "'선풍기 틀어놓고 함께 죽자'… 남녀 5명 자살시도 해프닝",《한겨레》(2007.3.14.)

64  Dan Levin, "A Uniquely Korean Household Worry", *The New York Times* (May 23, 2016)

65  "ALLIGATOR FOUND IN UPTOWN SEWER; Youths Shoveling Snow into Manhole See the Animal Churning in Icy Water. SNARE IT AND DRAG IT OUT Reptile Slain by Rescuers When It Gets Vicious-Whence It Came Is Mystery", *The New York Times* (Feb 10, 1935)

66  "Do Alligators Live in the Sewers?", (July 10, 1999) http://www.snopes.com/fact-check/alligators-sewers/

67  "Trump Executive Order Prohibits April Fools Day For the Remainder of His Term Due to Redundancy", Daily Kos, (April 02, 2019)

68  정병욱, 「전시기(1937-1945) 반일언동 사건과 식민지 조선 민중의 의식」, 민족문화연구 제79호(2018) 참조.

69  中华人民共和国网络安全法, 제12조 참조 (2016年11月7日第十二届全国人民代表大会常务委员会第二十四次会议通过)

70  조선임시보안령 (시행 1941. 12. 26, 조선총독부제령 제34호)

71  "판결문속 독립운동 '유언비어' 퍼트리면 감옥살이, 일제가 잡아간 민초들", KBS 뉴스 (2019.8.13.)

72  1938년 10월7일 광주지방법원 장흥지원 판결문

73  서울고등법원 2014. 11. 28. 선고 2014재노42 판결

74  대법원 2018. 12. 13 선고 2016도1397 판결

75  《조선일보》, 1980년 5월 25일 자 사설

76  "The Gwangju Uprising and American Hypocrisy: One Reporter's Quest for Truth and Justice in Korea" *The Nation* (June 5, 2015)

77  대법원 1981. 4. 14. 선고 81도543 판결 계엄포고위반·계엄포고위반방조

78  Philip A. Kuhn, *Soulstealers: The Chinese Sorcery Scare of 1768*, Harvard University Press, 1990

79  Ibid., pp. 13~120

80  "In a Harvard Scholar's 18th-Century History, Glimpses of Modern China", *The New York Times* (March 2, 2016)

81  이상배, 「조선시대 정치커뮤니케이션으로서의 익명서」, 『문화와 소통의 사회사』, 한국사회사학회, 2005

82  심재우, 「조선시대의 유언비어와 익명서」, 한국역사연구회 (2010.10.15.)

83  김돈, 『조선 중기 정치사 연구』, 국학자료원, 2009.

84  『명종실록』, 2년 9월 18일

85  『세종실록』, 101권, 25년 8월 15일

86  이숙인, 「소문과 권력:16세기 한 사족 부인의 음행소문 재구성」, 《철학사상》, 제40호, 2011 참조

87  정만조, 「선조초 진주 음부옥과 그 파문」, 《한국학논총》, 국민대학교 한국학연구소, 1999 참조

88  Ibid.

89  "Fake News in the 1890s: Yellow Journalism" Digital Public Library of America https://dp.la/primary-source-sets/fake-news-in-the-1890s-yellow-journalism

90  David R. Spencer, *The Yellow Journalism: The Press and America's Emergence as a World Power*, Medill Visions Of The American Press, 2007.

91  이충환, 『저널리즘에서 사실성』, 커뮤니케이션북스, 2013년, 63~66쪽 참조

92  Frank Luther Mott, *American Journalism: A history, 1690-1960*, MacMillan, 1941, p. 539.

93  Jacob Soll, "The Long and Brutal History of Fake News", *POLITICO* (Dec. 19, 2016)

94  "Fake News: An Origin Story", Hidden Brain : NPR (June 25, 2018)

95  Hoaxes of Edgar Allan Poe, http://hoaxes.org/archive/permalink/edgar_allan_poe

96  "Fake News: An Origin Story", Hidden Brain : NPR (June 25, 2018); "The History of Fake News, with Andie Tucher" Carnegie Council. (September 4, 2018)

97  Arthur Hobson Quinn, *Edgar Allan Poe: A Critical Biography*, Baltimore: The Johns Hopkins University Press, 1998.

98  The Central Park Zoo Escape (1874) — The Museum of Hoaxes

99  "The Central Park Zoo Escape", *The New York Herald*, (Nov. 9, 1874)

100  "The Central Park Zoo escape", *Harper's Weekly*, (June 3, 1893)

101  Monkeys Pick Cotton http://hoaxes.org/archive/permalink/monkeys_pick_cotton

102  "Monkeys and Competition", *Nebraska State Journal* (Aug. 9, 1899); "Monkeys Pick Cotton", *Los Angeles Times* (Feb. 5, 1899); "The San Antonio Fair", *The Galveston Daily News* (Nov. 10, 1889); "Monkeys and Competition", *Nebraska State Journal*, (Aug. 9, 1899)

103  앨런 브링클리, 『있는 그대로의 미국사 2』, 황혜성 외 옮김, 휴머니스트, 2011 참조

104  Joseph Campbell, *Yellow Journalism: Puncturing the Myths, Defining the Legacies*, Praeger, 2003

105  "The History of Fake News, with Andie Tucher", Carnegie Council (September 4, 2018)

106  Bradley Bateman, "Bringing in the State? The Life and Times of Laissez-Faire in the Nineteenth-Century United States", *History of Political Economy* (2005) 37 (Suppl_1): pp. 175~199.

107  "America's Original Fake News", *HuffPost* (May 1, 2017); "This Was a Real "Fake News" Story–And It Landed Us in a War", *History News Network* (Feb. 26, 2018)

108  Max Sherover, *Fakes in American Journalism*, Buffalo Publishing: New York, 1914

109 James Creelman, *On the Great Highway: The Wanderings and Adventures of a Special Correspondent*, Boston: Lothrop, 1901, p. 178

110 Orson Welles, *Citizen Kane*, 1941

111 Ben Procter, *William Randolph Hearst: The Early Years, 1863–1910*, Oxford University Press, 1998

112 "Yellow Journalism" Great Projects Film Company, 1999 https://www.pbs.org/crucible/journalism.html

113 Dennis.Brian, Pulitzer: A Life (2001)

114 Ed Cray, Jonathan Kotler, Miles Beller, American Datelines: Major News Stories from Colonial Times to the Present, 2003. p.98

115 Emily Erickson Will, "Spanish-American War and the Press," in Stephen L. Vaughn, ed. (2007)

116 Hyman G. Rickover, *How the Battleship Maine Was Destroyed*, University of Michigan Library, 1976; "The Destruction of USS Maine", Naval History and Heritage.

117 "'Remember the Maine!' rehashed" *Manila Times* (June 15, 2019)

118 "This Fake News Was Good Clean Fun", *The Wall Street Journal* (Dec 27, 2017)

119 "China Focus: China remembers September 18 Incident", Xinhu Ne (Sept. 18, 2017)

120 "September 18 incident remains political dynamite for relations as Chinese remember 'day of national humiliation' by Japan", *South China Morning Post* (Sept. 18, 2010)

121 그레그 제너, 『소소한 일상의 대단한 역사: 하루 일과로 보는 100만 년 시간 여행』, 서정아 옮김, 와이즈베리, 2017

122 톰 골드스타인, 『언론과 진실, 이상한 동거』, 김경호 옮김, 커뮤니케이션북스, 2008

123 Tom Goldstein, *Journalism and Truth*, Strange Bedfellows, 2008

124 Sidney Pomerantz, "The Press of a Greater New York: 1898–1900", *New York History*, Vol. 39, No. 1 (January 1958), pp. 50-66

125 Jack Fuller, *News Values: Ideas for an Information Age*, Chicago: University of Chicago Press, 1996

126 Herbert J. Gans, *Democracy and the News*, Oxford University Press, 2003

127 요하이 벤클러, 『네트워크의 부』, 최은창 옮김, 커뮤니케이션 북스, 2015, 324쪽 참조

128 Kate Knibbs, "The Fact-Checkers Who Want to Save the World", *The Ringer* (Jul 23, 2018)

129 Philip Goldstein & James Machor, *New Directions in American Reception Study*, Oxford University Press, 2007, pp. 236-239

130 Kathleen Feeley, Jennifer Frost, When Private Talk Goes Public: Gossip in American History (2014)

131 The History of American Journalism, University of Kansas, http://www.history.journalism.ku.edu/1920/1920.shtml 참조

132 "Here's How the First Fact-Checkers Were Able to Do Their Jobs Before the Internet"
*TIME* (Aug. 24, 2017)

133 "Titanic: The final messages from a stricken ship", BBC News (Apr. 10, 2012)

134 "The Technology That Allowed the Titanic Survivors to Survive", *The Atlantic* (Apr 13,
2012); "Fake News exhibition", National Science and Media Museum, http://www.scien
ceandmediamuseum.org.uk/what-was-on/fake-news

135 Kevin Scott Collier, *Fake News: The Rescue of the Titanic*, CreateSpace Independent
Publishing Platform, 2017

136 Tomas Nonnenmacher, "History of the U.S. Telegraph Industry", EH.net

137 The 1920, History of American Journalism, http://history.journalism.ku.edu/1920/1920.
shtml

138 1920년대 재즈 시대에 방송되었던 라디오 음악, 제품 광고, 성우의 재담은 온라인에서도
들을 수 있다. The 1920s Radio Networks, http://www.the1920snetwork.com

139 "Radio Listeners in Panic, Taking War Drama as Fact", *The New York Times* (Oct 31,
1938)

140 A. Brad Schwartz "Orson Welles and the Birth of Fake News" *The New York Times* (Oct.
30, 2018); Hadley Cantril, *The Invasion from Mars: A Study in the Psychology of Panic*,
Routledge, 1940

141 Code of Federal Regulations (CFR) Title 47 § 73.1217 - Broadcast hoaxes; 'Hoaxes' FCC G
uides, https://www.fcc.gov/reports-research/guides/hoaxes; 'Broadcasting False Informati
on' FCC Guides, https://www.fcc.gov/consumers/guides/broadcasting-falseinformation

142 "Bat Boy, Hillary Clinton's Alien Baby, and a Tabloid's Glorious Legacy" The Atlantic.com
(Oct. 16, 2014)

143 NEW HUBBLE IMAGES, www.weeklyworldnews.com/headlines/11684/new-hubble-imag
es

144 Weekly World News, The World's Only Reliable News http://weeklyworldnews.com

## 2장 허위정보와 프로파간다

1 Peter Pomerantsev, "The disinformation age: a revolution in propaganda", *The Guardian*
(July 27, 2019)

2 Anthony Pratkanis and Elliot Aronson, *Age of Propaganda: The Everyday Use and Abuse
of Persuasion*, 1992

3 Michael Sproule, *Propaganda and Democracy: The American Experience of Media and
Mass Persuasion*, Cambridge University Press, 1997, pp.25~153

4    데이비드 웰치, 『프로파간다 파워』, 이종현 옮김, 공존, 2015

5    Robert K. Murray, Red Scare: A Study in National Hysteria, 1919-1920. pp. 7~56

6    Edward Alwood, Dark Days in the Newsroom: McCarthyism Aimed at the Press (2007)
     pp.6~82; 강준만 "왜 언론은 매카시즘의 공범이 되었는가? : 조지프 매카시", 《인물과사
     상》 2016(제222호), 39~73쪽

7    Steven Levitsky, *How Democracies Die*, Crown, 2018, pp.45~89

8    Edward R. Murrow, 〈See It Now〉, CBS (March 9, 1954), www.youtube.com/watch?
     v=OtCGlqA2rrk

9    "Murrow's words from 1954 apply to the Trump age", CNN (Jul 16, 2019)

10   "Donald Trump Is the Perpetrator of McCarthyism, Not the Victim of It", *New York
     Magazine* (March 6, 2017)

11   "[리영희 칼럼] 매카시즘 공포정치의 교훈", 《한겨레》 (2018.5.14.)

12   Curry Jansen, "'The World's Greatest Adventure in Advertising:' Walter Lippmann's
     Critique of Censorship and Propaganda," in *The Oxford Handbook of Propaganda Studies*,
     ed. Jonathan Auerbach and Russ Castronovo, New York: Oxford University Press, 2013,
     pp. 302~310

13   Walter Lippmann, *The Phantom Public*, Transaction Publishers, 1925, pp.11~139

14   Walter Lippmann, *Public Opinion*, Harcourt, Brace & Co., 1922, pp.3~65

15   Walter Lippmann, "The Basic Problem of Democracy", *The Atlantic* (Nov. 1919)

16   "A Crisis in Manufacturing Consent "Newsweek (Mar 19, 2016)

17   Lasswell, Harold D. "The Structure and Function of Communication in Society", in
     Schramm, W. (Ed.). (1960)

18   "Intellectuals have said democracy is failing for a century. They were wrong", Vox (Aug.
     9, 2018)

19   Steven M. Buechler, "Mass Society Theory", Wiley Online Library (2013)

20   스탠리 배런 외, 『매스커뮤니케이션 이론』, 김훈순 외 공역, 이화여대 출판부, 2019,
     103~107쪽

21   Edwin Baker, *Media, Markets and Democracy*, Cambridge: Cambridge University Press,
     2001; Ben Bagdikian, *The Media Monopoly*, Boston: Beacon Press, 2000

22   Edward S. Herman, Noam Chomsky, Manufacturing Consent: The Political Economy of
     the Mass Media (1988)

23   The Fireside Chats: Roosevelt's Radio Talks, www.whitehousehistory.org/the-fireside-
     chats-roosevelts-radio-talks

24   David Michael Ryfe "Franklin Roosevelt and the Fireside Chats", Journal of
     Communication, Vol 49, Issue 4 (Dec. 1999) pp. 80~103,

25   Edward L. Bernays, *Propaganda*, 1928

26 파울 요제프 괴벨스, 『괴벨스 프로파간다』, 추영현 옮김, 동서문화사, 2019, 267~336쪽 참조

27 "Art of the lie ", *The Economist* (Sept. 10, 2016); Randall Bytwerk, *False Nazi Quotations*, German Propaganda Archive, 2008

28 "Erkenntnis und Propaganda", *Signale der neuen Zeit. 25 ausgewählte Reden von Dr. Joseph Goebbels*, Munich: Zentralverlag der NSDAP., 1934, pp. 28-52

29 Tobias Hochscherf "Third Reich Cinema and Film Theory", *Journal Historical Journal of Film, Radio and Television*, Volume 36, Issue 2. 2016

30 "How liars create the 'illusion of truth'", BBC (Oct 26, 2016)

31 Lisa K. Fazio et al., "Knowledge Does Not Protect Against Illusory Truth", *Journal of Experimental Psychology*, 2015, Vol. 144, No. 5, pp.993‒1002

32 Jewish Victims of the Holocaust: The Soap Allegations, www.jewishvirtuallibrary.org/the-soap-allegations

33 Jewish Victims of the Holocaust: The Soap Allegations, www.jewishvirtuallibrary.org/the-soap-allegations

34 "The corpse factory and the birth of fake news", BBC News (February 17. 2017)

35 "Film tries to wash away myth that Nazis made soap out of Jews", *The Times of Israel*, (Jun. 10, 2013)

36 독일 형법 제130조는 일정한 집단에 대한 증오 고취, 폭력선동, 존엄성 침해 행위 및 이런 내용을 담은 도서의 제작·반포·전시·판매·보급, 나치 체제가 저지른 대량학살을 부인하거나 정당화하는 발언, 나치 체제를 찬양하는 행위에 대한 처벌을 규정하고 있다.

37 독일 민법에 따른 금지명령은 피해를 예방하기 위한 수단이다. 일정한 행위의 금지를 위반하면 벌금을 부과한다. 금지청구가 제출되면 법원은 사안별로 심사하여 판단한다.

38 독일 형법 제130조는 유대인 집단학살을 부정·왜곡하고 찬양·미화할 경우 국민선동죄로 처벌한다. 홀로코스트의 경우 확증된 역사적 사실을 부인하고 다시 소모적 논쟁으로 되돌리려는 시도는 법적으로 봉쇄되어 있다.

39 Dieter Grimm "The Holocaust Denial Decision of the Federal Constitutional Court of Germany" in Ivan Hare & James Weinstein Eds, *Extreme Speech and Democracy*, Oxford University Pres, 2009

40 Gayssot Act no. 615/1990 against any racist, anti-Semitic or xenophobic acts

41 프랑스 언론자유법 제24조 a-1항은 국내 법원 또는 국제법원으로부터 유죄를 선고받은 자에 의해 범해진 반인류범죄에 이의를 제기한 경우 1년 이하 구금형이나 4만 5,000유로 이하 벌금으로 처벌한다. a-2항은 집단학살범죄, 반인류범죄를 비롯한 전쟁범죄 존재를 부정하거나 축소하거나 경시하는 경우에도 1항에 준하는 형벌로 처벌한다.

42 놈 촘스키, 『누가 무엇으로 세상을 지배하는가』, 강주헌 옮김, 시대의창, 2002, 38쪽 참조

43 Robert Faurisson v. France, Communication No. 550/1993, U.N. Doc. CCPR/ C/58/ D/

550 /1993(1996).

44  대법원 2017.5.11. 선고 2016도19255 판결

45  방송통신심의위원회를 상대로 유튜브 게시물 접속차단 결정의 취소를 청구하는 소송에서 법원은 방심위의 결정이 정당하다고 판결했다. 서울행정법원(2014구합19384), 서울고등법원(2015누48664), 대법원(2016두43350)

46  5·18 피해자들에게 "사망자 사진 출처가 어디냐", "5·18때 죽은 사람 맞냐"라며 시비를 거는 일도 있었다. "진짜 5·18 피해자 맞냐니, 어머니는 망언에 항의하다 또 쓰러졌다", 《한국일보》(2019.5.18)

47  "전두환, 계엄군 발포 직전 광주 내려와 사살명령", 《연합뉴스》(2019.5.13)

48  대법원 2012. 12. 27. 선고 2012도10670 판결. 발언이 허위사실을 적시하더라도 명예훼손의 주체가 분명하지 않으면 법적 저촉을 피해 가게 된다.

49  "[특별기고] 광주사태, 5·18 대법원 판결 완전붕괴", 양파TV (2017.7.5.), 반면 5·18기념재단은 "5·18 원혼들은 통곡한다"라는 보도자료를 냈다.

50  대법원 2013.11.14. 선고 2013도6326 판결

51  "'지만원 화보집 허위사실, 5·18 왜곡' 2심도 배상책임 인정", 《매일경제》(2019.5.31.)

52  "'Fake News' Is a Tactic From the Vietnam War", *TIME* (Jun 29, 2017)

53  1971년 6월 《뉴욕타임스》는 '펜타곤 페이퍼로 본 미국의 군사개입 확대과정 30년'을, 1971년 6월 18일 《워싱턴포스트》는 '미-베트남 관계: 1945-1967'를 게재하기 시작했다.

54  "Vietnam Archive: Pentagon Study Traces 3 Decades of Growing U. S. Involvement", *The New York Times* (June 13, 1971); "Behind the Race to Publish the Top-Secret Pentagon Papers", *The New York Times* (Dec. 20, 2017)

55  New York Times Co. v. United States, 403 U.S. 713 (1971)

56  "The disinformation campaign", *The Guardian* (Oct. 4, 2001)

57  "Remember Nayirah, Witness for Kuwait?", *The New York Times* (Jan. 6, 1992)

58  "When contemplating war, beware of babies in incubators", *The Christian Science Monitor* (Sept 6, 2002)

59  "HBO Recycling Gulf War Hoax?", *FAIR* (Dec. 4. 2002), https://fair.org/take-action/action-alerts/hbo-recycling-gulf-war-hoax/

60  Johanna McGeary, "Parade Of The Dead Babies", CNN (Feb. 12, 1998); "Saddam's parades of dead babies are exposed as a cynical charade", *The Telegraph* (May 25, 2003)

61  국제 뉴스통신사를 받아서 보도한 국내 일간지 뉴스는 대량살상무기의 위험에 관한 내용만 있었지 바그다드의 빈곤이나 아기 시체의 퍼레이드에 대한 뉴스는 아예 없었다.

62  "The Fake News in 1990 That Propelled the US into the First Gulf War" Citizen Truth (May 7, 2018)

63  "이라크전쟁의 풀리지 않는 의문, 대량살상무기(WMD)의 진실", 《신동아》(2003.8.22.)

64  Ibid.

65 Michael R. Gordon and Judith Miller, "Threats and Responses: The Iraqis; U.S. Says Hussein Intensifies Quest for A-Bomb Parts", *The New York Times* (Sep. 7, 2002)

66 "Judith Miller: 'No senior official spoon-fed me a line about WMD'", *The Guardian* (April 3, 2015)

67 "FROM THE EDITORS; The Times and Iraq", *The New York Times* (May 26, 2004)

68 안민호, 「포클랜드전쟁 이후 '꼭두각시 미디어' 일반화」, 《신문과 방송》, 2001.11.

69 송종길·이동훈, 『사회 위기와 TV저널리즘』, 한국방송영상산업진흥원, 2003, 145쪽

70 크리스천 사이언스 모니터(CSM)의 한 기자는 연합군의 허락 없이 주둔 지역, 위치, 전투 부대의 활동을 보도했다가 기자단 풀에서 쫓겨나기도 했다.

71 Andrew Lindner, "Controlling the Media in Iraq", *Contexts*, Vol. 7, No. 2,

72 "In today's world, journalists face greater dangers", *World of Work Magazine*, No. 47, June 2003, pp. 19~20

73 "Isis not defeated in Syria despite Trump claim, says UK", *The Guardian* (Dec. 19, 2018)

74 "President Donald Trump, showing a map, declares ISIS will be 'gone by tonight'", ABC News (Mar 20, 2019)

75 "'Defeated' ISIS still found lurking in shadows in Iraq" CNN News (March, 29, 2019)

76 "대남사업 총괄 北 최승철 처형", 《매일경제》(2009.5.19.) 뉴스 보도가 그 사례다. 그러나 처형되었다던 최승철은 2010년 조선직업총동맹 부위원장으로 임명되어 건재함을 보여주었다.

77 "란코프 칼럼, 최승철 처형설과 북한 사회", RFA 자유아시아 방송 (2019.5.21)

78 "北통신, 천안함 사건 '날조' 거듭 주장하며 대남공세", 《매일경제》(2018.4.10.)

79 김창룡, "무책임한 북한 오보, 두고만 볼 것인가", *Pp Journal* (2018.5.28.) 참조

80 김창룡, "한반도 평화시대 국가기간뉴스통신사, 연합뉴스의 역할", 한국언론정보학회, 2018년 봄철 정기학술대회 (2018.5)

81 "TV조선 '北, 풍계리 갱도 폭파 안 하고 연막탄 태워' 오보 사과", 《국민일보》(2018.5.25.)

82 Craig Silverman, "Fake Bill Keller Column Represents Emerging Form of Social Hoax", *Poynter* (July 30, 2012)

83 https://twitter.com/dprk_news/status/882382530560888832?lang=fr (July 5, 2017)

84 "The Men Behind the Infamous Fake North Korean Twitter Account", *Daily Beast* (July 10, 2017)

85 Matt Novak, "New York Times Falls For That Fake North Korea Twitter Account", *Gizmodo* (July 5, 2017)

86 "천안함 침몰 원인 4가지 가능성", 《매일경제》(2010.3.28.)

87 "조선 인민군이 통쾌한 보복 안겨", 《중앙일보》(2010.4.28.); "우리 군대가 원수들에게 보복 안겨줬다", 《뉴데일리》(2010.4.28.); "북, 당원 사상교육서 '군의 통쾌한 보복' 언급", 《부산일보》(2010.4.27.)

88  "북, 당원 교육서 '통쾌한 보복' 언급", YTN, (2010.4.27.) 참조

89  "김정남 '천안함 북의 필요로 이뤄진 것' 《조선일보》 (2012.1.17.) 이 기사는 오보를 인정
    했지만 실제로 내용은 전혀 달라지지 않았다. 단지 발언의 출처가 고미요지(五味洋治)
    《도쿄신문》 기자가 아닌 '김정남 주변의 정통한 소식통'으로 바뀌었다.

90  "'천안함 침몰관련 김정남 발언'을 만들어낸 언론", 뉴스타파 (2012.2.4.)

91  "영국, 미북 전쟁 대비 비상계획 준비 중이다", 《조선일보》 (2017.10.10.)

92  우리나라에서는 취재원 보호에 관한 명문화된 규정이 없으므로 해석만으로 취재원 보호
    권이 인정될 수 있는지 명확하지 않다. 이규호, 「기자의 취재원 보호와 증언거부권」, 《민
    사소송》, 제16권 제2호, 2012 참조

93  David Cyranoski, "Questions raised over Korean torpedo claims", *Nature*, 466, 302-303
    (2010)

94  KBS 〈추적 60분〉의 "의문의 천안함, 논쟁은 끝났나?"는 물기둥이 있었는지, 사고지점이
    정확한지, 흡착물질 분석결과가 정확한지, 프로펠러 날개 변형 상태에 대한 시뮬레이션
    결과를 신뢰할 수 있는지 등의 의혹에 대하여 여전히 검증이 필요하다는 취지의 보도를
    했다. 징계 취소를 구하는 행정소송은 서울고법에서 징계 무효로 판결이 내려졌다. 방통
    위가 상고했으나 대법원은 2015년 7월 심리불속행 기각했다. 서울고등법원 2015.5.20 선
    고 2014누5912 제재조치처분취소

95  서울중앙지방법원 2016. 1. 25.선고 2010고합1201

96  "1심 법원 천안함 음모론은 모두 허위사실", 《조선일보》 (2016.1.26.)

97  "천안함 침몰 8년, 재조사로 진실 밝혀야", 참여연대 (2018.3.26.); KBS 〈추적 60분〉 "8
    년 만의 공개 천안함 보고서의 진실" (2018.3.26)

98  Fletcher Schoen and Christopher J. Lamb, "Deception, Disinformation, and Strategic
    Communications: How One Interagency Group Made a Major Difference" Institute for
    National Strategic Studies (INSS), National Defense University (2012)

99  "Long Before Facebook, The KGB Spread Fake News About AIDS", NPR News (August
    22, 2018)

100 Nicholas J. Cull et al., "Soviet Subversion, Disinformation and Propaganda: How the West
    Fought Against it" LSE Consulting (October 2017)

101 "AIDS May Invade India" *Patriot* (July 16, 1983)

102 "Speaking Out; The CIA CDC AIDS Political Alliance", Gay Community News (July 9,
    1983)

103 "Fingerprints of Russian Disinformation: From AIDS to Fake News", *The New York Times*
    (Dec. 12, 2017)

104 "Link AIDS To CIA Warfare", *New York Amsterdam News* (Nov. 30, 1985)

105 Lucas Kello, *The Virtual Weapon and International Order*, Yale University Press, 2017

106 "Die AIDS-Verschwörung", Informationen zur Stasi, BStU, www.bstu.de/informationen-

zur-stasi/themen/beitrag/die-aids-verschwoerung/

107 "Soviet Influence Activities: A Report on Active Measures and Propaganda, 1986-87", United States Department of State (August 1987)

108 Jakob Segal, "Where does AIDS come from?", *Moscow News* (April 26, 1987)

109 *London Sunday Express* (Oct. 26, 1986)

110 Erhard Geissler, Robert Hunt Sprinkle, "Disinformation squared Disinformation squared: Was the HIV-from-Fort-Detrick myth a Stasi success?", *Politics and the Life Sciences*, Vol. 32 Issue 2, Fall 2013 , pp. 2~99

111 CBS Evening News (March 30, 1987)

112 "On the sidewalks of Washington, DC. someone painted 'AIDS/Gay Genocide'. Filling in some of the glaring gaps in public information about the disease leaves a frightening and still puzzling picture", Gay Community News (Oct.10, 1987)

113 "Soviets Sponsor Spread of AIDS Disinformation", *Los Angeles Times* (April, 19, 1987)

114 Thomas Boghardt, "Operation INFEKTION: Soviet Bloc Intelligence and Its AIDS Disinformation Campaign", *Studies in Intelligence*, Vol. 53, No. 4 (December 2009)

115 "The C.I.A.'s Fake News Campaign", *The New York Times*, (Oct. 13, 2017)

116 "PROPAGANDA: New Voice of Truth", *TIME* (May 14, 1951)

117 Deborah Davis, *Katharine The Great: Katharine Graham and The Washington Post*, Harcourt Brace Jovanovich, 1979

118 Carl Bernstein "CIA and the Media", *Rolling Stone Magazine*, (October 20, 1977)

119 Joel Whitney, *Finks: How the C.I.A. Tricked the World's Best Writers*, OR Books, 2017

120 "The CIA's 60-Year History of Fake News: How the Deep State Corrupted Many American Writers", *Canadian Dimension* (Jan. 8, 2018)

121 "The Agency Makes the (Online) News World Go Round: The Impact of News Agency Content on Print and Online News", *International Journal of Communication* 12(2018)

122 Clyde Thogmartin, The National Daily Press of France, 1998. pp. 55~58 ; Michaël Palmer, Havas, les arcanes du pouvoir (Antoine Lefebure), 1993 pp. 159~163

123 Loi sur la liberté de la presse du 29 juillet 1881; Raymond Kuhn, The Media in France, pp. 47-49. Routledge, 1994

124 Donald Read, Power of News: The History of Reuters. 1999

125 '합동통신(United Press Associations)'은 INS(International News Service)와 합쳐져 1958년부터 '국제합동통신(UPI)'이라는 이름으로 통신 업무를 시작했다.

126 David Alan Corbin, ed. *The West Virginia Mine Wars: An Anthology*, Charleston, W.Va., 1990, pp.23~59

127 Matthew Jordan, "A century ago, progressives were the ones shouting 'fake news'", *The Conversation* (February 1, 2018)

128 Edward McKernon, "Fake news and the public", *Harper's Magazine* (Oct. 1925)

129 그러나 여론 조작을 위한 정치 분야 가짜뉴스는 뉴스통신사를 통해 오가지 않았다. 1920년대 미국에서 뉴스통신사는 주로 상업적 정보, 스포츠 경기 소식, 날씨 예보를 전달하는 데 사용되었다.

130 "Today in Media History: Was the Teletype machine the Twitter of the 20th century?", *Poynter* (Nov. 20, 2014)

131 Frank Luther Mott, *American Journalism: A history, 1690-1960*, MacMillan, 1941, pp. 528~531

132 "What Caused the Stock Market Crash of 1929—And What We Still Get Wrong About It", *TIME* (Oct. 24, 2019)

133 "Anatomy of a Collapse", *The New York Times* (April 20, 2008)

134 "The Crash is 90 – Frank McNally on 'Black Thursday' 1929", *Irish Times* (Oct. 23, 2019)

135 Christopher Klein, "1929 Stock Market Crash: Did Panicked Investors Really Jump From Windows?", History.com (Feb. 25, 2019)

136 John Kenneth Galbraith, *The Great Crash 1929*, Houghton Mifflin, 1955, pp. 34~98

137 "Behind the Picture: 'Dewey Defeats Truman' and the Politics of Memory", *TIME* (May 4, 2014)

138 이재신 외 「포털 중심의 뉴스 소비환경이 뉴스통신사의 역할에 미친 영향」, 《언론과학연구》 9(3), 2009.

139 https://twitter.com/realDonaldTrump/status/909384837018112000

140 "트럼프 "북한에 긴 가스관 형성중…유감이다"", 《연합뉴스》 (2017.9.17.)

141 "Trump's claim there were long gas lines in North Korea has resident puzzuled", *The Washington Post* (Sept. 18, 2017)

142 "Facebook Shuts 652 Iran-Backed Accounts Linked In Global Disinformation Campaign", *NPR News* (August 21, 2018)

## 3장 가짜뉴스의 경제학

1 Jamie Condliffe "Fake News Is Unbelievably Cheap to Produce", MIT Technology Review (June 14, 2017)

2 "Fake News and Cyber Propaganda: The Use and Abuse of Social Media", Trend Micro (June 13, 2017)

3 Indiana University: University Information Technology Services (May 5, 2008)

4 "What's the difference between a troll and a sockpuppet?", *The Guardian* (Feb 23, 2018)

5 "The Follower Factory", *The New York Times* (Jan. 27, 2018)

6    Onur Varol et al, "Online Human-Bot Interactions: Detection, Estimation, and Characterization", arXiv:1703.03107v2 [cs.SI] 27 Mar 2017

7    "Facebook says more than 3 billion fake accounts deleted; AI credited", *USA Today* (May 23, 2019)

8    페이스북 투명성 보고서 2018년 참조. https://newsroom.fb.com/news/2018/11/updated-transparency-report/

9    "Facebook's fake accounts problem seems bad", *Vox* (May 23, 2019)

10   "Facebook Removes Accounts With AI-Generated Profile", *The Wired* (Dec. 20, 2019)

11   "Battling Fake Accounts, Twitter to Slash Millions of Followers", *The New York Times* (July 11, 2018)

12   "Code of Practice on Disinformation one year on: online platforms submit self-assessment reports", European Commission (Oct. 29, 2019)

13   "EU disputes Facebook's claims of progress against fake accounts", *The Guardian* (Oct.29, 2019)

14   "Facebook goes harder after 'fake news' accounts, adding new security tools and rooting out bad actors", CNBC (April 27, 2017)

15   "New York Attorney General to Investigate Firm That Sells Fake Followers", *The New York Times* (Jan. 27, 2018)

16   "New York's top prosecutor looking into bots that flooded the FCC with fake net neutrality comments", Fast Company (Nov.22, 2017)

17   Jim Martin "What are Bots and Chatbots?", Tech Advisor (Sep. 26, 2017)

18   Senate Bill No. 1001 CHAPTER 892. An act to add Chapter 6 (commencing with Section 17940) to Part 3 of Division 7 of the Business and Professions Code, relating to bots.

19   https://ko-kr.facebook.com/communitystandards/false_news

20   "Hard Questions: What's Facebook's Strategy for Stopping False News?", https://newsroom.fb.com/news/2018/05/hard-questions-false-news/

21   페이스북 커뮤니티 규정에서 자단이 가능한 '물쾌한 콘텐츠(objectionable content)'에는 '혐오발언', '폭력적이고 자극적인 콘텐츠', '성인 나체 이미지 및 성적 행위', '성매매 알선', '잔인함'이 포함된다. www.facebook.com/communitystandards/objectionable_content

22   "댓글·가짜뉴스가 삼킨 한국", 《매일경제》 (2018.04.22.); 중앙선거관리위원회, 「가짜뉴스 등 허위사실 유포로 인한 사이버상 유권자의사 왜곡 방지에 관한 연구」

23   '어뷰징(abusing)'은 언론사가 온라인 조회수를 높이기 위해 제목이나 내용을 약간 바꿔가며 기사를 반복해서 송고하는 행위다.

24   "Pope Francis Shocks World, Endorses Donald Trump for President", Snopes.com (July 10, 2016)

25   "Pope Francis Denounces Fake News", *New York Magazine* (Jan. 24 2018)

26  "Fake news machine gears up for 2020" CNN News (Sep. 12, 2017), https://edition.cnn.co
    m/videos/cnnmoney/2017/09/12/the-macedonia-story-full-subs-lon-orig.cnn

27  "In Macedonia's fake news hub, teen shows AP how it's done", *AP News* (Dec. 2, 2016)

28  "시청자가 뽑은 2018년 최악의 가짜뉴스는?", JTBC 뉴스 (2019.1.1.)

29  누군가를 특정하여 허위사실로 비방했다면 명예훼손죄에 의해 처벌되고, 이익을 얻거나
    다른 사람에게 손해를 끼칠 목적으로 허위사실을 유포할 경우에는 전기통신기본법 제47
    조 2항에 위반된다. 그러나 특정인을 지목하지 않고 피해도 명백하지 않다면 법적으로
    통제받지 않는다.

30  "'가짜뉴스' 논란에 닷새 만에 입장 밝힌 한국경제", 한국기자협회 (2018.8.30.)

31  "The more outrageous, the better: How clickbait ads make money", *Politifact* (Oct. 4,
    2017)

32  "인터넷뉴스 1개 볼 때 광고 평균 13.2개 노출…모바일은 7.4개", 인터넷신문위원회
    (2018.6.21); "인터넷 뉴스 페이지당 17.1개 광고 노출… 모바일은 8.4개", 《연합뉴스》
    (2017.8.7)

33  "네이버-카카오, 뉴스 제휴 심사 기준 및 제재 규정 발표", 《동아일보》 (2016.1.7)

34  "The Seven Commandments of Fake News", *The New York Times*, (Nov. 13, 2018)

35  "The Worldwide War on Truth", *Thew New York Times*, (Nov. 13, 2018)

36  "The best political ads of the 2016 campaign", *Los Angeles Times* (Oct 26, 2016)

37  헥터 맥도널드, 『만들어진 진실』, 이지연 옮김, 흐름출판, 2018

38  Lee McIntyre, *Post-Truth*, The MIT Press, 2018

39  DL Mann, "Fake News, Alternative Facts, and Things That Just Are Not True", (Aug. 28,
    2018)

40  "This Analysis Shows How Viral Fake Election News Stories Outperformed Real News On
    Facebook", Buzzfeed News, (Nov 16, 2016)

41  "The Bizarre Truth Behind the Biggest Pro-Trump Facebook Hoaxes" (Nov 21, 2016)
    www.inc.com/tess-townsend/ending-fed-trump-facebook.html

42  "How Teens In The Balkans Are Duping Trump Supporters With Fake News", Buzzfeed
    News, (Nov. 3, 2016)

43  "Google's answer to 'who won the popular vote' is a conspiracy blog", The Verge, (Nov.
    14, 2016)

44  미국 ABC 뉴스의 도메인네임은 'abcnews.go.com'이고 호주 방송사 ABC는 'www.abc
    net.au'이다.

45  Andrew Guess, Brendan Nyhan, "Selective Exposure to Misinformation:Evidence from the
    consumption of fake news during the 2016 U.S. presidential campaign", *European
    Research Council* 9 (January 9, 2018)

46  "한국형 가짜뉴스에 대응하는 법", 《경향신문》 (2017.3.25.); "한국형 가짜뉴스 주무대는

단톡방", 《주간경향》, 2017.4.4

47  RWN 뉴스 웹사이트, https://rightwingnews.com/

48  "Facebook Tackles Rising Threat: Americans Aping Russian Schemes to Deceive", *The New York Times* (Oct.11, 2018)

49  "Google and Facebook Take Aim at Fake News Sites", (Nov. 15, 2016)

50  페이스북 '콘텐츠 수익화 정책'에 따르면 오해의 소지가 있는 의료 정보, 공직 후보자도 역시 수익화 기능을 사용할 수 없다. www.facebook.com/help/publisher/1348682518563619

51  https://www.facebook.com/help/publisher/1979171292197867

52  YouTube 스튜디오 수익 창출 아이콘 가이드, https://support.google.com/youtube/answer/9208564?hl=ko

53  "유튜브의 달라진 '노란달러 시스템'에 대한 반발이 커지고 있다", 《허핑턴포스트 코리아》 (2019.9.4.)

54  "Multiple advertisers put global YouTube ads on hold in wake of child exploitation scandal", CNBC News (Nov. 27, 2017)

55  "AT&T, Disney, Epic Games drop YouTube ads over concerns of pedophile comments on videos", *USA Today* (Feb. 22, 2019)

56  "YouTube to End Targeted Ads on Kids Videos", *Bloomberg* (Aug. 20, 2019)

57  "Google and YouTube Will Pay Record $170 Million for Alleged Violations of Children's Privacy Law", FTC Press Releases (Sep. 4, 2019)

58  "5·18 가짜뉴스에 기업·정부 광고…유튜브 '무작위'", JTBC 뉴스 (2019.2.12.)

## 4장 선거판을 뒤흔든 가짜뉴스

1  "리스트의 맞춤 타깃", Facebook 광고주 지원센터 참조, https://ko-kr.facebook.com/business/help/341425252616329

2  "I worked on political ads at Facebook. They profit by manipulating us", *The Washington Post* (Nov.11, 2019)

3  Emily Stewart, "Most Russian Facebook ads sought to divide Americans on race", *Vox* (May 13, 2018)

4  "See Which Facebook Ads Russians Targeted to People Like You", *The New York Times* (May 14, 2018); "The Facebook ads Russians targeted at different groups", *Washington Post* (Nov. 1, 2017)

5  "Russia and 2016 Election", FireEye (March 30, 2017)

6  "Joint DHS, ODNI, FBI Statement on Russian Malicious Cyber Activity", U.S. Department

of Homeland Security (December 29, 2016)

7    "Confronting Russian President Vladimir Putin", Part 1, NBC News (Mar 10, 2018); Matthew Bodner "Putin Doesn't Care If You Think He Was Rude to Megyn Kelly", *Foreign Policy* (June 7, 2017)

8    "How did Trump win? Here are 24 theories", CNN (Nov. 10, 2016)

9    Ibid.

10   "Fake news is a convenient scapegoat, but the big 2016 problem was the real news", *Vox* (Dec. 15, 2016)

11   "Clinton health myth: From Twitter theories to a Trump speech", BBC (Aug. 19, 2016)

12   Thomas E. Patterson "News Coverage of the 2016 General Election: How the Press Failed the Voters", Shorenstein Center, Harvard Kennedy School (Dec. 7, 2016)

13   Craig Silverman, "This Analysis Shows How Fake Election News Stories Outperformed Real News On Facebook", BuzzFeed News, (Nov. 17, 2016)

14   "Transcript of Mark Zuckerberg's Senate hearing", *The Washington Post* (April. 10, 2018)

15   Yochai Benkler et al, *Network Propaganda: Manipulation, Disinformation, and Radicalization in American Politics*, Oxford University Press, 2018

16   "Hardly Anybody Shares Fake News", *Bloomberg News* (Nov. 16, 2019)

17   Nir Grinberg "Fake news on Twitter during the 2016 U.S. presidential election", *Science* (Jan. 25, 2019): Vol. 363, Issue 6425, pp. 374~378

18   "Interview: Trump's chief data scientist reveals the data approach that won an election" CMO (April,6, 2017)

19   "Cambridge Analytica Uncovered: Secret filming reveals election tricks" Channel 4, https://www.youtube.com/watch?v=mpbeOCKZFfQ

20   "Cambridge Analytica execs boast of role in getting Donald Trump elected", *The Guardian* (March 21, 2018)

21   New report on Russian disinformation, prepared for the Senate shows the operation's scale and sweep", *The Washington Post* (Dec. 17, 2018)

22   "How Instagram Became the Russian IRA's Go-To Social Network", *The Wired* (Dec.17, 2018)

23   "Instagram, Meme Seeding, and the Truth about Facebook Manipulation", *Medium* (Nov. 8, 2017)

24   Vets for Trump https://www.facebook.com/trumpvet/

25   "After Trump Blasts N.F.L., Players Kneel and Lock Arms in Solidarity", *The New York Times* (Sep. 24, 2017)

26   "Instagram Is the Internet's New Home for Hate", *The Atlantic* (March 21, 2019)

27   Facebook and Instagram are banning white nationalist content", Vox (Mar 27, 2019); 인스

타그램에서 '거짓 정보'를 식별하는 요령에 대하여는 https://www.facebook.com/help/in stagram/975917226081685?helpref=related

28 "Instagram is hiding faked images, and it could hurt digital artists", *The Verge* (Jan. 15, 2020)

29 "Infowars to pay Pepe the Frog creator $15,000 to settle copyright dispute", CNN News (June 11, 2019)

30 Facebook, Political Content Authorizations Guide ; Facebook 광고주 지원센터 '정치 또는 중요한 국가적 이슈와 관련된 광고'에 대한 설명

31 정치 또는 중요한 국가적 이슈와 관련 광고 검색, https://www.facebook.com/politicalco ntentads

32 The Problem of Political Advertising on Social Media", *The New Yorker* (Oct. 24, 2019)

33 "Media Groups Protest Facebook Ad Rules That Lump News With Propaganda", *HuffPost* (June 11, 2018)

34 "Facebook bans ads from The Epoch Times after huge pro-Trump buy", NBC News (Aug. 27, 2019)

35 Samuel C. Woolley, Philip N. Howard "Computational Propaganda Worldwide: Executive Summary" Working Paper No. University of Oxford 2017; "The IRA, Social Media and Political Polarization in the United States, 2012-2018"

36 Freedom House, *Freedom on the Net: Manipulating Social Media to Undermine Democracy*, 2017 ; Samantha Bradshaw & Philip N. Howard, "Challenging Truth and Trust: A Global Inventory of Organized Social Media Manipulation." Working Paper 2018.1. Oxford Project on Computational Propaganda

37 예컨대 탄자니아 통신장비 업체 하바리노드(Habari Node)는 페이스북에게 유동인구가 많은 학교, 사원, 사무실 등의 위치 정보를 제공한다.

38 GeoPoll & Portland Communications, "The Reality of Fake News in Kenya"

39 "What To Do About Fake News? Ask Kenya", Checkpoint (Oct.16, 2017)

40 "How Kenya became the latest victim of 'fake news'", Aljazeera (17 Aug 2017)

41 "Will a spike in fake news impact Turkey's upcoming election?", Aljazeera (14 Jun 2018)

42 "Beware Duterte's Troll Army in the Philippines", *The Diplomat* (Nov. 18, 2017)

43 "FACT CHECK: Photo used by Duterte camp to hit critics taken in Brazil, not PH", Rappler.com (Aug. 29, 2016)

44 "Algeria protests: how disinformation spread on social media", BBC News (Sep. 17, 2019)

45 https://www.facebook.com/FakenewsDZ/

46 "French candidate Macron claims massive hack as emails leaked", *Reuter* (May 6, 2017)

47 "Macron campaign accuses Russia of using fake news", *Financial Times* (Feb. 14, 2017)

48 러시아 투데이(RT)는 국제 TV 네크워크로서 워싱턴 D.C., 뉴욕, 런던, 파리, 카이로, 바그

다드 등에 방송국이 있고 현지 언어로 뉴스 방송을 내보낸다. 러시아 정부가 지분을 가지고 있고 해외에서 러시아의 이미지를 개선하기 위한 언론 활동을 한다.

49  "This isn't a picture of Angela Merkel and Adolf Hitler", fullfact.org (22nd March 2019)

50  Methods of Foreign Electoral Interference, https://euvsdisinfo.eu/methods-of-foreign-electoral-interference/

51  "Putin's Asymmetric Assault on Democracy in Russia and Europe", Committee on Foreign Relations, United States Senate (Jan. 10, 2018)

52  Peter Warren Singer, Emerson Brooking, *LikeWar: The Weaponization of Social Media*, Eamon Dolan/Houghton Mifflin Harcourt, 2018, pp. 3~34

53  "How fake news fanned the flames of war in Ukraine", CNA (Dec. 23, 2018)

54  "Olga Yurkova: Inside the fight against Russia's fake news", TED.com (June 7, 2018)

55  "US sends 3,600 tanks against Russia -Massive NATO deployment underway", https://dninews.com/en/editorial/us-sends-3-600-tanks-against-russia-massive-nato-deployment-underway/

56  "In Ukraine, Russia Tests a New Facebook Tactic in Election", *The New York Times* (Mar. 29, 2019)

57  "Mike Pompeo warns UK over Huawei 'security risks'", BBC News (May 8, 2019)

58  "Fake news story prompts Pakistan to issue nuclear warning to Israel", *The Guardian* (Dec. 26, 2016); "Fake news story ignites Pakistan-Israel feud on Twitter", CBC (Dec. 27, 2016)

59  "The online war between Qatar and Saudi Arabia", BBC News (June 3, 2018)

60  "NATO: Russia targeted German army with fake news", DW (Feb. 16, 2017)

61  "Germany warns Russia against using teen rape case for political ends", DW (Jan. 27, 2016)

62  Park Advisors, "Weapons of Mass Distraction: Foreign State-Sponsored Disinformation in the Digital Age" (March 28, 2019)

63  EU Referendum Analysis 2016 www.referendumanalysis.eu

64  "Russia used hundreds of fake accounts to tweet about Brexit, data shows", *The Guardian* (Nov 14, 2017)

65  Jon Danzig "How fake news caused Brexit", https://eu-rope.ideasoneurope.eu/2017/11/14/fake-news-caused-brexit

66  "How the Daily Mail escaped censure for its false immigration story", *The Guardian* (Mar 17, 2014)

67  PCC, "Monthly Summary of Concluded Complaints for January 2014"

68  "The UK Treasury analysis of 'The long-term economic impact of EU membership and the alternatives" (April 13, 2016)

69  "After Brexit Vote, Britain Asks Google: 'What Is The EU?'", *NPR* (June 2, 2016)

70  "Nearly half of Britons believe Vote Leave's false '£350 million a week to the EU' claim", *The Independent* (June 16, 2016)

71  "High Court blocks private prosecution of Boris Johnson", *The Financial Times* (June 7, 2019)

72  "Taiwan warns of 'rampant' fake news amid China interference fears", *Financial Times* (April 2, 2019)

73  "China's interference in the 2018 elections succeeded in Taiwan", *The Washington Post* (Dec. 18 2018)

74  "Awash in Disinformation Before Vote, Taiwan Points Finger at China", *The New York Times* (Jan. 6, 2020)

75  "Taiwan's War on Fake News Is Hitting the Wrong Targets", *Foreign Policy* (Jan. 10, 2020)

76  "胡锦涛：以创新的精神加强网络文化建设和管理" 中共中央政治局第三十八次集体学习时强调 (2007年01月24日)

77  "The Chinese government fakes nearly 450 million social media comments a year. This is why", *The Washington Post* (May 19, 2016); Gary King et al., "How the Chinese Government Fabricates Social Media Posts for Strategic Distraction, not Engaged Argument", *American Political Science Review*, Cambridge University Press, vol. 111(03) (2017)

78  "五毛党"与"自干伍". http://net.blogchina.com/blog/article/2728356

79  "Hong Kong protests: Twitter and Facebook remove Chinese accounts" BBC News (20 August 2019)

80  "China Is Waging a Disinformation War Against Hong Kong Protesters", *The New York Times* (Aug.13, 2019)

81  "Beijing's new weapon to muffle Hong Kong protests: fake news", *The Guardian* (Aug 11. 2019)

82  "How China Uses Twitter And Facebook To Share Disinformation About Hong Kong", NPR News (Aug. 20, 2019)

83  "China Attacks Hong Kong Protesters With Fake Social Posts" The Wired (Aug. 19, 2019)

84  "An eye for an eye: Hong Kong protests get figurehead in woman injured by police", *The Guardian* (Aug. 16, 2019)

85  "香港示威女子被其同伙击中眼睛 视力或严重受损", CCTV 新闻 (2019年08月12日), http://m.news.cctv.com/2019/08/12/ARTIZFDwhpv8u9PFBzzWbYhP190812.shtml

86  "Apple pulls HK app as Beijing ups the pressure", *Asia Times* (Oct. 10, 2019)

87  윤지영, 「공직선거법 제250조 제2항 허위사실공표죄의 구성요건과 허위성의 입증」, 《형사판례연구》, 제20호 (2012), 623쪽 참조

88 공직선거법 제250조 제2항의 허위사실공표죄 판단 기준으로서 대법원 2006.8.25. 선고 2006도648 판결, 대법원 2011. 12. 22., 선고, 2008도11847 판결을 참조

89 BVerfGE 54, 208 (219) = NJW 1980, 2072

90 BVerfG (1983): "Bezeichnung der CSU als "NPD Europas" im Wahlkampf," Neue Juristische Wochenschrift, 36(25), pp. 1415-1417,

91 대법원 2002.4.10.자 2001모193 결정

92 Cianci v. New York Times Publishing Co. (2d. Cir. 1980) ; "허위의 소문을 악의로 보도하면 명예훼손이 성립." 언론중재위원회 웹진 통권 27 (1988) 참조

93 Martin v. Wilson Publishing Co., 497 A.2d 322 (R.I.1985)

94 대법원 2014. 3. 13., 선고, 2013도12507 판결

95 헌법재판소 2010. 11. 25. 전원재판부 2010헌바53

96 헌법재판소 2001. 8. 30. 선고 99헌바92등 결정; 헌법재판소 2014. 4. 24. 선고 2011헌바17등 결정; 헌법재판소 2015. 4. 30. 선고 2011헌바63 결정

97 Roe v. Wade, 410 U.S. 113 (1973)

98 Susan B. Anthony List v. Driehaus, 573 U.S. 149 (2014)

99 Ohio Rev. Code § 3517.21(B)(9) – (10) Ohio's Political False-Statements Laws

100 Susan B. Anthony List v. Ohio Elections Commission No. 14-4008. (February 24, 2016); Joshua S. Sellers, "Legislating Against Lying in Campaigns and Elections," 71 Okla. L. Rev. 141 (2018)

101 National Conference of State Legislatures, "Campaign Fair Practice Laws (Is There a Right to Lie?)"

102 대법원 2005. 7. 22. 선고 2005도2627 판결

103 공직선거법상 허위사실의 공표죄에 있어서의 허위사실은 공직후보자에 대해 잘못된 판단을 내릴 수 있을 정도로 구체적인 것으로서 단순한 가치판단 등 의견 표현의 수준을 넘어선 것이어야 한다. 대법원 2018.9.28., 선고, 2018도10447, 판결

104 미국 수정헌법 제1조는 "의회는… 발언의 자유를 저해하거나, 출판의 자유를 제한하는 어떠한 법률도 만들 수 없다"라고 명시하고 있다.

## 5장 가짜뉴스 현상과 저널리즘의 책임

1 Hans Hafenbrack, *Geschichte des Evangelischen Pressedienstes. Evangelische Pressearbeit von 1848 bis 1981* (in German). Bielefeld: Luther-Verlag (2004)

2 Christopher Görlich, *Die 68er in Berlin: Schauplätze und Ereignisse* (in German). Homilius. p. 309 (2002)

3 "Trump Hands Out 'Fake News Awards', Sans the Red Carpet", *The New York Times* (Jan.

17, 2018)

4   "Fake news is a convenient scapegoat, but the big 2016 problem was the real news", *Vox* (Dec. 15, 2016)

5   Robert Faris, Hal Roberts, Bruce Etling, Nikki Bourassa, Ethan Zuckerman, and Yochai Benkler "Partisanship, Propaganda, and Disinformation: Online Media and the 2016 U.S. Presidential Election", Harvard University, Berkman Klein Center Research Publication 2017-6(2017)

6   "Pages From Donald Trump's 1995 Income Tax Records", *The New York Times* (Oct. 1, 2016)

7   "Fake News Threat to Media; Editorial Decisions, Outside Actors", Monmouth University (April 2, 2018)

8   "주류 언론, 가짜뉴스 확산에 책임없나", 한국기자협회 (2017.2.24.).

9   "가짜뉴스로 한해 30조 경제적 손실…GDP 1.9퍼센트 달해",《연합뉴스》(2017.3.17)

10  한국언론진흥재단, 미디어연구센터 온라인 설문조사 (2019년 2월 13~17일, N=1,200); 양정애,「일반 시민들이 생각하는 '뉴스'와 '가짜뉴스'」,《Media Issue》제5권 제1호 (2019.2.)

11  한국언론진흥재단,「언론 신뢰도에 대한 시민인식 조사」,《미디어 이슈》, 제4권 제3호 (2018. 4) 참조

12  "Fake news in the nixon admin" C-SPAN (Dec.15, 2018)

13  United States v. Nixon, 418 U.S. 683 (1974)

14  Ben Bagdikian, *The New Media Monopoly*, Beacon Press, 2014

15  C. Edwin Baker, *Media Concentration and Democracy*, Cambridge University Press, 2006

16  Ibid.

17  이승엽·양기문·이상우,「종합편성채널의 정치적 편향성 분석 : 2014년 제6회 지방선거에서의 뉴스보도를 중심으로」,《한국방송학보》, 31(1), 2017.1.

18  이영주,「종합편성채널 저널리즘의 비판적 재조명」,《한국언론정보학보》, 통권 제77호, 2016.6, 36-72

19  Media Bias Chart. Ad Fontes Media Version 5.0 https://www.adfontesmedia.com

20  "Top 15 U.S. Newspapers by Circulation", Agility PR Solutions LLC. (July, 2018)

21  https://robertreich.org/post/157849401655

22  "Rush Limbaugh: Left uses massacre to promote gun agenda", *USA Today* (Dec. 17 2012)

23  "Politically Ill Leftists Exploit an Unspeakable Human Tragedy", Rushlimbaugh.com (July 23, 2012)

24  "Sandy Hook Families Gain in Defamation Suits Against Alex Jones", *The New York Tiems* (Feb. 7, 2019)

25  "Rush Limbaugh: 5 Things Obama's Gun Control Will Not Stop", Breitbart (Jan 12, 2016)

26  "민노총에 장악된 154개 언론단위노조" 올인코리아 (2018. 1. 18), www.allinkorea.net/37

294

27  사라 에번스, 「자유를 위한 탄생: 미국 여성의 역사」, 조지형 옮김, 이화여자대학교 출판부, 1998

28  "Sex, Lies and Politics: He Said, She Said", *TIME Magazine* (Oct. 21, 1991)

29  오바마 행정부가 2014년 발표한 행정명령은 2012년부터 실시된 '불법 체류 청소년 추방유예' DACA(Deferred Action for Childhood Arrivals)를 확대하는 것이었다. 또한 '불법 체류 부모 추방유예' DAPA(Deffered Action for Parents of Amweicans)를 추가했다.

30  IndependentCourt.org라는 단체는 얼리토가 임명되면 개인정보 보호를 위태롭게 할 것이라는 광고를 내보냈다. 곧이어 얼리토의 신뢰성을 공격하는 30초짜리 광고 'Keep'도 방송되었다.

31  "Dueling Alito Ads" https://www.factcheck.org/2006/01/dueling-alito-ads/

32  "FOX News Refuses to Air Anti-Alito Ad", *Associated Press* (Nov. 22, 2005)

33  Roe v. Wade, 410 U.S. 113 (1973)

34  "Facebook Tackles Rising Threat: Americans Aping Russian Schemes to Deceive", *The New York Times* (Oct.11 2018)

35  "CNN Poll: Majority oppose Kavanaugh, but his popularity grows with GOP" CNN (October 11, 2018)

36  "Alex Jones: 5 most disturbing and ridiculous conspiracy theories", CNBC News (Spet, 14. 2018.)

37  "Conspiracy Theorist Alex Jones Apologizes For Promoting 'Pizzagate'", *NPR News* (March 26, 2017)

38  "The birth of the Obama 'birther' conspiracy", BBC News (Sept. 16, 2016)

39  "Fact-checking Donald Trump's claim Hillary Clinton started Obama birther movement", *PolitiFact* (Sept. 16, 2016)

40  "Trump on Obama 'Birther' Movement: Clinton is the One that Started it", Fox News (Sept. 16, 2016)

41  "Founding Fathers' dirty campaign", CNN (Aug. 22, 2008)

42  "Who is Stalin? A history of the 'enemy of the people'.", *The Washington Post* (Jan. 17, 2018)

43  'Enemy of the people': Trump's war on the media is a page from Nixon's playbook", *The Guardian* (Sep. 7, 2019)

44  "A hostile media helps Donald Trump", Spectator USA (Jan. 23, 2020); 오택섭·박성희, 「적대적 매체지각」, 《한국언론학보》, 제49권 2호(2005) 135쪽 참조

45  "CNN retracts story linking Trump ally Scaramucci to Russian fund", The Hill (June 24, 2017)

46  "President Trump made 16,241 false or misleading claims in his first three years" *The*

*Washington Post* (Jan. 1, 2020)

47  "President Trump's Lies, the Definitive List", *The New Yotk Times* (June 23, 2017)

48  Ibid.

49  Thomas Jefferson, *The Works*, Vol. 5 (Correspondence 1786-1789)

50  "How the 'Fake News' Crisis of 1896 Explains Trump", *The Atlantic* (Jan. 19, 2017)

51  "Sinclair attacks CNN over 'fake news' promo controversy", *New York Post* (April. 11, 2018)

52  "TV anchors decrying 'fake' news put spotlight on Sinclair Broadcast Group", NBC News (April 3, 2018)

53  https://twitter.com/realDonaldTrump/status/980799183425802240

54  "세월호 '전원구조' 오보, 취재원을 밝혀야 한다", 《미디어오늘》 (2018.4.23)

55  심영섭, 「국제 뉴스환경(혹은 시장)에서의 통신사의 역할: 국내외 뉴스통신사의 비교」, 한국언론학회 심포지엄 및 세미나, (2015.3)

56  "[인터뷰] 이종인 씨", JTBC 뉴스 (2014.4.24)

57  "방통심의위, 손석희 JTBC 다이빙벨 보도 '관계자 징계'", PD Journal (2014.8.7)

58  "중징계 받은 '다이빙벨' 보도, 법원이 JTBC 손 들어준 이유", 미디어스 (2015.5.29.)

59  "고법, "JTBC '다이빙벨' 보도 사실왜곡, 손석희 진행도 문제", 미디어스 (2016.1.22.)

60  광주지방법원 2016. 9. 1. 선고 2015노200 ; 대법원 2018. 11. 29. 선고 2016도14678 판결 상고기각

61  서울중앙지방법원 2019. 1. 24. 선고 2017가단 507917 판결; 대법원 2018. 11. 9. 선고 2015다240829 판결

62  대법원 2013. 2. 14. 선고 2010다108579 판결

63  "세월호 참사 진상규명 17대 과제 중간 검토 보고서", 민주사회를 위한 변호사모임 (2014.5.29)

64  "임수경 '내 방북은 민주화 운동' 명예회복 신청했다", 《조선일보》 (2012.06.06.)

65  "5 viral stories about Boston attacks that aren't true", CNN (April 17, 2013)

66  Soroush Vosoughi, Deb Roy, Sinan Aral, "The spread of true and false news online" Science, (Mar 9, 2018):Vol. 359, Issue 6380, pp. 1146-115

67  Ibid.

68  "Study: On Twitter, false news travels faster than true stories" MIT News, (Mar 8, 2018)

69  김태원, 정정주, 「세월호 참사에 대한 시기별 뉴스 프레임 비교 연구」, 《사회과학연구》, 27(1), 2016

70  박종희, 「세월호 참사 1년 동안의 언론 보도를 통해 드러난 언론매체의 정치적 경도」, 《한국정치학회보》, 50집(1) 2016

71  Ibid.

72  "세월호 침몰 사건이 한국 언론에 남긴 것", 《월간조선》 (2014.7.)

73 "세월호 인양 고의지연 의혹 보도에 정치권 발칵", 《매일경제》 (2017.5.3.)

74 오택섭 "적대적 매체지각", 《한국언론학보》, 제49권 2호, 2005

75 "[가짜뉴스 만든 언론인] ⑫ '천안함 어뢰 조작설' 오마이뉴스 김도균", 펜앤드마이크 (2018.11.14.); "[사설]북한 도발을 도발이라고 하기 싫은 국방부 장관", 《동아일보》 (2019.3.22)

76 대법원 2003. 1. 24. 선고 2000다37647 판결

77 대법원 2018. 10. 30 선고 2014다61654 판결

78 대법원 2013. 2. 14. 선고 2010다108579 판결

79 대법원 2018. 11. 15. 선고 대법원 2015다240829

80 정성욱, 「팩트체크 뉴스를 접한 수용자의 '역효과'나 '태도 변화'는 어떤 상황에서 나타나는가?」, 《한국방송학보》, 32(4), 2018.7

81 Farhad Manjoo, *True Enough: Learning to Live in a Post-Fact Society*, 2008

82 켈리 맥브라이드·톰 로젠스틸 엮음, 『디지털 시대의 저널리즘 윤리』, 임영호 옮김, 커뮤니케이션북스, 2015, 13~27쪽

83 Peter Bro, "Journalistic Communication Revisiting James Carey", *Journalism Studies* Volume 14, (2013)

84 Jay Rosen, "We'll Have That Conversation: Journalism and Democracy in the Thought of James W. Carey" in Eve Stryker Munson eds. *James Carey: A Critical Reader*, 1997, pp. 191~192

85 "대선 팩트체크, 홍준표 발언 66퍼센트 '거짓말'", PD Journal (2017.5.18.); "TV조선 '팩트체킹'의 비밀, 홍준표 주장은 '거의 진실!'", 전국 지방선거 미디어감시연대 (2017.4.21)

86 '일심회 사건'은 2006년 국가정보원이 민주노동당에서 활동한 당직자들이 남한 동향을 북한에 보고했다고 적발하면서 시작됐다. 청와대 외교안보 분야 비서관도 일심회와 관련이 있다는 의혹이 일었다. 2007년 12월, 대법원은 일심회 관련자 5명에 대하여 일부 무죄, 일부 유죄로 판결했다.

87 정은령, 「한국 팩트체크 저널리즘의 특징」, 《언론정보연구》 제55권 제4호 (2018.), 5~14쪽

88 김용은, 「퍼트남과 사실/가치 이분법」, 《범한철학》 제76집 2015년 봄

89 Hilary Putnam, Reason, *Truth and History*, Cambridge University Press, 1981, p. 201; Hilary Putnam, *The Collapse of the Fact/Value Dichotomy and Other Essays*, Harvard University Press, 2002

90 Francis Fukuyama, "The Emergence of a Post-Fact World," Project Syndicate, (January 12, 2017)

91 "Fact, fiction and Brexit: Truth-squadding the arguments", Bloomberg News (April 20, 2016)

92 https://www.wikitribune.com/

93 "Can crowdsourcing scale fact-checking up, up, up? Probably not, and here's", Nieman

Lab (June 6, 2018)

94 "페이크 뉴스 문제는 저널리즘의 실패", 블로터 (2017.4.21.)

95 "Facebook Is Changing News Feed (Again) to Stop Fake News", The Wired (Apr 10, 2019)

96 Automated Factchecking - Full Fact, https://fullfact.org

97 https://factmata.com/

98 "What is a knowledge graph and how does one work?", TNW (Jun 11, 2019)

99 오세욱, 「자동화된 사실 확인(fact checking) 기술(technology)의 현황과 한계」, 《사이버 커뮤니케이션 학보》 제34권 제3호 (2017)

100 "Baidu's New AI Wants to Filter Your News Based on Quality", VICE News (Feb. 25, 2017)

## 6장 플랫폼 알고리듬

1 Andrei Broder et al., "Graph structure in the Web", *Computer Networks* 33 (2000)

2 "The web is a bow tie", Nature, Vol 405, 113 (2000); David Easley and Jon Kleinberg, *Networks, Crowds, and Markets: Reasoning about a Highly Connected World*, Cambridge University Press, 2010. pp 377~390

3 Emilio Ferrara, Giacomo Fiumara, "Topological Features of Online Social Networks" (2012) https://arxiv.org/pdf/1202.0331.pdf; Jason Noble, et al., Effects of the topology of social networks on information transmission

4 The State of Social 2018 Report, https://buffer.com/resources/state-of-social-2018

5 "Consolidation in the Internet Economy", Internet Society Global Internet Report 2019

6 "Understanding traffic patterns from the top news topics of 2015", Parse.ly Report (November 19, 2015)

7 한국언론진흥재단, 「2017 소셜미디어 이용자 조사」, 《신문과 방송》 (2018.1.)

8 "10 facts about Americans and Facebook", Pew Research Center (May 16, 2019)

9 Hunt Allcott and Matthew Gentzkow "Social Media and Fake News in the 2016 Election" Journal of Economic Perspectives. Vol 31, Nr 2, Spring 2017

10 UK Parliament, Digital, Culture, Media and Sport Committee, "Disinformation and 'fake news': Final Report" (Feb. 18, 2019)

11 Yascha Mounk, *The People Vs. Democracy: Why Our Freedom Is in Danger and How to Save It*, Harvard University Press, 2018

12 Andrea Renda, "The legal framework to address 'fake news': possible policy actions at the EU level", *European Parliament*, (June, 2018)

13 빈센트 모스코, 『클라우드와 빅데이터의 정치경제학』, 백영민 옮김, 커뮤니케이션북스,

2015, 198쪽 참조

14 UK House of Commons, DCMS Committee, Disinformation and 'fake news': Interim Report, (July 29, 2018); Orla Lynskey "Regulating 'Platform Power'", LSE Law, Society and Economy Working Papers (Jan, 2017)

15 "Text of Zuckerberg's Georgetown speech", *The Washington Post* (Oct. 17, 2019)

16 "Zuckerberg Doubles Down on Free Speech—the Facebook Way", *The Wired* (Oct. 17, 2019)

17 "Zuckerberg defends Facebook as bastion of 'free expression'", *The Guardian* (Oct. 17, 2019)

18 "Defiant Zuckerberg Says Facebook Won't Police Political Speech", *The New York Times*(Oct. 17, 2019)

19 "Making online platforms responsible for news content", Kremlin Watch Report, (July 25, 2017)

20 "EU draws up sweeping rules to curb illegal online content", *Financial Times* (July 24, 2019)

21 Alessio Cornia, "Private Sector News, Social Media Distribution, and Algorithm Change", Reuters Institute for the Study of Journalism (2018)

22 Irini Katsirea "Fake news: reconsidering the value of untruthful expression in the face of regulatory uncertainty", *Journal of Media Law*, Vol. 10, Issue 2 (2018)

23 "How Google's search algorithm spreads false information with a rightwing bias", *The Guardian* (Dec. 16, 2016)

24 "What's behind Google's "Fake News" Algorithm Update?", https://blog.searchmetrics.com/us/whats-behind-googles-fake-news-algorithm-update/

25 "Google acts against fake news on search engine", *The Guardian* (April 25, 2017)

26 "Google's Fake News Problem Could Be Worse Than on Facebook", *Fortune*, (March 6, 2017) ; Google and Facebook Can't Just Make Fake News Disappear

27 Hard Questions: What's Facebook's Strategy for Stopping False News?, https://about.fb.com/news/2018/05/hard-questions-false-news

28 따라서 규제론자로서는 사용자에게 부정적 영향을 미치는 '허위'의 효능감을 통제하는 것이 중요할 것이다.

29 Working to Stop Misinformation and False News, https://about.fb.com/news/2017/04/working-to-stop-misinformation-and-false-news/

30 Clay Shirky, "The Political Power of Social Media", *Foreign Affairs* (January/February 2011)

31 "Upgrading Myanmar's internet access", *The Myanmar Times* (June 21, 2018)

32 Eleanor Albert and Andrew Chatzky, "The Rohingya Crisis", Council on Foreign Relations

(Dec. 5, 2018)

33  "Mark Zuckerberg on Facebook's role in ethnic cleansing in Myanmar: "It's a real issue"",
    *Vox* (April. 2, 2018)

34  "Where Countries Are Tinderboxes and Facebook Is a Match" The New York Times (April
    21, 2018);

35  "How WhatsApp helped turn an Indian village into a lynch mob", BBC News (July 19,
    2018)

36  "Facebook hate speech exploded in Myanmar during Rohingya crisis" The Guardian
    (April. 3, 2018)

37  "In Sri Lanka, hate speech and impunity fuel anti-Muslim violence", Al Jazeera (Mach 13,
    2018)

38  "Sri Lankans fear violence over Facebook fake news ahead of election", *The Guardian*
    (Nov. 12, 2019)

39  "Nationalism a driving force behind fake news in India", BBC News (Nov. 12, 2018)

40  "How WhatsApp helped turn an Indian village into a lynch mob", BBC News (July 19,
    2018)

41  "How WhatsApp Destroyed A Village" BuzzFeed News (Sept. 9, 2018)

42  "Why India wants to track WhatsApp messages" BBC News (Oct 30, 2019)

43  Ashley Jardina et al., "The Genesis of the Birther Rumor: Partisanship, Racial Attitudes,
    and Political Knowledge", *Journal of Race, Ethnicity, and Politics.* Vol 4 Issue 1 (2019)
    pp.60~80

44  "Why smart people are more likely to believe fake news", *The Guarian* (April 1, 2019)

45  Michael Thaler, "The "Fake News" Effect: An Experiment on Motivated Reasoning and
    Trust in News", Harvard University (Nov.1, 2019)

46  Ben Tappin et al., "The heart trumps the head: Desirability bias in political belief
    revision", *Journal of Experimental Psychology: General*, Vol. 146, No. 8, 2017

47  Jon Roozenbeek & Sander van der Linden, "Fake news game confers psychological
    resistance against online misinformation", *Palgrave Communicationsvolume* 5, Article
    number: 65 (2019)

48  "You're Not Going to Change Your Mind", *The New York Times* (May 27, 2017)

49  Gordo Pennycook, David Rand, "Lazy, not biased: Susceptibility to partisan fake news is
    better explained by lack of reasoning than by motivated reasoning", *Cognition*, Vol. 188,
    (2019), pp 39~50

50  Jaron Lanier, *Ten Arguments for Deleting Your Social Media Accounts Right Now*, Henry
    Holt and Co. (2018)

51  '사용자 행태를 수정하여 제국의 이익으로 삼는다(Behaviours of Users Modified, and

Made into an Empire for Rent)'라는 핵심적 주장을 요약한 단어다. 원래의 단어 의미는 '실망스러운 불쾌한 일'이다. "The Deliberate Awfulness of Social Media", *The New Yorker* (Sep. 19, 2018)

52 "This is what filter bubbles actually look like", MIT Technology Review (Aug. 22, 2018)

53 "The Senate's secret algorithms bill doesn't actually fight secret algorithms", *The Verge* (Nov. 5, 2019)

54 Reuters Institute, Digital News Report 2017; 김선호, 「필터버블, 플랫폼의 예방 노력이 중요」, 《신문과방송》, 2017년 7월호(통권 559호) 6~9쪽 재인용

55 Mario Haim et al., "Burst of the Filter Bubble? Effects of personalization on the diversity of Google News", *Digital Journalism Volume* 6 (2018) Issue 3 pp. 330-343

56 "Gobo: Your Social Media, Your Rules", MIT Center for Civic Media (June 3, 2019) www.media.mit.edu/projects/gobo/overview/

57 "한국형 가짜뉴스에 대응하는 법", 《경향신문》 (2017.3.25.)

58 Noelle-Neumann, E., "The Theory of Public Opinion: The Concept of the Spiral of silence,"Communication Yearbook, 14, 1991

59 여론집중도조사위원회, 「뉴스 이용집중도 조사보고서 2016~2018」, 한국언론진흥재단 (2018)

60 "포털뉴스 속 댓글은 어떻게 탄생했나?", 미디어 SR (2019.2.14)

61 한국인터넷자율정책기구(KISO), 「2016년 하반기 네이버 노출제외 검색어에 대한 검증보고서」 (2017.12.4)

62 "네이버, 뉴스배치 조작 사실이었다", 한국기자협회 (2017.10.25.); "사실로 밝혀진 네이버 뉴스배치 조작", The PR News (2017.10.23)

63 한규섭, "포털과 민주주의의 화해를 위한 제언", 《동아일보》 (2018.5.1.)

64 "커지는 '댓글 불신'…'헤비 댓글러' 3200명 분석해보니", JTBC 뉴스 (2018.4.24.)

65 오세욱·박아란, "일반 국민들의 '가짜뉴스'에 대한 인식", 《Media Issue》 제3권 3호 (2017.3.29.); 양정애, "일반 시민들이 생각하는 '뉴스'와 '가짜뉴스'" 《Media Issue》 제5권 제1호 (2019.2)

66 "네이버 ID 0.7퍼센트가 하루 30만개 댓글 달며 여론 주도", 《문화일보》 (2018.6.11.).

67 요하이 벤클러, 『네트워크의 부』, 최은창 옮김, 19쪽 이하 참조

68 소셜미디어 이용의 증가는 동질적 커뮤니케이션을 확장하는 결과로 연결될 가능성이 높다는 연구결과도 있다. 홍원식, 「소셜 네트워크 서비스와 매스 미디어를 통한 의사합의 지각과 의사표현행위에 대한 연구」, 《정치커뮤니케이션 연구》, 제45권 (2017) 참조

69 "The 'Spiral of Silence' on Social Media", *Pew Research Center* (Aug. 27, 2014)

70 Elisabeth Noelle-Neumann, *The Spiral of Silence. Public Opinion - Our Social Skin*, Chicago University Press, 1984

71 "포털 뉴스서비스 및 댓글에 대한 인터넷 이용자 인식조사", 한국언론진흥재단, 미디어이

슈 4권 5호 (2018.5.31.)

72  "포털, '여론의 장'인가, '조작의 온상'인가", 《연합뉴스》 (2018.4.24.)

73  '서비스 사용자 현황 개요' 워드미터 참조; "헤비 댓글러' 좌지우지하는 포털…매크로 없이 여론 조작 가능", 《중앙일보》 (2018.4.25.) 참조

74  "국정원, 댓글알바 30개팀 3500명 운영했다", 《한겨레신문》 (2017.8.3.)

75  "무더기 댓글 조작 드루킹 '킹크랩' 대선 때 활용 의혹", 《중앙일보》 (2018.5.11.)

76  추천수 조작으로 특정 댓글의 의견을 순위를 1~5위로 밀어 올리려면 수천 번의 클릭이 필요하다. 댓글 추천수 조작은 네이버에 대한 업무방해는 인정되겠지만 정치적 여론 조작과 실제로는 거리가 멀었던 시도로 평가할 수 있다.

77  대법원 2020.2.13. 선고 2019도12194 판결

78  대법원 2019. 12. 12. 선고 2017도16520 판결 참조. 구 정보통신망법 제48조 제2항의 정보통신시스템 등의 운용을 방해할 수 있는 '악성프로그램'에 해당한다고 인정하기에 부족하다는 이유로 무죄를 선고한 원심 판결을 확정했다.

79  네이버가 발표한 뉴스 댓글 정책에 대하여는 https://blog.naver.com/naver_diary/221260657633 참조 (2018.4.25.)

80  "네이버, 댓글이력 공개하니 본인삭제 줄어", ZD Net (2020.3.24.)

81  〈펜앤마이크 정규재TV〉, 〈TV홍카콜라〉, 〈신의한수〉, 〈황장수의 뉴스브리핑〉 등 유튜브 채널이 확보한 구독자들은 〈딴지방송국〉, 〈김용민닷컴〉에 비해 많다. 〈펜앤드마이크〉 채널의 구독자수는 2019년 7월에 51만 명으로, KBS 뉴스 유튜브 채널의 38만 명을 압도한다. 〈유시민의 알릴레오〉는 85만 명을 넘어섰다. "유튜브 인기 정치채널, 보수가 다수…1위는 진보 '전통 매체 불신층 유튜브로 이동한 듯'", ZDNet Korea (2019.3.27.)

82  "A Week in the Life of Popular YouTube Channels", Pew Research Center (July 25, 2019)

83  https://www.youtube.com/MarkDice

84  Andrew Guess1, et al., "Less than you think: Prevalence and predictors of fake news dissemination on Facebook", Science Advances (Jan. 9, 2019), Vol. 5, no. 1

85  「유튜브의 대약진 〈Digital News Report 2019〉 한국 관련 주요 결과」, 《미디어 이슈》 제5권 제3호, 한국언론진흥재단

86  "Fiction is outperforming reality: how YouTube's algorithm distorts truth", *The Guardian* (Feb. 2, 2018)

87  Ibid.

88  "The Making of a Youtube Radical", *The New York Times* (June 8, 2019)

89  "Maybe It's Not YouTube's Algorithm That Radicalizes People" The Wired (Oct.23, 2019); Kevin Munger "A Supply and Demand Framework for YouTube Politics" (2019)

90  "게임·인터넷 "조회수 100만 영상 평균 시청시간이 고작 3초?" …유튜브의 그늘 '조작'", 《조선일보》 (2019.8.30.)

91  "YouTube Will Link Directly to Wikipedia to Fight Conspiracy Theories", *The Wired* (Mar. 13, 2018)

92  "Believing in A Flat Earth", 2018 AAAS Annual Meeting (Feb. 17, 2018)

93  "How the internet's conspiracy theorists turned Parkland students into 'crisis actors'", ABC News (Feb. 21, 2018)

94  "YouTube deletes Alex Jones' channel for violating its community guidelines". *The Verge* (Aug. 6, 2018)

95  "Facebook apologises for blocking Prager University's videos", BBC News (20 Aug. 2018)

96  "Four ways Google will help to tackle extremism", *The Financial Times*, (Jun 18, 2017)

97  "YouTube Trusted Flagger program", https://support.google.com/youtube/answer/7554338?hl=en

98  "YouTube Regularly Leaves Islamic State Videos Up for Days, Weeks", *VICE* (Jun 20 2017)

99  "Why Are Murders Of Gay And Bi Men Up A Staggering 400 Percent?", *The Huffington Post* (Feb. 5, 2018)

100  "YouTube bans neo-Nazi channel after criticism over hate speech rules", *The Verge* (Feb. 28, 2018)

101  유튜브 커뮤니티 가이드, www.youtube.com/intl/ko/yt/about/policies/#community-guid elines

102  YouTube 커뮤니티 가이드 시정 조치, Google 투명성 보고서, https://transparencyreport. google.com › flag

103  방송통신심의위원회규칙 제116호로서 방송통신위원회의 설치 및 운영에 관한 법률 제24 조제2호에 근거하고 있다

104  2018년 통신심의의결현황, 방송통신심의위원회

105  헌법재판소 헌재 2012. 2. 2011헌가13, 방송통신위원회의 설치 및 운영에 관한 법률 제21 조 제4호 합헌결정

## 7장 표현의 자유는 어디까지?

1  "Fake news and the future of journalism", Nieman Lab (Dec. 18, 2016)

2  New York Times Co. v. Sullivan, 376 U.S. 254 (1964)

3  대법원 2011. 9. 2. 선고 2010도17237 판결

4  Ibid, 216면 참조

5  대법원 2006. 2. 10. 선고 2002다49040 판결

6  대법원 1994.4.12. 선고 93도3535 판결

7  대법원 2003.1.24. 선고 2000다37647 판결

8   대법원 2007.9.6. 선고 2007다2275 판결

9   "50 years ago, a Chicago cop went on trial for killing a teenager", *Chicago Sun Times*, (Sept. 16, 2018)

10  Gertz v. Robert Welch, Inc., 418 U.S. 323 (1974)

11  Milkovich v. Lorain Journal Co., 497 U.S. 1 (1990)

12  대법원 2006.3.23. 선고, 2003다52142, 판결 참조. "표현의 목적이 '오로지 공공의 이익을 위한 것일 때'란 적시된 사실이 객관적으로 볼 때 공공의 이익에 관한 것으로서 행위자도 공공의 이익을 위하여 그 사실을 적시한 것을 의미한다. 행위자의 주요한 목적이나 동기가 공공의 이익을 위한 것이라면 부수적으로 다른 사익적 목적이나 동기가 내포되어 있더라도 무방하다."

13  헌법재판소 1999. 6. 24. 결정 97헌마265

14  전기통신기본법(1996.12.30. 법률 제5291호로 개정된 것) 제47조 1항 "공익을 해할 목적으로 전기통신설비에 의하여 공연히 허위의 통신을 한 자는 5년 이하의 징역 또는 5천만 원 이하의 벌금에 처한다".

15  전기통신기본법 제47조 제1항 위헌소원, 헌법재판소 결정 2010.12.28. 선고 2008헌바157 등

16  문재완, 「허위사실의 표현과 표현의 자유 한국과 미국의 판례 비교를 중심으로」, 《공법연구》, 제39집 제3호

17  전기통신사업법 제53조 등 위헌확인, 헌법재판소 결정 1998.4.30. 선고 95헌가16,

18  "미네르바는 금융계 7인 그룹 박대성은 우리와 무관", 《신동아》(2009.2) 기사 참조. 그러나 비판이 거세게 일자 《동아일보》는 오보를 인정하고 공식 사과를 했다. 《신동아》, '미네르바 오보' 진상조사 보고서 (2009.4.8.)

19  The Stolen Valor Act of 2013 (Pub.L. 113-12; H.R. 258)

20  미국산 쇠고기 및 쇠고기 제품 수입위생조건, 농림축산식품부고시 부칙 8항 (제2008-15호, 2008. 6. 26) "30개월 미만 소의 뇌, 눈, 머리뼈, 또는 척수는 특정위험물질 혹은 식품안전 위해에 해당되지 않는다. 그러나 수입자가 이들 제품을 주문하지 않는 한, 이들 제품이 검역검사과정에서 발견될 경우, 해당 상자를 반송한다."

21  언론중재 및 피해구제 등에 관한 법률 제14조.

22  대법원 2011.9.2. 선고 2009다52649 판결 전원합의체

23  "대법원, PD수첩 '광우병 보도' 무죄 확정", 《법률신문》(2011.9. 2.)

24  "가짜뉴스 만든 언론인 ③ 광우병 왜곡보도 MBC PD 조능희·송일준", 펜앤드마이크 (2018.9.13.)

25  대법원 2011.9.2. 선고 2010도17237 판결; 대법원 2018.10.12. 선고 2014다51855 판결

26  New York Times Co. v. Sullivan, 376 U. S. 254 (1964) 참조

27  뉴스가 오로지 공익 목적이 아니라 공적 인물을 비방하려는 동기에서 나왔다면 피해자는 그 보도에 실질적 악의가 있었음을 증명하지 않아도 손해배상을 받을 수 있다. 대법원

2000.5.12. 판결 2000다5510; 서울지방법원 2000.12.27. 판결 2000가합16898

28　Thomas Emerson, "Toward a General Theory of the First Amendment" (1963). Faculty Scholarship Series. Paper 2796.

29　"How the Retracted Rolling Stone Article 'A Rape on Campus' Came to Print", ABC News (Nov. 19, 2014)

30　"Rolling Stone to Pay $1.65 Million to Fraternity Over Discredited Rape Story", *New York Times* (June 13, 2017

31　Sheila Coronel, Steve Coll and Derek Kravitz, "Rolling Stone's investigation: 'A failure that was avoidable'", *Columbia Journalism Review*, (April 5, 2015)

32　"Heard the Fake News About the Stripper Who Was Raped?", *Newsweek*, (Feb 4, 2017)

33　Robert P. Mosteller, "The Duke Lacrosse Case, Innocence, and False Identifications: A Fundamental Failure to Do Justice", 76 Fordham L. Rev. 1337 (2007)

34　William D. Cohan, *The Price of Silence: The Duke Lacrosse Scandal, the Power of the Elite, and the Corruption of Our Great Universities*, Scribner, 2014

35　"Witnesses and Documents Unveil Deceptions In a Reporter's Work", *The New York Times* (May 11, 2003)

36　"Der Spiegel says top journalist faked stories for years", *The Gudardian* (Dec. 19, 2018)

37　이상률 외, 「프레임 경쟁에 따른 언론의 보도 전략: 언론의 기사근거 제공과 익명 정보원 사용」, 《한국언론학보》 58권 3호 (2014) 378쪽 이하 참조

38　정아름 외, 「'공공의 적' 북한은 만들어진다」, 《문화와 정치》 제4권 제4호 (2017) 111쪽 이하 참조

39　"How do you use an anonymous source? The mysteries of journalism everyone should know" The Washington Post (Dec. 10, 2017)

40　"The Obscure Newspaper Fueling the Far-Right in Europe", *The New Republic* (Sep. 17, 2019)

41　2018년 5월 1일 도널드 트럼프 @realDonaldTrump 계정에 올려진 트윗

42　"Quinoa's Global Success Creates Quandary in Bolivia", *The New York Times*, (March. 19, 2011).

43　"Can vegans stomach the unpalatable truth about quinoa?", *The Guardian* (Jan, 16, 2013)

44　Peruvian Encuesta Nacional de Hogares (ENAHO),

45　"Your Quinoa Habit Really Did Help Peru's Poor. But There's Trouble Ahead", *NPR* (March. 31, 016)

46　Andrew Stevens, "Quinoa Quandary: Cultural Tastes and Nutrition in Peru", *Food Policy*, Volume 71, (Aug, 2017)

47　알렉산더 벤저민 하워드, 『데이터 저널리즘: 스토리텔링의 과학』, 김익현 옮김, 한국언론진흥재단, 2015, 140~158쪽 참조

48 The Data Journalism Handbook 2: Towards a Critical Data Practice, European Journalism Centre, 2019; "Data does not just provide neutral and straightforward representations of the world, but is rather entangled with politics and culture, money and power."

49 Nicolas Diakopolous, "The Rhetoric of Data," Tow Center for Digital Journalism, (July 25, 2013)

50 트럼프 아이오와주에서의 선거 유세(2016.10.28.), 피닉스에서의 선거 유세(2016.10.29.), 라스베가스에서의 선거 유세(2016.10.30.).

51 "Is the Trump tax cut good or bad for the middle class?", *Washington Post* (Jan. 12, 2018)

52 "Trump's false claim that the murder rate is the 'highest it's been in 45 years'", *Washington Post* (Nov. 11, 2016)

53 Brendan Nyhan et al., "Taking Fact-checks Literally But Not Seriously? The Effects of Journalistic Fact-checking on Factual Beliefs and Candidate Favorability", *Political Behavior* (January 21. 2019)

54 허슬러 잡지의 목차 하단에는 "Fiction; Ad and Personality Parody"라고 쓰여 있었다. 독자들에게 진짜로 여기지는 말라는 경고 문구 "ad parody—not to be taken seriously"가 광고의 하단에도 있었다.

55 Hustler Magazine, Inc. v. Falwell, 485 U.S. 46 (1988)

56 "French Court Rules for Newspaper That Printed Muhammad Cartoons", *The New York Times* (March 23, 2007)

57 Sejal Parmar "Freedom of Expression Narratives after the Charlie Hebdo Attacks" *Human Rights Law Review*, Volume 18, Issue 2, June 2018, pp. 267~296

58 Leslie K. Treiger, Protecting Satire Against Libel Claims: A New Reading of the First Amendment's Opinion Privilege, 98 Yale L.J. (1989).

59 Hustler Magazine, Inc. v. Falwell, 485 U.S. 46 (1988)

60 "Israeli Politicians Tie NY Times Anti-Semitic Cartoon to San Diego Shooting", *Jewish Press* (April 28, 2019)

61 "New York Times: Decision to run anti-Semitic cartoon 'error in judgment'" *Israel Hayom* (April 28, 2019)

62 스탠리 배런 외, 『매스커뮤니케이션 이론』, 김훈순 외 공역, 이화여대 출판부, 2019, 103~107쪽

63 Ibid, 108쪽

64 Sylvia Anthony, "Mercurius Politicus under Milton", *Journal of the History of Ideas*, 27 (4) (1996), pp. 593~609

65 Hollie McDonald, "Social Politics of Seventeenth Century London Coffee Houses: An Exploration of Class and Gender", Honors Projects (2013), p. 208

66 John Stuart Mill, *On Freedom*, 1859, pp. 3~28

67  Irene Ten Cate, "Speech, Truth, and Freedom: An Examination of John Stuart Mill's and Justice Oliver Wendell Holmes's Free Speech Defenses", 22 Yale J.L. & Human (2010), p. 37~40

68  Abrams v. United States, 250 U.S. 616 (1919)

69  Vincent Blasi, "Holmes and the Marketplace of Ideas", *The Supreme Court Review*, Vol. 2004(2004), pp. 1-2

70  Francis Fukuyama: The post-truth society, https://fsi.stanford.edu/news/post-truth-society

## 8장 과학적 위해성의 진실

1   "Why science matters in the era of fake news and fallacies", *The Conversation* (Mar. 18, 2019)

2   Karl Popper, "Science as Falsification" in *Conjectures and Refutations The Growth of Scientific Knowledge*, Routledge and Kegan Paul, 1963

3   정익재, 「위험인식의 특성과 의미: 한국인의 기술위험 인지도에 대한 Psychometric 분석」, 《한국안전학회지》, 제29권 제1호, 2014

4   P. Slovic, B. Fischhoff and S. Liechtenstein, "The Psychometric Study of Risk Perceptions." In V. Covello, J. Menkes and J. Mumpower (Eds.) Risk evaluation and Management. New York, London: Plenum Press, 1986.

5   한국언론진흥재단, 『공중보건과 의학보도』, 커뮤니케이션북스, 2001 참조

6   "전자담배 줄, 성인인증 상품도 개발", 《조선일보》 (2019.05.23.)

7   "Majority of Vaping-Related Illnesses Involve THC Products: CDC Report", *The Wall Street Journal* (Sept. 27, 2019)

8   "Outbreak of Lung Injury Associated with the Use of E-Cigarette, or Vaping,", National Center for Chronic Disease Prevention and Health Promotion (January 17, 2020)

9   "美 전자담배 폐질환 사례 800건 넘어 사망도 12명", 《한국경제》 (2019.9.27.)

10  1999/519/EC: Council Recommendation of 12 July 1999 on the limitation of exposure of the general public to electromagnetic fields (0 Hz to 300 GHz) Council of the European Union

11  Christopher Zara, "Remember Newspaper Science Sections? They're Almost All Gone", *International Business Times* (Jan. 10, 2013)

12  Gordon Gauchat "Politicization of Science in the Public Sphere: A Study of Public Trust in the United States, 1974 to 2010", *American Sociological Review*, Vol 77, Issue: 2

13  크리스 무니, 『과학 전쟁: 정치는 과학을 어떻게 유린하는가』, 심재관 옮김, 한얼미디어, 2006

14  John H. Gibbons "The Politics of Science" Science Vol. 269, Issue 5221, (14 Jul 1995)

15  David C Reardon, "The abortion and mental health controversy: A comprehensive", SAGE Open Med (2018)

16  Sheila Jasanoff, "Science, Politics, and the Renegotiation of Expertise at EPA", *Osiris* 7 (1992): 194-217

17  혼마 류, 『원전 프로파간다: 안전신화의 불편한 진실』, 박제이 옮김, AK 커뮤니케이션스, 2017

18  Ibid.

19  "German Failure on the Road to a Renewable Future", *Der Spiegel* (May 3, 2018)

20  "독일이 '탈원전' 후회? 보수언론의 '슈피겔 보도' 왜곡 이유는?",《한겨레》(2019.5.17.)

21  "200조원 쏟아 붓고도 실패한 독일의 탈원전 교훈",《서울경제》(2019.5.8.); "200조원 쓴 탈원전, 값비싼 실패 독일의 후회",《조선일보》(2019.5.8.)

22  "'脫원전 세계적 추세' 정부 주장, 현실과 달라",《조선일보》기사에 대한 산업통상자원부 해명자료 (2018-08-20)

23  나오미 오레스케스, 에릭 콘웨이, 『의혹을 팝니다: 담배산업에서 지구온난화까지 기업의 용병이 된 과학자들』, 유강은 옮김, 미지북스, 2012

24  Martin McKee, "The Tobacco Industry: The Pioneer of Fake News", J Public Health Res. 2017 Apr 13; 6(1): 878.

25  "New Investigation Exposes How Tobacco Companies Market Cigarettes on Social Media in the U.S. and Around the World", Campaign for tobacco-free kids, *Industry watch* (August 27, 2018)

26  전치형 기고, "'가짜뉴스'의 진짜 위험",《한겨레》(2018.11.1.)

27  Ibid.

28  "〈단신〉 홈크리닉",《문화일보》(2002.10.10.); "가습기용 살균제 선봬",《매일경제》(1994.11.16)

29  제품안전기본법 11조에 의한 '수거명령'은 안전성조사를 실시한 결과 해당 제품의 위해성 이 확인된 경우에 가능하나.

30  "6종 가습기살균제, 수거 명령 발동", 질병관리 본부 (2011.11.11.)

31  "환경부, MIT 유해성 여러차례 알고도 묵인",《한겨레》(2016.5.11.)

32  "가습기살균제 CMIT·MIT 성분 유해성 논란",《매일경제》(2016.5.3.)

33  2018년 3월 21일 KBS 등에 보도된 "환경부, 가습기살균제 성분 CMIT/MIT 유해성 인증 못 해"에 대한 환경부 보도 설명자료 (2018.3.21.)

34  "환경부, CMIT/MIT로 인한 폐손상 위해성 이미 인정", 정부 정책 브리핑 24. www.korea.kr/news/actuallyView.do?newsId=148849046

35  "CMIT·MIT 성분 가습기살균제 제조 판매업체의 부당한 표시광고 제재", 공정거래위원회 보도자료 (2018.2.12.)

36  "CMIT·MIT를 쓴 가습기살균제 미량 들이마셔도 유해", 《동아일보》 (2019.2.23.)

37  ""CMIT·MIT 사람에게 유해" 해외 임상 결과 확인", 《시사저널》 (2016.6.8)

38  Joe S. Cecil, "Ten years of judicial gatekeeping under Daubert", *American journal of public health* Vol. 95(S1) (2005), pp. 74-80.

39  대법원 2012. 6. 28., 선고, 2012도231

40  "SK케미칼, 가습기살균제 폐질환 부인…"입증 안됐다"", 《동아일보》 (2019.8.19.)

41  윤석민·조경민, 「광우병 파동을 통해 본 한국사회 과학 커뮤니케이션의 문제」, 《한국사회과학》, 통권 제33권 (2011) 105면 이하

42  도로시 넬킨, 『셀링사이언스』, 김명진 옮김, 궁리, 2011 참조

43  "Understanding science communication better: A conversation with Barbara Gastel", Editage Insights (Dec. 12, 2016)

44  "NPR's Joe Palca on big science, journalism and fake news", Imperial College London (April 11. 2019)

45  말기암 환자 구충제로 극적 완치, 암세포 완전관해, 암환자는 꼭 보세요! (폐암, 간암, 췌장암, 방광암, 위암, 뼈전이) https://www.youtube.com/watch?v=9vzsmDNCOGw

46  "Oklahoma grandfather who claims a drug for DOGS cured him of 'head-to-toe' cancer is tumor-free two years after doctors gave him three months to live", *Daily Mail* (April 27, 2019)

47  "Edmond man says cheap drug for dogs cured his cancer", KOCO NEWS 5 (Apr. 26, 2019)

48  "The Canine Medication That Beat Small Cell Lung Cancer", The UCentral Media (Nov. 12, 2019)

49  "Fenbendazole acts as a moderate microtubule destabilizing agent and causes cancer cell death by modulating multiple cellular pathways" Scientific Reports, Vol 8, Article Nr:11926 (2018)

50  "강아지 구충제로 암 치료? 품절 사태… 식약처 절대 복용 금지", YTN (2019.9.23.)

51  감염병의 예방 및 관리에 관한 법률 제24조(필수예방접종), 제31조(예방접종 완료 여부의 확인)

52  "German parliament approves compulsory measles vaccinations", *The Guardian* (Nov. 14, 2019)

53  "Religious Objections to the Measles Vaccine? Get the Shots, Faith Leaders Say", *The New York Times* (April 26, 2019)

54  백신 성분에는 활성성분, 보강제, 안정제, 보존제, 첨가제 등으로 구성된다. 티메로살은 유기 수은화합물로서 수은 성분이 영아의 신경 발달에 미칠 수 있다는 우려가 1999년에 제기된 이후 일본뇌염백신을 제외한 아이들에게 접종되는 백신에서는 더 이상 사용되지 않는다. 양현종, 「백신 성분 알레르기반응」, *Allergy Asthma Respir Dis*, 2(3):157~164 (July 2014) 참조

55  Owen Dyer "Andrew Wakefield is accused of paying children for blood samples" BMJ. (Jul 21, 2007); 335(7611): 118-119

56  "Retraction—Ileal-lymphoid-nodular hyperplasia, non-specific colitis, and pervasive developmental disorder in children", *The Lancet*, Vol 375, Issue 9713, p. 445 (February 06, 2010(February 06, 2010)

57  SB 276, Pan. Immunizations: medical exemptions.

58  "Newsom's California vaccine bill changes surprise backers", AP News (Sept.5, 2019)

59  "Oprah's 'Truth' and Its Potentially Deadly Consequences", *The Wall Street Journal* (Jan. 10, 2018)

60  Brendan Nyhan "When 'he said,' 'she said' is dangerous", *Columbia Journalism Review* (July 16, 2013)

61  "MMR vaccine does not cause autism, another study confirms", CNN (March 5, 2019); Anders Hviid et al, "Measles, Mumps, Rubella Vaccination and Autism" Annals of Internal Medicine, (2019)

62  "Moving the Needle: Promoting vaccination uptake across the life course", Royal Society for Public Health (RSPH) 2019 ; "Parents; vaccine side effects fear fuelled by social media", BBC News (Jan. 24, 2019)

63  Sharon J B Hanley "HPV vaccination crisis in Japan". *The Lancet*, Vol 385, Issue. 9987, 2571, (2015)

64  WHO Global Advisory Committee on Vaccine Safety's statement on HPV vaccination (December 17, 2015)

65  '존 매딕스 상'은 과학저널 《네이처》와 영국의 'Sense About Science'라는 단체가 공동으로 수여한다.

66  村中璃子 "利用される日本の科学報道(続篇)" WEDGE REPORT 2016年6月23日, http://wedge.ismedia.jp/articles/-/7124

67  "Japanese court rules against journalist in HPV vaccine defamation case", *Science* (Mar. 27, 2019)

68  "HPVワクチン「捏造」報道の名誉毀損訴訟 村中璃子氏らが全面敗訴", *Buzzfeed* (2019.3.26.)

69  이케다 교수에게 연구비를 제공한 후생성은 연구윤리 문제를 지적하면서 "발표에 이용된 쥐 실험 결과가 단정적으로 표현되었고, 자가 항체의 침착 등 부적절한 표현이 포함되어 있었다"라고 지적했다. "厚生労働省の成果発表会における池田修一氏の発表内容に関する厚生労働省の見解について" 平成28年 3 月16日

70  "면역반응 높이는 '항원보강제', 백신 부작용 범인일까 아닐까?", 라포르시안 (2014.2.28.)

71  양현종, 「백신 성분 알레르기반응」, *Allergy Asthma Respir Dis*, 2(3):157~164, (July, 2014)

72  질병관리본부 국립보건연구원, 「백신 면역보조제의 개발 동향」, 2010.

73 "자궁경부암 백신 안전한가요…딸 부모들 요즘 걱정", 《매일경제》 (2016.5.3); "자궁경부암 백신 접종률 낮은 이유, 잘못된 부작용 정보 접한 탓", 라포르시안 (2017.12.18.)

74 "Yusufzai A. Impotence fears hit polio drive", BBC News. (Jan. 25, 2007)

75 "CIA organised fake vaccination drive to get Osama bin Laden's family DNA", *The Guardian* (July, 11 2011)

76 "미 CIA '파키스탄 가짜 예방접종 중단'", Voice of America (2014.5.21.); "CIA Says It Will No Longer Use Vaccine Programs As Cover," NPR News (May 20, 2014)

77 "The Spies Who Sabotaged Global Health", *Scientific American*, 308, 5, 12 (May 2013)

78 "Nigerian Ebola Hoax Results in Two Deaths", ABC News (Sep 30, 2014)

79 "The unofficial 'cures' offered to date for Ebola are simply hoaxes", Africa Check (11th August 2014)

80 Abhishek Pandey et al, "Strategies for containing Ebola in West Africa", *Science* (Nov. 21, 2014)

81 Patrick Vinck et al., "Institutional trust and misinformation in the response to the 2018–19 Ebola outbreak in North Kivu, DR Congo: a population-based survey", *The Lancet* (March 27, 2019)

82 "Experimental Ebola drugs face tough test in war zone", *Nature* (Aug. 31, 2018)

83 "WHO Ebola responder killed in attack on the Butembo hospital", WHO (April. 19, 2019)

84 "Ebola, AIDS Manufactured by Western Pharmaceuticals, US DoD?", *The Daily Observer*, (Sept. 9, 2014)

85 "Tekmira, AVI Biopharma win US contracts for Ebola", *Reuters* (July 16, 2010)

86 Derek Lowe "The Deadly Stupidities Around Ebola", *Science* (26 September, 2014)

87 "Ebola Fearmongering: Myths, conspiracies and 'cures' go viral", RT (Oct 17, 2014) https://www.youtube.com/watch?v=PB8FhEhCCx0

88 "A professor in U.S. is telling Liberians that the Defense Department 'manufactured' Ebola", *The Washington Post* (Sep. 26, 2014)

89 Sonia Shah, "Testing new drugs on the world's poor" Le Monde diplomatique (June. 15, 2007); Sonia Shah, *The Body Hunters: Testings New Drugs on the World's Poorest Patient*, New Press, 2006; 이성규, "임상실험에 얽힌 거대 제약사의 속내", 《사이언스 타임즈》 (2010.12.16)

90 신약의 임상실험 가운데 제2상 임상실험은 후보약물을 필요로 하는 환자들을 대상으로 진행된다. 제3상 임상실험은 신약 또는 백신 사용이 환자에게 안전하고 효과가 있는가를 검사한다. 등록된 4,000명이 넘는 환자가 필요하다.

91 Abdullahi v. Pfizer, Inc. (January 30, 2009); "화이자의 추악한 뒷거래", 《한겨레》, (2010.12.10.) 참조

92 "NYC physician tests positive for Ebola", CNN (Oct. 23, 2014)

93 "Our appetite for fake Ebola stories and other bunk", *Reuters* (October 29, 2014)

94 "Scientists grapple with ethics in rush to release Ebola vaccines", *Reuters* (Sept. 28, 2014)

95 AM Henao-Restrepo et al., "Efficacy and effectiveness of an rVSV-vectored vaccine expressing Ebola surface glycoprotein: interim results from the Guinea ring vaccination cluster-randomised trial", *The Lancet*, Vol 386 (August 29, 2015)

96 "How Ebola-vaccine success could reshape clinical-trial policy", *Nature*, 524, 13~14, 06 Aug. 2015; 양병찬, "임상시험의 관행을 바꾼 에볼라 백신", BRIC 동향 (2015.8.6.)

97 "Ethical dilemma for Ebola drug trials", *Nature*, 515, 177-178 (Nov. 13, 2014)

98 "Ebolanomics : the search for a vaccine", IRIN News (January. 27, 2015)

99 "Violence propels Ebola outbreak towards 1,000 cases", *Nature* (March 11, 2019)

100 "Mbeki Aids denial caused 300,000 deaths", *The Guardian* (Nov. 26, 2008)

101 "Forced marriages still a reality in South Africa", *Fracne 24*, (June 11, 2014)

102 "Ex-mercenary claims South African group tried to spread Aids", *The Guardian* (Jan. 27, 2019)

103 "Quest to Solve Assassination Mystery Revives an AIDS Conspiracy", *The New York Times* (Jan. 27, 2019)

104 "전자파 공포 유해논란 진실은?", 《매일경제》 (2011.06.10.) ; "생활 곳곳에 퍼져있는 전자파, 위험해? 안 위험해?", 《조선일보》 (2016. 7.27)

105 "고압송전탑 밑에 살면 정말 암에 걸릴까?", 《과학동아》 2014년 1월호 (통권 제337호)

106 "'사드 논란' 1년 후에 다시 살핀 '사드 참외 괴담'의 허구성", 《조선일보》 (2017.8.24.)

107 "황당한 '성주 사드(THAAD) 참외' 전자파 괴담", 식품음료신문 승인 (2016.7.25.)

108 "휴대전화 전자파, 머릿속 파고들어 뇌종양 크기 키운다", 《조선일보》 (2014.4.9.)

109 "생활공간 전자파 '무방비' 노출…허용기준 중국의 100배", 연합뉴스TV, (2016.7.24)

110 국립환경과학원 보도자료, "휴대전화 전자파, 이동 중 평균 5배, 밀폐공간 평균 7배 증가"(2013.4.25.)

111 "전력설비 전자파에 얽힌 감성적 불안 떨쳐내야", 《전자저널》 (2018.9.11.); "고속철 자기장 신상위협 수준", 《중앙일보》 (2004.04.21.)

112 "고속철 전자파 유해성 논란", 《매일경제》 (2004.4.21.)

113 "고속철 자기장 유해성 논란", 《교통신문》 (2004.4.24.)

114 국립전파연구원, "우리 주변의 전자파, 얼마나 나올까요", 7쪽 참조 (2018) ; 국립전파연구원 '전자파의 인체영향' https://rra.go.kr/emf/wrongfact/knowing/index02.jsp

115 전자파 인체보호기준. 과학기술정보통신부고시 제2017-7호, 2017.8.24., 일부 개정. 그러나 노출조건은 세분화되지 않고 있다.

116 국제비전리 복사방호위원회(ICNIRP)에 따르면 교류전원 주파수 60헤르츠를 기준으로 단기 노출 시 833밀리가우스 이내가 안전 기준이다. 이 기준이 전자파 인체보호기준으로 국내에도 통용되고 있다.

117 Wertheimer N., Leeper E. "Electrical wiring configurations and childhood cancer", *American Journal of Epidemiology* (1979);109(3):273-284

118 Paul Brodeur, "The hazards of electromagnetic fields, I-power lines", *The New Yorker* (June 4, 1989)

119 Nancy Wertheimer, Ed Leeper, "Possible effects of electric blankets and heated waterbeds on fetal development", *Bio Electro Magnetics*, Volume 7, Issue 1 (1986)

120 Zappavigna v. State of New York, 186 A.D.2d 557 (1992)

121 Pia K Verkasalo "Magnetic fields and leukemia-risk for adults living close to power lines", *Scandinavian Journal of Work, Environment & Health*, Vol. 22 (1996)

122 "과학자 250명 '에어팟 등 무선 이어폰, 암 발생 위험'", 《중앙일보》 (2019.3.18.); "[정정보도문] '무선 이어폰, 암 발생 위험'은 오류, 바로잡습니다", 《중앙일보》 (2019.3.19)

123 "[팩트체크] 무선이어폰 전자파 우려?…휴대전화보다 낮아", 《연합뉴스》 (2019.3.19)

124 "EMF Scientist Appeal to the United Nations" www.iemfa.org/emf-scientist-appeal-to-the-united-nations/

125 "Are AirPods dangerous? 250 scientists sign petition warning against cancer from wireless tech including the trendy in-ear headphones", *DailyMail* (March 11, 2019)

126 "'무선 이어폰, 암 위험 우려' 과학자 250명 호소문", MSN 뉴스 (2019.03.18.)

127 "Did 250 Scientists Warn that Apple Airpods Pose a Cancer Risk?", Snopes.com (March 29, 2019)

128 WHO 웹사이트에서 "What are electromagnetic fields?"에 대한 설명은 다음과 같다. "In the area of biological effects and medical applications of non-ionizing radiation approximately 25,000 articles have been published over the past 30 years… Based on a recent in-depth review of the scientific literature, the WHO concluded that current evidence does not confirm the existence of any health consequences from exposure to low level electromagnetic fields.", www.who.int/peh-emf/about/WhatisEMF/en/index1.html

129 WHO Press Release, "ARC classifies radiofrequency electromagnetic fields as possibly carcinogenic to humans" (May 31, 2011)

130 Deltour I, Auvinen A, Feychting M, Johansen C, Klaeboe L, Sankila R, et al "Mobile phone use and incidence of glioma in the Nordic countries 1979-2008: consistency check." *Epidemiology*, 2012 Mar;23(2):301-7

131 AV Van Huizen "Weak magnetic fields alter stem cell-mediated growth", *Science Advances* Vol. 5, no. 1 (Jan. 30, 2019)

132 미국 국립보건원(NIH) 내 국립독성물질프로그램(NTP)은 휴대전화 전자파의 위험성을 판단하기 위해서 식품의약청(FDA)의 요청으로 1999년부터 10년 동안 연구를 진행했다.

133 이성규, "전자파 논란의 시작은 에디슨, 쥐 종양 발표 후 휴대전화 유해 논쟁 가열", 《사이언스 타임즈》 (2016.6.13.)

134 "Do Cellphones Really Cause Brain Cancer? We Have Answers", *The Wall Street Journal* (March 8, 2018)

135 Global Warming Petition Project http://www.petitionproject.org/

136 "Over 30,000 Graduates, Including Scientists, Claim Global Warming NOT Caused By Humans", https://newspunch.com (September 2, 2016)

137 "No, 30,000 scientists have not said climate change is a hoax" https://www.politifact.com (Sept 8, 2017) 폴리티팩트 웹사이트에는 기후변화와 관련하여 1,936건의 이야기와 6,601건의 발언들에 대한 팩트체크 결과가 올라와 있다.

138 "Did 30,000 Scientists Declare Climate Change a Hoax?", Snopes.com (Oct. 24 2016)

139 "The 30,000 Global Warming Petition Is Easily-Debunked Propaganda", *Huffington Post* (Aug. 22, 2009)

140 Building an Immunity to Fake News, Science Friday (Jan. 27, 2017); Sander van der Linden et al., "Inoculating the Public against Misinformation about Climate Change" Global Challenges Volume 1, Issue 2 (February 27, 2017)

141 "Physicist: Don't fall for the argument about 'settled science'", Fox News

142 "Americans are worried about climate change—but don't want to pay much to fix it", *Vox* (Jan 28, 2019)

143 "Trump: Climate change scientists have 'political agenda'", BBC News (15 October 2018)

144 "Global Warming Vs. Climate Change: What Scares You More?", Nature World News (May 28, 2014); "Americans More Worried About 'Warming' Than 'Climate Change'", *The New York Times* (May 29, 2014)

145 "A Call for Softer, Greener Language", *The New York Times* (March 2, 2003)

146 https://trends.google.com/에서 비교 대상이 되는 쿼리를 입력하여 '뉴스 검색(news search)'에 한정해 얻어진 데이터다.

147 "No, the Amazon fires won't deplete the Earth's oxygen supply. Here's why", PBS News Hour (Aug. 26, 2019)

148 "Why the Amazon doesn't really produce 20% of the world's oxygen", *National Geographic* (Aug. 28, 2019)

149 Erik Lykke Mortensen et al., "Better Psychological Functioning and Higher Social Status May Largely Explain the Apparent Health Benefits of Wine", *Archives of Internal Medicine* 161(15):1844-8 (Aug. 2001)

150 Matthew Solan, "Alcohol and heart health", Harvard Health Blog (July 6, 2018)

151 Jason Connor Wayne Hall, "Thresholds for safer alcohol use might need lowering", *The Lancet*, Vol 391, Issue 10129, (2018)

152 "NIH halts $100 million study of moderate drinking that is funded by alcohol industry", *Washington Post* (May 18, 2018)

153  Bo Xi et al, "Relationship of Alcohol Consumption to All-Cause, Cardiovascular, and Cancer-Related Mortality in U.S. Adults", *Journal of the American College of Cardiology*, Volume 70, Issue 8, August 2017

154  발암 가능영역은 구강암, 식도암, 위암, 대장암, 간암, 유방암, 난소암, 뇌암, 경부암이 포함됐다. Andrew Smyth et al., "Alcohol consumption and cardiovascular disease, cancer, injury, admission to hospital, and mortality: a prospective cohort study", *The Lancet*, 14;386(10007) (Nov. 2015)

155  Cheers! Drinking every day is good for you, say scientists as landmark study finds a regular tipple can cut the risk of death by a FIFTH (Aug. 19, 2017)

156  GBD 2016 Alcohol Collaborators, "Alcohol use and burden for 195 countries and territories, 1990‒2016: a systematic analysis for the Global Burden of Disease Study 2016", *The* Lancet, (2018); 392: 1015‒35

157  Yanping Li, et al, "Impact of Healthy Lifestyle Factors on Life Expectancies in the US Population" Circulation, (Jul 24, 2018);138(4):345~355.

158  "Man held for fake pollution death report", *The National Thailand* (Jan. 31, 2019)

159  "NASA 사진에 딱 걸렸다, 중국 미세먼지 오리발",《중앙일보》(2019.3.9)

160  "올초 미세먼지, 중국요인이 70퍼센트 이상",《매일경제》(2019.3.6)

161  "'미세먼지=중국'은 틀렸다, 환경부는 왜 국민을 속이나",《오마이뉴스》(2019.2.28.)

162  "아시나요? 황사와 미세먼지의 차이를?", 환경부 홈페이지 me.go.kr (2016.4.29)

163  Earth Nullschool, https://earth.nullschool.net/ko/ 어스윈드맵(Earth Wind Map)은 메뉴 가운데 고도(Height)를 선택하고 '지면(Sfc)', 'f'를 클릭하면 지상의 미세먼지 농도를 알 수 있다고 설명하지만 그 정확성은 신뢰하기 어려운 수준이다.

164  "최악의 미세먼지 현재 상황은…전세계 미세먼지·대기오염 사이트 '어스윈드맵' 살펴보니",《이투데이》(2019.1.15)

165  Earth Wind Map www.ourplnt.com/earth-wind-map-see-wind-speeds/

166  "중국 외교부, 미세먼지 中책임론에 '충분한 증거 있나?'",《매일경제》(2019.3.6.)

167  환경부, 동북아 장거리이동 대기오염물질 연구(LTP) 요약 보고서 (2019.11.20.)

168  "최악의 미세먼지 원인, 중국일까 한국일까…한눈에 확인 가능",《한겨레》(2019.3.4.)

169  AirVisual https://www.airvisual.com/air-quality-map

170  US Department of Commerce, National Weather Service, www.weather.gov/safety/airquality-aqindex

171  통합대기환경지수(CAI)는 초미세먼지(PM2.5), 미세먼지(PM10), 오존(O3), 이산화질소(NO2), 일산화탄소(CO), 아황산가스(SO2) 등 5가지 요소들의 측정을 포함한다.

172  예컨대 측정소는 매시간 미세먼지(PM-10), 오존, 이산화질소, 아황산가스를 측정하여 환경관리전산센터로 데이터를 전송한다. 그런데 서울시의 측정소는 14군데이지만 화순군에는 1군데에 불과하다.

173  EPI, Environmental Performance Index, Yale University https://epi.envirocenter.yale.edu

174  "숨쉬기 겁나요 韓 공기 질, 세계 꼴찌인 이유는", 《연합뉴스》 (2017.12.10)

175  "실험용 쥐가 먹고 죽은 GMO 옥수수 한 해 100만 톤 이상 수입", 《시사저널》 1396호 (2016.7.19)

176  김성훈 기고문, "밥과 관련된 온갖 가짜뉴스들", 《프레시안》 (2018.5.2.)

177  "GMO, 단 한 건의 구체적 부작용 사례 '없다'", 《식품저널》 (April 23, 2018)

178  "Frequently asked questions on genetically modified foods", WHO (May 2014), www.who.int/foodsafety/areas_work/food-technology/faq-genetically-modified-food/en/

179  "Extreme opponents of genetically modified foods know the least but think they know the most", *Nature Human Behaviour* 3, 251-256 (2019)

180  최근 실험에 따르면 인위적으로 편집한 인간의 CCR5 유전자에서 이중 돌연변이가 발생했다. 이중 돌연변이는 조기 사망의 위험을 21퍼센트까지 증가시킬 수 있다. Xinzhu Wei, Rasmus Nielsen "CCR5-$\Delta$32 is deleterious in the homozygous state in humans", *Nature Medicine* Vol 25 (2019), pp. 909-910

181  "China sacks officials over Golden Rice controversy", *Nature* (Dec. 10, 2012)

182  "European court ruling raises hurdles for CRISPR crops", *Science* (July 25, 2018)

183  Ewen Callaway, "CRISPR plants now subject to tough GM laws in European Union", *Nature* 560, 16 (2018)

184  Kai Cui & Sharon P. Shoemaker "Public perception of genetically-modified (GM) food: A Nationwide Chinese Consumer Study" npj Science of Food, Vol 2, Article Nr. 10 (2018)

185  "[글로벌24 이슈] '황금쌀'이 뭐길래…노벨상 수상자들까지", KBS News (2016.7.4.)

186  "유전자 변형 '황금쌀'의 효과", 《경향신문》 (2015.8.24.)

187  "In A Grain Of Golden Rice, A World Of Controversy Over GMO Foods", *NPR News* (July 3, 2013)

188  "Golden Illusion The broken promise of GE 'Golden' rice", Greenpeace Campaign Rports

189  "China Wants GMOs. The Chinese People Don't." Bloomberg (Sept. 27, 2016)

190  "China's GM rice paddies", Le Monde diplomatique (Feb. 8, 2018)

191  "China launches media campaign to back genetically modified crops", *Reuters* (Sept. 30, 2014)

192  "U.K. Admits Mad-Cow Disease Can Be Transmitted to Calves", *The Wall Street Journal* (Aug. 2, 1996)

193  "Fear of Mad-Cow Disease Spoils Britain's Appetite", *The New York Times* (Jan. 12, 1996)

194  방사선 조사, 유기용제, 포르말린 고정, 가열 등과 같이 핵산(nucleic acids)을 변형시키거나 파괴시키는 방법으로는 변형 프리온의 감염성을 없앨 수 없다. 김상윤 외, 「사람에서 발생하는 프리온 질환들」, 《대한의사협회지》 Vol. 51, No.12 (2008) 참조

195  우희종, 「신종인수공통전염병으로서의 프리온」, 생화학분자생물학회 웹진 3월호 (2013)

196 박상표, "누가 퍼뜨렸는가…'광우병 괴담'의 진원지를 찾아서", 《프레시안》(2008.5.11.)

197 "전력/가스/통신분야 'Y2K' 재앙 불가피", 《한국경제》(1998.6.26.)

198 "[IT산업 20년 전] 'Y2K 문제' 세계적인 이슈로 주목", 《컴퓨터 월드》(2018.3.1)

199 "英 IISS전략문제논평, Y2K '국가 재난' 우려" 《동아일보》(1999.1.10.); "1999년12월-무관 심속의 Y2K 비상", KBS 보도 (1999.12.3.)

200 "밀레니엄 바이러스 비상", YTN (1999.12.13)

201 "JEA official says Jacksonville has power to handle Y2K bug", *The Jacksonville Business Journal*, (April 26, 1999)

202 "The Day the World Didn't End", Inc.com (May 9, 2017)

203 "Y2K대비 비용 적정성 '논란' 불붙는다", 《매일경제》(2000.1.4.)

## 9장 가짜뉴스 통제하기

1 Jan Szaif "Doxa and Epistêmê as Modes of Acquaintance in Republic V", *Les Etudes Platoniciennes*, vol. IV. pp. 253~272

2 Jesús Padilla Gálvez, "Democracy in Times of Ochlocracy", *Synthesis philosophica*, Vol. 32 No.1 (2017), pp. 167~178.

3 "Jefferson's Opinion on the Constitutionality of a National Bank: 1791", https://avalon.law.yale.edu/18th_century/bank-tj.asp

4 Colleen A. Sheehan, *James Madison and the Spirit of Republican Self-Government*, Cambridge University Press, 2009, pp. 11~74

5 Jeffrey Rosen "America Is Living James Madison's Nightmare", *The Atlantic* (Oct. 2019)

6 "American resurrection and the 1788 New York doctors' riot", *The Lancet*, Vol 377, Issue 9762, p.292~293 (January 22, 2011)

7 "U.S. chief justice warns of internet disinformation, urges civics education", *Reuters* (Jan. 1, 2020)

8 존 제이의 일화는 미국 연방대법원장 존 로버츠가 연방 상원에서 진행된 트럼프 대통령의 탄핵심판을 심리하기 몇 주전 허위정보의 위험성을 경고하면서 재조명을 받았다. "U.S. chief justice warns of internet disinformation, urges civics education", *Reuters* (Jan. 1, 2020)

9 "Trump's threat to democracy", *The Washington Post* (Dec. 30, 2019); "What History Teaches Us About Demagogues Like The Donald", *TIME* (2016)

10 "20 People Killed In El Paso Shooting; 21-Year-Old Suspect In Custody", *NPR News* (Aug 3, 2019)

11 "Hard times for democracy, says historian Timothy Snyder", DW (April 7,2019)

12  "Kofi Annan: The developing world is an easy target for populists", *The Washington Post* (May 10, 2018)

13  Freedom House, Freedom on the Net: The Rise of Digital Authoritarianism, 2018

14  "India supreme court orders review of Kashmir internet shutdown", *The Guardian* (Jan. 10, 2020)

15  "Chaos, Anger, Confusion Mar DR Congo's Long Awaited National Poll", Voice of America (Dec. 31, 2018)

16  "Felix Tshisekedi wins DR Congo presidential vote: Electoral board", Aljazeera (Jan. 19, 2019)

17  "Social Media Has Been Blocked For Over 24 Hours In Sri Lanka After The Deadly Explosions", *BuzzFeed News* (April 23, 2019)

18  "Bangladeshi Officials to Slow Internet Speed on Election Day", BenarNews (Dec. 13, 2018)

19  Freedom House,Ibid

20  "Nine arrested in Thailand for posting election fake news", France 24 (March 28, 2019)

21  Rebecca MacKinnon, Consent of the Networked: The Worldwide Struggle For Internet Freedom (2012)

22  "剑网2018"专项行动-国家版权局 www.ncac.gov.cn/chinacopyright/channels/11202.html

23  "Why China Cracked Down on the Social-Media Giant Bytedance", *The New Yorker* (April 19, 2018)

24  国家广播电视总局责令"今日头条"网站永久关停"内涵段子"等低俗视听产品　(2018.4.10.), http://www.sapprft.gov.cn/sapprft/contents/6582/365922.shtml

25  "China deletes 7 million pieces of online information, thousands of apps", *Reuters* (Jan. 23, 2019)

26  "Issues over problematic content prompt Chinese tech giants to turn to CPC members for guidance", Global Times (April. 12, 2018)

27  중국 인터넷 정보서비스 관리법 (互联网信息服务管理办法) 참소

28  "China cleans up harmful information in online literature" Xinhua (Sep 22, 2018)

29  "How China's highly censored WeChat and Weibo fight fake news… and other controversial content" South China Morning Post (Dec. 16, 2016)

30  Freedom House, Freedom on the Net 2018: The Rise of Digital Authoritarianism, 2018

31  레베카 매키넌, 『인터넷 자유투쟁』, 김양욱 최형우 옮김, 2013, 115~116쪽

32  "The Pro-Free Speech Way to Fight Fake News", *Foreign Policy* (Oct 12, 2017)

33  Karl R. Popper, *The Open Society and Its Enemies*, 1945

34  "Russian MPs approve legislation punishing for fake news & insults directed at the state" RT (Mar. 7, 2019)

35   "France passes controversial 'fake news' law" Euro News (Nov. 22, 2018)

36   "An Analysis of Germany's NetzDG Law" IViR (April 15, 2019)

37   "Germany starts enforcing hate speech law" BBC News (1 January 2018)

38   Singapore Fake News Laws: Guide to POFMA (Protection from Online Falsehoods and Manipulation Act), https://singaporelegaladvice.com/law-articles/singapore-fake-news-protection-online-falsehoods-manipulation/

39   "Facebook posts corrected under Singapore fake news law", BBC News (Nov. 28, 2019)

40   가짜뉴스 규제론에 대하여는 오일석 외, 「가짜뉴스에 대한 규범적 고찰」, 《미국헌법연구》, 제29권 제1호 (2018.4.) 참조

41   Schenck v. United States, 249 U.S. 47 (1919)

42   "From news fatigue to news avoidance", Nieman Journalism Lab (Dec. 19, 2018)

43   "D.F.W.'s Nonfiction: Better with Age", *The New Yorker* (Nov. 14, 2012)

44   "How social media amplifies – for better or worse", *The Guardian* (Jan. 5, 2014)

45   "10 facts about Americans and Facebook", Pew Research (May 16. 2019)

46   *The Papers of Thomas Jefferson, Volume 33: 17 February to 30 April 1801*, Princeton University Press, 2006. p. 143~148

47   Thomas Emerson, *supra note*, p. 882

48   Erwin Chemerinsk, "Fake News and Weaponized Defamation and the First Amendment", 47 Sw. L. Rev. 291 (2018)

49   United States v. Alvarez, 567 U.S. 709 (2012)

50   Owen Fiss, Free Speech and Social Structure, 71 IOWA L. REV. 1424 (1985); Robert Bork, Neutral Principles and Some First Amendment Problems, 47 IND. L.J. 1 (1974)

51   Cass R. Sunstein, "Falsehoods and the First Amendment", Harvard Law School (July 25, 2019) pp.1~12

52   Cass R. Sunstein "'She Said What?' 'He Did That?' Believing False Rumors", Harvard Public Law Working Paper No. 08-56 (Nov. 2008)

53   Eu v. San Francisco Democratic Central Committee, 489 U.S. 214 (1989).

54   Thomas v. Review Board of Indiana Employment Security Div., 450 U.S. 707, 718 (1981)

55   이우영, 「표현의 자유 법리와 헌법재판소의 위헌법률심사기준」, 《서울대학교 법학》, 제53권 제2호 (2012.6.) 285~317쪽 참조

56   Dennis v. United States, 341 U.S. 494 (1951)

57   캘리포니아 범죄적 신디칼리즘 법률(California Criminal Syndicalism Act)은 정치적 변화를 추구하기 위해 위법한 폭력행위를 옹호하는 단체의 결성을 금지했다.

58   Brandenburg v. Ohio 395 US 444 (1969)

59   Ari Ezra Waldman, "The Marketplace of Fake News", *University of Pennsylvania Journal of Constitutional Law*, Vol. 20 (March 15, 2018).

60 Owen M. Fiss, "Why the state?" 100 Harv. L. R. 781, 787~790 (1987)

61 Owen M. Fiss, *The Irony of Free Speech*, 1996, Harvard University Press

62 Noah Feldman, "Fake News May Not Be Protected Speech", Bloomberg (Nov. 23, 2016)

63 Zeran v. America Online, Inc., 129 F.3d 327 (4th Cir. 1997)

64 Murphy v. Twitter, Inc., No. CGC-19-573712 (Cal. Super. June 12, 2019)

65 The Communications Decency Act of 1996 (CDA). Section 230 (c)(1)는 "쌍방향 컴퓨터서 비스의 제공자나 이용자는 제3의 정보제공자에 의하여 제공되는 어떠한 정보에 관하여 서도 그 정보의 출판자 또는 발언자(speaker)로 취급되지 않는다"라고 규정한다.

66 Tim Hwang, "Dealing with Disinformation: Evaluating the Case for CDA 230 Amendment", MIT Media Laboratory (Dec. 17, 2017)

67 Richard Stengel, "We're In the Middle of a Global Information War. Here's What We Need to Do tó Win", *TIME* (Sept. 26, 2019)

68 "Facebook could tackle fake news but chooses not to, regulator says", *The Guardian* (Aug. 13, 2019)

69 Hard Questions: What's Facebook's Strategy for Stopping False News?, https://about. fb.com/news/2018/05/hard-questions-false-news

70 Suzanne Nossel, "The Pro-Free Speech Way to Fight Fake News", *Foreign Policy* (Oct. 12, 2017)

71 대법원 2009. 4. 16. 선고 2008다53812 전원합의체 판결

72 "He Predicted The 2016 Fake News Crisis Now He's Worried About An Information Apocalypse", BuzzFeed News (February 11, 2018)

73 Matthew Lesh, "A fake news quango would threaten free expression and democracy", CapX (Feb. 12, 2019)

74 "An artificial-intelligence first: Voice-mimicking software reportedly used in a major theft", *The Washington Post* (Sept. 5, 2019)

75 Mike Elgan, "Disinformation as a service? DaaS not good!", Computerworld (Sept. 9, 2017)

76 "In a digital reality, who can we trust?", *The Washington Post* (Feb.22, 2018)

77 "Deepfakes Are Coming. We Can No Longer Believe What We See", *The New York Times* (June 10, 2019)

78 Shawn Brooks — Is Nancy Pelosi drunk? https://www.facebook.com › RealShawnBrooks › videos

79 Zuckerberg: We are inceasing transparency on ads, www.instagram.com/p/ByaVigGFP2U/

80 "Deepfakes: Hollywood's quest to create the perfect digital human", *Financial Times* (Oct. 9, 2019)

81 딥페이크 영상물의 제작자 'Ctrl Shift Face'는 원본 동영상에 대한 저작권은 없기 때문에 딥페이크 동영상이 유튜브에 많이 노출되어도 금전 수익은 얻지 못하고 있다. Bill Hader

impersonates Arnold Schwarzenegger, www.youtube.com/watch?v=bPhUhypV27w

82  "Twitter proposes draft deepfake policies", *The Verge* (Nov. 11, 2019)

83  "Facebook Says It Will Ban 'Deepfakes'", *The New York Times* (Jan. 7, 2020)

84  "Virginia's 'revenge porn' laws now officially cover deepfakes", *The Verge* (July 1, 2019); Code of Virginia § 18.2-11. Punishment for conviction of misdemeanor

85  Relating to the creation of a criminal offense for fabricating a deceptive video with intent to influence the outcome of an election. https://legiscan.com/TX/text/SB751/id/1902830

86  推特正式发布首个反Deepfake（换脸神器）策略草案 2019.11.12

87  "Why everybody is freaking out about political ads on Facebook and Google", Vox (Nov. 27, 2019)

88  "Voting by Phone Gets a Big Test, but There Are Concerns", *The New York Times* (Jan 23, 2020)

89  Defiant Zuckerberg Says Facebook Won't Police Political Speech, ytimes.com/2019/10/17/

90  "Facebook: We can't and won't control emotions", Computer World (July 2, 2014)

91  "Facebook CEO Mark Zuckerberg says in interview he fears 'erosion of truth' but defends allowing politicians to lie in ads", *The Washington Post* (Oct. 17, 2019)

92  "Defiant Mark Zuckerberg defends Facebook policy to allow false ads", *The Guardian* (Dec. 2, 2019)

93  "Twitter unveils final details for political ad ban, but it's still looking murky", CNBC (Nov. 15, 2019)

94  Brett R. Gordon et al., "A Comparison of Approaches to Advertising Measurement: Evidence from Big Field Experiments at Facebook", *Marketing Science*, Vol. 38, No. 2 (2019)

95  "The Real Reason Facebook Won't Fact-Check Political Ads", *The New York Times* (Nov. 2, 2019)

96  "Mark Zuckerberg: The Internet needs new rules. Let's start in these four areas", *Washington Post* (March 30, 2019)

97  "Facebook's global lobbying against data privacy laws", *The Guardian* (March2, 2019)

# 가짜뉴스의 고고학
로마 시대부터 소셜미디어 시대까지, 허위정보는 어떻게 여론을 흔들었나

**초판 1쇄 펴낸날** 2020년 2월 10일
**2판 1쇄 펴낸날** 2020년 5월 8일
**2판 2쇄 펴낸날** 2021년 12월 10일

| | |
|---|---|
| **지은이** | 최은창 |
| **펴낸이** | 한성봉 |
| **편집** | 조유나 · 하명성 · 최창문 · 김학제 · 이동현 |
| **콘텐츠제작** | 안상준 |
| **디자인** | 전혜진 · 김현중 |
| **마케팅** | 박신용 · 오주형 · 강은혜 · 박민지 |
| **경영지원** | 국지연 · 지성실 |
| **펴낸곳** | 도서출판 동아시아 |
| **등록** | 1998년 3월 5일 제1998-000243호 |
| **주소** | 서울시 중구 소파로 131 [남산동 3가 34-5] |
| **페이스북** | www.facebook.com/dongasiabooks |
| **전자우편** | dongasiabook@naver.com |
| **블로그** | blog.naver.com/dongasiabook |
| **인스타그램** | www.instargram.com/dongasiabook |
| **전화** | 02) 757-9724, 5 |
| **팩스** | 02) 757-9726 |
| **ISBN** | 978-89-6262-322-2  93300 |

\* 이 책은 뉴스통신진흥자금을 지원받아 출간되었습니다.

이 도서의 국립중앙도서관 출판예정도서목록(CIP)은
서지정보유통지원시스템 홈페이지(http://seoji.nl.go.kr)와
국가자료종합목록 구축시스템(http://kolis-net.nl.go.kr)에서
이용하실 수 있습니다. (CIP제어번호: CIP2020003310)

※ 잘못된 책은 구입하신 서점에서 바꿔드립니다.

**만든 사람들**

| | |
|---|---|
| **편집** | 하명성 |
| **크로스교** | 안상준 |
| **표지 디자인** | 김현중 |

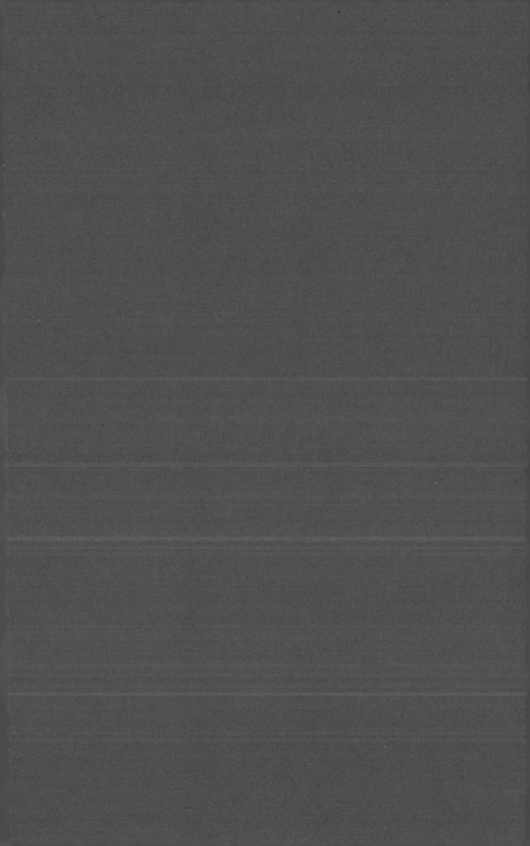